华夏历史文明传承创新区建设探析

李庚香◎著

河南美术出版社
·郑州·

古塔落雪画意浓 （张永摄）

追寻伟大时代的真学问、大学问

（代序）

“天地玄黄，宇宙洪荒。日月盈昃，辰宿列张。”——不论东方还是西方，人，总在试图描绘大自然创造人类之前的天地和宇宙——在西方，有耶和华的创世记与亚当、夏娃的失乐园；在东方，有盘古的开天辟地与女娲的补天与造人。

无论西方的耶和华还是东方的女娲，都是以土造人。

出于尘土而复归于尘土，是人的宿命。

殡礼、祭祀是人类社会独有的创举，通常起于对彼岸世界的信仰。

但是，一个人长生的方式，可能不在彼岸，往往只能是后人的顶礼与尊崇、共鸣与继承。

意识与智慧是人类脱离自然界的标志，文化与文明是人类创造的堪与自然界并峙而立的另一座文化的珠穆朗玛峰。

文化，何年而生，何人首创？

这个问题，恐怕一如唐代诗人张若虚在《春江花月夜》中的设问：“江畔何人初见月？江月何年初照人？”

毛泽东在《贺新郎·读史》则云：“人猿相揖别。只几个石头磨过，小儿时节。铜铁炉中翻火焰，为问何时猜得？”

猜，是猜不得的；就是考古，也是考不得的。

但是，在中国，有个共识与相传，那就是伏羲画八卦之

“一画开天”。大宋诗人陆游《读易》亦云：“揖逊（禅让）干戈两不知，巢居穴处各熙熙。无端凿破乾坤秘，祸始羲皇一画时。”

“祸兮福之所倚，福兮祸之所伏。”

也许，东方的一画开天与西方的失乐园一样，诉说的都是人类生而俱来的原罪。

原罪，是基督教的基石。因了原罪，有了救赎。

关乎原罪，在西方的历次宗教改革中，也都有过争论，天主教就主张人的原罪在受洗时已被除去。但是，不论如何争辩，几乎没有人敢于否认所有人都从亚当、夏娃那儿承袭了自然的败坏性，否认亚当、夏娃因为犯了罪才成为有独立意识与智慧的人。所以，有独立意识与智慧的人还是罪人。

西方文化与文明，是以“禁果”——亚当、夏娃偷吃伊甸园的禁果为中心，次第展开的。

“禁果”是一种神秘的隐喻，也被释读为自然界的苹果。也因此，夏娃的苹果、牛顿的苹果、乔布斯的苹果，被称为“改变了世界的三个苹果”。

西方“禁果”东方“一”。

是谁惊扰了天地，于洪荒世界画出了开天辟地的“一”道?

也许甚至肯定，永远没有确切的答案！

但是，一画开天的伏羲担当了中国文化构建中的这一“第一责任”。

一生二，二生三，三生万物。

天地间被画了“一”道，于是乎，人也就从天地间站了起来。

心外无物。

倘若没有人，也就无所谓天地。有了人，才有了天、地、人“三才”之道。

一画开天。

画在天地间的这“一”道，开天辟地、惊天扰地、得罪了天与地——“祸始羲皇一画时”。

只是，与西方人就此构建而起的一神论宗教教义截然不同，中国人尽管也以“敬天畏地”相救赎，但也就此构建而起天、地、人“三才”的变易的学说。《易·说卦》曰：“是以立天之道，曰阴与阳；立地之道，曰柔与刚；立人之道，曰仁与义。”《易传·系辞》云：“有天道焉，有人道焉，有地道焉。兼三才而两之，故六。六者非它也，三才之道也。”

在西方，人在神与神创造的天地面前，是被动的；在东方，人敬天畏地，但和天与地是有互动的。

天人合一即天地人合一，人与天地相往来、与天地相和谐，不但是中华民族的精神家园，也是中华民族的文化基因。

其是人与天地和谐相处的绿色发展，更是一以贯之的生态文明建设。

积二三十年之时间，“一以贯之”于中原文化研究、复兴、再造且能够自如融通上下、致力于中原文化复兴者，河南省社科联主席李庚香先生堪称中原一人。

说其“一”，不是说他学问做得最好，贡献做得最大。

但是，说他是最热心联络学问家并融通上下，将思想、理论、学术、学问转化为中原文化复兴力量的一人，恐怕还是贴切的。

当然，这与党和政府赋予他的职责密切相关：他先后担任河南省文化厅副厅长、河南省委宣传部副部长、河南省社会科学界联合会党组书记、河南省社会科学界联合会主席等。

他常常自谦：“我的工作性质也不允许我研究大学问，我是个聆听者，之后把学问家们的学问汇总一下、融通一下而已。”

但是，这种“百科全书”式的汇总与融通，这种组织力，这种协调力，这种领导力，这种符合科学研究规律、符合思想家个性的担当需要付出的劳动，其量甚巨也，其功甚大焉。

学者览，可能觉得其不是书斋里的东西。

百家看，可能仁智各见，自然获益不同。

走出中原，有了中国；走出姓氏，都是中国人；中国复兴，自然需要回望中原、中原文化与华夏文明。这个“一”，就是中原文化哲学的本体、根脉、源头、元典。

天道高远，地道厚重，人道深邃。

当下，阿尔法狗就是能够战胜所有的人类棋手，也是向人类棋手“深度学习”的结果。

未来，人工智能有可能替代90%的人类劳动，同样，其也是向人类所有的文化、知识、技能等“深度学习”的结果。

越发展，文化越重要：硬实力，人类敌不过人工智能；软实力，人工智能永远敌不过人类。

因为，人工智能只会“深度学习”人类而已。

回望中原，回望农耕时代诞生的中原文化与华夏文明，不是凭吊，而是再造，而是复兴，而是实践。

再造什么？复兴什么？实践什么？

在即将到来的人工智能时代，通过实践——矛盾——创新——和谐不同阶段的展开，再造工业时代、城市化时代、信息时代的中原文化，唤醒华夏文明，激活黄河文明，实现中原崛起、中部崛起、中国复兴。

于茂世于2017年5月8日

目 录

第一章

文化自信可立心　自信文化可化人

在中国共产党建党95周年大会上，习近平总书记提出坚持中国特色社会主义道路自信、理论自信、制度自信、文化自信。这是总书记第一次把 “文化自信”与“三个自信”并列，体现了对文化自信的高度重视。文化自信是更基础、更广泛、更深厚的自信，是推动经济社会发展的思想文化资源和动力源泉。河南省委第十次党代会提出了打造“全国重要文化高地”的目标任务，这是河南这片文化积淀深厚的土地发展社会主义先进文化的一项全新而重大的命题。从省八次党代会提出“加快文化资源大省向文化强省的跨越”，到省九次党代会提出“加快建设文化强省”，再到省十次党代会提出打造“全国重要的文化高地”，体现了河南省委对以习近平同志为核心的党中央治国理政新理念新思想新战略的深刻领会和深入贯彻，体现了对文化建设和文化发展规律认识上的深化。在河南决胜全面建成小康社会、让中原更加出彩的关键时期，实现省十次党代会提出的“建设文化高地”的目标，必须认真谋划好河南的文化发展战略，打好河南文化牌。这就要求我们树立文化自信，“破题”华夏历史文明传承创新区建设，提升河南文化软

实力，实现文化大省向文化强省、文化河南向文明河南的质变，推动“五位一体”总体布局和“四个全面”战略布局在河南落地生根，走出一条品牌发展之路。

一、传承创新区建设要抢占制高点

近年来，在省委省政府的努力下，我省先后实施了五大国家战略规划。《国务院关于支持河南省加快建设中原经济区的指导意见》把“华夏历史文明传承创新区”作为建设中原经济区的五大战略定位之一，这是中原经济体区别于其他经济体的一个显著特点，也是国家赋予河南的重大文化使命。河南是文化资源大省，更是华夏文明历史文化的重要发源地。同粮食牌、经济牌相比，文化优势是河南的比较优势，也是河南的最大竞争力之一，堪比交通区位优势。在未来五年河南的发展中，把华夏历史文明传承创新区建设作为重大战略考量，既能使河南的文化建设与中国第五大经济体的位置相适应，也能够进一步彰显“国家责任”和“历史使命”。近年来，山西、甘肃、陕西等省份，都围绕传承华夏历史文明做了很多文章。比如，甘肃省力推华夏文明传承创新区，围绕“一带”建设“三区”、打造“十三板块”；山西省则提出要建设“华夏文明的主题公园”“中国社会变革和进步的思想库”及“古代东方艺术的博物馆”；陕西则提出以西安为中心建设华夏文明历史文化基地。我省在推进华夏历史文明传承创新区建设上，还没有使这一重大文化发展战略取得实质性进展，其根本原因就在于缺乏足够的文化自信。我们认为，树立文化自信，发挥河南文化优势，提升河南文化软实力，对于“决胜全面小康社会，让中原更加出彩”既重要又紧迫。我们必须清醒地认识到，河南在经济增长的故事之外，还有一个个文明发端与重建的故事——

唐三彩

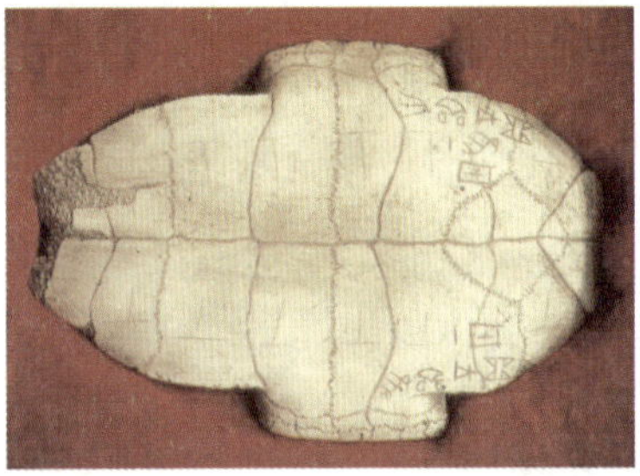

甲骨文

莲鹤方壶

《易经》，发端于河南；汉字，发端于河南；书法，发端于河南；国画，发端于河南；《诗经》，发端于河南；儒、释、道，发端于河南；程朱理学，发端于河南；“一带一路”，发端于河南……

玉雕，发端于河南；青铜，发端于河南；年画，发端于河南；陶瓷，发端于河南；三彩，发端于河南；钧窑，发端于河南；汝窑、官窑、柴窑、绞胎、青花等，发端于河南……

愚公移山精神，发端于河南；大别山精神，发端于河南；红旗渠精神，发端于河南；焦裕禄精神，发端于河南……

天地之中在河南，姓氏发端于河南，国家发端于河南，乃至“中国”也发端于中原河南……

树立文化自信，再造中原文化，讲好中国故事，做好产业升级，无疑是华夏历史文明传承创新区建设的重要课题。

在文化建设上，河南先后提出了文化强省、文明河南、华夏历史文明传承创新区、文化高地四个战略定位。文化强省着眼于公益性文化事业和经营性文化产业；文明河南着眼于当文明人，做文明事；华夏历史文明传承创新区建设则着眼于华夏历史文明的创造性传承与创新性转化，其探索对于当代中国经济社会的发展具有深远的意义。在这四个文化定位中，文化高地建设占据了更高的文化“制高点”，以此来繁荣发展中原文化，对全国来说有着重要示范和带头作用。这就要求我们，要认清“世界文明中的华夏文明”，突出“华夏文明中的中原文化”，紧扣“中国特色社会主义文化在河南的实践”这一主题，围绕“文化高地建设”这一战略目标，以华夏历史文明传承创新区为载体，统筹考虑农耕文明、工业文明和信息文明、生态文明的共同发展，推动中原文化创造性传承与创新性转化。

二、传承创新区建设要走出新路子

《国务院关于支持河南省加快建设中原经济区的指导意见》在“华夏历史文明传承创新区”的定位中提出，要传承弘扬中原文化，充分保护和科学利用全球华人根亲文化资源；培育具有中原风貌、中国特色、时代特征和国际影响力的文化品牌，提升文化软实力，增强中华民族凝聚力，打造文化创新发展区。这些，为我们建设华夏历史文明传承创新区提供了基本定位和基本遵循。

传承创新区建设要走出新路子，必须处理好三个关系：

一是要正确处理大德中国与大道中原、文化中国与文明河南、传统文化与现代文明、精神效益与社会效益的关系，努力为决胜全面小康社会、让中原更加出彩提供强大的价值引导力、文化凝聚力、精神推动力。

二是要准确把握华夏历史文明传承创新区的定位，充分认识华夏与中原、文化与文明的重要关系，把河南打造成为全球华人根亲文化圣地、现代文化创新发展高地、中国文化遗产保护传承示范基地、全国重要的文化产业基地、中华文化“走出去”的重要基地。

三是要科学认识传承与创新的关系。推进华夏历史文明传承创新区建设，传承是基础，创新是关键。要找出优秀传统文化与现代文明的结合点，在传统和未来之间搭建一座桥梁，一手抓传承，一手抓创新；一手抓法治，一手抓德治；一手抓精品生产，一手抓群众文化；一手抓事业，一手抓产业……努力形成传统文化与现代文明相辉映、精神效益和社会效益相结合的中原文化发展哲学，走出一条河南文学、艺术，文化、文明，娱乐等产业区别认识、融合发展的新路子，探索华夏历史文明传承与创新的正确路径，探索具有中原特色的河南文化发展之路。

三、传承创新区建设要坚持以人民为中心

十八大以来，习近平总书记反复强调，要坚持以人民为中心的发展导向。华夏历史文明传承创新区建设，也要树立“人民主体论”的思想，着眼于构建现代人的精神家园，着眼于人的“自由而全面的发展”，着眼于时代所需要的民众的文明素养，致力于文以兴省、文以载道和文以化人。一是要树立“大文化”理念，努力实现文学、文化、文明的一体化发展，努力实现文化与科技、教育的融合发展。二是要坚持以社会主义核心价值观为引领，以中国精神为灵魂，以中国梦为时代主题，以中华优秀传统文化为根脉，以创新为动力，以创作优秀作品为中心环节，推进中原文化大发展大繁荣，在文化建设上实现由中国的“中原”变成中国的“精神高地”。三是要抓好“五

大工程”。华夏历史文明传承创新区建设是一个重大的文化工程。从河南的情况来看，要以深化文化体制改革为动力，以中原文艺精品创作工程、中原文艺普及工程、中原优秀传统文化传承工程、中原文艺人才培养工程、中原特色文化基地建设工程等中原人文精神“五大工程”为抓手。四是在文化领域，进行供给侧结构性改革。要大力发展文化创意产业，运用好“互联网+”，推动文化建设驶上科技发展的“高速路”。要促进文化消费升级，壮大河南文化服务业。要做到文化惠民、文化富民、文化乐民、文化育民，努力把华夏历史文明传承创新区建设成为“惠民工程”“民心工程”。

四、传承创新区建设要提升文化软实力

当前，我省文化软实力的表现与物质硬实力的日益壮大并不相称。推进华夏历史文明传承创新区建设，要着力提升文化软实力。

（一）要融入“一带一路”建设。“一带一路”建设不仅是贸易或经济问题，也是文明融合发展问题，是传承华夏文明基因与记忆、展现中华民族聪明与智慧、促进世界文明融合发展的重大战略问题。开封和洛阳这两个节点，是起点、支点和重点。要提升华夏历史文明传承创新区在“一带一路”建设中的层次和境界，彰显华夏历史文明传承创新区建设的重要地位和作用。

（二）要突出文化城市建设。中原城市群建设，要突出“文化城市”建设。树立文化与城市建设共生的思想。建议以郑州、洛阳、开封、安阳四大古都为试点，打造华夏历史文明传承创新区文化城市，建造古都文化的经济带。

（三）要推进中原思想文化品牌建设。培育具有中原风貌、中国特色、时代特征和国际影响力的文化品牌，对于文化

高地建设和传承创新区建设意义重大。一是持续打造知名文化品牌。在全球层面全力提升少林、太极两大传统品牌，对安阳殷墟、龙门石窟、开封宋城等文化品牌进行集中推介，推进《梨园春》《武林风》等节目的质量。二是统筹规划文艺品牌建设。要结合我省实际，充分发挥文学、戏剧、曲艺、影视、书法、杂技、魔术等高地的重要作用，发展壮大中原作家群、中原学派、中原画派、中原书法家群、中原戏剧家群、中原诗群、中原摄影家群，培育和发扬中原文风、中原书风、中原画风和戏剧影视艺术的中原风格，逐步形成中原文艺品牌方阵。三是集中推出一批现代思想品牌。包括：1. 打造中原学一流学科。学科体系创新是提升文化软实力的重要抓手。2011年3月7日，习近平总书记参加十一届全国人大四次会议河南代表团审议时，要求“要积极推进具有中原文化特质的文化大发展大繁荣，为经济社会发展提供强有力的精神动力和充足的文化条件”，并明确提出要“形成历史文明与现代文明相融、精神效益和社会效益并进的文化发展哲学”。建议省社科院、郑州大学、河南大学等单位，以中原文化

温县陈家沟太极拳博物馆

特质为主要研究对象，探索、构建“中原学”。2. 打造中原思想家群。中原自古以来是思想家荟萃的地方，要实施“中原思想家书库”出版工程，把老子、庄子、墨子、韩非子和宋代的“二程”，以及近代哲学家冯友兰等思想家的著作，进行全新打造和出版，形成集群效应，努力在文化建设、精神建设、思想建设、理论建设上为中华民族伟大复兴贡献中原智慧。3. 推进实施中原智库大楼建设，借助现代信息技术，推进中原思想和中原智慧库建设，实现更加广泛深入的思想文化研究交流和传播，提升河南的思想软实力。要通过资本市场和开发性、政策性金融等多元融资渠道，吸引社会资本参与华夏历史文明传承创新区基础设施建设，提高华夏历史文明传承创新区发展的能力和效率。

“兴会中原延青史，千峰竞秀最空前”。中原文化既蕴含强大的精神动力，也蕴含强大的发展动力。在“十三五”时期，建设全国有重要影响的文化高地，应把华夏历史文明传承创新区建设摆在更加突出的位置，要把文化的力量充分发挥出来，使文化成为让中原更加出彩的一大力量，并树立起与经济社会发展良性互动的思想，实现文化优势向发展优势的转换，努力走出一条品牌化发展道路，才能够使华夏历史文明传承创新区建设真正破题、切题、入题。

第二章

“破题”华夏历史文明传承创新区

2010年以来，华夏历史文明传承创新区问题日渐成为河南全省上下关注的热点话题。如何通过华夏历史文明的传承与创新，为决胜全面小康社会、让中原更加出彩提供强大的文化支撑，以文化之强推动强省之强，让中原在实现中国梦的征程中更出彩，同时，又使文化在决胜全面小康社会、让中原更加出彩中得到繁荣和提升，这是需要认真研究、深入思考而至今仍未破题的一个重大而紧迫的现实问题。

一、思想文化意义上的“战略机遇期”

（一）如何认识21世纪头20年？“物之生也，若骤若驰，无动而不变，无时而不移”。当今世界，正处于百年不遇的大变局之中。21世纪的第一个十年，是一个短暂但如疾风骤雨一般的年代，我们生存的世界正在发生着剧烈的变动。

在头十年中，我们深刻体会到了什么叫“天佑中华”。一是“9·11”事件，本·拉登改变了世界，影响了21世纪的美国文化。他释放的恐惧深入到了美国人的日常生活中。这是一场不对称的博弈，也是一场“文明的冲突”。而在“干掉”拉登后，美国会对付谁呢？“中国崛起”让美国很闹心，遏制中国是一个重大选项。二是日本的“3・11”。一场大地震，让日本受到重挫。此消彼长，美国用来对付中国的一个重要基石动摇了。三是作为世界第二大经济体，中华民族正式登场。

美国10年前因为“9・11”事件错过了时机，如今从反恐战争中腾出手来，必将重视中国这一大课题。但能否挽回21世纪“失去的头十年”，看来是一个问题。“9・11”发生前，美国是冷战结束后最显赫的“世界单极巅峰”。那时候当选美国总统的小布什因虔诚的宗教情结，把中国视为最主要的战略对手，全方位对中国施压，两国关系陷入了1989年以来的最低潮。当时那种对中国咄咄逼人的攻势政策一旦持续，将大大延缓中国发展的步伐。可就在此时，拉登给了美国狠狠一击。由于发现对付国际恐怖主义不能没有中国的合作，小布什自此对中国的态度判若两人，转而寻求合作。美国试图利用全球同情心和对反恐的支持铲除拉登，但因其贪心太大，还想顺便解决其他问题，而打响了伊拉克战争，最终暴露其在军事上的力不从心，经济上的捉襟见肘，这就让世界发现美国的软弱和其他大国影响力的增强。“美国世纪”不可能为继，这却是拉登所无法策划的。当美国把大量资金和资源投入反恐战争时，东亚和南亚却出现了真正的划时代变化——中国和印度等新兴大国崛起而美国却相对衰落。可以说，“9・11”从根本上改变了当时中美关系的基础，为中国赢得十年黄金机遇。因此，对于美国来说，应对中国的崛起和解决因次贷危机引发的美国经济危机将是艰难而又长期的挑战。

但是，被视为崛起力量的中国，在21世纪第二个十年的形势则更加严峻。在地缘政治上，新疆与东南区域是当前中国的两大难题。美国正在推动“重返亚洲”战略，继美日、美韩军演后，菲律宾、越南在南海跳上前台。中日因钓鱼岛之争在东海的对峙将会长期化。南海，成为一个新的燃点。随着特朗普上台，三海联动，特别是东北亚将成为中美博弈新的战略角力点。新疆历来是西方国家染指、侵略、争夺的重点。当前，我国统一和安全面临的挑战主要在东南和西北方向，必须把稳定新疆作为先手棋，稳住西北，以利经略东南，这是战略考量。当前，新疆局势稳中有变，稳中有风险，稳中有忧虑，严峻复杂，不容乐观。最大的危害是民族分裂势力相互勾连，最直接现实的威胁是暴力恐怖活动多发频发,民族分裂主义和极端宗教思想甚为活跃。可以说 ，新疆正处于暴力恐怖活动活跃期、反分裂斗争复杂期、干预治疗阵痛期，分裂和反分裂斗争是长期的、复杂的、尖锐的。在这个布局中，新疆一盘棋，南疆是棋眼。

就世界而言，乌克兰、伊朗和中国成为三个“热点”。中国因为俄罗斯与欧美的博弈而减少了一些压力。美国陷入伊斯兰世界的泥淖之中，也形成了对美国“重返亚洲”、进行“亚洲再平衡”的牵制。但朝鲜问题错综复杂，成为复杂的变量因素。

中国的问题在哪里呢？当前，中国的最大问题不是信仰层面，而是思想层面、道德层面的，归根结底是文化层面的。全球化中的文化激烈交融交锋，冲击着原有的政治信仰、民族认同、道德秩序和行为规范，人们思想活动的独立性、选择性、多样性、差异性明显增强。中国的发展，越来越需要等一等灵魂，等一等道德，等一等文化，以及核心价值体系的支撑。在这里，苏联解体的命运值得我们警惕。苏联是不打自败的，军队、工业、科技、教育、基础设施均属一流水平，其根源在于思想、文化的危机，关键在于丧失了灵魂，其教训极其深刻。苏联意识形态的崩溃始于赫鲁晓夫——戈尔巴乔夫的“新思维”，在当时已经很有市场——等到叶利钦在装甲车上振臂一呼，就出现了根本性转变。中国人继物质生活基本实现小康后，如何实现精神生活的丰富和提升，成为重大的战略问题。鲁迅先生说，要改造国人的精神世界，首推文艺。李瑞环同志指出，“人是高级动物，是有思想的，同低级动物不一样”。“在没饭吃的时候，吃饱肚子是头等大事，但物质生活到了一定程度，人们的追求就会转向精神生活，而且物质生活越好，对精神生活的要求就越高。我们讲关心人民生活应该是物质、精神并重，而不只是让人吃饱了就算了”。“但是人类生活包括物质和精神两个方面。如果物质生活搞上去了，精神生活搞不好，经济建设最终也会受到妨碍，老百姓也不会满意”。因此，我们不能只看到物质或经济下行的挑战，更深刻更长远的挑战是在文化上。我们需要物质创造，更需要精神创造和文化创造。因为人不只是生命存在，更是精神存在、社会存在。这就要求我们要格外重视精神追求、文化素养、思想积淀和情感体验。人的精神世界、精神家园具有内在性和非功利性。这种内在生活迥然相异于外在生活。这是一种心灵生活，是一个心理世界，是一个内宇宙，其中有着对世界的看法，有着对人生的态度。只有对内在精神生活、心灵生活、心理生活无比关注，对精神价值、对安身立命无比关注，并把这些看得比外在生活更为重要，不沉沦于外在生活，我们的时代才是健康的，我们的精神生活才是丰富的，我们的精神世界才是高尚的。中国现在急需从文化中汲取力量，并不断创新，构筑中华民族的精神家园和心灵故乡。

（二）文化的力量及地位的上升。对于世界而言，文化经济一体化是一个重大时代浪潮，托夫勒预言的“第三次浪潮”是大势所趋。戴维·兰德斯指出：“如果说经济发展给了我们什么启示，那就是文化乃举足轻重之因素。”（《国富国穷》，新华出版社2010年版，第356页）究其原因：

一是西方“工业革命”后进入后工业社会，文化的作用、知识的作用、信息的作用、创新的作用越来越大。文化是一个国家、一个民族区别于其他国家和民族的独特标识，是在复杂国际背景下保持民族特性和民族生命力的关键因素。约瑟夫·奈指出：“传统观念认为那些拥有最强大军事力量的国家将夺得优势。但在信息时代，真正的赢家是那些最会讲故事的国家（或非国家组织）。”我们认为，十七大提出的文化大发展大繁荣，兴起社会主义文化建设新高潮的论断，比西方的“文艺复兴”和中国的五四运动的现实意义更加重大。在延安文艺座谈会上，毛泽东同志指出，“在我们为中国人民解放的斗争中，有各种的战线，就中也可以说有文武两个战线，这就是文化战线和军事战线。我们要战胜敌人，首先要依靠手里拿枪的军队。但是仅仅有这种军队是不够的，我们还要有文化的军队，这是团结自己、战胜敌人的必不可少的一支军队”。“我们不赞成把文艺的重要性过分强调到错误的程度，但也不赞成把文艺的重要性估计不足”。中共十七届六中全会，围绕体制改革和文化的大发展大繁荣作为主题，可以说，意义重大，影响深远。党的十八届三中全会提出，要推进文化体制机制创新，建设社会主义文化强国，增强国家文化软实力。文艺是人们精神活动的产物，关乎精神世界的建构，关乎世道人心。习近平同志指出：“一个民族的复兴需要强大的物质力量，也需要强大的精神力量。”在他看来，“没有先进文化的积极引领，没有人民精神世界的极大丰富，没有民族精神力量的不断增强，一个国家、一个民族不可能屹立于世界民族之林”。“没有中华文化繁荣兴盛，就没有中华民族伟大复兴”。文艺最能引领一个时代的风气。在社会变革的前夜，优秀的作家艺术家总是以强烈的社会责任感和道德感，通过自己敏锐的艺术感受力，最早感知和发现时代的细微变化，迅速反映时代的脉动，准确捕捉时代的发展方向，并把它们表达出来。因此，“文艺事业是党和人民的重要事业，文艺战线是党和人民的重要战线”。

二是在世界文化格局中，中华文化的“双创”问题突出。文化是民族的血脉，是人民的精神家园。文化是一个民族集体记忆和精神积淀的深刻体现，是民族文明图谱的集成。基督教文明、伊斯兰文明、佛教文明、中国儒家文明，在文化发展的过程中都经历了兴衰荣枯的变化。世界四大文明古国，只有中国“周虽旧邦，其命维新”，中华文明成为世界上唯一连续的不中断的文明。对于中国而言，一方面必须因应世界文化潮流，另一方面必须承担传承中华文明的历史使命。而中国传统文化正面临着内部流失与外部侵蚀的双重困境，华夏历史文明传承与创新迫在眉睫，提升中华文化软实力迫在眉睫。俄国作家契诃夫说，“艺术给我们插上翅膀，把我们带到很远很远的地方”。中华文化独一无二的理念、智慧、气度、神韵，增添了中国人民和中华民族内心深处的自信和自豪。但是，随着我国经济社会的深刻变革、对外开放的日益扩大、互联网技术和新媒体快速发展，各种思想文化交流交融交锋更加频繁，迫切需要深化对中华优秀传统文化重要性的认识，迫切需要摄入挖掘中华优秀传统文化价值内涵，进一步激发中华优秀传统文化的生机和活力，迫切需要坚持创造性转化、创新性发展，不断增强中华优秀传统文化的生命力和影响力。鲁迅说：“文艺是国民精神所发的火光，同时也是引导国民的前途精神的灯火。”习近平同志指出：“文化是民族生存和发展的重要力量。人类社会的每一次跃进，人类文明的每一次升华，无不伴随着文化的历史性进步。”正是因为“世世代代的中华儿女培育和发展了独具特色、博大精深的中华文化，为中华民族克服困难、生生不息提供了强大精神支撑”，“中华文化既坚守本根又不断与时俱进，使中华民族保持了坚定的民族自信和强大的修复能力，培育了共同的情感和价值、共同的理想和精神”。“历史和现实表明，中华民族有着强大的文化创造力。每到重大历史关头，文化都能感国运之变化、立时代之潮头、发时代之先声，为亿万人民、为伟大祖国鼓与呼”。灿若星辰的文艺大师，浩如烟海的文艺精品，“不仅为中华民族提供了丰厚滋养，而且为世界文明贡献了华彩篇章”。可以说，失去了文化的力量，失去了精神的支撑，民族振兴、国家富强、人民幸福，一切都将失去根基。著名编导张继刚在《文化的力量》中强调，人类与文化是相互影响共同进步的，人类的文明历程就是“以人化文，以文化人”的过程。由于文化可以化愚昧为智慧，化腐朽为神奇，化平庸为高贵，化干戈为玉帛，文化在提高人们的幸福指数、丰富人们的精神世界、促进国家和社会全面协调发展等方面发挥着举足轻重的作用。

三是中国能否作为一个“文明型”国家崛起具有重大意义。中国不仅是一个现代国家，而且是一个“文明型”国家。其一，经济大国必须上升为文化大国，才能成为世界强国。其二，民族复兴需要文化准备，必须着眼于提高民族素质，塑造高尚人格。其三，构建中华民族的精神家园意义重大。其四，只有重视文化建设，才能实现科学发展、社会和谐。其五，是提升软实力的需要。习近平同志指出：“举精神之旗，立精神支柱，建精神家园，都离不开文艺。”“当高楼大厦在我国大地上遍地林立时，中华民族精神的大厦也应该巍然耸立。”“文艺是时代前进的号角，最能代表一个时代的风貌，最能引领一个时代的风气。”“在我国发展史上，包括文艺在内的文化发展同样与中华民族的发展紧紧联系在一起。先秦时期，我国出现了百家争鸣的兴盛局面，开创了我国古代文化的一个鼎盛期。20世纪初，在‘五四’新文化运动中，发端于文艺领域的创新风潮对社会变革产生了重大影响，成为全民族思想解放运动的重要引擎。”因为，任何文艺活动，都是一个时代人们思想情感和精神风貌的形象体现，都不可避免地打上那个时代的烙印，都具有相应的文化内涵和鲜明的时代特征。一部优秀的文艺作品，就是一个时代的一个“表情包”。文艺是时代的记录员，记录着不同时代人们的生产生活状态，记录着人们精神世界的喜怒哀乐，记录着人们对未来的思考和向往。俄国批评家杜勃罗留波夫说，衡量一个作家或者个别作品的价值尺度，就是要看“他们究竟把某一个时代、某一民族的追求表现到什么程度”。习近平总书记指出，当前，“实现‘两个一百年’奋斗目标，实现中华民族伟大复兴的中国梦是长期而艰巨的伟大事业。伟大事业需要伟大精神。实现这个伟大的事业，文艺的作用不可替代，文艺工作者大有可为。广大文艺工作者要从这样的高度认识文艺的地位和作用，认识自己所担负的历史使命和责任”。“为什么要高度重视文艺和文艺工作？这个问题，首先要放在我国和世界发展大势中来审视。我说过，实现中华民族伟大复兴，是近代以来中国人民最伟大的梦想。今天，我们比历史上任何时期都更接近中华民族伟大复兴的目标，比历史上任何时候都更有信心、有能力实现这个目标。而实现这个目标，必须高度重视和充分发挥文艺和文艺工作者的重要作用”。过去很多发展中国家都是眼睛向西的，热衷于“西天取经”，现在则纷纷提出要向东看，寻找“东方宝典”。中国要从文化大国向文化强国转变，以一个“文明型大国”屹立于世界民族之林，文学艺术及文艺工作者担负着特殊的重要的历史使命。

（三）**中原文化、华夏历史文明传承创新区与中原崛起**。中原崛起、河南振兴既需要繁荣文化，也需要以文化为支撑。对于中原经济区而言，区位优势、人口优势等固然重要，但中华文明发祥地特有的中原文化优势则是不可替代的优势，对于中原经济区建设具有重要的引领支撑作用。中原是华夏文明最重要的发祥地之一，中原经济区的核心优势是中原文化。中原文化，是以中原为地域依托，在中原大地上形成的物质文化、制度文化、思想观念、行为方式的总称。在文化建设上，中原经济区有比较优势。中原文化既有华夏文明的“根”“源”特性，又有“深、厚、重、实”的特点。河南作为历史文化资源大省，推动文化发展具有得天独厚的条件，理应在提高中原文化国际影响力方面发挥更大作用。

对于河南而言，建设华夏历史文明传承创新区是加快中原崛起的有力支撑。这主要表现在以下几个方面：第一，中原文化是推动中原经济区建设的精神动力。中原文化对于中华民族精神的塑造发挥了重要作用，是中原经济区的魂魄和精神动力。它对于造就中华民族的精神家园，使全国人民和世界华人都能在这里找到文化归属地意义重大。可以说，中原文化在中原经济区建设中的任务，主要体现在凝心聚力、引领发展上。中国国民党荣誉主席连战2007年参加黄帝故里拜祖大典时说：“中原是所有中华儿女心灵的故乡，中原文化值得中原儿女万代景仰。”第二，中原文化是形成中原经济区战略的资源禀赋。中原地区是华夏历史文明的核心区域，是世界上较早进入人类社会文明的地区之一。中原地区史前文化谱系不断，

仰韶文化陶器

裴李岗文化史前陶器

“裴李岗文化”“仰韶文化”“龙山文化”等构成了早期农业文明的基本框架。“三皇五帝”等人文始祖与河南密切相关。自夏代开始，至元代以前近3500年间，共有200多位帝王建都或迁都在河南，夏、商、东周、东汉、曹魏、西晋、北魏、五代、武周、北宋等朝代，均以河南为政治中心。中国八大古都半数在河南。目前，已查明的全省各类文物景点共28168处，文化资源单体总量为25323个。全国重点文物保护单位189处（198项），地上文物数量居全国第二，地下文物数量居全国第一。全省现有国家历史文化名城8个，中国历史文化名镇（村）4个，馆藏文物达140万余件，国家级非物质文化遗产67项，各类博物馆、纪念馆140余座。丰富的文化资源是建设中原经济区的文化支点，为实现中原崛起河南振兴提供了得天独厚的有利条件。要充分发挥历史文化资源厚重这一优势，树立“生产性保护”的概念，打造中西部文化高地、中华文化走出去基地、文化旅游世界级目的地、全球华人寻根拜祖圣地。第三，文化建设是中原经济区建设可持续发展的重要保障。中原经济区建设要实现科学发展、持续发展、均衡发展，离不开文化建设的有力支撑。龙永图先生指出：“没有文化力量支撑的经济可以发展，但难以实现持续发展。”著名作家二月河也认识到：“经济发展必须与社会、文化建设同步，只有把与之匹配的人文理念注入经济建设中去，经济发展才有永不消退的可持续性。”第四，建设华夏历史文明传承创新区，也是软实力建设的内在需要。河南既有灿烂辉煌的历史文化，又有一定实力的现代文化；既有丰厚的革命文化，又有特色鲜明的民俗文化。整合中原经济区内的文化资源，形成文化高地，既是区域竞争的强大内生力量，又能起到强烈的聚合辐射作用。塑造国家形象，提升文化软实力，并不是光看打多少粮食，修多少条路，建几座大楼。中原经济区上升为国家战略后，文化力量率先集结，有力服务了中原经济区建设，起到了“增光”作用，起到了“添彩”作用。可以说，正是文化、文明、文艺、文学，让河南、让中原大地变得“与众不同”。例如，舞剧《水月洛神》。这是郑州歌舞剧院继《风中少林》之后又一部立足中原文化的舞剧，形象地展示了中原地域文化的特色。该剧以曹植的传世名篇《洛神赋》《七步诗》和中原传说为依托，以曹丕、曹植兄弟相争和战乱中一个美丽女人甄宓的命运遭遇为线索，巧妙融汇“诗、书、礼、乐、舞”，为观众展示了不朽的历史画卷和跨越千年的灿烂文化。电视剧《湖光山色》在央视黄金时段上演后好评如潮。电视剧《大河儿女》，从20世纪20年代中开始到抗战结束，讲述了以中原三河镇风铃寨钧瓷手艺人贺焰生、叶鼎三为代表的朴实无华的河南人民，在那个黑暗混沌的年代，如何与命运抗争的故事，淋漓尽致地展现了钧

《水月洛神》

《风中少林》

瓷的“窑变”艺术，展现了中原文化的大忠、大义、大德、大爱。这些都为河南赢得了美誉，是文化助力中原经济区建设的有力例证。

二、建设华夏历史文明传承创新区，让文化在中原经济区建设中发挥更大作用

2010年11月，省委八届十一次全会确立了建设中原经济区、加快中原崛起河南振兴的总体战略，华夏历史文明传承创新区是中原经济区的重要战略目标。2011年3月，温家宝同志在政府工作报告中提出，“十二五”时期将重点推进太原城市群、皖江城市带、鄱阳湖生态经济区、中原经济区、武汉城市圈、环株长潭城市群等区域发展，中原经济区正式纳入了《全国主体功能区规划》，写进国家“十二五”规划。随后，国务院又出台了《关于支持河南省建设中原经济区的指导意见》，这标志着中原经济区已经上升到国家战略层面。河南既有区位优势、文化优势、人口优势、农业和粮食优势，又有人口多、底子薄、基础弱、发展不平衡的羁绊；既有好的趋势、好的态势、好的气势，又面临着经济下行的严峻考验。海西经济区的独特优势在于对台，而中原经济区的独特优势除了区位、人口与粮食安全外，关键在于它是华夏儿女心灵的故乡、精神的家园和寻根的圣地，具有文化优势。甚至可以说，中原经济区不同于别的经济区的地方，主要就在于文化方面。

那么，什么是华夏历史文明传承创新区呢？中原经济区，包括四大战略定位，即国家粮食安全保障区、中国先进制造业和现代服务业集聚区、全国新型城镇化试验区、华夏历史文明传承创新区。中原经济区的目标是富民强省，核心是“三化”协调，活力是解放思想，方法是统筹兼顾，关键是实干实效。华夏历史文明传承创新区，其主题是“华夏文明之源，炎黄子

孙之根”，内容包括世界文化遗产板块、国家大遗址板块、中华古都名城板块、国家非物质文化遗产板块和全球华人寻根寻祖板块。要以洛阳龙门石窟、安阳殷墟、嵩山“天地之中”历史建筑群为依托，打造世界文化遗产保护板块。大遗址是华夏历史文明成就的物质载体。国家“十二五”期间确定的100处重要大遗址，河南占14处。此外，长城、大运河两个项目也涉及本地区。要以保护好、管理好、使用好中原文化圈的大遗址为目标，打造国家大遗址保护板块。要认真梳理中原地区非物质文化遗产，推进非物质文化遗产活态传承，建设国家非物质文化遗产保护板块。中原地区是中国都城文化的源头，中国八大古都河南有其四，还有八座国家级历史文化名城。应以古都名城为依托，组团形成我国最大的古都名城群，建设中华古都名城保护板块。中原地区是中华人文始祖的主要活动区域。淮阳太昊陵是“人祖”伏羲氏的陵墓，黄帝及五帝之中的颛顼、帝喾等的主要事迹发生在这里。人文始祖的后代枝繁叶茂，派生出许多姓氏。据统计，中国至今排名前300位的大姓中，源于河南的有171个。“根在河洛”“根在中原”得到了海内外炎黄子孙的普遍认同。要充分发挥“根”文化优势，打造全球华人寻根问祖的板块。其范围是以河南为中心，辐射传统中原文化圈的文化区域。其任务包括：大力推动文化繁荣，深化文化体制改革，发展壮大文化产业，打造一批地域特色明显、展现中原风貌、具有国际影响的文化品牌；突出根文化、姓氏文化、汉字文化等中原文化的传承和弘扬，成为传承弘扬中华优秀传统文化重要区域；建设全球华人寻根拜祖圣地，提高中原文化影响力，增强中华民族凝聚力，在促进祖国统一和中华民族伟大复兴中发挥更大作用。

（一）建设华夏历史文明传承创新区体现了中央对河南

文化发展的新要求。党的十七大报告在提出文化大发展大繁荣目标时，强调弘扬中华文化、建设中华民族共有精神家园，要求继承和弘扬中华民族传统文化的精华，努力传承人类一切优秀文明成果。如何“在全社会形成积极向上的精神追求和健康文明的生活方式”，“形成与我国国际地位相对称的文化软实力”，“开创全民族文化创造活力迸发、社会文化生活更加丰富多彩、人民基本文化权益得到更好保障、人民思想道德素质和科学文化素质全面提高的新局面”等是文化建设面临的艰巨任务。党的十八届三中全会明确提出，要完善文化管理体制，实行管人管事管资产管导向相统一；建立健全现代文化市场体系，提高文化产业规模化、集约化、专业化水平；构建现代公共文化服务体系，促进基本公共文化服务标准化、均等化；提高文化开放水平，推动中华文化走向世界，切实维护国家文化安全。习近平同志关于社会主义核心价值观、文化软实力、文化和文明等作出的一系列重要论述，显示出高度的文化自信和文化自觉。在习近平同志看来，独特的文化传统、独特的历史命运、独特的国情，注定了中国必然走适合自己特点的发展道路。“实现中国梦，是物质文明和精神文明均衡发展、相互促进的结果。没有文明的继承和发展，没有文化的弘扬和繁荣，就没有中国梦的实现。实现中国梦，是物质文明和精神文明比翼双飞的发展过程。随着中国经济社会不断发展，中华文明也必将顺应时代发展焕发出更加蓬勃的生命力”。在他看来，文明具有多彩性、平等性和包容性。第一，文明是多彩的。他说：“物之不齐，物之情也。”“等闲识得东风面，万紫千红总是春。”对待文化的多样性，“海纳百川，有容乃大”。第二，文明是平等的。“要了解文明的真谛，必须秉持平等、谦虚的态度，傲慢和偏见是文明交流互鉴的最大障碍”。第三，文明是包容的。“对待不同文明，我们需要比天空更广阔的胸怀”。讲文明的多彩性，习近平同志用酒和茶来比喻中欧关系：中国主张和而不同，欧洲主张多元一体，但人既可以酒逢知己千杯少，也可以品茶品味品人生。以平等态度鉴赏他者文明，塑造他者以平等态度观察中国，这就是新世纪中国的世界文明理念。“中国和法国都是有着独特文明的古老国度。以黄河长江和卢瓦尔—罗讷水系为母亲河的两个伟大民族，都曾经长期引领各自所在地区的文明发展进程。老子、孔子、墨子、孟子、庄子等中国诸子百家学说至今仍然具有世界性的文化意义，声名远扬的法国思想家们为全人类提供了宝贵精神财富”。“历史上，中华文化曾经成为法国社会的时尚，在法国启蒙思想家的著作和凡尔赛宫的装饰中都能找到中华文化元素。同样，法国作家和艺术家的传世之作也深受广大中国读者喜爱”。“由于这个原因，我青年时代就对法国文化抱有浓厚兴趣，法国的历史、哲学、文学、艺术深深吸引着我。读法国近现代史特别是法国大革命史的书籍，让我丰富了对人类社会政治演进规律的思考。读孟德斯鸠、伏尔泰、卢梭、狄德罗、圣西门、傅立叶、萨特等人的著作，让我加深了对思想进步对人类社会进步作用的认识。读蒙田、拉封丹、莫里哀、司汤达、巴尔扎克、雨果、大仲马、乔治·桑、福楼拜、小仲马、莫泊桑、罗曼·罗兰等人的著作，让我增加了对人类生活中悲欢离合的感触。冉阿让、卡西莫多、羊脂球等艺术形象至今仍栩栩如生地存在于我的脑海之中。欣赏米勒、马奈、德加、塞尚、莫奈、罗丹等人的艺术作品，以及赵无极中西合璧的画作，让我提升了自己的艺术鉴赏能力。还有，读凡尔纳的科幻小说，让我的头脑中充满了无尽的想象。当然，法国的歌剧、芭蕾舞、建筑、体育、美食、时尚、电影等在中国也有广泛的吸引力。了解法兰西文化，使我能够更好认识中华文化，更好领略人类文明的博大精深、丰富多彩”。“中华文明经历了5000多年的历史变迁，但始终一脉相承，积淀着中华民族最深层次的精神追求，代表着中华民族独特的精神标识，为中华民族生生不息、发展壮大提供了丰厚滋养。中华文明是在中国大地上产生的文明，也是同其他文明不断交融互鉴而形成的文明”。在习近平同志看来，“万物并育而不相害，道并行而不相悖”。“文明因交流而多彩，文明因互鉴而丰富。文明交流互鉴，是推动人类文明进步和世界和平发展的重要动力”。“我们应该从不同文明中寻求智慧、汲取营养，为人们提供精神支撑和心灵慰藉，携手解决人类共同面临的挑战”。在和平共处五项原则发表60周年纪念大会上，习近平同志指出，“我们要尊重文明多样性，推动不同文明交流对话、和平共处、和谐共生，不能唯我独尊、贬低其他文明和民族”。“文明多样性是人类社会的基本特征。当今世界有70亿人口，200多个国家和地区，2500多个民族，5000多种语言。不同民族、不同文明多彩多姿、各有千秋，没有优劣之分，只有特色之别”。“人类历史告诉我们，企图建立单一文明的一统天下，只是一种不切实际的幻想”。“拿破仑说过，中国是一头沉睡的狮子，当这头睡狮醒来时，世界都会为之发抖。中国这头狮子已经醒了，但这是一只和平的、可亲的、文明的狮子”。在比利时欧洲学院，他说：“中国是有着悠久文明的国家。在世界几大古代文明中，中华文明是没有中断、延续发展至今的文明，已经有5000多年历史了。我们的祖先在几千年前创造的文字至今仍在使用。2000多年前，中国就出现了诸子百家的盛况，老子、孔子、墨子等思想家上究天文、下穷地理，广泛探讨人与人、人与社会、人与自然关系的真谛，提出了博大精深的思想体系。他们提出的很多理念，如孝悌忠信、礼义廉耻、仁者爱人、与人为善、天人合一、道法自然、自强不息等，至今仍然常常影响着中国人的生活。中国人看待世界、看待社会、看待人生，有自己独特的价值体系。中国人独特而悠久的精神世界，让中国人具有很强的民族自信心，也培育了以爱国主义为核心的民族精神”。关于社会主义核心价值观，习近平同志指出，“中华文明绵延数千年，有其独特的价值体系。中华优秀传统文化已经成为中华民族的基因，植根在中国人内心，潜移默化影响着中国人的思想方式和行为方式。今天，我们提倡和弘扬社会主义核心价值观，必须从中汲取丰富营养，否则就不会有生命力和影响力”。他列举了中华文化中的优秀思想和理念，包括“民为邦本”“天人合一”“和而不同”“天行健，君子以自强不息”“大道之行也，天下为公”；“天下兴亡，匹夫有责”“以德治国、以文化人”“君子喻于义”“君子坦荡荡”“君子义以为质”；“言必信，行必果”“人而无信，不知其可也”；“德不孤，必有邻”“仁者爱人”“与人为善”“己所不欲，勿施于人”“出入相友、守望相助”“老吾老以及人之老，幼吾幼以及人之幼”“扶贫济困”“不患寡而患不均”等。他指出，“像这样的思想和理念，不论过去还是现在，都有其鲜明的民族特色，都有其永不褪色的时代价值。这些思想和理念，既随着时间推移和时代变迁而不断与时俱进，又有其自身的连续性和稳定性。我们生而为中国人，最根本的是我们有中国人的独特精神世界，有百姓日用而不觉的价值观。我们提倡的社会主义核心价值观，充分体现了对中华优秀传统文化的传承和升华”。“要利用各种时机和场合，形成有利于培育和弘扬社会主义核心价值观的生活情景和社会氛围，使核心价值观的影响像空气一样无所不在、无时不有”。

关于文化软实力，习近平同志指出，“一个国家的文化软实力，从根本上说，取决于其核心价值观的生命力、凝聚力、感召力”。“核心价值观是文化软实力的灵魂、文化软实力建设的重点。这是决定文化性质和方向的深层次要素”。“培育和弘扬社会主义核心价值观必须立足中华优秀传统文化。牢固的核心价值观，都有其固有的根本。抛弃传统、丢掉根本，就等于割断了自己的精神命脉。博大精深的中华优秀传统文化是我们在世界文化激荡中站稳脚跟的根基”。一是提高国家文化软实力，要努力夯实国家文化软实力的根基。“夯实国内文化建设根基，一个很重要的工作就是从思想道德抓起，从社会风气抓起”。“要继承和弘扬我国人民在长期实践中培育和形成的传统美德，坚持马克思主义道德观，坚持社会主义道德观，在去粗取精、去伪存真的基础上，坚持古为今用、推陈出新，努力实现中华传统美德的创造性转化、创新性发展，引导人们向往和追求讲道德、尊道德、守道德的生活，让13亿人的每一分子都成为传播中华美德、中华文化的主体”。二是提高国家文化软实力，要努力传播当代中国价值观念。“当代中国价值观念，就是中国特色社会主义价值观念，代表了中国先进文化的前进方向。我国成功走出了一条中国特色社会主义道路，实践证明我们的道路、理论体系、制度是成功的”。“中国梦的宣传和阐释，要与当代中国价值观念紧密结合起来。中国梦意味着中国人民和中华民族的价值体认和价值追求，意味着全面建成小康社会、实现中华民族伟大复兴，意味着每一个人都能在为中国梦的奋斗中实现自己的梦想，意味着中华民族团结奋斗的最大公约数，意味着中华民族为人类和平与发展作出更大贡献的真诚意愿”。三是提高国家文化软实力，要努力展示中华文化独特魅力。“在5000多年文明发展进程中，中华民族创造了博大精深的灿烂文化，要使中华民族最基本的文化基因与当代文化相适应、与现代社会相协调，以人们喜闻乐见、具有广泛参与性的方式推广开来，把跨越时空、超越国度、富有永恒魅力、具有当代价值的文化精神弘扬起来，把继承优秀传统文化又弘扬时代精神、立足本国又面向世界的当代中国文化创新成果传播出去”。四是要注重塑造我国国家形象。“要重点展示中国历史底蕴深厚、各民族多元一体、文化多样和谐的文明大国形象，政治清明、经济发展、文化繁荣、社会稳定、人民团结、山河秀美的东方大国形象，坚持和平发展、促进共同发展、维护国际公平正义、为人类作出贡献的负责任大国形象，对外更加开放、更加具有亲和力、充满希望、充满活力的社会主义大国形象”。五是提高国家文化软实力，要努力提高国际话语权。“对中国人民和中华民族的优秀文化和光荣历史，要加大正面宣传力度”，“引导我国人民树立和坚持正确的历史观、民族观、国家观、文化观，增强做中国人的骨气和底气”。关于文化，习近平同志指出，“中华文化源远流长，积淀着中华民族最深层的精神追求，代表着中华民族独特的精神标识，为中华民族生生不息、发展壮大提供了丰厚滋养。中华传统美德是中华文化精髓，蕴含着丰富的思想道德资源。不忘本来才能开辟未来，善于继承才能更好创新。对历史文化特别是先人传承下来的价值理念和道德规范，要坚持古为今用、推陈出新，有鉴别地加以对待，有扬弃地予以继承，努力用中华民族创造的一切精神财富来以文化人、以文育人”。“要讲清楚中华优秀传统文化的历史渊源、发展脉络、基本走向，讲清楚中华文化的独特创造、价值理念、鲜明特色，增强文化自信和价值观自信。要认真汲取中华优秀传统文化的思想精华和道德精髓，大力弘扬以爱国主义为核心的民族精神和以改革创新为核心的时代精神，深入挖掘和阐发中华优秀传统文化讲仁爱、重民本、守诚信、崇正义、尚和合、求大同的时代价值，使中华优秀传统文化成为涵养社会主义核心价值观的重要源泉。要处理好继承和创造性发展的关系，重点做好创造性转化和创新性发展”。“中华民族是一个兼容并蓄、海纳百川的民族，在漫长的历史进程中，不断学习他人的好东西，把他人的好东西化成我们自己的东西，这才形成我们的民族特色”。在考察山东曲阜孔庙时，习近平同志指出，“研究孔子和儒家思想要坚持历史唯物主义立场，坚持古为今用，去粗取精，去伪存真，因势利导，深化研究，使其在新的历史条件下发挥积极作用”。在会见第四届全国道德模范时，他指出，“自强不息、厚德载物的思想，支撑着中华民族生生不息、薪火相传，今天依然是我们推进改革开放和社会主义现代化建设的强大精神力量”。在中央党校80年校庆时，习近平同志指出，“中国传统文化博大精深，学习和掌握其中的各种思想精华，对树立正确的世界观、人生观、价值观很有益处。学史可以看成败、鉴得失、知兴替；学诗可以情飞扬、志高昂、人灵秀；学伦理可以知廉耻、懂荣辱、辨是非”。

关于河南文化建设，胡锦涛同志2010年3月“两会”期间参加河南代表团审议时强调：“河南是中华民族和华夏文明的重要发祥地，是全国重要的历史文化资源大省，历史底蕴深厚，文化资源丰富，要充分发挥这一优势，推动文化发展繁荣。”温家宝同志在十一届全国人大四次会议上表示，“一个国家的实力不仅表现在经济上，而且表现在国民素质、文化发展和道德情操上。我们的国家有着五千年的文化传统，在世界上历经劫波，而现在还保存完整传承下来，中国是一个典范”。“文化传统是一个国家的灵魂，文化传统更具有感召力和凝聚力，我们一定要充分发挥祖国的文化传统”。2011年1月22日，温家宝同志在视察河南时指出：“这里，我想特别讲一下文化问题。河南具有深厚的文化底蕴，这是千真万确的。中原文化代表中国的古文明以及由此而延伸的中国整个历史文化，十分宝贵。这块土地养育了河南人民，河南人民长期在这个地方生活、栖息，创造和发展的中原文化，是中华文明极为重要的组成部分。我们在编制经济社会发展规划的时候，千万不要忘了文化；在讲硬实力的时候，千万不要忘了软实力；在讲经济发展的时候，千万不要忘了社会发展；在强调发展的时候，千万不要忘了全民素质的提高、社会道德风尚的提高。我认为，在这些方面，河南具有优势、具有潜力，可以大大地挖掘和充分地发挥。一个重视文化、重视教育、重视科技、重视人才的地区，一定有长久的、持续的发展后劲。”2011年“两会”期间，习近平同志在参加河南代表团审议时希望，在中原经济区上升为国家战略的鼓舞下，奋发有为开创中原崛起、河南振兴新局面，对河南文化建设提出新的更高的要求。第一，形成历史文明与现代文明相融、精神效益和社会效益并进的文化发展哲学。习近平同志说：“河南是中华民族、华夏文明的重要发祥地，自古以来中原大地孕育的风流人物灿若群星，产生的历史文化影响深远，创造了许多闻名遐迩的精神文化成果，培育了愚公移山精神、焦裕禄精神、红旗渠精神，这些创业精神是我们党的性质和宗旨的集中体现，历久弥新，永远不会过时”。“加强文化建设首先要继承和弘扬这些革命创业精神作为凝聚人心、战胜困难、开拓前进的精神动力，不断结合新的时代特征用以滋养教育广大干部群众，为全省经济社会发展注入强大精神力量。近年来河南省委结合保持共产党员先进性教育活动和深入学习实践科学发展观活动，组织全省党员干

《愚公移山》 （徐悲鸿作）

部特别是领导干部重温焦裕禄同志的感人事迹，缅怀焦裕禄同志心里装着全体人民唯独没有他自己的公仆精神，敢教日月换新天的奋斗精神，坚持一切从实际出发的求实精神，革命者要在苦难面前逞英雄的大无畏精神，为党和人民事业鞠躬尽瘁、死而后已的奉献精神，对于加强主观世界改造、提升精神境界收到了良好的效果，这种结合新的实际学习老典型、弘扬党的优良传统的工作要继续抓下去，常抓不懈”。第二，积极推进具有中原文化特质的文化大发展大繁荣，为经济社会发展提供强有力的精神动力和充足的文化条件。他提出，“要整合文化资源，积极推进文化体制改革，大力发展文化事业、文化产业，注重发展优势项目，努力打造精品名作，积极培育新型文化业态”。中央领导同志的重要讲话为河南文化发展指明了前进方向，提出了新要求，我们要认真学习领会，抓好贯彻落实。

（二）建设华夏历史文明传承创新区体现了省委对文化发展的新部署。省委高度重视文化建设。2003年7月，河南首次提出文化强省的概念。2006年10月召开的省八次党代会，确立

红旗渠

了加快“两大跨越”、推进“两大建设”的战略布局，加快文化资源大省向文化强省的跨越，成为中原崛起的核心和标志之一。省委要求，“要深入研究文化建设。文化资源丰富是河南很明显、很独特的优势，也是河南最根本、最重要的优势”。并指出：文化强省不仅是指把文化本身做大做强，更重要的是文化要在强省建设中发挥重要作用，“推动文化发展繁荣，要以打造华夏历史文明传承创新区为引导。建设华夏历史文明传承创新区是国家赋予河南的重大文化使命，也是我省推动文化繁荣发展的重大机遇和实践载体。我们要深入研究谋划，加快推进实施，确保华夏历史文明传承创新区建设取得实质性进展，用历史文明的传承创新为文明河南建设助力”。省委八届十一次全会审议通过的《关于制定全省国民经济和社会发展第十二个五年规划的建议》，把建设文化强省，增强发展的软实力和支撑力，作为全面推进中原经济区建设，加快中原崛起、河南振兴的重要内容；提出要坚持社会主义先进文化前进方向，充分发挥中原文化独特优势，努力形成优势彰显、特色鲜明、充满活力的文化发展新局面，促进文化大发展大繁荣。省委、省政府印发的《中原经济区建设纲要》把华夏历史文明传承创新区作为中原经济区的战略定位之一，提出要大力推动文化发展繁荣，深化文化体制改革，发展壮大文化产业，打造一批地域特色明显、展现中原风貌、具有国际影响的文化品牌，突出根文化、姓氏文化、汉字文化等中原文化的传承弘扬，建设全球华人寻根拜祖圣地，提高中原文化影响力，增强中华民族凝聚力，成为传承弘扬中华优秀传统文化重要区域，在促进祖国统一和中华民族伟大复兴中发挥更大作用；把构建独具特色的文化支撑体系作为建设中原经济区的十大战略支撑体系之一，提出要提高全民文明素质、全面繁荣文化事业、提升中原文化影响力、推进文化领域改革开放等。河南是中华民族和华夏文明的重要发祥地，是全国重要的历史文化资源大省，文化是我们的一大王牌。深化文化体制改革、提高文化软实力，推动文化大发展大繁荣，是文明河南建设的重要组成部分和题中应有之义。当前，我省文化发展存在的主要问题，一是公共文化服务能力不足，二是文化产业发育不足，三是文化发展活力不足。这些问题之所以存在，从根本上讲在于文化体制改革滞后。“要把繁荣文化与发展经济结合起来，既立足现实经济基础，又推动文化发展与经济紧密结合；既注重挖掘文化内涵，又重视挖掘商业价值，推动弘扬中原文化与发展文化产业相融合，努力实现繁荣文化与发展经济‘双赢’”。“我们要增强深化文化体制改革的自觉性主动性坚定性，进一步解放思想，更好发挥市场在文化资源配置中的作用，更好激发文化工作者和全社会文化创造热情，推动文化事业建设和文化产业发展取得新进展”。习近平总书记视察河南后，省委、省政府对发展思路和“治豫方略”进行了再梳理，目前正在围绕全面决胜小康、让河南更加出彩谱写河南篇章。其中，文明河南建设，就要“以打造华夏历史文明传承创新区为引导”。“文明河南”

建设，要强调“三符合”，即符合人类社会发展规律、符合中国国情和河南省情、符合最广大人民根本利益。基本要求就是“做文明人，办文明事”，并以道德建设、法治建设、诚信建设和服务型机关建设为突破口和切入点。省委书记谢伏瞻同志进一步提出，要打造中原文化品牌，建设全国重要的文化高地，努力实现华夏历史文明传承创新区建设“破题”。

（三）建设华夏历史文明传承创新区使河南文化、文艺工作的新思路、新任务更加明确。当前，建设华夏历史文明传承创新区面临着极好的机遇。河南的文化强省战略已经进入到第13个年头，在这13年中，我亲历了它的风生水起。从文化河南到文化强省战略，再到十个改革试验区，我都有着很深刻的体会。现在有一句流行问话：“时间都去哪儿了？”在这13年中，我干了10年文化强省的相关工作。从操作层面来讲，文化艺术工作重大活动多、工作头绪多，要突出重点、整体推进。要把“务虚”与“务实”紧密结合起来。“务虚”就是要加强对文化理论、文化建设、文化强省工作的研究，加强对中原文化、华夏历史文明、华夏历史文明传承创新区、中原经济区文化支撑体系的研究，加强对中原文化哲学和中原人文精神的研究，出精品、出大家、出影响，打造中原作家群、中原诗群、中原摄影家群、中原戏剧家群以及中原书风、中原画派、中原学派等与中原经济区相适应的文艺品牌，努力把河南建设成为中部六省中的区域文化中心，建设成为华夏历史文明传承创新区。“务实”，就是要做好具体工作，主要包括以下四个方面：第一，加强创作引导，努力推出更多精品力作。第二，加强活动协调，努力服务好全省工作大局。第三，加强文化惠民服务，努力满足人民群众精神文化需求。第四，加强培养推介，努力提升文艺人才队伍的整体素质和影响力。要抓重点，攻难点，举亮点，使全省文化艺术工作提升到更高的水平。

文化高地与华夏历史文明传承创新区建设，体现了河南文化发展战略的新的追求。《周易》中说：“仰以观于天文，俯以察于地理，是故知幽明之故。”要求我们能够透过现象看本质。“天下有二，非察是，是察非”，要求我们要树立辩证思维。“明者远见于未萌而智者避危于无形，祸因多藏于隐微而发于人之所忽”，要求我们既要坚持历史唯物主义和辩证唯物主义的世界观和方法论，又要具备中国传统的文史哲智慧和洞见。面对河南文化发展的“三不足”，即公共文化服务能力不足、文化产业发育不足、文化发展活力不足，如何把河南的文化强省建设上升到国家战略层面，以大视角启迪大智慧，以大思路谋划大战略，自觉地在中华文化建设中找准定位，主动融入，有效运作，迅速实现华夏历史文明传承创新区建设的破题，是一个重大历史任务。

三、华夏历史文明传承创新区的八大体系建设

2010年11月19日，省委八届十一次全会通过的《中原经济区建设纲要》中明确指出，文化是中原经济区建设的强大推动力量。中原经济区不仅具有区位价值、社会价值、生态价值，而且具有突出的文化意蕴。要充分发挥中原文化兼容并蓄、刚柔相济、革故鼎新、生生不息的优势，推动文化创新，建设和谐文化，形成优势彰显、充满活力、全面繁荣的文化发展新局面，全面提升中原文化的吸引力和影响力。结合河南实际，我认为，打造华夏历史文明重要传承区，关键是要建设以下八大文化体系：

（一）社会主义核心价值体系。无道则文不立，道弱则文不强。文化领域是一个意义的领域，文化的核心价值就在于为人的生命提供一种解释系统，以确立生命的理由。意识形态

《兰考桐花》　（马国强作）

是文化的灵魂和核心，决定着文化发展的方向和性质。社会主义核心价值体系以理论层面为主导，统领理想、精神、思想、道德等不同层面，决定着社会主义的发展模式、制度体制和目标任务，在所有社会主义价值目标中处于统摄和支配地位，是社会主义意识形态的本质体现，是当代中国人民的主心骨。历史经验表明，任何一个国家要把全社会的意志和力量凝聚起来，都必须有一套与经济基础、政治制度相适应的核心价值体系。我国是一个多人口、多民族的大国，必须靠共同的理想信念、强大的精神支柱和基本的道德规范来统一人们的思想，凝聚人们的力量。在文艺工作座谈会上，习近平总书记创造性地提出，中国精神是社会主义文艺的灵魂。习近平同志指出：“每个时代都有每个时代的精神。”“实现中国梦必须走中国道路、弘扬中国精神、凝聚中国力量。核心价值观是一个民族赖以维系的精神纽带，是一个国家共同的思想道德基础。如果没有共同的核心价值观，一个民族、一个国家就会魂无定所、行无依归。为什么中华民族能够在几千年的历史长河中生生不息、薪火相传、顽强发展呢？很重要的一个原因就是中华民族有一脉相承的精神追求、精神特质、精神脉络。”从我国传统文化的组成来讲，尽管儒、道、佛三家在其长期的历史发展中有着不同的形态，但它们都有其体现各家思想本质的内容，或者说皆有其自身的核心价值体系。儒家是通过“仁爱”之道，道家是通过“自然”之道，佛家是通过“智慧”和“慈悲”之道，以实现社会、人生的和谐与完善。“新文化运动”在中华文化史上被称为继先秦百家争鸣之后的第二次中华民族文化发展的轴心期，其核心是对国人进行“德先生”和“赛先生”以及个性解放与个体自由的思想启蒙。就西方社会而言，文艺复兴以“自由、平等、博爱”为旗帜。一个时期以来，以自由、平等、法治、公正、正义、民主、人权等观念为主的普世价值正占据国际社会主流话语地位。西方世界深知普世价值的重要性，就牢牢地抓住普世价值观念的话语权，占据道义制高点。因此，我们要坚决防止一些人的“去中国化”“去历史化”“去主流化”“去思想化”“去价值化”。如何用“价值战”取代“价格战”，抢占价值观制高点，对于中国重新掌握话语权意义重大。党的十六届六中全会首次提出、十七大报告重点强调的社会主义核心价值体系就是对中国话语权的重大构建。当前，社会主义核心价值体系正在获得广泛认同，但随着人们思想意识多元多变的特征日渐凸显，也为社会主义核心价值体系建设带来了难度，特别是其中出现的不问是非、不讲对错、不知美丑和行为没有底线问题是十分突出的。党的十八大报告指出：“社会主义核心价值体系是兴国之魂，决定着中国特色社会主义发展方向。”并提出，要“倡导富强、民主、文明、和谐，倡导自由、平等、公正、法治，倡导爱国、敬业、诚信、友善，积极培育和践行社会主义核心价值观”。中央办公厅下发了《关于培育和践行社会主义核心价值观的意见》。正如习近平同志所要求的，“我们要在全社会大力弘扬和践行社会主义核心价值观，使之像空气一样无处不在、无时不有，成为全体人民的共同价值追求，成为我们生而为中国人的独特精神支柱，成为百姓日用而不觉的行为准则”。李渔说得好：“凡作传世之文者，必先有可以传世之心。”习近平总书记也指出“文艺是铸造灵魂的工程，文艺工作者是灵魂的工程师”“文艺在培育和弘扬社会主义核心价值观方面具有独特作用”“广大文艺工作者要高扬社会主义核心价值观的旗帜，充分认识肩上的责任，把社会主义核心价值观生动活泼、活灵活现地体现在文艺创作之中，用栩栩如生的作品形象告诉人们什么是应该肯定和赞扬的，什么是必须反对和否定的，做到春风化雨、润物无声”。第一，“在社会主义核心价值观中，最深层、最根本、最永恒的是爱国主义”。“我们当代文艺更要把爱国主义作为文艺创作的主旋律，引导人民树立和坚持正确的历史观、民族观、国家观、文化观，增强做中国人的骨气和底气”。我们反对狭隘民族主义，但也反对历史虚无主义。历史虚无主义对历史上的重大事件和重要人物进行重评和颠覆，容易造成价值观的消解、人心的涣散和精神的弱化，其危害是极大的。第二，“追求真善美是文艺的永恒价值”。“真”是文艺作品的生命之基，“善”是文艺作品的价值之本，“美”是文艺作品的魅力之源。《国语》中说：“善，德之建也”。康德也说，“美是道德的象征”。文艺作品可以表现假恶丑，但它的立场是求真、扬善、审美。“中华民族在长期实践中培育和形成了独特的思想理念和道德规范，有崇仁爱、重民本、守诚信、讲辩证、尚和合、求大同等思想，有自强不息、敬业乐群、扶正扬善、扶危济困、见义勇为、孝老敬亲等传统美德，不论过去还是现在，都有其永不褪色的价值”，我们要“以古人之规矩，开自己之生面”。“我们要通过文艺作品传递真善美，传递向上向善的价值观，引导人们增强道德判断力和道德荣誉感，向往和追求讲道德、尊道德、守道德的生活”。文学艺术在社会道德体系建构中承担着重要职能，这就要求我们必须以推动人的灵魂向上为己任，最终实现整个社会文明刻度的提升。“中华美学讲求托物言志、寓理于情”“讲求形神兼备、意境深远”，讲求“言简意赅、凝练节制”，强调知情、意行相统一，重视“有意义”“有意思”和“有用”，重视深入生活和人格塑造。展现中华审美风范，要求我们要传承和弘扬中华美学精神。第三，“文艺创作不仅要有当代生活的底蕴，而且要有文化传统的血脉”。魏征说得好：“求木之长者，必固其根本；欲流之远者，必浚其源泉。”我们体会到，法国文学的浪漫格调、德国文学的思辨色彩、英国文学的清绝气质、俄罗斯文学的批判精神、日本文学的感伤情绪，无不与其民族文化传统息息相关。中国的《诗经》楚辞汉赋，唐诗宋词元曲，明清小说，无不蕴含着中华民族的文化基因。当代中国文艺要获取更加绵长深厚的发展动力，要在世界各民族文化软实力的竞争中脱颖而出，就必须坚守中华文化立场，对中国传统文化固本求新。要继承中国文学文以载道的传统、中国书法涵情养性的品格、中国绘画致高致远的追求、中国戏曲高台教化的作用和中国影视移风易俗的功能。第四，坚持和弘扬中国精神，并不排斥学习借鉴世界优秀文化成果。习近平同志说得好：“艺术也要在国际市场上竞争，没有竞争就没有生命力。”这句话对于我们推动中华文化世界化具有重大启示。当前，有些弘扬主旋律、传播正能量的作品，存在着概念化、公式化的倾向，忽略了文艺特有的表达方式，是需要我们高度重视的。讲故事是文艺的特长，要找准社会主义核心价值观与人们思想道德情感的契合点，努力使社会主义核心价值观成为人们心灵的罗盘，成为人们情感的寄托。社会主义核心价值观继承了中华民族优秀文化传统，植根于改革开放的成功实践，体现着中国特色社会主义道路、理论体系、制度的独特优势，要增强价值观自信，坚守正确的价值立场，高扬社会主义核心价值观的精神旗帜。要认真阐释优秀传统文化与核心价值观的内在联系，不断增强人们对核心价值观的认知认同。中华民族和中国人民在修齐治平、尊时守位、知常达变、开物成务、建功立业过程中培育和形成的基本思想理念，如革故鼎新、与时俱进的思想，脚踏实地、实事求是的思想，惠民利民、安民富民的思想，道法自然、天人合一的思想等，可以为人民认识和改造世界提供有益启迪，可以为治国理政提供有益借鉴。传承发展中华优秀传统文化，就要大力弘扬讲仁爱、重民本、守诚信、崇正义、尚和合、求大同等核心思想理念。中华优秀传统文化蕴含着丰富的道德理念和规范，如天下兴亡、匹夫有责的担当意识，精忠报国、振兴中华的爱国情怀，崇德尚善、见贤思齐的社会风尚，孝悌忠信、礼义廉耻的荣辱观念，体现着评判是非曲直的价值标准，潜移默化地影响着中国人的行为方式。传承发展优秀传统文化，就要大力弘扬自强不息、敬业乐群、扶危济困、见义勇为、孝老爱亲等中华传统美德。中华优秀传统文化积淀着多样、珍贵的精神财富，如求同存异、和而不同的处世方法，文以载道、以文化人的教化思想，形神兼备、情景交融的美学追求，俭约自守、中和泰和的生活理念等，是中国人民思想观念、风俗习惯、生活方式、情感样式的集中表达，滋养了独特丰富的文学艺术、科学技术、人文学术，至今仍然具有深刻影响。传承发展中华优秀传统文化，就要大力弘扬有利于促进社会和谐、鼓励人们向上向善的思想文化内容。要贯彻落细、落小、落实的要求，注重接地气、贴民心，找准与时代的对接点、与百姓的共鸣点，努力做到潜移默化、润物无声。中原地区思想文化源远流长，博大精深。大局、大仁、大义、大气的历史传统，焦裕禄精神、红旗渠精神、愚公移山精神、大别山精神等，是社会主义核心价值体系在河南的具体体现，对于建设中华民族共有精神家园重要承载地意义重大。要把社会主义核心价值体系作为建设华夏历史文明传承创新区的主体内涵，用高质量的精神文化产品生动形象地展示社会主义核心价值体系，用体现社会主义核心价值体系的文化产品引领各种文化思潮和文化追求，为决胜全面小康社会、让中原更加出彩提供有力的思想保证、强大的精神支撑、坚实的道德基础和良好的社会风尚。

（二）**精品文化生产体系**。在习近平同志看来，“精品之所以‘精’，就在于其思想精深、艺术精湛、制作精良”。思想精深，在于作品具有思想性，具有深刻的洞察力。“充实之谓美，充实而有光辉谓之大”。“古往今来，文艺巨制无不是厚积薄发的结晶，文艺魅力无不是内在充实的显现”。艺术精湛，是指能够以审美的方式塑造艺术形象。制作精良则是指制作“讲究”而非“将就”。王国维在《人间词话》中说：“词以境界为最上。有境界则自成高格，自有名句。”作品的境界，在于筋骨、道德和温度。中外文艺发展史证明，是否有筋骨、是否有道德、是否有温度，永远都是衡量作品成败最为重要的条件。有筋骨，就是作品要表现崇高的理想信念、非凡的胆识和浩然正气，用优秀作品挺起民族的脊梁。有道德，就是要承载和展现高尚的道德追求，传达积极健康的道德观念，激发人们的道德自觉，提升人们的道德理想。有温度，就是要体现人文关怀，以作品蕴含的情感热度提升社会生活的温度。河南是文化资源大省，丰厚的历史文化资源为精品生产提供了取之不尽的创作题材。要以建设社会主义核心价值体系为核心，以中国梦为主题，推动艺术创作出精品惠民生。出精品，需要环境和政策，但更根本的是需要作家艺术家自身的努力。李瑞环同志指出：“我想，看一个体制、一个政策、一个领导好不好，最大的一条，就是能不能把人的积极性调动起来，能不能把各方面的潜能发挥出来。”我们要紧紧依托文化资源优势，围绕振兴豫剧、曲剧、京剧、越调等传统剧种，抢救和保护地方特色剧种，发展歌舞剧、交响乐等现代艺术形式，继续保持文学、书法、戏剧、曲艺、武术、杂技、民间艺术等在全国的

《大河儿女》

领先地位，扩大河南影视剧在全国的影响，努力打造具有中原特色、中原风格和中原气派的大作力作名作。要把握正确方向，树立精品意识，坚守社会责任，坚持用社会主义核心价值体系引领文化创作生产，探索建立科学的文化产品评价标准和评价机制，努力推出更多无愧于时代无愧于人民的精品力作，更好地引领时代进步，推动经济发展，促进社会和谐。要确定一批重点选题，加强指导和创作，按照思想性、知识性、艺术性、观赏性相统一的要求，重点抓好电视剧《大河儿女》，戏剧《红旗渠》《焦裕禄》《愚公移山》，舞台剧《太极》等作品的创作生产，力争推出一批在国内有影响的作品。要按照历史题材与现实题材并举，新农村题材、城镇化题材、青少年题材并举的方针，打造能够传承中原历史文脉，表现当代人观念、情感，符合现代人审美需要的新剧目。既要有《朝阳沟》，也应当有《城的灯》。要建立良好的电影、电视剧、戏剧、歌曲、舞蹈、唱片文化等精品生产机制，借鉴外地行之有效的好做法，创作出更多持久的、永恒的、能够走向世界的艺术精品。

《朝阳沟》

（三）**公共文化服务体系**。公益性，是公共文化服务体系建设的出发点、落脚点。以“公”为本，“益”字当先，是繁荣发展社会主义先进文化、构建社会主义和谐社会的必然要求，也是建设华夏历史文明传承创新区、建设中原经济区的现实需要。要按照体现公益性、基本性、均等性、便利性的要求，加快构建公共文化服务体系，更好地保障人民群众基本文化权益。当前，“均等化”和“标准化”，是我们建设公共文化服务体系的基本要求。要坚持满足人民群众基本文化需求，加快构建现代公共文化服务体系，促进基本公共文化服务标准化、均等化。所谓均等性，是指城市和乡村都一样，要一视同仁。要着力建立覆盖城乡的公共文化服务体系框架。要坚持科学发展，统筹建设管理与使用，进一步提高公共文化服务的效能。例如农家书屋的建设，除了要建设好之外，还要管理好，发挥好作用。中原文化博大精深，河南公共文化服务的开展要注重挖掘深厚的文化积淀，同时要积极创新。一是要整合资源，提升品位。继续抓好文化惠民工程，进一步改善基层人民群众的文化生活条件。优先安排与群众切身利益紧密相关的文化项目，加快社区和乡镇综合文化站（室）、文化信息资源共享、农家书屋和农村电影放映等工程建设。要进一步明确文化惠民“五大工程”的目标任务。已经建成的文化惠民工程，要建立科学的管理制度，重视用好管好阵地，使现有阵地发挥更大效应。二是要加强谋划，注重创新。明确政策，创新举措，加强引导，保持我省社会力量捐赠支持文化发展的热潮，积极探索鼓励企业和个人捐赠文化事业的有效途径，广泛吸引社会资金以多种方式投入文化建设，推动更多的企业和个人捐赠支持文化事业发展，促进公共文化服务多元化、社会化。三是要立足公益，以人为本。坚持以农村和社区为重点，加强公共文化设施建设，着力构建覆盖广泛、方便有效的公共文化服务网络。要把重点文化工程项目纳入本地区扩内需、调结构、促转变的总体规划，以重点项目、重点工程带动公共文化服务体系建设，进一步提高城市建设的文化内涵和现代化水平。坚持抓基层、打基础，调整投入方向，改进投入方式，推动公共文化设施建设向城乡基层倾斜，发挥基层群众组织在公共文化服务体系中的作用，让广大基层群众享受更多的公共文化服务。四是要打造品牌，服务社会。深化拓展“欢乐中原”群众文化活动，精心组织好国庆、元旦、春节等重要时段的群众文化活动，进一步叫响“欢乐中原”群众文化活动品牌。鼓励支持文化单位开展多种形式的文化进基层活动，把服务向基层延伸，让基层群众享受到更多的文化成果。在这里，特别强调指出的是，公共文化服务体系建设要注意“接地气”，不能盲目追求“高端大气上档次”。

（四）优秀传统文化传承体系。要坚持传承历史文化价值，做好文化遗产保护工作，构建优秀传统文化传承体系。对中国人民和中华民族的优秀文化和光荣历史，要加大传承力度，引导人们树立正确的历史观、民族观、国家观、文化观，增强做中国人的骨气和底气。要让传统文化活起来，使中华民族最基本的文化基因与当代文化相适应、与现代社会相协调。2017年1月25日，中央办公厅、国务院办公厅印发了《关于实施中华优秀传统文化传承发展工程的意见》，提出要牢牢把握社会主义先进文化前进方向，坚持以人民为中心的工作导向，坚持创造性转化和创新性发展，坚持交流互鉴、开放包容，坚持统筹协调、形成合力。到2025年，中华优秀传统文化传承发展体系基本形成，研究阐发、教育普及、保护传承、创新发展、传播交流等方面协同推进并取得重要成果，具有中国特色、中国风格、中国气派的文化产品更加丰富，文化自觉和文化自信显著增强，国家文化软实力的根基更为坚实，中华文化的国际影响力明显提升。实施中华优秀传统文化传承发展工程，是建设社会主义文化强国的重大战略任务，对于传承中华文脉、全面提升人民群众文化素养、维护国家文化安全、增强国家文化软实力、推进国家治理体系和治理能力现代化具有重要意义。河南是全国文物大省。中原五千年文明一脉相承，留下了丰富的物质与非物质文化遗产，是认识和体验华夏历史文明的重要载体。因此，建设国际一流的文化遗产保护展示体验基地，是传承创新区建设成败的关键性指标之一。建设华夏历史文明传承创新区，要注重思想文化、历史文化、特色文化的优势，强化将文物保护融入经济社会发展大局、让文物事业发展成果惠及人民群众现实生活的新理念，不断开拓文物工作新领域。一是发挥文化遗存集聚的独特优势，充分挖掘根文化、姓氏文化、都城文化、商业文化、汉字文化、功夫文化等中原文化资源，进行有效整合和开发，培育和打造以“根文化”为重点的中原文化品牌。二是加强历史文化遗迹的勘探、发掘、抢救、保护和开发利用，分区域构建一批以殷商文化、东周文化、东汉和三国文化、盛唐文化、大宋文化，以及儒释道文化为主题的文化旅游基地，围绕历史文化培育一批彰显地域特色、展现中原风貌、具有国际影响的文化品牌。三是要积极推进世界文化遗产申报和非物质文化遗产保护传承工作，以大保护、大利用、大发展，延续中华民族文化的血脉。如果说自然遗产是老天爷给的，那么文化遗产则是老祖宗给的。2014年6月22日，在卡塔尔多哈举办的联合国教科文组织第38届世界遗产委员会大会上，中国独立申报的“中国大运河”以及中国与吉尔吉斯斯坦、哈萨克斯坦联合申报的“丝绸之路：长安·天山廊道的路网”，成为中国第32项和第33项世界文化遗产。大运河、丝绸之路是在世界范围内具有广泛影响力和号召力的超大型线性文化遗产。世界文化遗产委员会认为，大运河是世界上最长的、最古老的人工水道，也是工业革命前规模最大、范围最广的土木工程项目，它促进了中国南北物质的交流和领土的统一管辖，反映出中国人民高超的智慧、决心和勇气，以及东方文明在水利技术和管理能力方面的杰出成就。丝绸之路是东西方之间融合、交流和对话之路，近2000年来为人类的共同繁荣作出了重要贡献。此次跨国申遗的丝绸之路形成于公元前2世纪，兴盛于公元6—14世纪，沿用至16世纪。在中国境内的44处遗迹中河南有4处，其始自古代中国汉唐时期的首都长安城、洛阳城，从中国中原地区的黄河中游河段一路向西。随着丝绸之路和大运河申遗成功，这两条文化线路再度焕发了熠熠的光彩。大运河河南段，丝绸之路河南段，对于“丝绸之路经济带”和“21世纪海上丝绸之路”具有重要意义，亟须河南在文化上作出“顶层设计”，努力实现由文物大省向文物强省的跨越。

（五）文化市场体系。文化市场体系作为一个独立的经济形态，对整体市场经济体系的成长起着强大的支撑和带动作用。提高文化市场在国民经济中的比重是加快社会主义现代化的内在要求，建立适应“十二五”规划的文化市场体系是文化市场全面发展的必然要求，也是建设华夏历史文明传承创新区、建设中原经济区的重要内容。改革开放以来，我国文化领域立法取得一定进展，但由于起步较晚、基础较弱，还不能适应文化发展的需要，文化立法的任务十分艰巨和紧迫。要加快立法步伐，制定和完善加强宏观管理、规范市场秩序、促进文化事业文化产业繁荣发展的法律法规，特别要抓紧制定非物质文化遗产保护、广播电视传输保障、文化产业促进等法律法规，尽快形成以宪法为根本、法律为主干，规章、制度相互配套、协调统一的文化领域的法律法规体系。要切实解决文化管理中长期存在的多头执法问题，努力形成统一、高效的文化市场综合执法体系。

（六）文化产业体系。文化产业是从事文化产品生产和提供文化服务的经营性行业，其本身既是内容产品，又是技术产品，与其他产业产品有着很高的融合度，在优化提升产业层次、提高经济发展质量中发挥着特殊重要的作用，是构建河南现代产业体系的有力抓手。我们要充分认识到，大力发展文化产业是转变经济发展方式的重要途径，是转变经济发展方式的题中应有之义。要通过再现历史场景、提炼文化符号、发展创意产业等途径，对中原经济区内的文化资源进行整合开发。要实施重大项目带动战略，利用国际化手段进行市场化运作，将丰厚的文化资源转化为文化产业，把河南建设成为华夏历史文化资源开发利用的示范地。当前，我们在发展上要正视文化产业发展方式粗放、科技含量低、产业链短等问题。要按照规模化、集约化、专业化发展的要求，不断提升中原文化的整体实力和竞争力。要大力发展传媒出版、文化旅游、艺术品与工艺美术、武术杂技等优势产业，做大文化创意、动漫游戏、文化会展等新兴文化产业，培育新的经济增长点。在这里，要特别注重提高文化创意能力和整体竞争力。文化创意和设计服务具有高知识性、高增值性和低消耗、低污染等特征。依靠创新，推进文化创意和设计服务等新型、高端服务业发展，促进与相关产业深度融合，有利于改善产品和服务品质，满足群众多样化需求。一是要抓住市场主体。发展文化产业，关键是要建立明确的市场主体。当前我省的文化产业市场主体严重存在着主体缺位、主体不强、主体责任不清、主体效益低下的弊端。要实现文化产业的可持续发展，必须树立文化产业市场主体本位意识，进一步转变政府职能，深化文化体制改革，建设文化产业示范园区，培育骨干企业，发展壮大文化产业市场主体。河南文化企业发展，要以市场需求为导向，以创新创意为动力，进一步打造具有更高知名度和更强竞争力的自主品牌，争当文化产业发展的领头羊。二是要引进战略投资。抓住我省承接产业转移、开展大招商活动的契机，依托我省文化资源优势，精心策划一批重大文化产业项目，加强宣传推介，引进战略投资，争取落户一批有影响的重大项目，促进资本的大融合、技术的大提升、产业的大发展。三是要抓好转型升级。在文化产业发展上，要做好转型升级文章，大力推动文化产业由散到聚、由小到大、由低到高、由弱到强的全面转型。要统筹布局结构与规模速度，进一步提升文化产业发展的质量与效益。把文化产业集聚区和基地建设作为发展文化产业的重要载体，扎实推进集聚区、基地和园区建设。国家级文化产业示范园区是文化部倾力打造的具有区域性特色、代表国家水准和未来发展方向的文化产业示范园区。2011年，开封宋都古城文化产业园区晋升为国家级产业示范园区，成为推动“古今文明交相辉映、新老城区各展风采、宋都古城特色鲜明”的国家级名片。当前，可以围绕“丝绸之路经济带”建设设计“丝绸之路文化产业带”河南区。

（七）现代文化传播体系。当今时代，谁的传播手段先进、传播能力强大，谁的思想文化和价值观念就能更广泛地流传，谁就能更有力地影响世界。文化影响力的大小，不仅取决于文化本身是否具有魅力，还取决于文化传播手段的强弱。加强国内国际传播能力建设，丰富文化传播手段，提高文化传播效率，事关我省改革开放和现代化建设大局，事关我省文化软实力的提升，事关华夏历史文明传承创新区和中原经济区建设。一要大力发展对外传播体系，大力推进文化“走出去”，借力发展，不断提升中原文化的知名度和辐射力。要充分发挥“根文化”形成的凝聚力，将聚合全球炎黄子孙的力量投入到中原经济区建设中去。二要统筹国际国内两个市场两种资源，进一步拓宽我国我省的文化发展空间，努力推动文化产业、文化事业又好又快发展。要加强文化贸易，加大文化产品的出口。长期以来，我国经济对外贸易长期保持顺差，而文化却相反，文化产品进口远大于输出，文化贸易始终是逆差形势，经济硬实力和文化软实力不相匹配。我省和国家一样，文化贸易乏善可陈，这种状况亟待改变。三要大力构建强大的新闻传播体系，充分重视网络的力量。在信息化深入发展的新形势下，互联网已经成为覆盖广泛、快捷高效、影响巨大、发展势头强劲的大众传媒。完善由报纸、期刊、广播、电视、互联网、手机等组成的立体化、多媒体、覆盖广泛、技术先进的新闻传播体系，加大用现代科学技术改造传统传播手段的力度，积极鼓励主流媒体发展现代传媒，不断加快传统媒体和新兴媒体的融合。要顺应媒体发展的新趋势，尊重规律，掌握新技术，发展新业态，用好新媒体，加快推进报网融合，不断提升主流媒体的传播力和影响力。重点发展壮大河南日报、河南人民广播电台、河南电视台、大河网、省政府门户网站和河南手机报等主流媒体，做大做强以大河报为代表的都市类媒体，进一步整合新闻媒体资源，形成以上述媒体为主、各领域专业媒体为辅的主流媒体群，扩大覆盖面，增强我省新闻舆论的传播力和影响力。

（八）文化创新体系。当前，创新已成为中国最为重要的战略目标之一。这是国家在总结改革开放30年和建国60年的经验基础上，提出的一个新的努力方向，是在全面分析全球政治、经济、文化等各方面的发展趋势之后提出我国相当一个时期内必须要做的战略调整，是我国经济健康发展的主题之一。文化创新是文化建设和文化体制改革的灵魂，它包括文化观念创新、文化体制机制创新和文化内容形式创新。

观念是行动的先导，观念不更新，就谈不上文化的创新。体制机制创新是文化创新的关键环节，是文化创新的根本性、长期性保证。而内容创新则是文化创新的核心，具有更加鲜明的实践特色、民族特色和时代特色。当前，建设文化创新体系，是完善河南创新体系的需要，是提高河南创新能力的需要，是建设创新型河南的需要。

总之，我们要通过扎实的工作，努力把河南建设成为中部区域文化中心，中华民族优秀传统文化传承的核心区，海内外炎黄子孙寻根的圣地、心灵的故乡、精神的家园，使河南成为中华文化发展的高地和世界文明对话的平台。

四、打造华夏历史文明传承创新区十策

（一）战略提升。牢固树立与科学发展和中原崛起大业相适应的文化发展观，树立“文化是根，文化是魂，文化是力，

文化是效”的新理念。1936年，郁达夫在《雪夜》里谈起日本文化时说：“日本的文化，虽则缺乏独创性，但她的模仿，却是富有创造的意义的；礼教仿中国，政治法律军事以及教育等设施法德国，生产事业泛效欧美，而以她固有的那种轻生爱国耐劳持久的国民性做了中心的支柱。根底虽则不深，可枝叶却张得极茂，发明发见等创举虽则全无，而进步却来得很快。我在那里留学的时候，明治的一代，已经完成了它的维新的工作；老树上接上了新枝，旧囊装入了新酒，浑成圆熟。差不多丝毫的破绽都看不出来了；新兴国家的气象，原属雄伟，新兴国家的举止，原也豁荡。”第一代中国共产党人是有着高度的历史自觉的，在陈独秀、李大钊、毛泽东、朱德、周恩来这些人身上，体现得很充分。今天我们必须有文化自觉意识，因为对于文化重视不够，带来很多问题。我省在过去的一段时间里并没有将文化发展提到足够高的战略位置，与临近的陕西、山东两省相比，有着明显的差距。文化是河南的一个很大优势，这一优势发挥得好，对于提升河南形象，对于经济可持续发展意义重大。同时，领导干部对于文化建设既要有着眼长远的战略眼光，同时又要有打基础的意识。文化建设是一个“慢功夫”，需要久久为功，要求领导干部要有“功成不必在我”的境界才行。要提高文化发展的战略地位，首先，各级党委和政府要从全局和战略的高度充分认识文化的地位和作用，把文化改革发展纳入经济社会发展总体规划，纳入科学发展考核评价体系，一手抓繁荣，一手抓管理，牢牢把握文化改革发展的主动权，努力为促进社会主义文化大发展大繁荣作出新的贡献。其次，要以新理念认识文化的地位和作用，以新思路谋划文化的改革和发展，更加自觉地承担起文化大发展大繁荣的历史责任。三是要确保领导重视到位、政策措施到位、资金投入到位、工作落实到位。同时，也要在组织层面保障文化发展工作的早日开展，尽快将其纳入议事日程，并设定相关规章制度，以确保文化发展工作的规范化开展。

（二）文化立法。中国特色社会主义“四位一体”战略布局如何实现，必须用立法的形式加以解决，使文化建设走上法治化轨道。与科技、教育、体育等社会事业相比，文化的差距主要体现在缺少法律的刚性要求上。建国60多年来，我国已经制定了一批文化的法律、法规、规章和规范性文件，例如，2002年出台的《中华人民共和国文物保护法》，为文物的保护提供了法律保障；2011年审议通过的《中华人民共和国非物质文化遗产法》，从法律层面为非物质文化遗产保护制定了详尽、缜密的规定。但从总体上来看，我国的文化立法仍处于初级阶段，现有文化法规的数量、层次还不能满足现阶段文化建设快速发展的需要。就我国目前的文化保护和发展状况而言，在文化立法方面的任务还相当艰巨，需要更加健全细致的法律体系，进而从法律层面确定更加积极的文化保护和发展措施，理顺文化保护与发展文化产业的关系以及文化市场秩序、文化团体建设、公共文化服务、传统文化普及教育等一系列问题。与此同时，还需要对现有文化法律的执行力、执行效果进行全面深入的调研、评价。因此，要保障文化保护和发展工作的正常开展，必须加强文化立法，如，由省人大出台《华夏历史文明传承创新区条例》等，以立法的形式明确细化传承创新区建设的土地、资金、人才政策，通过立法方式管理文化领域的事务，早日使文化建设走上法治化轨道。此外，还要尽快制定《文化产业发展法》，在明确文化产业发展的方向，保障发展力度和科学性的基础上，形成一定的监督机制，定期督导检查现行文化法律执行力及执行成果，向社会公布执行情况。还要加大对违反文化法律的处罚力度，以保证文化法律的执行。要形成建立全社会关注文化保护的氛围，发挥全社会的力量，共同关心文化遗产的保护与传承。

（三）保护利用。近年来，我省的文物与非物质文化遗产在保护中传承，有效发挥了其资政育人、传承文明、普及知识和丰富生活的作用，为提高人们的思想道德素质和科学文化素质，扩大中外文化交流，增强中原文化影响力作出了重要贡献。联合国教科文组织通过的《保护非物质文化遗产公约》中对非物质文化遗产的定义是：被群体、团体、有时为个人所视为其文化遗产的各种实践、表演、表现形式、知识体系和技能及其有关的工具、实物、工艺品和文化场所。非物质文化遗产是由人类口头或动作方式相传，具有民族历史积淀和广泛、突出代表性的民间文化遗产，被称为“历史文化的活化石”“民族记忆的背影”。我省先后共有78个项目入选国家非物质文化遗产名录，处于全国前列。要加强对文物和非物质文化遗产的保护，深入挖掘蕴藏其中的丰厚文化资源，必须赋予该项工作新的时代内涵，使其与当代社会相适应、与现代文明相协调，在新的历史条件下发扬光大。同时，对一部分具有产业和市场潜力、具备经营条件的传统文化资源，要鼓励在国家政策支持下，运用市场和产业的手段进行保护、传承和发展，特别是和发展旅游业紧密结合，开发文化产品，拓展服务项目，在与产业和市场的结合中增强生机、焕发活力，实现文物和非物质文化遗产保护工作的可持续发展。

（四）硬件强化。文化发展工作的硬件建设主要包括两个方面：一是标志性基础设施建设。近年来，我省先后推出了河南博物院、河南报业大厦、河南艺术中心、中国文字博物馆、中原福塔等一批标志性文化基础设施，各地也相继建设一批重点文化设施，极大地提升了我省的整体文化形象和文化品位。在未来几年里，我省应抓好中原文化艺术学院、中华姓氏博物馆、百家姓文化广场、中华姓氏树等为代表的文化设施新地标。二是基层文化设施建设。目前，全省基本实现了县县有图书馆、文化馆的目标，乡镇文化站、农村文化大院以及社区文化活动中心（活动室）基本覆盖全省农村和城市社区，110多座博物馆、纪念馆、美术馆全部向未成年人免费开放，为人民群众就近、便利、有选择地享受文化成果、参与文化活动创造了便利条件。就我省目前基层文化发展的硬件状况说，主要存在以下三方面的问题：首先，“三馆一院”是文化基础设施建设的当务之急，也是“十二五”规划的重要内容。这就要求我省在今后的基层文化建设工作中，按照既定规划目标新建、扩建一批图书馆、文化馆、博物馆、村文化大院、文化活动室等基层文化设施。其次，还要继续推进广播电视村村通、文化信息资源共享、农村电影放映、乡镇和社区综合文化站建设、农家书屋等“五大基层文化惠民工程”建设，加强村镇文化大院、图书室、阅报栏、广播电视网、电影放映点及农民夜校等宣传文化阵地建设，逐步建成覆盖社区和乡村各个层面的文化阵地网络。再次，在加大公共文化基础设施建设方面，要加强对现有和新建公共文化设施的管理和使用，提高其使用效益，发挥其最大功效，坚决防止公共文化设施闲置浪费或被移作他用，力戒乡镇文化站、村文化大院等文化阵地变成乡、村基层干部独享的娱乐场所，确保公共文化设施面向大众经常开放、有效开放。

（五）资本运作。由于文化产业不是短期能够得利的，一时看不到明显效果，达不到一些干部打造“看得见、摸得着”的政绩的目的，所以不少地方政府重视“铁公鸡”的投入，却不愿意在文化上投入大量资金，不重视文化项目、文化建设的投入。因此，我省要促进文化产业链的发展，必须把解决文化投入问题作为第一位的工作，不仅要积极借鉴国际、国内文化发展的先进经验，探索公共财政支持公共文化服务事业发展的新型投资机制，还要鼓励支持非国有经济和资本进入文化产业领域，扩大文化市场准入，实行文化投资主体多元化、社会化，加快建立投资主体多元化、投资方式多样化、投资机制市场化的文化投融资体制，逐步建立起国家、集体、个人、社会相结合的多渠道投入体系，形成全社会办文化的良好格局。要把建立新型文化产业投融资体系、建立多元化投融资渠道作为推动文化产业的重要手段，用好《关于深入推进文化金融合作的意见》的政策。具体来说，加强文化资本运作，首先，要重新确定国有资本对文化事业、文化产业的投资范围，推动国有资本投资机制的改革和转变；进一步拓宽文化投融资渠道，降低投资准入门槛，鼓励各类社会资本对文化产业进行投资经营；加大直接融资比例，强化资本市场对文化产业发展的支持力度，积极培育上市文化企业。其次，组建文化产业基金和创业投资基金，要研究成立河南省文化产业投资基金和中原文化产权交易所。再次，疏通间接融资渠道，强化银行对文化产业发展的支持力度，搭建银企合作平台。此外，还要鼓励国内外社会法人和各界人士捐资兴建各类非营利的公益性文化项目等。通过建立新型的投融资机制，实行投资主体多元化的投融资模式，为推动文化大发展大繁荣不断注入新的活力。要防止文化的过度商业化或市场化，一些文化产品丝毫不考虑文化的精神属性，迎合人性中普遍存在的低层次欲望，唯利是图地攫取文化市场的超额利润，这是我们应当加以限制的。

（六）人才支撑。古人讲，“能者知能，贤者知贤”“一流之人，能识一流之善；二流之人，能识二流之善”。人才是文化发展的核心竞争力，文化大省需要文化巨人。一个时期以来，以豫剧“五大名旦”和剧作家杨兰春、作曲家王基笑为代表的戏剧群体在省内和国内产生了很大影响。如今，“五大名旦”出现在舞台上的，只有被著名作家老舍先生誉为“洛阳牡丹”的马金凤。实事求是地讲，河南文化人才目前存在“三缺”：一是拔尖人才缺，具有全国影响乃至国际影响的人才如凤毛麟角；二是高层次、懂管理的文化管理人才缺，文化职业经营人才缺；三是青年人才缺，存在人才“青黄不接”的“断层”现象。“我劝天公重抖擞，不拘一格降人才”。要做好文化人才的培养工作，必须采取有效措施，加强教育培训，加强实践锻炼，使文化工作者尽快成长、成熟、成才。第一，努力培养中原文化的“名角”，塑造文化领军人物，造就更多的名人大家，让二月河、张海、王立群、李树建、李佩甫等名家大师在河南真正发挥引领作用。第二，要广泛凝聚人才，完善文化人才流动、使用、激励等机制，营造良好环境，吸引更多优秀文化人才来河南建功立业。我省在整个大的氛围上，还没有真正在文化领域形成有利于人才成长、吸引人才和发挥人才作用的机制。第三，对于人才而言，工作条件和物质待遇是重要的，但关键是要改变“不得志”的处境，对其既要严格要求，又不求全责备，努力营造人才有为有位的文化生态氛围。

（七）科技驱动。科技创新是动力，科技创新是活力，科技创新是民生，科技创新是未来。“中国创意产业之父”厉无畏曾作过一个生动比喻：“科技创新和文化创意在山脚下分手，到山顶再汇合，就占领了经济的制高点。”现代科技不仅是文化资源向文化产品转化的重要手段，而且是提高文化产品附加值、创造文化产品最大效益的关键因素。美国好莱坞电影产业，如《阿凡达》《变形金刚4》等，之所以能够傲视全球，就在于充分利用了高科技提供的便利，创造了美轮美奂、令人惊诧的影像世界，不断刷新国际电影舞台的票房纪录。韩国电视剧《来自星星的你》，也是如此。近年来，我省在提升文化产品的科技含量方面，取得了一定成绩，像《风中少林》《禅宗少林·音乐大典》等精品演艺剧目都增加了现代科技元素，河南手机报已经成为一个重要的主流媒体，动画《独脚乐园》《小樱桃》《小破孩》等文化产品已经和一些国家达成了版权输出协议等，实现了新的突破。但是，从总体上来看，我省文化产品的科技含量依然偏低，这就要求我们必须更加深刻地认识文化科技的重要性，充分重视网络的作用，大力推动文化科技的创新发展，用现代文化科技开发文化资源，进行文化产品生产，提供文化服务，提升文化产品竞争力，全面利用数字、声、光、电等先进技术对历史文化资源进行升级改造，把现代科技植入文化产品生产、文化服务的各个环节，促进文化科技成果向文化产品的转变，不断增强文化的表现力和吸引力，使技术进步与艺术的进步同步跃升。当前，要继续抓好郑州华强文化科技产业基地、信阳世界茶坛等38个重点文化产业项目和大河动漫城、中原数字出版产业基地等新建项目建设工作。

（八）文旅结合。文化是旅游的灵魂，旅游是文化的载体。文化以旅游为平台，可以找到市场、扩大影响；旅游以文化为灵魂，可以丰富内容、提高质量。把握好二者间相互依存、相互促进的关系，既有利于加强旅游资源的载体作用，又能拓展文化的传播渠道。近年来，我国文化与旅游相结合的实践证明了旅游产品在推出的最初阶段侧重于追求经济价值，而在其成熟期就要依靠文化。以深圳华侨城、杭州宋城集团、浙江横店影视基地、开封清明上河园为代表的一大批文化旅游企

《禅宗少林·音乐大典》

业，在景区建设中深度挖掘文化内涵，成为其产品独具市场影响力和游客吸引力的重要因素。我省在文化旅游方面有着突出的优势，河南是“中国历史的自然博物馆”，安阳的殷墟、开封的城摞城，在全国、全世界都是唯一的。文旅结合，同时以演出、展示等表现形式的各类文化产品加以辅助，增强其对游客所产生的吸引力，具有相当可观的发展前景。在此基础上，我省文化与旅游相结合的发展策略还要以市场为导向，立足于满足中外游客感知历史、领略文化、体验民俗的消费需求，以中原历史文化为主线，以打造中原国际黄河旅游带为龙头，整合全省相对零散的文化旅游资源，把最重要、最能发挥效益的文物点、旅游点串起来，推出跨越行政区划的系列化、精品化、特色化文化旅游产品与线路，形成特色突出、优势互补的文旅一体产品链，打造全国乃至全球华人“寻根游”“考古游”“休闲游”的目的地，叫响“中国旅游看三南”中我省独特的卖点品牌，对于推动华夏历史文明重要传承区建设也是强大的支撑力量。

（九）政策保障。要加快文化发展，提高文化软实力，必须加大政策扶持力度。近年来，河南通过设立省级文化产业发展专项资金，通过贴息、补助、奖励等形式支持重点文化产业项目，有力地推动了文化产业发展。在未来几年里，我省将继续执行实践证明行之有效的文化经济政策，进一步加强调查研究，制定支持公共文化服务体系建设的政策，扶持文学期刊、学术期刊、民族艺术院团的政策，完善扶持公益性文化事业、发展文化产业、鼓励文化创新、引进文化人才等方面的政策，以及改革的配套政策，形成推动文化大发展大繁荣的政策体系。同时，在继续执行现有文化经济政策的基础上，为了切实保证文化软实力的快速提高，还必须制定和完善文化投入扶持政策。一方面加大政府对文化事业的投入，扩大公共财政覆盖范围，形成稳定的经费保障机制，确保对文化建设的财政投入逐年增长；另一方面制定土地征用、规费减免、税收优惠等政策，吸引、鼓励各类经济成分投资文化产业，促进其尽快做大、做强、做优、做久。

（十）品牌打造。文化品牌是文化发展战略的重要内容，体现了一种文化的精神影响力和一个文化实体的核心竞争力。河南文化资源丰富，但缺乏亮丽的文化品牌。在2011年深圳文博会上发布的“中国文化品牌价值排行榜”中，共有15个类型200个文化品牌入榜，前十强河南没有一个，湖南有22个“湘”字号文化品牌上榜200强，占总数的11%。如何变“文化制造”为“文化创造”，对于华夏历史文明传承创新区来说，是一个重大挑战。要围绕黄帝文化、黄河文化、河洛文化、姓氏文化、武术文化、戏曲文化等，着力打造以“根”文化为代表的知名文化品牌。当前，华夏历史文明传承创新区的一个重大任务，就是要努力打造与中原经济区相适应的文艺品牌体系。中原地区现代文学艺术资源丰富，中原作家群影响全国；书法艺术实力雄厚，书法艺术家的数量在国内名列前茅；出版传媒业拥有众多品牌，如《大河报》《梨园春》等。豫剧是中国除京剧以外的第一大剧种，河南演艺杂技在国内外也广有市场。根据河南的文化资源和发展现状，我省具备一批能够发展成为文化品牌的优势项目：一是中原作家群。历史上，中原作家群是一个绵延数千年的庞大创作群体，杜甫、韩愈、刘禹锡、李商隐等文学巨匠创造了无与伦比的辉煌。如今，中原作家群是当代中国文坛实力最雄厚的创作群体之一，从苏金伞、何南丁、李凖到张一弓、乔典运、段荃法、田中禾、二月河、李佩甫、郑彦英、张宇，形成了中国文坛上一支活跃的中原劲旅。二是中原诗群。中国古代诗歌，在某种意义上说就是中原诗歌。《诗经》大多产生于河南，李白、杜甫、白居易、李贺、岑参、韩愈、李商隐、王维、岳飞等，迄今仍在世界诗坛闪烁着绚丽的光辉。如今，河南诗歌军团不断发展壮大，成为全国诗坛一支不可忽视的重要方面军。但是，中原诗歌与全国诗歌相比差距也是明显的，主要表现在还没出现领军诗人或开风气之先的诗人。三是中原戏剧家群。作为闻名中外的戏剧之乡，在河南戏剧最兴盛的20世纪60年代，全省剧种达到23个，专业剧团230多个，业余剧团2000多个，从事戏剧工作的专业人员将近3万，成为河南省极有影响的文化品牌。新中国成立以来，我省的常香玉、杨兰春、李树建三位艺术家先后当选中国戏剧家协会副主席。如今，李树建等领军人物组成的中原戏剧家群必将有着辉煌的未来。四是中原摄影家群。河南摄影家在中国影像界的地位、作用、成就不言而喻，已具备某种榜样性、标本意义与文献典籍功能。尽管于德水、姜健、陈晓琦等河南摄影界的名家不愿凸现甚至刻意回避“河南摄影群体”这样的概念，但中原摄影家群事实上是客观存在的，其在全国的影响力也是很大的。比如，在第8届中国摄影金像奖评选中，李刚、李光成两位河南摄影家荣获了代表中国摄影创作最高成就的“中国摄影金像奖”创作奖。五是中原书风。中原书风的概念是1986年在北京举办的首届河南中青年15人“墨海弄潮展”时提出的，经过30多年的共同努力、追索，已为中国当代书坛接受并被普遍效仿，雄强豪放的书风已经成为时代的主旋律，篆隶魏碑也早已成为全国书家的普遍选择，成为时代书法的一个风向标。以前中国书法家协会主席张海为领军人物，王澄、王宝贵、周俊杰、李刚田、宋华平为代表组成的书法方阵，已经和正在成为我们向世人展示河南形象的一个亮丽窗口。六是中原画派。中原沃土锻就出一代又一代像龚宽、吴道子、荆浩、郭熙、李唐、张择端、王铎等画宗、画圣。中原画派形成于20世纪40年代初至80年代末，主要画家有谢瑞阶、丁折桂、贺志伊、周中孚、叶桐轩、李宝铎、马基光、林国选、贾慎斋、龚柯、郝石林、陈天然等，作品曾轰动全国。相信随着社会的发展，以谢瑞阶、王威、曹新林、李自强、方照华、马国强等为代表的中原画派画家的名字定将闪耀出灿烂的光辉。七是中原学派。社会主义文化的大发展大繁荣，既包括文艺创作方面，也包括文艺理论、文艺批评方面。文艺评论“中原学派”的建构，无疑将为加快河南从文化资源大省向文化强省跨越提供理论支持和人才支撑。目前，我省在“中原作家群”“中原画派”和“中原书风”等文化优势项目的基础上，逐渐孕育出一批在全国享有盛誉的文艺评论家，老一代如任访秋、龚依群等，中间一代有孙广举、刘思谦、鲁枢元、陈继会、耿占春、王鸿生等，年青一代如何向阳、何弘等，形成了致力于文艺评论的“中原学派”。

五、以领导方式转变推动华夏历史文明传承创新区建设

文化是建设中原经济区的重要推动力量。作为文化工作者，要切实承担起打造华夏历史文明重要传承区、构建独具特色的文化支撑体系这一重要职责，通过领导方式的转变推动文化发展方式转变，推动具有中原特质的文化大发展大繁荣，为中原经济区建设，加快中原崛起和河南振兴提供有力的文化支撑，努力形成重文化、抓文化、兴文化的文化氛围。

领导方式的转变对于发展方式的转变十分重要，对于文化生产力的解放十分重要。习近平同志指出：“腹有诗书气自华。一个地方的文化底蕴非常重要。各级领导要对当地的文化精髓了如指掌、如数家珍。要不断挖掘各地的文化精神内涵，并与当今经济社会发展紧密结合，形成一种不可替代的软实力。”与此同时，转变文艺界的领导方式，对于文化建设工作有着十分重要的意义。李瑞环同志指出：“艺术生产与物质生产不同，尽管它必须以物质生产为基础，以千百万群众的认识和实践为源泉，但是基础、源泉并不等于文艺自身，不等于文艺作品的多少与好坏。要产生好的艺术成果，必须通过文艺工作者独立的、复杂的脑力劳动。这种生产方式是一种高度民主、非常自由的精神活动，与过多的干预、机械的强制不能相容”。在他看来，“领导者的责任，一是出点子，二是抓本子，三是选人才，四是抓一点重头戏，并使它能保留下来”。作为宣传文化部门的领导，必须重视文艺的特点和规律，要不断强化领导就是服务、服务就是创造条件的理念，把文化管理寓于文化服务之中，进一步拓宽服务渠道，改造服务方法，增强服务本领，为广大文艺工作者做好事、办实事、解难事。温

家宝总理指出："中华民族复兴包括文化复兴，而且是很重要的内容。建立国家荣典制度表彰文化艺术家，建立文化艺术基金鼓励创造精品力作，解决文化事业单位改革中的社会保障问题，这三件事都要认真研究。"这都为我省的文化建设工作指明了方向。我们要进一步完善同文艺家联系制度，定期向我省作家、艺术家通报中央、省委关于文艺发展的方针政策，通报我省文艺工作情况，广泛听取广大文艺工作者的意见和建议，以领导方式转变推动文化发展方式转变，对文化建设工作真情付出，真心为艺术家服务，努力做到艺术家的茶要喝，艺术家的事要办，艺术家的难要解。

（一）创新。传承和创新作为文化事业发展的主要动力，其主次位置是不能颠倒的，必须以"创"为先，始终坚持实践至上，创新第一。创新是优秀作家艺术家的高度自觉和可贵品格。自觉创新、大胆创新，是一切优秀艺术家的共同特点。美国诗人庞德说过："艺术家总是在创新。任何不是创造、发明、发现的作品都没多少价值。"在我国古代文论家刘勰看来，"文律运周，日新其业"。文化部副部长王文章同志指出："当代文化创新是摆在当代文化建设面前的一个重要任务，文化的本质是创新，文化创新是判断一个民族是否充满活力的重要标志，也是决定一个国家强弱兴衰的关键因素，而文化创新的核心在于精神创造"。"我们当代的文化创造，应该成为一种驱动社会发展的精神力量。虽然这种文化的内涵不专指文学艺术，但文学艺术是精神领域的创造活动，它们既是当代文化创新发展的一种反映，同时也应该以自身的精神创造引领时代的精神"。

（二）传承。中华传统文化拥有五千多年没有中断过的悠久历史，具有顽强的生命力，是中华民族生生不息、团结奋进的不竭动力，对于解决改革开放面临的难题，对全球化时代人类面临的共同困境，有重要的参照借鉴价值。太行、王屋二山的峭壁，铸造了中原人的骨；愚公的精神，塑造了中原人的魂。京剧是“角”的艺术，书法是笔墨的艺术，都离不开传承。在做好文化创新的基础上，还要重点围绕以下几个方面抓好文化的传承和资源的利用：一是抽象传承。对于老子、庄子的道学思想、“二程”的理学思想，玄奘、达摩的佛学思想，包拯、范仲淹的从政思想，张衡、张仲景的科学思想，韩愈、杜甫的文学思想，要采取“抽象传承法”加以传承。二是坚持二分法。在中原文化发展史上，既有自豪的一面，也有耻辱的一面。如夏代的夏桀，商代的商纣王杀比干，秦商鞅被车裂，大宋的“靖康之耻”，袁世凯复辟帝制等，都让我们感受到了文化的二重性。三是坚持资源整合，系统传承。要系统整合思想文化、历史文化、地域文化、祖根文化、特色文化。二月河认为，河南在中原文化、河洛文化（黄河文化）、北宋文化、少林文化上做的是有基础的，但还是该在传承上做大文章，打造具有独特优势的大文化板块，如祖根文化(伏羲文化、黄帝文化）、汉文化（商丘芒砀山）、宗教文化（白马寺）等，需要引起我们的高度重视。

（三）开放。开放的文化才有生命力。党的十八届三中全会提出，要“提高文化开放水平”。要坚持提升中华文化影响力，扩大对外文化交流和文化贸易，提升文化开放水平。文化的开放不仅是“引进来”，而且也包括“走出去”“走进去”“走上去”。要实现我省文化的开放，必须立足于中部崛起和中原经济区建设大局的战略，高度重视文化上的交流与合作。一方面要更高水平地“引进来”，学习外部、外省、外国的经验。要大力开展招商引资工作，把招商引资作为加快文化产业发展的关键举措。抓紧增加一批具有国际文化视野的“猎头”，主动在国际、国内文化市场上寻找一批有可能“引进来”的文化理念、文化产品、文化技术和文化人才，推动中原文化的发展繁荣；另一方面要更大步伐地“走出去”，扩大中原文化的影响。诞生于中原大地的少林文化和太极文化，在当今社会具有广泛的群众基础，在国外也有非常广泛的影响。杂技、工艺品等也有广阔的海外市场。利用我省文化资源丰富的优势，以少林武术、太极拳等河南武术品牌“走出去”，带动我省文化产业“走出去”。弘扬中原文化，提升文化软实力，加快文化资源大省向文化强省跨越，要重视“一带一路”上的文化建设，要坚持对外文化交流与对外文化贸易并重，坚持两条腿走路。对外文化贸易是探索推动中华文化“走出去”的新方式、新途径，是一种可持续的文化交流与文化传播的机制。要研究和推动少林寺海外学院、太极学院、老子学院等民间文化机构在海内外的推广和发展。要通过“走出去”推动“引进来”，把河南建设成为中华文化“走出去”的重要基地。

（四）改革。文化体制改革具有系数效应，要进一步厘清政府与市场、企业、社会组织、个人的关系，进一步简政放权，把该管的事抓上手管好，把不该管的事交给社会和企业。按照服务型政府要求，充分发挥政府在公共文化资源配置、管理协调中的主导作用，在文化产业发展方面的引导和服务作用。河南文化发展存在的不少问题，不少都与文化体制机制不健全不完善相关。在上一轮改革中，由于各种原因，我们相对滞后，新一轮改革对各地来讲机遇是平等的，谁看得准、行动快，就能塑造体制机制优势。大经济发展战略谋划实施方面，我们在全国并不落后，甚至有些方面还比较领先，具备了一定的优势。河南是中华民族和华夏文明的重要发祥地，是全国重要的历史文化资源大省，文化是我们的一大王牌。文化体制改革抓得好，就能形成更强的总体优势。文化体制改革工作要紧紧围绕“三快一加强”的重点任务，按照加大力度、加快进度、巩固提高、重点突破、全面推进的要求，加快文化体制机制改革创新，进一步解放和发展文化生产力。全面深化文化体制改革，要啃的“硬骨头”至少有两块：一是继续深入推进国有文艺院团体制改革；二是促进基本公共文化服务标准化、均等化。文化体制改革不是财政“养得起”“养不起”的问题，也不是政府“甩包袱”“卸责任”的问题，而是为了建立新的体制机制。河南是报刊大省，有122种报纸，242种期刊，12家图书出版社，2家大学出版社，4家音像出版社，数量众多，情况复杂，退出3%，改革任务艰巨。国有文艺院团的改革也十分复杂，中央要求改，改革的阻力很大。这就要求我省在今后的工作中提高对文化体制机制创新问题的重视程度，根据文化体制改革的时间表、路线图和任务书，巩固提高出版、发行、电影制作等领域转企改制成果，积极稳妥推动国有文艺院团和非时政类报刊改革，以及党报党刊发行体制、重点新闻网站等新闻媒体相关改革，规范推进省级及以下电台电视台合并，进一步完善文化市场综合执法改革，切实做到既要“改革”，更要“改好”。

（五）实干。古往今来，“善始者实繁，克终者盖寡”。实干兴邦，空谈误国。西晋时，举国“清谈”，不久，国事大坏。王衍“将死，顾而言曰：‘呜呼！吾曹虽不如古人，向若不祖尚虚浮，戮力以匡天下，犹可不至今日’。”马克思说：“哲学家们只是用不同的方式解释世界，而问题在于改变世界。”如何改变世界，路径无他，唯有“撸起袖子加油干”。

要不图一时之名，不贪一时之功，以担当为荣，以发展为重，以奋斗为乐，努力把特色转化为竞争优势，把竞争优势转化为发展胜势。领导存在价值的关键就是解决困难和问题，因此，一定要有遇到困难迎难而上、遇到问题要抓住不放的意识。同时，也要正确处理“说”与“干”的关系，提高运作能力。应该说，我们对文化工作重要性的认识，已经达到了相当的高度，虽然其中存在的问题是明白的，但如果不脚踏实地地去做，不去一个问题一个问题地解决，最后的结果必定是积重难返。建设华夏历史文明传承创新区，必须以科学的思想体系为依托，但是不能只是说得好听，其根本仍在于怎么去做。因此，建设中原经济区，关键在做；打造华夏历史文明传承创新区，关键也在做。

春风绿万物，万物竞新生。改革开放以来，整个河南发生了天翻地覆、日新月异的变化。但是，意识形态工作十分敏感，也十分复杂。文化工作是意识形态工作的重要组成部分。博大精深的中原文化是河南取之不尽的宝贵财富，华夏历史文明传承创新区的建设蓝图是我们积极作为的奋斗目标。这就要求我们，要充分发挥文化引导社会、教育人民、推动发展的功能，在国内外切实叫响华夏历史文明传承创新区这一品牌。要认真总结成功做法，进一步做好文化改革发展这篇大文章，使河南的物质文明建设和精神文明建设取得“双丰收”。应当承认，在中土河南、嵩山之巅、黄河之滨，中原经济区作为中国文化资源最丰厚的地区之一，其建设华夏历史文明传承创新区的文化使命重大而光荣。这就要求我们要牢固树立导向意识，确保文化改革发展的正确导向；努力推进治理能力现代化，提升文化管理科学化水平；坚定不移深化文化体制改革，激发全省人民的文化创造活力，开启文化建设的新境界。

立足河南，建设具有全局视野和世界眼光的大中原文化，华夏历史文明传承创新区也一定会在中华民族伟大复兴的进程中发挥重要的作用，拥有丰富历史底蕴的中原文化一定会再放华彩。

第三章

重塑 “文化的江山”

文化是一个民族和国家等社会生命体的灵魂与血脉，集中体现了一个民族和国家的价值引导、思想气质、精神风貌、意志品质和形象魅力，决定着一个民族和国家生存发展的创造力、适应力、凝聚力、竞争力和决胜力。习近平总书记在庆祝中国共产党成立95周年大会上的讲话中，除了“不忘初心”的慷慨誓言，同样掷地有声、振奋人心的一个论断是“文化自信”。文化自信，是继道路自信、制度自信、理论自信之后，对中国来说极为重要的第四个自信。相对于经济实力的雄厚、政治控制力的强大、军事力量对比的优势等硬实力因素，在更加体现为综合实力竞争的现代社会，文化作为软实力的作用更加凸显，树立文化自信、不断提升文化软实力的任务更加迫切，意义特别重大。

一、“软权力”与“文化软实力”两个大棋局

在马特尔看来，“文化多元化是全球化的意识形态，国与国之间交流的频繁程度远远超出我们的想象，大家都在进行软实力的竞争”（《主流》，第392页）。“这场为软实力而发

动的战争却表现出力量的极度不平衡”“这是一场各个国家通过传媒进行的旨在谋取信息控制权的战争”“这是一场通过互联网而展开的全球内容贸易的战争”“这场战争主要是那些占据主导地位的国家与新兴国家之间的征服之战，旨在确保对那些文化产品与文化服务产量极低甚至没有的国家民众实施影响与梦想的控制；同时，这场战争也是通过文化与信息的传播来赢取新的地区影响力而展开的战争”（《主流》，第366页）“因此许多国家作为博弈者已然卷入这场文化大战之中。全球化以及由互联网带来的贸易格局的重构导致贸易各方力量的变化。客观上，这是一个重新洗牌的过程”“如此看来，文化战争已经打响”，可以说，“世界文化大战已经爆发”。在马特尔描述的这场“文化战争”中，约瑟夫·奈的“软权力”概念、亨廷顿的“文明冲突论”、福山的“历史的终结”与中国的“文化软实力”提法，其实展现了在21世纪第二个十年，中美战略博弈的两个大棋局。

“软权力”的提出，不过是基于计算机软、硬件的区分，但是“很高明”，美国学者约瑟夫·奈由此盘活了传统的“权力”概念，给人以耳目一新、眼前一亮之感。这一观念是在美国国力相对衰落的历史条件下抛出的。约瑟夫·奈在1990年《外交》杂志第80期上提出的“软权力”概念认为，与直接发号施令的强制性权力不同，这是一种间接运用权力的方法，奈称之为“同化式权力”。同化式权力源自一国价值理念的吸引力或者取决于一国能够塑造体现别国政治偏好的政治议题的能力，软实力则是善于运用软权力而形成的实际力量。约瑟夫·奈在2001年出版的《权力与相互依赖》中，则进一步将软实力定义为“一种通过吸引而非强迫来实现预期目标的能力”。在《注定领导》一书中，奈指出：“硬实力和软实力之间的区别不过是行为性质与构成权力的资源的实在程度不同而已”“两种实力均是通过控制他国行为而实现其目的的不同能力”。在上述意义上，软实力与硬实力一样与操纵和控制相关联，无疑是以软实力之名行控制他者之实。马丁指出“现代性——传统的划分，变成了社会生活的全新的主要原则”（《大国雄心》，第3页）。“工业化标志着现代性的到来和发展，现代性更像不断扩展的宇宙，处于不断的运动之中”（《大国雄心》，第3页）。与之相应，“欧洲国家的经济实力大为提升，现代意义上的民族国家诞生，实际上整个世界都被卷入了一个由欧洲主导的全球体系中”（《大国雄心》，第4页）。“全球实力最强的接力棒传至美国之前，一直都掌控在欧洲的手中，尤其是主要的欧洲国家，如英国、法国、德国及早先的西班牙、葡萄牙和荷兰。从18世纪末的英国工业革命开始至20世纪中叶，欧洲一直以一种影响极其深远的方式塑造着世界历史。欧洲活力的源泉就在于工业化及其殖民征服的扩张模式”“因而，19世纪，与世界其他地区相比，欧洲民族国家具有了更雄厚的军事实力，其殖民扩张的野心也日益膨胀”（《大国雄心》，第10页）“但不可否认的是作为新兴崛起大国的美国，实际仍是欧洲文明的产物，并充当起了旧世界和新世界之间的纽带与桥梁。这一方面使其表现出了西方世界的理念，另一方面也缓和了同英国的潜在竞争关系。200多年的时间里，全球一直都为西方所主导，首先是欧洲，后来是美国”。对于美国来说，“一个国家拥有如此广泛的影响力，在历史上是前所未有的，即使当年处于最鼎盛时期的大英帝国也无法与当今的美国相提并论”。如果说“软权力”的最大力量指向是“外在性”，那么其“进攻性”就是必然的。亨廷顿因“文明的冲突”享誉全球，就体现了这一观点。在他眼里，“独一无二的西方文明对抗多元化的非西方文明国家”。而约瑟夫·奈当时之所以提出“软权力”概念，是因为在美苏争霸之后的中美博弈中，美国陷入了霸权需求与“国际权力”不足的窘境，美国有国力不逮之感。保持实力与人们的感觉之间存在着密切关系。美国智库认为，美国受衰落主义思潮影响,这会鼓励俄罗斯和中国采取更加咄咄逼人的政策。对于美国“重返亚洲”来说，亚洲的日本比欧洲的英国还忠诚。美国推行“巧实力”战略，但是有巧却不上劲。美国的盘算是让日、菲绊住中国的崛起，但又要防止日、菲误判形势，给自己带来危机。这就是“天机”所在。美国的亚太战略是以军事为主的，而中国的周边战略或亚太战略却是以经济为主的，即“一带一路”或“亚投行”。关键在于，世界七大经济体中，美国实力下降。因此，美国在冷战时期对付苏联东欧的手段在亚太地区不灵验了。于是，奥巴马呼吁与中国建立健康的竞争而非战略博弈。

当前，约瑟夫·奈、布热津斯基、希拉里等美国精英阶层已经看到，单凭科技和军事等硬实力无法维系美国的全球霸主地位。同时，由于信息化浪潮和知识革命带来的影响，软实力的作用上升，硬实力的作用下降。人的思考必然要受所处环境和时代背景的影响。布热津斯基感叹：“文化统治是美国全球性力量的一个没有受到足够重视的方面”。奈对“软权力”理念大加张扬并引起人们关注是在两个时期，一是20世纪90年代初，二是伊拉克战争即第二次海湾战争（2003年）前后。在这两个时期，约瑟夫·奈一个命题两样意愿：前一次是为美国的窘境辩护，后一次则是为美国的困境找出路。面对美苏争霸时苏联的攻势，在美国国力衰退之际，奈提出“软权力”为美国辩护，怪世人有眼无珠；冷战结束后，两强争霸的格局被打破，东欧剧变，苏联崩溃，不期而至的国际局势转瞬成就了美国的霸业。因此，就结果而论，奈所言不谬。作为冷战的胜利者，美国对世界的影响力和控制力仿佛获得了倍增器，无可限量。超强的实力自然产生超强的欲望，美国在全世界掀起狂澜。但“9·11事件”的发生，美国因发动阿富汗战争和伊拉克战争，震惊了整个世界。在全球范围内，美帝国的形象一落千丈。这时，奈又活跃起来，对美国进行规劝，怨本家勇而无谋。在奈看来，国家的软权力主要来自于三种资源：文化、政治价值观和外交政策。因此，他的软权力有三种资源或者形态，即文化软实力、政治价值观软实力和外交政策软实力。在这三个组成部分中，文化构成了软权力的底部和基础，政治价值观构成了软权力的中间层面，而外交政策处于国家软权力的高端和顶层。软权力三个组成部分的共性是，使用和平的手段吸引、劝说和引导其他国家顺从本国的战略意志，接受本国的对外政策目标，在本国推行外交政策时不设置任何障碍，从而使本国以较小的成本获得最大的国家利益。外交政策和政治价值观虽然具有软权力的属性，但由于对外代表着国家的身份，体现着国家的意志，所以具有一定的刚性特征，更突出其对外的影响和控制，并有实力、权力、控制力等附带的内涵。在奈看来，具有全球吸引力的文化无疑是构成“软权力”的重要基础。尼尔·波兹曼在《娱乐至死》中指出：在当代世界，“上帝偏待的是那些拥有能够娱乐他人的才能和技巧的人，不管他是传教士、运动员、企业家、政治家、教师还是新闻记者”。正如吉登斯在《现代性与自我认同》中所指出的：在现代社会中，认同的中心已经从形而上的生产方式和意识形态，转向了形而下的生活方式。软权力具有以下典型特征：一是具有无形性。在软权力的作用下，美国文化潜移默化地进入了世界受众的生活，进而影响、改变着他们的观念和思想。二是具有非强制性，或人性化的特征。软权力“目的不在于攻占他国的领土或控制其经济生活，而在于制服和控制他人的头脑”。三是具有作用时间持久的特征。四是具有作用方式的隐蔽性。布热津斯基指出：“在世界各大洲中几乎每一个国家的内阁中都能找到美国大学的毕业生。”在他看来，这体现出美国文化对各国精英的吸引力。五是具有实施效果的不确定性等。作为一种力量工具，文化软实力在对外政策中经常巧妙地使用，有时会在国际事务中起到意想不到的效果，并与硬实力相结合，形成一种“巧实力”。当然，奈又是辩护，又是规劝，都是为维护国际政治中的美国利益。

而中国提出的“文化软实力”说法，则体现出中国国力的上升开始进入到一个新的境界。文化软实力，是一个国家基于其价值理念、文化创造、精神风貌等显示出来的国际影响力，主要包括核心价值观的国际吸引力、对外宣传的国际感召力、新闻媒体的国际传播力、文化贸易的国际竞争力、人文交流的国际亲和力，等等。文化软实力不仅是指文化自身所蕴含的内在力量，还必须能够被他者认同、被别人接受。就历史而言，“文化软实力”传承了中国“内圣外王”的“王道”历史传统；就现实而言，是为了解决当前中国面临的“挨骂”问题；就未来而言，是为了提升中国的文化软实力，或解决中国的国际话语权问题。中华民族有5000年文明史，美国只有240年历史。有5000年历史的中华文明，其间虽然也有过战争、动乱、分裂，但主轴、主流、主体是团结、统一、和平。一般来讲，儒家主张“王道”，以仁政统驭天下；而法家则主张“霸道”，以严刑峻法威服天下。秦汉之后，开始实现“王霸”结合。汉宣帝就说：“汉家自有制度，本以霸王道杂之”（《汉书·元帝记》）。可以说，在中国古代的政治谋略中，霸道施以力，王道施以德。“硬实力”可以开疆拓土、攻城略地，但由于人心未服，难有长效。软实力，“服人以德不以力”，不战而屈人之兵。在中国历史上，“王霸之争”的结果，是中国选择了“王道”这条道路，坚信“恃德者昌，恃力者亡”。因此，“和”是中华民族的内核，对于和平、和睦、和谐的追求一以贯之。在我们党的历史上，对不同阶段的“时代主题”的认识也是不一样的。在民主主义阶段，我们党从“十月革命一声炮响，送来了马克思主义”到认识到“枪杆子里面出政权”，是付出了血的代价的，从而最后解决了“挨打”的问题。中国特色社会主义的理论依据，一是初级阶段的中国国情，一是和平与发展是时代主题，我们党“以经济建设为中心”，经过30多年的努力解决了“挨饿”的问题，中国也迅速成为世界第二大经济体。现在，中国又面临着“挨骂”的问题。如果说新中国成立，解决了中国面临的“挨打”问题，改革开放近40年的发展，解决了中国面临的“挨饿”问题，那么，在21世纪的第二个十年，则必须解决中国在走向世界的过程中或重返世界的过程中（与美国的“重返亚太战略”相反）面临的“挨骂”问题。因此，从国家发展和综合国力竞争的层面看，提高我国文化软实力是增强民族凝聚力、提高国际竞争力和影响力、更好地参与经济全球化进程的迫切需要，是维护我国意识形态安全和文化安全的迫切需要，是增强我国在国际上的话语权、增进国际社会对我国的了解和认同，为改革发展营造良好国际舆论环境的迫切需要，是树立我国良好国民形象和国家形象、增进与世界各国的友好交往、推动建设和谐世界的迫切需要。软实力和硬实力如影随形，一个国家没有硬实力，讲软实力就会成为空谈。塞缪尔·亨廷顿就非常强调硬实力决定软实力，硬实力是软实力的基础。在他看来，物质上的成功会使文化和意识形态更加具有吸引力，而经济和军事上的失败必然导致文化的自我怀疑和认同危机。硬实力支撑软实力，但硬实力不等于软实力，也不会自发地提升软实力。只有把软实力作为国家战略工程，做好打持久战和整体战的准备，才能以量变求质变，积小胜为大胜。特别是“文化软实力”这个概念对于我们解决“挨骂”问题、对于提升国际话语权具有“吹糠见米”之效。这就要求我们，当前在文化建设上，一定要抓住“文化软实力”这个“牛鼻子”。

我们承认，无论就内涵还是外延来说，中国的“文化软实力”提法，都不同于美国的“软权力”概念，分属两个不同的棋局，此“软”有别于彼“软”。美国“软权力”的理论基础是统治全球思想，是基于“美国注定领导世界”这一根深蒂固的观念。因此，“软权力”的运用是纯粹外向的，谋求影响他国，使他国服从。如果说，“软权力”着力对外，那么“文化软实力”则着力修内，更强调自身的文化特质。中国“文化软实力”的运用主要是内向的，具有“内圣”的一面，是“不假外求，反求诸己”，目的是使自己在文化、意识形态、价值观层面造就在社会发展中占主流的、具有主导作用的思想体系，引导全民族朝着一个共同的、正确的目标前进，即主要体现为一种对内的凝聚力和动员力。当然，作为国家实力的组成部分，中国的“文化软实力”自然也会对外产生影响，但那是自然进程的结果。中国遵循的是“已所不欲，勿施于人”的价值准则，尊重他国文化，并不强加于人。换言之，提高“文化软实力”重在自我修行，重在练内功，内圣而外王。马丁·雅克指出：“很明显，中国正处于崛起之中，其心态已经从低调的平静变为越发的自信”“200多年来，世界一直为西方所主导。现在，这一时代明显走向了终结。西方化的高潮已经远去。”他问：“如果中国不因积贫积弱而被迫接受西方主导的国际体系，而是有能力根据自身的需求、价值观、特征与历史对国际体系进行改造与形塑，那将会怎样？”

李洪峰在《美国战略家要读懂中国》一文中指出，“当代世界，中美两国都是具有战略雄心的国家”。“由于中美两国在世界上举足轻重的战略地位”，发展新型大国关系，“不但中美关系全局，而且影响世界大局”。“美国战略家要读懂中国，切实防止和减少战略误判，不能以美国之心度中国之腹”。“中国目前正处于一个极为重要的战略阶段，战略重心仍然在国内。但这一战略阶段，也是国内大局同国际大局联系更紧密的阶段。在国内我们将跨越‘中等收入陷阱’，在国际我们将防止被拖入所谓‘修昔底德陷阱’”。为什么“软权力”这一概念能够在中国激发强烈反响，并使中国创造性地提出了“文化软实力”这一提法呢？这是因为这一概念同中国传统的政治理念有许多会通之处。中国人对这种“软”的东西早有体会。“以力服人者，非心服也，力不瞻也；以德服人者，中心悦而诚服也”。两千多年前，王道与霸道之辩，“得道多助、失道寡助”以及“得民心者得天下”等政治理念，包括老子的“上善若水”、“柔软胜刚强”，孙子兵法中的道胜、谋胜思想，都不乏这种文武并用、刚柔相济的思想和谋略。文化软实力是一个国家和民族兴盛的标志。党的十八大以来，习近平总书记非常重视我国文化软实力的提升，并在多种场合论及文化软实力。2013年12月30日，中共中央政治局在进行第十二次集体学习时，专门围绕文化软实力进行了学习。习近平总书记在主持学习时强调：“提高国家文化软实力，关系‘两个一百年’奋斗目标和中华民族伟大复兴中国梦的实现。”这一重要论述，彰显了文化软实力所具有的战略地位，已经成为国家重大的发展战略。中国要真正成为有影响力的全球性世界大国，应汲取美国在文化软实力发展上的有效经验，让中国在世界上以王者而不是霸者形象出现，达到“不战而屈人之兵”的国家发展最高境界。

二、提升我国文化软实力的五个战略

当今世界，大势渐明，美国失去霸主地位不可逆转，中华复兴和崛起不可避免。此消彼长，中国取而代之、领导世界的那一天，快得可能让人感到突然。然而，必须承认，在提升文化软实力这一重大战略上，我们的文化准备和理论准备是不够的。在21世纪第二个十年的今天，中国早已摆脱了因落后、落伍而被奴役的命运，整个中华民族早已获得了精神上的自主自立。正如毛主席所讲的，“自从中国人学会了马克思列宁主义以后，中国人在精神上就由被动转入主动”。然而，文化自信问题仍然没有得到根本解决，文化软实力问题变得越来越突出。从总体上看，国际文化格局依然是西强我弱，西方发达国家主导着国际舆论，影响着国际文化流行和消费趋势，左右着网络空间的信息流动和发展方向。一些人认为西方是富裕之邦，也“必是真理之地”；还有一些人把西方价值视为“普世价值”，自觉不自觉地用西方标准来看待中国问题。当前，在文化软实力的建设上，由于思维的惰性和认识的滞后，在“西强我弱”的世界格局中我们还处于被动和防御的位置上，缺乏积极建构的意图，特别是缺乏整体的对外文化发展战略。

在中国重返世界的过程中，中国靠什么让世界信服？我们认为，力谋眼前，德谋长远。我们需要靠财力、靠军力，但也要靠智力、靠道德、靠思想、靠文化、靠道理、靠真理。习近平同志指出：“古往今来，中华民族之所以在世界有地位、有影响，不是靠穷兵黩武，不是靠对外扩张，而是靠中华文化的强大感召力和吸引力。我们先人早就认识到‘远人不服，则修文德以来之’的道理。阐释中华民族禀赋、中华民族特点、中华民族精神，以德服人、以文化人是其中很重要的一个方面。”因此，这就要求我们在中国崛起的过程中，必然是以德（文化）为主，以力（经济军事实力）为辅，坚持以社会主义核心价值观为引领，传承弘扬中华优秀传统文化，繁荣发展社会主义先进文化，推动中华文化走向世界。中国的崛起，是任何人都阻挡不了的历史趋势，但中国却将走一种不同于西方列强的和平崛起之路，必将“跨越修昔底德陷阱”。罗素曾说过，“中国至高无上的伦理品质中的一些东西，现代世界极为需要”，“若能够被全世界采纳，地球上肯定比现在有更多的欢乐祥和”。按照中国逻辑，中国以和平的方式发展自己，中国的崛起不但不会构成对世界和平的威胁，相反，中国的崛起是维护世界和平的中坚力量，是终结霸权主义和强权政治的重要筹码。“国强必霸”，这是500年来西方大国崛起的历史逻辑。16世纪，西班牙、葡萄牙两个国家建立起海洋霸权瓜分世界；17世纪，“海上马车夫”荷兰异军突起称霸世界；18、19世纪英法争霸世界；19世纪末20世纪初，德日相继崛起妄图征服世界；20世纪是美苏争霸的世纪。今天，如果以西方500年来的历史逻辑剪裁中国，就必然得出“中国威胁论”“国强必霸”等结论。西方的逻辑是基于西方的历史得出的结论，不能用来裁剪中国的未来，也不是中国逻辑。在人类历史上，中国第一次绕开了“国强必霸”的逻辑，开辟了“强而不霸”的中国式富强之路。中国为什么能够“强而不霸”呢？从世界历史来看，霸权必衰是无法逃脱的历史法则。国虽大，好战必亡。国强必霸的逻辑是，拳头硬了就想打人，实力强了就要扩张，看见利益就要伸手，其结果必然是自掘坟墓。从中国历史看，中国没有称霸的传统。在中国五千年文明史上，用习近平总书记的话说，“中国人民怕的就是动荡，求的就是稳定，盼的就是天下太平”。从文化基因看，中国文化中没有霸权主义的元素。武力征服不是中华民族的立身之本，以和为贵、和而不同、协和万邦才是中华民族的和平基因。按照中国逻辑，以大欺小、恃强凌弱，不仅不是强者的作为，恰恰相反，这是弱者的表现。因此，在“内圣”的意义上，提升中国的“文化软实力”，解决“挨骂”问题，必须成为我们的重大文化战略。文化软实力不仅是一个文化问题，而且是一个国家实力、国家权力的问题。提升我国文化软实力是一项重大而紧迫的战略任务。

一是积极凸显价值主导战略。核心价值观是社会的方向盘、国家的稳定器、民族的导航仪。国家文化软实力，根本上取决于核心价值观的凝聚力、吸引力。对内来讲，没有核心价值观的引领和支撑，文化就立不起来、强大不了，国家就不可能形成统一意志和共同行动。对外来讲，如果核心价值观不被国际社会认知、认同，文化就会缺乏感召力、影响力，国家就难以赢得广泛理解和支持。提高文化软实力，首要的问题是必须坚持正确的价值主导，充分展示文化魅力，不断增强文化的吸引力和感召力。核心价值观不仅是凝聚全民共识、维系国家认同的精神纽带，也是处理对外关系、塑造国家形象的思想坐标和基本原则。如果说，我们在军事上和经济上走的是一种“迂回”战略，那么在社会主义核心价值观与“普世价值”的价值观之争中，我们能否采取“正面强攻”战略，实现刚柔相济、攻守平衡的战略要求呢？当年美苏对抗，在很大程度上是意识形态的较量，是两种社会制度、两种思想体系的对抗。美国决策层深知，如果美国在意识形态上占据了道义制高点，就能弥补军事力量的劣势。因此，美国要让全世界知道，美国的制度比苏联更优越。那么，在今天的中美博弈中，中国在价值主导战略上必须有更高的视界。这就要求我们要正确认识和处理好加强社会主义核心价值体系建设与增强文化多样性、丰富性的关系，突出中国文化丰富、多样、博大、包容等特点，大力加强社会主义核心价值体系的建设；要正确认识和处理好文化建设中的中外关系，即文化的世界性与民族性的关系、世界眼光与民族精神的关系，尊重世界各国人民，无论国家大小、强弱、贫富，都要平等相待、求同存异、取长补短、友好合作，注重文化的世界性或全人类性，以利于不同文化的沟通和共鸣；要正确认识和处理好文化建设中的古今关系，即继承优秀传统文化与弘扬时代精神、推进文化创新的关系，增强我们文化的吸引力和感召力，同时，努力弘扬时代精神、推进文化创新，发挥出中华文化的生命力和创造力，为人类文明进步作出新的贡献。较之西方价值理念，社会主义核心价值观理念充分体现了国家价值、社会价值和个人价值的有机统一，更全面、更真实、更先进、更有生命力。总之，要把当代中国价值观念贯穿于国际交流和传播的方方面面，要以理服人，以德服人，以文服人，不断增强世界各国和人民对中华民族和中华文化的价值认同。

二是大力推进文化体制改革战略。文化体制改革战略，旨在打造文化软实力发展的体制基础。在这方面，美国的做法值得借鉴。美国文化的发展主要依赖一种分散和多元化的文化发展体制。美国政府的角色在文化发展过程中是比较隐性的，联邦政府只能采用税收减免政策以及各种名目繁多的扶助文化项目来体现政府在文化体制运行中的间接作用。政府通过税收优惠政策鼓励各类非营利的基金会投入公共艺术以及公共文化设施，以便保持流行文化与高雅艺术之间的平衡，防止流行文化的过度市场化而使国外精英失去对美国文化的兴趣。其运行机制也非常灵活，没有国家与市场之间的对立，可以是非营利的也可以是商业性的运行，使美国文化发展快速而又平稳。当前，我们进行文化体制改革，也要把握好三个维度，把“文化例外”的政策内化在文化发展的整个过程之中。一是意识形态的维度，二是市场的维度，三是软实力的维度。这三个维度对文化体制改革的侧重要求是不同的，意识形态维度强调的是“文化例外”，市场的维度强调的是要满足人民群众和市场的文化需求，而软实力的维度强调的则是参与国际竞争。就软实力的维度而言，文化事业与文化产业的区别何在？关键在于竞争力的不同。举个例子来说，就如同狗道与狼道的区别。我们现代人在研究原子弹的弹道时，就比较着研究出了狼道与狗道，结果发现狼道永远比狗道直接。在追逐猎物时，狗永远是绕着弧线跑，狗和猎物之间是一道弧线。而狼在追逐猎物时永远跑的是直线。于是，狗能够追上的猎物，狼都能够追上，而狗不能够追上的猎物，狼却能够追上。为什么？说白了就是因为狼追不上猎物没什么吃就要饿死，而狗追不上猎物并不饿肚子，甚至狗明白就是追上了猎物也不会让狗吃的，这就产生了重要的区别。这一现象对于我们深化文化体制改革产生了重大启示。习近平总书记指出，“要继续深化文化体制改革，加快完善文化管理体制和文化生产经营机制，建立健全现代市场体系，构建现代公共文化服务体系，提高文化开放水平，形成有利于创新创造的文化发展环境”。这就要求我们要继续按照十八届三中全会提出的“加快完善文化管理体制和文化生产经营机制”的要求，同时按照“决策、执行、评价监督三分离”的原则，设置一种有利于资源开放性配置、社会化大系统循环乃至全球文化系统循环的现代管理体制机制，变“两分法”为“三分法”，在公益性文化事业和经营性文化产业之间再分类，使政府、社会、市场分别成为三类文化的主导力量，就成为当前深化文化体制改革的战略性突破口。

三是精心打造文化品牌战略。要将文化资源转化为文化软实力，就必须打造国外受众能够自愿接受的独具魅力、雅俗共赏的文化品牌。首先，要重视塑造文化品牌个性。文化品牌个性实际代表差异性和优异性，鲜明的个性能够使文化品牌更容易在受众心中引起感情共鸣，展示经久不衰的魅力和留下难以磨灭的印记。其次，要重视塑造人性化的品牌文化。即必须重视顾客的不同需要，以顾客多样化的实际需要为导向，强化创造品牌的人性化意识，增强品牌的人性化含量。再次，重视塑造兼容性的品牌文化。尽管文化渗透着意识形态属性，但是要形成国际影响和交流，还必须具有艺术的超越性，能够跨越区域、国家、文化、意识形态的差异，最大限度地创造和揭示人类共同的美和善，塑造与不同文化、亚文化相兼容的文化品牌，以满足不同社会形态或文化背景中特定人群的心理预期，实现与国际公众有效的心理沟通。韩国人没有把他们的传统艺术长鼓舞推向世界，而是把表现他们民族文化传统精神的电视剧、电影作品推向海外市场。日本人也没有把他们的歌舞伎推广到美国，而是把他们最时尚的动漫产品打入美国市场。

四是注重做好形象“自塑”战略。在软实力时代，国家力量的运用及其影响方式必须聆听他国的心声，照顾他人的感受。因此，作为文化软实力的载体，我们在文化“走出去”的过程中应当注重运用“包含感情的，体现着人们对更加高级和更加完满的精神自由追求的感性符号”。应当承认，与我国在世界经济格局中的地位相比，我们的文化软实力还不够强，我们在国际上的话语权还不够大，有时还处于有理说不出、说了传不开的境地。中国在世界上的形象很大程度上仍然是“他塑”而非“自塑”，“挨骂”的问题还没有得到根本解决。特别是国内文化发展上的“落差”、国际文化贸易上的“逆差”，国际文化形象上的“反差”问题，应当引起我们的高度重视。这就要求我们必须变“他塑”为“自塑”，要能够自己说清楚中华民族“我是谁，从哪里来，到哪里去”这一根本问题。要展示中华文化独特魅力，要注重塑造我国的国家形象，重点展示中国历史底蕴深厚、各民族多元一体、文化多样和谐的文明大国形象；政治清明、经济发展、文化繁荣、社会稳定、人民团结、山河秀美的东方大国形象；坚持和平发展、促进共同发展、维护国际公平正义、为人类作出贡献的负责任大国形象；展示对外更加开放、更加具有亲和力、充满希望、充满活力的社会主义大国形象。总之，要以文化形象塑造、树立良好的国民形象和国家形象。

五是增强“合力”战略。在国家文化软实力战略实施主体上，政府与社会扮演着不同的角色。政府的作用往往是刚性的、直接的，而社会力量发挥的作用一般是间接的、柔性的。美国的文化软实力之所以强大，一方面来源于政府推动，更主要的则是美国拥有数量众多的社会组织和文化企业，具有强大的社会能量。因此，在文化软实力建设上，我们要充分发挥人民群众和社会组织在文化建设中的主体作用，充分调动广大文化工作者的积极性，发扬艺术民主和学术民主，营造宽松和谐的文化发展环境。要正确处理发挥专业文化队伍与调动社会力量积极性的关系。文化队伍强，文化软实力才能强。拥有一支高素质的文化人才队伍，特别是一批有影响的文化名家、文化大师，是国家文化软实力的重要标志。而随着我国与外部联系日益紧密、国际交流更加频繁，每一位公民、每一个组织，都是一个文化符号、一张文化名片，都是外国人认识中国、认识中华文化的一个渠道、一个窗口。因此，要统筹发挥专业文化队伍与社会力量的作用。实施文化“软实力”合力战略，就是要树立“大文化”的理念，让一切文化创造的活力竞相迸发，让一切文化创造的源泉充分涌流，让一切有志于文化创造的建设者的积极性得到充分发挥。

因此，我们从今天开始就要研究中华文化走向世界问题，要重视提高国家文化软实力的问题。过去我们更多的研究马克思主义（世界文化）中国化，今后我们应开始研究中华文化世界化，即中华文化怎样成为世界主流文化。在国际社会的经济、政治和军事博弈中，巧用文化软实力，就可以用文化的方式占据道德价值、政治价值、精神价值的制高点，获致“不战而屈人之兵”的效果。因此，我们今天强调“引进来”，更要强调“走出去”。我们“走出去”，不是搞文化扩张和文化霸权，而是要讲好中国故事、传播好中国声音，把中国理念、中国价值、中国精神传播出去，把中国人民对当今世界经济、政治、文化等重大问题的主张传播出去，不断提升我国的国际话语权，为世界文明进步提供中国智慧，为人类对更美好社会制度的探索提供中国方案。而要实现这一目标，就是要高度重视和充分发挥文化软实力的作用，充分发挥文化潜移默化、润物无声的作用，实现以德服人、以理服人、以文化人，以软实力的提升助推全球性大国的成长。

三、提高文化软实力的策略

党的十八届五中全会明确指出：“在增强国家硬实力的同时注重提升国家软实力，不断增强发展的整体性。”文化软实力的提升，与思想观念、经济基础、话语表达、接受习惯等密切相关，影响因素十分复杂。实现中国的文化软实力战略，要求我们必须注意内外兼顾，使对内文化建设与对外文化传播互为表里、良性互动。需要我们积极探索提高“文化软实力”的现实路径，有效实现文化软实力发展的战略目标。

一是进一步提高对文化软实力重要性的认识。要从历史发展的大周期看待“文化软实力”问题，努力占据“真理”“规律”与“道义”的制高点。一是要实现“理”与“势”的结合，抢占大国博弈的“道义制高点”。软实力与硬实力的关系，与中国历史上的“理”“势”关系、“理”“力”“利”关系十分相近。中国传统文化，常用“理”与“势”的框架分析历史。所谓势，就是成为一种现实的趋势，往往与现实性、必然性相关；所谓理，就是规律、原则、道理、理论，往往与合理性、应然性相关。中国古代智慧中，经常有“以理抗势”的观点，正确的理论框架则是实现“理势兼顾”，因为正确的理念对现实有引导作用。所以朱子在《四书集注》中既谈到“理势之当然”，又谈到“理势之必然”。在他看来，只有把历史之自然和理论之当然结合起来，历史才能向着人的理想的社会前进。以马克思看来，近代的整体历史，就是从以往缺乏相互交往的“历史”走向普遍交往的“世界历史”的进程，其本质就是“全人类的普遍交往和相互依赖”。“现代化”要求从古代直入现代，“全球化”讲的是“四方上下”。如果说现代化突显的是传统和现代的对立，讲的是古今矛盾，那么全球化强调的则是用全球性覆盖地方性，讲的则是东西矛盾。即现代化讲的是时间，全球化讲的是空间。在马克思看来，一个多世纪以来，近代历史的大走势或者全球化所展开的历史特征就是，“正像它使农村从属于城市一样，它使未开放的国家从属于文明国家，使农民的民族从属于资产阶级的民族，使东方从属于西方”（《马恩选集》，第一卷，第266—277页）。全球化其实是世界史上现代化发展的一个新阶段。今天，金融危机后当西方社会开始走上贸易保护主义之路的时候，中国举起了全球化的大旗。如果说，这是全球化的“欧洲传统”或更狭小的“英美分析传统”，是近代以来一直流行的西方中心主义“势”，那么在全球化的今天，把华夏文化之“理”（道）突出出来，并实现世界化，则是历史使命和时代重任。从现代化到全球化，古今东西的问题的实质始终是文化问题。因此，就中国立场而言，针对现代化理论，我们强调古代智慧仍然具有现代意义；针对全球化理论，我们强调东方智慧同样具有普遍价值。即是说，在精神、价值层面，我们必须承认东西方文明都具有普遍性，正义、自由、民主、权利、个体、理性是普遍价值，仁爱、平等、责任、同情、共同体，也具有普遍价值。如果说，在全球化的第一阶段，文化的变迁具有西方化的特征，以至于福山竟然错误地得出了“历史的终结”的结论，那么在全球化的第二个阶段，则可能是使西方的回到西方，使西方文化回到与东方文化相同的相对化地位。近代以来，我们通过马克思主义中国化、时代化、大众化取得了伟大成功，那么，今天我们需要通过实现华夏文化的世界化、现代化、主流社会化，而实现新的理、势“再平衡”。二是要在中国经济社会发展的过程中，追求“理”“力”“利”的统一。在真理、道理、权力、力量、利益或财富这些要素中，要努力实现“理”“力”“利”的结合。苏共后期，其主要负责人垄断真理，从而造成了权力才产生真理、权力垄断真理、权力支配真理的恶果，使苏联社会主义建立在不正常、不正确甚至错误扭曲的基础上，造成了苏联的溃败或瓦解，这一巨大历史教训是值得我们深深吸取的。

二是要打造“文化软实力学”，为中国成为软实力大国提供理论准备和学理支撑。价值的引领力，思想的影响力，产业的竞争力，产品和服务的原创力，空间的传播力，都是软实力的重要组成部分。当前，我国关于文化软实力的研究处于“量有余而质不足”的困境中，理论上的不彻底性掣肘了我国文化软实力的进一步提升。党的十七大报告明确提出，要“坚持社会主义先进文化前进方向，兴起社会主义文化建设新高潮，激发全民族文化创造活力，提高国家文化软实力”。这就要求我们要积极建构“文化软实力学”，为提升我国文化实力提供学理支撑。文化软实力学的建构，需要具备完善的知识体系、思想体系和话语体系，能够改造“偏见”地图，打造“好感”地图，主要包括如下内容：一要对世界讲好中国故事，传播好中国声音。提高软实力，要学会讲故事。中国拥有超长的历史，东西南北差异巨大。中国过去和现在发生的故事，完全可以给世界提供丰富的经验。所以，中国经验对于世界具有重要意义。未来学家约翰·奈斯比特说过，中国大陆很大，但是讲得好的故事却很少。这种局面未来不能再继续，应该鼓励更多的人来讲中国故事。所谓讲故事，就是少用抽象的概念，多讲自己身边发生的事情。只有这样，才能让大家准确而又生动地理解。一是讲清楚中国特色。要通过软实力建设，让世界认识到中国走和平发展道路是历史选择，不是权宜之计；中国与世界交往的目标是合作共赢，不是威胁对抗；中国的发展模式是人与自然和谐发展的科学发展道路，不是经济扩张、资源掠夺、损人利己之路；中国的发展是世界和平力量的壮大，不是谋求争霸称霸；中国不仅是人类和平发展与和谐世界的参与者、受益者，更是塑造者、建设者。二是实现中国故事的国际化表达。要重视西方人的接受习惯和惯例，重视西方人的关注点和兴趣点。传播力决定影响力，话语权决定主动权。国家文化软实力，既取决于传播渠道和网络平台，也取决于议题设置和话语表达能力。相对于传播载体建设，话语体系的构建更为复杂。话语体系不仅是概念、词语的表达，而且体现和引导着一定的价值追求、制度安排和行为模式。西方发达国家凭借其经济先发优势，创造了自由、人权、民主、法治、宪政、市场经济等一系列概念，垄断了这些话语的解释权，形成了话语霸权。在改革开放的实践中，我们形成和发展了中国特色社会主义理论，并创造性地提出了一些重要概念，比如，小康社会、协商民主、中国梦等；创造性地提出了一些重要倡议，比如，和谐世界、人类命运共同体、新型国际关系、新发展观、“一带一路”等，都为中国与西方两种话语体系的对话与竞争打下了基础。三是将技巧根植于真实的基础上。讲述注意加入个体叙事，讲百姓的故事，讲述方式要接地气，要有自信。不论是宏大叙事还是个体叙事，只要是在制度自信的前提下真实呈现中国治理的多元现实和成就，这样的中国故事就容易具有感召力。二是努力传播当代中国价值观念。引领力，就是一种价值认同与引导。除了面对国内受众，也要重视在全球范围的价值引领。既不能对国际市场过度迎合，又要防止在国内市场的急功近利。当今世界，文化软实力的竞争，说到底是核心价值观的较量。提升国家文化软实力，需要我们将核心价值观的对内培育践行与对外介绍阐释结合起来，要看到，受历史文化传统、基本经济社会制度、意识形态偏见等因素影响，我们的核心价值理念往往很难被西方社会理解，存在不同程度的误解和曲解。如何以国外受众易于接受的方式，有效促进其国际认同，增强世界对中国国情和发展道路的了解和认识，已成为提升国家文化软实力的内在要求。奈如此表达美国的价值观，

“软实力的一个来源是我们的价值观，当我们在某种程度上被看成是自由、人权以及民主的灯塔时，其他人就将被吸引并追随我们的领导”。社会主义核心价值体系是中国文化软实力建设的灵魂。中国梦意味着中国人民和中华民族的价值体认和价值追求。宣传和阐释中国梦，要与当代中国价值观念紧密结合起来。当代中国价值观念，就是中国特色社会主义价值观念，代表了中国先进文化的前进方向。我国成功走出了一条中国特色社会主义道路，实践证明，我们的道路、理论体系、制度是成功的。要加强提炼和阐释，把当代中国价值观念贯穿于国际交流和传播的方方面面，使其越来越成为提升国家文化软实力的重要载体。三要努力展示华夏文明独特魅力。习近平同志指出：“在全面对外开放的条件下做宣传工作，一项重要任务是引导人们更加全面客观地认识当代中国、看待外部世界”。在这里，要“讲清楚中华优秀传统文化是中华民族的突出优势，是我们最深厚的文化软实力”。在五千多年文明发展进程中，中华民族创造了博大精深的灿烂文化，要使中华民族最基本的文化基因与当代文化相适应，与现代社会相协调，以人们喜闻乐见、具有广泛参与性的方式推广开来，把跨越时空、超越国度、富有永恒魅力、具有当代价值的文化精神弘扬起来，把继承传统优秀文化与弘扬时代精神、立足本国又面向世界的当代中国文化创新成果传播出去。四要努力夯实文化软实力的根基，大力发展文化事业和文化产业。文化软实力的内在核心是指精神文化，而外在形式则是公益性文化事业和文化产业，特别是文化产业。提升文化软实力，必须大力发展文化产业，高度重视文化与经济的融合，追求有文化的经济和有经济支撑的文化发展，要靠充满魅力的文化产品和富有市场拓展能力的文化企业来实现。实现传统文化资源的现代化转化，尤其要防止对其进行破坏性开采。把文化融入国民经济的体系中来，不能固化在宣传思想文化的小圈子内，而是要融入国民经济社会发展的“大循环”中。要不断促进高新技术和文化内容的紧密结合，积极发挥大众文化的天然优势，善于运用电影、电视、音乐、网络等传播媒介，扩大中国文化产品的输出，并加强知识产权的保护，扩大中国在世界上的文化影响。

三要努力提高国际话语权。争夺话语权是提升文化软实力的新的战略制高点。米歇尔·福柯在《话语的秩序》中指出，“话语即权力”。因为话语权在谁手里，谁就会决定社会舆论的走向，影响社会发展方向。因此，国际话语权是一个国家综合国力中文化软实力的集中体现。习近平同志指出：“提高国家文化软实力，要努力提高国际话语权。要加强国际传播能力建设，精心构建对外话语体系，发挥好新兴媒体作用，增强对外话语的创造力、感召力、公信力，讲好中国故事，传播好中国声音，阐释好中国特色。”提升国家文化软实力，既要加快构建技术先进、传输快捷、覆盖广泛的现代传播体系，又要加快形成独具中国特色、能与国际交流的对外话语体系，不断增强对外传播的说服力和认可度。一是要加强国际传播能力建设。注重引进和创新先进的传播手段，综合运用大众传播、群体传播、人际传播等多种方式，不断提升现代传播能力，精心构建对外话语体系，增强对外话语的创造力、感召力、公信力。二是要加快发展文化对外贸易。经验表明，文化“卖出去”比“送出去”，效果要好得多，只有文化产品和文化服务在国际市场被实实在在地消费，中国文化才能真正“走进社会主流人群”，才能真正发挥中国文化的影响力。对从事对外文化贸易的国内文化企业，国家应该在产业政策、项目审批、外汇管理、财政支持力度、投融资渠道以及税收政策方面予以优惠，鼓励企业实施走出去战略。同时，吸引外商投资于法律法规许可的文化产业领域，引导他们成为中国与世界进行文化交流的桥梁。另外，中国也要积极参与世界文化市场规则的制定和重塑，减轻或消除世界文化贸易的壁垒，促进各国各民族文化自主、平等地交流。三是要在交流互鉴中展示中华文化的独特魅力，推动中华文化走向世界。要正确处理全民展示中华文化传统精髓与当代风采的关系。优秀传统文化是最深厚的软实力。但多数外国人对中国传统文化的了解主要还停留在中国龙、长城、兵马俑、功夫、京剧脸谱等零星元素上，只知道中国古代的艺术作品，只知道古代中国的代表人物，而对现代特别是当代中国的现实却知之不多、知之不精、知之不深。提升国家文化软实力，不能仅仅满足于向国外输出一些表层的传统文化符号，要加强对传统文化的系统挖掘、深层解读和通俗阐释，避免对传统文化的肤浅认识和片面解读。我们在革命、建设和改革实践中创造的当代中国文化，是提升国家文化软实力的现实基础。当代中国文化与中国特色社会主义的伟大实践，紧密联系，包含着对我国现代化建设的孜孜探索，对人民追求幸福生活的生动诠释，是世界了解当代中国的钥匙。要正确处理对外全面展示中华文化的传统精髓与当代风采的关系，全方位展现一个古老而又年轻、传统而又开放的当代中国，努力建构传统与当代相整合的国家形象。在文化展示中，必须将文化的精华和最具魅力的要素呈现出来，关注文化价值，表达我们的文化对人类普遍价值的思考和理解，凸显人类命运共同体休戚相关的共同情怀，切实把握住文化软实力提升的关键。

四是要加快网络文化发展，掌握网络文化领导权。美国未来学家托夫勒曾经说过，“谁掌握了信息，控制了网络，谁就将拥有整个世界”。提升国家文化软实力，离不开网络文化发展和掌握网络文化领导权。在信息社会，谁掌握了网络传播媒介和网络传播主导权，谁就在某种程度上掌握了广大受众的话语权。强大的资料库功能使网络传播占据了信息交流的制高点，而多点分众传播则进一步侧重了网络传播的泛在效应。“整个世界最具有决定意义的历史因素，乃是80年代起进行的信息主义再建构的过程，它加速、引导与塑造了信息技术范式，并引出相关的社会形式”（[英]曼纽卡·卡斯特：《网络社会的兴起》，社会科学文献出版社2001年版，第26页）。在马特尔看来，“总体来看，虚拟经济领域里文化与信息的变化将成为21世纪的重大事件”（《主流》，第374页）。在信息技术高度发达的当今时代，谁的传播手段先进、传播能力强大，谁的文化理念和价值观念就能广为流传，谁就能掌握国际话语权。近年来我们加大了传播渠道和网络平台建设力度，但总的看在欧洲、北美这两个全球主要舆论发源地的力量还比较薄弱，在互联网等新兴传播平台建设运用上还比较滞后。如何引导网络文化的发展已经成为执政党面临的重要问题。这就要求我们一方面要大力发展信息文化产业，同时又要注重网络中文信息资源建设。文化领导权建构的过程，就是其合法性建立的过程，也是获得自愿追随的权威过程。按照葛兰西的理解，领导权的取得是通过“赢取积极的认可与信任”。这就要求我们必须转变文化执政理念，提升文化治理能力，提升对网络文化的引导能力。

五是要重视国家非传统文化安全观，维护国家文化主权。当前，国家文化安全问题呈现出传统文化安全观与非传统文化安全观交织的特征，文化生态安全、文化资源安全问题突出。过去，我们的文化安全主要是指意识形态安全。在今天的全球信息化时代，由网络新媒体引发的舆情危机已经成为非传统文化安全观的主要形态。因此，所谓非传统国家文化安全观，主要是一种基于文明视角的安全形态，而非传统意义上的以颠覆意识形态为唯一内容的狭隘安全观，是一种包含了意识形态在内的，广泛涉及一个国家文明传承、文化发展和文化认同为主要内容的安全观。在这个意义上，美苏之间的意识形态冷战与今天以网络与文化产业为主要特征的文化“热战”是完全不同的。在奈看来，美国在意识形态上的吸引力是腐败苏联的“特洛伊木马”。而今天，美国的大片、麦当劳、肯德基的作用，与之相比有过之而无不及。因此，文化不仅成为影响国家安全的一个重大变量，还使国家文化安全走到历史的台前。

习近平总书记指出：“正确对待不同国家和民族的文明，正确对待传统文化和现实文化，是我们必须把握好的一个重大课题。”在他看来，“文化自信是更基础、更广泛、更深厚的自信。在5000多年文明发展中孕育的中华优秀传统文化，在党和人民伟大斗争中孕育的革命文化和社会主义先进文化，积淀着中华民族最深层的精神追求，代表着中华民族独特的精神标识”。这是对文化软实力作用的最深刻的认识和精辟的表达，这就要求我们要在理论学习和实践探索中深入加以领会，树立文化自信，不断提升中国的文化软实力，为实现中国的大国崛起与中国梦的实现作出积极的贡献。

第四章

塑造中原文化品牌群

树立文化自信，提升文化软实力，必须追根溯源，贯通古今，海纳百川，开辟华夏历史文明传承创新新境界，焕发中华文化的生命力、创造力、亲和力和传播力、影响力、竞争力，为构建一个更加文明、和谐、幸福、共享的世界，实现全球有效治理提供中国智慧和中国文化元素。要展示中国文化的魅力，扩大中国文化的影响力，必须精心打造文化品牌，为世界各国人民认识、接受、欣赏中国文化扎好纽带、搭建桥梁、提供媒介，推动中国文化走出去，成为世界文化的有机组成部分。中原是华夏文明的重要发祥地，中原文化呈现出华夏历史文明根源性、传承性、厚重性、辐射性等特征，在世界经济一体化、文化交融和竞争日趋剧烈的时代背景下，培育和提升文化品牌，发展文化产业、增强文化软实力、保障国家文化安全，使命重大。

一、河南担当华夏历史文明传承创新的重大使命

河南地处中原，是中华文明的重要发祥地和核心区，“一部河南史，半部中国史”是对河南历史文化地位重要性的生动

概括。2011年9月28日，《国务院关于支持河南省加快建设中原经济区的指导意见》正式出台，“华夏历史文明重要传承创新区”建设作为中原经济区建设五大战略定位之一，正式上升为国家战略。该战略明确要求“传承弘扬中原文化，充分保护和科学利用全球华人根亲文化资源；培育具有中原风貌、中国特色、时代特征和国际影响力的文化品牌，提升文化软实力，增强中华民族凝聚力，打造文化创新发展区”。

中央将华夏历史文明传承创新的重任交给以河南为核心的中原地区，河南当仁不让而又任重道远。河南文化最具代表性的优势有六大方面：一是以古代国家治理为核心的政治文化，包含了以民为本、遵法重道、选贤任能、阴阳和谐、允执厥中、刚柔并济、以德服人等治理思想，今天仍具有重要的时代价值和普遍意义。二是丰富深邃的诸子文化，融会了先民的智慧，体现了区域的特色，集中反映了中国的哲学思想与理念。三是古都文化，体现了不同历史时期恢宏的国家气象和政治文明的物化表征。四是姓氏文化，以家族的绵延播迁史反映了家国民族顽强坚韧的生存、奋斗、发展史，体现了中原文化生生不息、繁衍昌盛的根文化特征。五是宗教文化，是中国儒、道、佛等传统宗教的源头，反映了芸芸众生对心灵家园的渴求与营建，具有众生和谐的永恒价值。六是功夫文化，以少林与太极为代表，是身与心、阳与阴、情与艺出神入化的体现，是深受海外欢迎的中国符号。要坚持敬畏文化、学习文化、振兴文化、服务文化，以社会主义先进文化引领中原文化发展繁荣，把河南建设成为全球华人根亲文化圣地、中国文化遗产保护传承示范基地、全国重要的文化产业基地、现代文化创新发展新高地、中华文化“走出去”的重要基地，使传统文化展露新颜，现代文化蓬勃发展，人民群众精神富足，河南文化影响日益扩大。

河南大力推进华夏历史文明传承创新战略，必须精心塑造传统与现代、思想与艺术、保护与营销有机统一的文化品牌，把中原丰富的文化资源变为中原发展的文化动力和文化生产力，整体上提高中原地区的文化软实力。当今世界，大部分行业，都进入了品牌竞争的时代。据2010年国际机构的调查数据显示，全球100个最有价值、最有影响力的文化品牌中，美国有68个，欧盟25个，日本有6个，中国一个都没有。2016年“世界品牌500强”榜单中，中国有36个品牌入选。美国的好莱坞、百老汇，韩国的网游和影视剧，日本的动漫，德国的图书出版，英国的期刊等，都是世界上著名的文化品牌。在欧洲，德国、法国文化的传播更具主动性和有效性。在亚洲，日本的“文化立国”使动漫产业产生巨大影响，韩国“韩流”背后也有鲜明的文化战略意图，二者都是文化产业支撑下的国家文化形象输出的载体。这就意味着在世界文化舞台上，中国不仅与美国文化存在竞争和博弈，与欧洲文化语境中的话语体系相较量，还面临着与日、韩文化在亚洲的“文化领导权”之争。在全球化的境遇下，我们面临着由“西方镜像”转型为“中国形象”的历史契机，必须在世界和历史的坐标系中找准自己的定位，精心打造一批具有中原风貌、时代特征和国际影响的文化品牌，讲好中原故事，推动中原文化、中华文化“走出去”，不断增加河南乃至国家的“象征资本”，这既是必由之路，也是一条曲径通幽、登堂入室的捷径。

二、把精心打造文化品牌作为华夏历史文明创新的重要推手

文化品牌是文化形态的综合反映和体现，好的文化品牌能“一石激起千层浪”。习近平总书记提出要“推动中国制造向中国创造转变，中国速度向中国质量转变，中国产品向中国

品牌转变”，这三个转变成为品牌建设的巨大推力。国务院办公厅也发布了《关于发挥品牌引领作用推动供需结构升级的意见》，力促品牌经济发展，努力实现中国经济由价格经济到质量经济再到品牌经济的跃升。要树立品牌意识，将品牌建设切实提高到战略地位，实行“品牌带动”与“品牌为王”的发展战略，以文化品牌为推手，创造出具有中国特色的文化品牌，更好地汇聚文化力量。

（一）要充分认识文化品牌蕴含的综合价值。

首先，文化品牌凝聚着文化的精气神。文化蕴含着一个民族和国家的精神和灵魂，这种精神和灵魂在文化品牌中表现得最突出。近年来，“中国年”品牌走红世界上众多国家，2007年3月26日俄罗斯在克里姆林宫举办了“中国年”活动，美国纽约州和马里兰州非常推崇中国春节喜庆祥和的文化，把春节作为法定节日，“中国年”的文化意蕴很好地表达了中国人民爱好和平的愿望，成为向世界展示中国形象的重要文化品牌。

其次，文化品牌还是产生文化效应的放大器。品牌是最重要的无形资产，是财富创造的“倍增器”。文化能够被人们所接受，就要有一定的品牌来产生聚变。品牌影响力是指品牌开拓市场、占领市场并获得利润的能力。自2005年开始，每年农历三月初三，社会各界都会在河南新郑黄帝故里联合举办黄帝拜祖大典。2008年，黄帝拜祖大典被国务院确定为第一批国家级非物质文化遗产扩展项目；2012年，又荣膺“全球最具影响力的十大根亲文化盛事”。这一文化盛事极大地弘扬了中华民族精神，增强了海内外中华儿女的民族认同感和归属感，提升了中华民族凝聚力和向心力，已经逐步成为河南省文化建设的重要标志和强势品牌。截至目前，至少有30万海内外华人前来河南寻根拜祖。

再次，文化品牌是文化传承与创新的重要载体。文化是一条穿行于历史中的河流，要源源不断地流淌，需要下功夫做好传承与创新工作。缺少传承与创新功课，文化就会湮没在历史的荒漠中被人们所遗忘。编撰于明朝永乐年间的《永乐大典》，实质上就是我国历史上有名的文化品牌工程。《永乐大典》作为世界有史以来最大的百科全书，记载14世纪以前我国历史地理、文学艺术、哲学宗教和百科文献，是中华文化遗产中最核心、最重要的组成部分，对于传承与创新中华民族优秀传统文化，具有不可估量的价值。实现中国梦，需要文化强有力的力量，更应该重视文化品牌建设，通过文化品牌把社会主义文化，包括中华民族优秀传统文化，不断传承与创新下去，使之更好地成为人们的精神家园。

（二）要重视提升文化品牌的思想品位和魅力指数。

首先，塑造文化品牌要把思想性放在首位。品牌是企业乃至国家竞争力的综合体现，代表着供给结构和需求结构的升级方向。品牌的最大特征在于能够以无形的意识、无形的观念深刻影响有形的存在、有形的现实。品牌的核心是品质。没有文化支撑的品牌，往往只是缺乏思想内涵的外在形式和无意义的躯壳；同时，要用核心技术支撑文化品牌的思想性、凸显其思想性。没有核心技术，文化品牌不可能真正成为行业的引领者，就不能深入人心，走向世界。要以创造性乃至颠覆性的方式探索文化品牌的表达方式，促进科技与人文的融合，紧紧抓住文化品牌高技术、可持续利用、再生产能力强的特点，努力实现文化品牌的现代表达，实现科技提升和特色取胜，创造性地融入现代元素，达到中原文化品牌引人入胜的理想传播效果。

其次，要重视文化品牌的可传播性。展现文化品牌的魅力关键在于要讲好故事，促进文化品牌的可传播性和产业化。

在后金融危机时代的全球战略格局重组中，文化产业（创意产业或创意经济）这一内容产业，被视为新兴战略产业，成为政治、经济、文化博弈的一条中轴线。谁取得了文化产业的制高点，就不仅占据了价值链高端，还占据了价值观输出的制高点，更占据了道义的制高点。谁能够把故事讲得出彩，谁就能够在全球广为传播。品牌的意义，离不开富于意义的正面情感故事，因此，我们一定要以穿透心灵的力量讲好中国故事和中原故事。要以创意为王，摆脱对文化资源的过度依赖。文化品牌的打造和培育离不开特定文化资源的开发、保护和利用，需要着力解决的是如何通过创意打破文化资源向产业项目转换的瓶颈问题。美国文化竞争力的强势，主要源自创意创新能力的强大，其别致的创意、高水平的制作以及成功的市场攻略等经验非常值得我们汲取。

再次，重视文化品牌的国际视野、人类共通情感和高科技的有机融合。文化品牌体现的是国家形象和文化软实力，跨文化交流需要平等、对等、对话，没有品牌的文化，只能在交流中被他者化、殖民化。品牌是企业乃至国家核心竞争力的综合体现，也是经济全球化中重要的要素资源。因此，建设文化品牌要有国际化的视野，要坚持国际化标准，适应国际化的规范，拓展国际化市场。要实施“走出去”战略，让民族文化品牌与世界著名文化品牌进行对话和竞争，在这个过程中强筋壮骨，让民族文化、区域文化成为世界品牌。打造文化品牌，必须以客户为中心打造国际化品牌。品牌是在顾客心目中具有独特地位和形象，是能让顾客从功能和情感上获得利益的产品和服务。在一定意义上，只有具有打动人心的亲和力，才会有强大的文化渗透力。要注重高科技的运用，努力实现技术与艺术的交融，不断提升文化产品和文化服务的附加值，催生新的文化业态，提高文化产品和文化服务的品牌价值和附加值，推动中国的文化产业不断迈向价值链的高端。

（三）要精心谋划文化品牌建设方略。

首先，找准特色、善于借势。区域品牌形象来源于对区域文化和区域功能的精准提炼。打造区域品牌形象，首要的是找准区域的特色优势，彰显区域个性。实践证明，特色越强，区域的品牌形象就越会深入人心。据统计，全球市场80%的份额由20%的优势产品占据。在国际市场从商品消费进入品牌消费阶段的当下，努力提升中原文化的品牌价值和影响力，不仅是我们在全球市场竞争中必须争夺的制高点，也是目前推进供给侧改革、全面提高我国经济发展质量的战略举措。打造品牌经济，需要深刻把握经济发展新常态，处理好做大与做强的关系、技术创新与商业模式创新的关系、有形资产与无形资产的关系、“引进来”与“走出去”的关系。当前，我国已从短缺经济进入过剩经济，不能再简单地把做大规模等同于做强。同时，无论是传统产业还是新兴产业，如果不能在技术创新上持续进步，就很难持续发展，但仅有技术创新还不够，还必须有商业模式的创新。要根据市场需求，进行合理的文化品牌策划。要善于以重大事件或重大活动为契机，重磅、重拳集中推介一批中原品牌群，这样就会取得事半功倍的效果。

其次，系统专业、持之以恒。打造区域品牌形象，应以增强区域综合实力和竞争能力为目标，遵循市场经济规律，整合区域经济、人文、自然等优势和资源，不断丰富品牌形象的内涵，提升品牌形象的品质。要系统化谋划，认真研究形象定位、识别系统、传播创意和营销机制；要特色化塑造。区域是文化载体，文化是区域的灵魂。要专业化营销，充分运用互联网、微博、微信等现代信息传播手段，开展专业化媒体营销。文化品牌塑造尤其要注意做到持之以恒。品牌认知度是靠积累的。正如奈所言："改变外界的态度是个循序渐进的漫长过程"（《软实力》，第138页）。30余年前，一部电影《少林寺》，使少林寺名声大噪，不仅激荡了年轻人的功夫梦，而且变成当代中国的重要文化符号。如今，少林寺精心谋划，步步为营，已经走出国门并为世界认知与认同，成为中国软实力的一个鲜亮载体，更被习近平总书记誉为"享誉世界的少林寺"。

再次，不断创新、锤炼工匠精神。刘勰说："文律运周，日新其业。"文化品牌的培育离不开创新。在文化品牌传播的过程中，要在做好品牌保护工作的基础上推陈出新。要弘扬工匠精神，推进"中国智造"。工匠精神不仅是一种理念，更是整个中国制造业包括文化产业破局的突破方向。德国制造90%来源于中小企业，其秘诀就是在细分市场达到最佳规模，成为高端品牌。德国是世界第三大出口国，超过99%的德国企业属于中小企业，不求做大，而是努力在细分领域中做到极致，成为最强。德国的工匠精神，已经渗透到整个产业系统、社会体系甚至社会生活的方方面面。我们要认认真真做品牌，要耐得住长时间研发的寂寞，经得起短期利益的诱惑，将"十年磨一剑""终身做好一件事"作为自觉选择，增强品牌的认知度、黏合度和忠诚度。在国家形象建构上要发挥文化影响力，如鲁迅先生在《文化偏至论》中所说，"外之既不后于世界之思潮，内之仍弗失固有之血脉"，努力使中国成为既古老又现代，既在经济上实现崛起又在文化上实现复兴的现代文明国家。

三、构建中原文化品牌体系，打造华夏历史文明传承创新区"品牌群"

文化具有弥漫性，不是孤立的，而是整体的存在。打造文化品牌既要突出重点、彰显亮点，又要注意构建中原文化品牌体系，百花齐放、百家争鸣、百舸争流，全方位推进华夏历史文明传承创新区建设，努力将中原文化的资源优势转化为发展优势、崛起优势，扩大中原文化的吸引力、影响力。

（一）集中精力推出一批现代思想品牌。

思想是文化之根和魂魄。美国在实施文化战略中，以其“文明的冲突”“软实力”“历史的终结”等思想理论主导国际文化议题。河南在文化品牌体系建设中，要特别重视思想品牌的建设。对河南而言，当前在思想品牌打造上，要特别注重三方面的工作：一是打造中原学一流学科。学科体系创新是提升文化软实力的重要抓手和支撑。省社科院、省社科联、郑州大学、河南大学等单位，要以中原文化特质为主要研究对象，致力于中国特色哲学社会科学的河南探索，积极研究构建“中原学”，特别是习近平总书记提出的“中原文化发展哲学”，为中原崛起提供理论支撑。二是打造中原思想家群。中原人杰地灵，是自古以来思想家荟萃之地，要实施中原思想家出版工程，把老子、庄子、墨子、韩非子和宋代的“二程”，以及近代哲学家冯友兰等思想家的著作进行全新打造和出版，形成集群效应，努力在文化建设、精神建设、思想建设、理论建设上为中华民族伟大复兴贡献中原智慧、中原方案。三是推进中原智库大楼（河南社科活动中心）建设，突出中原思想和中原智库建设，实现更加广泛的思想文化交流和传播，提升河南的思想软实力。要通过资本市场和开发性、政策性金融等多元融资渠道，吸引社会资本参与华夏历史文明传承创新区基础设施建设，提高华夏历史文明传承创新区发展的能力和效率。

（二）持续打造知名文化品牌。

一是要进一步彰显少林文化和太极文化的品牌效应。少林文化和太极文化是中原文化和中国传统文化的瑰宝。打造华夏历史文明传承创新区，要发挥少林文化和太极文化的品牌效应，推动中原文化“走出去”，更好地让全世界认识并接受少林武术和太极拳文化，切身感受中国武术的博大精深。针对少林文化和太极文化的国际化传播，必须具有国际化视野。要加大文化创意的力度，利用现代科技进行全方位的立体开发，针对国际文化需求与时代审美需要，生产出符合国际和国内市场需求的文化产品和文化服务。要在吸收传统文化精髓的基础上，从少林文化和太极文化中提炼出民族精神文化符号，积极与世界优秀文化成果相融合，达到传统元素与世界潮流对接，进而将其铸造成具有自主知识产权的国际文化品牌。

二是进一步加强历史文化“品牌群”建设。中原文化博大精深，丰富多彩，但归纳起来包括三大类五小类。三大类是：从地域位置来看，中原地处华夏大地之中，汇聚融合了四面八方的文化精髓，是“中”文化的典型代表；就历史起源而言，中原是华夏文明的发源地，是文字之根、文化之根、民族之根，是一种“根”文化；从文明进步历程来看，人灵地杰的中原大地赋予河南人特有的品质和智慧，是一种“和”文化。五小类是：其一是山水文化。黄河水系、淮河水系，嵩山、太行山、大别山等是河南的象征，也是河南独特的自然资源和历史文化资源。其二是历史文化。无论是人类记载的史前文明，还是有文字以来的文明变迁，都充分体现了这一点。其三是文字文化。传说中黄帝时代的仓颉造字在河南，第一套完善的汉文字系统甲骨文诞生在河南。安阳是中国文字之都、甲骨文的故乡、国家文字博物馆的所在地，对于进行文字寻根和开展国际文字文化交流意义重大。其四是姓氏文化。《中华姓氏大典》中的4820个汉族姓氏，起源于河南的有1834个，占38%。在当今的300大姓中，根在河南的有171个，占57%。在依人口多少而排列的100大姓中，有78个姓氏的源头与部分源头在河南。姓氏文化是河南独有的文化现象，在文化塑造和影响上还有很大的拓展空间。其五是民间艺术文化。随着全国非物质文化遗产保护和传承工作的深入推进，全省各地许多珍贵的非物质文化遗产在文化产业发展中焕发出勃勃生机。如商丘民权县中国画虎第一村王公庄村，一年产值达到了5000万元以上。

（三）统筹规划河南文艺品牌建设。

一是要不断增强中原作家群的创作力。中原作家群是指以河南作家为主体，包括国内河南籍作家在内的一个重要作家群体。自从1995年《光明日报》发表文章称“文坛冲过来一支豫军”起，河南作家已经成为中国文坛上一支活跃的劲旅，其地位、作用和影响得到了文学界的广泛认可。一大批小说家的涌现是新时期中原作家群创作全面繁荣的一个主要标志。中原作家有一种关注现实的优秀传统，非常注重对作品意义的追求，同时逐步形成了自觉的创新意识和文体意识。尤其是一批中青年作家，能够在全球化的视野下重新审视现实和历史，大胆拓宽作品的题材范围，丰富表现手段，在艺术创新上有很大突破。中原作家的求新坚持在追求思想的深度、厚度的基础上完成，这种稳扎稳打的做法，成就了以往的成绩，也为以后大作品的问世奠定了坚实的基础。当前，在进一步发展壮大中原作家群的过程中，要解决好历史和现实的问题、主旋律与市场化的问题、雅与俗的关系问题，坚持以人为中心的创作导向，文以载道、文以传情，繁荣创作，多出精品力作，不断亮化中原作家群这张文化品牌。

二是借助影视和网络等现代传播手段提升中原戏剧家群的国内地位和国际影响。中原戏剧是中原文化的重要内容，是打造华夏历史文明传承创新区的重要载体。近年来，河南戏剧连续4年荣获国家文华大奖，连续6年入选国家舞台艺术精品工程十大精品剧目。以李树建、贾文龙、王惠、李金枝、汪荃珍等为代表的豫剧演员，和以姚金成、陈涌泉、李利宏、张平等为代表的编剧导演等，形成了一个地域特征明显、艺术水准较高的戏剧家群体，河南已经初步形成了中原戏剧家群的文化品牌，这也是我省继“中原作家群”之后，要打造的另一个品牌。中原戏剧家群代表传承了优秀的中原传统文化，由他们创作的中原戏剧是提升人文素质的重要抓手、展示河南形象的文化品牌，更是沟通全球华人的精神纽带。要立足于新兴传播技术和手段，将传统戏剧的魅力与现代审美意趣有机融合起来，“苟日新，日日新”，生生不息，满足人们丰富多彩的艺术欣赏需求，将中原戏剧文化打造成具有国际艺术品位和影响力的文化品牌。

三是进一步弘扬光大中原书风。近年来书法豫军异军突起，不仅形成了大气、豪迈的“中原书风”，而且奠定了我省书法大省、书法强省的坚实地位。20世纪80年代，河南还是书法“无名小卒”，如今成全国书法翘楚。经过几代人的努力，终于形成了今天个性鲜明的“中原书风”和创作上的一枝独秀。“中原书风”这一概念反映的是河南书法豪放、博大又不失灵气的创作风格。书法界最具含金量的书法大奖兰亭奖开办四届以来，几乎每年创作奖的状元，都是河南人。河南书法的迅速崛起，跟河南深厚的历史积淀、浓厚的书法情结以及几代书协领导人的得力组织和运作息息相关。历史积淀方面，不管是篆、隶、楷、行、草、甲骨文，都跟河南渊源颇深。大篆，也叫钟鼎文，我们河南出土的司母戊大方鼎上有；小篆的创始人正是我们河南上蔡人李斯；隶书宗师蔡邕，河南杞县人；楷书鼻祖钟繇，河南长葛人。中原书法大尺幅的创作风格曾风靡全国，大活动、大展览开全国先河。过去书法作品都是挂在家里、放在案头赏玩，一般尺幅较小。20世纪80年代，河南书法界率先领唱书法“大风歌”，举办过很多国家级大展，崇尚写大幅作品，后来这个书风取向影响了很多人，我国的其他省份乃至日本人也开始群起仿效。当然，各地多样的艺术风格也在影响、改变着“中原书风”。未来河南书法豫军要持续发力，坚持以前的方针，继续举办大活动、提供大平台、营造大影响，同时做好书法培训工作和普及工作，尤其是要调动大专院校书法老师们的积极性，加强书法理论和学术研究，提升书法队伍、书家的人文素养，不断扩大书法人才储备，增强发展后劲。

四是全力打造新时期中原画派。中原画派是继承中原地区悠久丰厚的绘画传统而诞生出的紧扣时代、贴近生活、不断创新的地域性艺术流派，它根植于中原大地，充满了浓厚的乡土气息，彰显着中原大地的独特风采，展示了中原风貌和黄河儿女的襟怀，以其鲜明的地域风格、深厚的文化意蕴和独特的审美价值，成为中华文化的艺术瑰宝和河南文化形象的独有品牌。其创作群体主要以河南画家为主，题材多数以中原、太行、黄河、黄土以及世代生活在这里的人民生活为主要的表现对象，既有北方雄健、浑厚、富于刺激与张力的特点，又有南方意境幽远、刚柔并济、注重笔墨文化的内敛特点。中原绘画在中国美术史上有着十分重要的地位，其渊源深远，特色鲜明，名师如云，大师荟萃。北宋以前，中原地区作为政治经济文化中心，其绘画创作标示了当时全国的巅峰水准，产生了许多彪炳史册的名家大家。宋室南迁之后，中原地区随之失去了全国政治经济文化中心的优势地位，绘画艺术亦不再有昔日峥嵘。20世纪80年代以来，河南美术事业奋力前行、务实创新，开创了崭新局面，取得了骄人业绩。随着创作环境的优化与激励机制的完善，河南绘画以“第六届全国美展”为发端，创作队伍逐日壮大，创作水准大幅跃升，涌现出马国强、李伯安、丁中一、王宏剑、曹新林、陈天然、王威、李自强等一批实力派画家。在中华文化“走出去”的过程中，中原绘画是加强对外文化交流的绝好媒介。中原绘画家群体要顺应时代发展要求和绘画艺术繁荣的契机，努力实现中原画风向中原画派的跨越，主动加强同兄弟绘画流派或美术群体(比如新海派、新浙派、新金陵画派、黄土画派、岭南画派、敦煌画派、冰雪画派、黑土画派、漓江画派、京津画家群等)之间的学术、艺术交流，虚心学习、纵横比较、扬长避短，在不断推出精品之作、传世之作上下大功夫。

五是进一步光耀中原诗群。中原文脉悠远，天赋灵犀，历来是文人骚客和诗赋繁盛之地。从《诗经》至汉乐府，再至唐诗、宋词，中原诗人的诗歌就像这块土地一样，精神辽阔自由，坦荡真诚且包容大气。中原诗歌气象万千，呈现出沉雄奇逸、厚重质朴、自然天成的总体风貌。在这种风貌的背后，其强力的推动力量，正是中原诗人的独立人格意识和忠诚于天地自然、天人合一的自由精神。中原诗情诗风薪火相传，各个时代大家迭出，而当下的中原诗坛可谓中原新诗史上最为活跃最为丰富的一个时期。20世纪五六十年代成名的老诗人仍活跃在今日诗坛， 20世纪六七十年代的 “中生代”诗人正值创作的黄金期，而且一批中原女诗人崭露头角。2008年以来，河南诗歌界青年诗人尤其是“80后”诗人蔚为大观，形成了一个颇具规模的诗歌群落，在中国新诗界异军突起。中原诗群高峰论坛自2011年起已连续成功举办五届，对河南诗歌界乃至整个文学艺术界都产生了深远影响，在国内引起广泛关注，已成为河南重要的文化品牌之一。清代叶燮在论诗文时指出：“诗之基，其人之胸襟是也。有胸襟，然后能载其性情、智慧、聪明、才辩以出，随遇发生，随生即盛。”沈德潜则进一步指出：“有第一等襟抱，第一等学识，斯有第一等真诗。”这里的“胸襟”“襟抱”讲的就是作诗的境界。期待并相信当代中原诗人，会站在时代高处，站在思想高处，在超越前人、超越自我的基础上攀登艺术高峰，为民族写史，为时代立传，为人民放歌，使“中原诗群”焕发出璀璨的光彩。

六是与时俱进构建中原学派。提出建设“中原学”学科，意在整合各学科中的中原文化研究力量，引导中原文化研究方向，将多学科方法集中于中原文化的重大理论与现实问题研究中，从而拓展中原文化研究的深度和广度。建构“中原学”，对于振兴河南文化、重塑河南形象，提炼中原文化精神、引领河南经济社会建设具有重要意义。所谓“中原学”，即在地域上以河南为中心，以中原文化为研究内容，以河南乃至全国的中原文化专家为研究主体，将当前研究中原文化的专家整合为一个“中原学”研究群体，形成研究中原文化的高端团队，以继承和发扬中原优秀传统文化、创造现代中国文化为指向，凝练中原文化精神，满足人民精神文化生活需要，引领地区经济社会发展，构建具有中原特色、时代风貌的“中原学”。“中原学”将以古、今、人、文为四大研究领域。在学科意义上，“中原学”应当涵盖历史、经济、政治、文化、社会、生态、军事、党建等各个领域，努力打造中原思想家群和中原学派。中原学派是指有着河南地缘关系的某一学科、某一专业方向或相同、相近学术主张的学术团队。要结合河南优势学科的发展，改变河南学术发展缺乏大家、名家的现状，打造学术团队，重点打造中原法学学派、史学学派、文艺学派等，并在此基础上形成在全国有鲜明特色和重要影响力的中原学派。

建设华夏历史文明传承创新区，既是一个探索的过程、创新的过程、突破的过程，也是一个积累的过程、协力的过程、汇聚的过程。塑造河南文艺品牌，除上述六大品牌外，还要注重摄影、杂技等领域的品牌打造。荀子说：“积土成山，风雨兴焉。”我们要以坚定的决心和行动，以精心打造河南文化品牌为依托，形成“八方风雨会中州”的生动活泼的中原文化繁荣局面，不断登临华夏历史文明传承创新的新境界。

第一节
中原作家群

中原作家群是指以河南作家为主体，包括国内河南籍作家在内的一个重要作家群体。自从1995年《光明日报》发表文章称“文坛冲过来一支豫军”起，河南作家已经成为中国文坛上一支活跃的劲旅，其地位、作用和影响得到了文学界的广泛认可。在小说、诗歌、散文、评论等方面都涌现出了自己的标志性人物。第五届鲁迅文学奖30位获奖作家中，河南有两位作家入选，让我们又一次看到了“中原作家群”的力量。在全球化的背景下，在变革的时代中，蔚为大观的中原作家群，如何在坚守自己的文学理想、文学信念、文学品质的同时，转变观念，出大作、成大家、提效益、增影响，取得新的突破，对于华夏历史文明传承创新区建设和文化高地建设意义重大，对于全面建成小康社会、让中原更加出彩意义重大。

一、中原作家群的时空坐标系

“中原作家群”的发展壮大，与河南经济社会发展的变化是一致的。新中国成立60多年，特别是改革开放30多年来，河南的经济社会发展发生了巨大变化。与之相应，中原作家群的

李凖

南丁

李佩甫

周大新

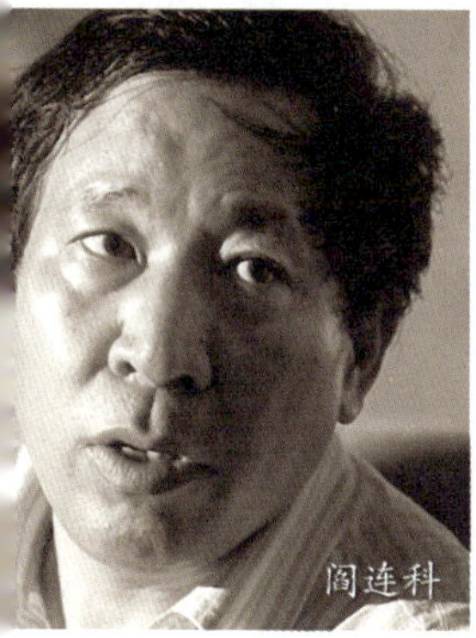
阎连科

刘震云

李洱

张一弓

刘庆邦

二月河

柳建伟

郑彦英

张宇

田中禾

梁鸿

邵丽

乔叶

邱华栋

王剑冰

孙方友

创作也走过了一条辉煌之路，取得了显著的创作成就，为我省经济社会发展、树立河南良好形象作出了积极贡献。

河南文学创作曾经掀起过四次创作高潮。第一次创作高潮出现在20世纪五六十年代，以李凖为代表。何南丁，著名小说家、散文家，是新中国成立后成长起来的第一代作家。他是“文学豫军”的“领头羊”与“栽树人”。他是安徽人，但与中原文化缠绕在一起。他认为，河南的优势是农村题材，因此提倡“老老实实的现实主义”。他“广罗人才”，对于河南作家队伍的成长壮大倾注了大量心血。第二次创作高潮出现在新时期，以乡土变革为主要内容的中短篇小说创作繁荣，张一弓、乔典运、田中禾、李佩甫、张宇、郑彦英、杨东明等都是这一时期的代表，苏金伞、王怀让的诗歌创作也在全国有较大影响。第三次创作高潮出现在20世纪90年代。这个时期，经过中短篇小说创作锻炼的一批作家，拥有了充分的生活和知识积累，开始进行长篇小说创作，并逐步拓宽作品的题材范围，“文学豫军”开始引起全国文坛的关注，特别是二月河以清帝系列小说引起了全球华人的关注。同时，李洱、邵丽、乔叶等也在这个时期崭露头角。周同宾的散文创作、马新朝的诗歌创作也有不俗的表现。与此同时，一批文学批评家在当代文学批评和理论研究领域也取得了和创作相映生辉的成就，极大地推动了河南文学事业的健康发展。自新时期以来，孙荪、刘思谦、鲁枢元、王鸿生、耿占春、何向阳、何弘等形成了一个完整的梯队。此外，周大新、刘庆邦、刘震云、朱秀海、阎连科、邢军纪、柳建伟、邱华栋等一大批豫籍作家，也以其丰厚的创作实绩提高了河南文学的声誉。新世纪十多年，文学又走过了非比寻常之路，形成了第四次创作高潮。以河南作家为主体、包括豫籍作家在内的中原作家群不断掀起创作高潮，成为新时期中国文坛一道亮丽的风景线。可以说，经过这些年的发展，中原作家群基本形成了以强烈的现实感和深厚的历史感为基调，以现实主义为主要创作手法，具有浓厚中原文化特色的创作风格。

当前，随着中原崛起、河南振兴的步伐，特别是华夏历史文明传承创新区的构建，迫切需要进行文学队伍的集结，以中原作家集群的方式列队，展示成就，检阅队伍，总结经验，解决问题，认清目标，明确使命，形成中原崛起、河南振兴、富民强省的文学力量。在21世纪第二个十年，中原作家群必须明确新的定位，在实现中原崛起、河南振兴中有更大的作为。

（一）古今对比。河南文学有着辉煌的历史，在中国文学史上可谓名人辈出、代有大师。河南作为中华民族的摇篮，中华文化发祥于斯，发展于斯，成熟于斯。在这里，伏羲、黄帝肇造了华夏文明，甲骨文成为中国最早的成熟文字，老子、庄子、墨子、韩非子等先秦诸子为中华文化奠定了基础，一百多首诗歌近乎占据《诗经》作品的半壁江山，李斯、贾谊、张衡、钟嵘等引领文学的潮流并推动文学走向自觉和繁荣，中原南迁士族开化了东南，诗圣杜甫、文宗韩愈，以及白居易、刘禹锡、李贺、李商隐等创造了中华文化耸峙的高峰。新中国成立以来，特别是改革开放三十多年来，从“河南作家”到“文学豫军”再到“中原作家群”，河南作家在全国赢得了良好的声誉。

在古今对比中，中原作家群必须处理好继承与批判、传统与现代的关系，做到以史为鉴，以古观今。一方面，我们要传承优秀的中原文化。中原地区古代文化的灿烂，是与伏羲、黄帝、大禹、周文王、老子、庄子、韩非子、达摩、玄奘、“二程”等人的文化创造分不开的。中原文化博大精深，是中华传统文化的根脉和主干，中原作家群在其滋润滋养中成长，具有弘扬中原文化得天独厚的优势。中原作家群的每一位作家都要汲取其精华，发掘其价值，更好地利用优秀民族文化滋养民族生命力、激发民族创造力，铸造民族凝聚力，建设好中华民族的共有精神家园，创作出具有中原风格、中原气派的优秀作品，成为中原文化的传承发扬者。另一方面，又要确立一种文化批判的立场。事实上，老子的“无为而无不为”“不敢为天下先”，庄子的消极避世，宋代文化“二程”的“存天理灭人欲”，康百万庄园的“留余”，都需要我们检讨并深思。同时，我们还要认识到这种传统文化的厚重，是以现代文化意识薄弱为代价的。例如，在很多情况下，我们的创作过于强调历史的“厚重”，而现代的创作理念却是强调“青春的微笑”。事实上，仅靠传统的中原文化是无法解决社会主义市场经济条件下文化发展的问题的，计划经济体制下的文化观念更是严重制约了文化产业的发展与文化及全球化的联系，这就要求必须确立与社会主义市场经济相适应的先进文化、现代文化、创新文化，才能在全面建设小康社会、让中原更加出彩中充分展现文化的力量、文学的力量。

（二）**中西对比**。当今世界正在发生广泛而深刻的变化，当代中国正在发生广泛而深刻的变革。我们正处在一个百年不遇的历史性大变局中，一个后西方、后秩序的社会形态正在出现。我们正处在一个思想大活跃、观念大碰撞、文化大交融的时代。刘云山同志明确指出：“改革开放30年来，外国文学的翻译和介绍越来越多，让我们看到了世界文坛的斑斓，领略到了国外文学家们的风采，从中学习了很多，借鉴了很多。当然，外来文化本身具有复杂性，每一种文学的优长都与其产生的文化土壤有着内在联系。学习借鉴，有一个文化上跨越、艺术上对接的过程。在采取‘拿来主义’态度的同时，我们必须坚持本民族的文化自信。”“面对国际文学发展潮流，中国作家应该以国际视野和全球眼光，更加积极地面向世界”。德国汉学家顾彬3年前因一句“中国当代文学都是垃圾”而知名。最近他又出高论：“中国当代作家普遍缺乏思想的内在力量，他们的力量都去了哪儿？”顾彬认为，古文功底差，使得中国当代作家作品的语言失去了传统语言的韵味和力量，而现当代作家如果不会外语，就不能看外国原文作品，从而失去了文学创作的参照系。顾彬的话虽然有危言耸听的一面，但对于我们却无疑是一种警醒之言。因为文学发展，既是纵向的，又是横向的。纵向的发展是各民族文学内部的继承性发展，横向发展是世界各民族相互之间的交流、交融、交锋、影响、冲突和交会。这一纵一横的经线和纬线，织成了多姿多彩的各民族文学与世界文学。

中西对比，要求我们既要有开放包容的胸怀，又要有辩证取舍的态度，还要有转化再造的能力。在全球化的时代发展河南文学，要求我们必须具有全球视野和世界眼光，必须站在人类社会精神的制高点上进行创作，自觉处理传统文化精神与当代文化思潮之间的矛盾。对处于全球化时代的中原作家群来说，无疑需要拓宽新的文化视野，既能自如地掌握和继承中华民族几千年来的文化遗产，又能更广泛地吸纳人类的一切优秀文化成果。宋以前的河南文学在当时占据着中国文学的核心地位，对整个中国文学的发展发挥着引领作用。在中国现当代文学中，河南作家仍占据着一席之地。作为具有辉煌历史和雄厚实力的中原作家群，既要从纵向上推动河南文学发展，又要从横向上放眼世界，以全球化的视野来审视自身发展，把河南文学发展同中国文学和世界文学的发展紧密联系起来。如今，辽宁沈阳面向世界谋划“文化位置”的做法给予我们以深刻启示。沈阳目前正在努力实现从“东北三省中心”向“东北亚中心”的跨越，要建设东北亚文化产业研发和交流中心、文化产品生产与流通中心、文化娱乐休闲与消费中心。中原作家群也必须站在中国视野、全球视野来谋划中原文学的“文学位置”。

（三）上下对比。更加自觉、更加主动地推动社会主义文化大发展大繁荣，是一项重要的战略任务。文化是民族凝聚力和创造力的重要源泉，是综合国力竞争的重要因素，是经济社会发展的重要支撑。国家富强、民族振兴、人民生活幸福安康，需要强大的经济力量，也需要强大的文化力量。文学艺术既是社会主义文化的重要组成部分，也是社会主义文化的重要载体。温家宝总理在同文学艺术家谈心时指出，中国社会主义社会现阶段面临的主要矛盾仍然是人们日益增长的物质文化需要同落后的社会生产之间的矛盾。这里说的“人们的需要”包括物质和文化两个方面，物质是基础，文化也是不可或缺的。要满足物质需要，就要集中精力搞好经济建设；要满足文化需要，就要切实发展文化，包括文学艺术。文学艺术的主要功能是提高人们的文化素质，激励人们的向上斗志，陶冶人们的道德情操，丰富人们的精神生活，从而推动经济发展和社会进步。贾平凹在创作中体会到：“在中国古典文学传统里，有天下之说，有铁肩担道义之说，崇尚的是关心社会，忧患现实。在西方现代文学的传统中，强调现代意识。现代意识也就是人类意识，以人为本，考虑的是解决人所面临的困境。所以，关注社会、关怀人生、关心精神是文学最基本的东西，也是文学的‘大道’。”“你可以有不同的文学观念，可以有多种写法，但‘大道’的东西不能丢。丢掉‘大道’的东西，不可能写出杰出之作。”在他看来，“任何时候，人类的生存都存在着物质和精神的困境，而重要的是在困境中突破。”“我们需要学会写伦理，需要关注国家、民族、人生、命运，这方面我们还写不好，写不丰满。同时，写作的眼光要放大到宇宙，要追问人性的、精神的东西，或许一时完不成但也要心向往之。”“在当下这个人性充分显示的年代，去叙写人性柔软的部分，应是我们文学的基本”，要写出“冷漠中的温暖，恶狠中的柔软，毁灭中的希望”。

这就要求我们的作家必须坚持正确的创作导向，把社会主义核心价值体系要求体现在创作实践中。文化的灵魂是什么？就是凝结在文化之中、决定着文化质的规定和方向的最深层的要素，就是核心价值观。有什么样的价值观，就有什么样的文化立场、文化取向、文化选择。打造文化精品，首先要把握正确导向，这是精品生产的基本原则。只有导向正确的作品，才有可能成为文化精品。只有正确体现党的主张、代表人民群众利益的作品，才会受到欢迎，赢得社会反响，成为传之久远的好作品。因此，实现社会主义核心价值体系的艺术化，符合时代潮流，表现历史进步，体现人民要求，是中原作家群的一个重要任务。中原作家群要站在新的时代高度，与“文学陕军”“文学湘军”“三驾马车”等中国作家的重要团队一起，努力推动中国文学事业持续繁荣，为兴起文化建设新高潮、推动文化大发展大繁荣、建设文化高地作出重要贡献。

（四）左右对比。在新的时代背景下，我们必须重新审视我们所处的文化方位。在现代文学史上，有山药蛋派、荷花淀派；在当代文学发展史上，有文学湘军、文学陕军、山西作家群、“三驾马车”等。以陕西作家群而论，这片广漠的黄土地以其深厚的底蕴，突出的成就，呈现出波澜壮阔的创作景观，从而确立了陕西作为中国文学重镇和文学大省的地位。在长达十七年的时间跨度内，从路遥的《平凡的世界》、陈忠实的《白鹿原》到贾平凹的《秦腔》，完整树立了一个省的文学高度。在中国文坛，湖南湘军、陕西陕军、山西晋军、京派、海派、白洋淀派，都有着鲜明的个性。河南有着深厚的文学传统，杜甫、韩愈代表了一个时代的文学水平。当前，全省正在加快推进中原经济区建设，实施国家五大发展战略，为河南未来发展谋划崛起之路，而文化是其中一个非常重要的支撑体系。文化是根、文化是魂、文化是精神支柱、文化是精神家园，在中原崛起、河南振兴、富民强省中，文化发挥着营造氛围、提升素质、凝聚力量等重要作用。中原作家群要着眼于这一发展需要，积极投身于实现中原崛起、河南振兴的伟大事业，用优秀作品鼓舞全省人民斗志，凝聚全省人民的力量，为实现中原崛起、河南振兴、富民强省作出应有的贡献。

因此，我们一定要研究作家的新需求，研究深入生活的新形式，研究新技术给文学带来的新挑战，从而对中原文学的现在、过去和未来有一个清晰的认知，着力在河南构建中国文学的新高地。当然，在文学坐标系的参照下，在对比的过程中，我们既看到了中原作家群的优势和长处，也看到了文学创作上存在的问题和不足。进入新世纪以来，社会转型和文化转型的加快，给中原作家群也带来了诸多困惑与挑战。例如，随着经济全球化一体化步伐的加快，文学又如何面对全球化浪潮的考验，使我们的民族语言艺术能够得到传承并不断创新？市场经济催生的商品大潮，使物的规模扩张，并引发了消费的扩张，文学如何面对这种社会生活物质化和消费化的挤压？以电视和网络等现代传媒为手段引领下的时尚文化大行其道，文学如何面对这种社会文化时尚化和多元化的双重诱惑？这些都是迫切需要解决的问题，对中原作家群今后的文学创作和文学跨越提出了严峻的挑战。习近平同志一针见血地指出了当代中国文学创作的几大问题。一是缺少“高峰”。他说，“在文艺创作方面，也存在着有数量缺质量、有‘高原’缺‘高峰’的现象”。二是把作品当作追逐利益的“摇钱树”。“文艺不能在市场经济大潮中迷失方向，不能在为什么人的问题上发生偏差，否则文艺就没有生命力”。三是“浮躁”。在他看来，“这样的态度，不仅会误导创作，而且会使低俗作品大行其道，造成劣币驱逐良币现象”。“人类文艺发展史表明，急功近利，竭泽而渔，不仅是对文艺的一种伤害，也是对社会精神生活的一种伤害”。因为“低俗不是通俗，欲望不代表希望，单纯感官娱乐不等于精神快乐”。具体而言，当代中原作家群在创作中要正视以下四个问题。一是一些作品超越道德底线，模糊是非观念，体现出对历史的歪曲，对文化的亵渎，对河南形象的误读。文学创作代表着一种理念，一种情感，负有为人类精神世界代言的使命。从诞生的那一天起，文学就与美结下了不解之缘，美也成为文学的魅力所在、力量之源。但是当前的一些创作，却着迷于人性中的阴暗面，放大人性中原始和粗俗的一面，混淆是非，以丑为美。于是，颓废和欲望代替了崇高，低迷和麻木代替了朝气和希望。文学失去了美和理想，失去了引导和提升，读者和大众便无法从文学中看到希望、价值和心灵的力量。这些作品，体现出来的是社会责任感的丧失和价值观的日趋扭曲。如何把社会主义核心价值观贯穿于文学创作的全过程，在创作中体现正确的价值立场，体现出积极健康向上的精神追求，对于中原作家群的健康成长至关重要。二是强调娱乐性，忽视思想性。应该说，我们文学创作、文化生产的总体势头是好的，但是却存在严重的“成长中的烦恼”。特别是我们的作品“为了谁”——如果只是为了满足一些人的猎奇媚俗心理，“围绕谁”——如果仅仅是围绕演艺明星的绯闻炒作，这不能不说是一个重大的导向问题。面对“娱乐化”的文学倾向，人们的情趣也有肤浅化、游戏化的危险。“人生消极总结”“戏谑政治体制”“恶搞夫妻生活”，这类“灰色文化”的危害如同“温水煮青蛙”，从而使一些分辨能力不强的年轻人容易沉迷于这种低级趣味之中。王夫之有言：“恶莫大于俗，俗莫大于肤浅。”长此以往，势必弱化人们对真善美的感受力和辨别力。当代文学的低俗有社会的原因，也与作家精神世界的浅薄、肤浅大有关系。对此，作协主席铁凝始终坚持一个作家必须有的精神的高度，她说：“文化对于人的生活，不是柴米油盐醋那种生计的必需，对人更多的是渗透，是绵密、缓慢、长久。”“一个作家创作作品，市场永远要求出手快的，而精品常常是要出手慢的，真正的优秀作品没有办法抄近道。”“优秀的作家应该及时传达时代最本质的情绪，表达民族最生动、最有活力的呼吸。文化应该是民族精神的火炬。”三是网络文学的挑战。当今时代，已经进入网络化、信息化时代，网络成为人们丰富文化生活、满足精神文化需求的重要途径。有人甚至预言，今后文化的消费享受、创作生产和交流传播大都要通过网络这个平台来实现。谁在网络文化的发展上抢得先机，谁就能够占领文化制高点。如今，以数字化、网络化为代表的现代信息技术突飞猛进，催生了新的生产方式和生活方式。作为文学新军，“网络文学”已经逐渐被社会特别是年轻人所接受。优秀文学作品除以书报刊形式发表以外，如何更多地转化为影视作品、如何转化为网络作品、如何转化为手机作品，需要我们做出认真的回应。四是作家被侵权容易，维权困难。随着文化经济、知识经济、信息经济时代的到来，知识产权保护问题十分突出。河南作家二月河就多次面临“侵权”问题。如何维护作家的创作权益，成为一个必须加以高度重视的问题。

文学是党和人民事业的重要组成部分，是各种艺术的基础，肩负着引导社会、教育人民、推动发展的光荣使命。坚守文化理想，就是坚守人类心中的太阳。虽然在诸多的文化消费中，文学消费与影视消费、演出娱乐消费相比有很大的差别，但是，正是因为文学在一切艺术形式中具有基础、母体地位，所以在河南的文化建设中，我们一定要突出文学建设。要努力培养人们对文学的感情，培养社会的文学氛围，努力形成文学发展新的自觉。

二、中原作家群的时代使命

作为人类创造的最伟大的精神财富之一，文学是一个时代的精神镜像，是人民大众的心灵指引，是现实生活的审美表达，负有建构人类精神世界的重要职责。对于人民大众来说，他们需要文学创造爱的表达、提供美的享受；需要文学挖掘人生的意义，明晰人生的路向；需要文学来提升自我，陶冶情操。铁凝说得好："文学的终极目的不在个人的小悲欢，而是通过人物的悲欢反映现实""常常有人问我成为一个作家的秘诀是什么，我回答说，相信生活是打不倒的，相信人民是不朽的""永远坚信，你的创造对于此时和未来、对于民族和历史、对于世界和人类的意义"。因此，中原作家群必须准确站位，认清方向，牢记使命。

（一）要出大作。习近平同志指出："衡量一个时代的文艺成就最终要看作品。推动文艺繁荣发展，最根本的是要创作生产出无愧于我们这个伟大民族、伟大时代的优秀作品。没有优秀作品，其他事情搞得再热闹、再花哨，那也只是表面文章，是不能真正深入人民精神世界的，是不能触及人的灵魂、引起人民思想共鸣的。"因此，"文艺工作者应该牢记，创作是自己的中心任务，作品是自己的立身之本，要静下心来，精益求精搞创作，把最好的精神食粮奉献给人民。”文艺的发展如同大河奔流，既有波峰，也有波谷。刘云山同志认为：“不朽的文艺经典往往既渗透着历史的积淀，又蕴含着时代的理想，既延续着传统的特点，又创造着新颖的内容和形式。”达·芬奇的《蒙娜丽莎》、但丁的《神曲》、莎士比亚的戏剧等一部部传世之作，见证了欧洲文艺复兴时期的辉煌。我们的时代是一个伟大的时代，是一个发生剧烈社会转型的时代，也是一个应该出大作品的时代。习近平同志指出：“优秀文艺作品反映着一个国家、一个民族的文化创造能力和水平。吸引、引导、启迪人们必须有好的作品，推动中华文化走出去也必须有好的作品。所以，我们必须把创作生产优秀作品作为文艺工作的中心环节，努力创作生产更多传播当代中国价值观念、体现中华文化精神、反映中国人审美追求，思想性、艺术性、观赏性有机统一的优秀作品，形成‘龙文百斛鼎，笔力可独扛之势’。”我们理解，所谓大作品，应该是体现时代精神和民族精神，思想性、艺术性和观赏性相统一的精品。这种大作品就是像《战争与和平》一样能够全景式地反映一个阶段历史的巨著。大作品不是自封的，也不是少数人评定的，而是要经得起历史检验、群众检验、市场检验。

精品、大作是一个时代文艺创作质量和水平的标志。一部精品所产生的社会影响，远远胜过几部甚至几十部一般的作品。文艺的发展繁荣不仅是量的简单增长，更意味着质的提升和突破，意味着精品能够集群式呈现。现在每年出版的长篇小说已经达到3000部以上，但真正值得一读和留得下来的作品却为数寥寥。长篇小说的创作数量与质量不成正比。因此，必须进一步树立精品意识，精心创作、精心制作，形成精品迭出的良好局面。2005年电视剧《亮剑》的推出，其所传达的“压倒一切敌人，而决不被敌人所屈服”的精神，预示了一个新的起点。2007年的《士兵突击》，通过讲述一个普通农村男孩“许三多”参军入伍后几经磨炼、逐步成长为新一代“兵王”——一名优秀的解放军特种兵的故事，给人以极大的激励。《士兵突击》宣称：中国自有中国的信念，“有意义的事就是好好活，好好活就是做有意义的事”；“不抛弃、不放弃”，强调个人奋斗要结合团队精神。由是，“土娃子”也可以成为“特种兵”。与之相应，二月河创作的“落霞系列”、李佩甫的“平原三部曲”，也都体现了厚重分量。

作家要靠作品说话。写出能够经得起历史检验的传世之作，是每一位作家的毕生追求。在习近平同志看来，“凡是传世之作，千古名篇，必然是笃定恒心、倾注心血的作品”。“正是有了这种孜孜以求、精益求精的精神，好的文艺作品才能打造出来”。“大凡伟大的作家艺术家，都有一个渐进、渐悟、渐成的过程”。文艺作品是作家艺术家的个性创造，也是民族文化创造的一部分。中原作家群有一个突出的特点就是比较沉静，都在埋头搞创作。出大作的前提是坚持正确的价值取向，能够刻骨铭心地理解中国这个民族和社会。社会主义核心价值体系是社会主义意识形态的本质体现，也是社会主义文学的灵魂。坚持正确的价值取向，就是要坚持社会主义核心价值体系的基本要求。出大作要求作家融入时代大潮，积极弘扬时代主旋律。广大作家要紧跟时代发展步伐，准确把握时代主题，用富有时代气息的形式和语言，创作出更多反映时代主旋律的精品力作，为时代写史、为时代画像、为时代立言。出大作要求作家不断深入生活。社会生活是文学创作的源头活水，文学创作的过程就是作家对生活的勘探、开掘与发现的过程。

虽然河南文学在这三十年出现了一些大作、大家，搞了一些大活动，初步呈现出大发展大繁荣的局面，但是，我们还缺少《平凡的世界》《白鹿原》《历史的天空》这样的当代优秀作品，扛鼎之作、传世之作还不多。而推动文化大发展大繁荣，就必须层出不穷地推出文化精品。创作一批“立得住、叫得响、留得下”的文艺精品，是中原作家群的首要任务。

（二）要出大家。文艺人才，特别是名人、大家是非常宝贵的财富。无论是文化元素的升华提炼，文化潮流的引领带动，还是文化艺术的再创造再发展，都离不开文化人才的作用。人才强，文化才能强。一个人才辈出的时代，必然是一个文化兴盛的时代。在习近平同志看来，“繁荣文艺创作，推动文艺创新，必须有大批德艺双馨的文艺名家”。知名的文艺人才是一个地区的文化名片，是一个地区文化发展繁荣的支撑和标志，是一个地区的财富，是一种无法替代的资源。地因人名，比如，人们通过杨丽萍的舞蹈感受到云南的七彩绚烂，通过腾格尔的歌唱感受到内蒙古大草原的美丽。因此，各级党委政府要为多出精品力作、多出优秀人才特别是名家大师创造良好条件。“要把文艺队伍建设摆在更加突出的重要位置，努力造就一批有影响的各领域文艺领军人物，建设一支宏大的人才队伍”。就像英国文学必须谈到莎士比亚，印度文学必须谈到泰戈尔，美国文学必须谈到惠特曼，俄国文学必须谈到托尔斯泰，中国现代文学必须谈到鲁郭茅巴老曹一样，我们的中原作家群也应该出现这种领军人物，推出这种代表作品。

和物质生产不同，作家、艺术家是精神生产者，是文化产品和文化服务的创造者。一个时代的精神文化大厦，必须要有一批大师和大家来支撑；一个民族的灿烂文化，必然要有一批泰斗和巨匠来代表；一个国家文化的繁荣兴盛，必然要有一批领军人物来领衔。温家宝同志在与西班牙文化界人士座谈时指出："我经常在思考，一个民族要兴旺发达，就不仅要有人脚踏实地，埋头苦干，更要有人仰望星空，坚守精神家园。这样的民族才有希望，才能克服前进道路上的艰难险阻，才能有光明的未来。"欧洲文艺的14、15世纪是一个百花竞放、硕果累累、群星灿烂、人才辈出的光辉时代。其中开端的主要代表人物是文学家但丁、彼特拉克、薄伽丘，被称为"文艺复兴三颗巨星"；鼎盛时期的主要代表人物是著名画家达·芬奇、米开朗琪罗和拉斐尔，被称为"艺术三杰"。英国有一句谚语："宁可不要一百个印度，也不能没有莎士比亚。"中国被称为"唐诗的国度""宋词的国度"，也是与李白、杜甫、白居易、李商隐、苏轼、辛弃疾、范仲淹、李清照这一个个光彩照人的名字密不可分的。郁达夫在纪念鲁迅逝世一周年时也说："没有伟大的人物出现的民族，是世界上最可怜的生物之群；有了伟大的人物，而不知道拥护、爱戴、崇仰的国家，是没有希望的奴隶之邦。"铁凝倡导说，当代作家要像鲁迅那样心怀远大，着眼人生，致力于文学对社会现实的关怀与担当；要像鲁迅先生那样表现一个时代、一个民族的精神状况。

大家、大师的一个重要标准就是德艺双馨。人类文艺发展的历史表明，只有既具高尚精神追求又具高超艺术才华的文艺家，才能成为人民推崇的文艺大师。习近平同志指出："文艺是给人以价值引导、精神引领、审美启迪的，艺术家自身的思想水平、业务水平、道德水平是根本。文艺工作者要自觉坚守艺术理想，不断提高学养、涵养、修养，加强思想积累、知识储备、文化修养、艺术训练，努力做到'笼天地于形内，挫万物于笔端'。"目前，中原作家群虽然也有自己的领军人物和老中青相结合的梯次人才队伍，具有推出大家的人才基础和队伍保障，尽管现在也有一定数量的人才，但是与建设文化强省、文化高地的目标和要求相比，仍存在着人才总量不足和人才总体素质不够高的问题，一些领域青黄不接、后继乏人的现象还比较突出。特别是从精品创作生产的角度讲，我们的人才还不够多、不够强，尤其缺少国内知名的大作家、大编剧、大导演、名演员等。南丁对于人才的态度，值得我们借鉴。对于人才，他“广种薄收，重点扶持”：“搭个窝，你们在这儿下蛋吧！”造成这种情况的原因有多种，但与作家艺术家自身的主观努力也有很大关系。

首先，一个没有深度灵魂斗争、沾沾自喜于外部成绩的人，根本与伟大、杰出无关。我们的作品缺乏大气象、大气度、大境界，与作家精神世界存在着严重的不足有关，与“内圣”不够有关，与没有很好地进行“一个人的战争”有关。如何站在国家、民族的精神实质和核心价值的高度，提升作家的个体精神境界，是一个十分重大的问题。托尔斯泰并没有贫寒的生活经历，他是一个贵族，衣食无忧，可他的精神世界是多么痛苦，是多么高贵，为人类为农奴艰难地进行灵魂的苦斗。以杰克·伦敦《荒野的呼唤》为例，他讲的是在狼群中生活必须学会狼嗥，但是却又必须制约这种野性。雨果的《悲惨世界》则是讲，即使是面对地狱这样的困境，我们也不能失去善良。

其次，创作心态上的浮躁制约了创作的质量。在这个消费主义、娱乐文化盛行的时期，由于市场的逐利性，人们的心已经很难静下来了。古人说：静以修身，俭以养德；非淡泊无以明志，非宁静无以致远。这些都是至理之言。习近平同志指出：“在发展社会主义市场经济条件下，还要处理好义利关系，认真严肃地考虑作品的社会效果，讲品位、重艺德，努力以高尚的职业操守、良好的社会形象、文质兼美的优秀作品赢得人民喜爱和欢迎。”中原作家群必须树立良好的创作心态，要有“板凳要坐十年冷”的韧劲，要有“十年磨一剑”的毅力，真正把创作当作自己的事业，耐得住寂寞，抵得住诱惑，经得起考验，始终不庸俗、不媚俗、不低俗，努力攀登人生和艺术的高峰。

再次，缺乏严谨的创作态度。孔子编《诗经》、萧统编《文选》、蘅塘退士编《唐诗三百首》等，莫不持着慎而又慎的态度。唐代大诗人杜牧毕生写了一千多篇诗文，他临终前将自己不满意的、质量不够好的，统统付之一炬，只留下两百多篇传世作。贾岛更是发出了“两句三年得，一吟双泪流”的感叹。曹雪芹写作《红楼梦》，曾“批阅十载，增删五次”。路遥在创作《平凡的世界》时，态度上是非常严肃的。“我意识到我只能更严肃地工作，往日时不时出现的随便态度现在不敢轻易出现了”。“当别人用西式餐具吃中国这盘菜的时候，我并不为自己仍然拿筷子吃饭而害臊”。正是因为他们在创作上精益求精，因而其作品才历久弥新。

（三）**要出效益**。文艺是民族精神的火炬，是人民奋进的号角。当代中国文学曾经是民族前行的旗手，引领时代潮流，为人民大众创造了丰富的精神财富。虽然当前社会上一些人崇尚金钱和物质，对于思想和思想产品的需求降低。但是，一部伟大的作品对社会、对人们的心灵产生的作用是不可估量的，是难以用钱来衡量的。一曲《国际歌》使全世界无产者团结在一起，一部《钢铁是怎样炼成的》鼓舞了无数优秀青年献身革命事业，一幅油画《父亲》让我们感受到文化的沧桑与民族的苦难，一幅照片《希望工程——大眼睛》唤起亿万人对失学儿童的关注。文学在建立和形成新的文化理念和社会风尚上发挥着重要的精神导向的作用。“五四”时期，新文学打破了旧道德的束缚，将科学和民主传递给民众；抗日救亡时期，文学成为革命的号角，激发中华民族奋起救亡图存；新中国成立后，文学更是成为构建社会主义理念、为社会主义经济建设鼓与呼的重要力量。改革开放初期，文学成为解放思想、改天换地的时代号角。在加快中原崛起、河南振兴、富民强省的进程中，在全面建设小康社会、让中原更加出彩的关键时期，文化的重要作用不仅体现在直接创造物质财富上，更重要的是体现在提升素质、营造氛围、凝聚合力上。习近平同志指出：“一部好的作品，应该是经得起人民评价、专家评价、市场检验的作品，应该是把社会效益放在首位，同时也应该是社会效益和经济效益相统一的作品。”“优秀的文艺作品，最好是既能在思想上、艺术上取得成功，又能在市场上受到欢迎。”“在发展社会主义市场经济的条件下，许多文化产品要通过市场实现价值，当然不能完全不考虑经济效益。然而，同社会效益相比，经济效益是第二位的，当两个效益、两种价值发生矛盾时，经济效益要服从社会效益，市场价值要服从社会价值。文艺不能当市场的奴隶，不要沾满了铜臭气。”因此，“要坚守文艺的审美理想、保持文艺的独立价值，合理设置反映市场接受程度的发行量、收视率、点击率、票房收入等量化指标，既不能忽视和否定这些指标，又不能把这些指标绝对化，被市场牵着鼻子走”。中原作家群要坚持把社会效益和精神效益放在首位，把不断满足人民日益增长的文化需要作为着力点，通过优秀的文学作品，展示中原文化的强大魅力，塑造新时代的河南形象，动员、鼓舞、激励广大人民为实现中原崛起、河南振兴而努力奋斗。乔叶的中篇小说《最慢的是活着》，写的是善与善的对立中祖孙两代人从芥蒂走向相濡以沫的爱，具有动人心扉的力量。《幻河》的作者、已故诗人马新朝则主张“在人的内心行走”，向更高的精神高度攀缘，“诗人的力量在于你自己诗歌的强度，而不在于你论争时声音的响亮”。

当然，注重社会效益也并非要放弃经济效益。特别是在发展文化产业上，文学创作是一切文化产业的源头，尤其是动漫、影视、戏剧等内容产业的发展都离不开文学创作。例如，对小说进行影视改编，是文化产业运作的一个重要模式。在这方面，中原作家群也要积极参与到文化产业的发展中来，争取更大的经济效益，为文化强省、文化高地建设作出不懈努力。

（四）要出影响力。影响力与文学的社会效益成正比，是一种“软实力”。近年来，文学有被推向边缘化的趋势。但是，文艺作品强劲的艺术震撼力、强烈的视觉冲击力、强大的社会感染力、广泛的公众影响力以至对经济的有效拉动力，有时是难以估量的。事实上，凡是能称为经典的文艺作品，均具有超时空的力量。果戈理是享誉世界的俄罗斯作家，也是乌克兰土地上诞生的伟大文学家，被誉为“乌克兰的灵魂”。赫尔岑曾说：“果戈理创作的喜剧《钦差大臣》乃是最完备的俄罗斯官吏和病理解剖学教程。”在作品最后，果戈理用市长的一句话来收尾：“您在嘲笑谁？我在自嘲。”果戈理在第一部的结束处提及了他对俄罗斯民族性格和宗教特点的思考。这部小说最后以赞扬俄罗斯人民的颂歌结束：“哎，三套马车，飞奔的三套马车，谁是你的创造者？”继《钦差大臣》之后，果戈理用《死魂灵》再次“震撼了整个俄罗斯”。鲁迅说，果戈理的创作动机就在于“以不可见之泪痕悲色，振其邦人”。

文学的影响力常常是超越时空的，对于人类精神生态的构建具有重要意义。苏珊·桑塔格在《静默之美学》中说：“每个时代都必须再创自己独特的‘灵性’，所谓‘灵性’就是力图解决人类生存中痛苦的结构性矛盾，力图完善人之思想，旨在超越的行为举止之策略、术语和思想。”伟大的歌德在他的时代曾经以这样的句子形容人类精神深处的激情与困惑：灵魂永远骚动着渴望安宁，肉体永远劳作着寻觅休息。因此，我们一定要高度重视文学的力量，重视文化的影响力，包括国际影响力的扩大。要通过中原作家群的努力，使现代中原文化和传统文化一样具有强大的活力和创造力，具有强大的吸引力、影响力、向心力，强大的实力和竞争力，把河南建设成为一个中国特色社会主义文学强省。

因此，充分发挥文学在中原崛起、河南振兴、富民强省中的重要作用，为中原经济区建设提供强大的文化支持。出大作，出大家，出效益，出影响，是中原作家的重要使命。产生反映时代的大作品，产生被人类、被历史认可的大作家，是河南文化高地建设的一个重要内容。文学存在的意义离不开时代和人民交付的使命。面对时代赋予的历史重任，中原作家群不仅要有“大情怀”，能够从人民大众的生活里发现灵感，而且还必须有担当。要正确处理如下三个关系：一是既要坚守，又要创新。真正的艺术创造，总有一个和传统之间的紧张关系，也就是说，艺术家们越是真切地感受到传统的伟大，就越有超越传统的冲动。这就是“影响的焦虑”。如何在继承中发展，在挑战中寻求新的机遇，在坚守中获得成长，进而增强应变的积极性与主动性，已经是中原作家群必须面对的严峻问题。二是既要“三性”统一，又要抵制“三俗”。在社会主义市场经济条件下，市场对文化、文学资源起着基础性的配置作用，但是发展文化不能完全依靠市场，更不能被市场牵着鼻子走，为市场所左右。这正是文学、艺术的独特性所在。真正的精品生产必须坚持思想性、艺术性、观赏性的统一，坚持抵制低俗、庸俗、媚俗。这就要求中原作家群在今后的创作中要自觉增大积极引导的因素，加大正面价值的力量。三是既要有地域特色又要超越地域性。中原作家群的创作既要立足于地域文化，又要能够从地域文化中跳出来，超越地域文化。弗罗姆认为，所谓超越，是指人渴望克服被动的生存态势。人总是不甘心成为环境的奴隶，力求由被动角色变为主动角色，向着开拓的路线前进。这种对“超越”的要求，是“人的真正的自我，即人的本性特征”。作家沈从文远离湘西来到北平，身陷城市而神驰乡村，地域环境的强烈反差无疑引发了他无穷的感慨，乡村宁静深邃的意象同城市中躁动暴烈的气氛常常形成一个极有意味的文化反差，这意味着现代人对城市文明的一种挑战。所以，他更愿意也更擅长遥想湘西，描写乡村生活并且佳作频出，形成了一种“在都市里想象乡村”的文学景观。沈从文用审美眼光来看待中国的传统文化，他对风俗充满诗意的感觉和把握，其实是一种超越。在这个意义上，富于超越性的文学才是中原作家群前进的方向。担当意味着清醒，意味着洞察，也意味着热情和牺牲。

三、对中原作家群的新要求

在实现中原崛起、河南振兴、富民强省的伟大事业中，在建设中原经济区的历史进程中，中原作家群要努力把自己的艺术追求与党中央的要求、人民群众的需求紧密结合起来，推出更多具有时代特色和中原风格，思想性、艺术性、观赏性高度统一的精品力作，以辉煌的创作成果、显著的社会效益和巨大的影响力，推动中原文化大发展大繁荣。这是时代赋予的神圣使命，也是中原作家群的职责所在。

（一）坚持实践至上。把社会生活作为文学创作的源头活水，坚持实践至上，是马克思主义文艺理论的一个基本观点。推进中国特色社会主义事业，需要对中国社会有深刻理解的作家、艺术家。社会生活是文艺创作的唯一源泉，人民群众是文艺工作者的母亲。离开火热的生活，远离人民群众，创作之源就会枯竭，艺术之树就会枯萎。“文章合为时而著，歌诗合为事而作”。对于一个优秀的作家而言，社会生活是文学创作的源头活水，不能总是认为“生活在别处”。在延安文艺座谈会上，毛泽东同志说得好：“我们是马克思主义者，马克思主义叫我们看问题不是从抽象的定义出发，而要从客观存在的事实出发，从分析这些事实中找出方针、政策、办法来。我们现在讨论文艺工作，也应该这样做。”“作为观念形态的文艺作品，都是一定的社会生活在人类头脑中的反映的产物。”“人民的生活中本来存在着文学艺术原料的矿藏”，“它们是一切文学艺术取之不尽、用之不竭的唯一的源泉。这是唯一的源泉，因为只能有这样的源泉，此外不能有第二个源泉。”“总起来说，人民生活中文学艺术的原料，经过革命作家的创造性的劳动而形成观念形态上的为人民大众的文学艺术。”在这个意义上，“一切革命的文学艺术家只有联系群众，表现群众，把自己当作群众的踏实的代言人，他们的工作才有意义。只有代表群众才能教育群众，只有做群众的学生才能做群众的先生”。在中国古典诗歌史上，诗人创作离不开厚实的生活基础，源于生活而又高于生活。比如李白怀才不遇的命运遭际，成就他愤懑、狂放不羁的诗风；杜甫漂泊西南天地间，才有“风急天高猿啸哀”的悲吟；苏东坡毕生坎坷而又一世旷达，才有“九死南荒吾不恨，兹游奇绝冠平生”的豪迈诗篇。在作家路遥看来，“作家不能深刻地理解生活，就不能深刻地表现生活”。“当代读者的智慧水平和他们的理解与欣赏作品的水平，已经向作家提出了很高的要求；我们必须写出更成熟的作品来，才能与我们的时代和人民的事业相适应”。“一个人要做成点事，就得设计自己，先得确定目标。目标一设定，就要集中精力去努力，与此无关的都得牺牲。想样样都如意，结果一样也不能如意”。在他看来，“要研究生活，反映生活的本质”。“只有把自己的劳动和全体劳动人民的事业联系在一起，我们的劳动才能变得更有价值”。河南是全国历史小说重镇，姚雪垠、李凖、二月河等都在这一方面取得了巨大成就。河南有着十分丰富的历史文化资源，这是我们取之不尽的一笔宝贵财富，需要广大作家进行充分挖掘，创作出更多历史题材的优秀文学作品。但是河南更大的文学富矿在中国特色社会主义的伟大实践，在中原崛起、河南振兴的实践，在中原经济区的如火如荼的实践。自中国新文学发端以来，河南文学形成了一个良好的传统，那就是关注现实，坚持实践至上，南丁、张一弓、李佩甫是其杰出代表。正如习近平同志所言，“古老中国的深刻变化和13亿中国人民极为丰富的生产生活，为文艺创作提供了极为肥沃的土壤，值得写的东西太多了”。关注历史进程、关注现实变革、关注百姓生存与奋斗，是20世纪以来河南文学的基本主题。河南文学之所以成为全国乡土文学的重镇，与它的这个传统是有着密切关系的。今后我们要继续引导作家深入生活，关注现实，参与到河南人民奋力实现中原崛起的伟大实践中，积极反映时代的变革，创作出更多现实题材的优秀作品。

不过，深入生活必须是“深入”而不能是“浅入”。作家不幸作品幸，“国家不幸诗家幸”，这是一个规律。屈原、杜甫、苏轼、曹雪芹、鲁迅如此，王蒙、张贤亮、李国文、高晓声也是如此。现在一些作家凭才气写作，很看重组织语言的能力，但是缺乏对人性的深刻洞察与对社会生活的深入了解。英国美学家贡布里希在系统研究视觉艺术史后，得出了一个非常朴素的结论：人只有在解决需要解决的问题时才具有创造性。人的一生中有兴衰荣枯，有升降起伏，但因人生际遇的变化而造成作家艺术家心态上的巨大“精神落差”往往是一种创作幸事。事实上，深入生活需要一种“倒逼”机制，人往往是在无路可走时才走出路来的。而这些，不是一些浮光掠影的所谓“采风”能够解决的。如鲁迅的深刻，与他命运的反差是一致的。广大作家要把“三深入”作为必修课，到经济建设最前沿，到改革开放第一线，到社会生活最基层去，努力提高创意水平，努力提高认知境界。

（二）坚持内容为王。内容为王，就是指作品要有深刻的思想内涵，能够以正确的价值观展现思想的力量。价值观从根本上决定着作品的思想穿透力和影响力。因此，要坚守价值追求，提升思想高度。作者之所以创作，就是要表达思想和情感，表达对世界和人的感悟。毛泽东同志在延安文艺座谈会上明确指出：“我们的要求则是政治和艺术的统一，内容和形式的统一，革命的政治内容和尽可能完美的艺术形式的统一。缺乏艺术性的艺术品，无论政治上怎样进步，也是没有力量的。”罗兰·巴尔特虽然提出了“零度写作”的概念，但是真正的“零度写作”是不存在的。所谓“有意味的形式”表明，形式也是立场，也是有价值判断的。因此，文学语言、文学形式、文学技巧是重要的，但文学更核心的力量在于它所提供的精神内涵，在于对人的心灵的震撼、净化和提升。如果我们在创作上“为形式而形式”，只考虑文本本身是否开创了前人未有的新形式，语言运用是否特立独行，人物塑造是否卓尔不群，而不顾及作品的精神内涵和社会责任，那实际上是放弃了文学存在的意义。当前，一些作家在创作时沉迷于技巧而放弃内容，这种做法无疑是“弃本逐末”。

当前，新的时代生活对作家提出了严峻挑战，作家不能回避社会矛盾，脱离社会责任。例如，在文学创作上，存在厚古薄今、重农村轻城市、重成人轻儿童的倾向。中国文学从古至今有着深厚的乡土传统，但对城市题材传达的复杂经验体会不多，话语不多。在破解中国城乡二元结构的过程中，描写农民工在城市的生存困难与精神困境是很不容易的。要改变这种结构上不合理的现象，必须加强创作规划，积极引导。

（三）坚持重在为民。文学是人学。文学担负着引导人民大众精神成长的责任。毛泽东同志在延安文艺座谈会上，提出了文艺工作应该解决的一些问题，“即文艺工作者的立场问题、态度问题、工作对象问题、工作问题和学习问题”，并把问题归结为一个“为什么人”和“如何为”的问题：“我以为，我们的问题基本上是一个为群众的问题和一个如何为群众的问题。”在他看来，“为什么人的问题，是一个根本的问题，原则的问题。”“立场问题。我们是站在无产阶级和人民大众的立场。”“工作对象问题，就是文艺作品给谁看的问题。”“我们的文艺工作者需要做自己的文艺工作，但是这个了解人熟悉人的工作却是第一位的工作。”“什么叫作大众化呢？就是我们的文艺工作者的思想感情和工农兵大众的思想感情打成一片。”但是，现实情形是什么呢？“文艺工作者同自己的描写对象和作品接受者不熟，或者简单生疏得很。”“对于人民群众的丰富的生动的语言，缺乏充分的知识。”“我们知识分子出身的文艺工作者，要使自己的作品为群众所欢迎，就得把自己的思想感情来一个变化，来一番改造。”“我们的文艺工作者一定要完成这个任务，一定要把立足点移过来。”“既然必须和新的群众的时代相结合，就必须彻底解决个人和群众的关系问题。”“知识分子要和群众相结合，要为群众服务，需要一个互相认识的过程。这个过程可能而且一定会发生许多痛苦，许多摩擦，但是只要大家有决心，这些要求是能够达到的。”围绕这个问题，他还阐述了文艺的源与流的关系、普及与提高的关系、文艺与政治的关系、文艺批评的政治标准与艺术标准的关系，并强调“有出息的文学艺术家，必须到群众中去，必须长期地无条件地全心全意地到工农兵群众中去”。李白说：“生不愿封万户侯，但愿一识韩荆州。”对于广大文艺工作者来说，这个“韩荆州”就是人民群众。

在文艺工作座谈会上，习近平同志深刻阐述了文艺与人民的关系，重申文艺创作的人民取向，定位文艺发展的人民坐标，强调坚持以人民为中心的创作导向。习近平指出，“社会主义文艺，本质上是人民的文艺”。“人民既是历史的创造者，也是历史的见证者，既是历史的‘剧中人’，也是历史的‘剧作者’”。“文艺要反映好人民心声，就要坚持为人民服务、为社会主义服务这个根本方向”。在他看来，“只有牢固树立马克思主义文艺观，真正做到了以人民为中心，文艺才能发挥最大正能量”。“以人民为中心，就是要把满足人民精神文化需求作为文艺和文艺工作的出发点和落脚点，把人民作为文艺表现的主体，把人民作为文艺审美的鉴赏家和评判者，把为人民服务作为文艺工作者的天职”。首先，人民需要文艺。“人类社会与动物界的最大区别就是人是有精神需求的，人民对精神文化生活的需求时时刻刻都存在”。“随着人民生活水平不断提高，人民对包括文艺作品在内的文化产品的质量、品位、风格等的要求也更高了”。人对精神文化生活的需求是人类社会性的表现和文明进步的表征，是一种超越生理层面的高级需要。这种需求，是一种内在需求，是一种普遍需求，是一种时刻相伴的需求，是一种不断变化的需求。《尚书·尧典》

说："诗言志，歌咏言。"《文选》说："歌以咏言，舞以尽意。"《诗经》名句有："嘤其鸣矣，求其友声。"孔子说："在齐闻《韶》，三月不知肉味。"刘勰说："时运交移，质文代变。""满足人民日益增长的物质需求，必须抓好经济社会建设，增加社会的物质财富。满足人民日益增长的精神文化需求，必须抓好文化建设，增加社会的精神文化财富"。其次，文艺需要人民。"人民是创作的源头活水，一旦离开人民，文艺就会变成无根的浮萍、无病的呻吟、无魂的躯壳"。"人民生活中本来就存在着文学艺术原料的矿藏，人民生活是一切文学艺术取之不尽、用之不竭的创作源泉"。"能不能搞出优秀作品，最根本的决定于是否能为人民抒写、为人民抒情、为人民抒怀"。再次，文艺家要热爱人民。"有没有感情，对谁有感情，决定着文艺创作的命运"。"热爱人民不是一句口号，要有深刻的理性认识和具体的实践行动"。"文艺的一切创新，归根到底都直接或间接来源于人民"。"文艺创作方法有一百条、一千条，但最根本、最关键、最牢靠的办法是扎根人民、扎根生活"。因此，"我们要走进生活深处，在人民中体悟生活本质、吃透生活底蕴"。"只要我们与人民同在，就一定能从祖国大地母亲那里获得无穷的力量"。

因此，要在为民。要求我们的作家要以繁荣当代中国文学为己任，以满足人民群众精神文化需求为目标，坚持用正确的价值观展现思想力量，用科学的历史观反映社会本质，用精益求精的态度提升作品艺术境界。要与人民心连心，与祖国共命运，与时代同步伐，积极传播社会主义先进文化，真诚反映现代化建设的伟大成就，热情讴歌人民群众的火热生活，为繁荣艺术、满足人民群众精神文化需求，促进人的全面发展作出积极贡献。刘云山同志明确指出："新中国60年文学发展的最大特点，就在于我们把‘人民’两个字写在中国文学的旗帜上，写进中国文学的历史。”“要深刻理解以人为本的丰富内涵，牢固树立文学创作源自人民、为了人民、属于人民、服务人民的理念，怀百姓情感、写百姓生活、当百姓作家，把人民作为文学创作的表现主体和服务主体，把高尚的思想境界、健康的人生追求、美好的艺术情趣传递给人民，把最好的精神食粮奉献给人民。”

（四）坚持创新制胜。创新是文化的本质属性和突出特征。一部人类文化史，实际上就是一部文化创新史。在当代中国，无论是适应建设创新型国家的战略需要，还是要更好地满足人民群众多样化多层次多方面的精神文化需求；无论是要在激烈的国家文化竞争中赢得主动，还是为人类文明进步作出贡献，都需要大力推动文化创新。可以说，只有不断提高创新水平，才能在发展水平上胜人一筹。 在铁凝看来，我们所要做的，就是创造，就是以真挚的热爱、聚精会神的探索和日复一日的辛勤劳作，让中国精神和中国故事在艺术创造中发出光芒。你理应知晓生活是创造的源泉，但更应懂得无中生有对于创造的重要。无中生有，就是指作家对生活和生命本身更深层次的总体把握与判断。

当今社会已经发生了深刻变化，文学赖以存在的经济基础、文化环境和传播手段都发生了深刻的变化，以文学期刊为主导的传统型文学、以商业出版为依托的市场型文学、以网络媒介为平台的网络文学同时并存。特别是就文体变化而言，传统文学和网络文学间的樊篱正在拆除，类型文学正在兴起。类型小说这些年从网络到纸质逐渐流行起来，如今已经成为网络写作与图书市场的主要门类。网络文学的发展给文学带来了新的观念，可以说，未来的网络文学值得期待。2008年10月，

11位河南籍作家与新浪网读书频道集体签约，被誉为“文学豫军集体冲浪”，显示了一向“埋头创作，不事张扬”的河南作家对网络的高度重视。在这样一个文学新格局的背后，是文学的产生与传播的转型。20多年来，互联网和新媒体的发展速度及影响力超出了我们的想象。特别是网络文艺开始成为受众面广、关注度高、社会影响巨大的文艺新领域，对于我们而言，未知远远大于已知。习近平同志指出，“互联网技术和新媒体改变了文艺形态，催生了一大批新的文艺类型，也带来了文艺观念和文艺实践的深刻变化”，“文艺乃至社会文化面临着重大变革”。“古今中外很多文艺名家都是从社会和人民中产生的”，“这些人中很有可能成为文艺名家”。“要适应形势发展，抓好网络文艺创作生产，加强正面引导力度”。因此，中原作家群必须大力推进文学观念、内容形式、风格的创新，大力推进文学体裁、形式、手段的拓展。创新意味着超越，需要有超越前人、超越自我的勇气，需要不断焕发创造激情，增强原创能力。创新包括观念创新、内容创新、形式创新、体制创新和传播手段创新。但就本质而言，创新其实是作家精神和艺术才华的燃烧。对于作家艺术家来说，只有通过原创，方能赋予作品与众不同的艺术魅力，体现卓然不凡的艺术价值，才能为世界贡献有价值的艺术创作经验，才能在世界文艺的整体格局中产生深远影响。提高原创能力，要求作家艺术家要有独辟蹊径、开风气之先的勇气，能够言人所未言，发人所未发。二月河对原创的认识非常深刻，“原创关乎文学的命脉，也关乎民族精神”。“从历史长河中可以看出，积淀下来的如唐诗、宋词，但凡有生命力的都是原创作品，是我们民族的文化基因”。否则，“导演再棒，演员再棒，文学艺术的原创跟不上，没有好剧本，缺乏最原始的支撑，观众永远得不到一流的精神享受”。可以说，正是想象力的匮乏和原创能力的低下，才导致了“山寨文化”的流行。因此，只有创新，勇于把民族特色和世界潮流结合起来，才能适应新的读者、新的环境、新的时代。

随着时代的发展，中原作家群的步伐也将更加铿锵有力，实现再创新的辉煌，实现社会主义文化大发展大繁荣，这是比西方的文艺复兴和中国的“五四”新文化运动更加意义深远的时代要求。随着中国全面建设小康社会目标的实现，在物质生活丰富之后，追求精神的向度和境界的飞升，从“中国制造”走向“中国创造”，这是中国文学的方向，也是中原作家群努力的方向。习近平同志要求，“我国作家艺术家应该成为时代风气的先觉者、先行者、先倡者，通过更多有筋骨、有道德、有温度的文艺作品，书写和记录人民的伟大实践、时代的进步要求，彰显信仰之美、崇高之美，弘扬中国精神、凝聚中国力量，鼓舞全国各族人民朝气蓬勃迈向未来”。所谓“先觉者”，就是能够“履霜以知坚冰必至”。所谓“先行者”，就是“敢为天下先”。所谓“先倡者”，就是能够使人民群众“惊醒起来，感奋起来”。这就要求广大作家艺术家，必须摆脱历史的局限和现实的束缚，包括地域文化的瓶颈，跳出个人际遇的小格局。铁凝说：“感谢物质时代带给我们所有的进步和方便，但巨大的物质力量并非我们生存的全部依据。实现了丰厚物质积累的社会，必须别无选择地致力于文化的再提升，人类才有可能为我们生存的这个星球的和平与进步迸发真正乐观的能量。”只要我们把握好经济社会发展对文化建设的新要求，把握好人民群众对文化生活的新期待，汇聚各个方面文化创造的积极性，就一定能够实现文化发展的新跨越。只要我们立足于中国特色社会主义的伟大实践，在历史的进步中实现文化的进步，在人民群众的伟大创造中进行文化创造，专心致志地为国家写史，为民族塑像，为人民立传，就一定能够创造出属于我们时代的精品力作，中原作家群一定能够大有作为。

巴尔扎克说得好："小说被认为是一个民族的秘史。""凡作传世之文者，必先有可以传世之心"。今天的中国，正在发生广泛而深刻的历史性变革，发展步伐之快前所未有，社会生活的广阔丰富前所未有，人们精神世界的多姿多彩前所未有。作为中国文坛一个重要的创作群体，河南在全国的位置恰如中国在全球的位置。河南这个地方，是一个孕育中华民族成长"大秘密"的地方。在社会主义市场经济条件下，我们要充分发挥"中原作家群"在文化强省中的作用，创作出一批"货真价实"的东西来，形成"文学繁荣，人人作为"的生动局面。

第二节
中原戏剧家群

在李树建同志关于振兴戏剧的来信上，省委主要领导做出批示，要求在推动中原经济区建设，打造华夏历史文明传承创新区的过程中，“让戏剧事业既为中原崛起提供动力支持，又在中原崛起实践中提升发展”。贯彻落实批示精神，繁荣发展河南戏剧艺术，给力中原经济区建设，要求我们明确任务，努力打造中原戏剧家群品牌，真正发挥戏剧的重要作用。

一、中原戏剧家群是华夏历史文明传承创新区建设中的重要力量

2010年9月29日，国务院下发了《关于支持河南省加快建设中原经济区的指导意见》，标志着中原经济区建设正式上升为国家战略。《指导意见》对中原经济区进行了五大战略定位，其中之一是要建设“华夏历史文明传承创新区”。这就充分肯定了中原文化在华夏历史文明中的重要地位，为中原文化大发展大繁荣提供了前所未有的发展机遇。省委九届二次全会，对“华夏历史文明传承创新区”进行了新概括、新描述、新定位，提出要把河南建设成“全球华人根亲文化圣地、中国文化遗产保护传承示范基地、现代文化创新发展新高地、全

常香玉

马金凤

阎立品

崔兰田

陈素贞

杨兰春

桑振君

申凤梅

李树建

李利宏

虎美玲

孟祥礼

姚金成

贾文龙

陈涌泉

李金枝

王红丽

汪荃珍

王　惠

金不换

国重要的文化产业基地、中华文化走出去的重要基地”，并明确提出继打造“中原作家群”品牌的同时，打造“中原戏剧家群”品牌。

中原文化是建设华夏历史文明传承创新区的宝贵资源，中原戏剧是中原文化的重要内容，是打造华夏历史文明传承创新区的重要载体。京剧是中国民族文化的瑰宝，历来被人们称为“大戏”“国戏”。它有着很高的艺术价值，称得起是高级的精神食粮。如同京剧在中国的位置，豫剧、曲剧、越调等剧种在河南也有独特的位置。作为全国著名的戏剧大省，河南戏剧剧种多样，群众基础深厚，豫剧被称为第一大地方剧种。中原戏剧是中原文化的一枝艺术奇葩，也是中原文化传承发展的重要板块。特别是改革开放以来集中涌现形成的中原戏剧家群，成为中原经济区建设和华夏历史文明传承创新区建设的重要力量。新中国成立后，特别是改革开放以来，河南的广大戏剧工作者，怀着振兴民族文化、讴歌时代新风、促进社会和谐的崇高使命，打造了一部部脍炙人口的经典剧目，成就了一批批国内知名的戏剧名家，初步形成了中原戏剧家群的文化品牌。河南不仅创作了《花木兰》《穆桂英》《刘胡兰》《朝阳沟》《倒霉大叔的婚事》等经典剧目，还产生了常香玉、陈素真、崔兰田、马金凤、阎立品豫剧“五大名旦”和桑振君、张新芳、申凤梅、杨兰春等戏剧艺术家，为新中国的戏剧事业作出了重要贡献。新世纪以来，中原戏剧生机勃勃、万紫千红。时至今日，中原戏剧连续四年荣获国家“文华”大奖，连续六年入选“国家舞台艺术精品工程”十大精品剧目，特别是以《程婴救孤》《风中少林》《铡刀下的红梅》《常香玉》《清风亭上》《老子》《香魂女》《焦裕禄》等为代表的一批精品剧目，以李树建、贾文龙、孟祥礼、王惠、汪荃珍、李金枝、王红丽为代表的名家名角，以陈涌泉、姚金成、李利宏、张平等为代表的编剧导演等，充分展示了中原戏剧家群的强大实力，标志着中原戏剧继20世纪50年代之后迎来了又一个发展阶段。

新世纪中原戏剧家群的创作，具有以下三个明显特点：一是传承了优秀的中原传统文化。《老子》《程婴救孤》《风中少林》《水月洛神》《宣和画院》《铡刀下的红梅》等剧目，以河南历史文化资源为依托，通过深入开掘，彰显出传统文化巨大的现实意义。二是弘扬了厚重的中原人文精神。豫剧《朝阳沟》，影响了中国几代人，至今仍为人民群众喜闻乐见，成为豫剧品牌的经典。《常香玉》《村官李天成》《愚公移山》《焦裕禄》《红旗渠》等剧目，以豫剧大师常香玉和“河南三大精神”为题材，赞颂了“人民艺术家”常香玉精益求精、戏比天大的艺术追求和爱国情怀，讴歌了坚忍不拔、锲而不舍的“愚公精神”，无私奉献、一心为民的“焦裕禄精神”，自力更生、艰苦创业的“红旗渠精神”，体现了“平凡之中的伟大，平静之中的满腔热血，平常之中的极强责任感”，成为新时期河南人民干事创业的强大精神动力。三是打造了一批弘扬社会正气、导引时代风尚的优秀作品。特别是像《天职》《清风茶社》《一品青莲》《歧路冷雨》《全家福》《张伯行》等廉政题材的戏剧作品，以集群式的创作成批涌现出来，成为一大特色。

当然，在看到中原戏剧巨大成就的同时，也要正视戏剧面临的困难和问题。习近平同志在文艺工作座谈会上指出：“现在，文艺工作的对象、方式、手段、机制出现了许多新情况、新特点，文艺创作生产的格局、人民群众的审美要求发生了很大的变化，文艺产品传播方式和接受习惯发生了很大变化。对传统文艺创作生产和传播，我们有一套相对成熟的体制机制和管理措施，而对新的文艺形态，我们还缺乏有效的管理方式方法。这方面，我们必须跟上节拍，下功夫研究解决。要通过深化改革、完善政策、健全体制，形成不断出精品、出人才的生动局面。”我们既要让中原戏剧家群在华夏历史文明传承创新区建设中发挥作用，也要正视他们的困难和问题，使之在华夏历史文明传承创新区建设中提升发展。因此，要认真解决戏剧发展受阻、戏剧生产资金短缺、人才青黄不接、作品原创力不强、演出市场萎缩等问题，打破制约河南戏剧艺术繁荣发展的瓶颈。

二、中原戏剧家群如何助推中原经济区建设

文化是根，文化是魂，文化是力，文化是效。繁荣发展中原戏剧艺术，要牢固树立敬畏文化、学习文化和振兴文化、服务文化的“新文化观”，增强文化自觉和文化自信，努力做到多出精品力作，多出名家名角，多出效益影响，进一步提升中原戏剧家群的整体实力，为中原经济区建设提供强大精神力量和文化条件。

在推进中原经济区建设，打造华夏历史文明传承创新区的进程中，中原戏剧、中原戏剧家群也必将发挥积极而独特的作用。概括起来有以下几点：一是支撑中原经济区建设的动力源泉。中原戏剧不仅传承了中原文化笃实守信、尊礼崇德、兼容并蓄的人文传统，也讴歌了中原人民吃苦耐劳、自强不息、开拓创新的时代风貌，这种深厚的文化传统和高昂的时代精神，将成为建设中原经济区强大的动力支撑。例如，《红旗渠》《焦裕禄》《村官李天成》等剧目，都起到了这种精神动力作用。二是提升人文素质的重要抓手。中原戏剧怀着崇高的使命，致力于传承优秀的传统文化，讴歌先进的时代模范，引领美好的时代风尚，反映河南人民在伟大变革时代中的喜怒哀乐，在满足广大人民群众精神文化需求的同时，也使他们的心

灵得到了陶冶，精神得到了提升。《程婴救孤》《苏武牧羊》《老子》等作品对观众的心灵就是一种净化。三是展示河南形象的文化品牌。中原戏剧以其鲜明的地域风格、深厚的文化意蕴和独特的审美价值，成为中华文化中的一枝艺术奇葩，是代表河南的一个文化符号，成为展示河南良好形象的文化品牌。例如，舞剧《风中少林》《水月洛神》，杂技剧《水秀》等已经成为中原文化的艺术名片。四是沟通全球华人的精神纽带。中原戏剧是中原文化的精华和杰出代表，集中体现了中华“根”文化的特性，尤其是蕴含其中的不畏强暴的反抗精神和不离不弃的爱国情怀，成为激励华夏儿女前赴后继的精神力量，成为全球华人认祖归宗的情感纽带。《斗笠县令》《开漳圣王——陈元光》等就是代表。

中原戏剧助推中原经济区建设的途径，具体来说：

一要以主题戏剧活动服务中原经济区建设。要通过中国豫剧节、“中国豫剧艺术发展论坛”、“戏剧与中原经济区建设论坛”等主题活动，集中探讨豫剧发展方略，进行高端设计，服务中原经济区建设。

二要以精品的集群式涌现持续展现中原文化的魅力。戏剧是最能够反映社会主义核心价值体系的。习近平同志指出：“文艺界知名人士很多，社会影响力不小，大家不仅要在文艺创作上追求卓越，而且要在思想道德修养上追求卓越，更应身体力行社会主义核心价值观，努力做到言为士则，行为世范。”戏剧是“高台教化”，更是“潜移默化”。中原戏剧家群要通过戏剧来反映中华民族的历史、中华民族的精神，用戏剧来展示中原文化的精髓，展示中原文化工作者的形象，展示务实发展务实河南的形象，用戏剧来为人民服务、为社会服务、为中原经济区建设服务。要展现古老河南的魅力和现代河南的巨大变化，这种力量是其他力量所难以代替的。例如，我们说一个人没有文凭，没有学历，不等于他没有文化，没有价值观，没有人生观。其实在很多农民身上，他们的道德水平是很高的。那么他们的价值观从何而来？很大程度上，是从中原戏剧中汲取而来的。

三要以中原戏剧家群的整体风貌展现中原文化的风采。在建设社会主义文化强国的征程中，在这个文化建设的春天里，人民呼唤精品力作，也呼唤名家大师。鲁迅、梅兰芳、杨兰春、常香玉这些文学艺术家，为我们树立了一生追求德艺双馨的榜样。中原戏剧家群，王惠、汪荃珍、李金枝、王红丽、李树建、贾文龙、姚金成、陈涌泉、李利宏等，要通过不断提高思想高度和艺术水平，以新的精神高度和艺术境界为中原经济区建设增添光彩。

总之，文化优势是河南的重要优势，文化资源包括戏剧资源是推动河南经济社会发展的重要条件。河南省委、省政府高度重视文化建设，注重发挥文化在决胜全面小康社会、让中原更加出彩中的引领作用、支撑作用、推动作用。建设中原经济区，建设华夏历史文明传承创新区，建设文化高地，文化的力量、戏剧的力量是不可或缺的。如果说文化是建设中原经济区的强大推动力量，那么戏剧则是打造华夏历史文明传承创新区的重要载体。因此，在建设中原经济区、打造华夏历史文明传承创新区、建设文化高地的过程中，我们一定不能忽视发挥中原戏剧家群这一重要方阵、重要力量的作用。中原文化要先行，中原戏剧要走在发展的前列。

三、戏剧如何在中原经济区建设和华夏历史文明传承创新区建设中提升成长

中原经济区上升为国家战略，华夏历史文明传承创新区的

提出，为中原戏剧的繁荣发展提供了强大支撑，是河南戏剧艺术发展的战略机遇。具体说，体现在以下三个方面：一是为中原戏剧的发展提供了更加坚强的政治保障、更加坚实的经济基础和更加广阔的发展空间，使中原戏剧的发展能够真正融入河南经济社会的整体发展进程之中，以文化系统的“内循环”向社会的“大循环”转变。二是为中原戏剧的发展创造了更加和谐的人文环境，提供了更加强大的智力支撑，孕育了更加丰富的创作素材，为中原戏剧在丰厚遗产的基础上进行创新发展、实现新的突破提供了必要的条件。三是使中原戏剧的发展拥有了更加开放的胸襟，形成了更加开阔的视野，具备了更高的艺术品格，为中原戏剧走向国际舞台、参与世界文化交流提供了更多便利，创造了更多机会。

中原戏剧要在中原经济区建设和华夏历史文明传承创新区建设中得到提升，要重点做好以下三个方面的工作：

一是努力建设一个让艺术家们无后顾之忧的新体制，切实解决戏剧艺术发展的根本问题。深化文化体制改革是新世纪新阶段党中央作出的一项重大战略决策。这种体制应该是一个有利于文化科学发展、充满活力、富有效率的体制，还应该是一个能够让艺术家们无后顾之忧、集中精力出精品、出人才的体制。艺术表演团体改革是文化体制改革的重点，也是难点。艺术表演团体具有二重性，既有公益性的一面，也有产业性的一面。单独把它作为公益来对待，或者单独把它作为产业来对待，都是不对的，都会失之偏颇。改革是手段，不是目的。改革的目的，是出精品出人才，满足人民群众的精神文化需求。面对文化全球化这种趋势，文化体制改革不可逆转，改革是大势所趋，早改早主动；改革是动力之源，早改早发展；改革是群众之愿，早改早受益。但是，改革必须考虑到文艺表演团体的特殊性，改就要符合戏剧艺术自身的发展规律，就要充分考虑到事业和产业、艺术和娱乐的关系，充分考虑到它需要政府扶持、帮助的一面，让艺术家们能够过上一种有尊严、体面的生活，能够集中精力出精品出人才，改就要改好。在这个意义上，改是为了调动艺术家的积极性，凝聚艺术创造的潜能；保是为了解决艺术的不能而非不为，是解决艺术家的“后顾之忧”，不能让艺术家“挟泰山以超北海”。这就是艺术表演团体改革的辩证法。

二是集中力量推“角儿”，正确处理普及与提高的关系。振兴戏剧有两个重要因素，一个是“角儿”，一是观众。没有好“角儿”，戏就演不好，也不会有更多的观众；没有广大、热情的观众支持、捧场，也不会出更多、更好的名“角儿”。因此，振兴戏剧艺术，对观众要抓宣传、抓普及，对剧目和演员要抓质量、抓提高。提高包括提高编导水平和演员水平。普及主要是争取更多的观众和培养观众的欣赏水平。离开观众，离开戏迷，离开票友，戏剧振兴就很难，实现戏剧艺术由“俗”到“雅”的新飞跃就很难，实现由“雅”与“俗”的良性互动就很难。因此，要加大政府扶持和支持力度，组织开展河南省优秀剧目展演、“舞台艺术送农民”“高雅艺术进校园”等活动，不断占领城市市场，拓宽农村市场，开发校园市场。

人才是戏剧艺术发展的第一资源。推“角儿”，不仅要培养人才，而且要培养“大才”“大家”“大师”。只有真正解决了这个问题，才算真正解决了戏剧的可持续发展问题。在培养“角儿”方面，老艺术家担负着相当的责任。我们常讲：“一流之人，能识一流之善；二流之人，能识二流之善。”就是讲，能不能发现人才，发现什么层次的人才，与人才发现者本身的德才情况是直接相关的。很多前辈学历不高，但他们一辈子敬重中国文化，不断地从中国文化中汲取营养，才成了大师。现在很多年轻人过于在乎技巧和外在包装，却忽略了根基所在。因此，对戏剧一定要有一种敬畏之心，要抱着“戏比天大”的理念，把戏剧当作一辈子的事情去做，而不能把它看成是争名夺利的手段，这样才有可能成为大家。对于“角儿”来说，德艺双馨是基本要求。一是不断学习。我们都知道，世界上许多伟大的作家，同时又是思想家。否则知识面太窄，创作水平的提高将会受到很大的限制。二是练功学艺，要精益求精，要招招见真功夫。梅葆玖老师，在舞台上是风华绝代的佳人，生活中则是平易近人的长者。他说，“我认为要对从事戏曲工作的年轻人要求严格一些，必须让他们从了解中国文化做起，这样才有厚积薄发的可能”。在“薪火相传梨园情——河南地方戏拜师盛典晚会”上观看了13位戏曲艺术家收徒后，他说，这种规模的集体拜师典礼，全国都不多见，可见戏曲事业在河南受到的重视。在他看来，京剧和豫剧都面临着传承和发展的问题。“现在是全媒体时代，我们要充分利用各种新的传播方式，全方位地对戏曲进行宣传”。河南历史上有“五大名旦”，在进入21世纪第二个十年的今天，如何推出河南新的戏剧家群，如何推出河南新的“五大名旦”，仍然是需要我们认真对待的问题。

三是把握导向，建立戏剧精品生产传承创新的完整机制。《立秋》《廉吏于成龙》《一把酸枣》《程婴救孤》等，是戏剧精品力作的标杆。精品生产，首要的一条是必须深入生活，扎根人民，反映人民心声，代表人民利益，坚持以人民为中心的创作导向，提高原创能力。提高原创能力，是戏剧振兴的根本。当前，振兴戏剧，既要解决传承问题，也要解决创新问题。振兴戏剧的关键是搞好继承，也就是说，要先继承后发展，把发展建立在扎实继承的基础之上，要“固本求新”。戏剧生产和书法创作一样，有很多程式。如果不首先把主要精力放在继承上，一味地追求标新立异，那只能事倍功半，甚至糟蹋了戏剧。大量事实说明，凡是在发展戏剧艺术上取得突出成就的艺术家，都是因为他们在继承前人方面花了很长时间，用了很多精力。在李树建身上，在王红丽身上，我们都可以看到他们的师承。当前戏剧振兴的主要问题是继承，并不是否认发展的重要性。戏剧也像其他事物一样，不创新就没有生命力。因为随着时代的前进和观众艺术需求的变化，戏剧艺术包括它的形式和内容都需要有新的提高、新的发展。例如，在京剧艺术上取得突出成就的大艺术家，像梅、尚、程、荀都有自己独特的发展。豫剧艺术上的五大名旦，在发展上也都表现出了自己的独特性。因此，要在戏剧界深入开展“走转改”活动，既要积极从中国传统文化中寻找灵感，又要深入挖掘现实资源，打造“接地气”的精品力作，努力把传统元素与时尚元素结合起来，把民族特色与世界潮流结合起来，把产品生产与宣传推介结合起来。

中原沃土，华夏之根。河南是戏曲之乡，艺术之乡。繁荣发展中原戏剧，提升戏剧艺术水平，需要领导给力，需要艺术家努力，还需要社会各界助力。习近平同志指出：“加强和改进党对文艺工作的领导，要把握住两条：一条是紧紧依靠广大文艺工作者，二是要尊重和遵循艺术规律。”“要尊重文艺工作者的创作个性和创造性劳动，政治上充分信任、创作上热情支持，营造有利于文艺创作的良好环境。”沈铁梅说，中原戏剧土壤好，有人浇水、施肥，就是讲的领导给力。领导给力除了重视、多看戏，帮助艺术家排忧解难外，还要遵循艺术规律。一方面，不能揠苗助长，搞长官意志，搞文化跃进；另一方面，要充分尊重艺术家的个性和创新，不要管得太死，限制过多。作为文艺工作者，要通过自身的努力，逐步形成自己的创作个性；作为各级领导，要尊重创作个性，并千方百计地创造条件，使每个文艺工作者都能更好地培养和发挥自己的创作个性。同时，要多为艺术家办实事，办好事，想艺术家之所想，帮戏剧家之所需。但是，艺术水平要真正搞上去，归根结底要靠文艺工作者自身的艰苦努力。如果文艺界自身不争气，不鼓劲，不努力，外部条件再好，也创作不出震惊当世、流传千古的佳作、力作，也迎不来百花齐放、万紫千红的文艺春天。同时，社会力量的助力也是不可或缺的。演艺业的大趋势是更多地从纯商业运作转向非营利组织。当前，欧美的市场发生了重大变化，表演艺术这个劳动密集型行业，越来越难以靠纯商业运作来生存。歌剧、芭蕾、交响乐这些高雅艺术的院团几乎全都是“非营利性组织”，有大量赞助。这些资源中有很大的一块就是民间基金会。振兴中原戏剧，要求我们要更多地适应这一趋势，避害趋利，凝神聚力，加强运作，在新的起点上繁荣中原戏剧。

第三节
中原书风

中原大地，历史悠久，风韵独秀，陶冶出诸多书法名家，熔铸了各种著名书体，“中原书风”闻名遐迩。那变幻莫测、浓淡干湿的书道，尽现了中原文化的淳朴、神秘之美。虽然清代阮元曾经提出“南北书派论”和“北碑南帖论”，认为“南派乃江左风流，疏放妍妙，长于尺牍”“北派则是中原古法，拘谨拙陋，长于碑榜”，但并无明确的“书风”“学派”之别。改革开放后，特别是20世纪80年代中期，“中原书风”开始形成，其典型特征是雄强朴厚。在张海看来，“一般而言，地域风格起码具备这样几个条件。一、要有一个初具规模的地域群体；二、这个群体具有大致相近又和而不同的艺术追求；三、群体中的个人艺术水准达到一定高度，有鲜明的个人风格；四、群体中有若干旗帜性人物，被群体和外界广泛认同；五、这个地域群体的艺术成就经得起实践的检验”。他一直下大力气用实功夫构建河南书法的“结构金字塔”。“河南书法的结构金字塔，应该有三个基本要素，一是基础的广泛性，二是各个不同层次间的有机联系和内在呼应，三是领军人物的自然而然的产生”。“河南魏碑资源丰厚，隶书、甲骨文与河南

张　海

王　澄

李刚田

周俊杰

桑　凡

庞白虹

宋华平

杨　杰

张剑锋

吴　行

米　闹

李　强

王荣生

云　平

谢安钧

张建才

赵振乾

王宝贵

许雄志

陈国祯

也有着密切的联系，从而形成河南书家倾向于师法碑派和篆隶的风格取向”。我们认为，中原书风的核心特质即在于“中原古法”四字。

一、中原古法

中原书风，最早可追溯到黄帝时代的史官仓颉。仓颉是濮阳南乐人，相传汉字为其所创。《说文解字》云：“黄帝之史官仓颉，见鸟兽蹄迒之迹，知分理之可相别异也，初造书契。”文字的出现，是中原书法得以萌芽的肇端。由于文字的出现，不仅改变了人类的思维方式，而且促进了文明的进程。《淮南子·本经训》的记载充满了神秘和诗意。“昔者仓颉作书而天雨粟，鬼夜哭”，体现出惊天动地之力。秦灭六国，书法统一为小篆。在此之前，夏、商、周时代的大篆与礼、乐文化相对应充满了装饰性。小篆字形竖方，讲究对称。它的出现是社会“大一统”后要求文化秩序整齐划一的象征。河南上蔡人李斯（前284—前208），精大篆，为小篆之祖。李斯等所编的《仓颉篇》，实际上是对篆书的整理。李斯所书《峄山刻石》《泰山刻石》《琅玡台刻石》，为古石刻篆书中的精品。《述书赋》以“驰妙思而变古，立后学之宗祖”，充分肯定了他在书法理论和实践方面作出的贡献。韦续《墨薮》云：“斯善书，自赵高以下，咸见伏焉。”谓其书法“笔力轻捷”。李嗣真《书后品》赞他“秦相刻铭，烂若舒锦”，“李斯小篆之精，古今妙绝。秦望诸山及皇帝玉玺，犹夫千钧强弩，万石洪钟。”《书断》则用“画如铁石、字若飞动”“长风万里，鸾凤于飞”形容其书法。他自己也主张，书法创作应该“鹰望鹏逝”，欲有搏击云天之势。

汉代，特别是东汉，中原书法进一步发展。许慎的篆书、刘德升的行书相当有名。蔡邕，擅篆书并创飞白书。许慎

（58—149），字叔重，河南漯河人。张怀瓘《书断》说他，“许慎少好古学，喜正文字，尤善小篆，师模李斯，甚得其妙”。许慎的小篆，主要体现在《说文解字》一书中。《四体书势》曾经认识到这一点，认为“祭酒许慎撰说文，用篆书为正，以为体例最新，可得而论也”。他作《说文解字》四十篇，共收一万零五百一十六字。刘德升，许昌禹州人。以行书擅名，开创了由楷入行的先河。《书断》云，德升“以造行草擅名，虽以草创，亦甚妍美，风流婉约，独步当时”。《宣和书谱》则介绍，“自隶书扫地，而真几于拘，草几于放，介乎两间者，行书有焉，汉末刘德升实为此体”。蔡邕（133—192），河南杞县人。他擅长篆书，隶书尤为著称。在《篆势》一书中提出：“凡欲结构一字，皆须象其一物”。蔡邕的隶书，后人称之为八分。魏晋时称楷书为隶书，称有波磔的隶书为八分。在洛阳太学前立有蔡邕所书之《熹平石经》，观摩者日“车千余乘，填塞街陌”。石经字体，结构谨严，点画俯仰，变化自如，古人有“骨气洞达，神采飞动”之评。他创造的飞白书，更是体法多变，精妙绝伦。《通艺录》说他，“中郎书超绝一代，凌轹千古”。《书林藻鉴》赞为“所谓气凌百代，笔阵堂堂者乎”。蔡琰，字文姬，蔡邕之女，杞县人。宋代《淳化阁帖》收入了其书迹。她的草书个个独立，连绵笔画不多，排布整齐、波磔分明，既飘扬洒落，又蕴含雅朴，颇类由隶书演变而来的章草。

自魏晋六朝始，中原书法开始走向美的自觉。此刻，包括秦篆在内的古文篆书体系已完成其历史使命，在东汉达到极盛的八分隶书也正在由巅峰走向衰落。社会上出现了一种比隶书更为简便的俗体，一场新的书体革命开始孕育。这种民间俗体，抛弃了标准隶书收笔上挑的笔法，同时接受了草书和隶

书的一些影响，比较多地使用尖撇，呈现出隶书向楷书过渡的面貌。许昌人钟繇（151—230），敏锐地观察到这种变化，并在自己的书法实践中，顺应这一变化的潮流，使新书体更趋成熟和完善，终于使这种民间流行的俗体，取代了隶书而跃上正统的地位，成为楷书之祖。钟书的特点是点画之间多有异趣，书法精神苍古媚丽，开创了由隶入楷的新貌，有《贺克捷表》《宣示表》《荐季直表》传世。唐孙过庭在《书谱》中说，“汉魏有钟张之绝，晋末称二王之妙”。冯武《书法正传》称他的作品：“点如山颓，滴如雨骤，纤如丝毫，轻如云雾，去若鸣凤之游云汉，来若游女之入花林，灿灿分明，遥遥远蔼者矣。”梁武帝《古今书人优劣评》云：“繇书如云鹄游天，群鸿戏海。”《书断》赞曰：“元常真书绝世，乃过于师，刚柔备焉，点画之间，多有异趣，可谓幽深无际，古雅有余，秦汉以来，一人而已。”在中原书法史上，由钟繇代表的由隶书转变为楷书的书体革命，不同于以往任何变革。因为在这场书体转化的革命中，已融入了深刻的书法美学思想。钟繇论书：“用笔者天也，流美者地也”，第一次把书法同美联系在一起。其字距茂密丰实，其行间空阔旷达，表现出清淡简远而又富于生机的艺术情趣。刘熙载《书断》云：“钟繇茂密，然茂密正能走马。”他参与书丹《熹平石经》，是中原文化史乃至中国文化史上的一件大事。唐太宗说：“钟虽擅美一时，迹为迥绝，论其尽美，或有所疑，至于布纤浓，分疏密，霞舒云卷，无所间然。”钟繇书法的这种美学追求，和晋代的王羲之一起，构成了“魏晋风韵”的主旋律。郑道昭（455—516），河南荥阳人。他的书法在由隶变楷的过程中堪称一大流派，被誉为“北朝书圣”。《郑文公上、下碑》，结字疏朗俊逸，气度凝重浑穆，给人以雄强之感。《论经书》潇洒跌宕，迟涩傲

拔，雄古深邃，有龙威虎震之势；《观海童诗》紧密方朴，森严厚重，稳健扎实。包世臣云："北碑体多旁出。郑文公碑字独真正，而篆势、分韵、草情毕具。"康有为谓道昭书："高气秀韵，馨分溢目。"叶昌炽《语石》甚至说："唐初欧虞褚薛诸家，皆在笼罩之内。"作为集北碑之成的一代大家，郑道昭汲取了北朝民间书法刚健质朴的精神，而滤弃了其中的草率和俚俗，又加上文人儒士的清劲秀迈和文字演化以来所有积极成果，把篆书线条的婉畅含蓄和分书笔画的提按变化结合起来，把楷书的端庄肃穆和行草书的简捷流便糅合在一起，创造了总体造型含蓄蕴藉、简静雍容、诸法兼备而又不趋极端的美学风格，从而把北方粗犷乔野的书风提炼到一个新的高度。用叶昌炽《语石》的话说，郑碑"化北方之乔野，如筚路蓝缕进于文明"。在这里，我们不能不说明的是，无论是钟繇的书法还是郑道昭的书法，都代表了传统书法的孑遗，而没有成为魏晋以来新的书体革命的风云人物。虞世南讲钟繇书法的师承，"钟太傅师资德升，驰骛曹、蔡，学而致一体，真楷独得精研"。刘熙载说郑书"隐通篆意"（《艺概·书概》），康有为说"《云峰》为圆笔之极轨"（《广艺舟双辑》，卷十九），可见二人都曾在传统书法的圈子里艰苦求索。当然，二人的书法毕竟已经有了个体意识的萌芽。侯镜昶先生说："郑书虽具天趣，而已呈法度之端倪。"钟书对美的追求，也体现了书体发展的这一流向。

中原书风在唐代达到了高峰，楷书和狂草的发展最为突出。唐继隋而有天下，既接受了江左的清新优雅，又承袭了两汉和北朝的质朴雄壮，因此其文化发展具有多元特色，既有奔腾激越的狂烈呼喊，又有内敛冷静观照的理性沉思。在书法创作上，奔腾狂放与工整内敛并行不悖，皆达极则。孙过庭，开封人，以草书擅名。其书法理论著作《书谱》，主要阐述正、草二体书法，有精辟独到见解。唐代中原书法的代表人物是褚遂良（596—659）。他祖籍河南禹州，工隶楷，与欧阳询、虞世南、薛稷同为唐初最著名的四大书法家。传世作品有《伊阙佛龛碑》《孟法师碑》《房玄龄碑》《雁塔圣教序》等。清人包世臣说，其字华美，如“孔雀皈佛，花散金屏”。胡俨说他，“河南典雅通识，工隶楷，初师虞永兴，晚得右军笔法，正书遒劲直班欧虞”。他的楷书运笔遒劲，气势恢宏，成一代法则。褚遂良作为唐代中原书风的代表，《墨池编》对他的概括最为全面，“遂良书法，或学钟公之体而古雅绝俗，或师逸少之法，而瘦硬有余。至于章草之间，婉美华丽，皆妙品之尤者也”。

宋代，中原书风进一步发展，但没有出现有影响的大家。书法由殷商甲骨、两周金文、秦篆、汉隶、晋帖、魏碑、唐楷之发展演变，到北宋时书体已经完备。宋初几十年间，“雅趣时贵书”(米芾《书史》)，书法基本上是模仿前代，而且习书的风气也不正，以至欧阳修认为“书之盛莫盛于唐，书之废莫废于今”(《欧阳文忠公文集》)。只是到了庆历、熙丰年间，书法艺术中变革古法追求新意的思想才代替了一味模仿的守旧观念，出现了以意趣为主的新流派，苏、黄、米、蔡皆取得了较大成就。四人的风格并不相同，“苏蕴藉，黄流丽，米峭拔，而蔡公又独以浑厚居其上”（明盛时泰《苍润轩碑跋》），但重意趣神韵则是书法创作的共同倾向。中原书界以洛阳人郭忠恕、杞县人韩绛为代表。郭忠恕，工篆籀，尤精楷法，欧阳修《集古录》谓自李阳冰后，“篆法未有臻于斯者”，又云“世人但知其小篆而不知楷法尤精”，有《三体阴符经》石刻及《汗简》《论八分书》《论书体》等传世。韩绛，书宗“二王”，受五代杨凝式影响颇深，用笔和平洗练，书风清润雅洁，存世书迹有《承师诗帖》《家养帖》《陛见帖》《寄冲师诗帖》等。宋室南渡以后，书坛风气一如宋初，“高宗初作黄字，天下翕然学黄字。后作米芾，天下翕然学米字。最后作孙过庭字，故孝宗、太上皆作孙字”（杨万里《诚斋诗话》）。唯河南汤阴人岳飞书体雄浑峭拔，尚有可观，现存其奏札墨迹及前、后出师表，体势开宕，劲利凝重，清雄豪伟，直承北宋行草书风，意态神韵俱佳。

宋代之后，随着文化中心的转移，河南洛阳、开封由于遗风绵延，文人墨客仍然有相当数量，但却再未产生举足轻重的书史人物。直到明末，河南孟津人王铎的出现，才使河南书坛为之一振。王铎（1592—1652），在明末竞尚姿媚而乏雄健的书风面前，提倡取法高古，是腾飞于董其昌、赵文敏之间的书法名家。他说，“书不参通古碑，书法终不古，为俗笔多也”，“书不宗晋，终入野道”，而东晋“二王则是诸家所宗”，所以他“独宗羲献”，而终身以之。他博采众长，大楷学颜、小楷学钟繇《乐毅论》，行书宗法二王，“戢锐于内，振华于外”，以沉雄顿挫为体，以飞动变化为用，在险绝中求稳重，从温润中求拙涩，满纸云烟，险劲苍郁，人书俱老。王铎墨迹十分丰富，仅就其传世的《拟山园》《琅华馆》两部法帖及大量墨迹看，已使前后书家黯然。特别是上抗《淳化阁》下迈《三希堂》的《拟山园》帖，尤为著称。他对中原近、现代书坛的影响，也是其他一般书家所难以比肩的。

清中后叶，“三尺之童，十室之社，莫不口北碑写魏体”。中原书法在这一时期的突出特点是碑学的振兴和一批宗法碑学，熔碑、帖于一炉的书法家的出现。这一时期的书法家不是在“永字八法”出现后牢牢固守那种中锋为主、偏侧为辅、宜于书写唐楷的用笔方法，而是在金文、碑版之间探骊得珠，有机地把各种书体熔为一炉，从而在书体上形成了新的风貌，篆、隶、魏等书体都得到了极大发展。包世臣是对清中、晚期碑学振兴、书风变革作出准确概括的书法理论家。他的《艺舟双楫》说：“北朝人书，落笔峻而结体庄和，行墨涩而取势排宕。万毫齐力，故能峻；五指齐力，故能涩。”“北碑学有定法，而出之自在，故多变态；唐人书无定势，而出之矜持，故形板刻。”因此，“自来论真书以不失篆分遗意为此上。”这一时期，师法北碑的中原书法家有纯阳子、徐炳麟、丁一敬、黎乾、徐静等，他们竞趋时风，变古有成，在艺术上有一定建树，但影响未能突破地域，水平亦未能突破历史。大多数中原书家却仍固执地沿习帖学，不为时风所动，如仓兆彬、仓景愉、李鹤年、袁汝长、孙亦庵、史春荃等，皆功力深厚，然因作品新意甚少，终为书坛遗忘。清中后叶的中原书坛，书家虽然不少，在翻新古碑以臻书法新境上有一定成就，但有影响的书法大家未有出现，中原书坛不免给人以寂寞冷清之感。

1911年至1949年，38年的民国书法承清末碑学之绪，集前贤之睿智，纵势为尚，变古出新，南北兼收，碑、帖互用，走上了自觉的发展阶段。由于具有强烈变革意识的新思潮的冲击，再加上时势多变，书界思想活泼，多不规于波磔界格。其中，姿质优雅、抒情达意的行草在经历了帖学靡弱、碑学大兴的曲折道路之后，得到迅猛发展。民国书家皆长于行草，并纳碑版笔势于行草之中，使之体势为之一变，行草继明末之后再放异彩。章草书沉寂一千余年后，于民国时期得到复兴，或宗皇象、索靖，或法“二王”，别具新韵；或以“二爨”为基，另标新体；或以新发现之汉晋简牍为用，推陈出新。钟鼎、石鼓文成为热门。正书推重韵度，各呈异趣。隶书、小篆则沿清末之余波，走上程式化的末路。上述发展趋向，在河南书家的创作上多有体现，并成为书坛新风。秦树声，其草书创作简繁得当，楷书则呈现出遒健秀逸的面貌。林东郊，工书，尤擅大草，用笔平实，萧散疏朗，摇曳多姿。行楷则掺以碑意，气象浑穆。丁康保，诸体皆能，最精行书，点画蕴藉，清新峻逸，有书论《静宧墨忆》传世。张玮，书以行楷最精，稳健端朴，骨力内含。袁克文，书宗褚、颜，兼容汉魏，收放咸宜，自成面目。王广庆，师法北碑，兼融王铎、于右任诸家，书风雄健，精气内涵。杨望尼，宗北碑，取法六朝造像，稚拙朴厚，雄浑苍健，字势奇绝，随遇而安。邵瑞彭，书以北魏为宗，瘦金体为用，高古秀逸，情采深蕴。许钧，四体俱佳，魏碑尤精，方圆自如，笔力遒劲，篆书法邓石如，圆润疏朗。关百益，书法出入汉魏，笔法跌宕，方圆兼出，体势端朴。李振九，书宗“二王”，最擅行草，用笔内敛，妍妙娴雅。董作宾，于甲骨文研究成果最著，书法也以甲骨文最精，颇得以笔代刀之奇趣。马志璋，精小篆，兼擅真草，其篆书端庄朴茂，气度恢宏。

新中国成立以后，中原书法再放异彩。一大批书家执着追求书艺，寂寞书道，造诣颇深。靳志，工辞章，精书法，尤擅章草，笔法静穆、格调高雅，有浓郁之书卷气。于右任十分推举靳志的草书，认为“当今天下懂草书者唯君与弟耳”。武慕姚，擅碑版，隶书入古出新，自成家数，行书出于褚、颜，峭丽典雅。李白凤，精金文，擅篆刻，长于小学，其大篆朴厚古雅，深得先秦文字神髓，印章出入秦汉，自成一格，有《李白凤印谱》《东夷杂考》等问世。陈玉璋，师法北海，擅榜书，遒劲苍涩。傅隐戈，四体皆工，尤精汉魏，无论何体均法度谨严，端朴韵致。李子培，以魏碑名世，气象浑穆、朴厚天成。

于安澜，精于小篆，古法森严，笔墨洗练，工稳清雅，集有《古代书论选》。庞白虹，金石书画兼擅，书以行草为主，兼工篆隶，用笔老辣，字势奇崛，篆刻章意自然，亦颇具个性。朴国选，擅行书，掺以碑意，洒脱真率，雄浑宕逸。李德培，宗法于右任，最精草书，用笔洗练，字法简远。然而，由于这代书家并未以群体的面目出现，也没有众多弟子承袭他们的书法精神和形式，致使这批功力深厚的中原书法家大多未能昭彰于世。但在整个中原书法史上，这批书家是不应该被遗忘的。

以上对“中原古法”的论述，勾勒出中原书风的来龙去脉。在周俊杰先生看来，艺术的延续，永远是在一代代人的传承中进行的。我们这一代人，深深感谢谢瑞阶、陈天然、李悦民、庞白虹以及武慕姚、陈玉璋、傅天趣、李白凤、牛光甫等直接给予我们指导、教诲的老一代学者、书法家。中原“书脉”源远流长。宗白华先生在《中国书法里的美学思想》中提出，“中国人写的字，能够成为艺术品，有两个主要因素：一是由于中国字的起始是象形的，二是中国人的用笔”。“中国字，是象形的。有象形的基础，这一点就有艺术性。中国的文字渐渐地越来越抽象”，“但是骨子里头，还保留着这种精神。中国书家研究发展这种精神，成为世界上独特的艺术”。在中原古法中，我们不能不承认北魏孝文帝和李世民的重大历史作用，前者将魏之前的所有篆隶行草都予以否定，只留下了魏碑这一书体；后者则使王羲之统治了中国一千多年。这就使魏碑和帖学两种书体“双峰并峙”，并不断发扬光大，成为经典。

二、中原书风及其形成

20世纪80年代，是河南书坛最为活跃的时期，也是河南书法由一个落后地区转变为书法大省的关键10年。河南省书法家协会于1980年5月成立，以谢瑞阶先生为主席，陈天然、李悦民、庞白虹先生为副主席的主席团成员，均是在艺术上有深厚造诣的艺术家，也是河南书法复兴以来的第一代书家，他们在引导全省书法事业向前迈进中起到了核心作用。而张海当时作为秘书长，创作、理论同时抓，并在此后的10年间举办了至今来看仍然是影响河南以至整个书坛的一系列活动。1986年，由谢瑞阶、陈天然先生提议，为进一步推出河南中青年一代优秀书家，于9月份在北京中国美术馆举办“河南中青年书法家15人墨海弄潮展”，并出版作品集。当时已84岁高龄的谢老领队赴京，出席了开幕式。以豪放、雄强、稚拙而不乏灵气为特色的120件展品，强烈地震撼了书坛，被书坛视为当代书法史上最重要的展事之一。在学术上，人们提出了“中原书风”的概念。入围的15位作者，一夜间被人们所认知，成为书坛的中坚力量。其中张海、王澄、李刚田、周俊杰、王宝贵等人，二十多年来一直活跃于书坛，在创作、学术研究方面取得为世瞩目的成绩。张海以其优秀的书法创作、丰富的领导经验和能力以及巨大的人格魅力，成为中国书坛最高领导人，以至于有人这样评价：“在20世纪末期中国书法运动中，中州大地这个曾经产生过甲骨文、无数书法经典和书法大家的文化渊薮之地，在政治、经济、文化式微了数百年的今天，书法竟奇迹般地出现了振兴。”

1980年以后，中原书家以群体形象出现，逐渐改变了书法在近代史中的落后局面，并跃入全国前列。谢瑞阶，河南新时期书坛的奠基人之一。他潜心研究佛学，书法也格高绝俗，在规矩中求自然，笔端了无尘埃，以章草名世。他的章草，结字参差，全以意行，恭谨端正，质朴圆润，线条瘦劲若铁，清逸之中见苍厚。一般而言其早年作品规整雅韵，晚年则渐趋瘦劲。陈天然，以行草名于世，笔墨淋漓，博大雄强，雄浑苍朴。他将金文的沉郁、魏碑的凝重、旭素的癫狂、颜王的丰厚一一纳入胸中，汇通书体、专攻行草，形成了欲右先左、藏头护尾、浑朴圆备如篆籀、雄强可畏似分隶、劲健出入多飞白的艺术风格。天真率意的结构，外枯实腴的平衡，苍劲刚健、浑圆拙厚、精到沉劲的线条，酣纵逸宕、雄浑古穆、端丰宽舒的布局，墨色浓郁、淋漓畅达的外在形式，在沉稳与浓重之中扩张、膨胀，通体意象洋溢着淋漓之气，给人以气势雄强、凛然逼人、“豪华落尽见真淳”之感。正如陈天然所言，“书法要求用最精练的构形，塑造非凡的意象”。他的书体，有人称之为“枯藤体”，有人称之为“柿枝体”。张海，四体皆精，于隶书用力尤多。他的书法创作，刚健中含婀娜、沉郁中寓飞动，刚柔相济，峻健洒脱，往往既有汉碑的淳厚，又有简书的爽健，也含草书的飞动。特别是隶书、行草，点画圆润，结体峭拔挺劲，于潇洒平淡中闪耀出一股冷冷的灵气，令人直入书艺化境。王澄，四体皆精。他的作品重气、重韵、重神，豪放俊逸，遒健中充满灵性。篆书取法《散氏盘》《毛公鼎》，以金文笔法掺以草意书之。隶书得《礼器》真髓，是入手金农，上追两汉。小楷法乳王宠，后掺北碑墓志，熔魏晋于一炉，自成一格。当然，王澄为世人所称道的书法还是魏体行书，其行书在康有为书法的基础上，着意碑帖融合之路，作品中充满了“苍古”之气。他还有意于朱熹，取法赵之谦，并掺以隶意，拓展字之横势，其书法创作达到了较高境界。李刚田，篆隶楷行，无一不工，书作高古典雅。尤精篆刻，印风冷峻清奇，具有爽健、单纯、明快、苍朴的特点。他一方面直接从秦汉古法中汲取营养，另一方面又广泛研究近代篆刻及其他艺术在创作形式上的特点，印作往往既得古意，又不失一个现代人对当代艺术的灵悟，在平实中见情致、功力。李悦民，长于行草，笔墨自然，洒落天成，俊逸流畅，颇具个性。王宝贵，书工诸体，以篆隶为最，兼擅治印。真草隶篆各家风格，经他点拨，总能在他那里形成一种新的充满灵气的格局。从师傅隐戈、李白凤，对古文字、书法史有较多研究。他的作品颇具气势，往往植根于涩隶，融汇清代隶书，构字在平稳中透天趣，运笔凝重自然，书体格调苍古简远。冯志福，精于篆隶楷诸体，功力深厚。篆隶入手清人，上溯秦汉，凝重而隽永；行书取法米芾、王铎，笔酣墨畅，雄浑恣肆。周俊杰，创作以隶、草为主，隶书雄浑朴茂，豪放峻逸；草书笔墨淋漓，气势贯达。其隶书立基于汉《褒斜道刻石》，掺以《张迁碑》《石门颂》《西狭颂》以及一些散见的汉代金石铭文的意味，通过写《礼器碑》及钟繇小楷以求其精，临《大盂鼎》《散氏盘》以求其韵，写古今草书以求其动，从而形成了一种结字宽博、章法开合，用墨大胆而协调、笔意苍厚浑朴、劲健稚拙、豪放雄强、博大灵动的书风。周俊杰坚持创作与理论同步。他坚持抓好两头，一头深入传统，一头向现代书法流派吸取营养，有时大变，有时小变，不断在变，取得了可喜的成就。桑凡，四体皆能，兼工篆刻，小篆峻逸洒脱，风格独具。行楷出入晋唐，秀美典雅。篆刻取法清人，畅达自然。李逸野，书擅行草，兼及篆隶，书风豪放悠肆，淋漓酣畅。其行书苍厚、率真，气势宏阔；草书直追怀素，且颇具面目，被中原书界誉为“鬼才”。周济人，擅行书，笔墨精到，字法谨严，可谓“不激不厉，风规自远”。王朝宾的隶草，纯厚苍朴。刘顺，自称“邻鬼居主”，书法创作沉郁率真，以清健为特色，深得甲骨文精髓。陈国桢，行、隶峭拔、峻劲，早年得其父陈玉璋先生真传，后又从倪云璐、王铎等书家汲取营养，作品泼辣、率意，苍涩中求气势，书作多峭劲之意。当代中原书界的第四代书家也显示出巨大的潜力和令人惊叹的才华。宋华平，书法以王铎行书为基调，掺以张瑞图及章草笔意，书风洒脱、峻健，灵动中透出几分古雅。李强，将唐宫女墓志糅入自己的作品中，其草书浑厚跌宕，豪放中充满灵气。吴行，书作得益于“千唐志斋”的营养，下笔清爽，结体稳中有变，浑朴而不乏精巧，大气中显出韵致。云平的行书，似拙实巧，似散实连，似稳实灵，欹侧错落，意趣横生。查仲林、许雄志是我省篆刻艺术界中两位才子，前者隽伟奕朗、凝重浓丽；后者纵逸奇绝、劲利豪爽。2015年12月16、17日，省书法家协会换届，杨杰担任主席，王鸣、王荣生、云平、米闹、许雄志、李强、吴行、张建才、张剑锋、张高山、周斌、赵振乾、谢安钧、谢国启任副主席，排列出新的书法方阵。杨杰的书法创作，自唐楷入手，上溯魏晋，后着意行草，师“二王”、王铎、祝允明等，苍劲大气，清刚雅正。“端庄杂流丽，刚健含婀娜”。她的作品，有筋有骨，雄健、清正、古朴、老辣，充满阳刚之意。杨杰表示，今后将“以办展览、出精品、出人才为重要抓手，创作一批能够反映时代精神、代表时代艺术高度、群众广泛认可的书法精品，使中原书风更劲”。

以上，我们对中原书家的主要人物及其个人书风作了简要回顾，显示出中原书风的丰厚、多元和复杂。可以说，中原书风的形成和发展，正是由历史和现实中众多的中原书家所推动的，它是中原书风得以成型的基础。周俊杰先生深有感触地说，关于“中原书风”，这是一个当年的热门话题，至今尚有许多人关心。他曾在答记者问中有这么一段话：“中原书风这一口号不是指固定的风格和模式，而是建立在豪放、质朴而又不乏灵气的中原人气质和丰厚的河南传统文化上的大的艺术目标。”当年墨海弄潮15人展的作品集中体现了此种风格，给刚刚复兴而还寻找不到时代主流语言的书坛“打了一剂强心针”（西中文语），“中原书风集中体现了中国书法笔法价值源头，即融碑帖为一体的‘中原古法’”（姜寿田语），故在当代有着重要的实践价值和学术地位。当前之所以有人提出地域书风不明显，其根本原因是跟风者太多。其实只要各地书法家按自己的性格进行取法和创作，不仅地域性风格会拉开，且会有助于个人风格的形成。故现在重提“中原书风”，在完全可以自由进行创作的今天有着重要的现实意义。我很希望中原书家深入研究“中原古法”的诸多因素，以自己的个性为主线，提高学术品格，寻找技术源头，以我驭彼，以向“大家”的目标推进，否则，只能成为跟风者，那将是我们不愿看到的局面。

三、中原书风的特点

以张海、王澄、周俊杰等人为代表的“中原书风”曾经影响了中国书坛许多年。应当说，“中原书风”，并不是某种固定的风格和模式，它只是生活在中原这片土地上一部分书家在20世纪80年代中期出现的一个大致的创作趋向。因为欣赏中国的书法艺术，优劣不在“一点一画”，而在“整体水平”。中州古代灿烂的文化、中原人豪放的性格和博大的胸怀，在1986年北京中国美术馆举办的“河南中青年书法家15人墨海弄潮展”中有较为鲜明和集中的体现。展出的120件作品中，篆隶书占的比重很大，且一个人一个面目；行草书不少以魏体行书及王铎豪放雄强一路为主，这在当时书坛还显示不出什么鲜明流派特征的情况下，确如横空出世，在当时和其后30年间产生着重要的影响。关于“中原书风”，周俊杰先生深有体会：我个人以为，由于缺乏“小桥流水”“杏花春雨江南”般的情调与心态，恐怕总难与秀美一路的书风结缘。我相信，有着深厚文化积淀的中州人将会在艺术上有着强烈的独到见解与追求，他们不会轻易地为某种表面的、浮华的东西所左右。我学书法，楷书入手褚遂良《圣教序》，隶书入手《曹全碑》，草书入手赵孟頫，写了多年，均不合我的性格和审美追求，故多年来一直寻找适应我的碑帖。我对近30年前好不容易在风格上找到了的“自我”——豪放、稚拙的书风不能也不愿去放弃，因为一抛开“自我”，便失去了“自我”。应当承认，20世纪80年代之后，中原从事书法创作者一茬接一茬，人数之多，恐在全国居首位。六七十年代出生的这辈人，有才华者多多，其中一部分承继了雄浑博大的风格，但又与首届“墨”展相区别：雄强中灵动的意味多了，用笔、用墨技巧变化丰富了，而质朴的一面相对减弱。还有一部分作者则钟情于更为清秀隽美的风格，也显示出了创作上的实力，取得了佳绩。这种情况的出现应当说是很自然和正常的。

我们知道，当今中国书坛，河南、江苏、辽宁三省的书法创作实力十分雄厚，有南、北、中三分天下之说。近年山东书法异军突起，令人刮目相看。同辽宁的简远、江苏的俊逸、浙江的凝练、四川的奇谲、广东的端严相比，中原书风基本上可以用淳厚、豪放、雄强、情感浓郁、毫无纤巧之态来定性。正如谢瑞阶先生所概括的，中原书风是以“雄深、豪放为基调，却又不乏神韵与灵气”。具体而言，它主要体现在以下三个方面：

第一，诸体兼备，个性鲜明。河南在历史上，多次成为全国的政治、经济、文化中心，具有得天独厚的地理位置，它是中原书风得以成型的地域原因。各种书体，都可以在河南找到代表作。无论是简劲而暴露的甲骨文、浑厚而深邃的钟鼎文、刚健秀挺的小篆、稳定而俊逸的隶书、公正端庄的小楷，还是灵动飞扬的草书，在中原书法中都有不少佳作。（一）甲骨文。甲骨文一般笔画细瘦，方圆相间，方笔居多，而少轻重顿挫。从1899年在安阳小屯发现甲骨文字以来，如今已在安阳殷墟发现10万余片甲骨，约5000字，已经考释的也有近2000字，这是中原甲骨文书法的原始范本。（二）金文，又叫石鼓文、钟鼎文。金文由甲骨文演变而来，但由于书写工具不同，笔画屈曲圆转，于环转中略带方势，较甲骨文粗肥丰满。结体严整疏朗，气势宏伟，显得朴茂雍容，古趣横生。1939年，在安阳武官村出土的商代后母戊鼎，鼎内后壁印铸有“司母戊”三字，是中原书法中金文的代表。（三）小篆。中华文明是直接发端于原始社会的“原初文明”，世界上其他原初文明大都没有传承下来，只有中华文明从上古流传下来，至今已有5000年，从未中断。距今4000年的文字——甲骨文，有一大半已能辨识，而使文字流传至今的一个重要途径就是中国书法。书法学意义上的篆书包括甲骨文、大篆和小篆。学习隶书，就需从篆书中寻找源头。与行草书的任情挥洒不同，写篆书须沉下心来，仔细斟酌。篆书这种早期文字的图案性、装饰性，使之在现代社会逐渐表现出美术化的倾向，其神秘性和现代社会的多样性形成强烈对比，从而成为人们在新的艺术领域进行开拓的灵感源泉。小篆，人称秦篆，是在篆的基础上简化而成的。秦相李斯整理大篆，等粗线，使篆书笔画粗细一致，挺劲秀丽，统一定位偏旁部首，形成了规范的小篆。小篆的特点是圆转匀称，只有点画而无撇捺，笔画粗细均匀，转角处呈弧形，没有外拓的笔锋。唐人李阳冰，篆书声誉极高，自称“斯翁之后，直至小生”，有“笔虎”之誉。（四）隶书。隶书产生在篆书之后，创始于秦代，普遍使用于汉魏。刘勰所谓“自后汉以来，碑碣云起”（《文心雕龙》）指出了隶书发展的盛况。波磔（捺），是隶书的一个突出的特点，是隶书书写时为增加字的形象美而采用的一种笔法；隶书的第二个特点是字形结构成扁形，自成一种风格；第三个特点是在章法构图上，间距较宽，行距较窄；第四个特点，是横画较细，竖画较粗。一般而言，汉隶字体的点画，在定型中又有变化，端庄统一，奇趣横生。1958年，在南阳出土的《张景碑》，字体宽扁，点画波尾明显，行笔从容秀雅，端庄而不板滞，代表了成熟汉隶的一大流派。晋人们写汉隶，略有变化，多用扁笔写成。至唐代又有改新，虽点画仍遵汉隶笔法，但圆润顿挫，结字较汉隶加高，成正方形。徐浩书写的《嵩阳观纪圣德感应碑》，为其代表。隶书为楷书的发展奠定了基础，是楷书之源，其用笔、结构，对今楷书体很有借鉴价值。（五）楷书。楷书艺术的发展，包括两个时期。第一个时期，从南北朝至隋，结构写法逐渐定型，如横笔起笔之间下扣，落笔不向上挑；常常随字形结构安排笔画，疏密有致。一如邓石如的概括，“字画疏处可以走马，密处不使透风”。《龙门二十品》选自北魏时期的造像题记，其结字常常把重心安排在偏上位置，使字的中下半部宽绰有余，姿质显得庄重健稳，是楷书这一发展阶段的代表。以《龙门二十品》为代表的大量北魏造像记，代表着北朝书法艺术的时代水平。魏碑体是继承汉、晋隶书传统，影响隋唐楷书的过渡性书体。它在某种程度上起到了承前启后的作用，既保留了较为浓厚的隶书味道，也孕育着楷书的新因素，显示出向楷体过渡的兆头，并且还以独特的面貌，成为书苑奇葩。《龙门二十品》在用笔上已经呈现出由隶法向楷法的转变：一是改逆势为顺势。隶书用笔有波磔，一般称蚕头燕尾，楷法则非。二是转角处改方为圆。三是加“了”钩。其基本风格则为字形方整险峻，结体、用笔兼通隶楷，气势刚健质朴。楷书发展至唐，风格渐趋匀圆整齐，结构疏密渐匀，行笔轻巧，左右顾盼，姿致遒媚，常带行书笔意。褚遂良的《伊阙石龛记》，结构雄浑秀逸，形体方严，是唐楷中不可多得之作。苏轼说：“书法备于正书，溢而为行草”，“楷如立，行如行，草如走”。楷书写作，需要应规应矩。张海感叹：“怎样在遵循楷书基本规律的前提下表现自己的个性，这是我在楷书创作中反复思考的一个问题。”康有为如是概括魏碑的十条共性美，即一曰魄力雄强，二曰气象浑穆，三曰笔法跳越，四曰点画峻厚，五曰意态奇逸，六曰精神飞动，七曰兴趣酣足，八曰骨法洞达，九曰结构天志，十曰血肉丰美。可见，康有为尊碑抑帖的思想是很明显的。晋唐以后，宋、元、明三朝，乃至清代前期，人们对魏碑的艺术价值认识不足，以此为法者寥寥。清代碑学兴起，魏碑艺术开始焕发光彩。张海是从“龙门造像”打开楷书门径的。他说：“我出生在洛阳偃师，这里是魏碑的故乡，魏碑墓志俯拾即是。”“只有在见到《张猛龙碑》，才有一种相见恨晚的激动，这种刚柔相济的风格，才是自己心仪的。”（六）行书。行书是由“真书”发展而来的一种书体。它不似楷隶篆书那样平静安详，也不像草书那样龙飞凤舞，而是随和、自然。行书产生于汉，而盛行于晋。或妍美流便，或轻快明媚，或厚道持重，或遒劲郁勃，皆有静有动，一如行云流水。行书上石，具有较大难度。河南褚庭海的《程伯献墓志》，在丰满圆匀中具有轻重顿挫之致，可为唐代行书的代表。（七）草书。俗话说，楷如立，行如走，草如跑。草书包括章草和今草两种。章草，是一种草写的隶书，广泛流行于两汉。虽为草体，字字独立，并不连字。章草书体古雅厚重，结体朴实，行笔规范，布间整齐，加之保存波磔，注重用点，观之令人赏目悦心。所以虽然活泼不及今草，但却很为世人看重。汉末，张芝脱去草书中隶味，发展了流行畅达的今草，他去掉了章草带有隶意的挑势和捺笔，一改章草的横势为纵势，注重形连，努力做到血脉不断、气韵相通。到了唐代，经张旭、怀素之手，将字写得更加放纵，且笔势勾连回绕，大小参差错落，字形变化繁多，创造出“狂草”。中原古代草书，留存不多。河南偃师县由武则天撰写的《升仙太子碑》，首先用草体写碑文。该碑婉约多姿，略无悍戾之气。在国内，妇女书碑，始此一石。张海如是概括自己的行草书创作，“从怀素到王铎，逐渐使我寻觅到了行草书以雄强浑朴、畅达恣肆为主要特征的风格定位”。

第二，中原书家大多志向宏大，有“裂破古今、纵横天下”的志向。我们知道，衡量书法价值的关键标准在于其中体现的传统功力和创造性。对于河南书家来说，单独的帖学和碑学，甚至“融南汇北”的路径已显窄狭。纵观中原书法演变的历史，从甲骨文到金文，从大篆到秦篆，从秦隶到汉隶，再到汉楷，都是进步现象。到了南北朝时，南北书体呈现出不同的特点，北朝以北魏为代表，书体沿汉隶和晋隶的成规发展，并吸收了汉楷某些特点。而南朝则是趋向破除隶法，向民间楷书和行书、草书的方向发展。到了南北统一的隋代，南书就占据了主导地位。唐太宗提倡“二王”书法，并以楷书为标准书体，有颜柳、欧虞褚薛诸大家出，唐楷呈一时之盛。宋代虽有苏、黄、米、蔡，然对当时书体本身的发展并未有大的贡献。中国书法史上的这种“黑暗”状态，直到清代阮元、康有为出现，才现出一线曙光。清中晚期，碑学大昌，与帖学俨然壁垒，六朝碑版无行草书，帖学虽然独揽其胜，也只能“无可奈何花落去”，日趋衰微。到了民国时期，由于时局多变，人们不再满足于正书的波磔界格，行草书才继明末之后再放异彩。这一书法运行的历程，恰如清人梁献所言：“晋人尚韵，唐人尚法，宋人尚意，元明尚态”（《承晋斋积闻录·学书论》）。刘熙载在《书概》中也引《金石略序》说：“观晋人字画，可见晋人之风猷；观唐人书踪，可见唐人之典则。”秦汉的辉煌，魏晋的变异，隋唐的鼎盛，宋元的恣意，明清的繁荣，三千余年的发展使中原书法在书体、用笔、结字、章法、墨法等方面达到了几乎“尽善尽美”的程度。各领风骚的二王、颜柳、欧、虞、褚、薛，艺术上达到极致的秦篆、汉隶、唐楷，都成了壁垒森严的书法模式，或为后代书学难以逾越的屏障。在这巨大的书法阴影中，不少书家“焚膏油以继晷，恒兀兀以穷年”，都体验到了走不出古人的压抑，一种“影响的焦虑”意识油然而生。事实上，从宋代开始，由于各种书体的发展已臻完备，宋人就开始在古人的笔阵中兜圈子，创造精神开始消解。宋初几十年，书法基本上是模仿前代，不像殷商甲骨、西周金文、秦篆、汉隶、晋帖、北碑、唐楷，皆一代之书体。而且习书的风气也不正，“惟趣时贵书”（米芾《书史》）。以至欧阳修愤然批评道：“学书当自成一家之体，其模仿他人谓之奴书。”“书之盛莫盛于唐，书之废莫废于今，今文儒之盛，其书屈指可数者无三、四人”（《欧阳文忠公文集》）。到了明末清初的王铎那里，甚至说“书不参通古碑，书法终不古，为俗笔多也”。“书不宗晋，终入野道”，而东晋“二王则是诸家所宗”，所以他“独宗羲献”，而终身以之。面对王羲之的行书、颜柳的楷书、张旭的草书这一难以逾越的书学峰巅，面对模式化的书学创作规范，当代中原书家梦想着在我们这个时代出现继魏晋、盛唐、清中晚期之后的又一个书法高峰。中原书家大多对文徵明的一句话深有会心，“破却工夫何至随人脚踵。就令成王羲之，只是他人书耳。按张融自谓‘不恨已无二王法，但恨二王无已法’，则古人固以规规为耻矣”。因此，中原书家虽然有不少人“临池学书，池水尽墨”，在外功一途孜孜硌硌，但却始终牢记蔡邕的名言，“书者散也，欲书先散怀抱，任情恣性，然后书之”。篆书的古雅、隶书的丽姿、楷书的雅正、行书的流丽、草书的飘逸皆由此而来。周俊杰、王宝贵等“书法新古典主义”者们基于对书法创作规律的深切把握，力图在全面复兴古典书法精神的基础上融入当代人的精神气质。王澄，首倡魏体行书，提倡一种兼具秦、汉、魏、晋各种用笔特色，以魏碑体势为主要成分，具有浓重北魏风骨而又具有强烈个性的行书。在众人皆涌向汉魏、二王时，他独钟康体，一幅“鉴真遗志”，令世人注目。当人们再追随南海时，他又对书名不大的朱熹手札产生了莫大兴趣，写了几年，书法风格更为淳厚。周俊杰习书多年，未遇知音。一本《汉褒斜道石刻》，使他找到了属于自己的艺术风格。后来，在《褒斜道》的基础上，他又掺以《张迁碑》《石门颂》《西狭颂》《汉画像石文》《西汉壶铭文》等意味，又恐失之粗野，便又临写了《礼器碑》和钟繇的小楷及魏晋人写经，恐笔力太弱，又临写了《大盂鼎》《散氏盘》等金文；为增加灵气，在隶书中又糅进了草书的用笔和用墨，书法创作升华到一个极高的艺术境界。李强临写了多年黄庭坚，又玩了一段流行色，未见有大的突破。在他翻阅两大厚本《千唐志斋》时，发现了颇具个性的一两通唐宫女墓志，取其大的结体和意味，稍糅日本之风，便立刻为世注目。从上述中原书家的探索可以看出，他们大多都是通过入古出新、返古求新来显示自己的才情和功力。篆、隶体，多掺以草法，开始远离古代工整规范的书体。楷书，河南书家多在魏碑、墓志中寻出路，流露出一股生涩、辛辣的气息。行草，多习王铎，有识者还在章草、残纸及不为人注意的翰札中寻找消息。

第三，中原书作，多雄强之气。也许是殷墟的甲骨，最大最多的商鼎、周鼎，数不清的魏碑墓志，以及李斯、郑道昭、蔡邕、王铎这些中原书坛巨匠，孕育了当代中原书作那“块视三山、杯观五湖”的恢宏气势和雄强豪迈、劲健浑朴的中原书风。北方人特有的豪爽气质，使中原书家大多不屑于柔媚、艳丽的时尚，而追求拙、涩、直率的意境，追求刚健、高古的风格，在雄峻中见奇巧，凝重中寓飞动。庞白虹先生就十分欣赏清代大书法家傅山的一句名言，“古人论书宁拙勿巧、宁涩勿滑，至言也”！周俊杰的书风追求于豪放、雄浑、稚拙中透出灵气。他说，“一个人在艺术气质上看来是很难进行自我超越的。我既无王羲之飘逸之情致，亦不具怀素狂放之气度”，“我崇尚雄逸豪放的风格与精深博大的意境——它应是高层次的大巧若拙”。中原书风的这一特色的形成，也离不开中原大地这一特定地域。陈天然的书法雄厚丰腴，拙厚沉劲，将博大、雄强发挥到了极致，书作行行眩目，字字惊心，人称“柿枝体”，与他对家乡柿树的体验、感受是密切相关的。他是这样谈论诱发自己书法创作的灵感的。“我逐渐发觉，柿树颇有颜体书法的威严气概，连那枝条的劲挺迂回、顿挫转折之势，也酷似颜书浑厚挺拔、开阔雄伟的神态”，“柿树的枝杈，有的苍劲飞舞，有的刚健瘦硬，有的古雅厚重，宛如写在玉版宣纸上的绝伦精品，实为世间稀有的草书奇迹”。时代的审美需求，是中原书风形成的根本，以在中原书坛盛行的“书法新古典主义”为例，它是历史发展的必然结果。在中原书法史上，从先秦到两汉，构成了中原书法创作的第一个高峰。魏晋南北两大派的对峙，将书法引向第二座高峰。唐楷、狂草的出现，将书法艺术推向了一个新的顶点。从宋至清，书法皆在困境中徘徊。明末的书家已意识到帖作为书法正宗的气数已尽，康有为力图在碑刻中找到出路，然而最终也回天乏力。古朴、淳厚、雄强、稚拙、生涩的书法精神在魏晋南北朝之后已基本消失。东晋书风，已以神朗气清、圆润秀美为尚。而北魏的统治者出于对汉文化及汉民族心灵的浅层次把握，书法雄强气质虽盛，但过于外露，走了“方”之极规，气势颇有流于表面之感。到了唐代，许多书风对我们失去了魅力，一个重要原因在于它们太成熟了，缺少了相对于“熟”的极其珍贵的“生”气，“熟”得变成了让人难以忍受的“俗”。在当代中原书界，无论是陈天然雄浑的草书、王镛奇崛的行草、张海飞动的隶书还是周俊杰的隶、草，王澄的魏意楷书，都显示出复兴雄强、质朴、生涩、古拙的三代和两汉书法精神的意向。

最后，我们需要提及的是，书法理论和批评对中原书风的流变及定型也起到了一定作用。恩格斯说过：“假如没有发达的强大的理论思维做支柱，这门艺术便不可能建设起辉煌的艺术殿堂。”在一定意义上，书法艺术的进展，也许艺术思维是一个比实践更重要的前提和条件，因为书法是一种“有意味的形式”。在历史上，庾肩吾和孙过庭二人的书法理论成就最大。庾肩吾（487—551），河南新野人，生活在南朝齐梁间，有《书品》传世。然而他的书法，“老虽奇古，而手不副情”（《书断》），“书畏惧收敛”（《书林藻鉴》），“如新亭伧父”（《书评》）。孙过庭（646—691），开封杞县人，有《书谱》问世，其间有不少精辟见解。王文治《论书绝句》认为，“墨池笔冢任纷纷，参透书禅未易论。细取孙公书谱读，方知渠是过来人”。同时，《书谱》本身也是书法精品。冯梦祯的感受是，“今观千文真迹，出入规矩，姿态横生，如蛟龙之不可方物，似从右军大令换骨来。视宋元人远几弱水三千矣”。宋代米芾评其《书谱》曰：“凡唐草得二王法，无出其右。”近代以来，钟于书论研究者更是代不乏人。丁康保的

《静宦墨忆》，于安澜的《美术丛刊》《历代书论选》，董作宾关于甲骨文的多种著作，李白凤多种文字学论稿，李戏鱼关于书法美学资料的体系化，武慕姚的碑帖考证等，都对河南书坛产生了较大影响。当代河南书坛，书论研究更是蔚然成风，张海、周俊杰、王澄、李刚田、李放等，书论创作与研究同步，极大地促进了当代中原书法艺术的发展。

四、中原书风新的走向

在当代中国书坛，以张海成为中国书协主席为标志，“中原书风”影响巨大。但在后张海时代，中原书风如何作为，特别是如何探讨书法艺术道路的创造性传承与创新性发展问题，如何实现从一个“高峰”到另一个“高峰”的跨越，着实是一个考量中原书法家的重大问题。

书家的创作，存在着共时接受和历时认同。世界上一切事物没有永恒不变的，如果说有的话，那就是改变，或者说是变化。我们不能满足自然改变，虽然自然改变也是需要的，不可缺少的。我们必须立足自我改变。作为书家，既需要顺应时代发展，又需要有超前意识。顺应时代审美者，往往在当时就会被社会认可，而审美超前者，则需要经过一段时间沉淀之后才能充分被社会接受。历史上任何时代的书法艺术特征都极为鲜明：三代甲骨、金文的率意而朴厚，秦汉的雄浑与稚拙，魏碑的博大与雄强，晋人的潇散与飘逸，唐代楷书和狂草的谨严与豪放，宋人的重意，明人的尚态，清中晚期的碑学复兴，民国至20世纪80年代的碑帖结合，可以说一个时代有一个时代鲜明的艺术追求和独有的艺术特色。这中间贯穿了一个传承关系，即任何一个时代的艺术追求都是建立在前人的传统基础之上，然而又均是在进行着批判性的扬弃。如汉代，尽管金文曾风行了近千年，但在漫长的隶变过程中，汉人还是选择了以隶书作为其时代的主要书体。魏孝文帝入主中原后，抛开了在此之前的所有书体和书风，而独崇魏碑，其后数百年间北方甚至除了魏体书之外其他书体基本绝迹。到了唐代，李世民则毫不顾及三代、秦汉及魏的丰厚遗产，而独独选择了晋人秀润书风作为楷模而顶礼膜拜，甚至使篆隶书退化到颇为靡弱的程度而不顾。他使帖学延续了一千余年，应当说有莫大贡献，但消解了三代以来的其他书体，确也显示了其艺术上的独断专行。清初，帖学已走向末路，于是，有头脑的清中晚期书家便将自己的目光转到三代以来的碑刻上，碑学全面复兴，从而创造了中国书法史上又一个高峰期。民国以来的书家走了一个从帖到碑又到碑帖结合的三段式，并延续至今。依当代不少人的观点看，到目前为止，前人似乎已将书法的道路走尽，对未来的道路充满了悲观情绪。一些人提出，我们尽可以在古人任何一家两家之下将字做得更精到一些即可；也有人提出根本不需要创新的观念，您一辈子都写不过王羲之、颜真卿，还谈什么超越他们？有人说，只要跟着感觉走就行了，何必管今后如何发展；有人还提出书法“全盘西化”的主张，想以西方的艺术观念改造中国书法；更有甚者，还有人则干脆抛开古人的丰富遗产，企图“完全重新开始”等，各种论调不一而足。这些思想和主张，对当代书法的发展都是不利的，而与使我们这个时代的书法出现一个高峰的理想更是不啻千里。所以我们一方面要摒弃这些思想，一方面要结合我们的书法实践进程，积极地寻找一条新的历史时期所期待我们的书法全面复兴之路。

对于书法的练习，书家大多奉行“吃透一家，遍临百家”。要“先与古人合，再与古人离”。因为合乎古法，还不能叫创作；不拘古法，而出于己意，才有了创作的成分。合是途径，离是目的。这种“离”是一种质的飞跃，是脱胎换骨式的转变。苏轼说得好："技进而道不进则不可。"刘熙载认为，"书法笔笔还其本分，不消闪避取巧，便是极诣"。佛家说得好：度则舍筏。悟者要达到最终的觉悟，必当摆脱法的束缚，获得最终的解脱。就书人关系而言，书法艺术体现了书法家的情感表达。李斯说，"凡欲结构字体，皆须象其一物"。蔡邕说："为书之体，须入其形"，"纵横有可象者，方得谓之书矣"。但是仅有此还是不够的，孙过庭在《书谱》中说，必须"达其情性，形其哀乐"。包世臣在《艺舟双楫》中如是论述二者的关系，"书道妙在性情，能在形质。然性情得于心而难名，形质当于目而有扰"。同时，时代对书法的欣赏也已经发生了巨大的变化。就书法的形神关系而言，王僧虔说："神采为上，形质次之"。张怀瓘说："惟观神采，不见字形"。一是欣赏已经从由点画、结体入手到从章法入手；二是从观看用笔、点画的精到到观看对比关系的丰富，如方与圆、正与侧、快与慢、收与放、开与合、疏与密、断与续、枯与湿等；三是从单纯看笔墨表现到同时看空白表现。书法创新是一个循序渐进不断自我完善的过程，不能把继承和创新两个方面的过程简单划分。在书家的一生中，二者始终是相互交织的，继承中有创新，创新中有继承。学习书法，必须掌握古文字的规律，这个规律就是"六书"，即许慎在《说文解字》中所讲的象形、指事、会意、形声、假借、转注。古文字的演化，大体不出这些规律。我们不鼓励在条件不成熟的条件下揠苗助长，而是强调在水到渠成的基础上推波助澜。张海正是在吸收、借鉴《汉碑范》《龙门二十品》《张猛龙碑》的基础上，一步一步形成了自己刚柔相济的风格。

河南书法多年来能一直以较大步子向前迈进，正像省委一位领导所说："用对了一个张海，整个河南书法就活了。"

张海是一位著名的书法家。张海的创作，经过时间的淘洗，逐步从技进乎“道”。他隶书、行草、楷书、篆书四体兼擅，并且都取得了相当的成就，他融简帛、行草于隶，创造出独特的“草隶”或“隶草”。他的楷书取法魏碑，其用笔大刀阔斧，其结体生动活泼，具有鲜明的风格特征。他的篆书满纸云烟，充满情趣。在他看来，世间的事情如果处处患得患失，首鼠两端，可能最后什么也得不到。因此，书法家的风格定位，不可能完全按照事先的设计发展，而是一个边探索边修正、趋利避害、披沙拣金的动态过程。沈鹏曾经如是告诉张海：“在创作中发现新的东西要赶紧肯定下来，成为风格中相对恒定的因素，然后再充实，再发展”。艺术创作，强调的是个性，展现的是自我风貌，其本质就是标新立异。王羲之创造的“新体”，被时人攻击为“野鹜”；康有为独创新貌，被帖学家讥讽为“烂草绳”。登山千条路，路在脚下，路有近也有远。如何走这艰难的创新之路，除具备许多必不可少的条件之外，还要进之以猛，持之以恒。要想成为书法家，要各走各路。谢老（谢瑞阶）有一首《草鞋老农》诗，意味深长，诗曰：“自己要走自己路，扎紧鞋带莫迟误。种瓜种豆各有得，何必依然画葫芦。”走自己的路，一定要坚持不懈地走下去。对于艺术家而言，坚持不懈有两种类型：一类是坚持不懈地保持自己之前已被社会认可的书法风格，直至终老；一类是坚持不懈地否定自己已有的书法风格，继续深化或变化，倾其一生。由于创作既非按图索骥，也不可能一蹴而就，因此，要有失败甚至多次失败的思想准备。很多时候，“众里寻他千百度，蓦然回首，那人却在灯火阑珊处”。孙过庭在《书谱》中说得好：“既知平正，务追险绝，既能险绝，复归平正”，这也是书道的辩证法。以张海的隶书创作为例，他的作品，有人称之为草隶，有人称之为隶草。即以汉隶为本，掺入汉简和行草书。“对我来说，唯《封龙山碑》真正对口味”。在书法与自我同构的基础上，他致力于创新。“创新是艺术的生命，创新必须异于前人。譬如一个跳高运动员，他的纪录是2.40米。我要破这个纪录，不是要求我跳4.80米，而是提高一厘米即可，2.41米就是新纪录。书法艺术同理，只要在继承传统的基础上能有一点明显异于前人之处就算成功了。因此我这数十年来，潜心于汉碑简牍之中，只是想跳出这一厘米的高度”。如果说是异于前人的一厘米需要十年的话，那么巩固丰富深化这一厘米的成果则要终生。

周俊杰先生倡导的新古典主义，是“融会传统、时代和强烈个人精神为一体”的一个流派。周俊杰先生认为，我们这个时代，是一个艺术上全面复兴的时期，书法尤为如此。在他看来，中国汉唐时期之所以强盛，正是由于国家的接纳外来文化的气度。我们面对一部浩瀚的书法史，要对其中最优秀的东西进行选择，以供借鉴。我们不能仅仅将某一两个时代视为书法的正统，如一些文章和著作仅重视魏晋，而忽略了三代至秦汉一千多年优秀的书法遗产，这是不正确的。更为重要的是，为了今日书法的发展，要在古典的宝库中寻找到中国古代书法的艺术精神，这是书法复兴前期有头脑的艺术家和理论家们必须尽力去做的一项工作。多年来我一直在寻找中国书法精神的内核及表现形式，并与时代思想紧密结合起来，在历时和共时的交汇处寻找一个支点。具体来讲，古代（尤其三代至秦汉的前古典时期）书法的精神就是自然观、童心感和体现民族特征的豪放、博大的民族气魄；而今天艺术要强调的一是人文精神，二是人本精神。如果我们能将这一纵的历史与横的时代所体现所追求的精神结合起来，那就会使我国的书法艺术进入到一个伟大的复兴时代。在新古典主义看来，创新要有“度”，不能“任笔为体”。艺术辩证法有美丑相互依存、转换的一面，但决不能无条件、无节制地进行转换和任其发展。唐代书法家李邕说：“似我者俗，学我者死。”因此，如何以古典书法为根，以创新为手段，以追求个性为目的，就成了一种完美取向，应当承认这种认识是很有见地的。

第四节
中原画派

2012年5月11日，由中国文联、中国美协、中国国家画院、河南省委宣传部、河南省文联共同举办的“中原行——中国当代著名画家大型采风活动”启动仪式在郑州举行，中国文联副主席、中国美协主席刘大为等200位中国当代著名画家出席了启动仪式。启动仪式结束后，画家们赴我省基层进行采风创作。“妙笔之功，意达根魂传承创新；丹青之力，精气神情亿众欢欣。”这次活动是繁荣河南美术创作、打造中原画派、推进华夏历史文明传承创新区建设的重要举措。以一个省为题材，集中这么多艺术家参与，中国当代著名画家中原行是载入美术史册的一次重要活动，是中国美术界的一次群英会，体现了对中央关于支持中原经济区建设重要决策部署的支持。活动规模大、规格高、创意新，在河南历史上史无前例，是河南美术发展史上浓墨重彩的一笔，为河南美术事业实现自我提升、加快发展提供了难得机遇。这次活动的举办，提出了在推进华夏历史文明传承创新区建设的过程中，着力打造中原画派的重要任务。中原画派，同中原作家群、中原戏剧家群、中原书风、中原诗群、中原学派一样，既是推进华夏历史文明传承创新区建设的重要内容，也是华夏历史文明传承创新区建设重要的文化品牌。

一、打造“中原画派”的历史基础和现实条件

中原绘画在河南美术史乃至中国美术史上有着十分重要的地位，其创作成就对河南乃至全国美术事业的繁荣发展，都发挥着非常积极的作用。从产生发展的历程来看，中原绘画具有以下几个特点：一是渊源深远。中原绘画的产生可以追溯到人类发展的原始社会，也可以说，早在文字起源之前，就已经产生了绘画艺术。史前人类在漫长的生产、生活过程中，在从打制工具向磨制工具的缓慢进程中，审美意识由萌芽而逐渐强化。接着，装饰品出现了，再后来，彩陶艺术诞生，这便产生了人类幼稚时期的绘画。例如，河南陕县庙底沟出土的新石器时代花瓣纹陶盆彩绘，河南临汝阎村出土彩陶缸上所绘的鹳鱼石斧图等，都是上古时期具有代表性的平面美术遗迹。二是特色鲜明。从中原绘画漫长的发展进程来看，有一个不断演变的过程，每一时期都有着丰富的艺术遗存。考古发掘或传世文献显示，在先秦时期的壁画、漆画作品中，即已不乏生动的人物、动物形象描绘。到了秦汉时期，中原地区的宫殿寺观壁画、墓室壁画、帛画以及画像石、砖等美术遗迹，更是大量涌现。其中包括诸如西汉前期的河南永城柿园梁王墓前室顶部壁画《巨龙升天图》等一系列在中国美术史上熠熠生辉的杰作。至魏晋南北朝，中原绘画走向艺术自觉并日趋成熟，出现了类如北齐杨子华、曹仲达这样的专业画家，以及河南邓县（今邓州市）南朝彩色画像砖，洛阳出土的北魏宁懋石室线刻画等有着成熟技巧的绘画遗迹。隋唐以来，中原画苑更是名家辈出、创作繁盛、精品纷呈，迎来了绘画艺术百花齐放、万紫千红的喜人局面。如同书法创作一样，绘画创作也呈现出晋尚韵、唐

靳尚谊

王成喜

王宏剑

王颖生

张江舟

陈钰铭

侯德昌

谢瑞阶

陈天然

方照华

丁中一

曹新林

李自强

李伯安

马国强

刘 杰

谢冰毅

化建国

李 明

袁汝波

尚法、宋尚理、元尚意、明尚趣的艺术特色。三是名师如云，大师荟萃。北宋以前，中原地区作为政治经济文化中心，其绘画创作标示了当时全国的巅峰水准，产生了许多彪炳史册的名家大家。比如：南朝宋的著名画家、美术理论家宗炳；唐代有“画圣”之誉的吴道子以及被唐玄宗称为诗书画“三绝”的郑虔；五代时期北方山水的代表画家荆浩；宋代有宋徽宗赵佶、“界画”妙手郭忠恕、北宋后期的山水画巨匠郭熙、《清明上河图》的作者张择端以及武宗元、李唐等；明代有善画山水、梅、兰、竹、石的王铎等。历史上的中原画家可谓名流如云、名作荟萃，留下了非常宝贵的艺术财富。

宋室南迁之后，中原地区随之失去了全国政治经济文化中心的优势地位，绘画艺术亦不再有昔日峥嵘。新中国成立后，中原美术在春风中复苏。在谢瑞阶、马基光、贺志伊、叶桐轩、林国选等老一辈画家的努力下，河南绘画实力有所提升，出现了被誉为现代山水画发展里程碑的《大河上下浩浩长春》等具有全国影响的重要作品。

20世纪80年代以来，河南美术事业奋力前行、务实创新，开创了崭新局面，取得了骄人业绩。特别是1984年的“第六届全国美展”，河南一举入选80件作品，其中，包括2件银奖（曹新林的油画《粉笔生涯》和王宏剑的油画《奠基者》）、1件铜奖（谢冰毅的国画山水《黄河之秋》）在内，共有11件作品获优秀奖，实现了历史性突破。河南美术自此跻身全国中游水平。

随着创作环境的优化与激励机制的完善，河南绘画以“第六届全国美展”为引擎，创作队伍逐日壮大，创作水准大幅跃升，涌现出马国强、李伯安、丁中一、王宏剑、曹新林、陈天然、王威、李自强等一批实力派画家。其中，身为河南美术领军人物、“中原画风”首倡者的著名人物画家马国强，2011年8月在中国美术馆成功举办了“生活·生活——马国强水墨人物画展”，规格之高、艺术之强、反响之大，都是中原美术个展史上前所未有的。此外，马国强以其雄厚的创作实力与广泛的综合影响力，又于2012年4月份被中国美协聘为中国画艺委会委员，填补了河南空白，实现了零的突破。创造“零的突破”的还有王宏剑，他的油画作品《阳关三叠》，在“第九届全国美展”中荣获金奖，从而刷新了河南在历届全国美展中与金奖无缘的历史，令河南美术界振奋不已。值得强调的还有李伯安和他的水墨人物画长卷《走出巴颜喀拉》。这位淡泊名利、面壁十载、以生命为代价的河南画家，以其高昂的立意、恢宏的气势、精湛的刻画和独具个性的艺术语言，推出了震惊画坛、气吞万里的皇皇百米巨制，成为当代中国美术史难以绕过的经典个案。

二、努力实现从“中原画风”到“中原画派”的新跨越

“一画开天启中国，妙笔生花大中原。画龙点睛出美景，五个清晰新河南”。近年来，河南美术事业实现了快速发展，至今已跨入“千岩竞秀、万壑争流”的新时期。我们欣喜地发现，一个以马国强为领跑者、包含了老中青三代优秀画家的规模团队，已经在全国美术界刮起了强劲的“中原画风”。承接着大中原悠远文脉与朴厚地脉的中原画风，既不同于长安画派的黄土画风，也不同于岭南画派的椰岛画风，它以得天独厚的区域优势，既可接纳北派博大深厚的整体气势，又可汲取南派清新细腻的笔墨技巧，南北兼融，笔墨并重，集雄、逸于一身。从而既有北派苍朴老辣的线质与皴法，又有浙派温润细腻的巧思与水墨，从而铸就了自己“既沉雄博大、又清新隽秀”的整体风韵，受到中国美术界的一致关注。关于“中原画风”的独有特性，可以用“气

格正大、蕴蓄深厚、抒写时代、拥抱生活”来概括。所谓气格正大，就是倡扬健康晴朗的创作心态和朴实中正的绘画风格，不矜奇务怪、傻大黑粗、矫饰造作，不事张扬；所谓蕴蓄深厚，就是深入传统，重视传承，渊源有自，艺胆根魂，全力汲取民族绘画精神及古代经典作品营养，传承创新，杜绝无源之水、无本之木，不搞空中楼阁；所谓抒写时代，就是美术创作在立足传统的基础上，灌注时代气息，彰显鲜明的时代个性，因时而绘，锐意出新，不因循守旧、抱残守缺；所谓拥抱生活，就是主张画家一定要积极深入到火热的现实生活中去，为天下苍生写真传神，为壮美山河泼墨敷彩，让作品中充溢着汗水的味道和阳光的气息，不脱离生活，不枯守书斋，重视基础。如果进一步浓缩淬炼，我们就会发现，中原画风“气格正大、蕴蓄深厚、抒写时代、拥抱生活”的十六字特征，其实便是“中正、传统、创新、生活”四大特性。

为什么我们要提出打造“中原画派”呢？在中原画风业已成熟的基础上打造中原画派，有着极大的必要性。当前，河南正在深入贯彻落实科学发展观，积极推进中原经济区建设，努力打造华夏历史文明传承创新区，战略定位越来越清晰，发展战略越来越清晰，发展路子越来越清晰，转变方式越来越清晰，打造中原画派面临极好机遇。首先，党的十七届六中全会全面部署了文化改革发展的各项任务，掀起了文化建设的新高潮，文化进入了黄金发展期。中原经济区建设作为国家战略，把打造华夏历史文明传承创新区作为五大战略定位之一。“文化是根、文化是魂、文化是力、文化是效”。我们要“敬畏文化、学习文化、振兴文化、服务文化”。其次，推进华夏历史文明传承创新区建设，要求我们要凝聚八方美术力量，全力打造“中原画派”。第一，中原绘画是传承传播华夏历史文明的重要载体。中原绘画源远流长、内容丰富，记录了人类历史文明的足迹。比如原始社会的彩陶画，商周时期的壁画、漆画，秦汉时期的壁画、帛画及画像石、砖，唐宋时期的宗教画、历史画、风俗画及风景画等，都是特定时代人类文明的记载。比如，驰名中外的河南南阳汉画像石，就以鲜活的刻绘形象，展示了2000年前的汉代人乐舞、杂技、宴会、战争、狩猎以及车骑出游等生动场景。通过这些绘画，我们不仅可以领会到当时特有的绘画风格与技巧，更重要的是看到当时社会发展的状况、人类文明的进程等。第二，中原绘画是展示河南形象、体现河南软实力的文化品牌。中原绘画植根于中原大地，充满了浓厚的乡土气息，彰显着中原大地的独特风采，展示了中原风情和黄河儿女的襟怀，以其鲜明的地域风格、深厚的文化意蕴和独特的审美价值，成为中华文化的艺术奇葩和河南文化形象的独有品牌。以张择端的旷世巨作《清明上河图》为例，以全景式的构图、严谨精细的笔法，展现出北宋都城东京城郊汴河沿岸清明时节的风貌，再现了街道纵横、店铺栉比、车水马龙的宋代城市社会生活的繁华热闹景象，不但是一幅杰出的绘画艺术作品，而且具有高度的历史文献价值。中原美术创作通过艺术形象、美术作品来反映河南、表现河南，对中原经济区建设能够起到“画龙点睛”的积极作用。我们衷心盼望，中原大地绚丽多姿的自然景观、独具特色的人文景观和中原人民蓬勃向上、正派正义的精神面貌，能给各位艺术家带来更多的创作素材和艺术灵感，从而以独特的艺术视角和丰富的表现形式创作出更多的精品力作，把一个务实发展的河南新形象展现在全国人民面前。第三，中原绘画是加强对外文化交流的绝好媒介。在中华文化“走出去”的过程中，文艺作品发挥着重要作用。尤其是绘画艺术，以其形象性、可视性及物质性等特性，成为交流情感、愉悦心灵的首选媒介。比如，作为中原民间美术代表性品牌之一的开封朱仙镇木版年画，造型朴拙生动、刀法简洁流畅、设色明艳热烈，在河南对外文化交流活动中获得了广泛赞誉。

全国美术界百花齐放、流派纷呈，呈现出一派大发展大繁荣的景象。中原画风也要顺应时代发展要求，努力实现向中原画派的跨越，特别是美术工作者要具有开放的心态和眼光，不断地“走出去”“请进来”，主动加强同兄弟绘画流派或美术群体（比如新海派、新浙派、新金陵画派、黄土画派、岭南画派、敦煌画派、冰雪画派、黑土画派、漓江画派、京津画家群等）之间的学术、艺术交流，虚心学习、纵横比较、扬长避短，决不能自我陶醉、自我封闭。

与此同时，河南也具备了在基本形成“中原画风”之后打造中原画派的人才基础和作品基础。黄钟大吕式的代表性作品与出类拔萃的代表性画家的陆续诞生，是中原画派卓然屹立的重要标志。随着中原经济区建设的深入推进，随着华夏历史文明传承创新区的画卷展开，初步形成了以河南省内画家为主体，同时包括豫籍在京画家、客居省外画家的中原画家群体，为“中原画派”的形成奠定了坚实基础。具体说来，在京画家、美术理论家有靳尚谊、王成喜、王宏剑、王颖生、张江舟、陈钰铭、段正渠、段建伟、夏硕琦、翟墨、刘骁纯、殷双喜、徐恩存等；客居省外的画家有李剑晨、秦岭云、魏紫熙、卢光照、鲁慕迅、王炎林、郭全忠等；省内画家有马国强、李伯安、丁中一、谢冰毅、李健强、袁汝波、刘杰、李明、毛本华、王根生、宋彦军、连俊洲、文柳川等。此外，还有一大批后起之秀，在中原大地迅速成长起来，成为中原画派梯队建设中不容忽视的生力军。现在，我们有《春暖》《建设者（农民工）》《走出巴颜喀拉》《大河上下浩浩长春》《粉笔生涯》《奠基者》《阳关三叠》《焦裕禄》等力作，下一步，更要在推出精品之作、传世之作上下大功夫。

总之，建设华夏历史文明传承创新区，推动具有中原特质的文化大发展大繁荣，中原美术必须走在前面，并努力实现从中原画风到中原画派的提升跨越。面对画风猎猎、画派锵锵的中原美术现象，中国文联副主席、中国美协主席刘大为同志说，中原书画界人才济济，在全国占据着举足轻重的地位。近年来，一批中青年画家脱颖而出，在传承优秀文化、创新艺术技法等方面有了很大进步。随着创作实践和理论研究的深入，他们的努力，有力促动了美术事业的发展，必将对中国美术界产生重要的影响。河南的美术事业必将大有可为、大有作为。

三、打造“中原画派”，务实重做

2015年12月16日、17日，省美术家协会完成换届。刘杰担任主席，丁昆、化建国、李明、李学峰、李健强、连俊洲、张毅敏、封曙光、袁汝波、桂行创、谢冰毅、魏小杰成为副主席。在刘杰看来，我们省不少艺术家“他们的艺术水平与全国知名度并不匹配”，要通过推介，“每个艺术门类都能出10个左右全国一流美术家，使河南成为美术强省”。我们深知，中原画派的形成非一朝一夕之功。现在我们提打造中原画派，就是在现有中原画风的基础上，进一步提升河南美术整体实力、影响和地位，使之成为在国内具有重要影响、引领全省美术发展的一面高扬的旗帜，成为华夏历史文明传承创新的绚丽之花。这是一个艺术目标，或者说艺术追求，并非我们现在就形成了“中原画派”。具体说，要努力做好以下领导和引导工作：

一要积极举办重大主题美术活动。河南地跨长江、淮河、黄河、海河四大流域，大别山、太行山、伏牛山三山环绕。中华文化的根和魂在河南体现得最为深刻、最为厚重。通过举办重大主题美术活动，让艺术家们进一步感受中华文化的根、中华文化的魂，并通过自己的画作充分展示中原地区和中原人民的精、气、神、情，用手中妙笔为华夏历史文明传承创新作出新贡献。要以华夏历史文明传承创新区建设为主题，组织开展美术采风、写生、展览、研讨、讲座等活动，比如继续组织好“油画中原”系列活动，焦裕禄、任长霞、李文祥等“中原人物谱”采风活动，“大美中原”河南山水写生活动等。通过这些活动，集中展示中原经济区和华夏历史文明传承创新区建设成就，传达出大河上下黄河儿女的精气神。

二要以务实举措推精品推大家。华夏历史文明传承创新区建设需要精品和人才来推进。中原美术要通过打造精品力作、推出大家名家来展示中原人民、中华民族的形象和精神，来提升中原文化、华夏历史文明的影响力。要组织实施中原重大美术题材创作工程，目的在于用画家的画笔表现河南，表现中原，把河南最好的、最美的、最重要的、最根本的地方表现出来，把河南的风采、中原的风采表现出来，打造一批具有中原特色、体现国家水平和中国气派的精品力作。要精心组织实施中原美术名家推介工程，一方面，我们要推出一批成就突出、造诣深厚、影响广泛、能够带动我省美术事业繁荣发展的领军人物；另一方面，还要注意发现、培养、扶持那些有苗头、有潜质、崭露头角的青年美术人才，例如“周口画家群”中的杨子健、师行坤、李尚昱、李海涛等。要进一步加大对商丘“画虎村”和洛阳“牡丹村”的支持力度，使“中原画派”具有更广泛的群众基础。

三要深化、提升中原美术理论研究。一个绘画流派地位的确立和全面成熟，离不开学术理论的有力支撑。中原画派同样需要自己独立的理论体系、笔墨风格和精神状态。中原美术历史悠久，但在流派传承上是不清晰的，特别是从清到近代之间缺乏有序传承，迫切需要我们理清脉络。没有理论总结、提升与指导，就不能产生真正意义上的大画家。比如李伯安的人物画，之所以能有今天的影响，除了出色的作品之外，与刘勃舒、冯骥才等人在理论上、宣传上的倾力总结与推动，有着非常重要的关系。所以，我们要切实加强中原画派的理论体系建设，广泛开展美术评论、研讨活动，着力营造本土美术理论家、美术史家和美术批评家成长的良好氛围，用理论指导创作，用理论推动发展，努力追求“意境”和“表现”相融合的高远境界，使中原画派建立在深厚的理论基础之上。

“百位名家绘中原，嵩山黄河俱欢颜。如椽巨笔飞彩练，丹青妙手谱新篇”。在中原画风的基础上努力打造中原画派，是推进华夏历史文明传承创新区建设的应有之义，也是文化高地建设的重要内容之一。我们要创造性地贯彻落实中央精神和省委部署，找准美术工作在建设中原经济区、打造华夏历史文明传承创新区中的位置，找好美术工作与大局中心的结合点和着力点，以务实的思想、务实的举措、务实的作风推动中原画派的形成。

第五节 中原诗群

当前，河南诗歌创作进入了新诗近百年以来最好的发展时期。打造河南华夏历史文明传承创新区,这是我国主体功能区划中唯一明确了传承文化使命和功能的经济区。这就要求河南不仅要重视历史文脉的传承，同时要求河南从更深的文化层面上建设诗歌河南。习近平同志指出：“学诗可以情飞扬、志高昂、人灵秀”，“许多老一辈革命家都有很深厚的文学素养，在诗词歌赋方面有很高的造诣”。“诗、酒、花、梦、愁”，是诗歌中国的中原内容。伴随全球化的历史进程以及文化中国建设的强劲步伐，伴随文化资源大省向文化强省的跨越，使人在精神生活上能够诗意地栖居，重视诗性和灵性，确立和建设“中原诗群”是建设华夏历史文明传承区、建设文化高地的重要内容和重大任务。我们也相信，“中原诗群”必将以她特有的优美身姿，承载中华民族美好的诗行，绽放出一个多彩的“诗歌河南”。同时，也必将发挥强劲的、持续的潜力和动力，为全面决胜小康、让中原更加出彩提供强大动力，成为推动经济社会发展的新的精神支撑，为中华文明的繁荣发展作出新的贡献。

徐玉诺

李清联

苏金伞

痖 弦

王怀让

周梦蝶

魏 巍

马新朝

高金光

单占生

王绶青

陈有才

杨晓民

邓万鹏

蓝 蓝

森 子

张鲜明

陈俊峰

冯 杰

扶 桑

一、华夏历史文明传承创新区与诗性河南建设

在历史文明传承中，诗歌作为传统文化的精粹，是中华民族文化的重要组成部分。中国，是一个诗的国度。在中国人的精神生活中，诗的品赏与诗的创作，对诗性、诗意、诗境的捕捉，是不可或缺的人生体验。在林语堂看来，“如果说宗教对人类心灵起一种净化作用，使人对宇宙、对人生产生一种神秘感和美感，对自己的同类或其他生物表示体贴和怜悯，那么依著者之见，诗歌在中国已经代替了宗教的作用”。“诗歌教会了中国人一种生活观念”，“使他们对大自然寄予无限的深情，并且用一种艺术的眼光来看待人生”。“在这个意义上，应该把诗歌称作中国人的宗教。我几乎认为，假如没有诗歌——生活习惯的诗和可见于方字的诗——中国人就无法幸存至今”。所以说，孔子认为，“不学诗，无以言”，“诗可以兴、可以观、可以群、可以怨”。苏东坡说：“腹有诗书气自华。”正是“诗和远方”，让中国成了一个“诗的国度”。河南，既是我国诗歌文化传统形成的起源之地，也是古代诗歌发展的鼎盛之地。诗歌应是河南珍贵的最重要的文化资源之一，也是河南得天独厚的优势。发挥诗歌的美学功能，建设诗歌河南，把诗意河南、诗化河南、诗性河南转化为河南审美的文化品质、文化品位、文化境界，是传承文明、发挥优势的必然选择，是华夏历史文明传承创新的重要内容。繁盛辉煌的河南诗歌必将成为华夏历史文明传承创新区建设的不竭动力和精神支撑。诗歌河南的建设，要有一支高水准、高素质的诗歌队伍作为实力组群。河南不仅有历史上的徐玉诺、苏金伞、青勃、王怀让等老一辈诗坛大家，也有现当代的王绶青、陈有才、李清联等诗写前辈，更有以马新朝、邓万鹏、高金光、蓝蓝、冯杰等为代表的中原诗群。河南诗人是

沉稳的，也是充满活力的；是丰富多彩的，也是个性鲜明的。他们共同为河南诗坛贡献力量，打造起具有时代特色和中原特征的诗歌营垒。我们对“中原诗群”的未来充满了信心，中原河南的文化力量不容小觑。因此，打造和提升“中原诗群”正当其时。

我们先梳理一下“中原诗群”的历史沿革背景：

中原诗群拥有自己生生不息的诗歌传统，悠久深厚的古典诗歌是中原诗群的坚实基础和出发地。中国古典文学诗歌占其大半，而河南诗人或与河南有关的诗人在其中拥有至关重要的位置。中国的诗歌艺术传统深厚，源远流长。中国古典诗歌特别关注现实，反映时代风貌。其现实主义传统和善于融合诗情画意，善于营造想象空间，善于创造情景交融的意境等手法影响了一代代后来者。

《诗经》是中国第一部诗歌总集，共收诗305篇，分风、雅、颂三部分。《诗经》作为我国最古老的一部诗歌总集，收录了我国自西周初年至春秋中叶约500年间的诗歌，其产地主要在黄河流域，兼及长江、汉水流域。《诗经》所蕴含的文化精神，关乎中国人的民族性格、文化风貌以及治政经验，用孔子的话说：“《诗三百》，一言以蔽之，曰‘思无邪’。”其中精华部分是风，计160篇，占全书的二分之一以上。风，又称15国风，其中10国113篇在河南境内诞生，或在河南周边流传。

中国最伟大的浪漫主义诗人屈原（约公元前339年—约公元前278年）也与河南息息相关。他创立了“楚辞”文体，并开创了“香草美人”的传统，代表作品有《离骚》《九歌》等。公元前304年，屈原竭力反对楚怀王的对秦政策，遭到了第一次流放，被放逐到汉水、丹水上游地区。专家认为，其作品《抽思》《橘颂》等应创作于河南南阳西部一带。此后，自秦至汉，中原地区都是诗歌文学的汇聚地。如汉末到三国初年的建安文学时期，重要的诗人有“三曹”“七子”和女诗人蔡琰。“三曹”指曹操、曹丕、曹植；“七子”指孔融、陈琳、王粲、徐干、阮瑀、应玚、刘桢七人，成就最高的是王粲。又如汉赋和乐府，基本就滥觞和繁荣于中原地区。建安风骨和乐府的民生情怀都直接影响了唐诗。

到了唐宋，中原诗歌就几乎是中国诗歌的代名词，从杜甫到白居易、韩愈等，都对中国诗人精神品格的形成产生了巨大影响。唐代是中国古典诗歌发展的鼎盛时期。中国古典文学因为有了唐诗而光芒万丈。唐诗的繁荣局面历来为人称道，可谓名家辈出，流派众多，作品丰厚，百花齐放，万紫千红。在不到三百年的时光里，遗留下来的诗作竟达5万余首，是2300多位诗人的贡献。其中，河南人在唐诗里是十分“出彩”的，贡献良多。杜甫（712—770），河南巩义人。杜甫是一位苦难诗人。他处在“安史之乱”爆发、唐朝由盛转衰的时代，由于经历了太多的离乱与漂泊，诗风自然平添更多的凝重与沉郁。“穷年忧黎元，叹息肠内热”。作为现实主义诗人，其代表作为“三吏”(《新安吏》《石壕吏》《潼关吏》)、“三别”(《新婚别》《垂老别》《无家别》)。他一生写诗1500多首，诗艺精湛，被后世尊称为“诗圣”。杜甫与李白合称“李杜”，他的许多作品对中国文学乃至日本文学都产生了深远的影响。韩愈云：“李杜文章在，光焰万丈长。”另一位唐朝大诗人白居易（772—846），出生于河南新郑，一生创作了近3500首诗篇。他的诗歌题材广泛，形式多样，语言平易通俗，代表诗作有《长恨歌》《卖炭翁》《琵琶行》等。他自制乐府新题，倡导“新乐府运动”；他的那些“唯歌生民病”“但伤民病痛”的诗作，针砭时弊，平实浅近，影响巨大。韩愈（768—824），河南孟州人，唐宋八大家之一。与柳宗元同为“古文运动”倡导者，并称“韩柳”，有“文章巨公”和“百代文宗”之名。韩愈诗歌“驱驾气势，若掀雷挟电，奋腾于天地之间”（司空图），以宏大的气魄、丰富的想象，改变了诗坛上的纤巧孱弱现象。

“二李”也是中国古典诗歌的骄傲。人称“诗鬼”的李贺（790—816），河南宜阳人。终生落魄不得志，二十七岁就英年早逝。他的诗作想象丰富，立意新奇，构思精巧，用词瑰丽，也有伤感情绪的流露，具有较高的艺术价值。晚唐著名诗人李商隐（812或813—858），祖籍河南沁阳市，生于河南荥阳。“夕阳无限好，只是近黄昏”，晚唐诗坛给我们的印象多是感伤与颓靡。其诗构思新奇，风格浓丽，尤其是一些爱情诗写得缠绵悱恻，为人传诵。许多评论家认为，在唐朝的优秀诗人中，他的重要性仅次于杜甫、李白、王维等人。

宋词、元曲等同样是中原诗歌的构成部分。宋词既是宋代文学成就的标志，也是一种崭新的诗歌体裁。宋词作为一种诗体范式，其艺术功力和魅力为后世所难企及。王国维的词学名著《人间词话》，堪称古典词学的总结性巨制。北宋时期，苏轼、范仲淹等大词人都曾把自己的足迹烙印在中原大地上。他们的忠君爱国、关注民生、浪漫情怀等，无疑都是中原诗歌的重要积淀。南宋时期，由于社会动荡、国运式微，增添了许多慷慨悲壮、低迷感伤的情绪。岳飞以一首《满江红》点亮南宋词坛，其中洋溢的爱国激情，豪气纵横、动人心魄。宋词灿烂锦绣，关于宋词的研究与推介，应当是华夏历史文明传承创新区建设的一个重大任务。

总之，河南处中华腹地，不仅是华夏文明的重要发祥地，更是诗歌的滥觞之地。中华民族几千年的历史长河中，河南这片热土根植了《诗经》的婉丽和悠远，培育了唐诗自由豪放的昂扬风骨，滋养了“竹林七贤”、杜甫、白居易、韩愈、刘禹锡、元稹、李商隐、李贺、岑参等无数忧国忧民的杰出诗人。庞大的中原诗歌体系古已存在，这应被视为“中原诗群”的古典群像。唐朝为中国古典诗歌艺术的顶峰时期，而唐时的中原诗歌几乎就是中国诗歌的代名词。从杜甫到白居易再到韩愈等众多中原诗人，映照了大唐璀璨的天空。可以毫不夸张地说：中原乃是中国诗歌寻根之地。中国诗歌的光辉代表杜甫，出生在我们河南这片热土。其“穷年忧黎元，叹息肠内热”的忧国忧民之情怀，对国家始终秉持的崇高责任和使命感，对后世诗人的精神品格的形成产生了巨大影响，被后世尊称为“诗圣”，其诗被誉为“诗史”。这种现实主义精神不但是我们华夏历史文明需要传承的精髓，也正是当下“中原诗歌精神”的基因和写照。中国是诗的国度，诗歌作为我国文化之源和文明的核心，蕴含着华夏民族的灵魂、精神和思想，熔铸着民族的生命力、创造力和凝聚力。古代中原诗群对我国诗歌的丰富与发展产生了巨大影响。所以说，“中原诗群”是个具有厚重文化内涵和传承价值的概念。

在这个意义上，推进中原诗群的进一步形成和发展，必须重视其深厚的中原文化背景和思想艺术传承。

二、中原诗群的当代群像

“中原诗群”是“中原作家群”的重要组成部分。如同其他艺术种类一样，诗歌有着自己独立的生长方式、发展历史和特点。自“五四”新文化运动以来，新诗发展已近百年，“中原诗群”也已发展成为一支独具特色的诗歌群体。从其整体形态看，“中原诗群”的现状可以从三个层面给予确立：首先是群星闪耀。河南的优秀诗人众多，影响颇广。其次是群峰竞秀。诗人们风格多样，流派纷呈。再次就是群龙有首。河南诗人有自己的诗歌组织，有核心团队。

“五四”新文化运动之后至20世纪50年代，以徐玉诺、李季、于赓虞、李白凤等为代表的诗人，个性鲜明地形成了“近传统”的诗歌群落，在思想和艺术方面的探索成就显著，为中国新诗发展作出了不可磨灭的贡献。20世纪后半叶至今，以苏金伞、魏巍、周启祥、白桦、青勃、王怀让、王绶青、李清联、陈有才、申爱萍等为代表的诗人，个性鲜明，艺术特征独树一帜，在诗坛各有不可替代的位置。像苏金伞的清新睿哲，浑朴天成；王怀让政治抒情诗的热诚和豪放；陈有才对民歌真情的咏唱与传承。特别是当代诗人马新朝、邓万鹏、蓝蓝、高金光、杨炳麟、冯杰、刘高贵、高旭旺、艺辛、杨吉哲、张鲜明、李霞、吴元成、萍子、森子、罗羽、扶桑、王学忠等，他们稳健踏实，成就斐然。这中间要特别提到河南籍客居异乡的诗人，像痖弦、周梦蝶、杨晓民、李老乡、曲近、翟永明、汗漫、王远洋、谷禾、人邻等，他们均是河南诗歌的重要代表人物，是河南的骄傲。还有，以林从龙、何广才、王国钦等为代表的古体诗歌以及以高治军为代表的新古体诗创作，以王幅明、王剑冰、廖华歌等为代表的散文诗作家，等等。另外一大批生于20世纪70至90年代的诗人群体日渐成熟。“中原诗群”，特别是新诗创作队伍，已经由新文化运动时期的涓涓细流汇成当前的大河奔涌。

在华夏历史文明传承创新区建设中，建设诗性河南或诗意河南，必须重视发扬中原诗群的精神力量。中原诗群是指以河南诗人为主体，包括国内外河南籍诗人在内的一个重要诗歌群体。自“五四”新文化运动以来，河南诗人群星闪耀，大家迭现。尤其是近30年来，河南诗人已经成为一支有实力、有影响、有地位的诗歌团队。既有以苏金伞、青勃等为代表的“复兴”的重要现代诗人，也有以王怀让、王绶青、李清联、陈有才等为代表的现实主义诗人，更有以分别夺得鲁迅文学奖的马新朝、杨晓民等为代表的中坚诗人，一大批青年诗人也日渐成熟。这一切都显示，中原诗群已经基本形成。从诗歌传承、创作规模、风格流派等各方面看，当下河南诗歌创作皆已具备清晰的脉络、创新的思想、庞大的队伍以及明确的探索方向。中原诗群坚守的诗歌理想、文学信念以及成熟扎实的艺术品质，得到了国内外诗歌界越来越多的认可和尊重。因此，当下的“中原诗群”是一支有实力、有深度、有影响、有地位的地域诗群，他们有能力扛得起“中原诗群”这面品牌大旗。“中原诗群”是一个充满着激情与活力，有着自觉而清醒的精神追求，蕴蓄着强大的潜流和能量的诗歌创作群体。进入现当代以来，中原诗人不但取得了世所公认的成就，也奠定了自己的特殊地位。具体而言，以“五四”新文化运动为起点，“中原诗群”的形成、发展大致分为三个阶段：第一阶段，是我国新诗的形成期，也是河南新诗的起点，即“五四”新文化运动至20世纪70年代中叶。第二阶段，是河南新诗的发展期，创作繁盛，规模浩大，即20世纪80年代至今，是“中原诗群”的兴盛期。第三阶段，“中原诗群”的新生力量，是以20世纪80、90年代出生的青年诗人为主体，他们的创新和探索大势正在形成，他们是中原诗歌的未来。

（一）有关中原诗群的三个时段。

第一个时段，是河南新诗形成自己诗歌“近传统”的时代。自《诗经》以降，有新诗之前，中原诗歌有其固有的诗歌传统，而“五四”新文化运动之后的新诗百年，河南也形成了自己的诗歌新传统。从作品来看，表现出厚重、先锋、现代和贴近生活的诗歌风格，尤以徐玉诺、李季、于赓虞、李白凤这现代诗歌四大家为代表。五四时期著名诗人徐玉诺（1894—1958），河南鲁山人。一生写了400多首诗、30多篇小说、20多篇散文，创作与改编剧本7部。叶圣陶曾称其诗有“奇妙的表现力、微妙的思想、绘画般的技术和吸引人的格调”。李季（1922—1980），河南唐河人，延安时期成长起来的著名诗人，解放后曾任《人民文学》主编、《诗刊》主编，其代表作《王贵与李香香》影响巨大，可以说是诗歌领域里实践毛泽东文艺思想的第一个硕果，是中国新诗发展的里程碑，在中国现代文学史上占有重要地位，茅盾称它“是一个卓绝的创造，说它是民族形式的史诗也不过分”。于赓虞（1902—1963），新月派诗人之一，河南西平人。著有诗集《骷髅上的蔷薇》《孤岛》等。他的诗直面生存艰难和内心焦虑，融贯中西，具有先锋色彩。李白凤（1914—1978），祖籍北京，生于四川，定居河南开封。我国现代的著名学者、书法家、篆刻家、作家、诗人、教授。其抗战期间的不少诗歌对国民党统治的黑暗和腐朽进行揭露和抨击，呼唤自由和光明。创作诗集《北风辞》《彩旗谣》《春天、花朵的春天》等。其诗婉约雅致，别具风范。

不能不说的，还有魏巍、周启祥等。魏巍（1920—2008），河南郑州人 。1950年底，他奔赴朝鲜前线，发表了一批文艺通讯，其中《谁是最可爱的人》在全国引起了广泛影响。长篇小说《东方》获首届茅盾文学奖。从1939年到1949年，主要从事诗歌创作。抗战期间创作了大量街头诗、抒情短诗和通讯。长诗《黎明风景》是他这个时期的代表作，曾获晋察冀边区文学艺术界联合会颁发的“鲁迅文艺奖金”。魏巍的好友周启祥（1918—1999），河南开封人，少年时代就开始诗歌创作。30年代学生时期就在洛阳主编过《流沙》诗歌副刊。1938年延安开展街头诗运动，周启祥把他的诗寄给魏巍，魏巍代他把诗贴在延安的街头。1986年，他与魏巍、苏金伞把三人新中国成立前的诗作合集为《家园集》出版。

第二个时段。这一阶段诗人数量庞大，包含新中国成立后老中青三代诗人。说他们是中原诗群的中流砥柱并不为过。他们的创作富含火热的激情，蕴藏人生深刻体验，以及诗人对社会生活和心灵世界的独特感知与发现，充满了对社会发展和文化传承的强烈担当意识和责任感，在“近传统”的基础上有了新的开拓。这个群体对中原诗歌乃至我国诗歌的探索和发展作出了重要的贡献。主要有：南丁、青勃、王怀让、王绶青、李清联、陈有才、申爱萍、潘万提、马新朝、邓万鹏、陈俊峰、高旭旺、高金光、杨炳麟、刘高贵等。

影响中原诗歌创作最直接、最深远的当属苏金伞、青勃、王怀让等。苏金伞（1906—1997），河南睢县人。自1932年开始发表作品，著有诗集《地层下》《窗外》《入伍》《苏金伞诗选》《鹁鸪鸟》《苏金伞新作选》《苏金伞诗文集》等，以其一贯的清新、质朴、睿哲而广受赞誉。晚年的苏老一直患病，但躺在病床上的他，诗思不仅未枯竭，反而喷涌得更加强烈。他的诗如《小桥与村庄》《埋葬了的爱情》等，在意象的描绘、意蕴的开掘上更臻化境，语言老到，张弛有度，收放自如，达到了大象无形、大音希声的境界。“像苏金伞《埋葬了的爱情》这样的诗，看似平淡无技巧，一般人却写不成，因为在它们的浑朴天成之中凝聚了诗人毕生的艺术经验”（谢冕）。青勃（1921—1991），河北隆尧县人，长期在河南工作生活，出版有《号角在哭泣》《巨人的脚下》等诗集。晚年的青勃留下许多山水诗，借景抒情，寄寓着诗人对祖国的爱恋，迎来了自己诗歌创作的又一个高潮。朴实真切的情感美和阔大的胸襟，在青勃的诗歌中占有极其重要的地位。青勃曾说："我追求的是泥土的气息，一片片绿叶就是我的篇章。"他用自己的创作实践了自己的诗观。王怀让（1942—2009），河南济源人，是一位史诗意识强烈的诗人。他的诗作因其鲜明的人民性和时代感而受到读者的广泛欢迎。他在诗歌创作中主张把中华民族优秀的文化传统和改革开放的现代意识结合起来，营构一种既植根于深厚的生活土壤、又遨游于广阔的理想天空的今天诗风。他的诗对和平、环境、进步、发展等人类命运热切关注，显示出深邃、宏阔且浑然天成的中国气派。他的代表作有"三人"（《我骄傲：我是中国人》《我们光荣的名字：河南人》《中国人：不跪的人》）、"三作"（《诗为杨皂而作》《诗为杨皂再作》《诗为杨皂三作》）以及"新三吏"(《东方吏》《邳州吏》《綦江吏》)，并因其诗歌大气磅礴、酣畅淋漓，赢得了广大读者的喜爱。这三位诗人和河南中青年诗人交往多，对他们教益多、影响深。

老诗人队伍里有早年与李洪程合作出版长诗《斗天图》的王绶青，他倡导"以生命写诗，诗才有生命"，他将民歌和古典诗词的艺术经验创造性地运用于自己的新诗创作，出版个人诗集多部。早年有"工人诗人"之誉的老诗人李清联，如今已是古稀之年，仍活跃于诗坛。他提倡"无障碍写作"，其作品无论是说理还是抒情，大都阳光明亮，平和顺畅，诗歌语言朴素无华，充满童真，诙谐生动。以民歌创作独树一帜的老诗人陈有才，长期坚持吸收民歌营养，把民歌的热情泼辣和古典诗词的典雅结合，探索出新的诗歌形式。出版著作有：《陈有才诗歌精选》《陈有才文集》（五卷本）等，共二十余部。以长诗《幻河》获第三届鲁迅文学奖的马新朝为河南诗歌争得了荣光。《幻河》体现了人类势必要在有知有觉的状态下找到与之对应的文化传承。一个民族多数时候是靠语系认知以及血脉粘连形成的，《幻河》以这种带有血质的文化接力，以隐喻的方式建构出宏大的历史文化场景，以敏锐的想象力铺展开他对事物特殊的认知力。他出版诗集《爱河》《青春印象》《幻河》《低处的光》《花红触地》等多部。无论是《幻河》还是新近出版的诗集都是灵魂向上的表述，都是站在信仰的高度完成的精神托付。邓万鹏的诗远离矫情矫饰，展示着诗歌的一种责任，他是一位降低身姿行走的诗人，俯身下去的姿势使他接了地气。他出版的诗集有《时光插图》《走向黄河》等11部。在这些作品中邓万鹏一直垦耕自己的品行和意志，把隐约可见的希望放进了诗歌的实验里。高金光的诗充满了对生命、亲情、乡土和时代的倾诉，出版有诗集《生命之旅》《自由落体》《如果有爱》等。他作品中展现了乡村与都市、传统与现代、纪实与感悟、客观与灵动等互相闪现碰撞发出的共鸣，由平实中见出不凡的诗意和思想。杨炳麟出版有诗集《火焰》《草丛》《内陆省的河流》《尘世》等。《内陆省的河流》这部作品，史诗般地呈现出豫南一幅幅关于历史、地理、风物、民俗的时代画卷，他把传统与现代的诗歌理念融合一起，有效地增加了作品的历史纵深感和思想容量。他的作品共有的特性是蕴含着颂扬的光芒、赞美的力量，潜藏着信仰的高贵与哲学的深度。冯杰的诗歌创作很有特点，他把日常生活经验转化为诗的意象，并用这种经验式的意象将乡土情结进行了提炼。在作品中冯杰已不是原真地表现乡村生活，而是映照、幻化、领悟、洞察，然后用投影式的方法和古典情怀去艺术再现。他出版有诗集《一窗晚雪》《布鞋上的海》《中原抒情诗》等多部。刘高贵以乡土诗见长。出版有诗集《乡土无恙》等。他的作品立意高远，情感投放浓重，语言朴实清新，故乡图示化为一种诗意的感召力。森子的诗歌一直注重对自己置身其中的日常生活领域进行“隐喻式描述”，词语锐利、独特。著有诗集《闪电须知》《森子十年诗选》《平顶山》等。萍子的作品素以清新自然、娴熟静美著称。她的文字干净纯粹，字里行间洋溢着善良和感动。她阳光明媚，生机蓬勃，性情温和，与自己的诗意追求和谐一致。诗集《纯净的火焰》《萍子观水》等，让我们感受到萍子的诗歌之梦一直在向前深入，不断突破和完善。

第三个时段。扶桑、温青、田君、申艳、琳子、刀刀、李双、李浩、衣水、郑皖豫、赵玉丽、黑女、李山、贾海心、王东东、丁东亚等，他们总被习惯地称为“青年诗人”，其实，他们中有的在20世纪90年代中后期就已享有诗名，只是习惯划分上自然靠后了。比如：出版有《爱情诗篇》《扶桑诗选》等多部诗集的女诗人扶桑，是一位执着的爱的歌者，其诗歌特色鲜明。她的创作是真诚而精致的个人化歌唱，以爱为主题，展现女性特有的柔情与坚韧，并体现出一种从容超脱的姿态。温青是一位现役军人，著有诗集《指头中的灵魂》《日落回家》《天生雪》（长诗）、《水色》（长诗）、《天堂云》（长诗）等诗集，三部长诗在艺术探索上不断有新的拓展，是位很有潜质和创作热情的诗人。申艳的诗歌多关注宇宙中那些卑微的存在以及它们难以言说的生命隐痛。来自豫北的诗人琳子，对生养自己的乡土和情感生活有着特别的偏爱，善于从细节入手，发掘诗歌的个性。李双是一位个性特立的诗人，很多时候，他的诗思贴服于生命的本质。照亮他的诗歌世界的不仅是理想主义的光芒，还有敬畏之心和悲悯情怀。李浩是个因诗而生的人，个性化的外泄，地道的陈述，深入灵魂的追求，使他的诗路无限宽广。赵玉丽、郑皖豫、黑女、衣水等，也都是很有潜质的诗人。

（二）散居省外的诗歌群落。

生长于河南或曾经在河南生活和工作，现在省外发展的诗人、学者、诗评家也是中原诗群不可分割的一分子。他们根在河南，心系河南。这部分诗人众多，影响力也很大，有些已经在全国诗坛拥有重要位置。如李老乡（天津），程光炜、杨晓民、杨志学、蓝蓝、陆健、何向阳、杜涯、谷禾、周占林（北京），曲近（新疆），高凯、人邻（甘肃），王远洋（深圳），翟永明（四川），汗漫（上海），柏坚（天津），陈树照（黑龙江），张承信（山西）等。他们创作上实力雄厚，各呈光彩，实为河南诗群不可或缺的精锐部分。

李老乡，河南伊川人，著有叙事诗《昨天的梦》《心石》，组诗《从沙海打捞的绿荫》，诗集《春魂》《老乡诗选》《野诗全集》等。其中《野诗全集》获第三届鲁迅文学奖。李老乡的诗歌平实中透有真情，苦涩中渗有甘甜，幽默中含有辛酸，博大苍凉却不乏激情。其“含笑的酸楚”为当代诗坛的天空增添了一片绚烂的云霞。程光炜，在1983年至1998年期间主要从事当代诗歌批评和诗歌史研究，曾为80年代先锋诗歌的主要批评家，发表过大量跟踪式的诗歌批评文章，其中包含了对河南诗歌的积极关注和推介。其相关的著作有《朦胧诗实验诗艺术论》《中国当代诗歌史》《程光炜诗歌时评》等。杨晓民，河南省固始县人，诗集《羞涩》获第二届鲁迅文学奖，曾策划的中央电视台2005年至2010年六年的新年新诗会，可谓国人的诗歌盛宴，是一位学者型诗人。翟永明祖籍河南孟津，1984年完成了她第一个大型组诗《女人》，以独特奇诡的语言风格和惊世骇俗的女性立场震撼了文坛，被普遍认为是中国当代最优秀的女诗人之一。著有诗集《女人》《在一切玫瑰之上》《称之为一切》《黑夜中的素歌》等。曲近，现为中国重要诗刊之一《绿风》的主编，出版诗集《敲响手鼓》《与鹤同舞》《精神苦胆》《马匹啃食十月的阳光》等。蓝蓝的诗慧性而优美，出版有诗集《含笑终生》《情歌》《内心生活》等。她诗歌的生命里总有一抹亮丽的色彩撕破黑暗的侵扰，真实自然、情怀放达、大气沉潜。她的诗歌向来以素朴、纯粹的情绪，简洁、舒展的句子，宁静纯粹的音响，向人们展示着真挚而具有道义力量的内心世界。她的创作仍在不断调整着姿态，不断扩张诗歌的可容性，拓展诗歌价值的理想空间。陆健，出版诗集《窗户嘹亮的声音》《名城与门》等11部，文艺评论集《二十世纪外国著名短诗101首赏析》等。陆健的诗作体现出其固本守分、守心守身、讷言藏慧的智性风格。汗漫，河南南阳人，有诗集《片段的春天》等。杜涯的诗歌在明亮、温情的乡村生活和爱情之间，试图表达一个诗人对文明的焦虑和思考。其诗在深沉、委婉的叙事中，表达一种强烈压抑的悲怆，有很强的语言张力。谷禾，有诗集《飘雪的阳光》等。王远洋，出版有诗集《青春树》《村姑》《大别山情》等。

（三）旅居他乡的中原诗人。

客居台湾或旅居海外的河南籍诗人有：痖弦（加拿大）、周梦蝶（中国台湾）、易殿选（美国）、李锐锋（美国）、冯团彬（澳大利亚）、田原（日本）、简静（加拿大）等。他们的作品各具风格，在国内和国外不同时期都曾产生过重要的影响。周梦蝶、痖弦等人的创作既根植中国诗歌传统，又较早地融汇了西方现代主义诗歌技巧，影响了大批包括中原诗人在内的大陆诗人。周梦蝶（1920—2014），河南淅川人，客居台湾。出版诗集

《孤独国》（1957）、《还魂草》（1965）等。在台湾当代诗坛上，周梦蝶及其诗作恐怕是最为独特的，留给人的印象也是最深刻的，独特的悲苦命运使他的诗作具有浓郁的现代性，闪射出属于东方古典的睿智与玄妙。在整个中文诗坛，他的诗作以特有的色彩和韵味成为中国现代派诗的一朵奇葩。

痖弦，河南南阳人，曾居台湾，后旅居加拿大。出版诗集《痖弦诗抄》（1959）、《深渊》（1968）、《痖弦诗集》（1981）等。在写作生涯的早期，痖弦提出了“新民族诗型”的观点，主张追求形象第一，意境至上；之后强调中国风与东方味，一再地回响着汉语古典诗歌音韵的《囚歌》可看作对这一观点的实践。痖弦是台湾《创世纪》诗刊的三驾马车之一。他的诗作，追寻青年时代的梦想，呼应内心深处的一种召唤，并尝试在时间的河流里逆泳而上。早年他崇拜德国诗人里尔克，早期影响痖弦最大的大陆诗人是何其芳。多年来，他在努力尝试体认生命的本质之余，追求另一种形式的、心灵的淡泊，承认并安于生活即是诗。

其他几位旅外河南籍诗人，如易殿选（美国）、李锐锋（美国）、冯团彬（澳大利亚）、田原（日本）等，他们有的在国内即是很有实力的诗人，有的至今还在坚持写作。田原的诗包含很深的个人现场体验在内，热衷于用诗歌文本设置一个可供心灵去体验的生存情境。他的一些篇章在个人经验与历史想象力、智性与感性、真实感和间离性、踏实与辞采、自由与限制之间，都达成了很大程度的平衡。他们的作品各具风格，在不同年代都曾产生过重要的影响。

（四）中原诗群的理论与批评。

诗学理论与批评对“中原诗群”的作用很大。20世纪80年代以来，坚持为河南诗歌鼓与呼的评论家有耿占春、何向阳、单占生、杨志学、杨吉哲等。这个群体对评介、推动河南诗歌创作发挥了重要作用。

耿占春主要从事诗学研究、文学批评，有《隐喻》《观察者的幻想》《失去象征的世界》《沙上的卜辞》等多部专著，其诗学理论在全国有着广泛的影响力。单占生任河南文艺出版社总编辑、编审期间，为河南诗坛策划出版了多部诗歌作品和诗学著作。何向阳，出版有《朝圣的故事或在路上》《肩上是风》《自巴颜喀拉》《思远道》《梦与马》《批评的底气》《夏娃备案：1999》《“审父”与“恋祖”》《镜中水未逝》等著作。何向阳的写作以历史意识和生命体悟见长，同时能很好地将细腻的艺术感受与敏锐的智性特色融于一体。她以深广的思考为前提，轻松驾驭着繁多的材料，赋予原本滞重的文字以生动而流畅的灵性。自由的文体想象力使何向阳的批评有时成为一种感性化的再创造过程。何向阳视野宽阔，思路活跃，治学严谨，她的批评实践注意广博地占有材料，爬梳辩证，沿流溯源，达到对批评对象的深入认识和丰赡繁复的表述，同时富于激情，具有诚恳、真挚的精神品格。在一个日益技术化的时代，她大量的诗意文本，呈现出一种真挚而独特的人文情怀，并显示了当下文学创作和批评的另一种可能。何弘长期从事文艺评论及文艺理论研究方面的工作，撰写有大量理论文章和评论。著有《生存的革命》《探险者》等。刘絮冰和李纪梅将视域扩大到世界诗林，先后引入介绍了一批在世界诗歌史上产生深远影响的国际诗人和批评家，如：狄金森、里尔克、普拉斯、米沃什、阿赫玛托娃、曼德尔施塔姆、奥登、帕斯、布罗茨基、茨维塔耶娃等等，旨在对国外优秀诗人的诗歌创作、诗学思想及诗歌精神等作梳理、推介，供更多国内诗人和读者有效借鉴和赏析。

（五）地域诗群、诗歌刊物、诗集出版。

地域诗群。河南省的诗歌诗人群落，应以郑州为轴心向周边自然延伸。因为，这里聚集的诗人多是从十八地市“迁徙”来的。他们跟乡土有不可割裂的牵扯，可以这么确认，在郑州诗群外围，从20世纪80年代开始，我们省不少地市县悄然形成小区域的诗歌群体，“中原诗群”这个大群之下，分布着以地市为范围的诗歌群体，如：信阳诗群、平顶山诗群、南阳诗群、洛阳诗群、周口诗群、开封诗群、许昌诗群等，甚至还出现了以县域为单元的诗群，如：舞钢诗群、大息地诗群等。此外，还有高校的校园诗歌群体，如：河南大学诗歌群体、郑州大学诗歌群体、其他高校诗歌社团等。他们虽然还不能称为流派，但因为交流的活跃，自然地推动了区域内诗歌水平的提升。

诗歌刊物。河南为上亿人口的大省，有数以万计的诗歌作者队伍，拥有自己的诗歌发表园地是大势所需。《河南诗人》是为河南诗群量身定做的纯诗歌读本，每期有176个页码，栏目丰富而多元，不少栏目开国内诗歌之先河，既注重诗歌创作又兼顾理论研究，办出了特色又办出了高度，名副其实地成为向外展示河南诗歌阵容、全面为河南诗人服务的平台，已赢得国内诗歌界的高度赞誉。另有系列图书《大河诗歌》，每季度出版，影响范围不断扩大。加上每年出刊的《河南诗歌年选》及其他民刊的印行，为中原诗群的发展壮大起到推波助澜的作用，这些都是打造中原诗群必不可缺的硬件。

诗集出版。从可接触到的各种资讯和诗集版本来源判断，河南诗歌作品和诗学理论专著出版数量蔚为可观、质量喜人。特别是当代著名的河南诗人、评论家出版的作品集、理论专著等，都在不同程度上引起了国内外广泛的关注和较好的反响。比如：《徐玉诺诗文辑存》《于赓虞诗文辑存》《三十年代中原诗抄》《苏金伞诗文集》《王怀让诗文集》《南丁诗文集》《陈有才诗文集》《河南新文学大系》以及在编的大型诗歌选本《河南新诗百年》等，不胜枚举。

三、中原诗群重要诗人及创作特点

近年来，中原诗歌异常活跃，受到全国诗坛的高度关注。一是写诗的人数多，老中青三代同堂，各领风骚；二是质量逐步提高，出现了马新朝的《幻河》这样的好作品；三是探索性增强，多种风格并存。河南诗界出现了一批非常优秀的诗人，如已故老诗人苏金伞、王怀让，仍然活跃在诗坛的王绶青、李清联、陈有才以及中坚诗人马新朝、高金光、冯杰、邓万鹏、艺辛、吴元成、郎毛等，女诗人蓝蓝、杜涯、萍子、扶桑等。可以说，中原诗歌群体已经拥有一大批优秀的诗人和作品，为中原诗群的建立和提升提供了强大的人才和文本支撑。

（一）老一代诗人仍然耕耘不辍。这批诗人主要有：王绶青、李清联、陈有才、申爱萍、孔令更、高旭旺等。

中原诗歌的领军人物王绶青，河南卫辉人。早年与李洪程合作出版过长诗《斗天图》，另出版个人诗集多部，倡导“以生命写诗，诗才有生命”，他的诗继承和发展了中国传统诗歌的精髓，散发着浓郁的民族气息，在审美价值取向上凸现出深层次的文化底蕴，在形式上将民歌和古典诗词的艺术经验创造性地运用于自己的新诗创作。“王绶青的诗重在关注历史和人物的描写，从中提取出一种精神理想的诗意内容，写出一种民族的精神力量和充满希望的东西”（朱先树）。李清联，河南沁阳人，早年有“工人诗人”之誉。如今，他以古稀之年仍活跃于网络诗坛。正如他的网名“阳光老男孩”一样，他的诗歌无论是说理还是抒情，大都阳光灿烂，平和顺畅。近年，他提倡“无障碍写作”，语言朴素无华，充满童真，诙谐生动，并特别偏爱短小精悍的诗歌形式。陈有才长期坚持吸收民歌营养进行创作，成为河南诗人中的另类。孔令更早年行走黄河，新诗尖锐现代，后致力于古体诗词，蔚然成家。申爱萍、高旭旺曾写过大量的黄河诗、爱情诗、乡土诗。高旭旺近年的创作追求看似平淡而又令人回味的艺术境界。

（二）现实主义创作构成中原诗歌的主旋律。这批诗人主要有：马新朝、高金光、艺辛、吴元成、陈俊峰、王斯平、王韵华、刘跟社、冯杰、孔祥敬、董林、梁庭华、张华中、杨炳麟、刘高贵、关劲潮、温青、田君、钟海涛、宋默等。

马新朝，河南唐河人，曾任河南省作家协会副主席、省文学院副院长、省诗歌学会会长，出版诗集《爱河》《青春印象》《黄河抒情诗》《乡村的一些形式》《幻河》等。《幻河》宏大而细微，是马新朝十年磨一剑的重要成果，既是一部民族的苦难史，更是个人的心灵史；既吸取了现代哲学及现代诗诸多的营养，又有传统的因子在其中，并因此获得第三届鲁迅文学奖。正如评论家耿占春所言："《幻河》为20世纪末的中原诗歌写作赢得了尊严。"马新朝的其他作品也总能以隐喻的方式建构宏大的历史文化场景，凸显出对事物特殊的认知力。近年从散文集《大地无语》到诗集《低处的光》，马新朝迈向更自由、更现代、更深邃的艺术境界。高金光，河南淅川人，现任河南省诗歌学会执行会长。出版诗集《生命之旅》《自由落体》《如果有爱》等，散文集《太阳与大地》《为自己叫个暂停》，文艺评论集《浅草集》《陈奎元诗词赏析》等，其《浅草集》获得河南省第三届文学艺术优秀成果奖。高金光推崇白居易"文章合为时而著，歌诗合为事而作"的创作观，他的诗充满了对生命、亲情、乡土和时代的倾诉，诗中乡村与都市、传统与现代、纪实与感悟、客观与心灵等，交相闪现碰撞共鸣，由平常中见出不凡，由限制中争得自由，由守望中获取飞跃，高蹈而不虚浮，宏阔而不空洞，浪漫而不矫情，自然而深情，真诚而灼人，呈现出沉稳、浑厚、淡定、不凡的品格，是河南新现实主义的代表诗人之一。冯杰很早就使用了日常生活经验融入诗的方式，用经验式的意象将乡土情结进行了提炼。他不是原真地表现乡村生活，而是映照、幻化、领悟、洞察，然后用投影式的方法和古典情怀去再现。艺辛、董林典雅唯美，用极其节制的语言营造独特的诗歌氛围；陈俊峰、孔祥敬、刘跟社、田君等厚重大气；王斯平、王韵华、梁庭华、杨炳麟、温青、钟海涛、宋默等浪漫抒情。

以地域论，河南目前已经形成了洛阳河洛诗群、信阳诗群、南阳诗群、开封诗群、周口诗群、舞钢诗群、义马诗群等。其他如商丘的夏汉、柳歌、田卫民、吕振雷等，驻马店的孙友民、赵启顺、胡济卫等，也在国内外产生了重要影响。

（三）先锋诗歌创作活跃，为中原诗歌注入了活力。

因为拥有郎毛、杨吉哲、邓万鹏、罗羽、李霞、吴元成、张鲜明、田桑、萧开愚、森子、高春林、海因、朱怀金、李双、尹聿、简单、张永伟、柳亚刀、宋玉杰、石破天、李山、张杰等，使得河南诗歌写作在国内先锋诗坛占有一席之地。分别诞生于90年代早期和中晚期的郑州“发现诗群”、平顶山“阵地诗群”，都曾经产生过重要影响。这两个阵营的主要诗人对先锋诗歌的探索，一直持续到21世纪之初，他们总能以锐利的词语书写凌厉的诗歌，以深刻的现实性给予诗歌以独特的灵魂，以特殊的诗歌意象营造诗歌锐性。出版了诗集《孤旅》《落花汴梁》的杨吉哲，既坚持新诗创作又注重理论研究。在他看来，诗歌是人们认知世界的一种特殊方式，它不仅表达认知的结果，更为重要的是表达认知的过程。这一过程的生动性和丰富性，经常带给表达本身以传奇的色彩。诗歌的道德感和异样性在当下语境中显得越来越重要。诗歌通过对遮蔽之物的拆除，不断打破理性范式对世界的削减或歪曲，还原出世界真实的声音、色彩和秩序。田桑同样倡导祛除遮蔽，作品理性中见张扬，变形中见厚实。罗羽保持着纯粹的诗歌精神，以对诗歌本体的不断探寻，形成诗歌在艺术方面的唯美品质。邓万鹏的诗歌远离矫情矫饰，展示了同命运搏斗时庄严的回声。近年的作品努力突破新旧语言转换的问题，实现了新的上升和超越。高春林的作品注重从经验的认知到独立意识的内省，强调自己特有的声音。吴元成先后出版诗集多部，注重对日常生活经验的记忆和反讽，以诗歌与现实生活对称，在破坏中重建诗歌的价值。近年打造的《花木状》系列，把花木腌制进知识和历史的老汤里，再加上个人的故事和体悟，别开生面。张鲜明出版诗集《梦中庄园》等，其诗歌创作呈现出两个截然不同的向度：一个是向内的，是灵魂的倾诉；一个是向外的，即对当下日常生活（包括新闻）的记录和描述。他的许多作品呈现出超现实主义色彩，在表达诗人失去乡土根脉之后的漂泊感的同时，更多地呈现出对存在的虚无性的思考和人生意义的追问。李双的诗是冷峻的，他将笔触伸向熟悉的农村生活底层，怀着爱和怜悯深度挖掘普通人的生存现状、他们的坚忍和疼痛。宋玉杰的诗歌《春河东桥》《与妻子书》等是近年网络诗歌的重要收获。他的写作特立独行，作品在纵深的历史向度中显示出了难能可贵的正义感，是一种现代诗歌中久违了的现实主义和英雄浪漫主义的复合体，颇得魏晋遗风的洒脱达观和喜剧精神以及独有的“现场感”。萧开愚从事诗歌批评和创作，他的诗歌开阖自如，在文化和生存双重层面上进行深度开掘。尹聿信奉诗歌是心灵及生命的过滤，他的诗歌极具个性，强调创新和诗歌质感的表现。

（四）女性诗人风格多样，自成风景。

蓝蓝已先后出版诗集《含笑终生》《情歌》《内心生活》等，善于将社会感情与个人感情融为一体，以柔和文化之指抚慰乡村物象，以互文写作带来诗体形态的异样性。1996年，刘丽安诗歌奖颁给蓝蓝时有如下评语："以近乎自发的民间方式沉吟低唱或欢歌赞叹，其敏感动情于生命、自然、爱和生活淳朴之美的篇章，让人回想起诗歌来到人类中间的最初理由。"杜涯也是一位十分优秀的女诗人。她的诗歌在明亮、温情的乡村生活和爱情之间，试图表达一个诗人对文明的焦虑和思考。杜涯的诗在深沉、委婉的叙事中，表达一种强烈压抑的悲怆，有很强的语言张力。同时期的扶桑是一位执着的爱的歌者，作品数量不多，但特色鲜明：几乎全是爱情诗，以爱为主题，展现女性特有的柔情与坚韧，以冷调风格的人格化意象表现抽象情思，以反复低回的旋律与饱满的诗情构成张力。她的创作是真诚而精致的个人化歌唱，体现出一种从容超脱的创作态度。萍子诗歌创作也呈现鲜明的特点。她的第一本诗集《纯净的火焰》是其前十年的心路缩影、燃烧的青春，纯洁无瑕的情感充盈其中，令人痴迷难忘；她的第二本诗集《萍子观水》是其中间十年的行走和歌唱，她把自己完全交给自然，交给山水，交给自己的心，用旅行者、诗人的触角，用禅的方式进入生活和诗歌写作；萍子近年带给我们的《我的二十四节气》，在表达上的老辣与娴熟，在情感上的真挚与节制，在意境营造上的独到，思想开掘上的深刻，都显示了诗人深厚的功力。小说家邵丽近年涉猎诗歌创作，情感真挚，手法娴熟。其他女诗人如邓艾芬、吴小妮、齐红霞、秦莉、琳子、王小平、一地雪、丛菊、马万里、申艳、贺红、朱欣英、尚新娇、丁力、周豫琳等，百花竞放。琳子对豫北乡土和情感生活有着特别的偏爱，善于从细节入手，发掘诗歌的个性。一地雪把诗歌作为生存的一种方式，她的作品澄静大气，并带有些许伤感和幽思。从菊坚持认为诗是一种探寻，是对现实的拓宽和修整，作品显得内在而尖锐。马万里其人是感性的，她的诗歌是美的。在其诗歌中更多体现的是理性与感性的统一。周口申艳的诗歌奇崛瑰丽，贺红的诗歌干净疏朗。三门峡有女诗人杨帆、卫素琴、姬琰、汉女等；南阳在廖华歌、一地雪之外，还有杨静、周华瑞、水硬度、赵云等；开封有徐琴、牛彦芳、蓝袍、闫雪松等。还有郑皖豫、初夏、三月雪、苏仪、孔令菊、刘会彩、晴空一鹤等青年诗人，近年锋头正劲。

（五）“80后”及青年诗歌借力网络势头强劲。

20世纪末至今，河南有一大批诗人活跃于省内外各大诗歌论坛，在新浪网、大河网等网站开设诗歌博客，并于2000年后创办了诗先锋（安阳）、大河风（平顶山）、短歌行（南阳）、大河诗歌（郑州）、汉诗公社（洛阳）、诗歌园林（义马）、大河上下（焦作）、中原诗歌（许昌）、国风诗歌（济源）、诗词歌赋（舞钢）等众多诗歌论坛。以网络为载体，河南诗歌获得生机。大批中原诗人常年活跃在网络上，其中，不少是“80后”，甚至是“90后”诗人。

出版过诗集《一天等于24小时》的李霞，勇于进行诗歌样式的探索，偏重于短制，是一位活跃于网络上的诗歌评论家，策划、整理年度汉语诗歌资料大观《汉诗观止》，借助便捷的诗歌论坛策划发起“汉诗榜”网络优秀诗歌评选活动，在国内外产生了巨大的反响。

“80后”诗人王东东以其深厚的哲学背景活跃于诗歌论坛，作品玄想而尖锐，曾获北京大学未名诗歌奖、全国大学生樱花诗赛一等奖和第四届刘丽安诗歌奖。诗人西屿2007年入选中国“80后”实力作家排行榜，其作品大量见于网络和纸媒。他的诗歌坚持用富有张力的语言倾诉对乡村生活的热爱，不做无病呻吟，常发疼痛之新声，节奏鲜明，气韵生动，结构严谨。衣水、刀刀、丁东亚、余子愚、马东旭、高野、褚平川、刘旭阳、董非、纳兰容若、丘河等，也是河南“80后”诗人的佼佼者。衣水率先提出“性感写作”，其作品纵横来去，题材宽阔，较少束缚，最新作品已经由最初的较为单一的快感写作呈现出质感特色。刀刀的写作，则汪洋恣肆，个性鲜明。

南阳青年诗人魔头贝贝因其长诗《起诉书》等而享誉网络诗歌界。左后卫、梅溪、刘静沙等也是河南网络诗歌的才俊。左后卫的《鹿皮靴子》及《地砖》把叙事和抒情结合得几近完美，称雄于网络。刘静沙的《蜘蛛》《搬动的蚂蚁》短小精悍，在平实中见奇崛。梅花驿虽然进入网络较晚，但诗风机智谐趣；王客枫的诗早期比较规整，后来日见诡异。他的作品善于以文化为切入点，以情感为枢纽，在哲学的层面上歌舞。

温青、田君、邵永刚、曹天、王剑松、李山、柳歌、张僧、水果经销商、奚家坤、庞小伟都是河南近年来出类拔萃的青年诗人。实际上，河南各地都有一批常年活跃于网络内外的青年诗人。焦作有麦莎、云外野鹤、鼓劲、商尹、雅石、刘良伟等。麦莎的诗有哲思，云外野鹤的诗硬度中见弹性，鼓劲的诗歌坚持关注底层民生。许昌青年诗人李向平以灵魂的狂热，寻求诗画相通的桥梁。安阳除了拥有朱冀濮和英年早逝的范源等诗人外，还有一批因网络而生的青年诗人。朱冀濮近著诗集《火焰与鸟》，源自生活，充满睿智和哲思。石破天是诗先锋诗歌论坛的创办人，他的诗歌显示了诗人的悲悯、智慧、神秘和良知，具有敏锐的洞察力和娴熟的技巧。崔志光的诗歌明快飞扬，意味悠远而透彻。杨天增的诗歌具有古典诗歌的雅致和现代诗歌的明媚。李洪杰活跃在多个诗歌网站，诗歌刚直老辣。

（六）曾经在河南生活和工作，现在省外发展的诗人也是中原诗群不可分割的一分子。

这批诗人，包括已经在全国诗坛拥有重要位置的李根红（山东）、张承信（山西）等，也包括陆健、程光炜、杨晓民、杨志学、谷禾、赵福治、周占林、墓草、心地荒凉（以上在北京），李拜天（四川）、汗漫（上海）、山泉（山西）、徐泽红（广东）、阿北（深圳）等。张承信目前主编山西《大众诗歌》诗刊，为新诗的发展鼓与呼。其作品厚重大气，颇具民族韵味。陆健从河南到北京，一直坚持着自己的诗歌写作。2006年出版的《田楼，田楼》是诗人对自己插队四年多的豫南乡村田楼的客观描述，诗中包含历史沧桑、人物命运、奇闻轶事，以及当地民众的生产、生活方式、风俗习惯、知青生活体验等方面，弥漫着浓郁的乡土气息与地域特色。程光炜早年写诗，后来长期关注诗歌批评与研究，卓然一家。杨晓民的诗熔传统与现代于一炉，其诗集《羞涩》获得第二届鲁迅文学奖。汗漫的诗以小见大，往往从平凡的事物开始，富于一种清新、独特的韵味。他的诗机智幽默，闪烁着智性的光芒，并具有现代意识的悲剧感、包容性和概括力。山泉的诗既青春活泼，又善于挖掘生存意义，在手段上也比较注意创新。赵福治的作品明亮中不乏厚重，带有老庄哲学意味。

（七）古体诗词创作队伍庞大。

河南省文史研究馆馆员、中华诗词学会顾问、河南诗词学会会长林从龙，诗词儒雅可品。出版过《中国少林文化学》《神奥嵩山》的张国臣，创作了大量嵩山诗词，风格豪放，富于哲思。著有《童心集》《春歌集》《萍水集》（与夫人吴胜兰合作），已经去世的李允久，作品典雅温润。王国钦出版有《守望者说》《歌吟之旅》等著作，长期致力于格律诗的创新和研究。高治军、魏治功等人出版诗集多部，量大质优，或婉约，或豪放。孔令更、马天保、钟海涛、王全水、谭杰、齐遂林、李永清、郭自强、高伯甘、沈慧、蓝袍、赵炜炜等，积极实践新格律，以古写今，影响巨大。牛建增、何广才、白景卿、陈群山，以及现居北京的陈景明等，均出版发表了大量作品。王幅明、王剑冰等长期致力于散文诗创作与研究。

四、“中原诗群”与河南诗性存在的历史定位

打造“中原诗群”，提升“中原诗群”历史地位，符合人们精神生活的需求，符合文化发展的趋势，有着传承华夏文明的重要现实意义。中原诗群的建立和完善，不但能丰富和发展河南文化的精神内涵，而且肩负着把源远流长、博大精深、恢宏磅礴、丰富多彩的中原文化汇入世界文化洪流之中的光荣责任。

“中原诗群”对于诗化河南的存在价值，就在于它过去是，将来仍然是一个有担当的群体。中原诗群也面临着如何在坚守诗歌理想、文学信念、艺术品质的同时，进一步转变创作观念、创新方法、继续提升的严峻课题。特别是在国家五大发展战略中，中原诗人怎样把握全局，主动融入、深入火热的现实生活，在全面建成小康社会、让中原更加出彩中唱响主旋律，创作出既有艺术品位又为大众喜闻乐见的优秀作品，值得所有的诗人深思。

（一）中原诗人要有敢于担当、投身现实生活的精神和勇气。

文化是根，文化是魂，文化是精神支柱，文化是心灵家园。河南是中华民族、华夏文明的重要发祥地，自古以来中原大地孕育的风流人物灿若群星，产生的历史文化影响深远，创造了许多闻名遐迩的精神文化成果。中原诗人首先要把继承和弘扬这些中

原人文精神作为凝聚人心、战胜困难、开拓前进的精神动力，不断结合新的时代特征，努力打造精品名作。

（二）中原诗人要坚持为民方向。

昆德拉说，“小说就是向未知领域的勘探”，诗歌亦然。面对如火如荼的时代生活，中原诗人不能缺位，更不应该失语。要坚持以最广大人民为服务对象和表现主体，关心群众疾苦，体察人民愿望，不断创作出让人民满意的优秀作品，满足人民群众多层次、多样化、多方面的精神文化需求。从一定意义上说，为时代，为发展，就是为民。诗歌的服务功能不能弱化。中原诗人只有全身心地投入到火热的现实生活中，悉心体察社会变革和经济发展，高度关注人文精神变化，中原诗歌才不会是无源之水、无本之木，中原诗群的建设和提升才不会是一句空话，其作用和影响力才会越来越大。

（三）中原诗人要不断丰富思想内涵。

中原诗群要沉稳前进，中原诗人要步履夯实。面对这个伟大的时代，诗歌应该回到思想的前沿，需要拥有思想的力量。一是要进一步强化根系意识和原乡意识。在思想品质上扎根传统，在创作主体上扎根生活，具有大情怀，追求厚朴深刻的艺术风格。二是要进一步对当前农村、城市精神内在嬗变进行关注，祛除对转型期城乡巨大变化的隔膜。要对乡村进行谨慎、克制、真实、客观的表现，去捕捉那飘忽不定的现实，把活生生的令人惊艳的质感，呈现在诗歌之中。诗人应该费点心费点力去认识真正的现实。大片的现实在我们的周围沉睡着，诗人应让它们苏醒过来。

（四）中原诗人要占领诗歌制高点，必须坚持艺术创新。

在今日全球化的语境中，中原诗群在坚守优良传统的同时，在思维背景的深处，怎样实现本质性的超越，建立起更为宽广的、开放的世界观和人生观，写出对中国乃至世界产生更大影响力的有传世价值的作品，是河南诗人也是中原诗群所要共同面对的重大课题。“艺术的基本原理有其共同性，但表现形式要多样化，要有民族形式和民族风格”。河南诗人一定要有自己的诗歌主体性，要注重艺术创新，不能始终游离在潮流之后之外。

五、诗歌队伍和组织建设

诗歌队伍和组织建设也是建设诗性河南的重要内容。要建设和提升中原诗群，就有必要在政策和财力上给予适当扶持。

（一）进一步做大做强河南省诗歌学会。

河南省作家协会旗下的河南省诗歌学会，是河南诗人自己的组织。1986年3月，她的前身河南省诗歌青年学会成立，李长华出任第一任会长；2003年3月16日，更名为河南省诗歌学会，王怀让当选会长，高旭旺当选执行会长；2009年6月换届，马新朝当选会长，高金光当选执行会长，副会长吴元成任秘书长，增补了一批顾问、副会长和理事。长期以来，省诗歌学会克服了无经费无办公场所等困难，坚持团结广大诗人，组织举办了一系列笔会、诗歌朗诵和研讨活动，组织出版了数十本诗集和年选。下一步，河南省诗歌学会在有关方面的支持下，将设立中原诗歌发展基金，组织实施评选“杜甫奖——中原诗歌奖”活动。依托近年创办的《大河诗歌》（高旭旺、李霞、高治军主编）和《河南诗人》（杨炳麟主编），出版的年选《河南诗歌》（杨吉哲等主编），整合、扩大中原诗歌阵地，适时创办《中原诗报》，作为学会机关报。

（二）进一步强化诗歌批评与评论。

多年来，坚持为河南诗歌鼓与呼的评论家以单占生、耿占春、杨吉哲、李传申、李少咏、李霞等为代表，著述相当可观，对引领和指导河南诗歌创作发挥了不可替代的作用。单占生常年引领河南诗人文本写作，对许多后学颇有奖掖，近年持续关注河南诗人年度写作，为《河南诗歌》年选作序。此外，张俊山也长期进行河南诗人研究，曾主编《河南新文学大系·诗歌卷》等。杨景龙著有《大学生诗歌鉴赏》，致力于现代诗歌理论研究。文学博士张延文在互联网内外发表了大量河南诗人研究文章。和其他诗歌发达省市相比，河南的诗歌评论和研究工作还相对滞后，急需引导和加强。尤其要加大对青年诗歌创作的批评和扶持力度，适时制定培养计划，让更多青年诗人健康成长。

（三）进一步打造中原诗歌品牌，继续办好黄河诗会。

1986年3月，在河南诗歌史上具有独特价值的第一届黄河诗会在郑州黄河游览区召开，包括苏金伞、青勃在内的30余位河南老中青诗人第一次吹响诗歌集结号。在此后的20多年间，黄河诗会先后举办了15届，逐步形成了品牌，团结了一大批诗人，产生了广泛的影响，《诗刊》曾发文评介，为国内诗坛所仅见。今后黄河诗会一定要深入持久地办下去，要邀请海内外的河南籍诗人与会，每届都要确定研讨主题，以期不断提升中原诗群的影响力。

（四）要与旅游相结合。

诗歌以旅游为平台，可以找到市场，扩大影响；旅游以诗歌为灵魂，可以丰富内容，提升意境。杜甫、白居易、刘禹锡、李商隐、李贺、岑参等无数杰出的中原诗人，他们千古不朽、历久弥新的辉煌诗作，是国人的文化基因，其名篇佳句妇孺皆知，铭刻于每个人的心灵深处。像巩义杜甫故里、洛阳白园、沁阳李商隐墓、荥阳刘禹锡墓、孟州韩愈墓等，这些立体化、可触摸的诗歌意象资源、相关文史建筑在河南遗存众多。相较于四川的“杜甫草堂”等成功的文化旅游案例，我省有充裕的诗歌旅游资源并未得到充分有效的开发，未能形成特色、品牌。文化旅游项目应着手规划诗歌与旅游更好地相互结合，以诗歌文化为灵魂，以市场运作为手段，立足于游客感知历史、领略文化、重温记忆的精神需求和消费需求，辅以诗集、诗人评传、纪录片以及其他影视音像制品等各类表现形式，全力打造诗性的、立体的、创意的“诗意之旅”，使旅游增添文化色彩和内涵，更加感染人、滋养人。

“一个人要仰望多少次，才能看见天空”，在文化高地、华夏历史文明传承创新区建设中，持续壮大“中原诗群”，建设“诗歌河南”，是我们现阶段的重要工作。怎样壮大？如何建设？怎么发展？我们用三个“群”来概括，即群贤荟萃、群策群力、群情振奋。所谓群贤荟萃，一方面指要整合、巩固现有诗歌力量，一方面指要发现、团结更多有潜质、有实力的诗人，让“中原诗群”这支队伍更加蔚为壮观。所谓群策群力，指各行各业、各方大家共同出主意、想办法，为中原诗歌的繁荣作出尽可能多的贡献。所谓群情振奋，指河南诗人要有时代担当，要在状态上更加体现出一股精、气、神，要有不写出好作品誓不罢休的气势，要有“语不惊人死不休”的劲头。

第六节
打造文艺理论和文艺评论的“中原学派”

2008年4月19日，河南省文艺评论家协会应运而生。在会员代表大会上，大家谈论最多、最为关注的是如何发挥文艺评论在文化大发展大繁荣中的作用，为加快河南从文化资源大省向文化强省跨越作出应有的贡献，如何建设文艺理论、文艺评论上的“中原学派”。这的确是值得河南的文艺评论家以及所有的文艺工作者深入探讨和思考的一个问题。

应当看到，近年来河南文艺工作保持了健康向上、繁荣发展的良好态势，呈现出大团结、大发展、大繁荣的生动局面。一批作品先后获得全国重要奖项，其中豫剧《程婴救孤》等10部作品获得全国第十届“五个一工程”奖，豫剧《铡刀下的红梅》入选2006—2007年度国家舞台艺术精品工程“十大精品剧目”，现代豫剧《常香玉》荣获第十二届“文华大奖”，舞剧《风中少林》获“文华新剧目奖”，小说《明惠的圣诞》获第四届鲁迅文学奖，还有多部影视、音乐、书法、摄影等作品获得全国大奖。与文艺事业繁荣发展的大好局面相比，文艺评论工作却显得“势单力薄”。主要有三个方面的问题：一是声音小。当河南的一些重要作品推出或重要文艺现象出现时，省内

任访秋

刘思谦

鲁枢元

孙　荪

耿占春

王鸿生

王守国

何向阳

樊洛平

陈继会

刘海燕

何　弘

评论界没有及时发出声音，尤其是在国家级的媒体上听不到或很少听到河南的声音。二是人才稀。目前河南在国内卓有影响的评论大家还很少，文艺评论的后续力量不足，还没有形成一支有规模、有影响的文艺评论家队伍。三是阵地少。在当前文艺媒体竞争日益激烈的情况下，许多文艺评论刊物或栏目改头换面，文艺评论阵地日渐减少、所剩无几。应当承认，当前文艺评论仍然是文艺工作的薄弱环节，重视程度不够，评论队伍和阵地建设也尚待进一步加强和提高。解决这些问题，推动河南文艺进一步繁荣发展，要求我们必须努力建设文艺理论、文艺评论上的“中原学派”。

这首先是推动社会主义文化大发展大繁荣、建设社会主义核心价值体系的需要。党的十六大提出建设社会主义先进文化，十六届六中全会提出建设和谐文化，党的十七大突出强调了加强文化建设、提高国家文化软实力的极端重要性，提出要兴起社会主义文化建设新高潮、更自觉更加主动地推动社会主义文化大发展大繁荣。习近平同志指出：“文艺批评是文艺创作的一面镜子、一剂良药，是引导创作、多出作品、提高审美、引领风尚的重要力量。”文艺批评是改进文艺创作的重要手段，是提升人们鉴赏水平的重要参考，是建设良好文化生态的重要力量。通过文艺批评，能够帮助作者进一步总结创作得失，理清创作思路，校正创作方向。在他看来，“文艺批评要的就是批评，不能都是表扬甚至庸俗吹捧、阿谀奉承，不能套用西方理论来剪裁中国人的审美，更不能用简单的商业标准取代艺术标准，把文艺作品完全等同于普通商品”。“文艺批评褒贬甄别功能弱化，缺乏战斗力、说服力，不利于文艺健康发展”。刘云山同志在《更加自觉、更加主动地推进社会主义文化大发展大繁荣》中明确指出：推动社会主义文化大发展大繁荣，必须把社会主义核心价值体系建设作为第一位的任务，努力在全社会形成统一的指导思想、共同的理想信念、强大的精神支柱和基本的道德规范。他强调，精神文化产品是核心价值体系的重要载体，潜移默化地影响着人们的思想观念、价值判断和道德情操。要坚持以文化人，善于运用各种文化形式来表现社会主义核心价值体系的深刻内涵和精神实质，组织生产更多倡导社会主义核心价值体系的优秀文艺作品，让人们在美的享受中受到鼓舞、得到启迪。我们从荧屏热播的影视作品中不难看出，体现社会主义核心价值体系的作品已经成为主流，如以前我们看到的是《无极》《满城尽带黄金甲》《十面埋伏》《英雄》等，而现在代之的是《亮剑》《士兵突击》《闯关东》等一类的作品。这就要求我们的评论工作者要勇于承担时代赋予的神圣使命，为推出更多倡导社会主义核心价值体系的优秀文艺作品，为努力推动社会主义文化大发展大繁荣鼓与呼。

其次，这是加快建设华夏历史文明传承创新区、建设文化高地的需要。2006年省八次党代会把加快文化资源大省向文化强省跨越与加快经济大省向经济强省跨越作为“两大跨越”明确提出。建设华夏历史文明传承创新区、建设文明河南、建设文化强省、建设文化高地是实现全面建成小康、让中原更加出彩的必要条件，也是全省广大文艺工作者义不容辞的职责。建设华夏历史文明传承创新区、建设文明河南、建设文化强省、建设文化高地，不仅需要做强做大文化产业，还要努力实现文艺的繁荣发展，推出更多享誉国内的文艺领军人物和在国内外具有重要影响的文艺精品。比如，流传下来的五万多首唐诗，有力地说明了唐代文化的繁荣鼎盛；达·芬奇的《蒙娜丽莎》、但丁的《神曲》、莎士比亚的戏剧等一部部传世之作，见证了欧洲文艺复兴时期的辉煌。只有拥有这样的大家大作，华夏历史文明传承创新区、文明河南、文化强省、文化高地建设才会名副其实，才会真正让人信服。这不是简单地靠加大投入就能买来的，其中必不可少的条件就是多出几个有权威的大师级的文艺批评家来推动文艺事业的全面发展，这同样离不开文艺理论、文艺评论上“中原学派”的建设和壮大。

再次，是改变我省文艺评论现状的需要。改革开放近40年来，我省文艺批评经历了三个发展阶段，一是印象式批评，强调的是“我所评论的就是我”，具有很强的主观性；二是学院派批评，强调的是“为学术而学术”“价值中立”“思想淡出，学术崛起”等，具有明显的封闭性；三是媒体批评，批评的文化品格发生漂移，导致公众对批评失去信心，具有显著的市场性，这也是今天出现诸如“人情评论”和“红包评论”的重要原因。由此我想起了鲁迅，他曾经对《语丝》杂志的“费厄泼赖”不满，于是创办《莽原》杂志。他说：“中国现今文坛的状况，实在不佳，但究竟做诗及小说者尚有人。最缺少的是‘文明批评’和‘社会批评’，我之以《莽原》起见，大半也就是为了想由此引起新的这一种批评者来。”（《两地书》，1924年4月28日，《鲁迅全集》第11卷，第63页）文艺评论是文艺发展的重要推动力，努力建设文艺理论、文艺评论上的“中原学派”，对于改变我省文艺评论现状，更好地发挥其积极促进作用具有十分重要的意义。

建设文艺理论、文艺评论上的“中原学派”，需要我们认真做好三个方面的工作。

一、把握方向

方向问题是首要问题。把握正确方向是文艺评论工作的灵魂，也是对文艺评论工作的根本要求。习近平同志要求我们：“要以马克思主义文艺理论为指导，继承创新中国古代文艺批评理论优秀遗产，批判借鉴现代西方文艺理论，打磨好批评这把

‘利器’，把好文艺批评的方向盘，运用历史的、人民的、艺术的、美学的标准评判和鉴赏作品，在艺术质量和水平上敢于实事求是，对各种不良文艺作品、现象、思潮敢于表明态度，在大是大非问题上敢于表明立场，倡导说真话、讲道理，营造开展文艺批评的良好氛围。”首先，马克思主义唯物史观和文艺观始终是我们文艺评论的主心骨。要以马克思主义文艺理论为指导，继承创新中国古代文艺批评理论优秀遗产，批判借鉴现代西方文艺理论。其次，不能套用西方理论来剪裁中国人的审美。要实现传统文论的现代转换，展现中华审美风范。文艺评论工作者应当研究借鉴曹丕的《典论·论文》、刘勰的《文心雕龙》、钟嵘的《诗品》、陆机的《文赋》、司空图的《二十四诗话》、严羽的《沧浪诗话》、叶燮的《原诗》、刘熙载的《艺概》、王国维的《人间词话》等中国古代文论，努力实现中国传统文论的现代化。再次不能用简单的商业标准取代艺术标准。在市场经济的影响和冲击下，一些人用简单的商业标准取代艺术标准，把文艺作品完全等同于普通商品。面对市场，文艺评论工作者的责任是培育和引领，而不是迎合和屈就。要坚持文艺评论的思想标准、艺术标准高于商业标准、市场标准。关于思想标准和艺术标准的关系，毛泽东同志在延安文艺座谈会上就曾经指出：“文艺批评有两个标准，一个是政治标准，一个是艺术标准。”“我们的要求则是政治和艺术的统一，内容和形式的统一，革命的政治内容和尽可能完美的艺术形式的统一。缺乏艺术性的艺术作品，无论政治上怎样进步，也是没有力量的。”对广大文艺评论工作者来说，把握正确方向，最重要的就是要全面准确地贯彻执行党的文艺方针政策。党的文艺方针政策是在长期文艺实践的基础上总结概括出来并对文艺实践具有重要指导意义的方针原则，无论是我国还是我省的文艺实践都充分证明，什么时候认真贯彻执行了党的文艺方针政策，文艺就繁荣发展；什么时候背离了党的文艺方针政策，文艺发展就会遇到挫折和失误。面对各种纷繁复杂的思潮，面对来自不同方面的议论，我们必须始终如一地把握好、贯彻好党的文艺方针政策。全面准确地贯彻执行党的文艺方针政策，要求我们要高举中国特色社会主义伟大旗帜，认真研究和探索社会主义文艺的普遍规律，大力开展对国内外重要文艺思潮及我省现阶段文艺创作的分析和研究，为建设社会主义核心价值体系、建设中国特色的马克思主义文艺理论体系和美学体系作出积极的努力和贡献；要坚持为人民服务、为社会主义服务的方向，贯彻百花齐放、百家争鸣的方针，坚持贴近实际、贴近生活、贴近群众，弘扬主旋律，提倡多样化，始终把社会效益放在首位，努力实现社会效益和经济效益的统一，在艺术创作上提倡不同形式和风格的自由发展，在学术研究上提倡不同观点和学派的自由论争，努力形成既坚持原则、又团结和谐的良好局面，形成鼓励探索、繁荣创作的良好环境；要坚持实事求是、与人为善，以正面引导为主，严格区分学术问题和政治问题，既不把大事说小，也不把小事说大。对于学术性的问题，要切合实际，开展科学健康说理的文艺批评。对事关政治方向、政治原则的问题，要旗帜鲜明，敢于批评，牢牢把握社会主义先进文化的前进方向。近年来，互联网等新媒体蓬勃发展，改变了文艺评论的形态，网上文艺评论的重要性日益凸显。要适应互联网、新媒体的特点和规律，以网络评论作为突破口，让评论能够跟得上时代、跟得上实践。

二、引导创作

正确引导文艺创作是文艺评论的重要职责。对于一位作家或艺术家来说，权威、独立、客观公正的评论是非常重要的。文艺批评的价值，在于及时针对文艺现象、文艺活动、文艺思潮进行科学的分析和阐释，最终在成就和不足、优长和缺失上作出判断和批评。习近平同志指出："有了真正的批评，我们的文艺作品才能越来越好。""文艺批评就是要褒优贬劣、激浊扬清，像鲁迅所说的那样，批评家要做'剜烂苹果'的工作，把'烂的剜掉，把好的留下来吃'。不能因为彼此是朋友，低头不见抬头见，抹不开面子，就不敢批评了。""作家艺术家要敢于面对批评自己作品短处的批评家，以敬重之心待之，乐于接受批评。""一点批评精神都没有，都是和自我表扬相结合，吹捧和自我吹捧、造势和自我造势相结合"，那就不是文艺批评了。在我国近现代文学史上，很多著名作家都非常重视文艺评论对创作的引领作用，他们都是身兼作家、评论家的双重身份，如鲁迅、茅盾、郭沫若、叶圣陶、钱钟书等。对于路遥来说，文学导师柳青和编辑王维玲所起的作用是很大的。柳青说："对陕北要写几部大书，是前人没有写过的书。""从黄陵到延安，再到李自成故里和成吉思汗墓，需要一天的时间就够了，这么伟大的一块土地没有陕北人写出两三部陕北题材的伟大作品，是不好给历史交代的。"《人生》的编辑王维玲说，"对于一个献身于文学事业的人来说，如同参加一场马拉松竞赛，不是看谁起跑得快，而是看后劲"。在他看来，"路遥的悟性极高，不但善解人意，而且能从别人的意见、建议之中抓住要点和本质，融会贯通，化为自己的血肉，融化到小说中去，他是一个富有创造性的人"。他建议，《人生》应加强传统的农村生活方式与现代观念之间的心理冲突，这是非常到位的指导性意见。文艺评论要正确引导创作，首先要求文艺评论家要进一步密切评论与创作的联系，加强与创作人员的沟通、理解和交流，互相学习，共同进步，特别要密切关注当代文艺的创作实践，站在时代的高度，积极评论推介优秀作品，总结推广文艺创作生产的成功经验，发现和推出优秀文艺人才。其次要对重点作品进行全方位的关注和跟踪。近几年来我们抓创作的一条重要经验，就是在重点作品创作的启动阶段，就注重发挥评论工作者的作用，让他们为打造精品献计献策。如我省在组织实施“郑汴洛文艺精品工程”之初，就成立了“郑汴洛文艺精品工程”专家委员会，其中既有我省的知名评论家，又有赵国政等国内知名的舞蹈评论家，这些评论家的参与为作品的成功推出发挥了非常重要的作用。我省也推出了一些重要作品，如舞剧《云水洛神》、豫剧《焦裕禄》、电视剧《大国医》《大河儿女》等，要继续组织和动员省内外的评论工作者围绕这些重点作品开展评论工作，不仅在省内，还要在国内重要媒体上进行推介。特别要利用重要节庆日或重大奖项颁布时机，加大宣传评论力度，对我省的优秀作品和获奖作品进行较大规模的集中评论。再次，要始终坚持文艺评论的正确标准。著名作家略萨认为“文学抱负”是“作家必要的起点”。美籍华裔作家哈金认为，“目前中国文化中缺少的是‘伟大的中国小说’的概念”。雷达认为文学上有三大问题，即原创性征服性的作品罕见，弘扬精神价值能力缺失，缺少“超越”精神。评论上也是如此，特别是缺少有真知灼见、超越“他域文化”，不只是“搭桥”的作品。市场经济飞速发展，大众传播媒介大量兴起，娱乐帝国不断扩张，时代的变迁必然给文艺生态带来深刻的变化。批评标准的多元化就是一个突出的问题。销量、受大众欢迎程度等因素所构成的市场标准、大众标准冲击着批评所坚持的艺术价值标准。市场标准、大众标准实质上都是以商品标准来衡量艺术作品，而批评的真正价值在于在市场环境中坚持艺术标准来评价文艺作品。这就要求我们的评论家要坚守自己对文学艺术价值的公允判断，正确区分价值和价格，坚定自己的操守，在评论中敢说真话，善于提出建设性的意见和建议。

三、提高群众的审美鉴赏水平

文艺评论除了承担把握方向、引导创作的重要职责外，还担负着提高人民群众审美鉴赏能力、丰富人民精神生活的重要任务。党的十七大报告提出，要使人民基本文化权益得到更好保障，使社会文化生活更加丰富多彩，使人民精神风貌更加昂扬向上，这需要我们提供更多更好的文化产品和文化服务，也需要不断提高人民群众的审美鉴赏水平和精神文化境界。比如曾在网上炒得沸沸扬扬的“艳照门”事件，有人把一些明星的艳照在网上大肆传播，虽然满足了一些人的偷窥欲望，却对社会的稳定与安宁、对青少年的健康与成长带来严重的危害。这件事让我们深思艺术家的“艺德”问题，但也从一个侧面说明了提高群众的审美鉴赏水平是一件多么重要的事情。人民需要文艺，文艺更需要人民。离开了人民群众，文艺就会成为无源之水、无本之木。我们认为，作为文艺评论家，只有站在人民群众当中，真正代表人民的心愿，反映人民的心声，才最有力量。我们的评论家要面向群众、服务群众，注重改进文风，努力使评论作品深入浅出、通俗流畅，使人民群众喜闻乐见、多读多看，真正影响群众、赢得群众，推动优秀文艺作品在群众中得到广泛传播。好的文艺批评应当像镜子一般使作者的优点和缺点呈现出来，指示他正确的道路，又向读者指出应当赞美、应当点赞和不应当赞美的地方。要积极组织文艺评论工作者到机关、企业、农村、学校、社区中去，通过讲演、座谈、知识竞赛、辅导群众性文化活动等，普及文艺知识，宣传优秀作品，努力把正确的文艺观、审美观普及到群众中去。要积极开展群众性的文艺评论，配合优秀文艺作品的展播、展演、展映以及群众性文艺活动的开展，组织人民群众参与文艺评论，在广大群众中开展群众性影评、剧评、文学赏评、美术摄影书法欣赏等，使人民群众在参与中得到提高。要从人民群众那里吸收和补充营养。文艺评论工作者要进一步密切与群众的联系，经常听取群众对文艺创作和评论工作的意见，积极吸收其合理成分，为做好评论工作补充有益营养。

文艺评论工作专业性强，政治要求高。理想的文艺评论是融科学与艺术、智慧与美感于一体的。好的文艺评论能够透过事物的现象看到本质，从艺术创作的青萍之末看到艺术的风起、风向和风潮。我们必须采取切实有力的措施，扎实做好新形势下的文艺评论工作，使党的文艺主张更容易为广大文艺工作者所接受和遵循，从而实现专业化、学理化的思想领导。

一是加强队伍建设。组织、动员和团结一支包括文学、影视、戏剧、美术、音乐、舞蹈、曲艺等各领域人才在内的稳定的文艺评论队伍，这是当前我们面临的一项迫切任务，必须下大力气，努力促进其数量不断扩大、素质不断提高。文艺评论工作者要加强政治理论和业务学习。当前要学习好、贯彻好、落实好党的十八大精神，努力用党的十八大精神特别是习近平系列重要讲话精神武装头脑、指导创作，以实际行动推进社会主义核心价值体系建设。要深入学习中国特色社会主义理论体系，学习习近平总书记关于文艺工作的两篇重要讲话，学习文艺评论专业知识和经济、法律、科技等方面的内容，牢固树立正确的世界观、人生观、价值观和马克思主义文艺观，不断提高自己的理论素养和业务水平。要从创作和评论发展的实际情况出发，定期开展文艺评论方面的讲评和学术交流活动，邀请国内评论界专家学者来我省讲课，组织我省评论工作者研讨新出现的热点问题，交流开展文艺批评的心得体会，总结推广基层文艺评论工作中行之有效的新经验和新做法，不断提高我省文艺评论的整体水平。要努力推出更多在国内有影响的文艺评论家。我省拥有一批在国内享有盛誉的文艺评论家，老一代的如任访秋、龚依群、刘思谦、鲁枢元、陈继会、孙荪、耿占春、王鸿生等，年轻一代的如何向阳、何弘等。他们都是我省文艺评论工作的宝贵财富和重要力量，必须倍加珍惜，充分发挥他们的引领和带动作用，努力推出更多国内评论界的领军人物，打造一支规模庞大、实力雄厚的文艺评论豫军。要为青年评论人才的成长创造条件，通过组织重点科研项目和征稿、研讨、座谈等方式，为他们提供更多参与学术研究的机会，提供更多展示才华的条件，帮助解决工作和生活中的困难和问题，使他们尽快成长起来。另外，随着改革的深入和社会结构的变化，目前评论界出现了一些无固定单位的评论人才，这一部分人年龄普遍较低，经常活跃于电台、电视台、报刊、网站等大众媒体，有的还产生了一定影响，要建立起与这些青年评论群体的联系，及时了解他们的生活和思想状况，积极做好团结引导工作，使他们成为文艺评论队伍的重要生力军。

二是加强制度建设。建立完善的工作制度，是做好文艺评论工作的重要保障。要建立健全文艺阅评制度。2001年制定下发的《关于建立文艺阅评制度的意见》，是加强我省文艺评论工作的重要制度。根据形势发展的需要，我们要对这一制度进一步完善，成立新的文艺阅评小组，增加一批中青年业务骨干，充分发挥他们在舆情收集、动态分析、文艺评论等方面的重要作用，及时掌握文艺领域的一些苗头性、倾向性、趋势性的动态和思潮。要建立文艺工作通气会制度，及时传达中央和省委关于文艺工作的指示精神，通报文艺创作动态和舆情，通报文艺宣传和文艺创作中需要注意的问题，对一个时期文艺创作、文艺评论和宣传报道提出要求。要建立健全文艺媒体定期联系制度，切实加强与主要文艺传媒、重要评论栏目及群众文化场所负责人的经常化联系，有针对性地研究和部署评论工作，及时给予指导和扶持，推动文艺评论工作的制度化、规范化。

三是加强阵地建设。文艺评论的开展离不开舞台和阵地，不断占领、巩固和扩大阵地是加强和改善文艺评论工作的重要环节。要充分发挥大众媒体主阵地的作用，利用电台、电视台、报纸、刊物、互联网等现代传媒，广泛开展文艺评论，特别是要做好网上评论工作。互联网作为一种新兴媒体，具有覆盖面大、传播速度快、影响广泛等特点，网上评论不受时空限制，大多是作者真情实感的表达，容易与读者产生共鸣。我们一定要积极主动地做好网上文艺评论工作，用优秀的文艺评论占领这一新兴阵地，使其更好地为繁荣发展我省文艺事业服务，为提升河南良好形象服务。省直各主要媒体和有关期刊杂志要按照要求，积极开办文艺评论栏目，增加文艺评论内容，争取办出更多的精品文艺评论栏目，切实增强文艺评论的吸引力和感染力。河南省文艺评论家协会也要建立自己的阵地，发出自己的声音，充分发挥文艺评论的示范和引导作用，真正成为加强文艺评论工作的带头人、主力军。要充分发挥高等院校的阵地作用。高等院校人才集中、研究力量强大，在文艺理论研究及文艺评论方面具有得天独厚的优势，是加强和改进文艺评论工作的重要阵地和重要力量，我们必须给予足够重视和大力支持。各有关高校的教师要紧密结合我省文艺评论工作的需要，自觉地把个人的事业与我省文艺事业的繁荣发展联系起来，努力走在文艺评论工作的前列。要充分发挥群众文化场所的阵地作用，利用影剧院、图书馆、群众艺术馆、文化宫、文化馆、文化站、社区文化活动中心等场所，举办观摩、研讨、培训等活动，促进专业评论工作者与业余评论工作者相结合，

使这些场所成为唱响主旋律的重要阵地。

文艺评论工作是一项清贫而艰苦的事业，也是崇高而神圣的事业。“一团和气”不是良好的文艺批评生态，“一评就跳，一评就骂”更不是衡文论艺的正常氛围。批评的品格在于实事求是。我国古代文论家刘勰说得好：“无私于轻重，不偏于憎爱，然后能平理若衡，照辞如镜。”多年来，我省的评论家在这一块土地上辛勤耕耘，取得了很大的成绩，为河南文艺事业的繁荣发展作出了重要贡献。我相信，随着新一届河南省文艺评论家协会的成立，我省的文艺评论工作一定会进入一个崭新的发展阶段，文艺理论、文艺评论上的中原学派一定会不断发展壮大，我省的文艺事业也一定会迎来一个繁荣发展的新高潮，并有力地促进河南的文化高地建设。

第五章

固本求新　走向未来

创新是历史进步的动力、时代发展的关键。习近平总书记在党的十八届五中全会上提出的创新、协调、绿色、开放、共享“五大发展理念”，把创新提到首要位置，指明了我国发展的方向和要求，代表了当今世界发展潮流，体现了我们党认识把握发展规律的深化。文化包括物质文化、制度文化和精神文化三个层面，精神文化也就是思想文化，是文化建设的最深层结构。因此，文化创新的核心就是思想创新。探索明日的方向，需要我们不忘昨日的来处。在当前我国经济下行压力大、发展任务紧迫的形势下，在实现中原崛起河南振兴富民强省的新形势下，树立和贯彻创新发展理念，要承古开新，固本求新，守正出新，不忘本来，吸收外来，面向未来，切实打开创新发展之门。

一、创新思想是文化创新发展的力量之源

创新是引领发展的第一动力。一个国家和民族的创新能力，从根本上影响乃至决定一个国家和民族的前途命运。历史和实践反复证明，唯创新者进，唯创新者强，唯创新者胜。英

国科学家李约瑟在他编著的《中国科学技术史》序言中，曾叩问：长期在科学和技术方面领先于同时代欧洲的中国,为什么近代落后于欧洲？这就是有名的“李约瑟之问”。与之相关的，是进入21世纪之后中国科学家钱学森的“钱学森之问”：为什么我们的学校总是培养不出杰出的人才？我们认为，“两问”背后有深刻复杂的历史原因，但一个非常重要的原因就是我们的创新能力不足。

习近平总书记在论述创新发展时，强调要不断推进理论创新、制度创新、科技创新、文化创新等各方面创新，让创新贯穿党和国家一切工作，让创新在全社会蔚然成风。这既是对“科技是第一生产力”内涵的进一步升华和深化，同时已超越科技层面，使创新进入了理论、制度、文化等综合层面。创新，特别是理论创新、知识创新，是引领创新发展的强大力量。而决定理论创新、知识创新的首先是人的思想创新。因为，人的思想是理论形成的基础，一种理论形成的背后，一定要有深厚的思想作支撑。没有思想上的创新，就很难有理论上的创新。而没有理论上的创新，也就没有科技、制度和文化上的创新。思想理论创新属于“脑动力”创新，是社会发展和变革的先导，也是各类创新活动的思想灵魂和方法来源。在党的十八届五中全会上，习近平总书记论述的“五大发展理念”，统一于“四个全面”战略布局和“五位一体”总体布局中，统一于坚持和发展中国特色社会主义实践中，统一于实现“两个一百年”奋斗目标、实现中华民族伟大复兴中国梦的历史进程中，这些治国理政的新理念新思想新战略，本身就是思想和理论创新的结果。树立和落实“五大发展理念”，必须深刻认识“创新是引领发展的第一动力”，必须切实“把创新摆在国家发展全局的核心位置”，必须明白“谁牵住了科技创新这个牛鼻子”，谁走好了科技创新这个先手棋，谁就能占领先机，赢得优势。以思想创新引导理论创新，以理论创新引导科技创新、制度创新和文化创新，开创创新发展的新局面。

需要强调的是，创新发展离不开自然科学创新，但更需要哲学社会科学创新。相对于自然科学而言，哲学社会科学是帮助人们解决世界观、人生观、价值观，解决理论认识和科学思维，解决对社会发展、社会管理规律的认识和运用的科学，它能为自然科学创新提供科学的方法、精神支持和制度保障，能够确保自然科学创新的发展方向。本尼迪克特、布热津斯基、熊彼特等社会科学家的思想和著作，在世界历史上都发挥过重大作用。在一定意义上，可以说，思想创新主要依靠哲学社会科学的繁荣发展。因此，“创新”不仅仅是对科技工作者的明确要求，更是对全党全社会特别是广大社科工作者提出的紧迫任务。

二、准确把握文化创新特别是思想创新的战略着力点

创新是人类特有的有意识、富于智慧的实践活动，思想创新是创新实践活动的高级形态。哥白尼、达·芬奇、牛顿、爱迪生、达尔文、爱因斯坦、马克思等都是具有创新思维的巨人。建设文化高地，推动思想创新和文化创新，要立足于社会需要、遵循客观规律、不断解放思想。

首先，要立足于社会需要。思想创新，必须树立问题意识，立足于社会现实需要。当前，世界各大国都在积极强化创新部署，如美国实施再工业化战略、德国提出工业4.0战略。中国从过去的“北、上、广”变成了“北、上、深、杭”。深圳的科技、杭州的电商成为中国经济新亮点。如今，与全国一样，河南发展既处于蓄势崛起、跨越发展的关键时期，也处于爬坡过坎、攻坚转型的紧要关口。然而，创新是我们发展的最

大“瓶颈”，是我们的“阿喀琉斯之踵”。围绕“四个大省”建设，我们认为，有一些现实问题亟待进一步理清思路、找准破解之道。一个是供给侧结构性改革问题，一个是新型城镇化建设深入推进问题，一个是精准扶贫任务完成问题。对于我省社科理论界来说，推进思想创新，就不能避开问题走，绕开矛盾走，而是要紧盯这些现实问题，深入开展调查研究，出思想，献实招，真正解决问题，真正推动发展。

其次，要遵循客观规律。马克思主义认为，自然、社会的联系和发展是有规律的，这些规律也同样贯穿于人类思维的发展史中。思想创新是一种高级的思维运动，是受一定的客观规律支配的。党的十八大以来，习近平总书记提出的一系列治国理政新思想，都是遵循了共产党执政规律、社会主义建设规律、人类社会发展规律，并在此基础上不断推陈出新，发展了马克思主义。因此，思想创新必须遵循客观规律，要通过发挥人的主观能动性，认识一般思维的运动规律，然后按客观规律办事，“不能脚踩西瓜皮，滑到哪里算哪里”。具体来说，要遵循经济规律实现科学发展，遵循社会规律实现包容性发展，遵循自然规律实现可持续发展。在经济规律上，要遵循区域经济发展规律、产业发展规律、城市化规律。

再次，要不断解放思想。习近平总书记曾指出，实践发展永无止境，解放思想永无止境。推进思想创新，最为紧迫的是不断解放思想。思想左右着人的行动，思想的牢笼是阻碍人的行动的最大羁绊。曾有人指出，17、18世纪，当欧洲上空的“理性之光”将引导人们走出中世纪的黑暗时，东方的中国人正逐步被禁锢于“思想的牢笼”。落后就要挨打，思想落后更要挨打。不创新就要落后，创新慢了也要落后。思想是不断发展的，今天的思想适应今天，但不一定适应明天。所以，要推进思想创新，必须不断解放思想，始终让思想自由驰骋。

三、以思想创新推进河南文化高地建设

习近平总书记曾指出，干在实处永无止境，走在前列要谋新篇。建设文化高地，推进思想创新，也要干在实处，才能推动河南“十三五”实现创新发展。当前，突出的要抓好以下四个方面的工作：

一是要深入推进新型智库建设。智库的一个重要职能，就是不断提出新的思想。换句话说，智库就是思想库，是思想的生产基地。习近平总书记多次对智库建设作出重要批示和讲话，强调必须从党和国家事业发展全局的战略高度，把中国特色新型智库建设作为一项重大而紧迫的任务，切实抓紧抓好。2014年，为贯彻落实中央关于加强中国特色新型智库建设的意见，省委办公厅、省政府办公厅下发了《关于加强中原智库建设的意见》，对中原智库建设作出了具体部署。应当承认，当前，无论是国家层面的智库建设，还是地方层面如中原智库建设，都还是初步的，还有很多工作要做。就我省而言，与“四个大省”建设相比，长期积累的结构性矛盾仍很突出，工业大而不强、第三产业发展不足问题亟待解决，这些问题都要求我们必须以更加广阔的视野和更加有力的措施推进新型智库建设。

二是要重视念好“人才经”。人才是第一资源，是推动思想创新的重要资源。十八大以来，习近平总书记在不同场合不同会议上强调了人才的重要性。近日，中共中央印发了《关于深化人才发展体制机制改革的意见》，是当前和今后一个时期全国人才工作的重要指导性文件。创新归根结底是人才创新，创新驱动归根结底是人才驱动。美国的“曼哈顿”计划，正是借助那些精尖科技人才，率先研制出了核武器，从而取得了第二次世界大战的战略主动。韩国经济每隔10年就能完成一次

产业升级，这得益于其有效的创新人才战略。“我劝天公重抖擞，不拘一格降人才”。我们要切实增强责任感、使命感，进一步深化对科技创新特点和人才成长规律的认识，认真贯彻落实中央《意见》，切实改革人才服务机制，加快改革科研经费使用管理办法，突出智力报偿。要大力实施社科理论名家培养和推介工程，努力造就一批在全国甚至世界都有影响的社科理论名家。通过采取一系列有效措施，切实将人才资源转化为人才优势，这是推动思想创新的根本所在。

三是要重视体制机制创新。创新发展是“十三五”时期经济结构实现战略性调整的关键驱动因素，是实现“五位一体”总体布局下全面发展的根本支撑。创新如果没有体制机制作保障，是不会持久的。相对于文化创新、科技创新和理论创新，制度创新特别关键。在一定意义上，制度创新进展的程度，决定着全要素生产率提升的空间。要通过深化改革，加强制度建设，加快完善激励的创新体系，形成有利于创新的体制和机制。

四是要积极营造创新文化氛围。只有崇尚创新、尊重创新，在全社会积极营造浓厚的创新文化氛围，才能解决原动力不足、创新文化缺位、创新意识淡薄等问题。在国际竞争中，正是由于创新能力的不同，才造成了“脑国”和“躯国”的区别。我们要大力倡导独立思考的精神、敢于冒险的精神、宽容失败的精神，努力把创新与经济建设、改善民生结合起来，与基础研究和应用研究结合起来。要调动社会各方面的积极性支持创新发展，努力推动大众创业、万众创新，通过建设创新文化使创新发展行稳致远。

附录一
关于实施中华优秀传统文化传承发展工程的意见

文化是民族的血脉，是人民的精神家园。文化自信是更基本、更深层、更持久的力量。中华文化独一无二的理念、智慧、气度、神韵，增添了中国人民和中华民族内心深处的自信和自豪。为建设社会主义文化强国，增强国家文化软实力，实现中华民族伟大复兴的中国梦，现就实施中华优秀传统文化传承发展工程提出如下意见。

一、重要意义和总体要求

1. 重要意义。中华文化源远流长、灿烂辉煌。在5000多年文明发展中孕育的中华优秀传统文化，积淀着中华民族最深沉的精神追求，代表着中华民族独特的精神标识，是中华民族生生不息、发展壮大的丰厚滋养，是中国特色社会主义植根的文化沃土，是当代中国发展的突出优势，对延续和发展中华文明、促进人类文明进步，发挥着重要作用。

中国共产党在领导人民进行革命、建设、改革伟大实践中，自觉肩负起传承发展中华优秀传统文化的历史责任，是中华优秀传统文化的忠实继承者、弘扬者和建设者。党的十八大以来，在以习近平同志为核心的党中央领导下，各级党委和政府更加自觉、更加主动推动中华优秀传统文化的传承与发展，开展了一系列富有创新、富有成效的工作，有力增强了中华优秀传统文化的凝聚力、影响力、创造力。同时要看到，随着我国经济社会深刻变革、对外开放日益扩大、互联网技术和新媒体快速发展，各种思想文化交流交融交锋更加频繁，迫切需要深化对中华优秀传统文化重要性的认识，进一步增强文化自觉和文化自信；迫切需要深入挖掘中华优秀传统文化价值内涵，进一步激发中华优秀传统文化的生机与活力；迫切需要加强政策支持，着力构建中华优秀传统文化传承发展体系。实施中华优秀传统文化传承发展工程，是建设社会主义文化强国的重大战略任务，对于传承中华文脉、全面提升人民群众文化素养、维护国家文化安全、增强国家文化软实力、推进国家治理体系和治理能力现代化，具有重要意义。

2. **指导思想**。高举中国特色社会主义伟大旗帜，全面贯彻党的十八大和十八届三中、四中、五中、六中全会精神，坚持以马克思列宁主义、毛泽东思想、邓小平理论、“三个代表”重要思想、科学发展观为指导，深入贯彻习近平总书记系列重要讲话精神和治国理政新理念新思想新战略，紧紧围绕实现中华民族伟大复兴的中国梦，深入贯彻新发展理念，坚持以人民为中心的工作导向，坚持以社会主义核心价值观为引领，坚持创造性转化、创新性发展，坚守中华文化立场、传承中华文化基因，不忘本来、吸收外来、面向未来，汲取中国智慧、弘扬中国精神、传播中国价值，不断增强中华优秀传统文化的生命力和影响力，创造中华文化新辉煌。

3. **基本原则**

——牢牢把握社会主义先进文化前进方向。坚持中国特色社会主义文化发展道路，立足于巩固马克思主义在意识形态领域的指导地位、巩固全党全国人民团结奋斗的共同思想基础，弘扬社会主义核心价值观，培育民族精神和时代精神，解决现实问题、助推社会发展。

——坚持以人民为中心的工作导向。坚持为了人民、依靠人民、共建共享，注重文化熏陶和实践养成，把跨越时空的思想理念、价值标准、审美风范转化为人们的精神追求和行为习惯，不断增强人民群众的文化参与感、获得感和认同感，形成向上向善的社会风尚。

——坚持创造性转化和创新性发展。坚持辩证唯物主义和历史唯物主义，秉持客观、科学、礼敬的态度，取其精华、去其糟粕，扬弃继承、转化创新，不复古泥古，不简单否定，不断赋予新的时代内涵和现代表达形式，不断补充、拓展、完善，使中华民族最基本的文化基因与当代文化相适应、与现代社会相协调。

——坚持交流互鉴、开放包容。以我为主、为我所用，取长补短、择善而从，既不简单拿来，也不盲目排外，吸收借鉴国外优秀文明成果，积极参与世界文化的对话交流，不断丰富和发展中华文化。

——坚持统筹协调、形成合力。加强党的领导，充分发挥政府主导作用和市场积极作用，鼓励和引导社会力量广泛参与，推动形成有利于传承发展中华优秀传统文化的体制机制和社会环境。

4. 总体目标。到2025年，中华优秀传统文化传承发展体系基本形成，研究阐发、教育普及、保护传承、创新发展、传播交流等方面协同推进并取得重要成果，具有中国特色、中国风格、中国气派的文化产品更加丰富，文化自觉和文化自信显著增强，国家文化软实力的根基更为坚实，中华文化的国际影响力明显提升。

二、主要内容

5. 核心思想理念。中华民族和中国人民在修齐治平、尊时守位、知常达变、开物成务、建功立业过程中培育和形成的基本思想理念，如革故鼎新、与时俱进的思想，脚踏实地、实事求是的思想，惠民利民、安民富民的思想，道法自然、天人合一的思想等，可以为人们认识和改造世界提供有益启迪，可以为治国理政提供有益借鉴。传承发展中华优秀传统文化，就要大力弘扬讲仁爱、重民本、守诚信、崇正义、尚和合、求大同等核心思想理念。

6. 中华传统美德。中华优秀传统文化蕴含着丰富的道德理念和规范，如天下兴亡、匹夫有责的担当意识，精忠报国、振兴中华的爱国情怀，崇德向善、见贤思齐的社会风尚，孝悌忠信、礼义廉耻的荣辱观念，体现着评判是非曲直的价值标准，潜移默化地影响着中国人的行为方式。传承发展中华优秀传统文化，就要大力弘扬自强不息、敬业乐群、扶危济困、见义勇为、孝老爱亲等中华传统美德。

7. 中华人文精神。中华优秀传统文化积淀着多样、珍贵的精神财富，如求同存异、和而不同的处世方法，文以载道、以文化人的教化思想，形神兼备、情景交融的美学追求，俭约自守、中和泰和的生活理念等，是中国人民思想观念、风俗习惯、生活方式、情感样式的集中表达，滋养了独特丰富的文学艺术、科学技术、人文学术，至今仍然具有深刻影响。传承发展中华优秀传统文化，就要大力弘扬有利于促进社会和谐、鼓励人们向上向善的思想文化内容。

三、重点任务

8. 深入阐发文化精髓。加强中华文化研究阐释工作，深入研究阐释中华文化的历史渊源、发展脉络、基本走向，深刻阐明中华优秀传统文化是发展当代中国马克思主义的丰厚滋养，深刻阐明传承发展中华优秀传统文化是建设中国特色社会主义事业的实践之需，深刻阐明丰富多彩的多民族文化是中华文化的基本构成，深刻阐明中华文明是在与其他文明不断交流互鉴中丰富发展的，着力构建有中国底蕴、中国特色的思想体系、学术体系和话语体系。加强党史国史及相关档案编修，做好地方史志编纂工作，巩固中华文明探源成果，正确反映中华民族文明史，推出一批研究成果。实施中华文化资源普查工程，构建准确权威、开放共享的中华文化资源公共数据平台。建立国家文物登录制度。建设国家文献战略储备库、革命文物资源目录和大数据库。实施国家古籍保护工程，完善国家珍贵古籍名录和全国古籍重点保护单位评定制度，加强中华文化典籍整理编纂出版工作。完善非物质文化遗产、馆藏革命文物普查建档制度。

9. **贯穿国民教育始终**。围绕立德树人根本任务，遵循学生认知规律和教育教学规律，按照一体化、分学段、有序推进的原则，把中华优秀传统文化全方位融入思想道德教育、文化知识教育、艺术体育教育、社会实践教育各环节，贯穿于启蒙教育、基础教育、职业教育、高等教育、继续教育各领域。以幼儿、小学、中学教材为重点，构建中华文化课程和教材体系。编写中华文化幼儿读物，开展“少年传承中华传统美德”系列教育活动，创作系列绘本、童谣、儿歌、动画等。修订中小学道德与法治、语文、历史等课程教材。推动高校开设中华优秀传统文化必修课，在哲学社会科学及相关学科专业和课程中增加中华优秀传统文化的内容。加强中华优秀传统文化相关学科建设，重视保护和发展具有重要文化价值和传承意义的“绝学”、冷门学科。推进职业院校民族文化传承与创新示范专业点建设。丰富拓展校园文化，推进戏曲、书法、高雅艺术、传统体育等进校园，实施中华经典诵读工程，开设中华文化公开课，抓好传统文化教育成果展示活动。研究制定国民语言教育大纲，开展好国民语言教育。加强面向全体教师的中华文化教育培训，全面提升师资队伍水平。

10．保护传承文化遗产。坚持保护为主、抢救第一、合理利用、加强管理的方针，做好文物保护工作，抢救保护濒危文物，实施馆藏文物修复计划，加强新型城镇化和新农村建设中的文物保护。加强历史文化名城名镇名村、历史文化街区、名人故居保护和城市特色风貌管理，实施中国传统村落保护工程，做好传统民居、历史建筑、革命文化纪念地、农业遗产、工业遗产保护工作。规划建设一批国家文化公园，成为中华文化重要标识。推进地名文化遗产保护。实施非物质文化遗产传承发展工程，进一步完善非物质文化遗产保护制度。实施传统工艺振兴计划。大力推广和规范使用国家通用语言文字，保护传承方言文化。开展少数民族特色文化保护工作，加强少数民族语言文字和经典文献的保护和传播，做好少数民族经典文献和汉族经典文献互译出版工作。实施中华民族音乐传承出版工程、中国民间文学大系出版工程。推动民族传统体育项目的整理研究和保护传承。

11．滋养文艺创作。善于从中华文化资源宝库中提炼题材、获取灵感、汲取养分，把中华优秀传统文化的有益思想、艺术价值与时代特点和要求相结合，运用丰富多样的艺术形式进行当代表达，推出一大批底蕴深厚、涵育人心的优秀文艺作品。科学编制重大革命和历史题材、现实题材、爱国主义题材、青少年题材等专项创作规划，提高创作生产组织化程度，彰显中华文化的精神内涵和审美风范。加强对中华诗词、音乐舞蹈、书法绘画、曲艺杂技和历史文化纪录片、动画片、出版物等的扶持。实施戏曲振兴工程，做好戏曲“像音像”工作，挖掘整理优秀传统剧目，推进数字化保存和传播。实施网络文艺创作传播计划，推动网络文学、网络音乐、网络剧、微电影等传承发展中华优秀传统文化。实施中国经典民间故事动漫创作工程、中华文化电视传播工程，组织创作生产一批传承中华文化基因、具有大众亲和力的动画片、纪录片和节目栏目。大力加强文艺评论，改革完善文艺评奖，建立有中国特色的文艺研究评论体系，倡导中华美学精神，推动美学、美德、美文相结合。

12. 融入生产生活。注重实践与养成、需求与供给、形式与内容相结合，把中华优秀传统文化内涵更好更多地融入生产生活各方面。深入挖掘城市历史文化价值，提炼精选一批凸显文化特色的经典性元素和标志性符号，纳入城镇化建设、城市规划设计，合理应用于城市雕塑、广场园林等公共空间，避免千篇一律、千城一面。挖掘整理传统建筑文化，鼓励建筑设计继承创新，推进城市修补、生态修复工作，延续城市文脉。加强“美丽乡村”文化建设，发掘和保护一批处处有历史、步步有文化的小镇和村庄。用中华优秀传统文化的精髓涵养企业精神，培育现代企业文化。实施中华老字号保护发展工程，支持一批文化特色浓、品牌信誉高、有市场竞争力的中华老字号做精做强。深入开展“我们的节日”主题活动，实施中国传统节日振兴工程，丰富春节、元宵、清明、端午、七夕、中秋、重阳等传统节日文化内涵，形成新的节日习俗。加强对传统历法、节气、生肖和饮食、医药等的研究阐释、活态利用，使其有益的文化价值深度嵌入百姓生活。实施中华节庆礼仪服装服饰计划，设计制作展现中华民族独特文化魅力的系列服装服饰。大力发展文化旅游，充分利用历史文化资源优势，规划设计推出一批专题研学旅游线路，引导游客在文化旅游中感知中华文化。推动休闲生活与传统文化融合发展，培育符合现代人需求的传统休闲文化。发展传统体育，抢救濒危传统体育项目，把传统体育项目纳入全民健身工程。

13. 加大宣传教育力度。综合运用报纸、书刊、电台、电视台、互联网站等各类载体，融通多媒体资源，统筹宣传、文化、文物等各方力量，创新表达方式，大力彰显中华文化魅力。实施中华文化新媒体传播工程。充分发挥图书馆、文化馆、博物馆、群艺馆、美术馆等公共文化机构在传承发展中华优秀传统文化中的作用。编纂出版系列文化经典。加强革命文物工作，实施革命文物保护利用工程，做好革命遗址、遗迹、烈士纪念设施的保护和利用。推动红色旅游持续健康发展。深入开展“爱我中华”主题教育活动，充分利用重大历史事件和中华历史名人纪念活动、国家公祭仪式、烈士纪念日，充分利用各类爱国主义教育基地、历史遗迹等，展示爱国主义深刻内涵，培育爱国主义精神。加强国民礼仪教育。加大对国家重要礼仪的普及教育与宣传力度，在国家重大节庆活动中体现仪式感、庄重感、荣誉感，彰显中华传统礼仪文化的时代价值，树立文明古国、礼仪之邦的良好形象。研究提出承接传统习俗、符合现代文明要求的社会礼仪、服装服饰、文明用语规范，建立健全各类公共场所和网络公共空间的礼仪、礼节、礼貌规范，推动形成良好的言行举止和礼让宽容的社会风尚。把优秀传统文化思想理念体现在社会规范中，与制定市民公约、乡规民约、学生守则、行业规章、团体章程相结合。弘扬孝敬文化、慈善文化、诚信文化等，开展节俭养德全民行动和学雷锋志愿服务。广泛开展文明家庭创建活动，挖掘和整理家训、家书文化，用优良的家风家教培育青少年。挖掘和保护乡土文化资源，建设新乡贤文化，培育和扶持乡村文化骨干，提升乡土文化内涵，形成良性乡村文化生态，让子孙后代记得住乡愁。加强港澳台中华文化普及和交流，积极举办以中华文化为主题的青少年夏令营、冬令营以及诵读和书写中华经典等交流活动，鼓励港澳台艺术家参与国家在海外举办的感知中国、中国文化年（节）、欢乐春节等品牌活动，增强国家认同、民族认同、文化认同。

14. 推动中外文化交流互鉴。加强对外文化交流合作，创新人文交流方式，丰富文化交流内容，不断提高文化交流水平。充分运用海外中国文化中心、孔子学院，文化节展、文物展览、博览会、书展、电影节、体育活动、旅游推介和各类品牌活动，助推中华优秀传统文化的国际传播。支持中华医药、中华烹饪、中华武术、中华典籍、中国文物、中国园林、中国节日等中华传统文化代表性项目走出去。积极宣传推介戏曲、民乐、书法、国画等我国优秀传统文化艺术，让国外民众在审美过程中获得愉悦、感受魅力。加强“一带一路”沿线国家文化交流合作。鼓励发展对外文化贸易，让更多体现中华文化特色、具有较强竞争力的文化产品走向国际市场。探索中华文化国际传播与交流新模式，综合运用大众传播、群体传播、人际传播等方式，构建全方位、多层次、宽领域的中华文化传播格局。推进国际汉学交流和中外智库合作，加强中国出版物国际推广与传播，扶持汉学家和海外出版机构翻译出版中国图书，通过华侨华人、文化体育名人、各方面出境人员，依托我国驻外机构、中资企业、与我友好合作机构和世界各地的中餐馆等，讲好中国故事、传播好中国声音、阐释好中国特色、展示好中国形象。

四、组织实施和保障措施

15. 加强组织领导。各级党委和政府要从坚定文化自信、坚持和发展中国特色社会主义、实现中华民族伟大复兴的高度，切实把中华优秀传统文化传承发展工作摆上重要日程，加强宏观指导，提高组织化程度，纳入经济社会发展总体规划，纳入考核评价体系，纳入各级党校、行政学院教学的重要内容。各级党委宣传部门要发挥综合协调作用，整合各类资源，调动各方力量，推动形成党委统一领导、党政群协同推进、有关部门各负其责、全社会共同参与的中华优秀传统文化传承发展工作新格局。各有关部门和群团组织要按照责任分工，制定实施方案，完善工作机制，把各项任务落到实处。

16. 加强政策保障。加强中华优秀传统文化传承发展相关扶持政策的制定与实施，注重政策措施的系统性协同性操作性。加大中央和地方各级财政支持力度，同时统筹整合现有相关资金，支持中华优秀传统文化传承发展重点项目。制定和完善惠及中华优秀传统文化传承发展工程项目的金融支持政策。加大对国家重要文化和自然遗产、国家级非物质文化遗产等珍贵遗产资源保护利用设施建设的支持力度。建立中华优秀传统文化传承发展相关领域和部门合作共建机制。制定文物保护和非物质文化遗产保护专项规划。制定和完善历史文化名城名镇名村和历史文化街区保护的相关政策。完善相关奖励、补贴政策，落实税收优惠政策，引导和鼓励企业、社会组织及个人捐赠或共建相关文化项目。建立健全中华优秀传统文化传承发展重大项目首席专家制度，培养造就一批人民喜爱、有国际影响的中华文化代表人物。完善中华优秀传统文化传承发展的激励表彰制度，对为中华优秀传统文化传承发展和传播交流作出贡献、建立功勋、享有声誉的杰出海内外人士按规定授予功勋荣誉或进行表彰奖励。有关部门要研究出台入学、住房保障等方面的倾斜政策和措施，用以倡导和鼓励自强不息、敬业乐群、扶正扬善、扶危济困、见义勇为、孝老爱亲等传统美德。

17. 加强文化法治环境建设。修订文物保护法。制定文化产业促进法、公共图书馆法等相关法律，对中华优秀传统文化传承发展有关工作作出制度性安排。在教育、科技、卫生、体育、城乡建设、互联网、交通、旅游、语言文字等领域相关法律法规的制定修订中，增加中华优秀传统文化传承发展内容。加大涉及保护传承弘扬中华优秀传统文化法律法规施行力度，加强对法律法规实施情况的监督检查。充分发挥各行政主管部门在传承发展中华优秀传统文化中的重要作用，建立完善联动机制，严厉打击违法经营行为。加强法治宣传教育，增强全社会依法传承发展中华优秀传统文化的自觉意识，形成礼敬守护和传承发展中华优秀传统文化的良好法治环境。各地要根据本地传统文化传承保护的现状，制定完善地方性法规和政府规章。

18. 充分调动全社会积极性创造性。传承发展中华优秀传统文化是全体中华儿女的共同责任。坚持全党动手、全社会参与，把中华优秀传统文化传承发展的各项任务落实到农村、企业、社区、机关、学校等城乡基层。各类文化单位机构、各级文化阵地平台，都要担负起守护、传播和弘扬中华优秀传统文化的职责。各类企业和社会组织要积极参与文化资源的开发、保护与利用，生产丰富多样、社会价值和市场价值相统一、人民喜闻乐见的优质文化产品，扩大中高端文化产品和服务的供给。充分尊重工人、农民、知识分子的主体地位，发挥领导干部的带头作用，发挥公众人物的示范作用，发挥青少年的生力军作用，发挥先进模范的表率作用，发挥非公有制经济组织和社会组织从业人员的积极作用，发挥文化志愿者、文化辅导员、文艺骨干、文化经营者的重要作用，形成人人传承发展中华优秀传统文化的生动局面。

附录二
华夏历史文明传承创新区建设方案

华夏历史文明传承创新区是中原经济区五大战略定位之一，是国家赋予中原经济区的重大文化使命。河南是中华民族和华夏文明的重要发源地，历史悠久、文化灿烂，孕育形成了兼容并蓄、刚柔相济、革故鼎新、生生不息的中原文化。建设华夏历史文明传承创新区，对传承弘扬中华优秀传统文化，建设中华民族共有精神家园，提升国家文化软实力，对推进文明河南和文化强省建设，促进中原文化大发展大繁荣，满足人民群众日益增长的精神文化需求，具有重大现实意义。为全面落实《中原经济区规划（2012—2020年）》《河南省经济社会发展十三五规划》等文件精神，加快推进华夏历史文明传承创新区建设，制定本方案。

一、总体要求

（一）指导思想

全面贯彻党的十八大和十八届三中、四中、五中全会精神，高举中国特色社会主义伟大旗帜，以邓小平理论、“三个代表”重要思想、科学发展观为指导，深入贯彻习近平总书记系列重要讲话精神，着眼协调推进“四个全面”战略布局，牢固树立创新、协调、绿色、开放、共享五大发展理念，坚持社会主义先进文化前进方向，以培育和践行社会主义核心价值观为引领，以满足人民群众精神文化需求为出发点和落脚点，推动中原优秀传统文化创造性转化、创新性发展，促进文化事业繁荣、文化产业发展和优秀传统文化传承弘扬，培育一批地域特色明显、展现中原风貌、具有国际影响的文化品牌，塑造昂扬向上的中原人文精神，不断增强文化自觉和文化自信，进一步加快文化资源优势向文化发展优势转变，走出一条历史文化资源大省向文化强省跨越、文化促进经济社会发展的新路子。

（二）基本原则

——**坚持把社会效益放在首位、社会效益和经济效益相统一**。遵循文化发展规律，适应社会主义市场经济发展要求，正确处理文化的意识形态属性和产业属性、社会效益和经济效益的关系，一手抓繁荣，一手抓管理，努力实现两个效益相统一，更好地满足人民群众精神文化需求，推动文化事业与文化产业全面协调可持续发展。

——**坚持以文育人、以文化人**。把促进人的全面发展放在突出位置，充分挖掘吸收中原优秀传统文化的思想精华、道德精髓，大力弘扬焦裕禄精神、红旗渠精神、愚公移山精神，构建符合传统美德和时代要求的中原人文精神，用先进文化引领风尚、教育人民、服务社会。

——**坚持传承与创新相协调**。坚持不忘本来、吸收外来、面向未来，以客观、科学、礼敬的态度对待传统文化，全面把握传承与创新的辩证关系，在扬弃中继承弘扬，在创新中改造提升，用新文化业态、新表现方式、新传播手段赋予中原文化新生命、新魅力，进一步增强中原文化的吸引力、感染力和影响力。

——坚持政府主导和社会参与并举。发挥政府在顶层设计、规划指导、政策制定、平台搭建等方面的主导作用，坚持公共投资和市场融资相结合、政府兴办和群众群创群办相结合，鼓励社会组织、机构和个人捐赠以及兴办公益性文化事业，调动社会资本、民间资本投资文化产业的积极性，形成工作合力，实现共建共享。

——坚持统筹规划、有序推进。从基本省情出发，立足文化资源禀赋和发展现状，精选题材、统筹布局、分级管理，做到积极作为、有的放矢、量力而行。核心资源和全局性重大项目由省级主导规划建设，力争形成具有较大影响力和带动力的亮点，其他资源和项目建设一般由市县统筹实施。

（三）战略定位

——全球华人根亲文化圣地。发挥中原根亲文化资源优势，开展寻根拜祖文化活动，发展根亲文化主题旅游，建设根亲文化主题基地，确立一批中华优秀传统文化符号，使河南成为中华民族精神家园和心灵故乡的主要承载地。

——中国文化遗产保护传承示范基地。加强文化遗产的保护利用，加强非物质文化遗产的整体性保护、生产性保护与活态传承，加强优秀传统文化的教育普及，把河南建设成为保护展示和传承弘扬中华历史文明的重要窗口。

——全国重要的文化产业基地。坚持传统文化产业与新兴文化产业并重、国有文化产业与民营文化产业并进、规模扩张与产业升级并举，优化布局结构，转变发展方式，走规模化、集约化、专业化的路子，不断提升文化发展质量和水平，推动文化产业发展成为国民经济支柱性产业。

——现代文化创新发展新高地。全面深化文化体制改革，加快传统文化的现代转化，推动文化与科技、金融、旅游、互联网等相关产业融合发展，打造一批具有中原文化特质的知名品牌，把河南建设成为在全国有重要影响的文化创新发展区。

——**中华文化“走出去”的重要基地**。坚持“走出去”与“请进来”相结合，拓展文化交流途径，创新文化交流模式，打造文化交流平台，大力发展对外文化交流、合作和贸易，提升中原文化的知名度和影响力，推动中原文化走出国门、走向世界。

（四）发展目标

到2020年，纳入本方案的重点项目基本完成，华夏历史文明传承创新区初具规模。华夏历史文明得到有效保护和传承，社会主义核心价值观建设深入推进，社会文明程度和公民思想道德素质普遍提高，文化改革发展动力、活力明显增强，文化产业进一步发展壮大，文化产业体系进一步完善，文艺精品力作不断涌现，现代公共文化服务体系建立健全，文化市场体系健康发展，河南形象显著提升，河南成为全国重要的区域性文化中心，在社会主义文化强国建设中走在中西部地区前列。

二、主要任务

立足中原文化资源优势，通过龙头项目带动、文化品牌提升、特色产业支撑、体制机制创新，聚焦、聚神、聚力五大工程，加快推进华夏历史文明传承创新区建设。

（一）实施全球华人根亲文化圣地建设工程

发挥华夏文明之源、炎黄子孙之根的资源优势，挖掘中华姓氏文化、黄帝文化、功夫文化、汉字文化、元典文化、河洛文化、客家文化之源等根亲祖地文化资源，打造中原根亲文化品牌，提升具有中原特质的文化内涵，增强对海内外华人的凝聚力，构筑华夏儿女心灵故乡。

规划建设根亲文化主题基地。坚持巩固基础、扩大规模、提升内涵，规划建设一批凸显华夏历史文明符号、突出根亲主题，融教育、纪念、展示、体验为一体的文化主题基地。依托新郑黄帝故里、淮阳太昊陵、内黄颛顼帝喾陵、商丘燧皇陵、桐柏盘古之乡、泌阳盘古圣地、西华女娲城、濮阳帝舜故里等文化遗迹，建设人文始祖拜谒地。加强姓氏文化的研究挖掘，规划建设中华姓氏文化园，鼓励有基础、有条件的地方打造一批姓氏文化主题基地，形成“河洛是故乡”“寻根到中原”的文化认同。加强对汉字起源、发展演变的研究阐释，抓好甲骨文识别工程、中国文字博物馆续建工程、漯河许慎文化园等一批重点项目，传承汉字国粹，弘扬传统文化。加强对周易文化、儒释道文化和诸子文化等元典文化思想价值的挖掘、阐发、展示，推出一批研究成果，建成一批主题基地，维护民族文化基本元素。依托登封少林寺、焦作陈家沟，建设少林武术和太极拳展示体验园区，打造世界功夫之都。

组织开展根亲文化节会活动。坚持丰富内涵、创新形式，整合各地节会资源，突出根亲文化特色，着力打造一批富有乡愁家味的文化节会活动。进一步提升黄帝故里拜祖大典、中国洛阳牡丹文化节、中国开封清明文化节和菊花文化节、郑州国际少林武术节、中国·商丘国际华商节、唐人故里·闽台祖地中原（固始）根亲文化节、嵩山论坛、中国洛阳河洛文化旅游节的影响力，浓缩中原文化精华，彰显河南魅力。鼓励各地积极探索弘扬根亲文化的新形式、新载体，使之成为海内外华人中原寻根的重要纽带。

积极打造根亲文化旅游线路。坚持政府引导、市场运作、区域协同、文旅融合，打造“老家河南”根亲文化旅游品牌体系。精心建设世界文化遗产游、中原古都文化游、丝绸之路起点游、华人寻根祭祖游、文字起源发展游、诸子文化遗迹游等精品旅游线路，全面、生动展示中原文化的独特魅力，打造世界知名、全国一流的旅游目的地。

专栏一

嵩山论坛：在登封市嵩山召开。论坛以互相尊重、求同存异、革故鼎新、文明对话为原则，汇集国内外多元文化的代表人物、学术领袖、专家学者、文化名人及政要、政府智囊和知名企业高管，倡导世界文化的多元性，增进各国人民之间在文化上的相互理解和相互尊重。

中华姓氏文化园：规划建设内容包括3个场馆和6个中心，即中华姓氏博物馆、中华姓氏寻根馆、中华姓氏单姓分园，中华姓氏文化研究中心、客家文化研究中心、豫闽台文化研究中心、中华家谱资料中心、中华姓氏国际交流中心、中华姓氏祖根地认定中心，打造展示中华姓氏文化的平台、全球华人寻根谒祖目的地。

（二）实施中国文化遗产保护传承示范基地建设工程

积极做好中原文化遗产的保护传承工作，拓展文化遗产传承利用途径，构建中原优秀传统文化传承体系，把河南建设成为中华优秀传统文化传承核心区、华夏文明与世界文明对话的重要平台。

加强文物保护。加强世界文化遗产、重要大遗址和文物保护单位的维修保护、展示利用及管理机构建设。做好洛阳龙门石窟、安阳殷墟、登封“天地之中”历史建筑群以及大运河、丝绸之路河南段等世界文化遗产的保护管理、日常监测等工作。做好偃师二里头遗址、隋唐洛阳城遗址、郑州商代遗址、信阳城阳城遗址等国家重点保护大遗址的保护展示利用工作。

重点做好开封城墙、商丘归德府城墙、驻马店蔡国故城、漯河贾湖遗址等全国重点文物保护单位的保护维修工作。持续推进登封“天地之中”历史建筑群、淅川县荆紫关古建筑群、新县鄂豫皖革命根据地旧址等文物建筑的合理利用。完成30至50处全国重点文物保护单位或重要省级文物保护单位的保护规划，整修30处规模较大的文物保护单位，作为文物景点开放单位。加快安阳殷墟、隋唐洛阳城、郑州商代遗址、汉魏洛阳故城、内黄三杨庄遗址、偃师尸乡沟商城遗址、信阳城阳城遗址、新郑郑韩故城等国家考古遗址公园建设。加强城镇化建设和大型基本建设中的文物保护工作，确保文物资源得到有效保护。

加强非物质文化遗产保护传承。制定和完善《河南省非物质文化遗产保护条例》相关配套政策，规范代表性项目和代表性传承人评选认定等。构建非物质文化遗产和代表性传承人名录体系，加强非物质文化遗产分类保护，推动全省非物质文化遗产数据库建设。推进文化生态保护区和非物质文化遗产生产性保护示范基地、展示馆、传习所建设，加强河南省非物质文化遗产研究基地建设。办好春节、清明、端午、中秋等重要传统节日和文化遗产日等节日纪念活动，组织好宝丰马街书会、中国古韵——中国（淮阳）非物质文化遗产展演、中国鹿邑国际老子文化论坛等品牌活动。推动优秀传统文化走出去，做好河南省非物质文化遗产展示展演活动。实施河南戏曲振兴计划，大力推动戏曲进校园，争取每年让学生免费欣赏到一场优秀的戏曲演出。

推进中原文化遗产传承利用。依托洛阳龙门石窟、安阳殷墟、登封“天地之中”历史建筑群、大运河和丝绸之路河南段等世界文化遗产，开展科学保护、理论研究、教育培训、宣传展示、监测管理。加强对历史文化名城名镇名村、传统村落和历史建筑的保护，完善历史文化名城名镇名村保护规划，加强对历史文化街区、传统村落、历史建筑等文化遗产的传承和合理利用，保护古遗址、古建筑、近现代历史建筑，积极做好对大运河道口古镇的保护利用工作。及时开展历史文化街区划定和历史建筑确定工作，有序实施城市修补和有机更新，改善和恢复老城区、历史街区的功能和活力。开展历史地名文化遗产保护，建立省、市、县三级名录，开发建设一批具有河南地域特色的地名文化产品。建设以国有博物馆为主体、民办博物馆为补充的博物馆体系，加快中原考古博物院、中国二里头夏都博物馆、河南戏曲声音博物馆建设，规划建设郑州纺织工业博物馆、中原文化博物馆苑、中原民俗文化博物馆、河南省非物质文化遗产数字博物馆、中原古民居博览园、郑州商都遗址博物院等。实施中原文献出版工程，做好现存6000种中原文献的整理出版工作，为华夏历史文明传承创新提供基础资源。加快推进文物大数据中心建设，打造集文物记录、展示、分享和沟通于一体的数字化信息服务平台。加强优秀传统文化教育普及，编写中原优秀传统文化教育读本，纳入地方课程和校本课程体系，引导青少年学生全面准确了解掌握中原文化的精髓，更好传承创新中原文化精神。加强对各地农村历代明贤积淀下来的思想观念、文化传统、文史典籍的挖掘整理，积极培育富有地方特色的乡贤文化，延续传统乡村文脉。重视城市文化特质和文化景观的规划，把中原历史文化元素和符号融入各地城区规划建设过程中，促进文化遗产资源在城市规划建设中实现传承创新。

专栏二

中原民俗文化博物馆：收集保护中原地区群众生产、生活、习俗、风情等各类遗物。收集整理中原各类地方戏曲、工艺作坊、礼仪俗规等非物质文化遗产。规划建设民俗文化展示区、非物质文化遗产演示区、民俗文化研究中心等各具特色的不同功能区。

中原文化博物馆苑：以15个不同主题的博物馆为核心，辅之以“九坊、七区、五店、三寓”，集文物馆藏、展览、文化旅游、购物、休闲于一体的博物馆群。

中原古民居博览园：以保护河南古民居遗产为目标，将散落在各地富有中原特色的历代石雕、木雕、砖雕、古民居和古建筑、古街区进行整体搬迁或改造提升，形成以古民居为核心的建筑群落，同时配套文化休闲娱乐中心、古民居博物馆、佛雕艺术馆、古树名木园、影视拍摄基地等。

（三）实施全国重要的文化产业基地建设工程

立足我省资源条件和发展基础，深入推进文化产业“双十”工程，以资源吸引项目，以项目引进人才，以产业助推转型，在提质增效升级上下功夫，提升规模化、集约化、专业化水平，形成中原特色鲜明、优长门类突出、产业结构合理的文化产业发展格局。

发展重点文化产业。按照竞争力强、成长性好、关联度高的原则，重点发展数字传媒、创意设计、动漫游戏、文化旅游、工艺美术、新闻出版、广播影视等产业，推动文化产业跨越式发展。发展数字传媒产业，支持广电媒体云建设，加快推进传统媒体数字化改造，大力发展网络广播影视、手机广播电视、移动多媒体广播电视等视听新媒体，积极发展有声读物、电子书和网络出版物等新兴出版业态，提升数字内容生产水平，创作生产一批符合受众消费需求和满足多种媒体、多种终端传播需求的数字传媒精品。发展广播影视产业，围绕中原优秀传统文化，策划、创作、生产、发行一批电影、电视剧、纪录片，开办一批媒体文化栏目。办好航空港卫视平台。建设一批影视基地，加快建业·华谊电影小镇建设。支持河南奥斯卡院线跨区域、规模化、集约化发展，提升河南影视业的核心竞争力。发展动漫游戏产业，打造动漫全产业链，加快形成创意、制作、营销、播放、版权交易、衍生品开发的完整产业链条。加快国家动漫产业发展基地（河南基地）、郑州动漫产业基地、中国动漫之都（洛阳）产业园等重点动漫产业园区和基地建设，将郑州建设成为具有重要影响力的中西部动漫产业基地。发展创意设计产业，实施“文化+”工程，大力发展“文化+制造业”“文化+现代农业”“文化+旅游业”“文化+互联网”，提高相关产业的文化含量和产品附加值，加快实现河南制造向河南创造转变。重点建设国家863中部软件园、中原国家广告产业园等。发展文化旅游产业，突出“老家河南”旅游形象，注重以文化精髓提升旅游内涵，推动文化旅游线路精品化、产品多元化和服务智慧化，形成文化与旅游高度融合的产业发展形态。加快提升“禅宗少林·音乐大典”“大宋·东京梦华”“水秀”“功夫诗·九卷”“隋唐百戏”等演艺品牌价值，推动引进澳门“水舞间”。发展工艺美术产业，重点发展雕塑类、陶瓷类、刺绣类、柳藤竹草编类、木艺等工艺美术品，支持特色工艺美术品延伸产业链、提高附加值。筹建中原工艺美术品交易中心，打造中原手造工艺美术行业电商平台。

建设重大文化产业项目。实施重大项目带动战略，以项目融通资金、集聚人才、引进技术、做大增量。重点抓好郑州国际文化创意产业园、郑州华强文化科技产业基地、少林·开元盛世文化产业园、中央新影华夏文化产业园、中国·郑州中原国际文化智汇港等重大项目建设。充分利用国内外大型经贸文化活动，策划、包装、推介一批能落地实施、带动效益强的大项目、好项目，加快文化资源的科学利用和有效转化。支持举办嵩山论坛、中原（鹤壁）文化产业博览交易会，建设一批文化产业交易平台。鼓励社会资本参与重大文化产业项目建设。

发展壮大文化企业。积极实施集团化、规模化发展战略，优化资源配置，推动各地、各行业、各门类形成一批文化龙头企业或企业集团，以大企业支撑大产业。推进文化企业以资本为纽带进行跨地区、跨行业、跨所有制兼并重组，重点推动出版、发行、影视、广电网络等领域的企业交叉持股、并购重组，促进文化资源、要素向优质企业、优势产业门类集聚，向重点文化企业集中。做大做强河南日报报业集团、中原出版传媒集团、河南科技期刊传媒集团等国有文化企业集团。支持民营文化企业快速发展，扶持一批“专、精、特、新”的小微文化企业。支持中原大地传媒股份有限公司加快资源聚集和资本扩张，鼓励河南文化影视集团、河南有线网络集团等符合条件的文化企业上市融资或挂牌交易，形成资本市场的河南文化板块。鼓励国内外大型文化企业在河南建立地区总部、文化产品生产基地、研发和营销中心。

建设重点文化产业示范园区。突出特色化和差异化发展，形成一批主导产业清晰、产业链条健全、服务设施完善、经济效益明显的文化产业园区，壮大文化产业集群。重点抓好10个省级文化改革发展试验区和6个省级重点文化产业园区建设，带动文化产业快速发展。支持登封市建设华夏历史文明传承创新示范工程，鼓励各地积极探索、先行先试。规划建设郑州现代文化产业创新示范区、开封宋都古城文化核心展示区、洛阳河洛文化展示体验核心区、安阳殷墟大遗址文化旅游体验区、濮阳杂技体验示范区、许昌三国文化展示体验旅游核心区、桐柏——大别山红色旅游区等。

专栏三

中央新影华夏文化产业园：依托洛阳厚重的历史文化，以影视拍摄制作、出版发行、演艺游乐、影视文化体验、数字动漫创作、影视教育培训等全产业链为核心功能，整体形成影视拍摄区、影视游乐区、影视产业区、配套居住区和影视拍摄预留区五大功能分区。园区将作为中央电视台、中央新影集团和中国微电影协会的外景拍摄基地。

中国·郑州中原国际文化智汇港：以影视文化产业为核心，以产学研一体高端媒体产业基地和创新性中原媒体产业基金为支撑，辅以国际文化提升系统、配套生活服务系统、生态宜居系统三个配套系统，以全龄室内乐园高塔、多国大师打造的中原文化建筑群、城市水陆空文化体验秀、文化不夜城、中原国际尖端人才宜居社区等特色项目为发展触媒，形成一个产业核心、两大产业支撑、三个配套系统、六大特色项目的文化智汇港。

郑州现代文化产业创新示范区：充分发挥郑州区域文化中心优势，加快建设国家动漫产业发展基地（河南基地）、郑州国际文化创意产业园、郑州华强文化科技产业基地、中原广告产业园、中原数字出版基地等，打造现代文化产业创新示范高地。

开封宋都古城文化核心展示区：以大宋文化为主题，发挥龙亭、开宝寺塔（开封铁塔）、延庆观、繁塔——禹王台、大相国寺、包公祠、开封府、天波杨府、汴绣、木版年画等历史文化资源优势，加快建设东京梦华苑、清明上河城、宋都水系工程、汴绣博物馆、“千回大宋”大型室内剧目、开封朱仙镇文化旅游产业园区等重点文化产业项目，再现宋都古城风貌，打造一城宋韵、特色鲜明的宋文化核心展示区。洛阳河洛文化展示体验核心区：以河洛文化为主线，以龙门石窟、少林寺、白马寺、玄奘故里等珍贵历史文化遗存为主体，以嵩山、黄河、洛水等自然环境为依托，加快中岳文化苑、龙门石窟世界文化遗产园区、洛阳老城历史街区、五大古都遗址、大运河遗址、丝绸之路遗址等重大项目建设，建设河洛——大嵩山文化展示体验示范区。

安阳殷墟大遗址文化旅游体验区：以殷商文化为主题，以颛顼帝喾陵、殷墟、甲骨文、周易、羑里城等历史文化资源为依托，加快建设殷墟大遗址公园、周易文化产业园、车马坑博物馆、殷商文化城、安阳·中国历史文化博览园、中华梦幻谷主题公园、易经书院等重大项目，打造殷商文化旅游体验区。

濮阳杂技体验示范区：依托濮阳杂技艺术资源和“中国杂技之乡”的优势，重点支持濮阳杂技艺术节、中国濮阳国际杂技文化产业园、濮阳杂技学校扩建提升、东北庄原生态杂技园、杂技剧“水秀”等项目建设，打造中华杂技文化名城。

许昌三国文化展示体验旅游核心区：以三国文化为主体，依托曹魏文化、关公文化、大禹文化、钧瓷文化、花木生态文化，着力推进三国文化产业园、魏都风情区、汉魏故城遗址、三国文化演艺中心和情景剧“曹操”等重点项目建设，力争把许昌打造成为全球三国文化旅游目的地。

桐柏——大别山红色旅游区：依托桐柏——大别山地区优越的生态环境资源，充分挖掘红军摇篮、将军故里、红色圣地等丰富的红色革命文化资源，全力打造新县鄂豫皖苏区首府5A级景区、红二十五军长征出发地开发利用项目、王大湾会议旧址维修保护项目、商城金刚台红军洞群、桐柏英雄纪念馆、竹沟革命纪念馆、杨靖宇纪念馆、许世友故里，发挥其爱国主义、革命传统和大别山精神教育基地的功能，使桐柏——大别山成为具有全国影响力的红色旅游目的地。

（四）实施现代文化创新发展新高地建设工程

把文化创新作为推动文化科学发展的强大引擎，不断推进文化领域的体制机制、内容形式、传播手段和发展业态创新，坚持传承和创新的辩证统一，汲取传统文化的精华，创造性吸收和融合世界优秀文化成果，深入推进文化领域的创新创造，大力发展与当代社会相适应、与现代文明相协调、具有中原特色的现代文化。

实施文艺精品战略。坚持思想性、艺术性相统一，坚持内容为王、创意制胜，提高原创能力，加强规划引导，推出更多体现中原特色、中原气派、中原风格的文艺精品。大力实施中原人文精神“五大工程”，繁荣精品创作，推动文艺精品普及。加强文艺精品创作中长期规划，建立精品项目库，形成组织实施一批、加工提高一批、论证储备一批的梯次推进格局，争取在优长门类推出一批有全国影响的精品力作。支持原创作品和现实题材、爱国主义题材、重大革命历史题材、青少年题材、中原优秀传统文化题材作品创作，重点抓好文学、剧本、作曲等原创性、基础性环节。大力发展网络文艺，实施网络文艺精品创作和传播计划，推动网络文学、网络音乐、网络剧、微电影、网络演出、网络动漫等新兴文艺类型繁荣有序发展。实施中原文艺普及工程，广泛开展“中原文化大舞台”活动，让优秀文艺作品走进基层群众。加强文艺评论，打造一批文艺评论品牌栏目，营造褒优贬劣、激浊扬清的文艺环境。打造中原作家群、中原书风等现代文艺品牌。

培育文化发展新业态。积极推进文化与科技、金融、旅游、互联网融合发展，加快文化产业转型升级。实施河南省文化科技创新工程，建立健全以企业为主体、市场为导向、产学研相结合的文化科技创新体系,培育一批文化科技融合示范基地

和文化科技骨干企业，将河南建成全国有影响力的区域文化科技融合中心。积极推进业态模式创新，深化大数据、云计算在文化领域的应用，构建众创、众包、众扶、众筹支撑平台，推动文化创新创造。

统筹城乡文化一体发展。统筹城乡公共文化设施布局和资源配置，加快建立现代公共文化服务体系，推动公共文化服务标准化、均等化。加大文化资源向农村倾斜力度，推进基层综合性文化服务中心建设，推动基层公共文化资源有效整合和统筹利用。建立健全政府向社会力量购买公共文化服务机制，出台政府购买公共文化服务实施意见。深入推进文化综合体建设，打造全媒体聚合投送平台。深入开展“文明河南·欢乐中原”“教你一招”“舞台艺术送农民”“春满中原”“百城万场”等品牌文化活动，鼓励支持各地举办具有地方特色的群众文化活动，实现市市有品牌、县县有特色。创新公共文化服务体系建设资金投入机制、服务供给机制、效果评估机制，促进公共文化服务提供主体和提供方式多元化，满足群众多层次、多样化文化需求。推进公共文化服务与科技融合发展，加快推进公共文化服务数字化建设，提升公共文化服务现代传播能力。

创新文化体制机制。深化文化行政管理体制改革，加快推动政府职能转变，按照管人、管事、管资产、管导向相统一和宣传部门有效主导的要求，推动建立健全党委和政府监管有机结合的管理模式。制定推动国有文化企业把社会效益放在首位、实现社会效益与经济效益相统一的实施意见，完善国有文化企业综合效益考核体系，加大社会效益考核权重。推动已转企单位建立有文化特色的现代企业制度，推动新闻媒体采编和经营两分开，深化文化事业单位内部改革，推动文化市场综合执法改革。积极培育现代文化市场体系，完善市场准入和退出机制。用好河南中原文化股权投资基金，推进河南省文化艺术交易中心建设，促进各类文化产权合理流动，实现文化与资本有效对接。

加强现代传播体系建设。推动传统媒体和新兴媒体融合发展，推动内容、渠道、平台、经营、管理深度融合，着力打造一批形态多样、手段先进、具有竞争力的新型主流媒体，建成具有强大实力和传播力、公信力、影响力的新型媒体集团。支持新版河南手机报、河南日报金水河客户端、大河客户端、河南广电猛犸新闻客户端运营与推广，支持大河网络传媒集团、河南大象融媒体集团做大做强，打造中原云大数据集团有限公司和大河全媒体矩阵。推动河南人民广播电台、河南电视台合并，组建河南广播电视台和河南广电传媒控股集团。加快广电网络双向化、宽带化和下一代广播电视网（NGB）建设，大力推进广电高清化、交互化，推动广播电视网与电信网、互联网深度融合，建设河南省广播电视智能宽带无线数字覆盖网。加强网上思想文化阵地建设，深入实施社会主义核心价值观网络传播“八大工程”，推进河南省百家网站建设项目，办好中原网络文化论坛，广泛开展网络公益活动，用正能量滋养网络文化。坚持依法建网管网用网，完善网络突发事件处置机制，坚决清除网络非法有害信息，严厉打击网络犯罪，规范网上信息传播秩序，推动网络空间持久清朗。

专栏四

重点文化设施建设项目：河南社科中心、省社科研究基地、中原考古博物院、中国二里头夏都博物馆、中国文字博物馆续建工程、中原文学馆、省书画院新址、省直文艺院团剧场新建改造工程等。

中原人文精神“五大工程”：包括中原文艺精品创作工

程、中原文艺普及工程、中原优秀传统文化传承工程、中原文艺人才培养工程、中原特色文化基地建设工程。

社会主义核心价值观网络传播“八大工程”：即习近平总书记系列重要讲话精神网上宣传工程、中国梦践行者故事网络传播工程、网络文艺创作传播工程、网上理论传播工程、网上公益工程、网评引导工程、“四有”中国好网民工程、清朗专项工程。

文化综合体：依托全省新华书店资源，充分利用现有设施，按照惠民、便民、利民的要求，选取基础条件好、人口集中、文化消费旺盛的区域，分层次规划建设一批包括图书销售阅览、电影放映、休闲健身、教育培训、艺术品展览等在内，集文化消费、服务功能为一体的文化综合设施。

大河全媒体矩阵：运用移动互联网、大数据、云计算等先进技术，打造涵盖传统报业、网络平台、移动平台、线下终端的全媒体体系，实现从传统采编到“中央厨房”式的信息生产的跨越，构建纸媒与互联网、移动互联网互补、互融、互动的现代化全媒体矩阵。

全媒体数字资源聚合投送平台：建设数字资源聚合平台，把不同渠道整合的数字内容统一归类、存储和管理，进而通过传统媒体、互联网、手机、终端阅读器、新华书店卖场、社区数字投送终端等媒介进行覆盖式的全媒体投送与营销，形成全新的数字内容资源发行产业形态。

（五）实施中华文化“走出去”重要基地建设工程

深度融入国家“一带一路”战略，统筹国际国内两种资源，用好文化交流、文化传播、文化贸易三种方式，凝聚政府、企业、社会组织和个人四方力量，深化与沿线国家文化、旅游合作开发，着力构建全方位、多层次、宽领域的文化走出去格局，增强中原文化影响力。

加大对外宣传力度。统筹内宣与外宣，统筹传统媒体与新兴媒体，讲好河南故事，让世界更好地了解河南。打造“老家河南”品牌，建立品牌发展基金，加强商标保护利用，规范品牌的公益性推广和市场化使用，举办黄帝故里拜祖大典“老家河南”文化活动，推进“老家河南”微视频工程和“老家小镇”示范样板工程。支持传统主流媒体建立健全省外采、编、播、发网络，拓展互联网、社交网络、即时通信工具等新兴传播渠道。积极融入国家对外宣传工作格局，整合对外传播资源，加快推动航空港在线在“一带一路”沿线国家落地传播，支持河南影视制作集团中非电影频道在非洲国家发展数字电视业务。积极探索与境外媒体灵活多样的合作模式，提升对外传播能力。加强“精彩河南”“文明河南”等官方微博、微信和境外媒体采访基地建设，打造全方位、多渠道的对外宣传阵地。

加强文化交流合作。积极组织参加国际文化交流活动，在美国举办中美旅游文化周，配合参与中华文化走出去工程建设和央地合作计划等国家重大对外文化交流项目，借助国家在海外举办“中国文化年”“中国文化艺术节”“欢乐春节”等活动，广泛开展对外文化交流。借助“一带一路”城市旅游联盟，提升我省丝绸之路、大运河遗产点品牌知名度和吸引力，建设丝绸之路文化交流中心，实施丝绸之路影视桥、丝路书香等工程，做好丝绸之路文化项目。组织中原文物海外展系列活动，扩大中原文物外展的数量和规模。加强与港澳台地区文化交流合作，办好中国豫剧节、海峡两岸河洛文化暨豫剧发展论坛，继续实施两岸互派戏剧艺术人才培训计划。大力推进中原海外文化发展中心项目，加强对外文化交流机构建设，推动少林功夫、太极拳等相关民间机构在海外发展。

扩大对外文化贸易。积极培育外向型骨干文化企业，支持河南国家重点文化出口企业、国家重点文化出口项目及省级文化产品和服务出口基地建设，探索设立文化保税区。依托河南特色文化资源，引导建设一批对外文化贸易集聚区。依托郑州航空港经济综合实验区，建设中原文化产品和服务出口基地，打造中原文化产品国际交易平台，大力发展跨境文化贸易服务，重点扶持以豫剧、杂技、少林功夫、太极拳、豫菜、瓷器等为主要内容的文化产品和服务的出口，积极扶持文化信息、创意设计、电影、动漫游戏、电子出版物等新兴文化产品进入国际市场，加快发展演艺、影视制作、数字出版、艺术品交易、休闲娱乐等文化贸易。支持文化企业“走出去”，鼓励文化企业通过投资、合资、控股、参股等多种方式，在境外设立分支机构，建立海外文化中心、营销基地。积极发展对外文化中介机构，支持文化企业与国际知名中介机构或经纪人开展合作。

专栏五

中国豫剧节：通过举办中国豫剧节，加强我省与有关省（区、市）的文化交流与合作，进一步弘扬豫剧艺术，展示中原文化精粹，增强中原豫剧文化影响力，促进中华豫剧文化传承发展。

海峡两岸河洛文化暨豫剧发展论坛：邀请海峡两岸的专家、学者就河洛文化及豫剧的创作、交流和发展进行深入研讨，促进河洛文化的传承创新，丰富豫剧的理论研究和文化底蕴，提高海峡两岸豫剧交流水平。

中原文化产品和服务出口基地：依托郑州航空港经济综合实验区的政策优势、产业优势和区位优势，推动文化商贸、文化中介服务、文化创意等产业集聚发展，扩大文化产品和服务出口，大力发展跨境文化消费。

三、保障措施

（一）加强组织领导

建立健全党委统一领导、宣传部门统筹协调、有关部门密切配合、社会各界积极参与的领导体制。各级党委、政府要高度重视华夏历史文明传承创新区建设工作，切实加强领导和指导，研究解决重大问题。各级文化体制改革和发展工作领导小组要认真组织好方案的实施工作，统筹协调有关方面，合理安排工作进度，确保各项任务落到实处。各地要贯彻中央和省委精神，把握政策要求，对重大工程、重点项目的调整按规定程序报批后实施。加强与中央有关部门的沟通对接，加强省直各有关单位的协同配合，加强各地之间的互动合作，争取国家支持，形成强大合力。成立华夏历史文明传承创新区研究中心，加强智库建设，深入研究重大理论和现实问题，提供决策咨询，深化对华夏文明、中原文化的研究。建立激励机制，以华夏历史文明传承创新区建设为主要考核内容，出台管理办法和考核细则。加强与周边省份的对接与合作，建立健全联动机制和合作机制，共同推进华夏历史文明传承创新区建设。

（二）加大支持力度

贯彻中央已经出台的文化经济政策，用足用好用活国家深化文化体制改革配套政策，发挥政策效能，推动文化改革发展。围绕社会资本、艺术名家等参与文化建设制定一系列政策措施。加强和改善对文化企业的金融服务，鼓励各类金融机构积极开展文化金融产品创新，鼓励各类担保机构对文化企业提供融资担保。发挥河南省文化产业投资有限责任公司等投融资平台作用，用好河南省文化产业发展基金，积极引导私募股权投资基金、创业投资基金及各类投资机构投资文化领域。积极争取国家重大文化遗产抢救保护、历史文化名城名镇建设扶持资金以及中央文化产业发展专项资金。加大对公益性文化事业的投入，逐步提高各级彩票公益金用于文化事业的比重。根据文化产业发展需要，逐步加大对文化产业的投入，大力培育和扶持重点文化产业园区和重点文化企业。

（三）提供法治保障

贯彻落实国家和我省出台的文化建设方面各项法律法规，加强文化法律法规执行情况的督促检查。加强文化立法，制定或修订公共图书馆、著作权、电影产业、博物馆、志愿服务、未成年人网络保护、全民阅读、出版管理、营业性演出管理、公共文化服务保障、文化产业发展和互联网领域等地方性配套法规。坚持依法行政，推进行政审批制度改革，推动文化行政部门职能转变。加强文化市场监管，建立健全文化知识产权法制体系和保护机制，完善“扫黄打非”工作机制，形成规范的文化市场秩序，保护文化经营者和消费者的合法权益，为建设华夏历史文明传承创新区营造良好的法治环境。

（四）强化人才支撑

贯彻落实《河南省中长期人才发展规划纲要（2010—2020年）》《河南省宣传思想文化人才队伍建设中长期规划（2011—2020年）》，深入推进“四个一批”人才培养工程、中原文艺人才培养工程、优秀青年社科理论人才培养工程、文化产业领军人物建设工程，培养造就一批文化创意人才、经营管理人才、复合型人才，推出一批拔尖人才、领军人物和文化名家大师。建立健全文化人才培养体系，鼓励普通高校开设文化建设相关学科和专业，鼓励将非物质文化遗产传承人才培养纳入职业教育体系，支持相关行业和文化产业园区、龙头文化企业与普通高校、职业院校及科研机构共同建立人才培养基地，加快培养德才兼备、锐意创新、结构合理、规模宏大的文化人才队伍。充分利用各类引才引智计划，引进国内外高端人才。加强基层人才队伍建设，重视发现和培养乡土文化能人、民族民间文化传承人，鼓励和扶持群众中涌现出的各类文艺骨干和文化活动积极分子。壮大文化志愿者队伍，鼓励专业文化工作者和社会各界人士参与基层文化建设和群众文化活动，形成专兼结合的基层文化工作队伍。加强人才教育培训，通过集中培训、挂职锻炼、交流任职等方式，提高人才队伍综合素质。

图书在版编目（CIP）数据

华夏历史文明传承创新区建设探析 / 李庚香著. -- 郑州：河南美术出版社, 2017.7

ISBN 978-7-5401-3953-7

Ⅰ. ①华… Ⅱ. ①李… Ⅲ. ①地方文化－文化事业－发展－研究－河南 Ⅳ. ①G127.61

中国版本图书馆CIP数据核字(2017)第121067号

华夏历史文明传承创新区建设探析

李庚香 / 著

出 版 人　李文平

总 策 划　许华伟　陈　宁

责任编辑　任　瑜

责任校对　丁淑芳

装帧设计　杨钧文

出版发行　河南美术出版社

地　　址　郑州市经五路66号　　邮编　450002

电　　话　（0371）65727637

制　　版　河南金鼎美术设计制作有限公司

印　　刷　郑州新海岸电脑彩色制印有限公司

开　　本　787mm×1092mm　1/16

印　　张　19

字　　数　245千字

版　　次　2017年7月第1版

印　　次　2017年7月第1次印刷

书　　号　ISBN 978-7-5401-3953-7

定　　价　86.00元

《当代中国》丛书再版说明

《当代中国》丛书作为新中国成立以来第一套大型当代中国国史和国情丛书，是新中国国史研究领域的标识性作品。该丛书以无可辩驳的史实客观呈现了新中国成立以后近40年我们党带领全国人民所取得的社会主义建设的伟大成就，是改革开放前后两个时期有机衔接的忠实记录。

《当代中国》丛书是20世纪80年代初胡乔木同志提议，经中共中央书记处批准，由中宣部向全国部署，交由中国社会科学院规划和编辑出版，是新中国成立后由中央组织的首次大规模编写中华人民共和国历史的工程。《当代中国》丛书共150卷，208册，约1亿字，3万幅珍贵历史图片。丛书内容广泛，几乎涵盖新中国成立以来各条战线、各个地区社会主义革命和社会主义建设事业的发展过程、辉煌成就。按内容区分，有部门（行业）卷、地方卷、专题卷，还有不限于某个部门或某个方面的综合卷。

1999年6月30日，《当代中国》丛书完成总结大会在北京人民大会堂召开，时任中共中央总书记、国家主席江泽民，国务院总理朱镕基，副总理李岚清等党和国家主要领导同志亲切会见了与会代表。江泽民总书记对丛书的完成表示热烈祝贺和高度评价，同时发表重要讲话。他指出：《当代中国》丛书为研究有中国特色社会主义的伟大事业的发展进程、经验和规律，为在广大干部和群众中开展爱国主义、集体主义、社会主义思想教育，提供了丰富的史料和生动的教材。大家应该充分运用这部丛书的科研成果，为资政育人服务，为推进改革开放和现代化建设服务。同年，《当代中国》丛书荣获第四届中国国家图书奖荣誉奖。

由于本丛书第一版时间久远，版本陈旧，且至今市面无存，为服务广大读者，我们推出了该丛书的新版本。目前再版这套丛书，既是向2019年新中国成立70周年奉献的一份厚礼，也是向2020年全面建成小康社会和2021年中国共产党成立100周年敬献的贺礼。

本次再版的总体原则是在尊重史实和时代语境的前提下，保持丛书既有框架和内容，个别调整体例、订正错讹。本次再版，我们邀请专业人员对各卷英文目录做了全面修订，使之更加准确、简洁。我们还提升了用材、装帧质量，务使该丛书以更好的面貌呈现给广大读者。

本次再版得到了中国社会科学院哲学社会科学创新工程和当代中国研究所的鼎力支持与帮助，在此谨表诚谢。

2019年，习近平总书记对在“不忘初心、牢记使命”主题教育中学习党史、新中国史作出重要指示。我们真诚希望，通过本丛书再版，能为全国广大读者增添一套新的、更为全面系统的学习教材，起到进一步传承红色基因、坚定理想信念的作用，做到知史爱党、知史爱国。

当代中国出版社

2019年12月

总　　序

中华人民共和国，作为一个伟大的社会主义国家，屹立于世，已经整整35个春秋。

当此之际，我们决定把30多年来的历史经验，分门别类，加以总结，编纂成书，陆续付梓，以献给这一伟大事业的创业者和建设者，献给行将参加到这一事业中来的一代又一代新的建设者，献给全国各族同胞和世界上一切关心我们事业的朋友们。

在中华民族5000多年的文明史上，我们当代的历史——中华人民共和国的历史，是最辉煌的篇章。这个时期，中国大地上社会的发展，历史的进步，各项事业的兴旺，人民的团结，都是空前的。我们并不满足于既有的初步成就，并不想以此矜夸于人，但是我国人民通过30多年的实践，确实重新建立了充分的民族自信。实践本身向全世界宣告，有着古老文明的中华民族，在中国共产党领导下，恢复了和勃发着青春的活力，她完全有能力在比较短的时间内，扎扎实实，以比较高的速度，迎头赶上，跻身于世界先进民族之林。

中华人民共和国的历史，是一部艰苦卓绝的社会主义创业史。其所以艰苦卓绝，一则是由于我们的基础太差，起点太低；二则是由于我们没有经验。如何把一个贫困落后的半殖民地半封建的旧中国改造和建设成为一个富强先进的社会主义新中国，不仅在我国的历史发展中是前无古人的创新之举，而且在世界范围内也无成例可援。我们固然可以参考和借鉴别人的经验，但从根本上来说，却只有靠我们自己运用马克思列宁主义的普遍真理，独立地认识和分析中国的特殊国情，以无畏的革命创造精神和严格的科学态度，找出一条中国化的建设社会主义的道路。只有这样，振兴中华的大业才会事半功倍，卓有成效。在革命战争年代，我们把马克思列宁主义普遍真理和中国革命具体实践相结合，形成了适合中国情况的科学的指导思想，即毛泽东思想。是否坚持马克思列宁主义普遍真理和中国革命具体实践相结合，是决定新民主主义革命成败的关键。新中国成立以来的历史实践表明，这同样是决定我国社会主义事业成败的关键。30 多年来，中国人民为此贡献了智慧，付出了劳动，备尝了失误的苦痛和成功的欢欣。党的十一届三中全会以后，我们总结过去正反两方面的丰富经验，坚持和发展马克思列宁主义、毛泽东思想，逐步制定和完善各方面的方针政策，在探索建设有中国特色的社会主义的道路上，有许多新的创造，取得了重大的成就。在 1982 年党的第十二次全国代表大会上，邓小平同志提出："把马克思主义的普遍真理同我国的具体实际结合起来，走自己的道路，建设有中国特色的社会主义，这就是我们总结长期历史经验得出的基本结论。"建设有中国特色的社会主义，这是一个实践的过程，又是我们的认识不断提高和深化的过程，这是我们的出发点，又是我们的奋斗目标。我们完全可以自豪地说，沿着这条道路前进，通过全体共产党人和各族人民脚踏实地的艰苦奋斗，把我们的祖国建设成为一个高度文明、高度民主的社会主义的现代化强国，是指日可待的。

社会主义中国的历史还在发展。我们有责任把我国走过的道路和取得的经验，介绍给全国各族人民，介绍给世界人民。我国人民必能从中吸取到爱国主义和社会主义的可贵教益，国外一切关心中国的人也能够由此增进对社会主义新中国的了解。这就是我们编撰出版这套《当代中国》丛书的主要目的。

《当代中国》丛书，将遵循实事求是的科学的态度，不虚美，不掩过，用可靠的事实资料，如实地写出新中国30多年的建设史，为世人为后代留下一部科学的信史。我们深信，只要把30多年建设的成功和挫折的经验，运用马克思列宁主义、毛泽东思想——加以科学的总结，那就会使之成为传诸后世的国宝。

当然，任何珍贵的历史经验，都不应变成妨碍人们继续前进的沉重负担。我们不仅不能重复过去的错误，也不能为成功的经验所束缚，而故步自封。历史经验的可贵，在于提供给人们继续前进的力量，在于给人们研究和解决新问题以智慧。现在，为了实现社会主义现代化，全面进行经济改革和技术革命的历史任务，已经提上了议事日程。这些在新的历史条件下面临的重大的新课题，显然是不可能从既往的历史经验中找到现成答案的。我们的任务在于，正确运用历史经验，从中得出规律性的认识，以便用科学性和革命性紧密结合的革新精神，去迎接我国社会主义现代化建设的新高潮。

《当代中国》丛书编辑委员会

1984年5月3日

前　言

中国是一个具有几千年历史的文明古国。从远古农业出现起，到20世纪40年代末，中国一直是一个农业国家。占国土绝大部分的、城市以外的广大乡村，一直是绝大多数人民从事各种农业生产活动、休养生息的地方。

乡村，是相对于城市的、包括村庄和集镇等各种规模不同的居民点的一个总的社会区域概念。由于它主要是农业生产者农民居住和从事农业生产的地方，所以又通称为农村。在乡村广大区域中进行的为生产和生活服务的各项建筑活动，通称为乡村建设。具体地说，乡村建设包括：（1）农民住宅和农民需要的各项生产性房屋建设；（2）村庄和集镇建设（简称村镇建设），包括道路、桥梁、供水、排水、供电、通讯等基础设施建设，以及学校、文化馆、影剧院、医疗所、幼儿园、供销社、商店等文教卫生和商业服务设施建设。为了很好地进行这些建设，需要进行村镇规划和各类建筑设计，并通过施工来加以实现。所以，乡村建设工作是包括上述规划、设计、施工，以及管理等各项工作的总称。

在中华人民共和国成立以前的漫长的历史年代里，勤劳的中国农民，为了追求富裕、幸福的生活，在乡村广阔富饶的原野上，不断垦荒、耕地、种粮、放牧、捕鱼、狩猎……进行着以家庭为基本单位的个体性生产；同时，也不断开通沟渠和道路，修建住宅、畜舍、作坊、仓库、铺面等各种房屋，进行着分散的自发性的建设。但是，由于长期遭受压迫和剥削，生产力常常被破坏，连这种分散的、自发性的建设也不能持续。历代统治阶级，虽然在不同的年代里也进行过一些较大规模的水利和交通建设，但多是出于其巩固统治、加强对人民的剥削和压迫的需要，对于村庄和民居点的建设是不闻不问的。

随着社会经济、文化的发展，中国历史上曾出现过不少著名的集镇与村庄。这些集镇与村庄，随着社会经济、文化发展的起伏而兴衰。几经沧桑，能够跻于当代而不衰的实属“凤毛麟角”。

中华人民共和国成立以后，随着国家经济建设，特别是农业经济的发展，全国的乡村建设事业也逐步地发展起来。特别是党的十一届三中全会以后，中国的乡村建设进入一个新的发展阶段。在广大农村，掀起了兴建住房的热潮。随着农民对物质文化生活要求的提高，又有力地推动了乡村集镇和小城镇的建设。1980 年以后的 5 年中，全国的乡村建设，其规模之巨大和内容之丰富是历史上前所未有的。

到 20 世纪末，中国亿万农民的生活方式将发生一系列变化，这将促使中国城镇建设有更大发展。但预计届时居住在乡村的人口，仍将占全国总人口的 65% 以上。因此，在整个新的历史时期，都必须高度重视、认真搞好乡村建设。乡村建设不仅关系到中国绝大多数人口生产、生活条件的改善，而且关系到整个国民经济和社会的发展，关系到乡村城市化的进程。搞好乡村建设，对于人民的安居乐业，国家的繁荣富强，四个现代化的实现，以至城乡差别的逐步消融，都具有极为重要的意义。

回顾历史，正确认识和总结历史形成的正反两方面的经验，为以后乡村建设的工作提供有益的借鉴，以期所有关心和致力于乡村建设的人们做出创造性的贡献。为此，我们编纂出《当代中国的乡村建设》一书，奉献于广大读者面前。

由于乡村建设事业发展过程比较曲折，情况复杂，再者编写时间仓促，编者知识水平有限，所以纰缪一定不少，希望读者批评指正。

编　者

1985 年 12 月

目录

第二编
新中国乡村建设的曲折发展过程

第三编
党的十一届三中全会以后乡村建设的新发展

Contents

Part Two

Tortuous Course of Rural Construction in New China

Part Three

New Development Rural Construction After the Third Plenary Session of the Eleventh CPC Central Committee

第一编

旧中国乡村建设的概况

中国的乡村，包括广大的村庄和星罗棋布的集镇，在漫长岁月的发展过程中，有兴有衰，有起有伏，经历了一条十分曲折的道路。近代以来，由于外国资本主义的侵入，连年战争的破坏，以及自然、交通等条件的变易，一些村庄和集镇不断衰败和荒落下来。特别是在新中国成立之前，由于农村经济濒于崩溃，广大农民饥寒交迫，许多村庄和集镇凋零、残破，一片凄凉。尽管如此，中国的村镇建设，毕竟具有悠久的历史。在长期的发展过程中，积累了许多宝贵的建设经验，创造了许多优秀的规划、建设手法，也记录下了前人的业绩。这些不可磨灭的珍贵历史遗产，对于建设中国社会主义现代化的新农村仍然有着积极的意义。

第一章
村　庄

第一节　村庄的形成

村庄，是个群居的概念，是随着人类社会第一次大分工而形成的、以农业生产者为主的定居场所，是中国社会结构体系中人群聚落的最基本的单位。村庄的名称，各地叫法不一。村、寨、屯、堡，都是指具有一定规模的聚落。

村庄，是在社会生产力发展到一定阶段的条件下产生的。原始社会，人类过着完全依附于自然的采集生活，并没有固定的居民点。那时，人们仅仅是从本能出发，利用天然岩洞作居所，用以遮风避雨、抵御野兽侵袭。“上古穴居而野处”，说的就是这种情况。后来，又从洞穴向地面发展，出现了“掘土以营窑”，或“架木以构巢”的原始居住形式。随着生产力的发展以及农业和畜牧业的劳动分工，人们为了组织固定的生产活动，开始在土地肥沃、物产丰富的地带定居下来，因而出现了房屋建筑和一定规模的人群聚落。西安半坡村遗址（见图 1）就是在耕地附近定居的原始氏族社会村落。它既为人们提供了日常生活的场所，又为人们提供了从事简单生产活动的基地。到了周代，民间的住宅有了进一步的发展。秦汉以后，在住宅的布置、造型和装饰等方面，逐步完善起来。

村庄的建设，是随着历史的前进、社会的进步而逐渐完善和发展起来的。开始仅有简陋的住房，经过不断集中、不断建设，形成了街、巷。以后，根据生活、生产的需要，配置了必要的公用设施，逐渐形成了当时历史条件下的社会实体。

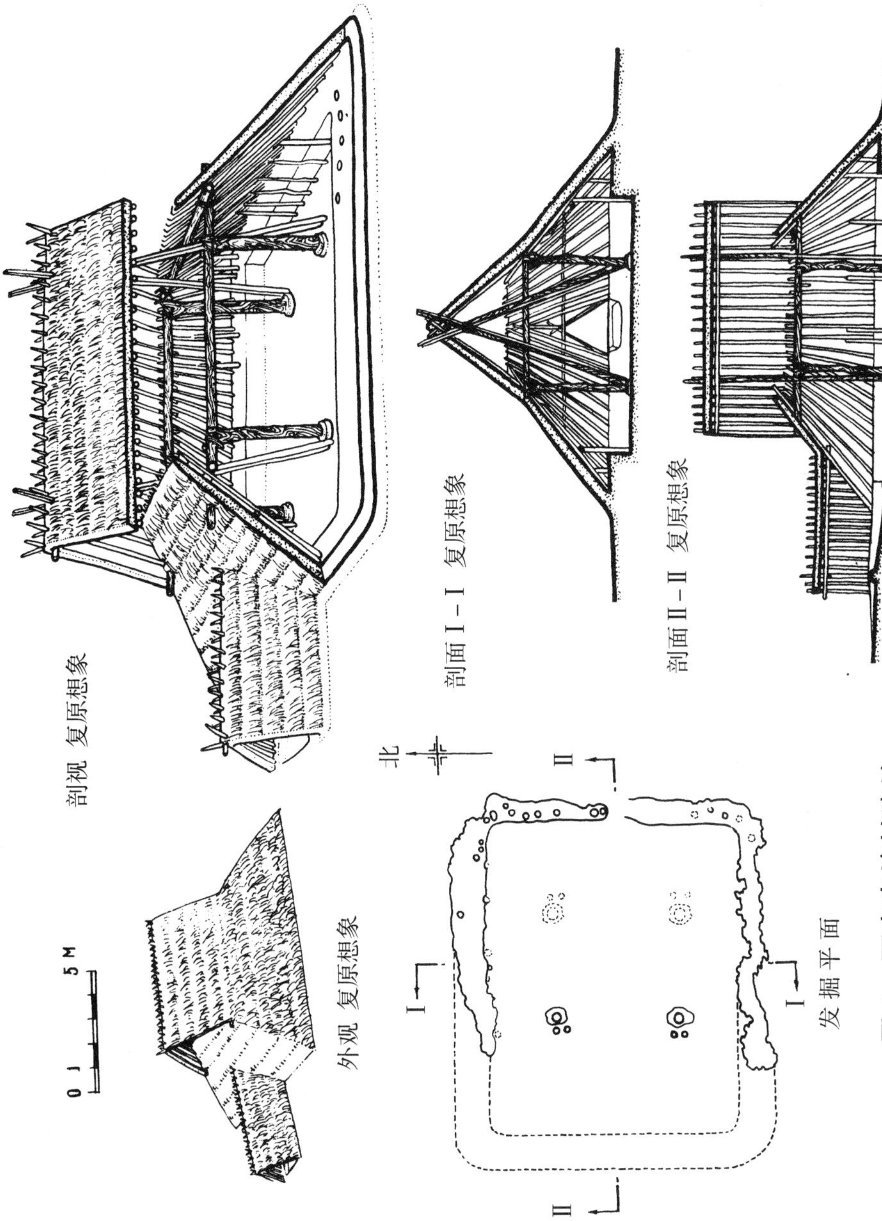

图 1 西安半坡村遗址

村庄的规模，自古以来就大小不一。有些荒野小庄，人烟稀少，常由两三户人家组成；经济比较发达的地区，村庄规模较大，一般一两百户，有的上千户。福建因家族制度特别发达，历史上村庄规模较大。两三百户算小村，五六百户很普遍，千户大村也不为奇。中国农村，大家庭居多，又多聚族而居。农民也素有兄弟平等继承土地的传统，一代一代在祖传的土地上繁衍生息。因而定居是常态，迁移是变态，人口流动极少。加之，人口不断地自然增长，村庄的规模以惊人的速度扩展。河北省的定县，在 1848 年时，最大的村庄是 300 户，中等村庄是 50—100 户；到 1928 年，最大的村庄变为 800 户，中等村庄为 200—300 户；到 1981 年，最大村庄已达 2025 户，中等村庄达 500 户左右。（见表 1、2、3）

1848 年（道光二十八年）定县村庄规模统计

表 1

每村户数	村　数	百分数
0—24 户	45	11. 90
25—49 户	90	23. 80
50—99 户	122	32. 27
100—149 户	65	17. 19
150—199 户	35	9. 25
200—299 户	18	4. 12

注：摘自直隶《定州志》卷六。

1928 年定县村庄规模统计

表 2

每村户数	村　数	百分比
0—49 户	12	12
50—99 户	16	16
100—199 户	27	27
200—299 户	20	20
300—399 户	20	20
400—499 户	2	2
500—599 户	1	1
600—699 户	1	1
700—799 户	1	1

注：据燕京大学张折桂 1928 年调查。

1981 年定县村庄规模统计

表 3

每村户数	村　数	百分比
200 户以下	118	27
200—400 户	151	34. 79
400—600 户	90	20. 74
600—800 户	47	10. 83
800—1000 户	11	2. 54
1000—1500 户	14	3. 23
1500 户以上	3	0. 69

注：据河北大学 1981 年调查。

村庄的名称，多反映出地理的、历史的、宗族的、社会的涵义。以民族关系定名的，如王家庄、李家村、赵家堡、马家寨。以历史古迹定名的，如韩信台、霸王庙、节女坊、栖霞寺。以特出建筑而定名的，如徐家楼、青石桥、三官庙。更多的村庄，则以地理特点而定名，例如位于平原的村落，多以村、庄、井、巷、堡、寨、营为名。位于河畔水际附近的村落，多以泾、浜、港、溇、沟、滩、浦、渡、桥、墩、塘、堰、埭为名。位于交通线上的村落，多以店、街、驿、站、铺为名。还有一些村庄，是受特殊地形的影响而定名，如坡、坪、塝、湾、槽、咀、坝、台等。一般地说，村庄居于陡峻倾斜地面上者谓之坡；倾斜坡较为缓和者为坪；坡度不及坪之急峻者谓之塝；面积较小，坡度与塝相若，或位于山溪之源者为湾；沟、谷宽且平直者谓之漕；山坡凸出于谷地尾部者谓之咀。至于坝，则是小溪或大河冲积层上兴起的小块平原。丘陵区还有以垭为名的村落，一般位于马鞍式地形的鞍部。此外，还有以山口为名的村落，一般指位于溪涧出山之口。由于地形、地貌不同，村落的平面布局、空间结构、轮廓大小和延伸方向，也丰富多姿，各不相同。这些不同名称、不同形态的村庄表明，在长期的生产和生活实践中，中国劳动人民巧于利用自然，改造自然，表现了高度的聪明和才智。

第二节　传统民居的特色

中国幅员辽阔，民族众多，各地的地理条件、气候条件、人民生活习惯各不相同，不同地区、不同民族在村落的规划和建设也就各有自己的特色，类型多样。

汉族的传统民居，在中国分布最广，数量最大。除少数地区外，一般多采用木结构体系。数千年来，沿用不绝。这种结构，以木构件做成骨架。交接的部位一般都用榫头，而不使用铁钉。屋顶重量，赖立柱支承。外墙一般都不荷重，只起围护或分隔空间的作用。木构架有很大的适应性，可以因地制宜地创造出多种形式的空间组合，给建筑外形带来丰富多彩的变化。汉族民居的布局和构造形式，南方、北方和黄土高原，都有显著差别。

北方的农村，气候寒冷、干燥。居住建筑，不论是宅地选择、房屋朝向、平面布置、结构构造、材料选用等方面，还是门窗的细部处理，都十分注意防寒、保温的要求。房屋朝向，一般多采取南向或东南向。向东，则冬有暖日；向南，则夏有凉风。院落是农村住宅中重要的组成部分，也是农民日常生活和从事副业生产的重要场地。院落的布置，常常受到气候条件、生活方式、人口密度、经济水平、土地多少、民族习惯等多方面因素的影响。北方农村的院落，一般比较封闭。四合院、三合院居多（见图2）。住宅的大门多位于东南角上，门内迎面多建有影壁，使外人看不到院内的活动。住宅周围用走廊连接，以围墙封闭，形成安静舒适的居住环境。这种院落，在小农经济条件下，既可满足生产和生活的需要，又可防风、防寒、防沙。院落和房屋的配合，还可按照男、女、长、幼、尊、卑、主、仆的习惯，安排家庭成员的住所。一般来讲，北屋为尊，两厢为次。院内的正房供长辈居住，东西厢房由晚辈居住，反映了封建时代宗法统治的特点。平原的村落，比较规整，以方形者居多，也叫块状式布局。建筑物密集，成团、成片地布置在一起，形成村落。这种村落集中、紧凑、联系方便。高原和山区，多依山建房，蜿蜒曲折。有的在陡峭的山坡上，将建筑物分层次加以布置，高低错落有致，形成了朴素而富于生气的外观。

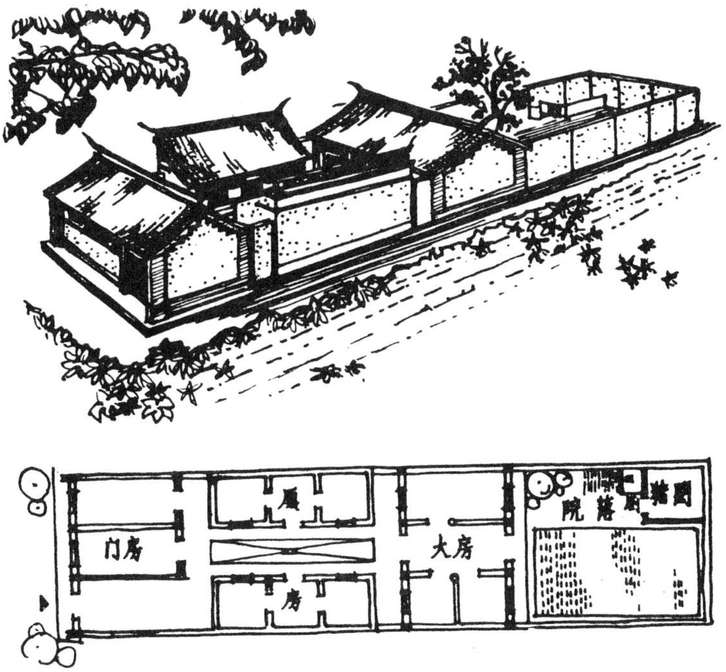

图 2 陕西农村的四合院住宅

南方的农村，气候炎热，空气潮湿。房屋建筑轻盈疏透，多数在院落中设置小天井。既可遮挡阳光直射，又有利于通风。外墙，多粉以白色。既可减少辐射热，又与高低起伏的青瓦屋顶相衬托，形成了素雅明净、粉墙黛瓦的如画景色（见图 3、4）。浙江民居最有特色，不论是规划布局，还是建筑造型、艺术装修等，都有杰出的造诣，是中国民居建筑宝库中一份珍贵的遗产。浙江民居的选址，十分注意与地理环境相结合。人们从水网密布的特

图 3 安徽歙县练江北岸南村民居

图4　江西民居

点出发，巧妙地创造了许多优秀的规划手法。村落的建筑群随地形而灵活布置，或依山、或傍水、或向阳，有机地聚集在一起，同周围的自然环境和谐地组成了一个统一的画面。河街水巷是浙江民居最具特点的环境景色。水道两岸栉比鳞次的房屋，参差错落；水中鱼贯而行的舟楫，穿梭来往，倒影浮荡，橹声欸乃，别有风味。浙江民居的平面布置，其类型亦依不同的阶级、不同的经济条件而异。地主、富商的宅院，外观森严，内部豪华，布局上突出对称，主次、内外区分得很清楚，反映了强烈的剥削阶级意识。而一般的小型民居，则不拘一格，灵活自由地布置了许多生动活泼、富有生机的平面和空间体形，既适用、又经济。浙江民居素重装饰，外墙粉刷的应用最为普遍，效果很好。在田园之中常常可以看到一幢幢方整的白色建筑，屋顶上层层叠叠的马头墙，在绿色的稻田衬托下，既有大体、大面的空间效果，又有耐人寻味的细部刻画，色调淡雅，外观动人（见图5、6）。江南一带，尤其苏南地区，湖泊成群，水网密布。其村落的布局，也多“村不离水”（见图7），既可满足水运的要求，又利于耕作、灌溉，还可取得倚池临溪的优美环境。村庄的分布，因水分隔，比较零散。村距一般在“一肩之遥”的担、挑能力的范围之内。由于相距较近，在密如蛛网的河网地带，倚池临水，出现了繁如明星的村落①（见图8）。

广东的一些农村，多采用三合院式的住宅形式（见图9）。它可以在

① 据江苏省村镇建设学术委员会《农村建设理论探讨的目录》记载：江苏省1983年有1958个镇，平均每个镇有35平方公里的范围，镇与镇之间的平均距离6.6公里；每个镇平均有2912个自然村，平均每个自然村有38户，每个自然村拥有面积0.179平方公里。自然村与镇之间平均距离为3公里，自然村与自然村之间平均距离为0.48公里。

图 5 江浙地区地主、富商住宅

图6　江浙地区平民住宅

图7　浙江沿河民居

图 8　浙江鄞县水网及村镇分布略图

图 9　广东普宁县民居

土地少、人口密度大的情况下，合理安排家庭生活和家庭手工业活动的场所。一般的布置是，大厅和天井供纺织、竹编、谷米加工之用，两侧的房屋供居住之用，而祖先台多位于全院最高位置。在近代，广东的一些侨乡，吸收西洋建筑的形式，建了一些楼房。但因传统观念的影响，其平面仍为三合院式，不过多窗而已。福建的民间建筑与广东大体相仿。这两省的民居都较重装饰，在木构件上，在砖墙、石柱上，处处可以看到精美的雕刻。绘画则几乎遍及每户，多数为居主自绘。画面以黑白为主，间点红绿，自然而朴实。这些绘画虽不很艳丽，但也反映了劳动人民的艺术才华。四川西部平原的农村民居，为了防暑、降温，多在住宅周围种植竹林。葱葱茂密的竹林，房屋为之遮掩，另有一番田园景色。

西北黄土高原地带，雨量少，气候干燥，有丰厚的“壁立千尺不倒”的冲积粘土层，但缺乏燃料。在这种特定的条件下，生土建筑比较发达，主要有三种类型：第一类是窑洞（见图 10）。居民利用土质、地形、气候条件，常在丘陵的垂直面，横穿洞穴，或于高顶，垂直下挖。建成各种形式的窑洞，作为居住、储藏之用。窑洞，冬暖夏凉，节省燃料和土地，也不破坏自然风貌。第二类是夯土建筑（见图 11）。居民以生土分层夯实筑墙，以御寒、保暖。青海东部的庄窠，也是生土建筑的一种（见图 12）。它的特点是，住宅被高厚的土墙所包围，形成院落，使房屋与庭院融成一体。其庄墙都高出屋顶，能够有效地防沙、御寒，而且就地取土，材料取之不尽。第三类是土坯建筑（见图 13）。利用土质的可塑性，就地取土制坯。土坯工艺简单，又省燃料，是广泛用于民间的一种传统的廉价建筑材料。

图 10　河南巩县窑洞

蒙古族多居于草原地带，一直沿用蒙古包（见图 14、15）。这种建筑为圆形，用枝条做骨架，用毛毡覆盖，散热面小，受风面也小，有利于抵御寒风，拆装也很方便，最能适应牧民逐水草而居的需要。在东北地区过着游牧生活的鄂伦春人，常年在外打猎，他们居住的形式，也近似蒙古包，俗称

“仙人柱”（见图16）。

图11 浙江丽水县农村中的夯土建筑

图12 甘南的庄窠村落

图13 广西贺县沙田乡的土坯建筑

哈萨克族绝大多数都过着游牧生活，为便于经常迁徙，牧民们住的是一种轻便而又易于支撑和拆卸的毡房。哈萨克的冬营地，一般都是外形与毡房相似的土房或石头堆砌的房子。最贫苦的牧民，连土房子也住不上，只好挖地窝子过冬。

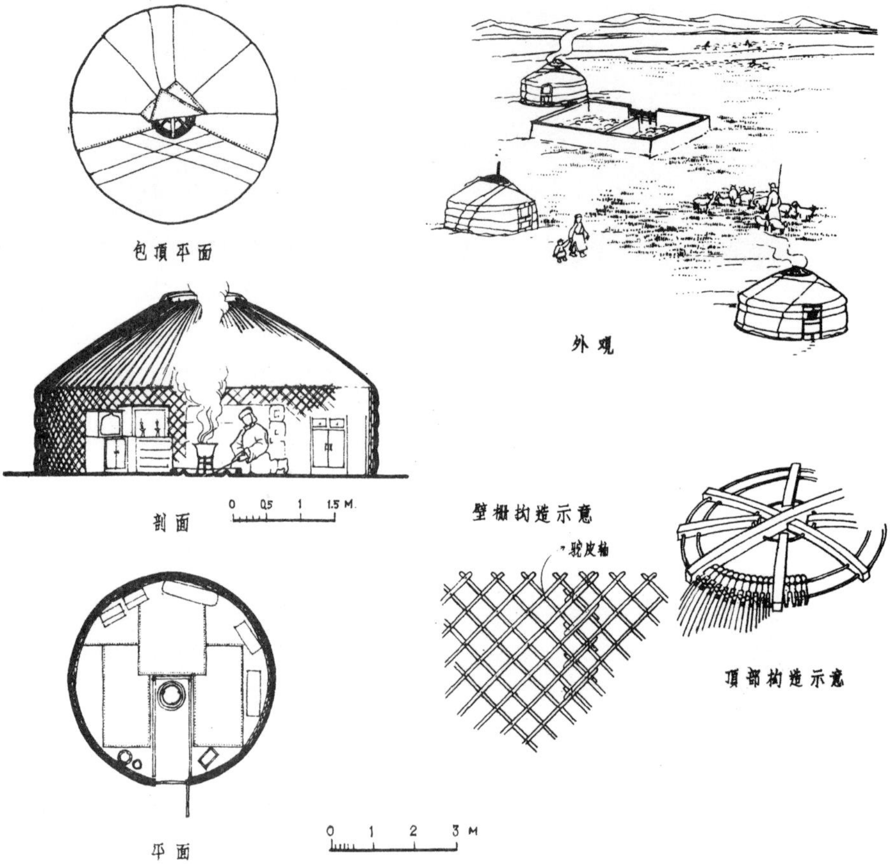

图 14　蒙古包的构造与外景

图 15　传统形式的蒙古包

傣族民居的传统形式为竹楼（见图 17），属于“干栏”式建筑。早在《唐书》和明《西南风土记》中即有记载。这种用木柱架空起来的建筑形式，与上古“架木为巢”的“巢居”有一定的源流关系，它的发展历史已相当久远。傣

图 16 鄂伦春人住的“撮罗子”（俗称“仙人柱”）

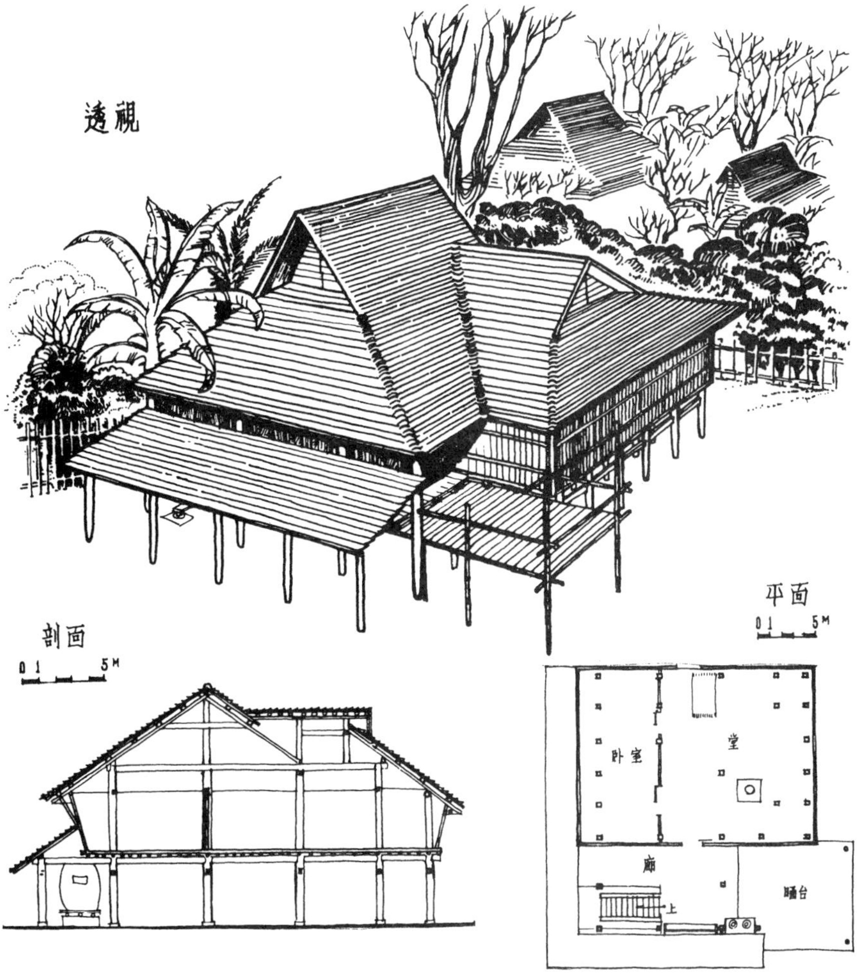

图 17 傣族住宅平、剖面与透视图

族多居于江河两岸或湖泊四周，村寨多有翠竹丛林掩映。每个村寨一般30—50户，大者300户，小者10余户。傣族民居住宅中心为一竹木结构的楼房，楼近方型，上下2层。上层住人，距地7尺；下层饲养牲畜；屋顶为双斜面，壁多无窗。采取这种楼居的形式，主要原因有两个：一是，为了抵御水灾及野兽蛇虫为害；二是，可保持干燥舒适，能适应亚热带潮湿、多雨的气候。这种竹楼，结构独特，造型别致。竹楼周围，还常以竹篱围成院落，植以劲秀挺拔的椰子树、枝干高大的柚树、果实累累的香蕉、婆娑苍翠的竹丛等，加上那浓荫和骄阳，呈现出一派诗情画意，点缀出浓郁的亚热带风光。各户之间，以竹林相隔，形成了天然的屏障。

图18　云南白族住宅

白族，聚居在云南大理的中心地带。西倚苍山，东临洱海，自然环境优美。白族人民爱好艺术，建筑技术相当发达，房屋建筑以装饰丰富、优美而著称（见图18）。白族民居，主房为2层，较高；耳房也为2层，但

图19　白族住宅门楼装饰

图20　白族住宅局部装饰

稍低；院内正面设带彩画及镶大理石的照壁。高低参差，富于变化，形成了生动活泼的外景。屋脊全部有“生起”，屋角飞翘，斗拱重叠，形成一条柔和的曲线。屋面高低错落，并在屋檐下的墙面和山墙上施以彩画。门窗隔扇多有精巧的雕花，从而丰富了墙面的装饰。大门均建有优美的门楼，既突出重点，又别具风格（见图19、20、21）。

图21 白族住宅室内装饰

壮族的传统民居为“麻栏”建筑（见图22、23）。明代《赤雅》一书记载：“缉茅索绹，伐木驾楹，人栖其上，牛、羊、犬、豕，畜其下，谓之麻栏。”广西潮湿、多雨，当地多采用下部架空、上部住人的麻栏建筑，这既可避隔地面潮气，又可取得更好的通风、采光和日照的条件。利用楼下空间饲养牲畜，便于照看和保护，也可节省用地。壮族聚居的村落，叫寨子。壮族多聚族姓而居。一般寨子四五十户，大的百户以上，小的十几户、几户。布局的特点是，近田、傍水、靠山。建筑疏密相同，高低有致。宅旁，多有常年流水的山涧。竹管飞架，引水入室，用水十分方便。位于丘陵地区的寨子，常背靠山脚，以取得山岭环抱之势。

图22 广西壮族自治区龙胜各族自治县壮族村落

图23 广西壮族自治区龙胜各族自治县壮族民居（麻栏建筑）

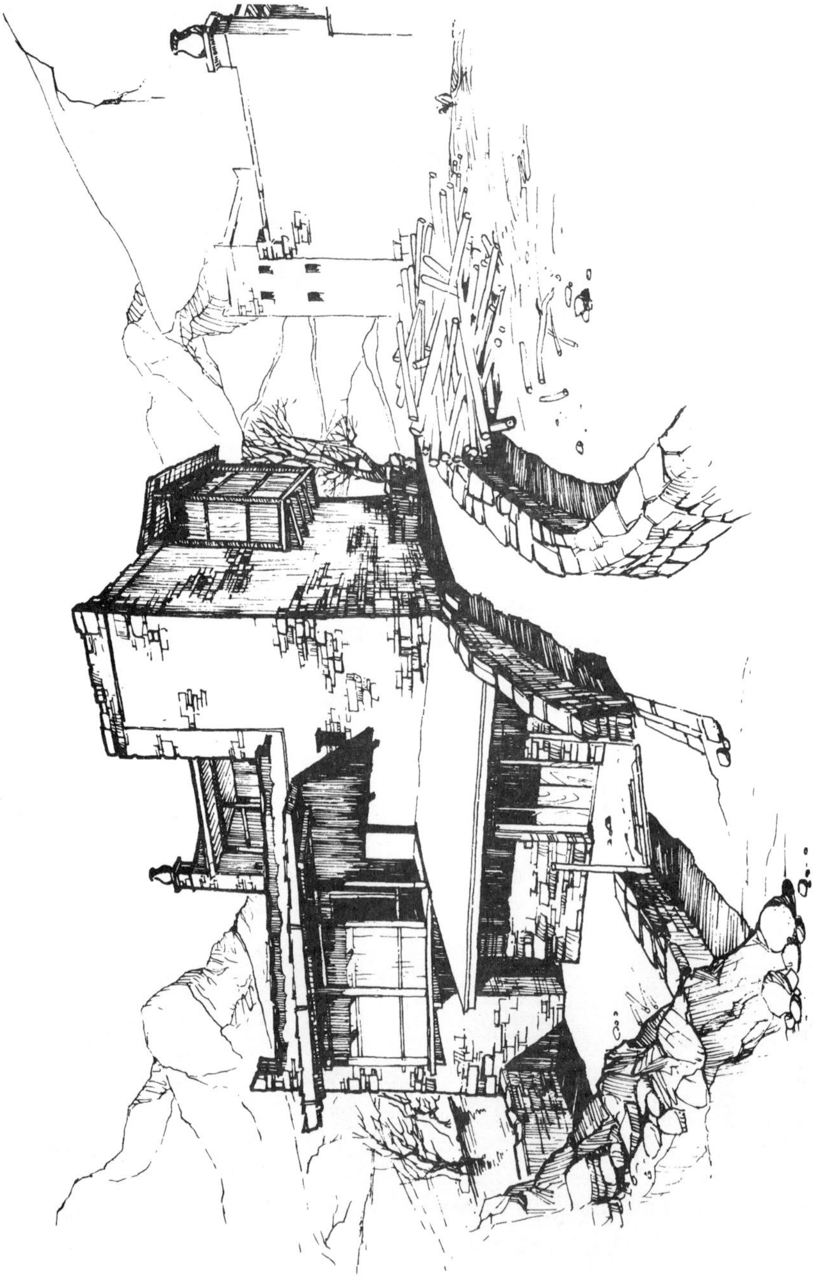

图 24　藏族的村寨

藏族民居也很有特色。为了生产和自卫，自古以来，藏族人民就在河谷两岸的山坡上，背靠翠绿如染的群山，面向银白如练的溪流，建造了许多分散的寨子（见图24）。这种寨子，形成了一个宁谧的小天地。其布局方式，主要有两类：一类是自然寨，大部建于半山坡或高山上。这些寨子根据复杂的地形而变化，布局灵活，没有明显的纵横轴线，有的聚居成团，有的伸延成带，规模大小不一，大者几十户，小者几户，一般都接近耕地和水源。但是，奴隶的住屋，不能高过贵族的住屋，甚至不能粉刷同一种颜色。另一类是官寨。高大森严的官宅，耸立在一群简陋矮小的农奴住宅之旁，居高临下，一览无遗，以监视、戒备农奴；有的官宅，则与农奴住宅隔河相峙，同样地反映了尖锐的阶级对立。青藏高原，气候变化较大，“朝晚如隆冬，正午若酷暑”。藏族多以山石砌筑高楼，概为平顶，外墙实多虚少，形如碉堡，故称“碉房”（见图25、26）。其典型的布置是：

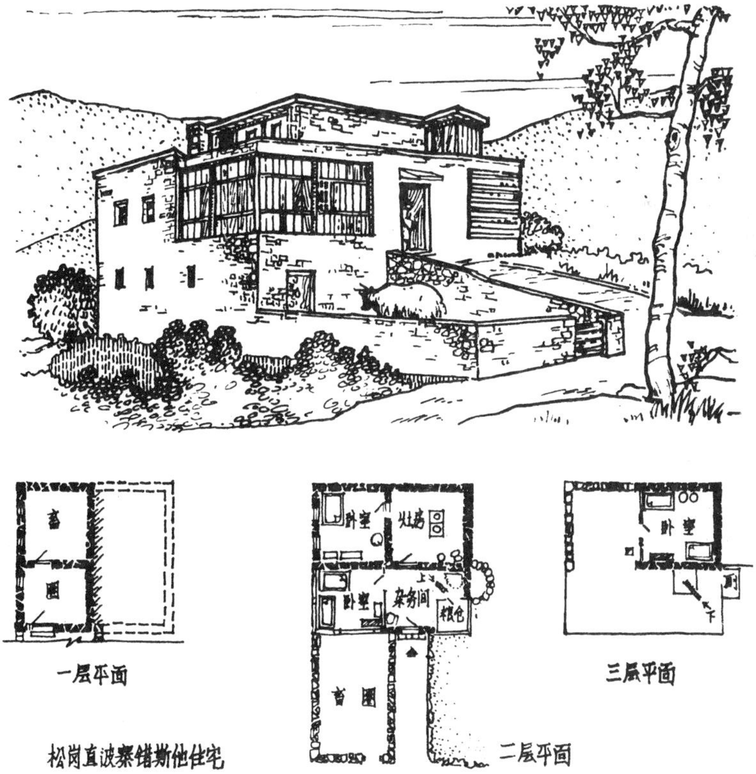

图25　藏族的碉房示意图

图 26　藏族的传统碉房

底层为畜圈；二层为灶房及贮藏室；三层为卧室；顶层为经堂和晒台，房间敞亮、装修讲究，并设有精致的佛龛。西藏多高山，又常受河流阻隔。藏民为解决河流两岸的交通，利用藤麻编织成一种椭圆形的筒形藤网桥。行人在筒形藤网桥内通行，既便利，又安全。藤网桥具有独特的建造技艺和民族风格。一般的小河上，都用原木叠架，建成拱形木桥。其形式古朴，结构牢固。分布在西南地区的纳西族，其生活习惯介于汉藏之间，居住形式则与藏族相近。不同的是，从院墙到房屋，全部结构都用方木垫积而成。纳西族土司的宫殿，多仿明代中原建筑。虽不甚宏大，但层层叠叠，上覆铜瓦，下有玉砌雕栏，富丽堂皇。明朝地质学家徐霞客称："宫室之丽，拟于王者。"

新疆维吾尔族建筑，以自己独特的形象，呈现着浓郁的地方特色和民族风格。维吾尔人居住的房屋，一般都是土木结构的平顶方形平房（见图27），与楼房穿插。由于自然条件的影响，南疆与北疆的房屋在结构上、形式上稍有区别。北疆气候寒冷，风雪较多，房屋建筑比较坚固；南疆气候温

图 27　新疆地区的平顶房

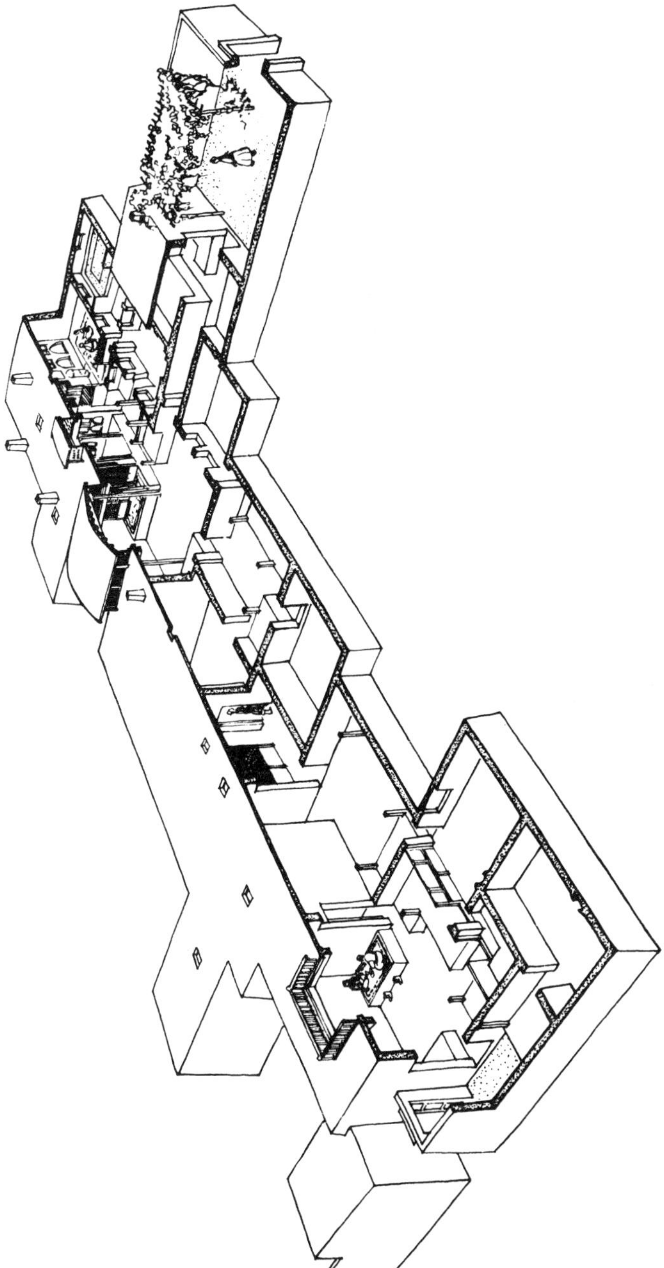

图 28 新疆维吾尔自治区和田县维吾尔族住宅剖视图

和，雨量较小，房屋四壁都用土坯砌成，顶平，可做晒台。维吾尔族的民居，一般来说，空间开敞，体型错落，灵活多变。拱廊、墙面、壁龛、火炉、密肋、天花板等雕饰精美。一般不开侧窗，而自天窗采光。维吾尔族多簇居，几十户或几百户聚为村落，单门独户的现象极少。维吾尔族喜爱培植花木，院内常用葡萄架来加强绿化（见图28）。吐鲁番有“火洲”之称，住宅为单层或半地下室的两层土拱建筑，院中用土坯花墙及葡萄棚组成富于变化的空间。门前、院内引入渠水，配以绿化，显得清新多趣。乌孜别克族、塔塔尔族都分布在新疆境内。这些民族的住房，都是平顶土房或砖房，墙都很厚，这同新疆地理条件有关。乌孜别克族的住宅，室内墙壁上挖有许多壁龛。壁龛周边用雕花石膏镶起来，形状多种多样，里面放着各种用具和摆设，饶有风味。

图29　福建永定客家的土楼

客家民居（见图29）是闽西南及粤北的一种庭院式大土楼。其特点是沿庭院周边建楼房，常多达四五层。长期以来，客家人为抵御外患，多聚族而居，产生了这种体形巨大的群体住宅。这种住宅的布局有两种形式，一种是大型院落式的住宅，院落重叠，屋宇参差；另一种是方型、矩形或圆形的砖楼或土楼，体型也都很大。客家人是古代从中原迁来的外地移民，故其建筑集中而对外封闭，有很强的防御性，很像一座堡垒。

图30　侗族的房舍

侗族，多居于崇山峻岭、梯田重叠的山区。一般一寨一姓，依山傍水，集中居住（见图30）。一寨常为五六十户，多的达四五百户，很少单户独居。侗族房舍都是相互紧邻，墙连瓦接，村村寨寨都有鼓楼（见图 31）。鼓楼呈塔状，全木结构，飞檐重叠，有的多达十几层，甚为壮观。鼓楼是侗族村寨的标志，也是维系民族思想感情的纽带。鼓楼在侗族人民心中具有一种至高无上的神圣地位，每一座鼓楼都是侗族灿烂文化的纪念碑。鼓楼的装饰也独具匠心，楼顶、柱头、飞檐、翼角、门枋、四壁多饰有五色缤纷的彩塑和彩绘。鼓楼前常有晒坪，作为村寨中议事、典礼、聚会、娱乐、休憩的场所。“阳春收罢邀同伴，吹彻芦笙坐鼓楼”，即反映了侗族人民聚族而居的欢乐情景。侗族人民，擅长建筑，常在村旁、河边、山坳修建各种凉亭和风雨桥。这些建筑有亭有廊，顶如宝塔，檐似宫殿，形式美丽，既可通行，又可供工余假休、纳凉聊天。住房，多用木结构，屋顶为瓦顶或杉木皮顶，高约三丈；楼上住人，楼下饲养牲畜；每房卧室不等，但都有特别布置的客房。楼内有宽敞的走廊，多设长凳，供人休息、闲聊，反映了侗族的好客风俗。

图 31　侗族的鼓楼

苗族，分布在西南山区，大部分聚族而居。湘西和黔东北的苗族，一般住在山脚，三五十户为一寨（见图 32），也有百户以上的大寨。黔西北和云南的苗族，大多住在山顶。每寨一二十户，大寨很少，有的在路口建有寨门。苗族村寨常以晒堤为

图 32　苗族的村落

农业加工场所，又作集会、娱乐的中心。苗区盛产木材，房屋大多以木构成。房基多用石头砌筑，或在石板上架木筑屋。屋顶多为茅草或石片。黔东南苗族居住的房屋，有平房和楼房两种。楼房多为两层，也有三层的。建筑在倾斜度较大的山腰上的楼房，一般都采用柱或后支撑的“吊角楼”的形式，一面着地，一面悬空。苗族在住宅旁多建有谷仓，仓脚离地较高，以防火灾。远远望去，好像一座座亭阁。苗寨的房前屋后，常植竹、树，并以石级小道点缀其间，宛如图画。秋时，树染金辉，更显得妩媚动人。海南岛的苗族，住的是长而窄的茅草房。这种住宅屋檐较深，檐下的走廊，还常是休憩的地方。房屋周围，常种有香蕉、芭蕉、椰子等果木。

彝族的村寨多居于山区，大多坐落在地势较为平缓的山坡上。村落比较分散，村与村之间，通常相距十多里。居民点不大，一般是二三十户，三五户乃至单家独户的也有。住宅的形式和材料，基本上和周围汉族相同，主要是砖木结构。在云南的中部、东南部，平顶土房相当多，俗称“土掌房”。特别是滇南一带，由于土质较好，又缺乏砖瓦，所以“土掌房”更加普遍。这种掌式土房，多为平房，建造容易，冬暖夏凉，而且人们还可以在平顶上晒各种粮食。在广西和云南东南部等彝族地区，还有一些形似“干栏”式的住宅。人宿楼上，下圈牛马。显然这是受了周围壮、傣等民族的文化影响。

朝鲜族的生产方式和风俗习惯对住宅的平面布局、空间利用、立面造型及房屋构造均有很大的影响，形成了朝鲜族住宅所特有的建筑风格。朝鲜族民居的基本类型采用五开间和四开间的“一字型”布局。朝鲜族农民重视礼节，热情好客，分居要求比较严格，因而房间多，面积小，专室专用。室内房间全为套间，一般用门或拉门分隔，不做固定的隔墙。室外则多门无窗，以门代窗；为了出入房间互不干扰，每个房间的内外墙上都有门。住宅均用木结构，就地取材，施工简便。特别是屋顶采用歇山式结构形式，使其建筑造型更富有民族特色（见图 33）。分布在东北等地的锡伯族，村屯多在水草丰富之处。村屯周围筑有围墙，高约两丈，上有垛，以防兵燹。每一村屯只有一两百户人家。住宅房屋多用砖砌，屋顶为人字形，坡度大，盖以稗草，厚达尺余。

图 33 朝鲜族居民

高山族，主要分布在台湾。房屋多建在靠近海岸的山坡地带。为防暴风袭击，常用厚木板作内隔墙壁，外墙用卵石砌成，房顶铺茅草，室内地面多凹下两三米。高山族人民，为互通有无和相互来往，常在高山深谷之间修筑吊桥。为了反对外国侵略者，有的地区还设有驿站。

还有一些民族的民居，例如满族、回族的民居，多采用汉族的建筑形式，反映了各民族之间友好的文化交流和融合。

中国历史上形成的村落，从生活、生产的实际需要出发，在规划布局、营造技术、艺术造型等方面，有许多杰出的创造，以简洁、自然的手法，取得较好的经济效果、社会效果和艺术效果。传统民居的建筑材料，也多因地而异。有的地区用木材，有的地区用砖、石料，有的地区用生土，有的用土石结合、土木结合的材料，类型多样，体现了“因地制宜，就地取材”的传统做法。但是，中国的村落，在旧中国，除少数地主宅院外，一般都很简陋，南方多为茅草房，北方多为土坯房，房屋阴暗、潮湿，不通风，不透光。农村中也有少量楼房，但多是名门望族之居，平常农家无力建造。房屋的布置也不合理，有的人畜同居，有的厨房与畜圈同室，一边做饭，一边喂牲口。华北的乡村，门首多设厕所，道旁并有粪坑，粪蛆满处爬，苍蝇扑面来。垃圾、秽土，到处露天堆放，一经雨淋日晒，浊气逼人。江、浙一带，路旁多有明厕，不加遮掩，既不卫生，也不雅观。这种状况，长时期里变化不大。房屋的使用更不合理。据北京郊区挂甲屯 1926 年百户调查，农民自己有房者仅 24 户；借用亲友住房者 5 户；而有 71 户自己无房，靠租房居住。在农民自有房屋中，每户平均拥有量，也有很大的差异。例如，燕京大学1931年对定县515户农家住房调查，农户拥有住房情况如下表：

拥有房屋间数（间/户）	总户数	占515户的百分比（%）
1—3	140	27.18
4—6	174	33.79
7—9	97	18.83
10—12	50	9.71
13—15	25	4.85
16—19	16	3.11
20—22	8	1.55
23—25	4	0.78
25间以上	1	0.19

表中数字情况说明，在515户农家中，有的农户只有一间房，有的却多达25间以上。这也是旧中国阶级分化在居住问题上的一种反映。

第三节　村落中公共设施的建设

村庄中的农户，多毗邻而居。但在自然经济条件下，“鸡犬之声相闻，老死不相往来”者颇多，大都以“人生务农为乐，士与工商休谈，鸡犬桑麻喜消闲，灯前儿女呼唤”为满足。为了改变这种家常掩户的隔绝状态，有的村庄也建了一些有代表性的公共设施。例如，村头建有高阁，俗称“村头高阁”（见图34）。这既是村落的象征和标志，又是人们聚会的场所。村落中，一般建有寺庙，其规模常与村庄大小有关。庙宇，前有广场，内有院落，它是进行宗教活动的场所，往往也是人们聚会的场所。有的寺庙，还有碑刻、壁画，记载了当地一些突出的历史事件，平时供人们观览，节日又是人们游乐的中心。许多村庄还保留了少数古老大树。北方，以苍松、翠柏、古槐为主，南方则以榕树为主。既可供人们休息、乘凉，又能起到点缀村容、美化环境的作用，还往往是一个村庄建成年代久远的标志。水井与人们生产、生活的关系都较为密切。凡是村庄都有水井，有的还不止一个。南方的水井常用石砌筑成圆形井口，清洁美观，坚固耐久（见图

35)；北方多用木材做成方形井口。水井，既供人们用水，又能唤起人们浓厚的乡土情感。有些人外出多年，饮水思源，怀乡之情不减。

图 34 新疆草原古镇巴里坤的楼阁

图 35 江南的水井

乡村的道路十分落后，公路少得可怜。例如，云南文山地区 8 个县，新中国成立前只有公路 130 公里；湖南湘西 10 个县也只有公路 170 公里。农村基本上处于与外界隔绝的状态。村落内部的道路，多是土路，遇雨泥泞不堪，晴天尘土飞扬。特别是山区，交通更为困难。有一首山歌，生动地形容了这种情况："往上看，一缕天，往下看，白河滩，不是背来就是担，累得腰痛又腿酸。"乡间没有电讯设施，邮政也主要是依靠"货栈""店铺"代办，信息的传递极为困难。

乡村的文化设施主要是戏台或戏楼，一般都建在庙前或村头。每逢庙会、祭神、祈雨等活动时，多由四乡居民集资唱地方戏，居民站立围观。有的较大村镇设有书场等娱乐场所，但多为地主、士绅和行帮所把持。每遇丰收年景，也有一些群众性的文化活动。许多地方的农村，历史上即有举行春秋新日的习惯。每年春秋各有一天，村中居民集会，祈祷或庆贺丰收，欢歌畅饮，尽欢而散。唐朝有一首七绝《社日》就是描写这种盛况的：

鹅湖山下稻粱肥，
豚栅鸡栖对掩扉。
桑柘影斜春社散，

家家扶得醉人归①。

中国虽有古老的文化传统和兴办学校的悠久历史，但贫苦农民及其子女长期被排斥在学校教育之外。有的乡村也办了一些“家塾”“门馆”“村塾”“义塾”，但能享受教育权利的是极少数人。受教育的与否，往往同拥有土地的多寡、家境的贫富分不开。例如，燕京大学1931年对定县515户农家进行调查所列的下表就说明了这种情况。

每户拥有的土地（亩）	户数	受教育者的户数	占百分比%	平均在校学生（个/户）	学生入学的平均年龄（岁）
50	417	236	56.59	1.08	8.81
50—99	80	79	98.75	2.48	7.82
100	18	18	100	4.50	7.15

这个统计表明，每户拥有土地的多少，与受教育的机会关系很大。越是富庶的农户，其入学子弟越多，受教育的年龄也越早。旧政府也曾提出“村无不学之户、家无不学之童”的口号，但多有其名，而无其实。特别是少数民族地区的人民，受教育的机会就更难得了。有的地方，幼年男童只能被送进佛寺或道观出家，接受一些宗教文化教育。

旧中国的医疗卫生事业落后，乡村更是缺少起码的医疗设施。农民有病而没有条件接受科学医疗，只好求神祭鬼，听天由命。因而农村中的人口死亡率比较高。云南省思茅县的复兴镇，原有3.5万人，由于疟疾的超高度流行，全镇死的死，逃的逃，到新中国成立时，只剩下1900多人，为原有人数的5.4%。各地乡村多种地方病由于缺医少药得不到根治，到处蔓延，给农民带来极大的痛苦。江西省泰和县马市河两岸，在新中国成立前的近30年间，有7个村庄被血吸虫病毁灭，有数百万人家因病绝户，以致3000多亩良田变成荒野。

近代以来，伴随着殖民主义者的入侵，教堂及其宣教点逐步扩展到乡村。19世纪末，仅直隶、山西、山东、河南4省，就有天主教大小教堂4000余座。这些尖顶教堂象征着殖民主义侵略势力对中国乡村的渗透。

① 此诗一称为唐朝王驾所作。

第二章
集　镇

第一节　集镇的形成

中国乡村的广大农民，在常年经营耕作中，除缴纳沉重的租税、维持自身较低的消费外，为了“易钱米以资日用”，也有少量的耕织品进入市场。这就产生了简单的商品交换。交易的场所，各地叫法不一。集、市、墟、场，都是指以生产者之间相互交换产品为基础的场所。交易场地，也往往与村舍相间，与田园错落。集市的特征，是日中而市，日暮收场。集市，种类繁多，按自然条件分，有旱道场和水路场两种。旱道场一般在各条陆路枢纽之地，水路场则靠河临水。赶集的日期，有定期集、百日市、插花集等等。定期集，一般三五日一集。百日市，亦称“冷场”，天天有商贾摆摊，日日有人上市。插花集，系指与毗邻的几个集市，交错开放日期的集市。除此而外，还有一些具有传统特色的专业集市，如猪市、牛市、马市等等。每逢集日，四乡农民多到集市赶集，路远者披星戴月，陆骑水舟，蜂拥而至；路近者，冒日冲风，肩挑背负，接踵而来。“午而集，映而散”。午间，人如云集，热闹异常。太阳偏西，一个个又收起摊子，赶着回家，人影散失。到黄昏，又剩下荒场一片。“人散谁复撞，鸥鸟亦来下”，描写的就是农村集市散场后的景象。农村的庙会，也是一种集市的形式。农民一方面利用庙会烧香敬佛、许愿还愿；一方面出售自己的农产品，买回必须的生活用品。同时，每逢庙会，多要演戏，或间有说书、耍猴、变戏法、拉洋片者。农民也可借机享受多种娱乐，调剂一下长年单调、沉闷的生活。有的地方，虽无寺庙，也有庙会，人们叫作“山场野会”。渔村和农村不一样，渔村的水市，主要经营水产，多在清晨交易，日中而散，被人形容为“晓日鱼虾市”。在交通要道上，常有“未晚先投宿，鸡鸣早看天”那样的留人小店。有的还有“小市疏灯有酒垆”那样的晚市、夜市，但为数不多。农村的这种集市，商业活动还仅限于小范围、短距离的交换。交易的对象也主要是附近村落中的小生产者，很少假手于商贩的中介，这种交换是有限的。

随着商品生产的发展，商品交换的频繁，商品量的增加，有一些集市，突破了简单商品交换的藩篱，由“不约而集”过渡到“终日成市”。它不仅引起人们追求和经营商品的诱惑力，也产生了一种使人口重新聚集的力量。集市逐步繁荣起来，开始出现了屯积货物的栈房、手工业作坊和常年经营的店铺。由于营业方式的变化，经营规模的扩大，一些“商帮”跃然出世，进入流通领域。北方的“山西帮”和南方的“徽州帮”最为有名。北方人讲“山西人会理财”，江南各地相传“无徽不成市”。这些“商帮”不同于小的经营者，他们一般都握有巨额资本，做生意多，采取事先付款、事后提货、发放贷款、攫取产品等手段，或收购产品，或加工改制，或转卖贩运，成批地大宗地经营畅销而利厚的产品。商品的行销范围，也突破了短距离、小范围的局限，而进入跨县、跨省的区域贸易。这些商人，为便于经营并招揽顾客，往往不惜重金进行店铺建设。据记载，过去一些“商帮”或“包买商”经营的彩帛铺、布铺、丝绵铺，往往“屋宇雄壮，门面广阔，望之森然”。较大的集镇，往往有几条线状或点线结合的商业街，店面多沿街布置。南方一些集镇，在商业街的两侧，常有雨棚、走廊或骑楼，既可遮阳挡雨，又可成为安全的步行道。随着工商业的发展，集市规模的扩大，人口的大量聚集，统治阶级也往往派官、设卡，有些集市上升为镇，以强化统治。

集镇的形成，经历了一个漫长的历史过程。奴隶制时代，随着农业、手工业和畜牧业的分工，剩余产品的增加，商品交换的扩大，出现了农村中定期交换的中心，即集镇。在长达数千年的封建社会里，尤其是汉、唐时期，农业剩余产品率逐渐提高，商品交换日趋兴旺，集镇有了新的发展。到宋朝，集镇总数已不少于4000个。明、清之际，出现了资本主义的萌芽。一些经济发达的地区，集镇发展较快。例如，在经济发达的苏州、无锡、常州地区，在19世纪中叶，已是“半里一村，三里一镇，炊烟相望，鸡犬相闻”的人稠镇密地区。浙江省的宁海县，工农业比较发达，经济水平较高，集镇星罗棋布。当时全县共有42个集镇，平均15平方公里左右就有1个。关中地区的渭南县，在清光绪十八年，全县已形成集镇35个。河北省在清末民初，集镇也有较快的发展。据《直隶省商品陈列所第一次实业调查》记载：清末民初，在66个县中，共有集镇459个，平均每县6个多；到1934年，集镇发展到632个，平均每县9个多，平均每23村便有1个集镇。而经济发展缓慢的山区或边远地带，集镇密度则很小。东北大兴安岭山区，每1800平方公里才有1个集镇。内蒙古的乌拉特草原，面积达2.2万多平方公里，只有1个海流图镇。因为这里长期居住着“素善骑射，逐水草放牧”的游牧民族，他们“以穹庐为宅，居无长处”，村落本来不多，就更难以形成集镇。

第二节 集镇的类型

集镇是在不同的自然条件、经济条件和社会条件下形成和发展起来的，类型多样，各具特色。

一、为经济的发展所带动而形成的集镇

从历史上看，一些形成较早的集镇，往往出现于经济发达的地区。四川省三台县的芦溪镇，由于地处天府之国，农业发达，物产丰富，经济繁荣，早在隋代就已成为当地物资集散的重要枢纽。到20世纪的三四十年代，商业仍很发达。每集有上千担米、几百头猪、几百担油上市，号称“猪山油海”。缫丝、织布、酿造、手工业也很发达。这里生产的“万星牌”丝，在国内市场素有盛誉。一些文人、学者也在这里创办学堂，使芦

溪镇逐渐成为当地文化教育中心。这个镇子还有以楼台庙宇为主体的各种建筑和八大会馆，为人民提供了观赏、游乐的场所，对周围农村产生了不小的吸引力。河北省的定县，盛产棉花，农村普遍经营棉织业，“轧轧之声，比户相接”，围绕棉织业的发展，全县形成了八大集镇。这些集镇，既是棉织生产的中心，又是布匹集散的中心。有的集镇，每集上市棉布达一万匹，颇具规模。江苏省吴江县的盛泽镇，在明初还是个一般的村落。由于这里盛产蚕桑，水质又有利于缫丝，丝织业应时而兴。到清乾隆年间，已发展织机 8000 部，络纬机之声，通宵彻夜，顿成丝织业的中心；四方大贾，也蜂钻蚁集，舟楫塞港，形成大镇，繁荣气象几乎与郡县相等。这种类型的集镇，既是商品流通的中转站，又是农村中不可缺少的经济中心。它具有广阔的腹地、便捷的交通、繁荣的交易市场，所以既可吸收农村产品和手工业产品上市，又可从其他地区运来必要的商品转售到农村。由于集镇具有这样一个独特的功能，因而促进了城乡之间、地域之间的联系，不断地推动了经济的发展。

从一个大的地域范围来看，集镇也是随着经济的开发而逐步形成和发展起来的。考诸历史，现在上海周围的 10 个县，在远古时代，还是一片汪洋大海。随着岁月的推移，逐渐陆化，并经治理水患，完善水网系统，发展了农业生产，逐步成了中国著名的鱼米之乡。由于商品量逐年增多，集镇也一步一步地发展起来。秦始皇统一中国后，曾南巡会稽，那时已有人乘舟在水市上贸易。经过两汉、三国、东晋和南朝的开发，农村出现了集镇的雏形。到 1191 年（宋绍熙十年），已出现了青龙、华亭两镇，即以后的青浦、松江县城的所在地。到 1512 年（明正德七年）集镇增加到 44 个。到 1633 年（清康熙二年）集镇增加到 66 个。到 1817 年（清嘉庆二十二年），集镇增加到 132 个。到 1880 年，已形成的集镇达 400 多个。到 1937 年上升为 500 个。历史发展过程说明，集镇是随着经济的开发、社会的进步而不断出现的。华南地区的墟镇发展也比较快。据广东的广州、潮州、惠州 3 府 26 个县的统计，从清初到鸦片战争前的 100 多年里，墟镇的数目由439个增加到749个，增加的比例为76.3%。

在北方，清朝前期的经济发展慢于南方，集镇的增长也比较缓慢。据山东的章丘、长山、临邑、长清、商苑、潍县等6个县的统计，在清朝前期，集市和庙会的数目，由131个增加到175个，增加的比例不到30%，远远低于南方的速度。

二、因资源的开发和利用而形成的集镇

有些地方，农业发达，粮行、米市便成了大小集镇的主要行业。在那里，几乎“无米不成镇”。位于阳澄湖畔的湘城镇，就是一个传统的大米交易市场。这一带所产的大米，色质俱佳，湘城镇也随之成了以大米为主要行业的集散中心。全镇一条700米长的街道上，排列着100多家店铺，生意十分兴隆。有的地方经济作物丰富，集镇也围绕收购、加工、转售而迅速发展起来。湖北省孝感县的小河镇，已有500年的历史。附近盛产桃、柿、枣、李等水果，木梓、桐梓等油料，以及60多种药材，还有茶叶、烟叶等经济作物。小河镇以收购、加工、转售当地的土特产而繁荣起来，形成了一个热闹的山货码头。四川茂汶羌族自治县的凤仪镇，以收购、转售药材而兴旺起来。该县自古盛产药材，大宗的有麝香、贝母、鹿茸、羌活、大黄等。每天成交一两百担。除药材外，还有猴骨、虎骨、熊骨、豺骨。随着药材市场的扩大，麝香、贝母、虫草等贵重药品，由“商帮”直接控制，销往上海、香港和国外。有的地方，地下资源丰富，集镇也随着资源的开发、利用而发展起来。江苏省宜兴县的丁蜀镇，素有“陶都”之称，这里家家做坯，户户捶泥，制作了风格独特、做工精细的各种陶器，形成了著名的专业陶瓷市场。集镇也随之迅速发展起来。山西省榆次县的长凝镇，水质特殊，这里生产的陈醋，品质优良，味道浓郁，畅销各地。这个镇子，发挥当地的优势，在水上大做文章，也不断繁荣起来。河北省靠近白洋淀、文安洼等地方的一些集镇则围绕苇编业发展而繁荣起来。安新县的新安镇，就是以经营和收购苇席，而迅速发展起来的一个集

镇。一些近海的集镇，则因渔盐之利而兴盛。江苏省南通县的骑岸镇，濒临大海，在北宋初年为煮盐之场，于是商贾云集，聚居成镇。四川省蓬溪县的蓬莱镇，早在清光绪年间已发现天然气、石油和盐卤，随着这些资源的开发逐步形成了以盐业、化工为主的工业集镇。

以上几种类型可以说明，许多集镇是靠山吃山、靠水吃水、靠海吃海而形成和发展起来的。另外，中国还有一些传统工业，并不完全集中在都市，许多是利用当地资源发展起来的。例如，中国早年出口的生丝，最有名的叫辑里丝。辑里，位于太湖附近。这样一个小地方生产的丝，后来也居然成了中国出口生丝的别名。其他如龙井的茶叶、景德镇的瓷器、高阳的棉布等，都属此类。这些名牌产品，都以它的主要产地而著称。而每个小的区域或村镇，也都有一两样附近熟知的土特产品。集镇也围绕这些产品的生产、流通，而逐渐繁荣起来。这是中国集镇形成和发展的一个重要特点。这种类型的集镇，在漫长的历史过程中也曾经有过起伏和曲折，但是，由于它的发展是建立在发挥当地资源优势的基础上，因而生命力比较顽强。

三、凭借交通的优势而发展起来的集镇

过往车船、客流密集的交通要道，往往为集镇的发展提供了有利条件。四川省简阳县的贾家镇，在历史上是成渝驿道的一个必经之地。这里客商集聚，逐步发展为场镇，成了当地物资交流和贸易的中心。江苏松江县的商榻镇，处于苏州与松江之间，来往于两地的客商，常在这里投宿、停歇，从而形成了商榻镇。进山和出山的口子，也往往形成集镇。陕西省三原县的鲁桥镇，位于平原、山区两大地域之间，是个出山的隘口，也是山区与平原进行经济联系的中介。早在两汉时期，就形成了集镇。到了明末清初，成了山区、平原之间经济贸易的中心。平原把外来的产品输入山区，山区把皮毛、药材、山货输往平原，彼此沟通有无，促进了地区经济的发展，集镇也随之繁荣起来。盛时，曾有商户 1500 家，人口 6000 人。

直到新中国成立前夕，全镇还有 52 个行业，工商店铺 392 个，小摊小贩 152 户，从业人员 1900 多人。四川省崇庆县怀远镇，位于文井江畔，邛崃山脉前沿，地处交通要冲，是山区与坝区联系的必经之地，素有蜀门之称。过去，坝区的农民通过怀远镇把土布、烧酒、盐巴输入山区，山区把皮毛、药材、山货输往坝区，使怀远镇成了远近闻名的物资集散地。

几条河流的交汇地段，集镇也往往在这里兴起。江苏省吴江县的莘塔镇，地处河道交叉之处，历史上是苏南水上运输的必经之地，到康熙年间已成为繁华的集镇。河道两岸建了各式跨街楼，楼上住人，楼下开店，行人晴天晒不到太阳，雨天淋不到雨水。沿河筑有整齐的驳岸，并有石桥联结。有人描绘莘塔镇为“春见一江芳草色，秋闻万户桔槔声，舟行南北千斤获，人馌东西五谷登。”江南湖泊成群，水网密布。集镇的建设，也多顺河设街，临水建房，因水布局，因水成市（见图 36）。交通也多以舟代步，开门见水，抬脚上船，咫尺往来，皆须舟楫。四通八达的水路，成了江南水网地区集镇生存和发展的最重要的条件之一。

图 36 苏州吴江县黎里镇的河街与店铺

靠近江海港口的地方，也往往形成集镇。广东省番禺县的莲花山镇，位于珠江口莲花山下。鸦片战争时，林则徐曾在这里设过临时帅府。由于这里港池水深，渔船出海回港，常在这里集中，形成了一个以鱼市为中心的集镇。江苏省太仓县的浏河镇，是通江出海的重要港口，早在元代就已形成对外通商的重要口岸，号称“六国码头”。明朝航海家郑和曾从这里出发七次下西洋。

也有一些集镇是随着现代交通的发展而繁荣起来的。江苏新沂县的新安镇，民国初年，只有百余户人家，事农为主。到1927年陇海路通车后，由于优越的地理位置，这里成了南来北往的交通枢纽。石家庄原来是一个僻陋的乡村，由于京汉、正太铁路通车，才骤然繁荣起来。

凡是在交通要道形成的集镇，一般都具有重要的战略地位。其特点是，平时易兴，战时易毁。安徽省繁昌县的荻港镇位于长江口岸，素为兵家必争之地。江苏省吴县的平望镇，地处交通要冲，人称“八省通衢之地”，北宋时已“万商云集，物资充溢”，明初更“千艘百舸，远近毕至”。由于地理位置显要，平望镇自古成了兵家必争之地。明嘉靖年间，受倭寇袭击，这里商业衰落。清雍正时，又重新繁荣起来，“物产华陈，商贾辐辏”。民国以后，平望镇又受国民党和日寇的破坏，零落下来。

四、由于政治和军事上的原因而形成的集镇

有一些集镇，单从经济上来考虑，价值并不大。但是，由于政治上的原因和军事上的需要，有一定的地位，也逐步发展成为集镇。江苏省丰县的丰城镇，就是随着刘邦的发迹而兴旺起来的。《鸿门宴》中怒视项羽而“目眦尽裂”、保护刘邦安全脱险的樊哙，曾入蜀招兵，他招兵的一个地方，被刘邦定名为樊哙镇（四川广汉县）。从此，这个镇子也逐渐繁荣起来。江苏省丹阳县的吕城镇，三国时，东吴大将吕蒙驻此。河南省巩县的回郭镇，原名回头坡，唐天宝十四年（公元755年），安禄山叛乱，陷洛阳。公元757年，唐平王李俶派郭子仪率北方军收复洛阳。为纪念郭子仪，取名回郭镇。安徽省肥西县的三河镇，历史上享有盛名，素称“小南京”。这个镇位于巢湖之滨，太平天国英王陈玉成曾在这里大败清军。太平军占领南京后，三河镇又成为粮仓。三河镇以得天独厚的水路运输为优势，由运送军粮而发展起来。江苏省吴县的木渎镇位于太湖之滨、灵岩山麓。春秋战国时代，吴王夫差战胜越王勾践后，决定在灵岩山新建一座富丽堂皇的馆娃宫。而越王采取以退为进的战略，把大量的名贵木材源源献给夫差，“积材三年，木塞于渎”，把灵岩山附近的河道也阻断了，这里也得名木渎，后来成为著名的古镇。也有一些集镇是由于军队设防而形成的。例如，山东省胶南县的灵山镇建于明代洪武年间。这里地形险要，当时的统治者为防御外敌，在沿海建了 24 个卫，灵山卫就是其中之一。由于有驻军，又有军队家属，为军队服务的各种设施以及交通运输相继发展起来，逐步形成了一个集镇。江苏省海南县的李堡镇是军事要塞，唐时为村，宋、元时为乡，明代成镇。内蒙古乌拉特中旗的川井镇，建于金代。当时为防御外敌，曾在这里屯兵设卡，形成了集镇。天津的小站，过去叫兴农镇，实际上是军粮补给的基地。同治十年（1871 年），清政府为补充军饷，沿途设站，10 里一小站，40 里一大站。小站镇由此得名。加之小站的稻米，颇负盛名，前来的交换者络绎不绝，形成了一个比较繁荣的小集镇。

从历史上看，古代的许多集镇，具有明显的防御功能。到汉代，这方面的功能更有所加强。刘邦与项羽打了多年的仗，争城夺池，深知城堡之重要，他做皇帝后，令全国筑城。《汉书·高帝纪》记载：汉高祖“令天下县邑城”。但在长期的发展过程中，过去一些仅具有单纯军事防御性质的镇，随着时代的推移，逐渐被淘汰。而一些人口众多，物产丰富，商业兴盛的镇，不仅得以保存，有的还发展为当地经济贸易的中心。

五、因纪念历史名人，修筑祠堂、庙宇，开辟风景点而形成的集镇

江苏省无锡县的梅村镇，是吴国创始人泰伯隐居之地。他到梅村后，引导村民改变吃生食的习惯，改进刀耕火种的原始耕作方法，教孩子们识字。为纪念泰伯，梅村逐步发展为集镇。四川省江油县的青莲镇，唐时称青莲乡，中国唐代伟大诗人李白曾在此居住，自号“青莲居士”。这里青山秀水，良田平畴，人称“人杰地灵”之地。后人在这里修建了李白衣冠

墓、李白祖居、李白之妹李月圆的粉竹楼和李白的洗墨池，吸引了不少游人。山东省胶南县的尚庄镇，是又一种类型。这里有一座大庙，集聚了许多和尚，吸引了众多香客，相继建起一些服务设施，逐步形成了集镇。四川大足石刻，特别是宝顶山、北山、南山、石断山、石门山等处的大型石刻，是中国极其珍贵的文化遗产。而大足县的龙水镇，则是随着石刻的开凿而兴起的。大足石刻开凿于晚唐至南宋，历时250多年。当时石匠云集，工具奇缺，于是龙水镇石刻匠们工具的加工业，就大大发展起来。江苏吴县的角直镇，则是由于景色秀丽而发展起来的。这里，四周遍布湖、荡、潭、池，河道纵横交叉，建筑古雅、别致，并有72座形态轻巧、曲线优美、色彩淡雅的石拱桥凌空高耸，以及家家傍水、户户通船的水乡风貌，构成了一幅优美的立体图案。由于景色媚人，吸引了不少文人隐士前来定居。商业、服务业也随之发展起来。新中国成立前夕，这里有店铺、作坊600多家，流动摊贩400多个。嘉定县的南翔镇，从宋朝到民国先后建园林33座，有“小小南翔赛苏州”之称。

中国许多集镇，十分重视街景布置。镇首每每有塔、亭之类的建筑，并以绿化点缀，形成了“绿杨藏小市，红杏傍高楼”的秀丽景观。每当重阳清明、春末夏初或秋风送爽季节，常常吸引大量的游人前来寻幽探胜。

第三节　集镇的特征

历史上，集与镇是有一定区别的。集是集市的意思，镇是镇守的意思。有商贾贸易者，谓之市，设官将森防者，谓之镇。许多集镇，在设镇之前，已有集市存在。集市的兴起，多起源于农村的粮市和草市。但在设镇之后，又市随镇起，扩大了职能，形成了较高一级的市场建制，在政治上形成了统治周围农村的基地。因此，集镇与集市相比，有以下几个不同的特征。

一是经营方式不同。集市是流动的市场，行商居多。商人需轮流到不同市场，循环找客，出售货物。集镇则坐贾较多。一般集镇都有固定的、常年经营的店铺，顾客可以到固定的地点选购物品。商品交换的产生和发展，始终是集镇形成的经济基础。只要有商品交换，必然形成交换中心。而交换中心的固定，则升格为集镇。集镇的发展，又必然促进该地区经济的发展。

二是流通领域不同。集市，多由村落演变而成，规模较小，流通领域狭窄（见图 37）；集镇，则多是在集市的基础上形成的，规模较大，流通领域也突破了周围乡村的范围，进行中程的、远程的甚至跨区域的贸易。发达的集镇不仅与国内市场相联结，而且还连舟结泛，扬帆海外。太湖地区的双林镇，清初有一姓徐商人，行商海外，智计过人，十多年积资巨万。

图 37　陕北的吴旗镇

三是规模不同。集市一般没有什么设施，既不设围墙，也没有门市。集镇，不仅有店铺、作坊，还有相应的服务设施。有的集镇规模不大，设施也比较简陋，街长不过百米，宽不盈丈余；有的则商旅如织，列肆如栉；甚至还有“市井繁庶类壮县”，比县城还要繁华。河北省交河县的泊头镇，濒临卫运河，又是西来北往的通道，转换四方货物，是周围数百里内广大农村的“商业荟萃之区”。早在 1928 年，泊头镇即有店铺 300 余家，交易方便，物美价廉；而交河县城内，仅有店铺 10 余家，城中居民常到泊头镇购货。河北省宁晋县的东旺镇，清末已“户逾万家”。文安县的胜芳镇也有“约万余户”，到1928年胜芳镇竟至“人口10余万”。在近代著名织布区高阳镇，居民有9万多人。其中，从事工业和手工业的占42%，经商的占30%。在中国南方，集镇发展更快。根据苏州、松江、嘉兴、湖州四府方志的统计，清代初期，人口在万户以上的镇有黎里、木渎、濮院、新塍、乌青、南浔6个；在千户至5000户以上的有震泽、平望、枫泾、五店、五江泾、菱湖、双林、练市、埭头、荻港、善练、唐栖12个。有的集镇是专业性的集镇。例如，福建的瓯宁镇，在明清时期，已有茶厂上千个，形成了制茶专业镇。而在商品生产不发达的地方的城镇，尽管建制大、等级高，仍不如江南的一个大镇。例如，安徽的凤阳县兼府、县两城，街上除有几家依靠衙门而开设的旅馆外，商店很少。

四是经济结构不同。集市仅仅是占用农村的场地而临时营业。集镇则有工商并茂的特色，不仅有劳动密集的手工业，又有规模不等、门类齐全的商业服务网点，还有为周围农村服务的文化教育事业等等。当然，镇上也有一部分农民从事农业生产。“村南布谷鸟，村北响缫车，隔浦卖鱼市，傍桥沽酒家”。这反映了集镇在不同经济结构条件下形成的布局特点。这类集镇，多已突破了男耕女织的自给自足的自然经济，这里的农民多已成为经营工商业或兼营部分农业的双重就业者。

五是人口构成不同。集市，没有固定的人口，有集则有人，无集则人走，“朝实暮虚”。而集镇，不仅有农业人口，而且有“市井小民”，有从事小工业和手工业的工匠，还有少量巨贾豪富、地主官绅。

由于人口构成不同，社会需要不同，设施内容也不同。特别是随着商旅周流和人际交往的频繁，集镇一般都建有较为方便的服务设施，如茶楼、酒肆、旅馆、客栈，以及名目繁多的“行”、“庄”。饮食业在服务性行业中更占有较大比重，而且具有浓厚的地方传统特色。每一个集镇，都有自己的名点、小菜和传统的土特产。以上海地区的一些集镇来说，南翔镇的小笼包子、罗汉菜，南桥镇的腐乳，高桥镇的松饼，真如镇的白切羊肉，七宝镇的烤蛤蟆肉，泗泾镇的广利粽子等，都远近闻名，各具特色。苏州地区，著名的有：角直镇的萝卜，平望镇的辣油，木渎镇的鲍肺汤，虞山镇的叫花鸡等。人们对小城镇的美好记忆，也往往同这些名点、名菜联系在一起。特别是小商走街串巷，灵活周到的服务方式，更深受人民群众的喜爱。由于服务性行业的发展，一些集镇出现了“康衢数里，巨室千家，鸡鸣多未寝之人，午夜有可求之市”的繁荣景象。集镇的文化教育事业一般也比较发达，集镇不仅可为农村提供较多的知识、文化，而且可以较好地吸收城市文化教育的新成果，向农村输送，逐步形成了农村文化、教育的中心。

六是地位和作用不同。集市，仅仅是农村的一种暂时市场。而集镇，不仅具有组织商品流通的职能，而且是在封建政权严密控制下，统治周围农村的基地。在长期的发展过程中，集镇形成了一种多层次的结构。每县有一个首镇，四乡都有较大的集镇和一些小型的集镇。这种多层次的结构既反映出农村和城市的亲疏的程度，又表明在不同的地域范围内构成了统治阶级压迫和剥削农民的据点。县城，在农村中地位显赫，往往城墙高筑，城门将城乡隔开，城里一般不准进行集市贸易，交易只能在城外进行。县城都有县衙门和城隍庙这两大阴阳专政机构，是封建统治阶级对广大人民从生到死实行政治和精神压迫的象征。县城里的建筑也多高墙壁垒，弄堂狭小，反映了统治和防卫的需要。县以下的集镇则不同，统治阶级通过组织商业经营活动，进行剥削、压榨。据江苏江宁县淳化镇 1934 年的一个调查，这个 1800 人的小镇，有店铺 68 家，除杂货店外，最大的是粮行、当铺、茶馆。地主、买办通过中间环节，巧取豪夺，剥削农民。集镇的茶馆，多兼书场。农民在劳动之余，或早或晚，聚于茶馆，消遣聊天，或打听乡情行市，传播各种舆论。粮行，在集镇不仅做粮食买卖，而且兼营高利贷，息金可高达 100% 。当铺，往往乘人之危，盘剥农民。农民抵押东西时，一般只得到原值 20%—30% 的现金。因此，可以说，农村集镇既是组织商品流通的一个重要环节，又是统治阶级聚敛财富，剥削农民，榨取农民的基地，其地位和作用具有二重性。

中国的集镇最初多见于南方，到了明代，集镇已呈勃兴之势，在全国普遍发展起来。到1934年，据《中国农村经济资料》记载：当时全国人口4.5亿多人。其中，住在农村的3亿；住在集镇的为1亿；住在人口1万—5万的小城市的2300万，住在人口在5万人以上的大城市的有2300万。集镇人口，几乎占全国总人口的1/4。集镇是工商业相对集中的地方，代表了当时条件下较高的生产水平。集镇又是文化设施和脑力劳动者相对集中的地方。集镇的发展，使分散的农村形成了一个个市场网络。它不仅适应了当时小农经济条件下商品交换的需要，而且使古老、封闭的农村出现了活力，维系了城乡经济的有机循环，支持和发展了中华民族的古老文化，有利于促进人类社会从低级形态向高级形态进化，有利于促进人们脱离愚昧，逐步向比较高级的精神和文化境界迈进。

第三章
旧中国农村的破产和振兴农村的探索

第一节　旧中国农村的破产

中国的农村，在世代繁衍的过程中，时有兴衰。早在13世纪，曾有一个波斯人说过，中国的“大都小邑，富厚莫加，无一国可与中国相比拟”。这种赞誉，在当时可能是当之无愧的。但是，由于封建势力的长期统治，帝国主义的侵入，兵连祸结，农村经济多次遭到严重破产。许多地方村舍被焚，大批农民背井离乡，田园荒废，茫茫千里，鸡犬不闻。1935年，据当时中央农业实验所22省1001个县调查，全家离村的农户即有192万户，占总农户的4.8%。由于农村经济的崩溃，村庄和集镇也随之衰落下来。农村中，一面是地主豪绅陈谷落仓，囤积居奇；一面是广大农民饥肠辘辘，饿殍载道。遇有灾年，景象更惨。农民颗粒无存，啼饥号寒，卖儿卖女。有的相率入山，采掘草根充饥。绥远甚至发生过“易子而食”或活人吃死尸的事件，景象惨绝人寰。由于破产，许多地方，田地荒芜，农民纷纷弃家逃荒，流落外乡。1928年至1930年，陕西一省外逃的农民即达723万人之众。1931年，全国3/4的县发生大水灾，有的地方水深9尺，泡塌房屋占原有房屋总数的45%，农民流离失所者多达40%。号称“天府之国”的四川，从民国初年开始的20多年中，发生大小战争400余次，许多村庄被洗劫一空。历史上曾经相当繁荣的许多小城镇，由于农村的破产、战争的摧残，处于严重衰退之中，有的化为废墟（见图38）。江苏省高邮县的八桥镇，过去是泰州、高邮之间的商业重镇，由于战火洗劫，房屋被毁，残墙断壁，破败不堪，人口半数外逃。

图 38　1930 年湖北公安县的农村

图 39　1944 年山西农民住的破土屋

广东省东莞县的石龙镇，在前清年代，有房 1069 幢、89237 平方米，抗战前曾达 1133 幢、132527 平方米。而新中国成立前夕，只剩 357 幢、56028 平方米，到处是一片瓦砾。有的集镇，商店倒闭，作坊绝迹，完全演化为地主、官僚的寄生场所。江苏省无锡县的墙门镇，居民仅剩 130 户，烟馆却多达 20 家，茶馆兼赌场也有六七家。这种破落的景象，大体反映了旧中国农村集镇的一般状况。直到新中国成立前夕，广大农民衣不遮体，食不果腹，处于水深火热之中（见图 39）。有几句民谣记述了这种悲惨的生活："听得镗锣响，眼泪往下淌，地主逼租粮，狠如狗豺狼，家家卖儿女，户户去逃荒。"

第二节　历史上的"乡村建设"运动

面临农村的破产，一批文人、学士发起振兴农村的运动。倡导最早的是河北省定县的米迪刚、米鉴三。早在光绪二十八年，他们就提出了振兴农村的动议。1904 年，米鉴三留日回国后，在他的家乡——定县翟城村成立了"爱国宣讲会"，劝用国货，激发人们的爱国热情；办了阅报所、图书馆，以“灌输村人知识，养成优美乡风”；1905 年，成立了“改良风俗会”，提倡男不满 20 不娶，女不满 16 不嫁，禁止丧事念经，妇女裹足；还成立了“睦邻会”，以联络村人感情，吉凶相向，悲难相助；办了“勤俭储蓄会”，以养成村民耐劳淳朴之风；并提倡大力凿井，平整道路，开发农业。米氏的试验，在社会上引起各方面的关注，有的赞扬，有的批评，也有的认为不合时宜。批评者指出：“米氏的试验趋于复古，他的思想渊源是周易，他的理论根据是大学，他的理想人物是虞舜。”由于指责颇多，瞿城村的试验中断下来。

之后，一些受西方教育和社会思潮影响的文人、学士，也大造舆论，推动乡村运动，并各有独立的宗旨，主要分三派。

乡村生活改造派，以教育家陶行知为代表。1927 年，陶行知的“中华教育改进社”，在南京创设乡村建设学村。以学校为中心，附设有联村卫生会、商店、医院、救火会、武术会、石印厂、民众学校。其方针是，寓教于生活，实行“教、学、做合一”。这种试验，历时 3 年，无结果而终。1932 年，陶行知又组织了乡村改造社，提出：“以大众的工作，养活大众的生命，以大众的团结力量，保护大众的性命。”他组织乡间农民接受生产、科学、识字、民教、生育、军事六大训练，企图通过组织训练民众，改造乡村。这一努力也没有成功。

平民教育派，以平民教育家晏阳初为代表。他认为，中国农村民智未开，根本问题是文化失调。只有提高农民的文化，才能使他们对于改造乡村有彻底的认识和信仰。1924 年，晏阳初在保定道的 22 个县推行平民教育，并于 1926 年至 1936 年在定县创办了平民教育试验室。他针对中国农村存在“贫、愚、弱、私”的四大毛病，试行文艺、生计、生产和卫生 4 大教育，以增进农民的“知识力、生产力、健康力和团结力”。晏氏的主张，是一些好的愿望，但解决不了当时农民饥寒交迫这一社会经济问题。

乡村建设派，以梁漱溟为代表。他提出：“中国为乡村国家，应以乡村为根基，以乡村为主体，以乡村为本，以农业引发工业，而繁荣都市。”

并提出："作农人是我们的口号，下农村是我们的呐喊"。1931 年 6 月，山东成立乡村建设研究院，梁漱溟任院长，并以邹平县为试验区，欲以乡农学校为中心，组织乡村社会。梁漱溟的主张，在当时外患日迫的情况下，也未能实现。

除以上三派外，还有一些小的团体也在研究乡村建设问题。这种团体，大小合计，总数多达 1005 个。其中，多数仅限于空喊口号，并无实际行动。在这个期间，研究社会问题的一批学者提出：中国之今日，需要社会调查，一个镇、一个村，就是一个小社会，只有分析社会现象构成之要素，才能提出指南性的改革方案，以唤起民众，解决自身相关的社会问题。随之，乡村社会学也活跃起来，许多社会学家发表了调查文章。费孝通教授也写了《江村经济》《乡土重建》《乡土中国》等著名论著。他以乡村社区为对象，从社会学的角度，对中国社会结构进行了宏观的研究。

第三节 振兴和建设农村的一些主张

围绕乡村建设运动的兴起，各种出版物也如汗牛充栋，大量涌现。例如，北平有《乡土杂志》《乡村问题周刊》，山东有《乡村建设》，湖北有《乡村建设月刊》，四川有《乡村建设季刊》，浙江有《乡村建设通讯》，等等。许多文章认为：过去中国的农村，并不注重建设，或委以自然，或循于旧制，因而长期没落，无昭苏之象，因此，振兴农村，要有建设的纲要。这些文章提出了种种主张，摘其要点，归纳起来，有以下几个方面：

（一）发展集镇。认为集镇是农村中物资交流和金融流通的大本营，工商业是农民离不开的伴侣，茶楼、酒店是农民交际的中心。振兴农村，不可忽视集镇这个环节。应当以"人才下乡，游资下乡，事业在乡"的方式，发展农村中的工商业和金融事业，俾使乡村和都市两者均衡发展。

（二）兴办农田水利，改良耕作技术，发展合作事业，活跃农村金融，推进农业生产，以达到土无旷荒，民无游荡，人无不学，事无不举的目标。

（三）平整道路。组织村落之间的交通网，并按户出工，利用农闲，分段铺垫，征工修建。路旁要有出水口，用石修治，求其高下相宜，使水不致冲坏路基。

（四）修建公厕，疏浚井渠，加强卫生管理，普及卫生知识，以改善环境。

（五）提倡植树，保护森林。农田为民生之本，蓄树为国政所先。人民植树，理为天责，所费无几，收效无穷，应大力提倡。

（六）乡镇要加以整理，使其划一。村庄大小，应以方便生产为条件。一般距下地的距离，以不超过半小时为宜。半小时，步行是 5 里，马行是 10 里。因此，理想的半径，应在 5 里以上，10 里以下。户数，平原地区以 200 户为有利。集镇以 2000 人为低限、1 万人为高额比较适宜。

（七）改造农村住宅，要有切实而合理的设计，尽可能利用当地材料。住房地势宜高，居高临下，则排水方便。住宅周围，应植以花木，力求静雅。还可选择有条件的农户，建设示范性的住宅，以资提倡。

（八）保护风景、名胜，尊重民族的传统和历史，并请有名望的人士，出面主持。

（九）造就建设人材，重视理论与经验的交融，以恢宏教育与建设的效用。

这些主张和议论，虽有一定道理和一定的进步意义，但在当时农村处于严重破产的情况下，都是无法实现的。

中国历史上喧闹一时的乡村建设运动，到 1937 年也就无声无息了。当时的报刊、杂志，对这一段乡村建设运动，有所评述，指出了乡村建设运动失败的原因：

（一）循于旧制。

（二）脱离社会实际。当时反剥削、反压迫、反侵略，争民主、争自由、争解放，是历史的主流，而乡村建设的倡导者，却回避现实的社会矛盾，故归于失败。

（三）参与和发起乡村建设运动的人员，主张不一，各有所求。有的人抱着一种好的愿望，想振兴农村，为农民办一些好事；但也有的是投机分子，聚沙而下，赶时髦、喊口号，想乘机混个“乡官”，以鱼肉人民；还有的人，自恃过高，甚至把自己看成是农民的“救世主”，目空一切，傲气十足，但到乡下转了一转，才知乡下人对自己豪无感激的表示，也就灰心了。

（四）盲目抄袭外国。在他们看来，照搬外国的方剂，就可以医治中国农村之疾病。殊不知，乡村是一个复杂的、活的、有机的社会实体，它和机械并不一样。各国国情不同，生搬硬套外国的经验是行不通的，因而在事实面前碰了壁。

第四章
革命根据地的乡村建设

20世纪的前半叶，是中国民族危机最为深重，社会矛盾非常激化的一个历史时期。在干戈纷竞、兵难寇祸的年代里，中国的乡村建设遭受到很大的破坏。但是，在中国共产党领导下的革命根据地的乡村建设，在各个历史阶段，都有其不同的特点。

在20年代的国内革命战争时期，蒋介石对革命根据地发动了残酷的“围剿”和经济封锁。在这种艰苦的战斗环境下，根据地不可能从事大量的乡村建设。但是，在江西、福建、湖南、湖北、广东、广西等各个革命根据地还是利用一些战斗的空隙时间，帮助群众修复了许多为战争破坏的住宅；同时，为了适应当时组织群众、教育群众的需要，也修建和改造了数量可观的公共建筑，如学校、会堂等。

“七七”事变后，在沦陷区的广大农村，人民的生活更加悲惨，村镇面貌衰败不堪。面对日寇的侵略和经济封锁，中国共产党领导根据地的军民，一面打击敌人，一面组织人民，恢复和发展生产，建设家园。

1945年日本帝国主义投降以后，解放区迅速扩大。在老解放区和半老解放区，都开展了大规模的土地改革运动。广大的农民分得了土地和房屋。获得解放的农民，一方面支援前线打击国民党反动派，一方面组织生产互助组，举办合作社，兴修水利，修桥筑路，兴办学校，发展通讯，为新中国成立以后进一步发展乡村建设事业提供了有利的条件。

第一节 抗日根据地的建设

1937年“七七”事变以后，日本帝国主义侵占了中国的大半河山，

图40　日伪统治下河北农民住的破草房

广大农村更加陷入了苦难的深渊。东北三省的农民，生活尤其悲惨。广大农民吃不饱、穿不暖，居住条件也十分恶劣。东北农村中汉族、满族、朝鲜族、鄂伦春族的农民大都住在茅草顶、土坯墙的小破屋里。多数农家是三代人同睡一条炕，生活状况达到了极为低劣的程度（见图40）。华北、华东等地的广大农村，在日寇铁蹄的蹂躏下，疮痍满目，遍地废墟。有的地区在日寇三光（烧光、杀光、抢光）政策的涂炭下，成了无人区。山东临朐县是沂蒙山区的门户，日寇对这个地区采取了惨绝人寰的三光政策。国民党又和土匪、日寇合流，大肆勒索、压榨。农民无法生活下去，被迫四出逃荒，穴居野处，无衣无食，受尽饥寒煎熬。这个县原有48万人，1941年至1942年间只剩下8万人。不少村庄，田地荒芜，豺狼遍野，变成了凄凉的无人区。以往相当繁华的一些小集镇，在日寇的践踏下，也迅速衰败下来。山西省洪洞县的曲亭镇，战前是山区与平原之间商品交换的一个要镇。这个镇子有300户人家，大小店铺50座。日寇侵占后，镇上房屋烧毁大半，店铺倒闭。当时，这个镇子犹如荒山孤塚，死气沉沉。

面对敌人连续发动的疯狂进攻和经济封锁，中国共产党领导根据地的军民，灵活机动地打击敌人，使疯狂残暴的敌人陷入了人民战争的汪洋大海之中。同时，在根据地建立了抗日政权，组织人民恢复和发展生产，建设家园。陕北是中国著名的革命根据地。这个地区，是旧中国经济上最贫困、文化上最落后的地区之一。陕甘宁边区政府成立后，边区的各项事业进入了一个新的发展阶段。1937年7月全国抗战开始后，在中共中央的直接关怀下，边区政府领导人民进行了普选，建立了乡、区、县各级抗日民主政府。民主政府采取休养生息的政策，从各方面减轻人民的负担，发动农民组织劳动互助社，开展合作运动；发动群众开荒种地，纺线织布，发展生产。同时，大力发展文化教育事业，1938 年小学已达 773 所，比 1936 年增加 6 倍，到 1940 年，小学发展到 1341 所。社会教育也发展很快，建立了许多工人夜校、农村冬学和识字组；边区军民还利用西北的黄土高原，大量修建窑洞，解决了广大农民的居住问题。从而巩固和发展了革命政权，使陕北成为革命的摇篮。

在党中央和毛泽东同志“人人动手、丰衣足食”的号召下，抗日根据地首先发动了大生产运动。1938 年下半年，王震将军率领 359 旅，开赴离延安 100 里的南泥湾，开荒种地。在短短几年内，把一个纵横 120 里的荒山野野，建设成了“陕北的好江南”。这里，除开垦了一望无际的农田、草地、果园、林场外，还建成木工、铁工、榨油、酿酒、造纸等数十个工厂，新建 200 多间房屋和 1000 多个窑洞。其中，公共设施有学校、医院、疗养所、商店等。359 旅开垦南泥湾，为各个抗日根据地，在战争条件下，生产自救，渡过困难，树立了榜样。

在根据地生产逐步发展、经济日益繁荣的条件下，出现了一批新型的居民点。如陕甘宁边区的甄家湾到里水寺两岸，原来荒无人烟，1942 年移民 800 人，在这里开设了造纸、铁业等工厂，修建了住房，建成了一个新型的居民点。又如，原是穷乡僻壤的庆阳西华池，在 1943 年建起了一排排整齐的住房，办了 30 多家杂货店、18 家皮货店，成了繁荣、热闹的小集镇。志丹县的侯家湾，吴忠县的马兰村等均先后建成了新的集镇。不仅建了商店、客栈、运输站，而且铺筑了质量较好的道路。延安北部的张镇，1943 年在街道两旁，修建铺面房 100 余间，建立了工厂、作坊，设置了市场，铺筑了石板路，并开辟了文化区，形成了一个新型的小城镇。

陕甘宁边区人民还自己动手建筑了大批土窑洞（见图 41）。为了争取较好的朝向，窑洞一般均建在向阳的坡地上，建造中注意了饮水的便利及山洪的影响。在布局上注意了按照地形的等高线分层布置，从整体来看，层层排列，颇为壮观。老教育家刘菊初 1942 年在《延安见闻》中，曾作过这样的描述："延安周方二、三十里以内新打之窑洞，栉比林立。高自山头，低至沟间；其崇者为庸，其鄙者为节，夜间出外一望，灯火万家，照彻远近，高而著者接大星，低而微者似萤火，迷离夺目。情如置身元宵灯市场中……"他还兴奋地说，延安的房舍建筑"真有一年成居，二年成聚，三年成都之观"。

图 41　延安农民修建的窑洞

在物质条件极为艰苦的情况下，根据地的革命政权对建筑规划和设计，给予极大的关怀。陕甘宁边区政府对托儿所的建设明确规定：窑洞务须坚固、干燥、清洁，适合卫生要求；小学校的校舍，务须朴实、坚固，要适合教学管理和卫生要求，并设置运动场和园地；医院、休养院、休养所的建设，要求其用地一般都选择在离城不远，环境雅静、清新，绿化条件较好的地方；医疗机构的建筑，多为石窑，并组合成大小不同的院落，房屋平面采取凸字形，争取多面开窗，以便空气流通。根据地贯彻"公私结合，军民结合"的方针，建设了一批不同规模，不同类型的工厂。在工业建设中，也强调通风、采光，改善生产条件。如吴旗镇的兵工厂、河北涉县的西达兵工厂，不仅改造了厂房，而且有了比较整齐、经过规划的宿舍区。房屋，多用地方建筑材料和民间技术，结构简易，使用合理。在这个时期还建设了不少纪念性的建筑，如陕甘宁边区志丹陵，为纪念谢子长同志而建的子长陵，苏北赣榆的抗日山陵园等。

这些建筑，既反映了人民群众追念革命先烈的心情，又表现了抗日军民的抗战必胜的信念与决心。

华北、华东等抗日根据地，在抗日政府的领导下，开展了减租减息运动，减轻了农民的负担；同时，组织农民自力更生，发展生产，开垦荒地，植树造林，兴修水利，修桥筑路。人民军队还帮助农民修复被战争破坏的房屋。

第二节　解放区的乡村建设

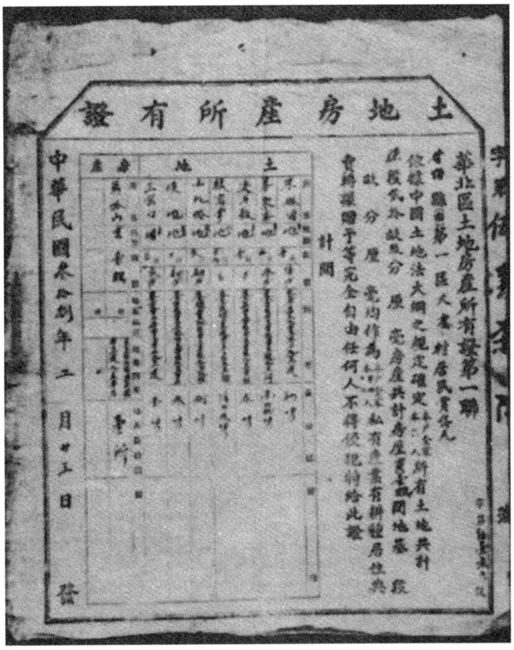

图 42　农民在土改中分得了房屋和土地

在解放战争时期，广大农民迫切要求解决土地问题。党中央于 1946 年 5 月 4 日发出《关于土地问题的指示》，决定改变党在抗日战争时期的土地政策，即由减租减息，改为没收地主的土地，分配给农民，到 1946 年年底，各解放区已有 2/3 的地方，实行了“耕者有其田”。1947 年，在老解放区、半老解放区，开展了大规模的土地改革运动。无地少地的农民不仅分得了土地，而且分得了房屋和其他财产（见图 42、43），积极性大大调动起来。广大农民，一方面大力支援前线，一方面纷纷组织生产互助组，举办合作社，兴修水利，修桥筑路，家家修饰房屋开展农副业生产。解放较早的地区，开始有计划地建设集镇。如陕北的定边县，增建了店铺百余间，使铁、木、毡三个行业能够集中进行营业；同时补修了水井、下水道，增设了公厕，清理了垃圾，集镇面貌有了显著的变化。新解放区则采取扶持的政策，促使集

图43　解放区人民丰衣足食

镇贸易发展。如山西汾阳地区，在战前这里是商业发达、市场繁荣的地区，日寇侵占后，商店倒闭，市面冷落，人们形容：“街上无人，路上无粪（指牲口粪)”。抗战胜利后，这里著名的6个小集镇又活跃起来，集市贸易空前繁荣。以三泉镇为例，每集达4万多人，超过战前30倍。商店和大小货摊达到2200余家，比战前多了500多家，比日伪时期增加1100多家。有人曾描写过当时集市繁荣的情景：“商号早起应市，行人面露喜色，货车载来佳音，客商额手称快。”随着经济的活跃，农村的文化、教育事业也很快恢复起来。汾阳县经过半年的建设，全县有126个村庄恢复了小学，还办了45处冬学。电讯事业也有了较快发展，过去农村没有电话，解放区军民利用从敌人手中缴获的器材，先后在华北、华东等解放区建设了20000公里电话线。例如，山东全境建长途电话线8000公里，晋冀鲁豫全区建了1700公里，冀中区也建设了2000公里。

第二编

新中国乡村建设的曲折发展过程

1949 年 10 月 1 日，首都北京 35 万人在天安门广场集会，隆重举行开国大典，宣告中华人民共和国成立。中国人民从此走上了建设社会主义国家的康庄大道，旧中国贫穷落后的农村也随之得到了新生。

从新中国成立到 1978 年党的十一届三中全会以前的 28 年期间，中国的乡村建设经历了一个曲折发展的过程。新中国成立后的头 8 年，全国农村先后开展了土地改革运动、农业合作化运动和爱国卫生运动。农业生产得到了恢复和初步的发展，广大农民的生活水平有所提高，居住条件也有了一定的改善。1957 年之后的 20 年间，中国农村以“大跃进”为开端，先后开展了“人民公社化”和“农业学大寨”运动。由于“左”倾政策的影响，乡村建设虽在一些地方、一些方面获得了进展，但由于整个农村经济发展缓慢，特别是由于 1966 年至 1976 年的十年动乱，使乡村建设没有得到应有的发展。

第一章
新中国头八年的乡村建设

1949 年到 1957 年这 8 年间，中国迅速恢复了被多年战争破坏了的国民经济，大力开展并基本完成了社会主义改造，全国各条战线欣欣向荣，乡村建设也得到稳步发展。

第一节　恢复生产，重建家园

新中国成立到 1952 年，是中国农村由经济凋敝、农民饥饿破产，转入全面恢复和发展的时期。毛泽东同志在中央人民政府委员会第四次会议上谈到经济恢复工作时说：我们是“有困难的、有办法的、有希望的”，“在三年五年的时间内，我们的经济事业可以完全恢复；在十年八年的时间内，我们的经济就可得到巨大的发展”。这一期间，全国农村开展了轰轰烈烈的土地改革运动，全国约有 7 亿亩土地分给了农民。广大无地、少地的农民获得了土地、房屋、农具、牲畜，土改中获得经济利益的农民约占农业人口的 60%—70%。土改前全国农民每年向地主、富农交租的粮食达 3500 万吨左右，土地改革后已归劳动农民自己所有。农民的生产积极性空前高涨，农业生产和农村经济有了很大的发展。广大农民的生活也得到了显著的改善。

随着农村经济的恢复，乡村的文化教育事业也有了恢复和发展。1953 年下半年，全国农村的小学生数达到 4900 万人，占学龄儿童总数的 65%；县文化馆达 2436 个，几乎每县有 1 个；区乡文化站 6000 多个，农村俱乐部、图书室达 2 万余个。

广大农村小集镇也恢复了生机。例如，湖南省醴陵县船湾是个小集镇，新中国刚成立时，每一次赶集交易额为400万—500万元，最高达1000万元（旧币，本节下同）。到1952年每次赶集交易额上升到6000万元到1亿元，最高达2亿元。县城及集镇上的乡村手工业也获得了较快的恢复和发展。据统计，1954年全国农民兼营商品性手工业的从业人员约1000万人，产值22亿元，加上农民自给性手工业和农产品初加工产值90亿元在内，产值达112亿元，占当年全国工农业总产值的11%。

随着生产的恢复、发展和经济的繁荣，乡村建设也逐步开展起来。

中国东北地区的农村，经过短期的恢复，各地农户约有40%—50%达到了中农的生活水平。其中，约10%达到了富裕中农水平。当时，东北农村中流传着这样一首歌谣："养畜要壮马，盖房用砖瓦，买布花达呢，拴车要胶皮。"歌谣生动地反映了东北地区农民生活逐渐富裕的新气象。以吉林省蛟河县保安村为例，这个村子在旧社会里，是有名的"穷棒子屯"。土地改革以后，这里的农民决心走组织起来、大家富裕的道路，生产得到了很大发展，90%的农民都过上了中农的生活，有的还过上了富裕中农的生活。1953年，村里盖了21间有着玻璃窗的新砖房。除了家家户户住宅用上了电灯外，农民还用电力来开动打稻机和碾米机。

山东省石湾沟是一个小山庄，全村22户。新中国成立前，在平常年景经常有四五户在外讨饭度日，遇到荒年，差不多家家都要外出讨饭，被称为"要饭庄"。新中国成立后经过土地改革和大生产运动，石湾沟大变样，粮食亩产量由1947年的60斤，提高到1952年的190斤，牲畜由只有5头耕牛增加到41头耕牛、3头驴和42口猪。全村建新房20多间，过去住在山洞里的人也住上了新房。又如山东省临朐县高家庄农民张希先，新中国成立前全家9口住在破旧的房屋里（见图45），新中国成立后参加了农业合作社，勤劳起家，盖起了11间新屋（见图44）。

中国南方的许多农村也发生了可喜的变化。例如，浙江省慈溪县岐山村，新中国成立前，这里90%以上的土地被地主霸占。广大农民没有土

图 44　新中国成立后张希先的新居

图 45　新中国成立前张希先的破屋

地，而靠吃草根、草籽和糠麸度日。穿的是不能御寒的破烂衣衫，住的是挡不住风雨的茅草棚。解放以后，经过清剿土匪、反对恶霸，实行土地改革，这里人们的生活起了根本的变化。1952 年——合作化后的第一年，亩产籽棉 160 斤，比新中国成立前增产了两倍多。在生产发展的同时，岐山村盖起了砖墙瓦顶的平房住宅。又如福建省岐岭乡的农民响应政府恢复生产、重建家园的号召，以高度的劳动热忱，进行了恢复与建设，开垦了 500 多亩荒地。农业产量有了显著的提高，有的互助组每亩的平均产量比新中国成立前增加了两倍。新盖起 956 间房屋，岐岭乡被焚毁的小学也重建起来了。成年男女都参加了识字班和夜校。为了满足农民购买生活与生产用品的需要，乡里还创办了供销合作社。

第二节　结合兴修水利和救灾活动建设新村

在旧中国，水旱灾害连年不断，不少房屋被冲毁，农民流离失所。解放以后，人民政府为根治水患，大力兴修水利。除大型水利工程外，到 1952 年全国共整修渠道、涵闸、塘坝 1663 处，打井 45.5 万口，扩大农田灌溉面积 2290 万亩。

淮河沿岸的农村，过去几乎是年年遇水淹，农村里很难找到一幢年头较久的房屋。位于淮河中游的安徽省怀远县的王咀村，新中国成立前，洪水往往一直淹到屋檐。1950 年水灾之后，全村只剩下 24 头牲口，16 辆大车，被水冲倒的房屋 160 多间。1951 年，全村积极响应毛泽东同志提出的“一定要把淮河治好”的号召，参加了治淮工作。王咀村的农民也像淮河两岸其他农民一样，在治淮工作的同时重建了家园。他们不仅将被水冲倒的房屋全部修建起来，还盖起了 80 多间新房。

在中国农村，除了水旱灾害之外，还有其他的灾害。为了帮助农民战胜灾害，中央人民政府政务院于 1952 年 8 月 14 日公布了《关于受灾农户农业税减免办法》。这个办法中规定：凡农作物因水、风、雹、病、虫及其他灾害而致歉收的受灾农户，依其受灾轻重，分为五等减免农业税。对于特大灾情，政府还要予以救济，并帮助农民重建自己的家园。这样，一批受灾严重的村庄也移地建起了新房。

河北省井陉区凤山矿，是中国华北地区的一个老煤矿。1937 年 9 月，日寇侵占了凤山矿，把矿山附近的南、北凤山和杨家沟 3 个村子的地下都掏空了。从此，地陷房塌、人畜伤亡的事件不断发生，人们都提心吊胆地过日子。1950 年，人民政府决定拨 480 万斤小米作为补助费，把 3 个村子的居民迁移到安全地带，另建新村。1951 年春天开始动工，经过 7 个月的修建，3000 多间房屋的新村就出现了。原来流浪在外面的居民纷纷从破草棚里，从土窑、古庙、山洞里走出来，搬到清洁、美丽、结实的新房子里。新建的房屋大部分是向阳的，有着厚实的砖墙和明净的玻璃窗，每家都有庭院，许多人家的屋顶上还有坪台。有几家的大门上还有精致的雕刻。村里还修起了可容纳 360 名儿童就学的一座完全小学，建起了供销社、理发馆、杂货铺子等公共设施和道路。

广西壮族自治区武鸣县的红星村，住着 60 多户人家，多半是壮族，也有少数汉族。100 年以前，这个村的人，因为不堪忍受地主恶霸的压迫，被迫从平地上搬到 200 公里以外的荒山坡上。山坡地石头多，土壤少，一年所收的粮食还不够两三个月吃。他们住在茅屋和山洞里，山上的野兽经常威胁他们。1953 年，人民政府决定帮助山上的居民搬到平地上来住。政府补助了他们 1.8 亿元的搬家费，还赠送了大小 140 多件农具，并且贷给耕牛、种子和肥料。附近的许多农民都来帮助他们修建房屋，在荒地上建立起面积约 1200 多平方米的住房，15 座牛棚和 5 个大的猪栏，一座能容 100 个学生的小学校。村庄周围还栽了一行行的果树和长春树。

第三节　结合爱国卫生运动，改善农村环境

新中国成立前，许多农村卫生条件很差，粪坑、臭水沟、污水塘遍地皆是。各种烈性传染病流行极广。一年四季，人们总是无法摆脱疾病和死亡的缠绕。解放以后，在爱国卫生运动的推动下，全国农村中掀起了除四害、讲卫生的移风易俗高潮。农村的环境有了改观，农民的健康状况也有了显著的改善。到处出现了“人增寿、田增产”的繁荣康乐景象。有些群众歌颂说：“千村万户大变样，卫生大路通全庄，沟沟相通无积水，村旁路边树成行，水井有栏又有盖，公共厕所在村旁，猪羊牛马有圈厩，鸡鸭有笼不散放，走到哪里都干净，人人欢乐心情畅。”

山西省晋城市郊区的东四义村，新中国成立前是污水横流、荒草丛生、街巷狭窄脏乱的村庄。新中国成立后，全村干部群众开展了“四净、五灭”运动。“四净”是家净、院净、环境净、衣被净；“五灭”是灭鼠、灭蚊、灭蝇、灭跳蚤、灭臭虫。1952 年被评为全国卫生模范村，荣获毛主席亲笔题词的奖旗。随后，又开展了清除垃圾、粪便，改良住宅、街院、水井、厕所、猪圈等工作，整治了脏乱的环境，改善了生活条件。

山西省稷山县太阳村是在爱国卫生运动的推动下出现的又一个典型的卫生村。他们清除了污水塘，修筑了排水沟，改造了厕所，保护了水井的卫生，建立了卫生所，而且家家户户都注意了室内外卫生的改善与环境的绿化。长年以来，人们每天清晨在上工之前都要打扫自家的门口和村庄的街道，经常保持着村庄的清洁卫生。人人养成了讲文明、讲卫生的好

习惯。

在中国南方地区也出现了一些好的典型。如浙江省萧山县河上镇第六村，是一个群山环抱的山村，过去环境杂乱，卫生条件极差。开展爱国卫生运动以后，他们把所有水井都加了盖，井边都用水泥抹过，保持水井清洁。厕所、粪坑也都加了盖，柴草堆都整整齐齐放在一边，全村都做到了人畜分居。每户都自备有捕鼠器，苍蝇拍，添置了痰盂。青年人养成了刷牙的好习惯，将近半数的农家，实行了公筷制。他们还整修了道路，种植了树木，使这个原来杂乱不堪的小山村，面貌一新。江苏省嘉定县的南翔镇，是1953年后多年保持卫生先进的一个大镇。云南山区西畴县哄吟村，过去粪塘处处，污水满地，苍蝇蚊子满天乱飞，痢疾疟疾常常流行。1953年以后，随着爱国卫生运动的深入开展，村里的卫生面貌大为改观，全村人人健康，六畜兴旺。贵州省凯里县自嘎村，原来疟疾流行，经过爱国卫生运动，到处干干净净，全村人口也从64人增加到300余人。

第四节　少数民族的居住条件有所改善

新中国成立前，少数民族的生活比汉族人民更为悲惨。国民党反动派勾结地方上的封建势力，残酷地压迫和剥削各民族人民，使少数民族人民长久地过着贫困和不安定的生活。新中国成立后，党的民族政策犹如和煦的春风，给各族人民送来了温暖和新生。

中国东部乌苏里江中游有一个赫哲人聚居的村庄，叫四排村。全村21户，除3户汉族外，其余都是赫哲人。过去，他们过着原始的渔猎生活，不知历数，不会种田，以鱼肉为主食。甚至连小孩都不由父母抚养，而是用摇篮挂在树上，谁来了谁喂。日本帝国主义侵占中国东北后，他们又被日寇赶进没有人踪的深山。在那里，他们更是少吃缺穿，各种传染病肆虐，死了很多人。新中国成立后，他们重返故乡。在人民政府帮助下，他们获得了食粮、衣服、枪支和渔具，继而又学会了耕耘。全村所有的赫哲人都定居下来，有了温暖的家庭。赫哲人当时盖的住房为泥墙草顶、两开间的平房，大都是一间灶间，一间卧室。村子临近江边，比较松散地集中在一起。虽然房屋朝向不统一，又无统一规划，但是渔民毕竟有了安定的居所。

西康地区的居民，以藏族为主。新中国成立前，农民一直使用原始的木质农具和原始的耕作方法，缺乏食粮。牛羊也因为瘟疫的流行而逐年减少，许多人过着流浪生活。新中国成立后，人民政府领导农民大力发展生产，1953 年粮食单位面积产量平均比 1951 年提高了 45% 以上，有的地方甚至提高了两倍。生产的发展，使农民逐渐从贫困中解脱出来。许多长期流浪的藏族农民建立了温暖的家园。康定县达拉西村的藏族农民马珠喜若是个一无所有的流浪汉，新中国成立后在全村农民的帮助下，垦种了 54 亩荒地，盖起了新房，有了自己的家，过上了安定富裕的日子。西康地区的藏民，在短短几年内，经历了比历史上 1000 年还要深刻、还要丰富的变化。

西双版纳傣族自治州与老挝和缅甸接壤。在这里居住着傣、哈尼、拉祜、回、汉等民族，其中傣族占 1/2 以上。这里是全国著名的“普洱茶”的主要产区。可是到新中国成立前夕，茶叶生产几乎完全停顿，有些茶农甚至把茶树砍倒当柴烧，因为 10 斤茶还换不到 1 斤盐巴。新中国成立后，茶农们普遍获得了人民政府的贷款，添置了制茶工具，有的还学会了机械制茶的方法。1953 年，人们渴望多年的昆（昆明）洛（打洛）公路通车，把西双版纳地区许多闭塞的村寨联系起来，改变了过去土产滞销、货物缺乏和“用一只鸡换三根缝衣针”的极其不合理状况。随着经济生活的好转，文化生活也有所提高。在西双版纳各地的村寨里，普遍建起了小学、卫生院、防疫站和妇幼保健站。住在勐遮山区的哈尼、拉祜等族的农民，到山下傣族居住的平坝里开垦荒地；傣族人民不但欢迎山上的兄弟民族下山生产，还帮助他们盖房子，教他们使用犁铧种田的方法。傣族以及西双版纳的其他民族在旧社会里的居住条件是十分简陋的，他们多数住在属于“干栏”式建筑的竹楼或木楼里。新中国成立后的居住方式虽然没有什么大的改变，但在人畜合理分居，以及建造房屋的用材质量上，有了改善和提高。

第五节 农业合作化运动促进了乡村建设的发展

经过三年经济恢复，从1953年起中国进入了第一个五年计划建设的新时期。这个时期也是中国农业合作化发展比较快的时期。党中央在1953年2月公布了《关于农业生产互助合作的决议》，同年12月又公布了《关于发展农业生产合作社的决议》。特别是1955年7月31日，毛泽东同志作了《关于农业合作化问题》的报告后，农业合作化运动有了迅速的发展，农业生产发展较快。同时，农村中出现了大批专业的和兼营的手工业者，办起了一些作坊和加工厂。随着农村经济的活跃，农村的各项事业，开始进入了有组织、有规划发展的阶段。农村居民点的建设有了新的发展，农村环境卫生得到了新的改善。许许多多的农村，在发展生产的同时，规划了村庄的建设，建了一批新房，大幅度地改善了农民的居住条件。

内蒙古自治区通辽县支援村，共有农民322户，1956年入社农民已达312户，占97%。粮食大幅度增产，社员收入比1955年增加1.2倍。由于收入增加，购买力有大幅度上升。农民修房、建房的占全村总户数的95.8%，其中有18%的社员建了新房，共盖房245间。房屋的建设标准也大有提高，多数是7条檩、木板门、玻璃窗。

有些村庄，不仅改善了居住条件，而且规划建设了一些公共设施。山西省解虞县燎原农业生产合作社，共有农民386户，在建社初期，由于采用新农具和新技术，每亩籽棉产量比建社前提高200多斤，小麦提高60多斤，有的农民入社一年后就盖起自己的住房，鳏寡户入社后，也有了房子住。上海市黄浦江边的江心沙村，新中国成立前农民生活贫困，世世代代住的是茅草房。农业合作化后，该村的265户社员，家家收入增加，不但增添了自行车等生活用品，还建起了瓦房。

四川省的乡村过去居住分散，卫生条件也很差，“住的是茅草棚棚笆笆门，吃的是糠菜稀饭无油荤”，甚至人和牲畜合住在一起。在合作化运动的推动下，全省出现了一批新的村庄。每一个村子里一般居住着30—50个家庭，每个家庭又根据成员的多少，有自己的居室、厨房、贮藏间等。有的村庄还有公共的会议室、俱乐部。成都附近的友谊农业社，1400多户社员都陆续搬进了新的住宅。有的为了节约土地，还盖起了二层楼房的住宅。由于合作社里各种工匠都比较齐全，所需要的砖瓦本社也能生产，木料可以利用原来的旧料，因此，一般合作社修建一个能够居住30—50户社员的村庄，只用个把月时间就可以竣工使用。

新中国成立前，中国渔民的生活十分艰难、悲惨。许多渔民全家挤在一只船上，长年到处漂流。新中国成立后，水上渔民获得了新生，实行合作化后，都过上了富庶的生活。渤海湾，是中国著名的渔区。新中国成立后，渔民翻了身，滦县、昌黎、丰润、乐亭、秦皇岛、抚宁和黄骅等地区的渔民组织了渔业生产合作社，不仅促进了渔业生产的发展，渔民的生活也起了根本变化。例如，黄骅县关家堡全村86户渔民，从1951年到1954年就盖了新房180多间。广东、福建海岸线较长，渔民集中，人民政府让他们自己起来管理码头。渔民们在沿江搭成一个一个的木桥，他们的木船便按段按组按门牌地停泊在木桥的两边。人们走上木桥，就好像走进一条小街，邮递员可以按着船头上的门牌投递信件。人民政府还为渔民在珠江沿岸设立了卫生站和接生所，设立了30多个自来水站。渔民开始过上了安居乐业的生活。过去渔民有80%以上的人不识字，人民政府在陆上和水上办了小学，大多数在船上生活的儿童也都读上了书。旧社会里不准渔民和陆上人民通婚、不准在陆上定居等蔑视渔民的陈规陋习，也随之一去不复返了。

在农业合作化运动的推动下，农村的文化事业，也蓬蓬勃勃地开展起来。据1957年统计，全国乡镇文化站发展到2417个，电影队发展到6692个，许多地方办起了业余剧团、俱乐部。农村文化生活的活跃，反映了新中国成立后农民新的精神面貌。

1956年上半年，中国农业、手工业和资本主义工商业在生产资料所有制方面的社会主义改造基本完成。这个时期，农民的经济状况有了很大的改善。生活水平和收入水平赶上和超过合作化以前富裕中农的合作社，大约占当时农业社总数的20%—30%。但是，由于对小手工业和小商业过多的合并和过早地向全民所有制过渡，导致了后来一些集镇的萎缩。

1957年，中共中央公布了《一九五六年到一九六七年全国农业发展纲要（修正草案）》。其中提出："随着合作社生产的发展和社员收入的增加，农业合作社应当根据需要和可能，鼓励和协助社员在自愿、互助、节约开支和节省用地的原则下，有准备地、有计划地、分期分批地修缮和新建家庭住宅，改善社员的居住条件"，"按照各地情况，分别在7年或者12年内普及小学义务教育"，"在7年或者12年内基本上普及农村文化网，建立电影放映队、俱乐部、文化站、图书室和业余剧团等文化组织"，"在7年或者12年内基本上做到乡乡有体育场，普及农村的体育活动"。根据这些要求，一些地方开始进行农村居民点建设的示范工作。1958年上半年，四川省在成都郊区和南充、南部、西充等县，先后建设了十几个新的居民点。这些居民点的布置，一般以公共建筑为中心，四周建设住宅，村边设置牛栏、猪圈、牲畜房舍，并保留了农民自留地的位置。农民的住宅，有的是平房，有的是二层楼房，厨房设在楼下，每户一间。新建的居民点，虽然还不很完善，但与过去的旧村落相比，已有了显著的改善：初步改变了过去房舍分散、自由发展的格局，开始按照一定的规划和生产、生活的要求进行了建设；在文化、卫生、生活福利设施及家庭副业等方面，也都给予了一定的考虑和安排。这对鼓励农民发展生产、建设家园起了积极的作用。

第二章
“人民公社化运动”中的乡村建设

1958年，中国共产党八届二中全会通过了“鼓足干劲，力争上游，多快好省地建设社会主义”的社会主义建设总路线。全国人民意气风发，斗志昂扬，在生产建设中发挥了社会主义积极性和创造精神，各条战线都出现了蓬勃发展的大好形势，农村形势也十分喜人。

在大好形势面前，中央和地方的一些领导同志滋长了骄傲自满情绪，急于求成，夸大了主观意志和主观努力的作用。在过分强调“大跃进”的同时，又轻率地发动了农村“人民公社化”运动。1958年8月，中国共产党中央政治局通过的《中共中央关于在农村建立人民公社问题的决议》中提出，把农业生产合作社“合并和改变成为规模较大的、工农商学兵合一的、乡社合一的、集体化程度更高的人民公社”。要求公社社员都要做到“组织军事化，行动战斗化，生活集体化”。关于公社的规模，虽然也说“一般以一乡一社较为合适”，但又说“也可以由数乡并为一社”，“达到万户或两万户以上的，也不要反对”。这种严重的“左”倾思想，使高指标、瞎指挥、浮夸风和“一平二调”的“共产风”在全国泛滥起来，把乡村建设引向了错误的方向。在农村人民公社居民点的规划、住宅和公共福利设施的设计、建造以及公社工业企业的建设中，都造成了巨大的浪费和损失，极大地挫伤了广大农民群众建设社会主义新农村的积极性。下面，按村镇规划、住宅建设、公共福利设施和工业企业4个方面分别加以叙述。

第一节 人民公社的村镇规划

人民公社化运动开始以后，农村中的各种建设项目上得很多，来势很猛。为了适应乡村建设这种新形势，农业部于1958年9月发出了开展人民公社规划的通知，要求各省、市、自治区在“今冬明春”对公社普遍进行全面规划。规划的内容，除农、林、牧、渔外，还包括平整土地、整修道路、建设新村。建筑工程部也发出了进行公社规划的号召。全国各地规划设计部门的技术人员和大专院校建筑系的广大师生，广泛动员起来，深入农村，夜以继日地连续奋战，在“描绘共产主义蓝图”的“左”倾思想指导下，编制了大量的人民公社建设规划。这些规划，普遍存在着以下几个问题：

（一）指标过高，规模过大，要求过急，超出了人民公社财力物力可能提供条件的限度，绝大多数的规划方案是脱离实际的“畅想曲”。这是与当时经济计划中的高指标、浮夸风分不开的。例如，贵州省黄平县红旗人民公社的规划中提出，要在公社中心建设新村，到1962年建成有上下水现代化设备的三层楼房，以及其他公共设施。还要求建成全公社的公路网，村村通公路，处处通汽车，并在村庄附近的公路旁建造飞机场。规划中还准备建造简易铁路。

（二）强调“生活集体化”“组织军事化”，大量迁并较小的村庄，给社员的生产和生活造成很大不便。如黑龙江省尚志县长寿人民公社，在规划中要求将全公社71个村庄，合并为5—8个村庄，每村集中800—1000户。公社不仅要办中学，还要办大学。为了体现“组织军事化”，山东省历城县仲宫人民公社的规划提出，“要体现全民皆兵，在居住的组织上，以连队（500人左右）为房屋排列的基本单位，每一基本单位的布局以食堂为中心”。食堂是“多功能”的，“既是连部活动的中心，又是讲堂、俱乐部、电影院和图书室、浴室”。在规划中要求每3个连队布置一个合用的“练兵场”，整个居民点还设立了一个“大型军事体育场”，以便开展射击、打靶等活动。

（三）缺乏必要的调查研究和科学依据。“大跃进”中极力提倡所谓“快速规划”，往往要求规划小组一两天就要拿出一个村镇的规划。这种脱离实际的要求，使人们只能按照上级的意图，画出一张简明的功能分区图。有的院校师生三四十人，只一个星期就编制出一个县的全县规划总图。在这个期间，不少地方一个镇的初步规划、一个公社的总体规划、一个乡村居民点的详细规划，都是在很短的时间内完成的，当然不可能切合实际。因此，绝大多数规划难以指导建设，只能是“纸上画画，墙上挂挂”而已。

下面，列举几个有代表性的实例，以具体地说明当时在高指标、“共产风”影响下形成的一些脱离实际、缺乏科学依据的规划方案。

1. 河南省遂平县卫星人民公社规划。

河南省遂平县卫星人民公社，即原河南省遂平县琅山人民公社，是全国最早出现的人民公社之一。1958 年 4 月，这个公社由附近 5 个乡合并而成，共有 8 个生产大队，238 个自然村，全社共有 9369 户，43252 人。按照公社的“社域规划”，要“按生产的要求，适当集中，重新布置居民点”。新的居民点基本上是按社中心居民点、大队中心居民点、大队卫星居民点三级分布的。规划的重点放在公社中心居民点及毗邻的第一大队中心居民点上。公社中心居民点位置选在原杨店以北、狮子山以南一带，第一大队中心居民点就在杨店的基础上发展起来。在规划中，公社中心居民点 1962 年的人口规模定为 5000 人，毗邻的第一大队中心居民点定为 3000 人，两个连在一起的居民点人口规模总共达 8000 人。5 年内将全公社 1/5 的人口集中到一个居民点上来，是缺乏科学依据的。至于各项文化教育、商业服务设施，在规划中更是应有尽有。公社中心居民点的各项公共建筑总面积要求达到 20 万平方米，第一大队居民点的各项公共建筑总面积也要求达到 16 万平方米。显然，这样大规模的建造量，无论就资金和建筑材料来说，都是难以实现的（见图 46）。

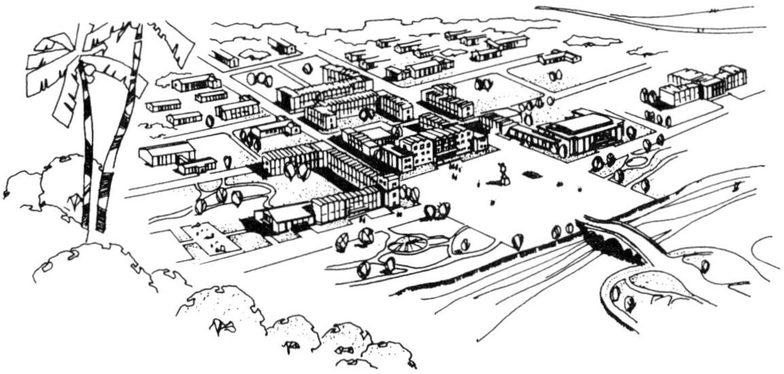

图 46 河南省遂平县卫星人民公社中心居民点规划鸟瞰图

2. 河北省徐水县遂城人民公社规划。

遂城人民公社是河北省徐水县 7 个人民公社之一，位于县城以西。全社共有 37 个自然村，总人口为 49093 人。规划前，公社中心居民点设在遂城村。1958 年，公社领导提出了“1959 年完成社会主义建设，并开始向共产主义过渡，1963 年进入共产主义”的“豪迈规划”。居民点分布规划，考虑到谢坊村在全公社的位置适中，建筑质量较好，建议将社中心居民点从遂城村迁至谢坊村，并将 37 个自然村合并为 6 个居民点。其中作为公社中心居民点的谢坊村，1962 年年底的人口规模定为 12000 人，其他 5 个居民点近期人口规模都定为 10000 人。在公社中心居民点的详细规划中，布置了礼堂、文化宫、师范学校、报社、红专大学和自来水厂等公共设施，还专门划出一块不适于耕作的土地作为“公墓”。在公墓四周栽花种树，使之成为一个“滨河公园”。这种要求“1963 年进入共产主义”的规划，虽然看来十分“豪迈”，但由于严重脱离实际，同样只能成为无法实现的“畅想曲”。

3. 上海市青浦县红旗人民公社规划。

青浦县接近太湖，是太湖三角洲水网地区的中心，是单一的水稻种植区。红旗人民公社是在原叶龙乡的基础上建立起来的，乡中心朱家角镇，是青浦县除城厢镇外最大的一个集镇，有人口 13000 人。公社规划的第一方案将全公社分成 10 个“工区”，每一工区有一居民点，人口规模在

1500—2000 人之间，基本福利设施较全。第二方案照顾到现有生产社、队的划分，将全公社分成 12 个“工区”。最后确定了“生产组织按近期（第二方案），建设规划按远期（第一方案）”的原则，即近期工区的范围划分得小一点，便于组织管理生产；而一切基本建设项目，都按第一方案进行。在公社规划的基础上，还选做了小曹港居民点的详细规划。小曹港是第一方案中确定的居民点之一，人口规模约 2000 人，住宅中均不设厨房，每两个生产队（约 500 人）合用一个公共食堂。事实证明，这对生产和生活都是极为不便的。

应该说明的是，当时不仅大多数公社搞了规划，有些县还对全县所有公社的规划提出了各方面的具体要求。如湖北省随县 1958 年对县属各公社规划的要求是：“村庄房屋集体化，平原地区，每村 200—1000 户，丘陵地带每村 200—500 户，山区要消灭独户村，每村 100—200 户”、“各公社大队要通公路，中队小队通马车，有条件的地方可铺设轻便铁轨，争取通火车”。规划要求各公社都要建起“红专大学、医院、休养所、体育馆、展览馆、图书馆、文化宫、印刷厂、出版社……”，还要求 1959 年就要做到“社社安电灯，队队通电话”。

由于这些规划都严重脱离了当时农村经济发展的实际可能，不可避免地成为一种脱离实际的空想。

第二节　人民公社的住宅建设

人民公社化时期的住宅建设，大体上可分为三个阶段。

第一阶段，是从 1958 年春到 1958 年年底。这一阶段，各地农村新建和改建了一批住宅。这批住宅，大都是按照中共中央关于在农村建立人民公社问题的决议中所提出的“组织军事化，行动战斗化，生活集体化”的号召建造的，取消了每家每户的小厨房，住宅和集体宿舍差不多。所谓“组织军事化”，就是要把社员群众按照军队营、连、排、班的建制组织起来，每天出工、收工、吃饭、休息都要听从统一指挥；所谓“生活集体化”，就是要求社员群众基本上不在家庭中生活，而是要求按照男、女、老、幼、青壮年等不同性别、不同年龄分别到不同的集体中去劳动、工作和生活，要求所有社员在公共食堂吃饭，在集体宿舍睡觉，有的地方甚至强令夫妇分居，一律到男、女集体宿舍中去居住。这破坏了群众正常的家庭生活，妨碍了亲人的团聚，引起了群众的强烈不满。最早成立的人民公社之一河南省遂平县卫星人民公社曾明确提出：“目前一家数口的居住单位，根据将来发展情况，要求按年岁、按生产专业性质分工不同而集体居住。如儿童住儿童学院，青壮年住红专学院，老年住幸福院等。”对于新建的集体宿舍式的住宅的分配，公社专门作了规定：“凡夫妻两口者，住单房间，一门一窗；未婚男女青壮年，男女分住，二至三人一个单间，实行集体住宿。”河北徐水县大寺各庄新建的两层住宅楼，也和集体宿舍一样，每层除若干间住房外，没有厨房，只有公用的厕所、盥洗间及开水间。徐水县遂城人民公社所建外廊式住宅楼，稍稍作了点改进，虽没有厨房，但每户大体上有一间半住房，而不是“单间”（见图47）。

人民公社住宅建设的第二阶段，大体上是从1958年11月《中共中央关于人民公社若干问题的决议》公布以后开始的。这个“决议”，由于指导思想没有根本改变，是在肯定“大跃进”、“人民公社化”的前提下纠正一些错误的，因此必然是不彻底的，并出现一些自相矛盾的情况。例如，在反对急于向共产主义过渡的同时，仍要求“在15—20年或更多一些时间内建成社会主义”；在要求纠正“共产风”的同时，仍肯定了“一大二公”的错误，使乡村中兴办各种企事业时的“一平二调”得以继续，而且愈演愈烈；在反对平均主义的同时，仍然把大办公共食堂等当作“共产主义因素”，导致“共产风”的继续盛行。但是“决议”还是在一定程度上纠正了人民公社化运动中的某些错误。例如，其中说道：“乡镇和村居民点住宅的建设规划，要经过群众的充分讨论。我们主张废除历史上遗留下来的不合理的家长制，发展民主团结的家庭生活。……在住宅建筑方

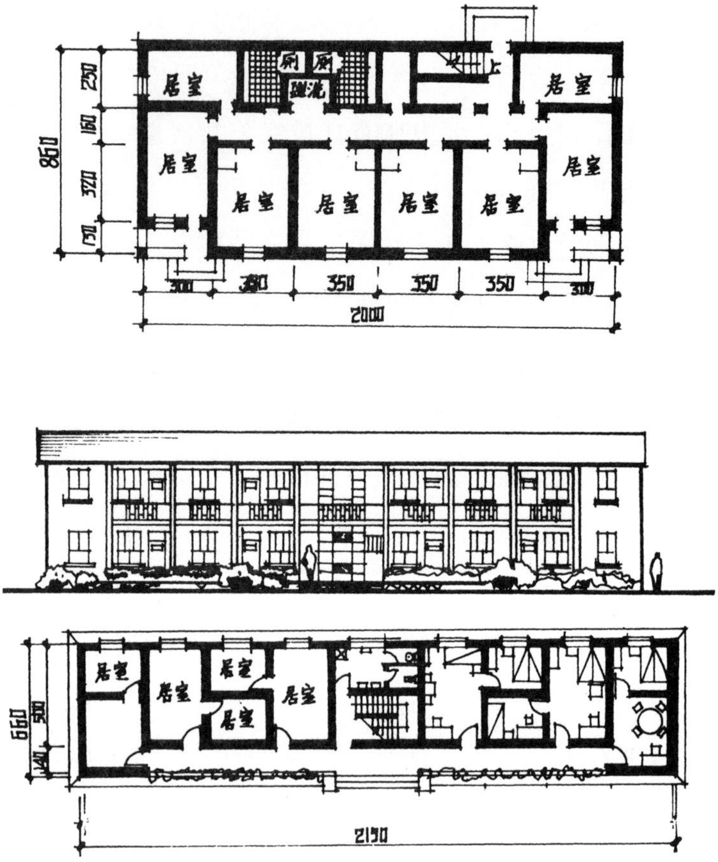

图 47　上：河北徐水县大寺各庄住宅楼平面图
下：河北徐水县遂城人民公社外廊式住宅平、立面图

面，必须使房屋适宜于每个家庭的男女老幼的团聚。”这一段话，就使“生活集体化”在住宅设计方面禁止设每户专用厨房等不合理要求有所放松。从1959年春天起，全国各地农村按照这个决议的新精神，建造了一些住宅。在南方，有不少一楼一底供一家使用的两层楼房，它兼有一般平房的优点；在北方，则大都在“一明两暗”带小院的传统农村住宅样式上，作一些改进，也少量地建了一些楼房。这些住宅，一般都注意了家庭团聚的需要，每家每户也有了自己的厨房。

人民公社住宅建设的第三个阶段，是在三年经济困难后期，中央提出“农业为基础，工业为主导”“各行各业都要支援农业”的号召之后。1962年年初，建筑工程部号召全国建筑设计工作者到农村调查研究，做好支援农业的有关设计工作。从1962年到1964年各地建筑设计工作者为农民做出了大量住宅设计方案，一部分并已建成，受到了农民的热烈欢迎。在这期间，内地为农村住宅建设做了不少工作，地处边陲的新疆也开展了乡村建设。从1964年开始，新疆维吾尔自治区按照王恩茂同志的建议，提出了人民公社要建设好的条田、好的渠道、好的道路、好的林带和好的居民点（简称五好建设）。到1966年年底，全自治区完成了326个公社的规划，占公社总数的60%，建成新居民点730处，有4000多户社员迁入新居。

1963年，中国建筑学会在杨春茂理事长的倡导下，组织有关专家、学者讨论农村住宅建设问题，提出了许多积极的建议。当时提出：不少地区农村建房用地过多，应当加强居民点的规划，以节约用地；居民点的布置可以适当集中一些，但也不要搬用城市的一套办法；旧居民点的改造，要尽可能不拆旧房，如原居民点建筑密度过小，可以适当地插建一些房子；院落也不可搞得过大，但要预留一定的发展用地；住宅设计，要注意适用、安全、经济、卫生和美观，要重视立面和细部的做法，力求朴素大方；要重视农村建筑的继承和革新，把中国的农村建设得丰富多彩，富有特色。

1963年10月下旬至11月初，建筑工程部在北京召开了农村建筑设计工作会议，参加会议的有部属及17个省、市、自治区的设计院和科学研究单位，粮食部、农垦部等其他有关单位的代表也参加了会议。根据会议上汇报的情况，仅1963年1年，各设计科研单位就调查了181个居民点的农村住宅，完成了68份调查报告，进行了191项试验研究工作，提出了69份研究报告，完成了246个设计项目（其中通用设计62套）。当年用钢筋混凝土构件建成的农村住宅，全国共达20300多间（见图48）。会议期间，刘少奇主席等中央领导同志接见了参加会议的代表。

楼上卧室　　　　梁、板、柱接头

图 48　农村钢筋混凝土楼房住宅室内透视图

第三节　人民公社的公共福利设施

在中共中央 1958 年关于在农村建立人民公社问题的决议中，还要求全国大办公共食堂、幼儿园、托儿所、幸福院等公共福利设施，于是各地农村也建起了不少这一类建筑。

一、公共食堂

这是人民公社化初期办得最多的公共福利设施。1958 年 10 月 25 日，《人民日报》还专门发表了“办好公共食堂”的社论。社论一开头就强调指出：“全国基本实现公社化以后，人民公社当前的关键问题是什么呢？是分配问题；是办好集体福利事业特别是办好公共食堂、托儿所问题；是实现组织军事化、行动战斗化和生活集体化问题。在这三大问题中，公共食堂和儿童福利事业这两件事情如果办不好，就不可能巩固生活集体化，不可能从家务劳动中把妇女解放出来，而使整个生产受到影响。办好公社的集体福利事业，特别是办好公共食堂已经……成为巩固人民公社的一个基本关键”。社论还说，据东北、华北地区 9 个省、市初步统计，已经建立起来的公共食堂有 107 万个，80% 以上的农户参加了公共食堂。

当时办的公共食堂，基本上是一个生产队一个，也有两三个生产队合办一个或一个生产队办几个食堂的。食堂大都是利用原有房舍改建的。资金较富裕的公社或大队，也盖了一批新的公共食堂。如广东省番禺人民公社沙圩大队由于是公社的示范新村，建起了一个供 500 人就餐的大食堂，食堂侧院还建了广东农村常有的茶厅、温水浴室和洗衣房。此外，有些地方还办了不少 100—200 座位的小型食堂和 300—400 座位的中型食堂。南方许多社队，则利用原有祠堂改建成公共食堂。如南海县大沥公社李潘公共食堂就是这样的实例（见图 49）。

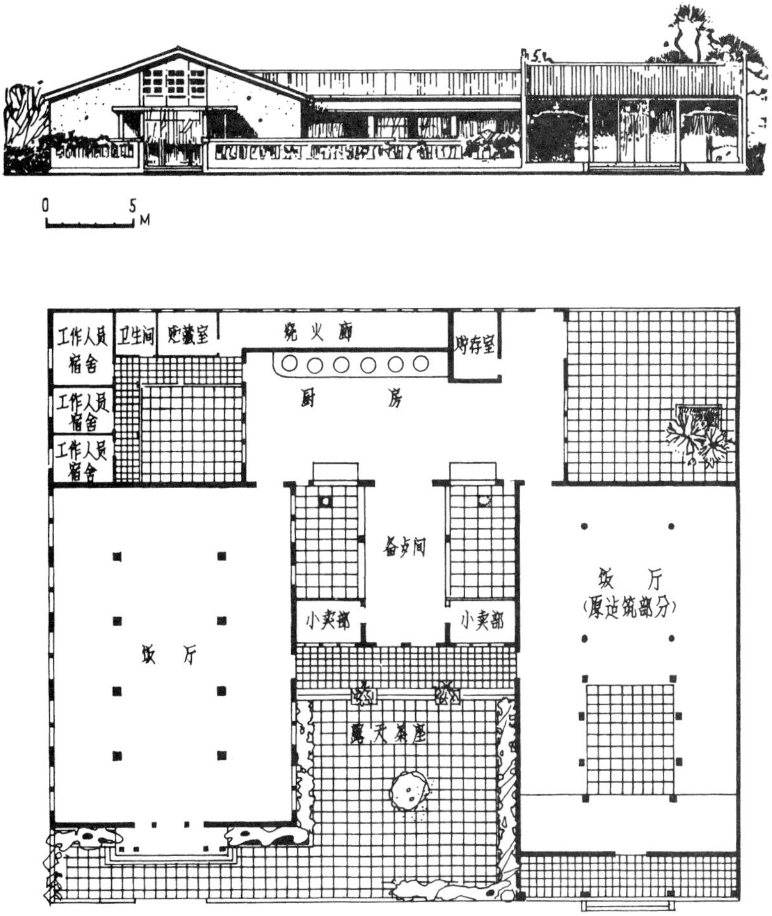

图 49 广东南海大沥公社李潘公社公共食堂改建、扩建设计图

这些公共食堂，虽然在短期内大批地建立起来了，但绝大多数食堂管理不善，主副食花样单调，饭菜质量低劣。因此，不受社员群众的欢迎，到1960年年末，大多数公共食堂就办不下去了。

二、托儿所、幼儿园

与公共食堂一样，托儿所、幼儿园，也是在人民公社化运动中，各地农村为了适应“生活集体化”的要求，办得比较普遍的福利设施。婴儿及1—3岁幼儿入托儿所，4—6岁儿童入幼儿园。当时的托儿所、幼儿园大都是因陋就简办起来的。如河南省鲁山县“红旗人民公社”，1958年全公社办了223个托儿所，收托婴幼儿2000余名，“平时挤在一些小房间里，天热时在树下，农忙时搬到田间的树下或‘战棚’（即田间休息的凉棚）里”。全公社办了77个幼儿园，大部分未入小学的儿童都进了由原有房舍改成的幼儿园。只有少数富裕的社队，才新建了幼儿园和托儿所（见图50）。这些幼儿园和托儿所大都让一些老弱妇女来看管孩子。由于缺乏合格的保育人员，孩子的饮食和住宿的卫生条件大都比较差，父母也不放心把孩子托付给她们，所以大多数不久也就停办了。

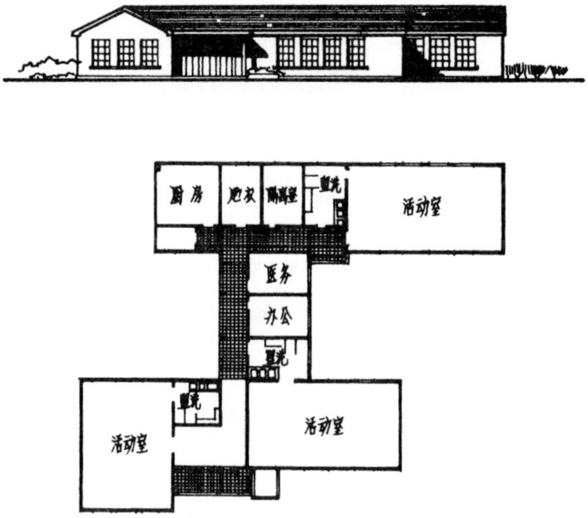

图50　广东博罗县公庄人民公社托儿所设计图

三、敬老院

敬老院（或称幸福院）是人民公社为老年人（特别是五保户）提供的集体生活场所。每个敬老院收养的老人从十几人到几十人不等。敬老院大多数都利用原有房舍（往往是一个独立的院落）改建而成，也有少数是新建的。如广东省番禺公社沙圩居民点敬老院就是新建的。除2—3人一间的居室外，还有食堂、生活室、会客室、生产室、医疗卫生室等。

在这些敬老院中，有些专收无依无靠的孤寡老人而又办得好的，后来保留了下来。至于那些为了实行“生活集体化”而开办的、收养有家室亲人赡养的老人“敬老院”，老人们本来就不情愿来，子女们也不放心，稍后“集体化”的要求一放松，老人们就纷纷回家了，大多数敬老院也就不得不停办了。

第四节　人民公社的工业建设

人民公社化运动中，在“人民公社必须大办工业”的号召下，许多公社都兴办了一批小型工业企业，同时还将原来农业合作社办的工业企业和3万多个农村手工业社（组）“转”为人民公社工业企业。到1958年年底，全国公社工业企业中的务工社员已达1800万人，产值60多亿元。1959年，公社工业企业发展到约70万个，产值100多亿元。兴办得比较多的企业有：农业机械修配制造厂、粮食加工厂、砖厂、石灰厂，等等。这些社队企业，绝大多数是用平调的办法办起来的。一是将农业社办的企业“升级”为公社企业；二是把手工业社转为公社企业；三是从社员手中平调了部分生产资料，新办了一些企业。由于这些企业的资金、设备、房屋来路不正，引起了群众的不满，又由于这些企业的原料、燃料、销售市场都没有保证，所以很多企业办了一阵子就办不下去了。到1961年，全国社办工业企业产值猛降到5亿元左右。

1962年，中共中央和国务院在《关于发展农村副业生产的决定》中规定：“公社和生产大队一般地不办企业”。对于靠平调办起来的公社企业，有的拆散“还债”，有的关闭、停产，从手工业社转来的，则恢复原来的手工业社。到1963年年末，全国农村社队企业只剩下1.1万多个了，产值仅4亿余元。这个大起大落，给农村经济，特别是社队工业的发展带来了极为不利的消极影响。1963年到1966年的几年间，虽然国民经济得到了恢复和发展，但由于农村经济遭受了沉重的打击，社队工业只有部分恢复。1966 年开始的“文化大革命”，使社队企业又遭到不应有的“批判”。

1970 年的“北方地区农业会议”，虽然号召发展“五小工业”（即小钢铁厂、小化肥厂、小水泥厂、小农药厂、小农机厂），但这次会议的主要内容是“学习大寨经验”，因而许多地方把仅存的社队企业都当作“以钱为纲”的“资本主义因素”加以批判，严重阻碍了社队企业的正常发展。

在“文化大革命”中，由于城市部分工厂停产，给社队企业提供了原料和市场；城市技术人员和知识青年的下放，又给社队企业输送了人才。因此，在苏南等一些地方，社队工业有了相当的发展。

第三章
“农业学大寨”运动中的乡村建设

第一节 大寨大队的新村建设

大寨，是山西省昔阳县大寨人民公社的一个生产大队，有 83 户人家。1953 年，实行农业集体化的第一年，他们就制订了改造自然的规划，决心把全村 7 条大沟、几十条小沟都闸坝垒堰，淤成良田；把全村被分割成 4700 多块的 800 多亩坡地修成水平梯田，使穷山沟变成米粮川。从 1953 年到 1963 年的 10 年间，在大队党支部书记陈永贵的率领下，大寨的全体农民艰苦奋斗，修了不少坝、堰。但这些坝、堰多次被洪水冲垮，特别是 1963 年 8 月的一场大暴雨，冲垮了 100 多条大石坝，层层梯田冲成了大沟壑，村里的 140 孔窑洞，塌了 113 孔，125 间房屋塌了 77 间，灾情十分严重。但是，大寨的人民没有气馁，他们依靠自己的辛勤劳动，只用了一年时间，就医治了

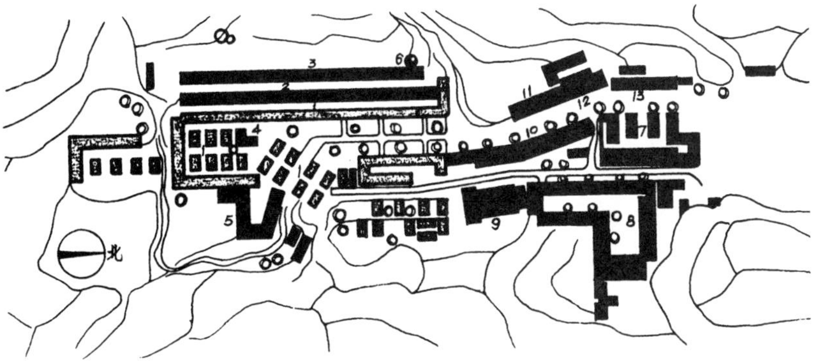

1. 住宅 2. 学校 3. 卫生院 4. 托儿所、幼儿园
5. 农机房 6. 高位水池 7. 接待站 8. 招待所
9. 礼堂 10. 供销社 11. 邮电所 12. 饭店 13. 新华书店

图 51 山西昔阳县大寨大队新村总平面示意图

图 52　大寨新村住宅

天灾造成的创伤，修好了层层叠叠的梯田，新修了一排排青砖瓦房，一孔孔青石窑洞。然后，又用了 3 年时间，依山就势，结合地形，陆续修建了 220 孔青石窑洞，530 间砖瓦房，铺设了水管，装上了电灯。全大队 83 户都住上了新窑新房，建成了崭新的大寨新村（见图 51、52）。

在新村建设上，大寨大队的做法是：坚持自力更生，艰苦奋斗的精神，发动群众自己烧砖、采石。所有住宅都由大队统一组织施工。建成的住宅产权归集体所有，由大队按照各户人口组成情况，分配给社员居住，社员要缴纳房屋维修费用。

第二节　按照大寨经验建起的一批新村

1964 年，毛泽东同志向全国发出了“农业学大寨”的号召，随之全国各地掀起了“农业学大寨”的高潮。从 1964 年到 1977 年的 13 年中，在全国农村广泛推广大寨大队各方面的经验，包括新村建设的经验。因此，有不少地方按照大寨的做法建起了一批新村。例如昔阳县，全县 411 个大队，都修建了青石窑洞和砖瓦房，基本上都建成了新的村庄（见图 53、54、55、56）。此

图 53　山西省昔阳县厚庄新村

图 54　山西省昔阳县李家庄新村

图 55　山西省昔阳县白羊峪新村

图 56　山西省昔阳县武家坪新村

外，如陕西省礼泉县烽火大队，吉林省永吉县阿拉底大队，浙江省绍兴县上旺大队，浙江省鄞县勤勇大队（见图 57），湖北省浠水县十月大队，北京市房山县周口村大队，内蒙古自治区四子王旗白音希勒大队（牧民定居），云南省瑞丽县广双生产队（傣族）等社队，也都采用这种做法建成了新村。下面，举几个按大寨做法建成新村的实例。

一、烽火大队新村

陕西省礼泉县烽火公社烽火大队，地跨泾河两岸，全大队有 3 个自然村，230 户，1300 人。全队社员在党支部书记王保京同志带领下，在生产发展的基础上，从 1973 年开始按照新村规划，把泾河南岸的两个自然村

图 57　浙江鄞县勤勇大队新村

图 58　烽火大队住宅

合并，建成一个新村，1974 年盖起了第一批新住宅。社员住房采取行列式布置，两排住房之间是各家的家务院子和猪圈。利用当地取之不尽的黄土烧砖，建成砖拱的两层楼房。新村建设，由大队统筹资金，统一备料，统一施工。住宅按社员人口多少分配，产权归集体所有。除住宅外，还建起了医疗站、妇产院、文化馆、体育场、中小学、幼儿园等生活福利设施（见图 58、59）。

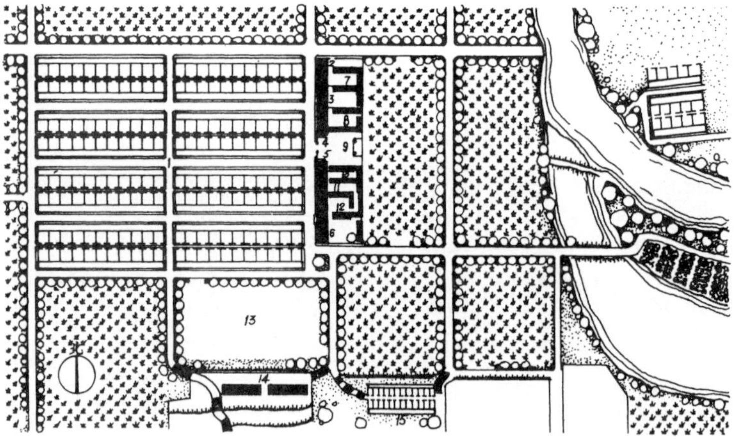

1. 住房　2. 农科站　3. 文化活动室　4. 会场　5. 办公室
6. 招待所　7. 农机修配厂　8. 磨面厂　9. 露天会场　10. 卫生所
11. 会议室　12. 食堂　13. 晒场　14. 学校　15. 养猪场

图 59　陕西省礼泉县烽火大队总平面示意图

二、阿拉底大队新村

图 60　阿拉底大队住宅

吉林省永吉县乌拉街公社阿拉底大队有 360 户，2050 人，大部分是朝鲜族。从 1968 年起，开始以大队为核算单位。这个大队在发展农业生产的基础上，逐步增加公共积累的比例，并从 1968 年开始，以集体的经济力量，进行新村建设。由大队筹集资金，准备建筑材料，统一规划和统一建设社员住宅。建成的住宅产权归集体所有。1975 年已建成 75 幢住宅，有 150 户社员搬进了新居。原来阿拉底大队的住宅都是低矮狭小的茅草屋，新建的住宅都是红砖墙，水泥挂瓦屋面，玻璃门窗。居住条件有了很大改善（见图 60、61）。此外，大队还兴办了许多集体福利事业。1972 年建起了包括手术室、X 光透视室的

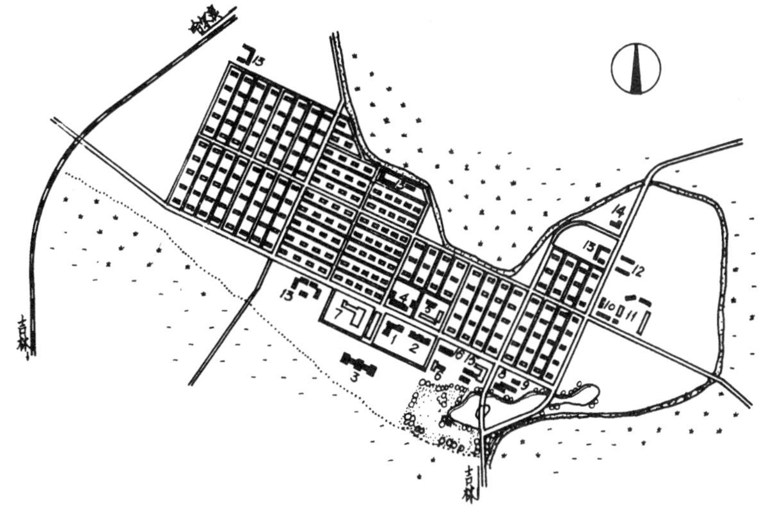

1. 大队办公室　2. 卫生所　3. 学校　4. 商店　5. 综合服务站
6. 幼儿园　7. 俱乐部　8. 粮米加工厂　9. 仓库　10. 农机修造厂　11. 车库
12. 副业加工厂　13. 小队办公室　14. 兽医站　15. 接待站　16. 接待棚

图 61　吉林永吉县阿拉底大队总平面示意图

卫生所。1974 年建起了两层楼的学校，普及了从幼儿班到高中的 12 年教育。

三、上旺大队新村

浙江省绍兴县红山公社上旺大队位于会稽山麓的半山区，是一个以生产茶叶为主的生产大队。随着“农业学大寨”运动的开展，大队组织改造乱石山，建设新茶园，一个贫穷落后的苦山村，变成了农、林、牧、副、渔全面发展的新农村（见图 62）。1968 年，大队结合造田规划，拆迁了田间零散的旧房，腾出地来扩大良田，进一步发展生产。同时，按照统一规划，逐步建起了两层多户住宅楼 13 栋，还建了中小学、托儿所、医疗室、代销店、图书室、政治夜校等文化福利设施。4 口之家，就能分到 4 间房，楼上楼下各 2 间。此外，还分配给每户 1 间 27 平方米的平房，可堆放柴草及养猪等。新建住房产权归大队集体所有，社员旧房的砖、瓦、木材，折价交给大队，可抵作以后的房租。

图 62　浙江绍兴上旺大队新村

四、东郭大队新村

山东省曲阜县陵城公社东郭大队有 275 户，1400 人，以大队为核算单位。这个大队的新村早在 1958 年就由大队统一规划，并开始建设，于 1966 年全部建成。住宅产权归大队所有，根据家庭人口情况统一分配。新建住宅都是砖柱、土坯墙、木屋架、青瓦顶，坐北朝南，“一明两暗”，每户一个院落。除住宅外，还建了供销店、卫生所、学校、开水房、粮仓、养鸡场和各种加工厂。

五、白音希勒大队新村

内蒙古自治区四子王旗白音朝克图公社白音希勒牧业大队位于大青山北麓草原上，面积500平方公里，160多户，480多人。社员大都是蒙古族。随着畜牧业生产的发展，牧民结束了“逐水草而居”的游牧生活，实现了定居（见图63）。大队按照牧业生产的特点，分冬夏两个营地规划了居民点。冬营地靠近大队，一年中居住时间较长，建永久性建筑；夏营地离大队较远，为便利迁移，大都仍住蒙古包。冬营地住宅都由大队投资备料，统一规划，统一施工，到1975年建成100多幢冬营地住宅。大队还办了一座砖瓦厂。新建的房屋，已由土坯房改为土坯—砖瓦房。大队所在地还修建了仓库、牧民子弟寄宿学校、供销店和接待站，以及拖拉机、卡车和其他机具的库房。

图63　内蒙古四子王旗白音希勒生产队定居点

学习大寨人民的自力更生、艰苦奋斗的革命精神，在发展生产的基础上建设新农村，本来是件好事，也取得了一定的成绩。但是，在“左”倾错误思想的影响下，特别在十年动乱期间，强行推广大寨大队的经验，造成了一些不良的后果：

第一，片面推行大寨“先治坡、后治窝”的经验，使一些生产有了发展、经济条件有一定基础的地方，也不敢让社员建新房。很多地区农村的居住紧张状况长期得不到解决，在住房建设上欠了账。

第二，片面强调集体建房，住宅产权归集体所有，限制和挫伤了广大农民群众自力更生改善居住条件的积极性，使得除了一小部分经济实力雄厚、公共积累较多的大队（或生产队），或者被省、市、自治区选作“试点”及上级部门有各种不同形式资助的大队（或生产队），能为社员建造新住宅外，全国大多数农民群众的居住条件，在这10多年间没有多少改善。

第三，片面强调集体建房，助长了农民群众等待集体为自己建造新住宅的依赖思想。平时对所住的集体所有的房屋，不大注意爱护和维修；即使自己有旧房旧料（如旧檩条、旧门窗、旧砖瓦）也不愿意用来扩建或改建现有的住房。这样，就加重了集体在建房方面的经济负担。

第四，机械地推行大寨新村的规划格局，全国农村到处出现了兵营式的“排排房”。中国幅员广大，各地的气候和地理条件千差万别，各地的新村规划本来应该因地制宜地灵活布置，以建设具有当地乡土特色的新村镇。但是，由于机械推行大寨式的排排房，使得在这一期间建成的村镇，建筑物大都形式单调，千篇一律，缺乏生动活泼的宜人景色。

但是，正如1980年11月23日中共中央转发山西省委《关于农业学大寨运动中经验教训的检查报告》的批语中讲到的：“……应当指出，全国各地学大寨的农业先进典型，绝大多数在生产上、建设上都是有成绩的，有贡献的。同样，大寨和昔阳县的绝大多数干部和群众，在农业战线上也做出过贡献。……周恩来同志所总结的大寨的基本经验以及这些经验在全国的推广，也曾经起过积极的作用。”应该说，在“农业学大寨”运动过程中各地建起的一批新村，是中国村镇建设事业中的重要组成部分。

第三节 “学大寨”期间，自建公助建造的一批新村

在“农业学大寨”时期，也有不少地方，突破大寨经验的框框，从实

际出发，采取“自建公助”的方式，建起了一批新村。他们的做法是：由大队（或生产队）和社员共同筹集资金和建筑材料，由集体统一规划，统一组织施工，建成的住宅产权归社员所有，集体投资部分，由社员逐步偿还。上海市嘉定县的泾角生产队，江苏省江阴县的华西大队，河北省深县的后屯大队，湖南省湘潭县的泉塘子公社，广东省新会县的卫民渔业大队，新疆维吾尔自治区吐鲁番县前进大队，宁夏回族自治区灵武县台子大队第八生产队等等，都是采用这种做法建起了新村。这种做法，既发挥了集体建房的积极性，又调动了社员个人的建房积极性，使农民群众的居住条件较快地得到了改善，受到农民群众的欢迎。

下面，介绍几个用这种办法建成的新村实例。

一、后屯大队新村

河北省深县大屯公社后屯大队有 4 个生产队，245 户，1064 人。早在 1958 年，就开展了以治理盐碱地为中心的大规模农田基本建设，把 3000 多亩土地划成 40 多个方块田，做到排、灌、路、林四配套。10 多年内，不但向国家提供了大量的商品粮和木材，还为集体和社员盖了 700 多间新房。后屯大队的新村建设规划开始于 1966 年，邢台地震之后，这个大队有 70% 的房屋开裂，近 10% 的房屋倒塌。党支部发动群众制订了建设新村的规划，将原来的 8 个生产队合并成 4 个，每个生产队的房屋各自集中成片，队与队之间用 8 米宽的胡同隔开，而贯通全村的 12 米宽的街道把 4 个生产队联系在一起。供销店、医疗站、会场等布置在村中心。拖拉机站、打谷场、仓库等靠近耕地，既有利生产，又方便生活。住宅建设采取个人备料、集体助工的办法，住宅产权归社员所有（见图 64）。

二、华西大队新村

江苏省江阴县华士公社华西大队，1972 年有 243 户，1015 人，是江苏省的“农业学大寨”先进单位。

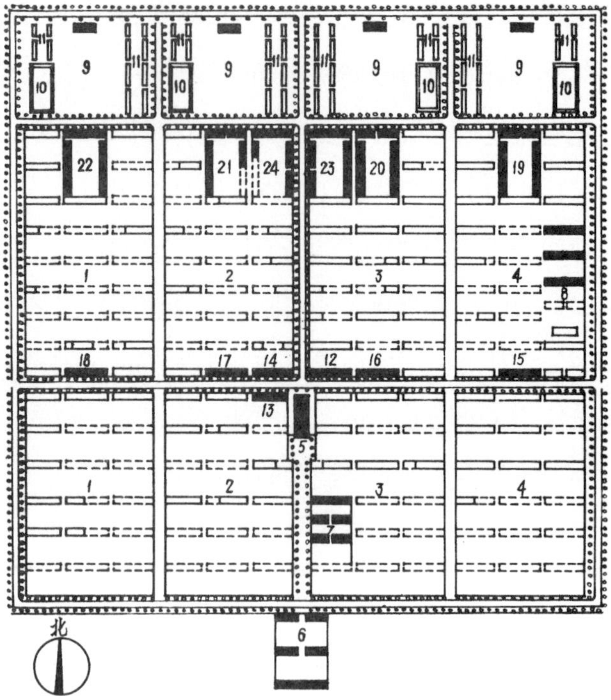

1. 一队居住区 2. 二队居住区 3. 三队居住区 4. 四队居住区 5. 礼堂
6. 学校 7. 知识青年宿舍 8. 接待站 9. 晒场 10. 贮水池 11. 养猪场
12. 大队革委会 13. 供销店 14. 合作医疗站 15. 一队活动室
16. 二队活动室 17. 三队活动室 18. 四队活动室 19. 一队畜舍
20. 二队畜舍 21. 三队畜舍 22. 四队畜舍 23. 机务组 24. 副业组

图 64 河北省深县后屯大队新村总平面示意图

图 65 江苏省江阴县华西大队住宅

1964 年华西大队制订了“农业学大寨”的 15 年规划。在大队党支部书记吴仁宝的带领下，为了适应建设大面积稳产高产田的需要，将原来分散的 12 个自然村，集中建成一个新村。1972 年基本上实现了“田亩成方，水渠成网，新房成排”。新村的住宅建设，是由社员自筹资金，自备材料，大队统一规划，统一组织施工建设的，共建了 670 多间，住宅产权归社员个人所有（见图 65、66）。新村还建造了学校、幼儿园、托儿所、医务所、商店、食堂、浴室、理发室、服装加工部、修鞋组等生活福利设施，设置了政治夜校、学习室、图书室、文娱室等政治学习、文化活动用房。

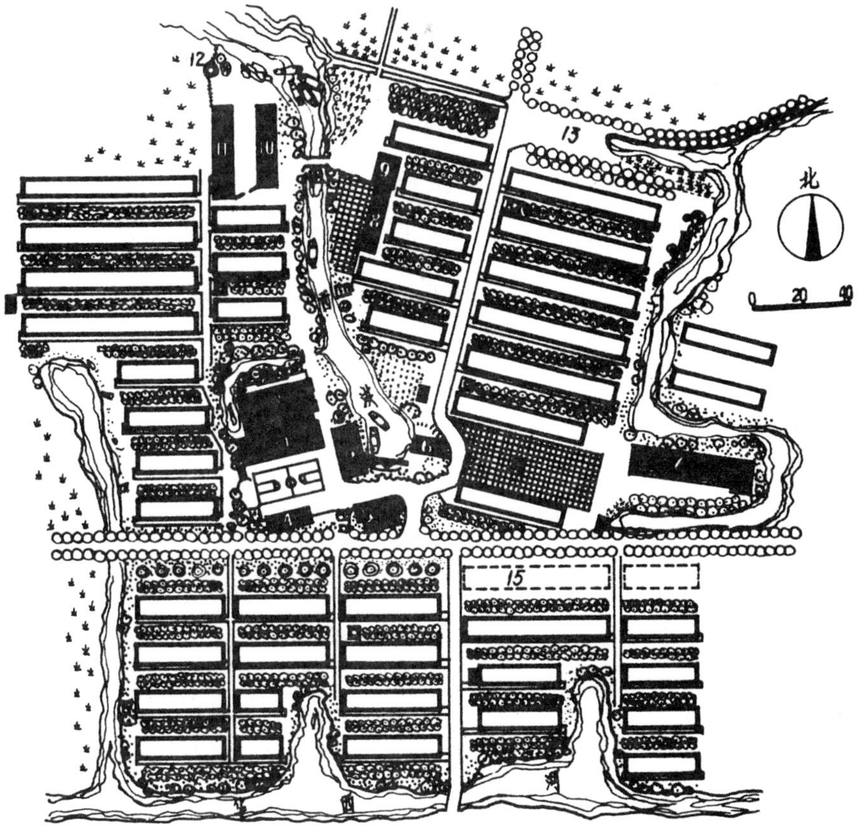

1. 文化服务楼 2. 群众集会场 3. 粮食加工厂、男女浴室 4. 竹木加工厂 5. 下乡知识青年食堂、托儿所 6. 电灌站 7. 小学校 8. 车库 9. 铁工场 10. 农机修配厂 11. 油罐 12. 小晒场 13. 大晒场 14. 拟建知青活动楼

图 66 江苏省江阴县华西大队总平面示意图

三、卫民渔业大队新村

广东省新会县崖南公社卫民渔业大队，有 72 户，489 人，从 1967 年开始自力更生建设新渔村。新村的东面布置有水产加工厂，咸鱼晒场，渔业机械修配厂和仓库；在适中的位置安排了大队办公室和托儿所等福利设施。根据渔民的生活习惯和实际需要，住宅设计成一户三室，并带有厨

房，两户之间以各自的厨房互相连接。砖墙承重，屋面为杉木或预制钢筋混凝土檩条，木椽上盖双层瓦，地面铺方砖。全大队的社员都搬进了新住宅，家家安上了电灯，户户用上了自来水。

四、泾角生产队新村

上海市嘉定县徐行公社新民大队泾角生产队，是嘉定县建设新村的第一个试点。从1969年开始，发动社员自己动手建设，到1975年建成两层楼房8栋，全队54户都住进了新住宅。经过规划改建，腾出13亩原来的村庄用地作为耕地。他们还利用城市工业废渣，自制煤渣砖做墙体材料，降低了住宅造价，节省了开支。

五、前进大队新村

新疆维吾尔自治区吐鲁番县五星公社前进大队共有耕地1300亩，137户，社员都是维吾尔族。原先分散居住在5个自然村里，相距二三公里，生活、管理都很不便。在发展生产的基础上，1964年，县、社党委对新村建设作了统一规划，将5个自然村合并，集中建设新村。社员住宅采取队建社助的方法，生产队自制土坯，公社帮助解决技工和木材，投资由住户在5年内交清，住宅产权归社员所有。到1975年建成住房60余栋，130户，文化福利设施和库房等也已初具规模（见图67、68）。建筑材料以土为主，采用了土坯砖墙，土坯砌拱等吐鲁番地区的民间传统形式。土窑洞就地取材，冬暖夏凉，是当地农村房屋建设的好办法。

在“农业学大寨”过程中，各地也还有一些社员自己筹集资金、材料，按照自己的需要建造独门独户住宅。但在当时这种做法都被扣上了“资本主义自发倾向”“修建资产阶级安乐窝”等政治帽子，遭到了批判、斗争，社员群众自力更生改善居住条件的积极性受到压制。

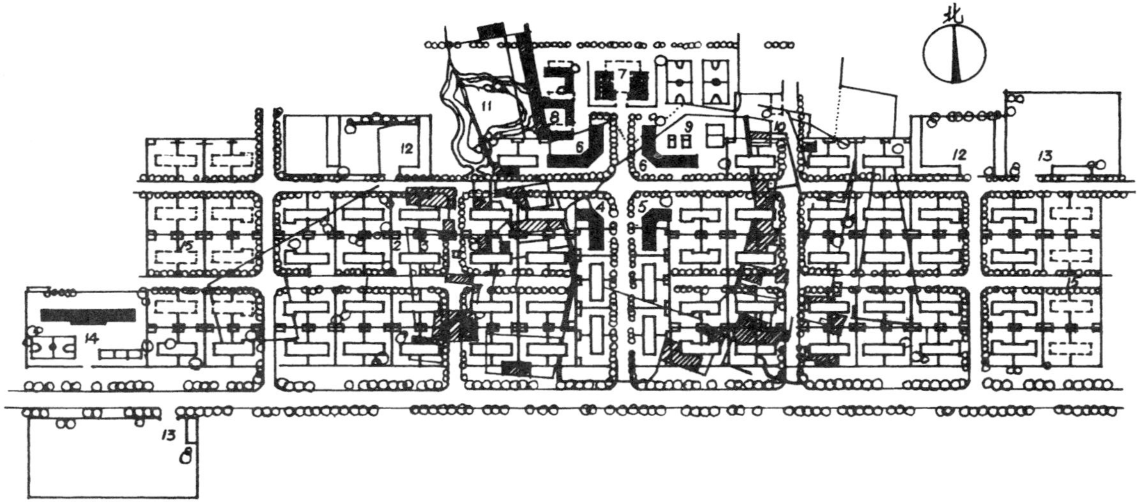

1.住房 2.畜舍 3.厕所 4.办公室 5.医务站
6.公用房 7.会议室 8.托儿所、幼儿园 9.运动场
10.农具修理 11.渔池 12.马厩 13.打麦场
14.小学校 15.拟建住房

图 67 新疆吐鲁番县前进大队新村总平面示意图

图 68 前进大队新村街景

第四章
集镇发展的曲折历程

农村集镇，是一个乡或一定地域内的经济文化中心，大多数还是区、乡政府所在地。积极发展和建设农村集镇，对于促进农村经济和社会的发展，逐步缩小以至消灭工农差别和城乡差别，都具有十分重要的意义。可惜的是，从建国初期到党的十一届三中全会以前这 28 年间，由于对这个问题缺乏认识，加之 50 年代后期开始的“左”倾思想和政策愈演愈烈，使得农村集镇的建设和发展经历了一个曲折的历程。

新中国成立后 28 年来，农村集镇的发展大体上经历了四个阶段。

第一个阶段，从 1949 年到 1952 年。这一期间，尽管工作是在旧中国的废墟上起步的，但由于土地改革的巨大成功，大大地解放了农村的生产力，乡村手工业也随之获得了较快的恢复和发展，广大农村集镇逐步得到恢复并呈现了初步的繁荣。

第二个阶段，从 1953 年到 1957 年。1953 年粮食统购统销后，集镇上的粮行、米市很快衰落。1956 年私营工商业改造后，集镇上的行业合作化，店组集体化，仅有的少数个体手工业户也因缺乏原料和市场而被迫停产，店铺大为减少，农村集镇日趋萧条。

第三个阶段，从 1958 年到 1965 年。这一期间，随着人民公社化运动的开展，撤区并乡，政社合一，在大部分地区形成了一社一镇的体制，公社所在地的集镇有一定发展，而大批小集镇则趋于衰落。同时，由于“大跃进”对国民经济带来的严重影响，1962 年后又将集镇上的手工业者和商贩下放农村，使之弃商务农，加上“以粮为纲”，使农村处于单一经济状态中，集镇经济得不到发展，建设进展缓慢。

第四个阶段，从1966年到党的十一届三中全会召开。由于“文化大革命”十年动乱的破坏，农村集镇受到了更大的冲击。供销合作社被强令与国营商业合并，城乡形成国营商业独家经营的单一流通体制，集市贸易被禁止，传统字号被“砸烂”，工商业者被斗，镇上居民被赶下乡，肩挑小贩被作为“资本主义尾巴”加以打击，使得大多数集镇经济进一步萧条。集镇住宅破旧，公共设施简陋，名胜古迹被作为“四旧”毁坏，文化教育事业难以维持。从70年代中期开始，有一小部分公社重新兴办社队企业，逐步形成农、副、工综合经营的格局，给集镇的建设和发展带来了一线生机。

有着相似发展过程的农村集镇有许多，这里试举几例，以见一斑。

（一）湖南省的集镇发展的几起几落。

解放以来，湖南省的农村集镇的发展和全国一样，经历了几起几落。50年代初期，由于生产的迅速恢复和发展，许多集镇蓬勃兴起。1952年全省建制镇由1949年的82个发展到247个。1958年“人民公社化”后，撤掉了180个建制镇，只剩下67个。1963年以后，陆续恢复了一批建制镇，1966年达到227个。“文化大革命”十年动乱期间，又撤销了85个建制镇。

（二）湖北省宋河镇的兴衰起落。

湖北省京山县东北的宋河镇，建于明朝中叶，已有400多年历史。随着社会、政策、体制和自然条件的改变，宋河镇的发展经历了十分曲折的道路。据有关文献记载，抗战前夕的1937年是宋河镇第一个极盛时期，人口有9234人，铺面923个，每年出售土特产品1.8万担。抗日战争时期，日军对宋河镇进行多次轰炸、骚扰，造成商业萧条，人口下降，到1945年只留下4450人，店铺138家。经过三年的解放战争，人口进一步下降到1949年的2965人，店铺85家。新中国成立后，人民政府迅速组织恢复经济，1950年，宋河镇人口上升到6875人，店铺390多家。但是经过对农业、手工业、工商业的社会主义改造之后，很多人弃商务农，1957年人口又下降到5453人，各种店铺只剩下94家。1958年“大跃进”“大炼钢铁”，部分农民流入城镇，人口有所回升。三年国民经济困难时期，大批工业企业下马，以及高关、刘畈水库建成引起的富水河断航，部分船民下放农村，又使宋河镇的经济萎缩，到1965年年底人口降到3608人。“文化大革命”期间，提出了“我们也有两只手，不在城里吃闲饭”、“割资本主义尾巴”等“左”的口号，驱赶镇上人“上山下乡”，进行所谓“斗、批、改”，使集镇经济受到极大破坏，人口急剧下降，到1970年镇上只剩下2888人。1975年撤区并社，又进一步削弱了宋河镇的经济。

（三）安徽三河镇的变迁。

安徽水乡古镇三河镇，新中国成立前兴盛时人口曾达6.5万人，解放前夕连年战火和灾荒，人口减至3.5万人。解放初期，镇上商业又趋繁荣。50年代中、后期，三河镇上的合作商业被撤并，个体工商业户被取缔，粮食市场被关闭，3000多间店铺被迫停业，从1962年起几次居民被下放农村，共达3000余人。在1966年开始的“文化大革命”中，工商业者及小贩被揪斗，传统的店铺招牌被砸掉，三河镇退化成为一个一般的大村庄了。

集镇建设是乡村建设的重要环节，也是农村经济状况的一面镜子。它集中反映了农村中商品经济和科学文化发展的水平。历史的经验已经证明，只有搞活农村的商品生产和流通，集镇才能有无限生机。而集镇的建设和发展，则必然会进一步促进整个农村政治、经济、文化的进步。

从新中国成立到党的十一届三中全会召开前的28年，中国的乡村建设和中国整个国民经济的发展一样，走过了一段曲折的道路。在1949至1956年间，党确定的指导方针和基本政策是正确的，依靠说服、示范、吸引的方法，积极引导农民走互助合作的道路，使农业生产得到迅速恢复和发展，乡村建设也取得了可喜的进展，切实地改善了农民群众的生活条件。在“人民公社化”运动中，由于“左”的思想的影响，夸大了主观意志的作用，企图在短期内“进入共产主义”，以致使整个国民经济遭受了重大的损失。大寨本来是农业战线上的一个先进典型，它的主要经验“自力更生、艰苦奋斗”也是值得大家学习的。但是，后来把这个先进典型绝对化了，似乎它在各方面（包括政治、文化、教育、商业等各行各业）都是“万能模范”，到了“文化大革命”时期更成了“无产阶级全面专政”的“模范”，这就引起了严重的不良后果。这一阶段乡村建设方面的经验和教训都是值得认真记取的。

尽管这28年中中国的社会主义建设走过了曲折的道路，使乡村建设也遭受了挫折，但总的来说，乡村建设仍在不断地前进和发展。恩格斯曾经说过：“没有哪一次巨大的历史灾难不是以历史的进步为补偿的。”[①] 事实的发展也正是这样，当1978年中国共产党的十一届三中全会认真总结了这28年的历史经验，纠正了“左”的错误之后，乡村建设和其他战线一样，进入了一个新的蓬勃发展的历史时期。

---

① 恩格斯：《1893年给丹尼尔逊的信》，《马克思恩格斯全集》第39卷，人民出版社1974年第1版，第149页。

第三编

党的十一届三中全会以后
乡村建设的新发展

1978 年 12 月，中国共产党中央委员会召开第十一届第三次全体会议，做出了把党的工作重点转到经济建设上来的历史性决议。从此，中国政治、经济、社会的发展进入了一个新的历史时期。随后颁布的《中共中央关于加快农业发展若干问题的决定》，极大地推动了乡村经济体制的改革，促进了农业经济的迅猛发展。与此相适应，中国乡村建设事业也揭开了崭新的篇章。在此后几年的时间里，从亿万农民自发建房开始，到村庄和集镇建设有规划有指导地展开，全国乡村建设呈现出越来越兴旺的景象（见图 69—76）。

图 69　山东掖县河崖新村

图 70　吉林永吉县二通大队新村

图71 浙江萧山县红山农场农民住宅

图72 云南省傣族竹木结构瓦楞铁屋面农民住宅

图73 湖北英山县山村新貌

图74 福建龙海县石码渔村

图 75　福建沙县洋坊村街景

图 76　陕西窑洞建筑

第一章
乡村建房热潮久而弥盛

党的十一届三中全会以后，中国乡村发生了巨大变化。多种形式的家庭联产承包责任制的推行，极大地调动了亿万农民的积极性。农业生产连年持续上升，乡镇企业如雨后春笋般地蓬勃兴起，农民收入不断增加，多少年来一直困扰着人们的穿衣吃饭问题在大部分农民中基本上得到了解决。在这种情况下，首先富裕起来的农民迫切要求改善居住条件。于是，在全国广阔乡村的土地上，亿万农民大兴土木，自己动手建造住宅。气势磅礴，犹如春潮泛起；其力绵延，持续数年兴而不衰。

第一节　乡村房屋建设规模空前，质量不断提高

乡村住宅建设大幅度增长。从 1979 年到 1984 年 6 年间，全国乡村已新建住房 34.7 亿平方米，超过建国后 30 年乡村新建住房的总和。这一时期中国的乡村建设，无论是在规模或速度上，都是历史上罕见的。从 1979 年以来，每年全国约有 5% 的农户建新房。全国农房建筑面积每年都在 5 亿—6 亿平方米以上，相当于前 30 年每年农民建房总和的 5—6 倍（见表 4）。

乡镇企业生产性建筑成倍增加。随着农村经济的振兴，乡镇企业像雨后春笋一样蓬蓬勃勃地发展起来（见图 77、78）。1984 年，全国乡镇企业已发展到 164.97 万个，总产值从 1978 年的 490.6 亿元上升到 1432.95 亿元，成为乡村经济的一大支柱。每年增加的固定资产约在 100 亿元，其中约有一半是用于房屋建设。每年新增建筑面积在 6000 万—7000 万平方米。

全国农民居住情况

表4

年　度	年末拥有房屋总数（亿平方米）	本年度新建房屋（亿平方米）	平均每人占有房屋	
			使用（平方米）	居住（平方米）
1957	61.3	1.2	11.3	
1978	85.2	1	10.17	8.1
1979	92.4	4	11.03	8.4
1980	98.3	5	11.59	9.4
1981	106.9	6	12.47	10.2
1982	112.15	6	13.41	10.7
1983	119.37	7	14.25	11.6
1984	125.07	6.7	15.38	13.64

注：根据国家统计局1984年8月《国民经济统计摘要》和1984年《农业统计年报》《全国村镇建设统计年报》摘编。

全国乡村生产性建筑和公共建筑，1983年合计为1.04亿平方米，1984年为1.35亿平方米，年平均建设量超过1978年之前的一倍以上。

图77　上海县虹桥乡（镇）办工艺品厂

文教卫生及服务设施建设得到迅速发展。农民收入水平提高后，不仅要求改善居住条件和生产条件，而且要求改善服务条件和文教卫生条件。特别是解放以后出生的一代新农民，不同于老一代农民，他们都有一定文化水平，对物质文化生活有着更高的要求。据1983年“百村调查”抽样分析，在1322个青年农民中，具有小学文化程度的占49.2%，初中文化程度的占35.2%，高中和中专文化程度的占11.6%，大学文化程度的占0.2%。当代的农民对科学技术、文化娱乐、卫生教育和各类服务事业的需求越来越高。从而，有力地促进了乡村这些设施建设的发展。据不完全统计，截至1983年年底，全国乡村文化站已发展到3.5万多个，集镇上的文化中心6000多个，图书馆（室）、俱乐部、

图 78　湖北省天门县车湾村服装厂

电影院等 14 万多个；全国乡镇卫生院发展到 5.5 万多个，有 80% 的中心村（生产大队）建了卫生所（室）（见图 79—82）；全国乡村商业经营机构发展到 200 多万个，其中农民个人和集体办的门市网点增至 100 多万个，占全国乡村商业网点的 50% 以上（见图 83）；设在乡村的邮电局（所）已达 42700 个，占全国邮电局（所）的 85%。乡村邮路总长 410 万公里，有 99% 的乡社和 96% 以上的中心村（生产大队）通了邮路。乡村电话线路全长 149 万公里，有 94% 的乡社和 50% 的中心村（生产大队）通了电话，基本形成了以县城为中心的乡村邮电通信网；乡村中小学校的改建、扩建和新建也有很大发展（见图 84），不少地方不仅乡里建有中学，大的村子也建了中学。农民十分重视智力投资，像地处太行山区的平定县南坳乡、西锁簧乡，农民自愿集资 40 万元兴建了一所式样新颖、设备比较齐全的中学。很多地方的文化设施建得很有特色，像珠江三角洲南海大沥公社的文化中心，其主要部分设在大沥镇风景优美的文化公园内，有一个藏书 7000 多册的图书馆，有可供职工、社员写诗、绘画、摄影的园地和诗画影展长廊，有小型露天舞台、故事茶座、棋坛、溜冰场、气枪射击台等文体活动场所，也有专供儿童游乐的旋转盘、电动跑马转盘、少年儿童阅览室。公园附近还有影剧场、灯光球场、乒乓球场以及书画展销室。江南水乡常熟市碧溪乡建的文化中心，颇有苏州园林风貌，房屋青瓦白墙，回廊迭山，绿树成荫，环境十分优美。有些地方还注意利用山坡林地、池塘水面，开辟农民公园。像黑龙江省安达市万宝山的乡镇公园、山东牟平县西关大队的公园等都有自己的特色。西关大队公园，结合生产种菜、种花，饲养小动物，还有游泳池。这个公园既供游玩观赏，又可增加收入，一

图 79　湖北洪湖县农民文化宫

图 80　福建顺昌县浦上文化站

图 81　山东掖县大原乡卫生院

图 82　湖北江陵县养老院

图 83　江苏吴江县莘塔县商业大楼

年能收十几万元。

基础设施建设有了发展。随着农村商品经济的迅速发展，各地在加强基础设施方面，突出地抓了道路建设。据闽南开放区 7 个县统计，共修筑乡村道路 1289 公里，铺装柏油、水泥路面的有 424 公里。广东省中山市沙溪区到横栏有一段 4 公里的路，原来没有铺装路面，凹凸不平，来洽谈业务的外商经过这里颠簸了一次，便中断了谈判。1984 年一年，他们投资 80 万元修铺了 20 多公里水泥路，使该地区基本形成了四通八达的道路网络。天津市编制了修铺乡路的十年规划，决心使乡乡通上柏油路。1983 年至 1984 年，天津市政府资助 3000 万元，修建乡村公路 755 公里。全市 3800 多个村中有 1828 个村（占 47.5%）由原来的乡村土路改变为平整的柏油路，摆脱了“晴天路不平，雨天道泥泞，进出不方便，汛期车不通”的落后状况。过去，天津市蓟县山区，因交通阻塞，大量干鲜果品外销要靠人背、肩挑、自行车驮，每年损失十几万斤；宝坻县是洼淀地区，土路线长达 700 多公里，一到雨季，道路泥泞，经常因运输中断而造成大量粮食霉烂等损失。这些地区，多年来经济文化落后，小学教师派不进来，中学学生走不出去，外地姑娘不愿嫁到这里，群众要求筑路的呼声很高。人们说：“要想农村富，必先修好路。”经过努力，1984 年这两县的道路状况大有改善，经济也有了很大发展。天津市修筑乡路的主要经验是，除了加强领导，调查研究，制订规划，各方协

图 84　江苏无锡西漳公社中学

图 85　天津静海县小邀铺村公路

作配合，共同作战之外，突出的是采取了自建公助、民工建助的办法。自建，即村队义务出劳力、出运输工具，修筑路基和过路桥梁涵洞，占地不要补偿。公助，即政府拿出相应部分投资，并帮助解决材料、油料和设备。一般每修一公里乡路国家补助 4 万元，不足部分由受益乡村筹集（见图 85）。两年里农民共出工 79.8 万个工日，完成土方工程 242 万立方米。公路修成之后，受益地区货畅其流，人畅其行。市南郊区老海河口、南羊乡北的 13 个菜、稻兼作村队，过去因交通不便蔬菜上市困难，一贯被人称为“穷一溜”。道路修好后，群众命名为“翻身路”。他们说：“不用多久，我们就会变成‘富一溜’了。”

乡村供水设施建设发展较快，农民的饮用水条件有了很大改善。据有关部门统计，从 1979 年到 1983 年年底，全国乡村已有 3.2 亿人吃上了比较清洁卫生的水，约占乡村总人口的 40%，其中饮用自来水的占 12%—15%。在此期间，各地陆续涌现出不少“自来水村”“自来水乡”“自来水镇”和一些“自来水县”。发展比较快的有上海、北京、天津、浙江、江苏、广东（见图 86）和福建（见图 87）等省、市。到 1983 年年底，上海市全部郊县的 206 个集镇，就有 93.6% 实现了自来水化。该地区共建大队水厂 137 座，饮用自来水的人口达 141 万多人，占全市乡村总人口的 25.9%。天津市郊县乡村的自来水普及率达到 28.7%。北京市大兴县采用了比较经济、适用的压力罐供水方式，使自来水普及率达到 20%。这种办法简便易行，很受农民欢迎。黑龙江省阿城县等不少地方卓有成效地推广应用了北京市大兴县的经验。河北省藁城县全县自来水普及率已达到 96%。山东省高密县除氟改水取得了显著成效。湖南省

图86　广东新会县仓前大队水塔

沅江县除铁净化试验获得了成功，已在洞庭湖区得到推广。四川省乐至县研制的压力式无阀滤池也是比较先进的给水装置，一座日产200立方米水量的滤池（包括水塔）只需要4000元左右。在广大乡村兴起改善供水设施的过程中，有不少科研设计单位面向乡村，为农民服务，研制成功了一批适合乡村需要的、效果良好的净水设备。如W－20型净水设备、CW－1型净水机、JCL系列、YCL系列净水器等等，都在发展村镇供水设施中起了积极作用。

农民建房质量有了较大提高。以往农民盖的住房，绝大多数是土坯墙、茅草顶、纸糊窗。1978年以后建的房，多数是砖石墙、瓦屋顶、玻璃窗。采用混凝土小构件和钢门窗的也越来越多，并开始讲究室内装修。据1979年全国家计调查①的抽样分析，在11878户新建房屋的农户中，采用钢筋混凝土构件的混合结构比率仅为0.3%；1984年全国村镇建设统计年报反映，农房混合结构比率已达28.5%。河南、河北、吉林、黑龙江等地方，过去盖的房子90%以上是土房，80年代以来新建的房子基本上都是砖瓦房。海南岛琼中县的黎族、苗

图87　福建莆田汪江镇自来水厂

① 国家统计局对全国各地确定一定数量的农户，进行家庭收入和支出情况的调查统计。

族农民，过去世世代代住草房，党的十一届三中全会以来，全县已经有50%以上的农户住进了新瓦房。随着农民生活水平的提高，乡村中建楼房的也越来越多，特别是长江三角洲、珠江三角洲和闽南厦门、漳州、泉州三角地带，盖楼房的比例已占新建房屋的50%以上。一些富裕农民，已经建起了“别墅式”“园林式”“庄园式”的住宅。住宅门楼式样各异，院内鱼池、花坛、瓜棚、假山、盆景等布置得相当雅致；室内装修也很讲究，用缸砖铺地，瓷砖砌灶，塑料壁纸糊墙，石膏板、钙塑板吊顶。有的还采用大理石、彩色瓷砖等高档装修材料，并设有卫生设备。这些地区的群众形容乡村建房的发展过程是：“50年代住草房，60年代盖瓦房，70年代加门廊，80年代建楼房，材料设施用高档。”（见图88、89）

农民用于建房的投资逐年提高（见表5）。全国农民用于建房的投资，1978年为30.8亿元；1979年为64.5亿元；1983年为214.5亿元，比1978年增加近6倍。

全国农民建房投资情况

表5

年　份	投　资（亿元）	单位投资（元/平方米）	占农民家庭生活消费支出（%）	住房投资中商品性支出比重（%）
1957	8.2	6.8	2.1	
1978	30.8	30.8	3.2	95.1
1979	64.5	16.1	5.7	95.6
1980	108	21.6	7.9	88.8
1981	160	26.6	9.8	94.2
1982	169	28.2	10.3	96.1
1983	214.5	30.6	11.1	97.8
1984	270.7	40.4	11.7	

注：根据国家统计局和中国农业研究发展中心统计资料摘编。

图 88　广东省南海县农户

图 89　吉林省白山乡农民住宅

第二节　乡村建房持续增长的原因和动力

从 1979 年到 1984 年，乡村建房高潮已持续 6 年之久，这是有它的原因的。

（一）乡村房屋破旧短缺，农民急需建设新房。

1979 年以前的 30 年中，乡村房屋建设的数量不多，既不能适应人口增长的需要，也不能适应生产增长和生活提高的需要，而且相对的居住水平还有所下降。据统计，1957 年全国农民平均每人拥有房屋使用面积为 11. 3 平方米，到 1979 年却降低为 11. 03 平方米。不少地方，农民住房拥挤破旧，居住条件很差。在边远贫穷地区，有的几代人只有一间房，要“排队穿衣裳，睡觉借地方”。有的住着低矮茅棚，阴暗潮湿，人畜混居，很不卫生。农民形容那种破茅草房，天气晴朗是“白天可以晒太阳，晚上能够看月亮”，刮起风来是“四处响，全屋晃”，遇到下雨是“弯着腰儿，拄着棍儿，披头散发掉眼泪”。据 1979 年国家统计局对农民家庭收支情况的家计调查统计，全国乡村房屋的结构，土坯房和茅草房约占房总面积的

58.8%，其中不少由于年久失修，已成危房。特别是那些边远的少数民族地区，住房更加困难。据对云南省昭通、玉溪、丽江、永胜等25个县、市调查，住房困难户共有11.16万户，占25县总户数的11.7%，其中住岩洞、住窝棚、人畜同室和借房住等无房户，有2.5万多户；住破烂房屋的危房户有3.29万户；住房狭小的拥挤户有5.37万户。

人口增长和结婚分户也需要大量建房。从中国人口的发展看，1950年至1957年，1962年至1973年，出现了两次人口生育高峰，平均每年分别净增1240万人和2000万人以上。这两次生育高峰期间出生的人，已陆续进入婚龄或生育期。从1979年开始，乡村每年约有880万对适龄青年。按其中1/3需要建房结婚推算，每年至少要新增300万户左右。儿女成亲一般都要分户另住，户型越来越小，户数越来越多，过去那种几代同堂的大家庭已很少见了。据统计资料分析，70年代以来，户数增长的速度要比人口增长的速度快得多。（见表6）在乡村结婚分户另住的，一般一户要盖3—4间房。因此，因户数增加比因人口增加的建房量要大得多。建新房、娶新娘，是农民最大的夙愿。许多地方，都是“先看房，后看郎”，“没有新房子，娶不来新娘子”。

乡村居民人口和户数增长情况

表6

项目 年度	人口 （万人）	增长 %	户数 （万个）	增长 %
1978	79014		17347	
1979	79047	0.04	17491	0.83
1980	79565	0.65	17673	1.04
1981	79901	0.42	18016	1.94
1982	80387	0.60	18279	1.45
1983	81368	1.22	18523	1.33
1984	84300.5	1.03	18792.6	1.01

注：根据国家统计局1984年8月《国民经济统计提要》和1984年《农业统计年报》摘编。

（二）专业户和专业村迅速发展，急需新建或扩建生产用房。

随着家庭联产承包责任制的实行，专业户、专业村和乡镇企业都需要新建和扩建生产用房。据中国农村发展研究中心资料公布，1983 年年初，全国乡村专业户（重点户）已发展到 1563.72 万户，占 28 个省、市、自治区（缺西藏）农民总数的 9.4%。据对 28 个省、市、自治区 178 个县的通信调查，到 1984 年年初，共有专业村 9113 个，占这些县自然村总数的 2.2%。其中，从事经济作物种植的专业村占专业村总数的 36.5%；从事养殖业的占 13.3%；从事加工、运输、商业服务业的占 36.4%；其他占 13.8%（见表 7）。这些专业户、专业村的涌现，突破了自然经济的范围，标志着农业内部分工向专业化、商品化、社会化的方向发展，给乡村建设提出了许多新的要求。其基本特点是，以家庭为基本单位进行商品生产和经营，许多生产生活设施都需要在宅院内安排，而且由于从事的生产不同，要求也不尽相同。种植专业户需要有农具间、粮食库、耕畜棚，还要有堆柴、贮菜、积粪的地方，有的还要有晒谷场。养殖专业户需要禽畜圈舍，饲料加工和其他专业用房。花卉和种子专业户需要暖棚和育种用房。运输专业户需要车库和机修用房。从事农产品加工的专业户需要作

28 个省、市、自治区乡村专业户（重点户）统计表

表 7

地区 \ 项目	专业户总数（万户）	占农户总数 %	地区 \ 项目	专业户总数（万户）	占农户总数 %	地区 \ 项目	专业户总数（万户）	占农户总数 %
天津	10.04	12.0	青海	1.52	3.1	河南	130.00	8.9
内蒙古	25.28	9.8	甘肃	10.00	3.2	湖北	76.40	9.3
山西	86.44	17.0	宁夏	2.28	4.3	湖南	83.00	7.7
辽宁	84.04	16.4	北京	13.50	13.0	广西	12.00	2.0
河北	98.75	10.4	吉林	31.20	10.0	广东	51.95	5.3
黑龙江	26.96	7.3	上海	3.40	2.8	四川	134.00	6.7
江西	86.57	16.7	江苏	95.33	8.6	云南	18.99	3.6
安徽	58.36	6.3	山东	210.00	13.3	贵州	35.28	7.0
福建	38.69	8.8	浙江	88.77	11.2	陕西	38.97	7.6
						新疆	10.00	6.1
						合计	1561.72	9.4

注：根据中国农村发展研究中心 1983 年 6 月《资料》摘编。

坊、车间等生产用房。经商、修理、饮食和各种服务性行业的专业户需要铺面和加工用房，等等。

（三）农民富裕起来，普遍要求改善居住条件。

农民在解决温饱问题之后，最基本、最迫切的要求是改善居住条件。1979 年以后，随着农村经济的持续增长，农民收入不断增加，建房的实力也随之不断增强。

农民人均收入逐步提高。1979 年以后，农业连年丰收，人均收入不断增长，农民手里有了钱，有了粮，就有能力盖新房。据抽样调查计算，全国农民平均每人的纯收入，在 50 年代每年增加 3 到 4 元；“文化大革命”期间基本上是踏步不前，平均每年增加不到 1 元；而 1979 年这 1 年，就比 1978 年平均增加了 26. 6 元；1980 至 1983 年，则每年平均增加 30 到 40 元，是 50 年代的 10 倍。（见表 8）1979 年以后，不只是经济发达的地方，农业生产和农民的收入连年增长，而且过去一些比较穷的地方，也大步赶了上来。安徽省泗县、五河、灵璧、固镇、定远、凤阳、嘉山、宣城、郎溪、广德 10 个县，过去一直穷得出名。这 10 个县从 1949 年到 1978 年 30 年间，人均收入只增加了 40 元。而 1978 年到 1981 年 3 年间，人均收入则增加了 152. 4 元，3 年增长是前 30 年的 3. 8 倍。固镇县是这 10 个县中最穷的一个县，从 1965 年建县到 1978 年的 13 年间，共吃返销粮 1. 24 亿斤。许多农民长期摆脱不了“春种秋收冬逃荒，红芋干子当主粮”的困境。1982 年以后的 3 年中，不但解决了温饱问题，并且由过去吃国家返销粮最多的县，一跃变成了向国家人均交售 600 斤余粮的先进县。这个县新马桥乡黄庄大队黄庄生产队，过去是个“讨饭村”，1982 年以后，这个村“吃细粮、盖瓦房，一年更比一年强”。定远县耿巷乡的下宠生产队，人均收入由 1980 年的 50 多元增加到 1983 年的 500 多元，群众高兴地唱：“下宠、下宠，粮满仓，鱼满塘，换新衣，住新房。”

平均每个农民纯收入的来源和构成

表 8　　　　单位：元

年　份	平均每个农民全年纯收入	其　中			占纯收入（%）		
		从集体得到的	家庭副业生产的	其　他	从集体得到的	家庭副业生产的	其他
1954	64. 14	2. 43	56. 39	5. 32	3. 8	87. 9	8. 9
1956	72. 82	45. 47	17. 02	10. 43	62. 4	23. 3	14. 3
1957	72. 95	43. 40	21. 40	8. 09	59. 5	29. 4	11. 1
1962	99. 09	52. 25	38. 15	8. 69	52. 7	38. 5	8. 8
1963	101. 32	54. 59	35. 65	11. 08	53. 0	38. 2	10. 9
1964	102. 28	55. 09	35. 72	11. 47	53. 9	34. 9	11. 2
1965	107. 20	63. 17	33. 29	10. 47	58. 9	31. 1	10. 0
1976	113. 05	78. 35	26. 23	8. 47	69. 3	23. 2	7. 5
1977	117. 09	76. 05	32. 81	8. 23	65. 0	28. 0	7. 0
1978	133. 57	88. 53	35. 79	9. 25	66. 3	26. 8	6. 9
1979	160. 17	101. 97	44. 00	14. 20	63. 6	27. 5	8. 9
1980	191. 33	108. 37	62. 55	20. 41	56. 6	32. 7	10. 7
1981	223. 44	116. 20	84. 52	22. 70	52. 0	37. 8	10. 2
1982	270. 11	142. 84	102. 80	24. 47	52. 9	38. 0	9. 1
1983	309. 77	169. 47	112. 13	28. 17	54. 9	36. 2	9. 1
1984	355. 33	38. 18	285. 44	31. 71	10. 8	80. 3	8. 9

注：根据国家统计局 1983 年《国民经济统计摘要》和 1984 年《农业统计年报》摘编。

一部分边远地区的牧民也开始富裕起来。青海省玛多县，1981 年人均分配已上升到 475 元，成为当年全国乡村人均分配收入最高的县份之一。牧民祖祖辈辈逐水草而居的游牧生活开始改变，有的已住进了定居点。1983 年到 1984 年，西藏自治区江孜县社员新盖房屋 8168 间，平均每户新盖 1 间房。广大农民开始过上了“住瓦房，吃细粮，还有余款存银行”的幸福生活。

根据典型调查分析，1979 年全国平均每个农民全年纯收入已达 160. 10 元，到 1983 年每个农民纯收入超过 200 元的已占农户总数的 79. 3%，这就是说大多数农户都有了建房的条件。（见表 9）

按平均每人纯收入水平分组的户数构成

（占农户总数的%）

表 9

分组＼年份	1978	1979	1980	1981	1982	1983
500 元以上的户		0.6	1.6	3.2	6.7	11.9
400—500 元的户	2.4	1.5	2.9	5.0	8.7	11.6
300—400 元的户		5.0	8.6	14.4	20.8	22.9
200—300 元的户	15.0	20.4	25.3	34.8	37.0	32.9
150—200 元的户	17.6	29.0	27.1	23.0	16.0	13.1
100—150 元的户	31.7	24.2	24.7	14.9	8.1	6.2
100 元以下的户	33.3	19.3	9.8	4.7	2.7	1.4

注：根据国家统计局 1984 年 8 月《国民经济统计摘要》摘编。

一些富裕地方的冒尖户、冒尖村、冒尖乡和冒尖县不断涌现，对房屋建设则有更高的要求。长江三角洲和珠江三角洲，已经出现了不少工农业产值超过 10 亿元的县，涌现了一批亿元乡（镇）、千万元村（生产大队）和万元户。江苏省有 4 个县工农业总产值已超过了 20 亿元。苏州、无锡、常州三个市的郊县，出现了 26 个工农业总产值超过亿元的乡。沙洲县塘桥乡，有 17 个村，7456 户，25815 人。党的十一届三中全会以后，这个乡坚持走农副工综合发展的道路，经济迅速发展，1983 年，全乡农副工业总产值达到 1.017 亿元。与 1978 年相比，五年翻了两番。全乡人均收入 464 元，务工社员人均收入 700 多元。沙洲县妙桥乡欧桥村有 540 户人家，1940 人。1983 年，全村农副工商总产值达 1329 万元，是 1978 年的 6 倍，5 年中也翻了两番；村办工业产值占全村农副工商总产值的 77%，是 1978 年的 18.8 倍。全村人均集体分配 675 元，是 1978 年的 3 倍。加上家庭副业收入，人均实际收入达 873 元。广东省顺德县陈村乡弼教村，全村 700 多户人家，由于发展花木业，有 100 多户收入超过了万元。佛山地区 1982 年上万元的户已有 9300 多户。这些富裕的地方，农民对生活的要求越来越高，“吃的讲营养，穿的讲漂亮，用的讲高档，住的讲装潢”。在这一带，农民盖二、三层“别墅式”的小楼房，已成为普遍的现象。

农民在大规模建房的同时，在银行的储蓄额仍不断增加。1978 年年底全国农民储蓄存款额为55.7亿元；1983年上升到319.9亿元，平均每年增长52.8亿元，每个农民平均存款40.8元。1983年中国农村发展研究中心调查了529个村队、20.4万户，存款户占99.8%，年末存款总数为4202.73万元，户均存款206元。其中富裕户平均存款1353.6元，专业户平均存款706元。从农民的收入和储蓄额增长情况来看，乡村的房屋建设的潜力很大，广大农民建房的后劲十足。农村经济的振兴，成为乡村建设的强大动力。(见表10)

全国农民储蓄存款年底余额

表10

年　份	农民储蓄（亿元）	每人平均存款余额（元）
1957	7.3	1.3
1962	9.7	1.7
1965	12.9	2.2
1970	15.0	2.2
1975	35.0	4.6
1978	55.7	7.0
1979	78.4	9.9
1980	117.0	14.7
1981	169.6	21.2
1982	238.1	28.4
1983	319.9	40.8

注：根据国家统计局和中国农业研究发展中心统计资料摘编。

第二章
党和国家的扶持与政策引导

1979 年开始出现的农村房屋建设高潮，带来了一系列新的问题，诸如房屋设计、施工力量、材料供应、整个村镇如何规划好、建设好的问题。为了解决好这些问题，使中国乡村建设健康地发展，党和国家及时作出指示，制定政策，加以引导，并从物资和技术等方面给予大力扶持。

第一节　确立乡村建设的正确指导思想和政策

1979 年，农村房屋建设出现了前所未有的热潮。面临这一新的形势，一些地方认识不足，重视不够。有的把农民建房看成是可管可不管的小事，放任自流，不注意规划，导致盲目建设；有的不顾党的一贯政策，不顾经济条件，大拆大建，搞“一平二调”；有的强调“集体化”，集体投资、集体建房、集体分配、集体所有，无视社员的自建房屋的积极性和产权要求；有的不注意按季节合理组织施工，既影响了集体生产，又增加了农民负担。

党和国家对乡村建设中出现的问题十分重视。1979 年至 1984 年，中央领导同志对于乡村建设问题作过多次重要指示。邓小平曾指出：“农村盖房子要有新设计，不要总是小四合院，要发展楼房。平房改楼房，能节约耕地，盖什么样的楼房，要适合不同地区、不同居民的需要。”胡耀邦在视察北京市昌平县踩河村时指出：“盖房子要问农民满意不满意，要考虑他们的利益，式样不要强求一律，北方建房要特别注意冬天保暖，夏天降温，搞好沼气、道路、饮水的设计。还要考虑和照顾到各类专业户，比如养牛、养猪、养羊的专业户，要注意为这些专业户提供方便。”赵紫阳几次就乡村建设要节约用地问题做出指示，他指出：“中国人多可耕地少，乡村建设的重要原则就是节约耕地。这几年来，由于搞活经济，农民开始富起来了，纷纷要求建房，这当然是好形势，但是如果不加控制，乱占耕地，发展下去就会招致严重后果。”“农民的居住条件应当逐步改善，但不能提倡住得太宽敞，主要应把房屋设计得更合理，改善房内设施和卫生条件，把家里搞得适用，干净卫生，方便舒适一些。”万里在有关会议上讲话指出：“现在农业发展了，农民有钱了，要建设自己的家乡，改变小农经济的局面，我们不考虑怎么来引导的问题不行。一要引起重视，二要加强领导，三要有个设想。”

国家和地方的有关部门根据当时乡村建设的形势和中央的有关指示精神，及时地把农房建设列入议事日程。1979 年 12 月，国家建委、国家农委、农业部、建材部、国家建工总局在青岛联合召开了全国农村房屋建设工作会议。这是建国 30 年里第一次专门召开的全国性的研究农村建房问题的会议。这次会议由国家建材部长宋养初，国家建委副主任李景昭，国家农委副主任何康，国家建工总局副局长袁镜身等主持。各省、自治区、直辖市的建委、农委、农业局、建材局、社队企业局、建筑设计院和部分基层单位的 300 名代表参加了这次会议。

在这次会议上，确定了中国农村房屋建设采取“全面规划，正确引导，依靠群众，自力更生，因地制宜，逐步建设”的方针。同时，要求认真解决以下几个问题：（1）要正确处理生产和生活的关系，重视改善农民的居住条件，大胆地把农房建设抓起来。（2）要十分注意政策，充分发挥社员和集体两个积极性。农村建房中的政策问题，最核心的是房屋的产权问题。社员的住房，属于生活资料，产权应归社员所有。（3）要认真搞好规划，精心进行设计。（4）建筑材料的解决，主要应当依靠社队自己的力量，就地取材。国家和地方有关部门也要根据资源和生产情况，开个渠道，专项安排，逐年给予一定的补助指标。（5）要高度重视节约用地，切实防止乱占耕地。(6) 要量力而行，分期分批逐步建设。会议要求各省、自治区、直辖市党委和政府，特别是县一级的党委和政府，要加强对农村房屋建设工作的领导。会议还决定在国家建委设立农村房屋建设办公室，指导和协调全国农村房屋建设工作。这次会议对农村建房的形势给予了正确的引导，把农房建设推向了高潮。

第一次全国农村房屋建设工作会议开过后的两年里，许多地方在当地党委和政府的统一领导下，清理了“左”的思想影响，积极开展了工作，取得了不少好的经验。国家和地方在技术、物资方面，也给予了支援。但是，有些地区的工作同中央的要求还有很大距离，存在着阻碍农房建设顺利发展的种种问题。为了研究这两年农房建设中出现的新情况、新问题，总结交流各地的好经验、好做法，讨论如何完善有关政策，进一步加强引导，经国务院批准，国家建委、国家农委于 1981 年 12 月在北京召开了第二次全国农村房屋建设工作会议。这次会议由国家建委主任韩光、国家农委副主任李瑞山、国家建委副主任谢北一、李景昭，国家农委副主任何康，农业部副部长赵修等主持，各省、自治区、直辖市的建委、农委、农业厅（局）和部分地、县的负责同志，以及国务院有关部门的代表共 300 多人参加了会议。会议期间，国务院副总理万里到会作了讲话。

第二次全国农村房屋建设工作会议认为，应当从乡村建设的全局出发，在农业区划的基础上，对山、水、林、田、路、村进行全面规划，并按照有利生产、方便生活和缩小城乡差别的要求，使村镇的住房建设同生产、文教、卫生、商业、服务等设施的建设相结合，做到村镇布局合理、交通方便、环境优美、各具特色，逐步把中国比较落后的村镇建设成为现代化的、高度文明的社会主义新村镇。

这次会议进一步明确了村镇建设的指导思想：即在党的统一领导下，充分调动广大农民的积极性，走“自己动手、建设家园”的路子。要坚持在生产发展的基础上，正确处理生产和生活的关系，量力而行，循序渐进，逐步建设；要坚持全面规划，合理布局，节约用地，充分利用旧村，统筹安排住房和各项设施的建设；要坚持群众路线，采取正确指导、典型引路的办法，十分注意经济效益，不搞强迫命令，不搞形式主义。会议还从组织领导、规划建设和管理法规等方面提出了需要采取的措施，要求刹住乱占滥用耕地之风，实行综合开发，综合建设，把农房建设引向有领导、有规则、有步骤地建设社会主义新村镇的轨道。

这次会议的召开，标志着中国的乡村建设工作开始从只抓农房建设进入到对各个村庄和集镇进行综合规则、综合建设的新阶段。会后一年里，村镇的规划和建设工作有了明显的进展。

1982 年 12 月，由城乡建设环境保护部①部长李锡铭和顾问李景昭主持，在镇江召开了全国村镇建设工作汇报会。会议交流了第二次全国农村房屋建设工作会议以来村镇建设的经验，研究讨论了迫切需要解决的一些政策性问题。会议总结了一年来村镇建设工作的成绩，主要是：(1) 各地普遍加强了对村镇建设工作的领导，全国省一级的村镇建设管理机构已大体形成。(2) 党中央、国务院在一年多的时间里，连续下达了《关于制止农村建房侵占耕地的紧急通知》和《必须坚决制止党员、干部在建房分房中歪风》的公开信，并转发了建设部《关于福建省晋江地区狠刹乱占耕地建房风的简报的通知》。各地普遍进行了滥占耕地建房的清查处理工作，刹风初见成效。(3) 村镇规划工作开始铺开，积累了一些好的经验。(4) 主管部门和地方下大力量培养出大量村镇建设的管理干部和初级专业技术人员。(5) 国务院颁发了《村镇建房用地管理条例》，印发了原国家建委、国家农委制订的《村镇规划原则》，初步改变了村镇建设无章可循的状况。会议根据中国共产党第十二次代表大会的精神，提出了要两个文明一起抓，努力建设社会主义新的文明村镇的目标。同时，要求各地坚定不移地把滥占耕地建房问题继续抓下去，切实解决好；搞好村镇规划建设试点，总结试点经验，全面开展村镇规划工作；健全机构，继续补充完善各项法

① 1982 年 5 月，国家建委被撤销，成立城乡建设环境保护部（简称建设部）。部内设置乡村建设局，主管村镇规划、建设和管理工作。

规，以保证村镇建设工作持续健康的发展。

1983 年至 1984 年，中国乡村联产承包责任制日趋完善，各种专业户和经济联合体大量涌现，商品经济蓬勃发展。这就对村镇建设提出了新的要求，即不仅要解决生活和生产用房问题，而且要解决商品流通条件问题，要求加强集镇等小城镇的建设，以形成乡村的经济中心、文化中心、科技中心、服务中心、交通枢纽，特别是商品流通中心。为适应这一新的形势发展的需要，1984 年 11 月，城乡建设环境保护部在北京召开了全国村镇建设经验交流会，会议由建设部部长芮杏文和副部长廉仲主持，国务院副总理李鹏到会讲了话。会议回顾并肯定了第一次全国农房建设工作会议以来农房建设和村镇建设的成绩；分析归纳出乡村建设的三个特点：一是建设重点逐步转向集镇。二是能源、交通、信息等项设施的建设提到日程上来了。三是富裕起来的农民对物质文化生活提出了更高的要求。据此，会议提出，要在继续抓好农房和村庄建设的同时，把工作重点转到集镇建设上来，各种类型小城镇的建设要加强，以适应广大乡村社会主义商品经济发展的需要。会议还就尽快搞好村镇建设划、抓好建筑设计、改革村镇管理体制、妥善解决建设资金和材料问题、大力培养专门人才、加强村镇建设的领导和管理等事项，提出了明确要求和政策性意见。

各地根据中央指示和上述历次会议精神，普遍加强了村镇建设的领导和管理，有力地推动了村镇建设的顺利发展。

第二节　因地制宜解决村镇建设的材料供应问题

国家和各级政府在基本建设材料紧缺的情况下，设法开辟各种渠道，组织建筑材料投放乡村市场，积极支持农民建房。国家从 1980 年开始，在物资供应计划中，每年都拨出农房建设的专用钢材和专用玻璃。截至 1983 年共调拨钢材 34 万多吨，玻璃 260 多万标准箱。各级政府还通过物资部门组织供应农房建设需要的各种材料，1981 年供应钢材 54 万吨、木材 170 万立方米、水泥 269 万吨、平板玻璃 171 万标准箱；1983 年组织供应钢材 96.5 万吨、木材 324.7 万立方米、水泥 267 万吨、平板玻璃 158.4 万标准箱。为了进一步解决农村建筑材料短缺的问题，1984 年，根据赵紫阳总理的指示，建设部组建了农村建筑材料成套供应公司，开发建筑材料资源，成套供应农房建筑材料及其制品，并承建和出售商品房屋，力求做到利国便民。国家建筑材料工业局和国家物资总局也相继组织了类似的公司，向乡村供应建筑材料。到 1985 年上半年，绝大多数省、自治区、直辖市都已先后成立了农房建材供应公司。

但是，农村需要的建筑材料数量太大，供需矛盾，仍很突出。据估算，每年全国乡村建房大约需要钢材 300 万吨、木材 3000 万立方米、水泥 2000 万吨、玻璃 2000 万标准箱，还有大量的砖、瓦、灰、砂、石等地方材料。这些材料都靠国家解决，是无论如何也行不通的。只有依靠亿万农民，自力更生，采取多种途径，充分利用潜在的人力、物力和财力，才能解决问题。

（一）依靠地方生产大量建筑材料。1984 年全国乡镇建材企业已发展到 183158 个，占乡镇工业企业总数的 11.1%。年产值 213.36 亿元，占乡镇工业总产值的 14.89%。其中，水泥产量达到 1936 万吨，占全国水泥总产量的 15.73%；砖产量达到 2027 亿块，占全国砖总产量的 84.7%；灰砂石约占全国总产量的 90% 以上。浙江省乡镇建材企业从 1978 年的 1675 个发展到 1983 年的 9046 个，增长了 4.4 倍；从业人员由 1978 年的 12.14 万人，发展到 1983 年的 45.83 万人，增长了 2.8 倍。5 年间，浙江省乡镇建材企业总产值从 2.46 亿元增加到 13.25 亿元，增加了 4.4 倍，约为全省建材工业产值 4.78 亿元的 2.8 倍（见表 11）。

1983 年，浙江省乡镇建材企业中有水泥厂 197 个，生产水泥 230 万吨，比 1978 年的 21 万吨增长了 10 多倍；生产砖 104.3 亿块，比 1978 年的 33.1 亿块增长了近 3 倍多；有乡镇水泥制品厂 1969 个，生产混凝土构件 100 万立方米（见图 90）。这些乡镇建材企业已成为全省建材企业的一支重要力量，为乡村建房提供了大量的建筑材料（见表 12）。

浙江省历年乡镇建材业发展情况

表 11

年份＼项目	企业数（个）	企业数 比上年增减（%）	企业人数（万人）	企业人数 比上年增减（%）	总产值（亿元）合计	总产值 比上年增减（%）	备注
1978	1675		12.14		2.46		按 1970 年不变价格计算
1979	2340	39.7	17.31	42.57	3.68	49.69	
1980	8210	250.85	35.23	103.54	7.58	139.07	
1981	9192	11.96	41.17	16.86	9.57	26.34	按 1980 年不变价格计算
1982	9346	1.7	44	6.88	12.27	23.81	
1983	9046	－3.24	45.83	4.16	13.25	8	

注：根据 1984 年浙江省的建筑建材专题调查摘编。

1983 年浙江省乡镇建材业和全民建材业产品产量比较情况

表 12

项　目	水　泥（万吨）	石棉制品（吨）	黄　砂（万吨）	石　灰（万吨）	砖（万块）	瓦（万片）	石灰石（万吨）
全省产量	595.88	16809	1418	201.9	1136665	161217	895
乡镇产量	231.18	12103	1057	181.55	1039472	155630	783.43
乡村产量占全省产量的比重（%）	38.80	72.03	74.54	89.92	91.65	96.53	87.53

注：根据 1984 年浙江省的建筑建材专题调查材料摘编。

（二）动员农民大量采用地方材料。因地制宜，就地取材，是发展农房建筑材料的一个重要方针。1979 年以来，各地在这方面都取得了不少好的经验。江苏省启东县采用简易轮窑“吃杂粮”的办法，用树叶、稻壳、煤渣和油脂下脚料等做燃料，用开河堆土做原料，烧砖制瓦，年产砖量达 3 亿多块，瓦 5000 多万片。山东沿黄河的十几个县，过去用黏土烧砖，每年毁掉粮田三四千亩。后来，乡镇企业引黄落淤，利用黄河泥砂生产砖瓦，使砖瓦业又重新兴旺起来。淄博市等靠近煤矿的 5 个城郊，许多乡镇企业利用煤矸石制砖。据 1980

图 90　沈阳南洪大队预制板平顶住宅

图 91　四川农村生产的混凝土小砌块

年统计，该地区已办起煤矸石砖厂 342 个，生产煤矸石砖 11.5 亿块；同时，还用煤矸石生产石灰 22.5 万吨，水泥 13 万吨；共节约田地 1500 亩，煤炭 56 万吨。全国许多山区村镇，自办采石场，用石材作墙体和屋面。像浙江、广东、福建等沿海一带，不仅墙体、屋面采用石材，有的还选用上等石材作小梁和楼板，搞得颇有特色。不少地方的城市郊县利用矿渣、粉煤灰等工业废料生产建筑砌块，用于农房，变害为利，一举多得。有些地方还从长远着想，有计划地利用宅旁、路旁、沟旁、河旁植树造林，既可美化环境，又能解决建房用材问题。在这方面搞得比较好的是山西省长治县林移大队，他们多年来坚持种树。每户种树多者 40 株，少者 20 株，加上集体种的树，每人平均达 170 株。他们做到了建房用的木材完全自给，还有余力支援国家建设。南方有些地区，利用盛产的竹材作为屋架、柱子、墙壁、楼板、门窗等房屋构配件材料。黄土高原很多地方利用地形，就地修建新式窑洞。其特点是冬暖夏凉，节约能源，节约材料。广东、福建、浙江、江苏、四川等地，积极推广钢筋混凝土预应力农房构件，代替木材，用来做梁、柱、檩条、楼梯、楼板、过梁、窗台板、门窗框等，既解决了木材短缺问题，又坚固耐用，价格比木材便宜，很受农民欢迎（见图 91）。

（三）积极使用新材料。随着石油化学工业的大力发展，中国化学建筑材料行业也得到相应的发展，而且资源很充足。化学建材主要包括建筑塑料、建筑涂料、防水材料和黏合胶剂等。已经生产应用的有塑料上、下水管，塑料门窗、地面、天花板、墙纸、墙布和卫生洁具，以及内外装修用的各种建筑涂料，等等。它们具有质量轻、强度高、防腐、防蛀、隔热、隔声、色泽鲜明、造型美观、装饰方便等多种使用功能和良好特性，可以代替钢材、木材、有色金属、水泥和陶瓷等材料，而且可以降低能耗，缩短工期，减轻劳动强度。在一些富裕地区，已经开始应用新材料。

第三节　组织乡村建筑队承包农房施工任务

乡村房屋的施工大体上有四种形式：一是盖房的农民自己施工，请亲友帮忙。从准备材料、安排施工到饮食供应等等，全靠自己张罗，虽然不付工钱，但是操心费力也不省钱。二是缺少劳动力或不会施工的农民就得雇人盖房子。这就不仅要付工钱，而且要请吃请喝，至少“开工”、“上梁”、“竣工”要请三次酒，花销很大。三是由村里把能工巧匠组织起来，成立施工队，专为本村盖房。施工队亦工亦农，农忙务农，农闲盖房，由队里计工付酬，或者按盖房间数向建房户收取费用。施工队不吃请，不收礼，可以减轻农民负担。四是由村或乡组织乡村专业建筑队。建筑队跨村跨乡，包工包料，承包农民建房任务。这比农民自己请人建房、省钱、省工、省事、省心，既不耽误生产，又能保证房屋的质量，最受农民欢迎。所以，1979 年以来乡村建筑队有很大发展，全国约有 500 万人，其中有将近一半是专为乡村盖房服务的（见表 13）。

全国乡村建筑业近几年发展情况

表 13

项目 / 年份	企业个数			从业人数			总收入（按 1980 年不变价）		
	万　个	较上年增长%	占乡镇企业总数%	万　人	较上年增长%	占乡镇企业总人数%	亿　元	较上年增长%	占乡镇企业总收入%
1980	5.07	/	3.57	334.67	/	11.16	44.92	/	7.53
1981	4.83	-4.92	3.61	348.83	4.23	11.75	52.58	17.05	7.84
1982	5.83	11.39	3.95	421.29	20.77	13.53	75.09	42.81	9.73
1983	5.70	5.95	4.23	482.7	14.56	14.92	101.90	35.70	10.97

注：根据 1984 年建筑、建材专题调查材料摘编。

据浙江省调查，在全省3135个乡镇中，有55.8%的乡镇建立了专业建筑队。到1983年年底，领有营业执照的或与省乡镇企业管理局挂钩的乡村建筑队，即有2178个，达30.19万人。其中村办的有559个，占25.7%。他们总计完成产值7.6亿元，竣工面积807.6万平方米，这两项都超过了全省建工系统全民所有制企业完成的数量。

随着农业商品经济的迅猛发展，乡村房屋建造量的持续增长，那种亲帮亲，邻帮邻，自给自足的建房方式，已经不能适应乡村分工分业的发展需要；富裕起来要盖房的农民，都希望专业部门能从设计、施工到材料供应提供成套服务。山东高密县拒城乡、柏城乡，四川德阳县、金坛县，云南昆明市郊区，江苏无锡县、涟水县，上海嘉定县南翔乡，广东宝安县西乡镇，江西宜春市郊油茶林场，河南郾城县孟庙乡，河北武邑县等，在组织专业建筑力量承包农房建设任务方面创造的经验，很有推广价值。山东高密县柏城乡组建的建筑服务公司，服务项目有村镇规划、沼气推广、建筑维修、木材制作、建材供应和农房构件预制等，实行设计施工各项工作统筹安排，全面承包。他们做到收取费用低于社会价格，不用建房户请吃请喝，材料及时配套供应上门，保质保量为建房户服务。因此与他们签订合同、请他们盖房的农户越来越多。江苏涟水县高沟乡的建筑建材公司，采取建造商品房向农民出售、与农民签订合同全面承包建房任务、对备有材料的农民实行部分承包等方式，为农民建房服务，赢得了信誉。广东宝安县西乡镇，以建立房地产公司的方式，既承担村镇的规划、设计、施工和工程质量检查，又负责技术培训和办理农民建房用地的审批手续，还承包建造商品住宅，全力帮助农民解决建房困难，受到农民赞赏。河北武邑县西桑村建筑专业队，实行“三包两定”合同制，即包坯、包砖、包建，定工、定提成奖。这样，专业队既得工分报酬，又可拿到建房总收入40%的提成奖；大队集体增加了收入；盖房的农民也减轻了负担。这样，大队、专业户和建房户三者兼顾，都得利益。

第四节 采取多种形式筹集建房资金

农民建房的资金，主要是来自农民劳动致富的个人积累，但也离不开集体的帮助。在不少地方，是由村、乡集体在资金、人工、材料等方面给予建房户以不同程度的补助。有的是由集体采取预垫款的办法，即先由集体拿钱建房，而后建房户归还垫款。有的则是由若干建房户自愿凑钱组成“屋会”，按商定的顺序轮流建房。例如，广东东莞县刘屋村农民成立了“屋会”，互助建房。参加“屋会”的每股100元，五年为期，股份不限，入股退股自愿。10户至20户为一组，根据股金多少，由“屋会”成员民主商定每年建房户数和建房次序。有的地方银行举办农民建房储蓄，帮助农民筹划资金。例如，江苏省射阳县物资局同县农业银行联合开办农民建房储蓄。其主要办法是，由农业银行一方面负责办理农民建房专项储蓄业务；一方面向物资部门提供一定的贷款，组织供应农房配套材料。参加建房储蓄的农户，储蓄额达到2500元，存款的时间满半年后，就可以从物资部门买到计划价格内规定的钢材、水泥、木材、玻璃、砖瓦等几种主要建筑材料。这是一个利国利民的好办法，使农民个人既能得到存款利息，又可得到比议价便宜的建筑材料，同时也有利于银行汇集社会闲散资金，扩大信贷业务。

如果说农民建房需要适当集资，那么乡村建设就更加需要集资解决。广东宝安县西乡镇调动各方面的积极性进行集资建设，做法和效果都比较好。他们的主要做法是：（1）成立房地产公司。1981年至1984年，承建房屋建筑面积4.8万平方米，总产值778万元，盈利123万元。他们将这笔利润全部投入集镇建设：修建集镇街道1700多米，铺砌了混凝土及花岗石路面；建起了1000平方米的仓库和300平方米的建材门市部；购置了一部分建筑机械和建筑材料。（2）发动驻镇单位投资。乡政府在建设新集镇的过程中，按照集镇建设规划的统一要求，发动驻镇单位及其上级主管部门，先后投资130余万元，翻建和改建镇上的门市部和商店，使集镇面貌为之一新。(3) 发挥侨乡优势，鼓励侨眷投资。侨胞先后投资办工厂、办商店的共 63 宗，总投资额为 4500 万港币。房地产公司还以合同形式，鼓励侨胞投资 2000 万元，建造 200 栋“别墅式”商品楼。许多侨胞还热情捐款修建了 3 所小学校。(4) 重视乡镇企业在建设新集镇中的重要作用。乡镇企业每年拿出一部分利润，用于集镇公共设施建设。1981 年以来的 3 年中共投资 100 多万元，修建了卫生院，整治了西乡河道，铺设了 5 座桥梁，安装了自来水，铺砌了下水道。公共科技站和农贸市场也在建设中。(5) 实行优惠政策，鼓励社员自筹资金建设住宅。乡政府积极引导农民按新集镇规划自筹资金建房，并实行了三条优惠政策：一是社员住宅近期建成后，如愿做零售商业，乡政府优先批准发给营业执照；二是社员备有建筑材料，但缺乏施工力量的，可由房地产公司负责协助建设；三是社员一时自筹资金有困难的，乡政府负责协助解决贷款问题。在三年多的时间里已有 40% 的社员建了新居。(6) 吸引外地厂家来镇上投资建设。1981 年以来，在镇上新辟的连接广深公路的“石楼街”上，吸引了许多单位来镇建厂办店。这样不仅解决了本地建设资金不足的问题，而且也使剩余劳动力得到安置，做到离土不离乡。

第三章
大力提高农房建筑设计水平

设计是建筑的灵魂。房屋建造得好与坏首先决定于设计的质量。1979年以前的30年间，由于“左”的思想影响，乡村房屋建筑的形式比较呆板、单调，不讲美观，也不讲地方特色。1979年乡村建房高潮兴起之后，广大农民迫切要求改变这种局面。同时，许多地方乡村建房缺乏设计，严重影响房屋质量，甚至造成多起倒塌事故。这些问题引起了党和国家的重视，于是有关部门把搞好乡村房屋设计，提高农房建筑质量，摆上了工作日程。

第一节　开展全国乡村住宅建筑设计竞赛

为了解决乡村住宅建筑形式呆板、单调和质量不高等问题，国家建委和国家农委于1979年冬共同提出了对乡村房屋建设要“精心进行设计”的要求。1980年，两委又共同委托国家建委农村房屋建设办公室和中国建筑学会，联合组织全国性的乡村住宅建筑设计竞赛活动。他们于1980年2月发出通知，对竞赛的步骤、方法和设计方案的评选原则做出规定，要求各省、自治区、直辖市建委和建筑学会组织、发动设计和科研单位、大专院校的有关专业人员和业余爱好者，以及民间的能工巧匠，参加乡村住宅设计方案竞赛。在一年多的时间里，全国各省、自治区、直辖市共收到设计方案6500多个，作者达10000多人。经过当地逐级认真评议，选出了142个优秀方案，参加全国评选。乡村住宅设计竞赛全国评选委员会由国家建委、国家农委、国家建工总局、中国建筑学会、中国建筑科学研究院和29个省、自治区、直辖市，以及中央有关部门的专家和从事农房设计、科研和建设方面的科技人员共42人组成。1981年6月在北京召开评选大会。许多著名的建筑师、工程师、教授参加了会议。会议经过充分讨论，评选出一等奖方案2个，二等奖方案30个，三等奖方案52个。这次全国性的乡村住宅设计竞赛活动是建国以来的第一次。通过这次竞赛评比活动，不仅为广大农民提供了一批优秀的住宅设计方案，而且交流了经验，提高了农村住宅设计水平，推动了农房建设工作。

乡村住宅设计竞赛获奖方案的共同特点是，在继承当地民居优良传统的基础上，考虑了乡村住宅具有生活和家庭副业生产的双重功能要求，并根据节约用地的原则，对住宅布置，院落组合以及建筑工业化和新能源的利用等方面进行了革新和探索。下面介绍几个有代表性的设计方案：

（一）传统与革新相结合的天津三号方案（见图92、93）。在北方，平房住宅的传统形式多为浅进深，一明两暗，一字排开，中间或一侧设堂屋，兼作厨房，做饭烧炕共用一灶火。天津三号方案在上述基础上进行了改革，把堂屋兼作厨房改为两间房，各有独自的出入口。这不仅使二者功能使用合理，而且保留了一个南炕卧室。这种方案使堂屋、厨房、卧室之间，既有分隔，又联系方便，并且房屋前后错落，增添了庭院风趣，赢得了这次竞赛的一等奖。

图92　天津三号方案透视图

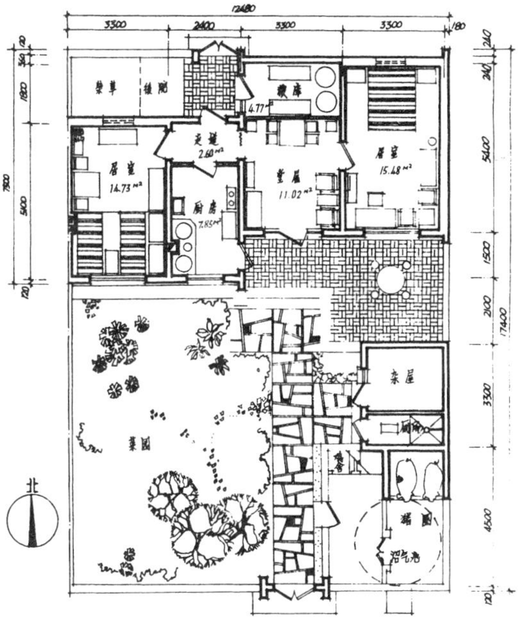

图 93　天津三号方案平面图

（二）具有南方特色的四川一号方案（见图 94—96）。这个方案适应了南方气候湿热的特点和人们在户外活动多的生活习惯，设计为两开间二层楼房，具有三个卧室和一个敞厅。整个布局虚实结合，遮阳避雨，通风良好。半开敞式楼梯与敞厅相连，成为家庭生活活动的纽带，使居室与厨房、厕所之间，由敞厅和小天井明确分割，联系方便，减少了堂屋的穿通，改善了卫生条件。此方案使用上更加合理，能适应大多数农户家庭成员合理分居的需要。这种方案在建筑艺术处理上，采用了顺坡拖檐的吊阳台和青瓦白墙等手法，具有浓郁的南方乡村风味，也获得了这次竞赛的一等奖。

图 94　四川一号方案

图 95　四川一号方案敞厅透视图

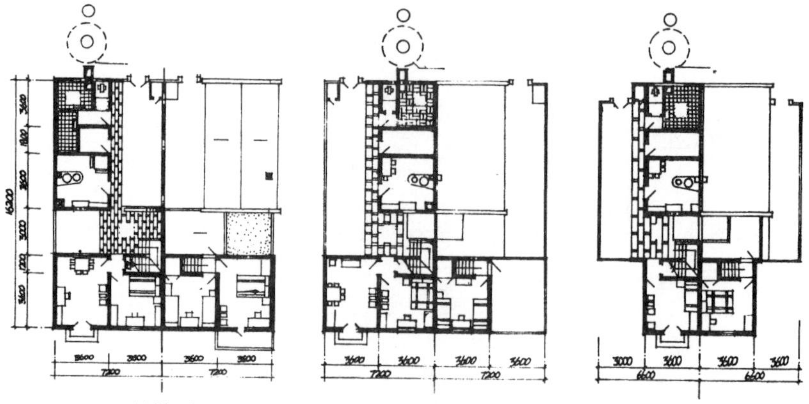

图 96　四川一号方案平面图

图 97　安徽二号方案

（三）继承徽州民居风格的安徽二号方案（见图 97、98）。这个方案继承了皖南山区的建筑风格，采用“一”字楼房带披厦的形式，使房屋平面保留了多居室、大堂屋、小卧室的特点，注意了房间的通风、采光等要求。在建筑形式上，沿用当地白墙、块石、黑瓦、小窗洞、马头墙等设计方法，同时考虑了混合结构和砖木结构的两种做法。在院落布局上，以住房将生活、杂务分为前庭、后院两个部分，可使前庭安静、清洁，后院隐蔽，各有出口，具有交通线路短，互不干扰等优点。

（四）改进黄土窑洞的陕西五号方案（见图 99、100）。在黄土高原建造窑洞，是合理利用地形和土地的好办法。这种办法具有悠久历史，在陕甘宁一带被广泛采用。甘肃省庆阳地区窑洞住宅占当地民房总数的 87.6%，平凉地区占 43%。窑洞大体有坡崖式和下沉式两种，其优点是可以节约材料，节约能源，施工

图 98　安徽二号方案平面图

简便，造价低廉，冬暖夏凉。陕西五号方案，在继承传统的做法上，对通风、采光、结构等方面都作了改进，并且利用坡地的不同高差，将下层住户的窑顶部平台作为上层住户的院子。此法既节约用地，又高低错落，富于变化；在院落布置上，生活与杂物堆放处所划分明确，改善了卫生条件。

图 99　陕西五号方案透视图

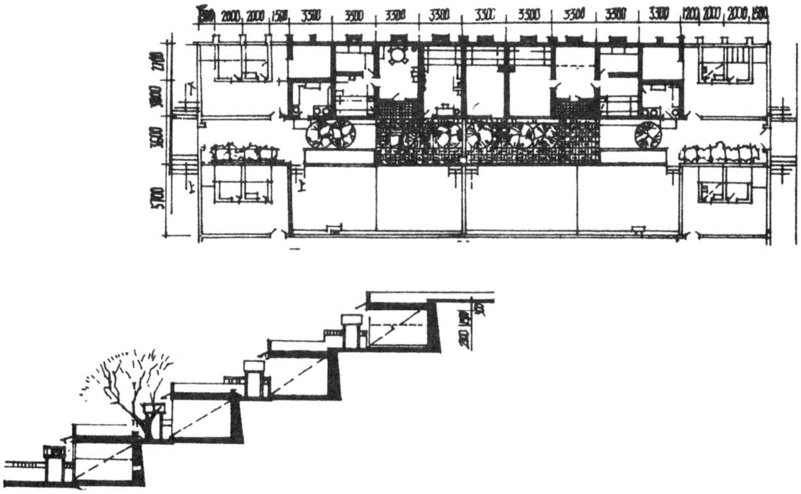

图 100　陕西五号方案平、剖面图

（五）改进傣族干栏式竹楼的云南一号方案（见图 101、102）。这个方案是采用傣族民族形式的干栏式（底层架空）竹楼，既保持了传统布局的特点，又进行了合理的改革，把以往在竹楼底层饲养牲畜、堆放柴草的做法，改在院内另外安排；将竹楼底层作为家庭副业和待客活动的场所；楼上居室也做了分隔，使居住趋于合理和卫生。在结构材料方面，采用了砖柱、混凝土梁、木阁栅、木楼板、木屋架和瓦顶；楼层围护结构仍采用竹篾笆和木板，底层为土坯墙或竹篾板；展台全部为竹结构，使结构用材趋于合理。

图 101　云南一号透视图

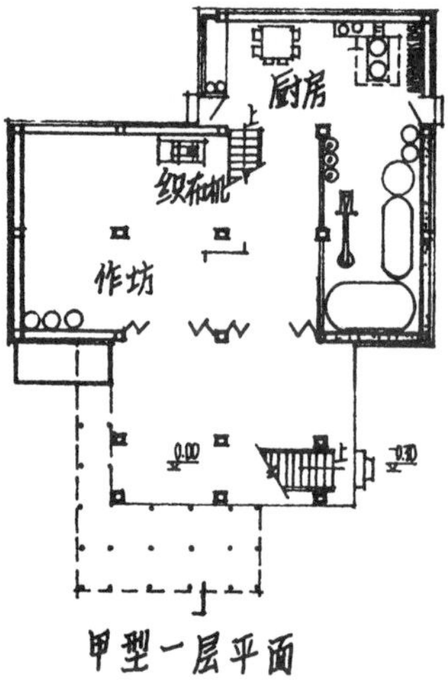

图 102　云南一号平面图

（六）体现维吾尔族农居特点的新疆二号方案（见图 103）。这个方案采用了传统的土拱——土木混合体系和当地具有悠久历史的砌拱技术。该方案在建筑平面、空间处理、庭院布置等方面，都根据维吾尔族的风俗习惯进行设计，是带有半地下室的二层楼房。其优点是可以就地取材，施工简便，坚固耐用，冬暖夏凉，适合吐鲁番、鄯善、托克逊盆地旱热气候。住房设前室作为脱鞋、更衣和室内交通联系场所；设客房供佳节待客和娱乐活动场所；设壁龛作为存放被褥、陈列茶具之用；设火炕，并在炕边设灶，冬季取暖做饭；院内造土炕，搭葡萄架，作为露宿、休息、就餐、待客等使用；房屋建有廊檐或设晒台。每户还都设有阴干房、大门楼、牧畜棚，与住房组成独家院落。这种方案具有浓厚的地方特色和民族风格。

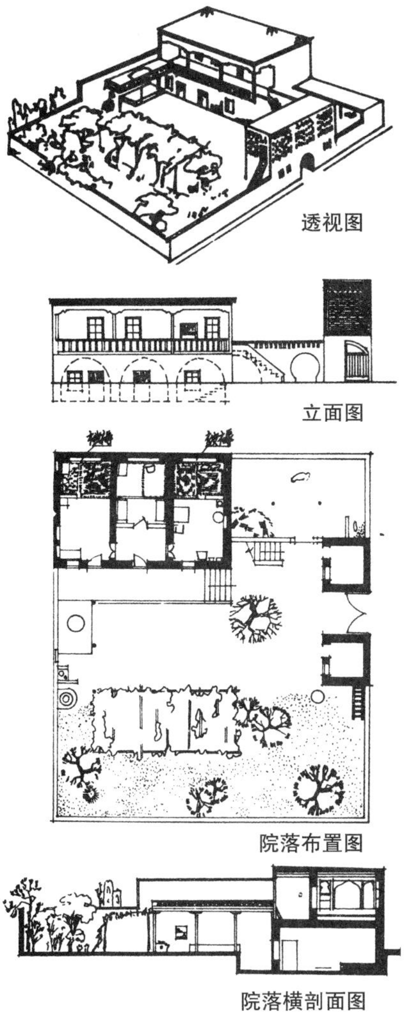

图 103　新疆二号住宅设计方案图

图 104　吉林四号方案透视图

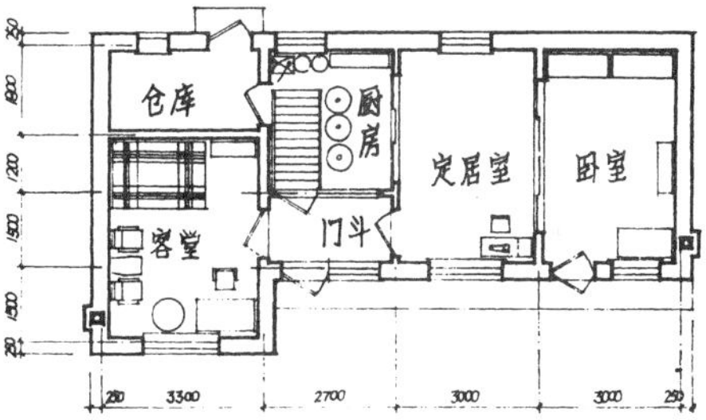

图 105　吉林四号方案甲单元平面图

（七）富有朝鲜民族特色的吉林四号方案（见图 104—106）。在延边聚居的朝鲜族人民，长期以来，由于民族生活习惯和适应地区气候等特点，形成了独特的建筑形式。居室满炕，与厨房之间不设隔墙；居室多，面积小，分居明确，各室之间均有拉门相通，对外也都设门，以门代窗；结构上采取木构架、

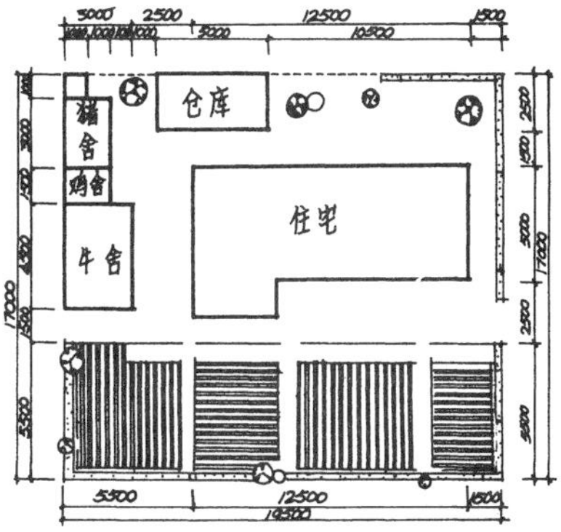

图 106　吉林四号方案院落布置图

四坡水的做法。这个方案在继承上述传统的基础上作了改进，主要是增大居室面积，增设客室与门斗，在厨房与居室之间设拉门分隔，并对外开窗。此方案改善了居住条件，可适应农民生活提高的要求。

总的看，这次农房设计竞赛评比，是对乡村住宅设计的一次很好的交流和总结。许多方案都在继承各地方、各民族住宅建筑优良传统的基础上有所前进，有所创新。在许多设计方案中，还开始注意了新能源的采用。绝大多数方案都设计了厕所、猪圈、沼气三结合的沼气池。北方的方案，在沼气池上增设了覆盖层，以防寒防冻，保证产气条件。有的还设计了太阳能热水器和淋浴装置，设计了集热窗、集热墙、太阳能暖房，以及太阳能热炕等等；并且利用火炕、火墙余热作为居室前太阳能暖棚的热源，以供种植蔬菜之用。但是，在众多的设计方案中也有不足之处，那就是对住宅的平面布局、院落组合、结构构造，还缺乏综合考虑和周密设计。有的方案住宅布置较好，院落组合较差；有的总体布局较好，而结构考虑不周；有的侧重于新技术的应用，而忽视了建筑设计。这些问题都有待于进一步解决。

第二节　举办集镇剧场设计方案竞赛

党的十一届三中全会以来，全国乡村集镇新建了 9000 多个影剧院，乡村电影放映单位发展到 11 万多个。不少地方为了满足广大农民对文化生活的需要，纷纷集资建造剧场。但是由于缺乏设计力量和技术指导，许多剧场视听功能不好，建筑质量低劣，甚至发生不少倒塌事故，造成严重损失。为了适应广大农民提高文化生活的需要，为之提供优秀的乡村集镇剧场设计，1983 年 12 月，城乡建设环境保护部设计局、文化部艺术事业管理局、中国声学学会、中国建筑学会建筑物理委员会等单位，联合举办了全国乡村集镇剧场设计方案竞赛。这次设计竞赛得到了有关各界的广泛关注和热情支持，参加的人员除专业设计人员外，还有许多乡村的老工匠、放映员和解放军战士。全国有 22 个省、自治区、直辖市选送了 129 个方案。评选结果，获得一等奖的有 1 个方案，获得二等奖的有 3 个方案，获得三等奖的有 8 个方案。另外，还有若干方案获得鼓励奖。这次竞赛，对于搞好乡村集镇的剧场设计作了首次示范，起了促进和推动作用。

在各地送选的乡村集镇剧场设计方案中，有些在建筑设计上有所创新，尤其对声学设计考虑得比较深入；有的对舞台演出功能处理得比较细致，特别是观众厅的设计比较多样。下面介绍两个较有特色的方案。

（一）适于不同地区乡村选用的 84 号方案（见图 107、109）。这个方案的建筑造型吸收了南方民居风格，布局简单，场内升起高度有所不同，音响效果较好。侧台于一侧布置，可以在扩建时添加另一侧。舞台的台唇加大，将表演区凸出，适于演出地方戏。这种方案，观众厅有 800、1000、1200 座的 3 种不同规模，还可结合地形分为顺坡、爬坡布置，既可用于平地，又可用于坡地，便于不同地区选用，获得竞赛一等奖。

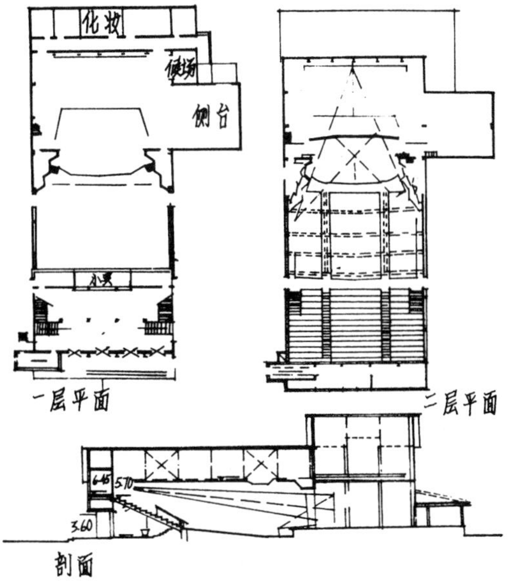

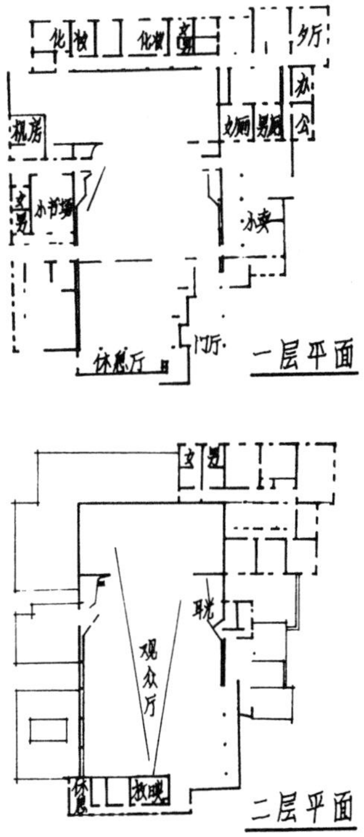

图 107　84 号集镇剧场设计方案平、剖面图

图 108　83 号集镇剧场设计方案平面图（右）

图 109　84 号集镇剧场设计方案鸟瞰图

（二）布局灵活恰当的 83 号方案（见图 108）。这个方案的特点是，在整个剧场的布局上灵活地采用了不规则的平面形式，较好地利用了空间，不仅对声扩散有利，而且打破了观众厅平面布置的单一化；把楼座下的后部空间作为门厅，观众厅的后部、休息廊可以加座；还利用辅助房间布置了小书场、棋室、茶室、小卖部等等。这种构思方法和具体设计，对于集镇剧场的建造是比较经济实用的。

通过这次竞赛可以看出，集镇剧场的设计不仅要考虑一般剧场设计的特点，而且要充分考虑乡村的特点，适合乡村的需要。尽量采用自然采光、通风，使建筑风格在朴素中见新颖，并力求组合灵活，注意多种用途；不沿用城市大、中型剧场的全封闭观众厅、大门厅、休息厅和大玻璃门窗等设计手法。单一功能的影剧院，不仅不能满足农民多种文化生活的需要，而且使用率也不高。在乡村提倡建设文娱、体育、科普相结合的多功能的文化中心，可提高公共建筑的使用效果。

第三节　积极推广和应用设计竞赛成果

设计竞赛活动引起了各有关方面的重视。许多地方不仅采取多种形式将获奖方案向农民宣传推荐，而且积极组织工程试点，总结经验，进行新的设计。1981 年在全国范围内发行了乡村住宅设计竞赛的《优秀方案选编》。绝大多数省、自治区、直辖市也都编印了各地区的住宅设计方案选编。有的地方为了让农民能够看懂设计方案，具体了解房屋样式，把图纸做成了便于携带的模型，到乡村去展览宣传，很受农民欢迎。河南省城乡建设环境保护厅制作了农房模型 200 多个，发给各地进行巡回展出，得到了农民赞赏。有些农民一家祖孙三辈都去看模型、选式样。他们说："模型真好，一看就懂，国家为我们农民想得真周到。"贵阳市城乡建设委员会组织技术人员设计和制作了 21 个农房模型，趁着赶集机会进行展览，先后在青岩、石板、花溪、狗场、东风、沙文、羊昌和白云等集镇展览了 8 场，场场人群云集，参观人数有 1.6 万多人，解答询问接应不暇。有很多地方已经按照设计方案盖了房子。有的地方，还按照设计方案搞了试点工程，供农民评议、选择和仿建。浙江省在萧山县红山农场盖的"浙江一号"方案样板房（见图 110、111），远近农民纷纷前去参观，影响很大。

1980 年以后，在乡村建筑设计方面虽然做了不少工作，出现了不少好的设计，但仍与大规模的乡村建设远远不能适应。大量的房屋建筑仍是没有设计，式样单调，缺乏地方特色。"新房子、老样子"，"盖起来倒房子"，仍然是个大问题。中央领导同志多次提出，要迅速改变这种状况，要动员技术人员下乡，帮助农民搞好设计。各地，各有关部门积极响应，组织动员科技人员面向乡村，积极为村镇建设服务。河南开封地区建委设计室，深入乡村，了解当地农民的风俗习惯和乡村住宅的特点，设计水平不断提高。他们在河南省参加设计竞赛时，报省的 5 个方案全部获奖。其中，有两个分别获得全国住宅设计竞赛二等奖和佳作奖。1980 年以来，他们因地制宜搞设计，推广了空斗砖拱、小梁单拱、简易钢木屋架和悬臂檩条等结构构件，设计了平顶、瓦顶、拱顶三种类型的农房，很受当地农民的欢迎。河南省开封地区建委设计室还对黄土窑洞进行了认真的调查研究，其成果也获得了奖励。湖北省基本建设委员会为了解决湖区农民住房

图110　浙江省萧山县按“浙江一号”方案建设的新村

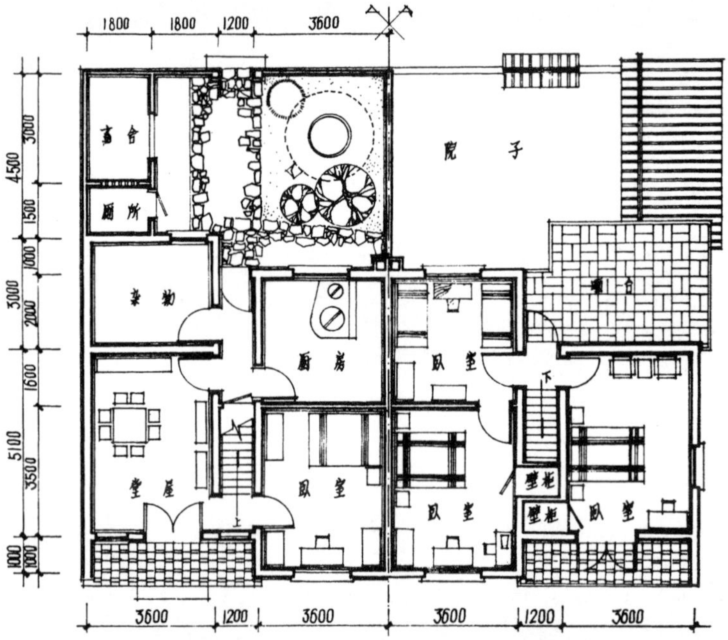

底层平面　　二层平面

图111　浙江一号方案平面图

常被水淹、浸泡而倒塌的问题，组织工程技术人员深入现场，进行小柱网框架轻墙结构的工程试点，取得经验，编制了通用设计。湖北省基本建设技术情报站为了适应乡村建设事业的发展，把工作重点放到村镇建设方面，积极开展村镇建设调查研究；协助孝感地区情报站进行了乡村住宅设计竞赛；编辑出版了《新型乡村住宅实例汇编》等图书资料。四川、云南、贵州三省建委标准设计办公室、建筑设计院和有关科研、施工单位，于 1983 年上半年在贵阳召开了西南地区农房设计经验交流会。会上交流了乡村住宅设计、影剧院设计、预制构配件生产和管理等经验，确定要尽快完成乡村住宅钢筋混凝土构配件标准设计和集镇影剧院的通用设计，要不断积累乡村公共建筑的设计经验。1984 年四川、云南和贵州三省还编制发行了西南地区集镇电影院、影剧院设计方案图集。

1984 年 8 月，城乡建设环境保护部乡村建设局、设计局，文化部群众文化事业管理局，国家体育运动委员会群体司，中国建筑学会，中国建筑技术发展中心等单位联合发起，开展乡村住宅及集镇文化中心设计竞赛，再一次广泛深入地发动各有关建筑设计、科研、施工等单位的工程技术人员、大专院校师生，以及乡村中的能工巧匠，积极参加设计竞赛活动。

通过一系列设计竞赛活动，在全国范围内，有力地提高了乡村建筑设计水平，推动着村镇建设健康的发展。

第四章
广泛开展村镇建设的规划工作

村镇建设，是指各个不同规模和类型的村庄和集镇的群体建设。它不仅要解决广大农民的生产、生活用房问题，而且关系到如何把乡村居民的生产、生活环境与周围的自然环境有机地融合成一体，使之更好地为中国农业现代化和乡村经济、社会发展服务的重大问题。因此，必须通过制定村镇建设规划，体现各个村镇的不同特点，确定合理的规模和布局，兼顾生产与生活，近期与远期，局部与整体（包括每组房屋与整个村镇，每个村镇与整个县域），对山、水、田、林、路、能（源）、村、镇进行统筹安排。村镇建设一定要在规划的统一指导下进行，以避免盲目性，增强科学性，逐步地把全国村镇建设成为与四个现代化相适应的社会主义的新村镇。党中央、国务院对此十分重视，特别强调要搞好规划，要在 1985 年年底以前，分期分批地完成全国村镇的规划编制任务。

第一节　村镇规划的基本内容与原则

根据《村镇规划原则》规定，村镇规划工作分为村镇总体规划和村镇建设规划两个阶段。村镇总体规划不是就一个村庄和一个集镇来说的，而是把一个乡社范围内所有村庄和集镇作为一个有机整体，通盘考虑其地理分布、人口规模、发展方向和相互之间的联系问题，使村庄和集镇在总体上得到合理布局。村镇建设规划是在村镇总体规划指导下，对一个村庄或集镇进行具体规划。它的基本内容是：根据当地自然条件、经济状况和生产生活发展的要求，权衡需要与可能。对村镇的经济、社会、人口等发展规模，生产、生活、环境等功能布局以及村镇中的住宅、公共建筑、生产建设、道路绿化、给水排水、电力电讯等各项建设进行统一部署和周密安排；做到合理布局，节约用地，协调发展，配套建设，有利生产，方便生活。从而达到科学地、有计划地进行村镇建设的目的。具体来说，编制每个村庄、每个集镇的规划，都必须具备“两图一书”。即“现状图”——通过测量和调查，把村镇现有的地形、地物，如实地通过一定表示方法绘制而成现状图；“规划图”——通过对所规划地区的自然的、经济的、历史的、现状的、发展的等各种资料进行综合分析绘制而成。最后将“规划图”编写出相应的详细说明书。编好一个规划，涉及方面很多，要善于抓住重点，解决实际问题。实践证明，凡是编得比较好的规划，都在以下几方面解决得较好。

（一）编制村镇规划需要因地制宜，从实际情况出发。

中国幅员广大，民族众多，各地的自然条件、经济水平、文化状况和风俗习惯等各不相同，千差万别。由于山区、丘陵、平原、草地、高原、水乡和城郊等各个地区的不同，无论在村镇的分布、规模和结构上，还是在建筑的功能、形式和风格上，以及在生态环境条件上，都有各自的特点。因此，旧村镇的改造和新村镇的建设，在编制村镇规划中，决不能一个要求、一个模式，而应当从实际出发，因地制宜，特别注意各地的自然条件的差异性和地区发展的不均衡性，以利有效地指导建设。

在中国960多万平方公里国土上，不仅地形复杂（见表14），而且气候多异，资源和人口分布也很不均衡。由于这些条件的差异，反映在各地的村镇规划建设上必然有所不同。一般来说，北方和平原地区的村庄规模较大，分布较稀；南方和山区的村庄规模较小；水网地带则分布较密，丘陵山区则分布较稀。北方干燥、寒冷、风沙大，民居宅院多采用封闭型，注重朝向避风，墙体屋面比较厚实。南方潮湿、炎热、雨量多，宅院常采用开敞型，讲究通风、遮阳，进深大，净空高，墙体较薄。丘陵山区宅院多依山就势，形态富于变化。黄土高原多为窑洞建筑。

中国土地资源分析表

表 14

类别		亿亩	百分比
耕地		14.9	10.4
其中	水田	3.8	
	水浇地	3.3	
	旱田	7.8	
桑茶果胶用地		0.5	0.3
有林地		18.3	12.7
疏林地及灌木林地		6.8	4.7
天然草坡		42.9（53.4）	29.8（37.1）
草山草坡		12.9	9.0
流动沙丘与戈壁		15.2	10.6
冰川与永久积雪		0.7	0.5
内陆水面		4.0	2.8
沿海滩涂		0.2	0.1
城镇与工矿用地		10.0	6.9
其他		17.6（7.1）	12.2（4.9）
合计		144.0	100

注：根据全国农业自然资源和区划展览资料汇编摘编。

据江苏省对8个县进行的村庄分布典型调查，每平方公里有2.5个村庄，其中500人以下的村庄占60%以上。（见表15）也有四五千人的大村庄和万人以上的大集镇，但为数极少。

江苏省乡村居民点规模情况

表 15

县名	地理位置	地形	每平方公里村庄数（个）	每村平均人口（个）
武进	长江南	平原	4.71	149
江阴	长江南	平原	4.13	224
江宁	长江南	丘陵	1.75	241
泰兴	长江北	平原	1.69	531
高邮	长江北	平原	3.03	128
靖江	长江北	平原	3.31	246
沛县	淮河北	平原	1.15	522
赣榆	淮河北	山丘	0.68	843

注：根据南京师范学院地理系金其铭文章摘编。

河北石家庄地区赵县、正宽、新乐、藁城、束鹿等几个平原县，村庄分布密度为每平方公里 0.3 到 0.4 个村。保定地区定县平均每平方公里 0.39 个村，每村的平均人数为 1826 人。千人以下的村庄只占 32.31%，最大的两个村庄都在 8000 人以上（见表 16）。

河北省定县不同年代各种不同规模村庄变动情况

表 16

		1000 人以下		1001—2000 人		2001—3000 人		3001—4000 人		4001—5000 人		5001—8000 人		8000 人以上	
年份	总村数	村数	%	村数	%	村数	%	村数	%	村数	%	村数	%	村数	%
1930	453	309	68.21	117	25.83	20	4.42	5	1.1	1	0.22	1	0.22	0	0
1972	469	172	36.67	165	35.18	93	19.83	30	6.4	5	1.07	4	0.85	0	0
1981	486	157	32.31	170	34.98	98	20.16	42	8.64	9	1.85	8	1.64	2	0.41

注：根据河北大学哲学系金榜文章摘编。

地处吕梁山脉黄土高原的蒲县，地广人稀，梁峁展布，沟壑纵横，道路崎岖，村庄小而分散，"对面能相见，会面走半天"，来往很不方便。在全县 1508 平方公里的范围里分布着 1207 个村庄，平均每平方公里 0.8 个村，其中在 10 户以下的山庄窝铺即有 550 多个，占村庄总数的 45.6%。草原上的牧民，定居点更是稀少，一般都是根据水草载畜量和畜群卫生的需要，确定乌素组（即定居点）的布局往往是一户一点，两三户成组，各组之间相距数十里。

中国是一个多民族的国家。全国有 55 个少数民族，绝大多数聚居在 5 个自治区，31 个自治州，75 个自治县（旗）。主要分布在山区、牧区和半牧区。在漫长的历史发展过程中，各民族都形成了各自的风俗习惯和生活方式。在建筑方面也表现了各自的不同特点。

这些自然条件和民族特点，在村镇规划中是要作为重要因素和经济依据给以考虑的。

（二）编制村镇规划要考虑经济发展水平，力求切实可行。

全国各地的经济状况不仅在各省、自治区、直辖市之间发展不平衡，而且在同一省区之内的县、市之间也有很大差别。有的地区已达到或者超过小康水平，有的地区则温饱问题尚未完全解决。据国家统计局统计，1983年全国工农业总产值人均为887元，上海、天津、北京、辽宁、江苏、黑龙江、吉林、浙江、湖北9个省、市高于全国平均水平；最高的是上海，为6058元；有20个省和自治区达不到全国平均水平；最低的是西藏和贵州，分别为366元和395元。高低相差16.6倍。在全国2068个县中，工农业总产值超过5亿元的县有133个，占6.4%，低于1亿元的县有791个，占38.2%；其中超过10亿元的县有25个，不到1000万元的县有21个，高低悬殊竟达100倍以上。（见表17）

各地农业经济的发展也是不平衡的。据农业部门对26个省、自治区、直辖市（缺湖北、新疆、内蒙古）190个县的统计资料计算，以1978年为基数，从1979年到1982年的3年间，有93个县的农业收入翻了一番以上，占所统计县数的4.9%。如果加上家庭副业收入，发展情况更为可观，一些过去历来贫困的地区，这三年中也都发生了巨大变化。鲁西北的菏泽、聊城、德州、惠民4个地区43个县的农业总收入，1981年达到43.9亿元，比1978年增长104%。苏北一带这几年中粮食生产有很大发展。到1983年，粮食总产量猛增到381亿斤，比1978年翻了一番多，占江苏全省粮食总产量的63%，人均占有粮食1352斤，超过苏南647斤。一些富裕的地区更加富裕，如江苏的无锡、江阴、常熟，工农业总产值5年翻了一番多，到1984年都已超过20亿元。大城市的郊县，在经济水平上一般都比远离城市的县要高一些，但不同的大城市郊县之间，以及同一大城市郊县之间，经济发展也不平衡。上海市10个郊县，1983年工农业总产值138.25亿元，人均工农业产值2300元。成都市15个郊县，1983年工农业总产值41.19亿元，人均工农业产值570元。两市相差4倍多。据调查分析，上海市的郊区可分为4个经济圈：以市中心为圆点，在以10公里为半径的浦东、浦西两地的19个乡为第一圈，其乡镇工业和经济作物比较发达，1981年人均收入浦西为377元，浦东为319元；以20公里为半径的35个乡为第二圈，其乡镇工业和经济作物仍较发达，但不均衡，人均收入

1982 年全国乡县工农业总产值按产值大小分组个数

表 17　　单位：个

地　区	县　数	10 亿元以上的	10—5 亿元	5—1 亿元	1—0.5 亿元	0.5—0.1 亿元	0.1 亿元
全国总计	2068	25	108	1144	444	326	21
北　京	9		5	4			
天　津	5			5			
河　北	139			93	44	2	1
山　西	101			39	34	28	
内蒙古	79			25	28	25	
辽　宁	45		9	35	1		
吉　林	37		2	32	3		
黑龙江	70		1	53	12	4	
上　海	10	8	2				
江　苏	64	11	25	28			
浙　江	63	1	12	43	7		
安　徽	70			61	7	2	
福　建	60			43	14	3	
江　西	81		1	56	21	3	
山　东	104		22	79	3		
河　南	112		1	100	10	1	
湖　北	73		6	56	10	1	
湖　南	88	1	7	62	16	2	
广　东	97	4	7	65	14	7	
广　西	80		1	43	25	11	
四　川	182		5	106	24	43	4
贵　州	76		1	22	28	25	
云　南	123			26	61	32	4
陕　西	91		1	35	23	33	
甘　肃	73			12	22	36	2
青　海	40			2	9	25	4
宁　夏	16			4	6	5	1
新　疆	80			15	22	38	5

浦西为 326 元，浦东为 292 元；以 35 公里为半径的 68 个乡为第三圈，这里主要从事种植业和养殖业生产，人均收入浦西为 248 元，浦东为 252 元；35 公里以外的 54 个乡为第四圈，这里主要从事粮棉渔生产，人均收入浦西浦东都比上一圈低 20 元左右（见表 18）。从这里可以看出，

距离市中心越远，经济收入也越低。

上海市郊县距离远近与人均收入多少的对比

表18

乡　名	距市中心 距离（公里）	人均收入 （元/人）
龙　华	5.2	400
虹　桥	8.0	429
江　湾	8.0	364
五角场	10.0	438
六　场	10.0	374
七　一	12.0	346
浙　南	13.6	375
九　亭	17.2	284
罗　南	20.4	302
五里塘	29.6	270
余　山	30.0	252
大　港	37.6	250
新　五	42.0	235
六　里	6.0	371
北　蔡	10.0	346
坦　直	23.6	242
六　灶	26.0	259
三　灶	29.6	226
四　困	39.2	249
万　祥	44.4	240
平　安	44.8	241
彭　镇	47.2	236

注：根据《经济地理》1982年第3期华熙成文章摘编。

经济水平不同，对村镇建设的要求也就不同。各个地区、各个村镇的建设规划，多数都注意了从当地现实情况出发，充分考虑将来经济、社会发展的可能性，避免不顾条件，盲目追求高标准，或者千篇一律，无区别地追求一般城市的模式等片面性，以搞好村镇规划与建设来适应和促进经济、社会的发展。

（三）编制村镇规划要处理好局部与整体的关系。

编制村镇规划的根本目的，在于认识、利用、改造一定区域的客观世界，把人们建设社会主义新村镇的理想付诸实施。村镇规划涉及的方面很广，影响的因素也很多，每个村镇与邻村邻镇以及高一级的行政中心都有着密切的联系。它的布局与发展，需要考虑到一定区域的整体性。县、乡（镇）、村，在经济、文化、社会和地域分布上，都是互相联系、密切相关的。全面规划就要有县域规划，乡（镇）总体规划和村镇建设规划。在搞好县域规划或县农业区划的基础上，进一步编制乡（镇）总体规划，然后再编制村镇建设规划，逐步深入，才能不失大局。

但是全国只有少数县（旗）编制了县域规划，多数县（旗）仅仅开展了农业区划。据 1983 年统计，有 1143 个县完成了农业区划。但多数只是农业方面的规划，没有把山、水、林、田、路、村、镇统一起来考虑，还不能起到县域规划的作用。一些搞得比较好的地方，结合农业区划解决了村镇布点和发展规模问题。江苏省武进县和湖北省京山县，就是在开展县的农业区划的同时，进行了村镇土地使用情况的调查，并根据农业生产和多种经营的发展设想，做了“一点两线”和“几个面”的规划，调整了主要村镇的布局。“一点”即居民点；“两线”即交通运输线和河道线；“几个面”就是工副业生产基地的布局和商业、文教、卫生等重要设施的配置及电力、电讯线路的走向等等。武进县经过规划，将全县原有 8128 个自然村，采取“联、靠、改、留”等办法，调整为 5615 个村。据该县前黄、三井、坊前、牛塘、剑湖、邑墅 6 个乡的规划分析，建房不但可以做到不减少耕地面积，还可以腾出 660 亩老宅基地用于还耕。京山县全县原有自然村 9462 个，占地 11.3 万多亩；集镇 54 个，占地 5.7 万亩。经过规划，全县的村庄合并为 4285 个，占地 6.5 万多亩，减少用地 4.8 万亩；集镇因为有较大发展，规划用地为 6.4 万亩，增加用地 0.7 万亩，增减相抵，全县尚能腾出耕地约 4 万亩（见图 112）。

在没有县域规划或农业区划一时还不能为村镇规划提供足够的科学依

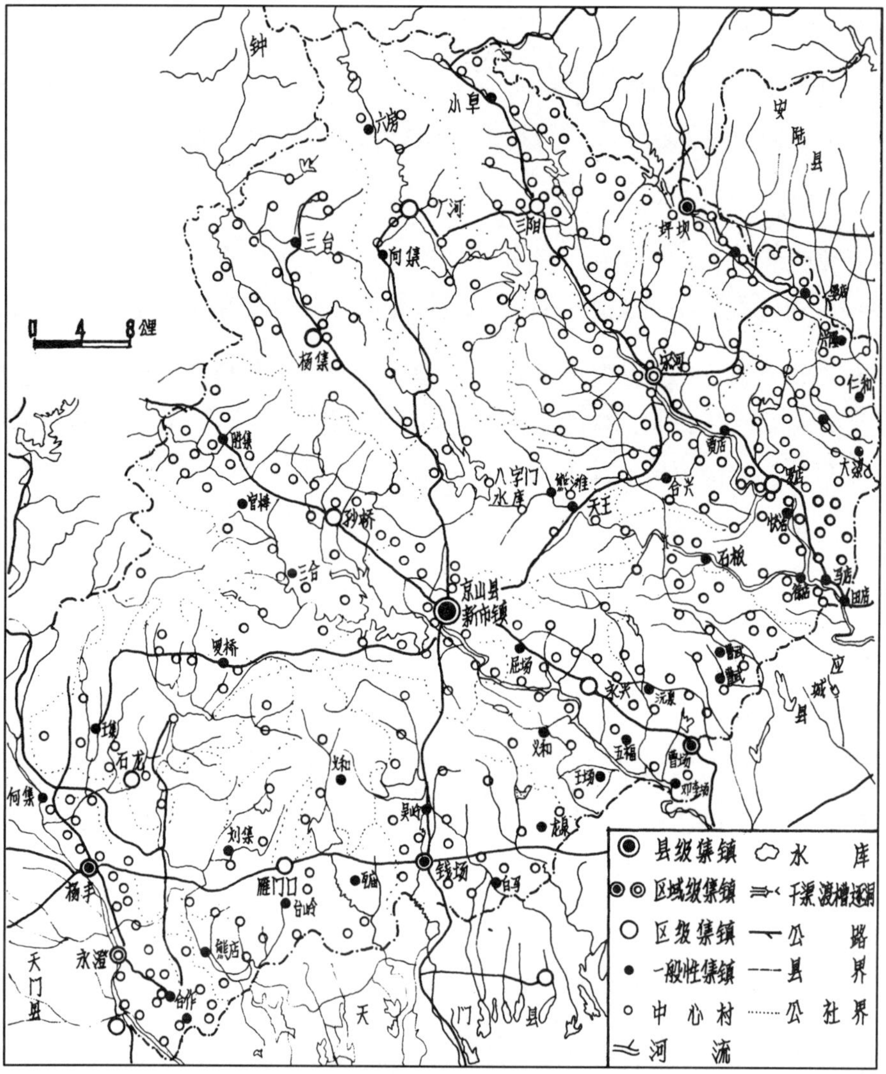

图 112　京山县村镇分布规划图

据的情况下，有些地方积极采取措施寻找依据，以适应编制村镇规划的需要。其中，有的由乡（镇）政府组织农业、水利、文教、财贸、卫生方面的有关人员及建设助理员①，向县级各主管部门了解各个行业的发展设想，结合本乡本镇的具体情况，提出初步规划方案，然后再组织有关方面进行讨论、修改。这种办法虽不甚理想，但比较现实可行。

① 乡、镇设置村镇建设助理员，主要负责乡、镇地区的村镇规划建设和管理工作。

第二节　编制村镇规划要控制和节约耕地

中国人口多，耕地少。全国人均耕地只有1.5亩，约占世界人均耕地5.5亩的30%。据统计，从1957年到1980年，全国共减少耕地5亿亩，除去开荒增加的3.2亿亩，净减1.8亿亩，相当于西北陕西、甘肃、宁夏、青海、新疆5个省、自治区共有的耕地面积（1.81亿亩），而中国可开垦的土地潜力也不大。

随着人口的增长、建设的发展，人多地少的矛盾会越来越尖锐。所以珍惜和合理利用每一寸土地，是中国的一项基本国策。1982年以前，由于规划工作没有普遍开展，加上乡村建房来势很猛，许多地方出现了滥占耕地的严重失控现象。不少农民任意扩大宅基地，侵占耕地。有的占地多达一两亩，公开说："要想富，村头住，圈大院，喂肥猪。"乡镇企业圈地更无限制，有的办个小厂，竟占地一两百亩，还说："集体地，集体用，咋占咋有理。"有些县、乡干部利用职权，侵占国家资财，抢占集体耕地，垒高墙，围大院，以致建房滥占耕地之风一度盛行。据调查，上海市郊区县从1978年到1980年，乡村建房占用耕地2.3万亩，平均每年占地近8000亩。广西壮族自治区1980年到1982年上半年，乡村建房占用耕地5.3万亩，平均每年占地2.1万多亩。仅在1980年一年中，浙江省乡村建房就占用耕地8万亩；广东省占用5.6万亩，其中汕头地区就占用了3.2万亩。1981年，山东省乡村建房占用耕地竟高达14.6万亩。这种滥占耕地的情况，如果不加控制，任其发展下去就会招致严重后果。

实践证明，有规划地进行村镇建设，能够做到有效地控制建设用地。在长江以北地区，经过规划，村庄可减少用地10%—15%，集镇可减少用地4%—9%；在长江以南地区，村庄可减少用地2%—8%，而集镇则要增加用地2%—4%。辽宁省大洼县原有434个村镇，占地总面积为16.24万亩。经过规划，节省耕地2.6万亩，占村镇用地总面积的16%。辽宁省复县永宁乡，规划前，17个自然屯，每户平均占地2.2亩。规划后并成54

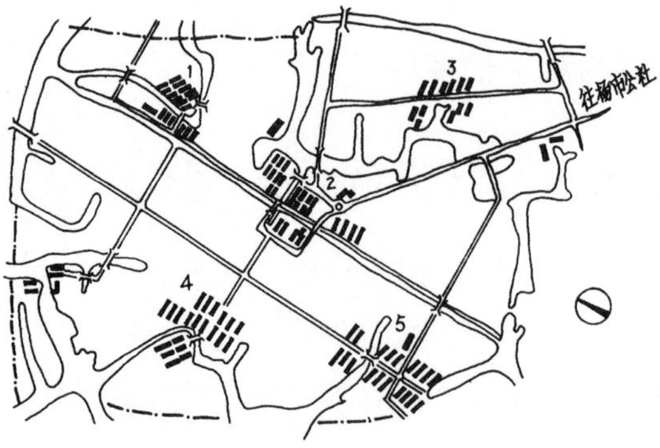

1. 左舍里新村　2. 保健新村　3. 邵巷新村
4. 开元庄新村　5. 修浦新村

图 113　保健大队新村规划图

个村屯，每户平均占地 0.51 亩，与原来占地面积相比，节约 76.8%。吉林省永吉县原有 2590 个自然屯，经规划合并为 1863 个新村，可扩大耕地 2 万多亩。山东省潍坊市，经过规划节约土地 20 多万亩；枣庄市节约 17.88 万亩；济宁市节约 12.6 万亩。上海市松江县经过规划，将原有 4854 个自然村，迁并为 2911 个村庄，比原自然村减少用地 7405 亩。

经过规划不仅节约用地效果显著，而且能够更好地改善生活环境，改变村镇面貌。无锡县杨市乡保健大队（见图 113）有 771 户人家，2959 人，19 个自然村，比较分散，各个自然村内建筑稀稀拉拉，杂乱无章，土地利用率很低。为了满足群众建房要求和农业发展的需要，1976 年，这个大队根据地形、地貌、耕地分布和人口状况开始进行新村规划。他们选定几个较大的地点适中的自然村为基地，规划成 5 个呈梅花形的新村。新村全部建为楼房，居住面积由原来平均每人 21 平方米提高到 25 平方米。他们还建了电镀厂、皮塑厂、钮扣厂、水泥制品厂和小学、办公楼、文化综合楼等生产和公共建筑，共节约了 100 余亩土地。西安市郊区红旗乡五星大队，经过规划，腾出耕地 233 亩，为原有耕地的 60%，而且可以做到 20 年内增人增房不增宅基地。

第三节　采取措施，促进村镇规划迅速开展

1979 年第一次全国农房建设工作会议上就提出了编制村镇规划的要求，到 1982 年全国各地已经普遍展开了这一工作。据不完全统计，1984 年，全国完成集镇规划 20463 个，占集镇总数的 42.21%；完成村庄规划

858436 个，占村庄总数的 22.08%。全国累计完成集镇规划 28100 个，占集镇总数的 57.16%；累计完成村庄规划 1599593 个，占村庄总数的 50.88%（见表 19）。在短短的三年内编制完成了上百万个村镇规划，成绩是十分显著的。编制规划工作的进展之所以这么快，主要是形势需要，领导重视，措施得力。

（一）制定编制村镇规划的制度和办法。

1979 年以来，从上到下制定了一套切实可行的编制和实施规划的制度和办法，使各地主管村镇建设的部门和规划设计人员，在编制村镇规划时有所遵循。中国建筑科学研究院农村建筑研究所草拟的《村镇规划原则》，经第二次全国农房建设工作会议讨论修订，于 1982 年 1 月 14 日由国家基本建设委员会和国家农业委员会颁发各地试行。这个规划原则，是在总结过去的经验教训的基础上，根据当时村镇建设情况加以制定的。特别是根据村镇建设的实际情况，把村镇规划分为总体规划和建设规划两个阶段，以便使每一个村庄和集镇的规划能够与整个乡（镇）的全面发展有机结合起来。考虑到当时许多条件还不具备，编制村镇规划可以先粗后细。首先解决合理布局，控制用地，安排近期建设项目等问题，然后再进行深入细致的工作，逐步把规划完善起来。

在村镇规划的审批程序方面，1982 年 2 月 13 日国务院颁发的《村镇建房用地管理条例》作了具体规定，明确村庄规划由生产大队（村民委员会）制定，集镇规划由公社（乡）制定，经社员代表大会或社员大会讨论通过后，分别报公社管理委员会（乡政府）或县级人民政府批准。批准后的规划，任何单位和个人都不得擅自改变。如需修改，应报原批准机关批准。

（二）运用多种方法组织编制村镇规划。

为了编好村镇规划，各地采取了许多有力措施。如甘肃省民乐县在县委领导下，由县委书记兼任队长，县政府有关委、局的主要领导任副队长，

全国村镇规划完成情况表

表 19

项目 / 地区	1984 年完成				截至 1984 年累计完成			
	集镇数（个）	村庄数（个）	集镇完成比率（%）	村庄完成比率（%）	集镇数（个）	村庄数（个）	集镇完成比率（%）	村庄完成比率（%）
总　计	20, 463	858, 436	42. 21	22. 08	28, 100	1, 599, 539	57. 16	50. 88
1 北京市	199	3, 012	81. 00	79. 00	200	3, 163	82. 00	83. 00
2 天津市	155	2, 143	71. 00	58. 00	218	3, 657	100. 00	100. 00
3 河北省	2, 574	37, 773	93. 00	74. 00	2, 880	39, 048	100. 00	82. 00
4 山西省	476	15, 281	42. 92	26. 13	597	19, 953	53. 83	34. 12
5 内蒙古自治区	434	6, 705	32. 00	14. 00	572	10, 721	43. 00	23. 00
6 辽宁省	438	19, 594	36. 71	35. 58	946	45, 495	79. 30	82. 61
7 吉林省	547	1, 295	69. 00	3. 00	621	37, 949	79. 00	92. 00
8 黑龙江省	264	9, 805	28. 00	30. 00	601	12, 868	63. 00	40. 00
9 上海市	75	11, 223	44. 91	24. 69	167	45, 462	100. 00	100. 00
10 江苏省	784	15, 808	43. 90	44. 10	1, 593	30, 721	89. 00	85. 70
11 浙江省	1, 839	81, 095	56. 00	61. 00	2, 629	115, 281	80. 00	87. 00
12 安徽省	1, 522	28, 339	43. 50	7. 50	2, 300	73, 501	65. 70	19. 30
13 福建省	364	41, 804	41. 20	39. 40	453	50, 418	51. 20	47. 50
14 江西省	509	33, 102	25. 90	16. 60	563	36, 382	28. 60	18. 30
15 山东省	1, 225	39, 509	37. 26	37. 30	2, 103	80, 736	62. 40	76. 20
16 河南省	755	74, 604	33. 90	26. 20	868	113, 402	39. 00	39. 80
17 湖北省	1, 795	146, 831	58. 00	58. 00	2, 558	220, 478	81. 00	85. 00
18 湖南省	1, 367	55, 327	51. 20	10. 80	1, 489	55, 603	55. 15	10. 90
19 广东省	1, 288	11, 979	60. 75	58. 49	1, 621	12, 950	75. 80	63. 80

续表

项目 / 地区	1984年完成				截至1984年累计完成			
	集镇数（个）	村庄数（个）	集镇完成比率（%）	村庄完成比率（%）	集镇数（个）	村庄数（个）	集镇完成比率（%）	村庄完成比率（%）
20 广西壮族自治区	470	21,777	30.70	12.50	578	62,777	37.80	36.00
21 四川省	1,919	130,000	33.00	22.00	2,279	430,000	39.00	73.00
22 贵州省	178	237			413	413		
23 云南省	325	4,290	27.00	14.00	356	4,886	30.00	16.00
24 西藏自治区								
25 陕西省	291	48,473	25.60	43.50	689	69,312	60.70	62.00
26 甘肃省	466	11,805	54.00	13.00	509	16,895	59.00	18.00
27 青海省	123	1,064	31.00	32.00	135	1,143	34.00	35.00
28 宁夏回族自治区	34	5,254	26.00	29.00	35	5,322	27.00	29.60
29 新疆维吾尔自治区	47	307	7.20	26.60	127	1,416	17.80	27.70

注：根据全国村镇建设统计年报摘编。

从县级各单位抽调有一定技术专长的干部 18 人，加上一部分经过培训的初级规划人员，共同组成 40 多人的规划队。他们把山、水、田、林、路、村、镇的综合规划同农业区划、村镇规划统一考虑，分阶段地连续进行村镇规划工作。

山西太谷县也组织了规划队。他们在完成本县初步规划的基础上，还支援了省内其他县进行村镇规划。安徽省利辛县从 1983 年下半年开始进行村镇规划，一方面大量培训规划人员，一方面抽调有关部门的人员组成工作组，下乡指导规划工作的进行。到 1984 年上半年，全县投入规划工作达 2.5 万多人；全县完成了 58 个乡的总体规划以及 57 个集镇和 598 个行政村、4339 个自然村的建设规划。湖北襄阳县于 1984 年 3 月成立了 9 人组成的村镇规划领导小组，副县长任组长，下设 8 人的办公室，在全县全面展开村镇规划工作。他们采取培训和招聘相结合的办法，很快建立了 2000 多人的专群结合的规划队伍。他们实行按任务、质量、时间、定额承包的责任制，根据任务完成的好坏进行奖惩；编制规划的经费采取地方拨款与区、镇集资相结合的办法，共筹款 15 万多元；经过半年的努力，他们就完成了全县 16 区、88 个乡的总体规划和 49 个集镇、622 个中心村、3161 个基层村的初步建设规划。河北正定县，从 1983 年开始，组织了一支 150 余人的专业规划队，由主管县长亲自指挥。规划队实行定员定额管理办法，规定一个班 4 个人，每天测绘 50 户，超额有奖，完不成定额受罚；对村庄规划实行收费，规定每 100 户收 80 元。这样做的结果，既调动了县、乡、村干部和群众的积极性，又解决了规划工作经费不足的问题，从而加快了村镇规划的编制步伐。

第四节　提高村镇规划的质量和水平

村镇规划是指导村镇建设的蓝图和依据。规划质量的好坏，水平的高低，直接影响着新村镇建设的面貌和效益。特别在技术力量缺乏、经验不足的情况下，调动社会各方面力量，广泛组织规划竞赛及其验收等群众性活动，对于总结经验，推动村镇规划工作的进一步开展，提高编制规划的技术水平，起了积极的促进作用。

（一）适时开展规划验收活动。

1984 年年初，城乡建设环境保护部在开展村镇规划竞赛之后，又在全国开展了一次以检查质量为中心内容的村镇规划验收活动。各省、自治区、直辖市对这次验收活动很重视，制定了质量验收标准和验收办法。这项活动搞得比较好，进展比较快，并作了验收总结的有：天津、山西、辽宁、吉林、上海、江苏、浙江、江西、山东、河南、湖北、贵州、宁夏、重庆、沈阳 15 个省、市、自治区、直辖市。天津市城乡建设委员会和农业委员会于 1984 年 9 月上旬在塘沽区召开了全市村镇规划质量检查现场会。该会对编制完成的 3109 个村镇规划抽出 2180 个进行了检查。他们规定的检查标准有四条：一是能够控制建设用地；二是布局科学合理；三是能够指导近期建设；四是技术文件齐全。检查的方法，主要是村自检，乡互检，区、县抽检，而后由区、县统一验收。根据统一标准，在经过检查验收的 2180 个村镇规划中，合格的有 1940 个，占 89%。不合格的有 240 个，占 11%。不合格规划的主要问题是，有的近期建设占用耕地较多，有的脱离实际，大量拆房，难以实现。对于不合格的规划，他们决定组织力量进行调整修改。沈阳市于 1984 年 7 月下旬，组织了由县的规划技术人员和市规划设计院工程师参加的村镇规划质量检查组。全市有 100 个集镇，1264 个中心村，959 个基层村，到验收时都已编完了规划。他们从中抽检了 28 个集镇，占集镇总数的 28%；89 个中心村，占中心村总数的 7%；37 个基层村，占基层村总数的 3.8%。检查的结果，按优、良、可、劣 4 等划分。其中，属于优的，集镇占 18%，中心村占 22.3%，基层村占 19.9%；属于劣的，集镇占 2%，中心村占 1.3%，基层村占 3.9%（见表 20）。这项活动，对于提高村镇规划的质量，促进全国村镇规划工作的深入开展，起到了有力的推动作用。

沈阳市村镇规划质量检查验收分类表

表 20

村镇类别及数量 / 县（区）	集镇									中心村									基层村								
	总数	优		良		可		劣		总数	优		良		可		劣		总数	优		良		可		劣	
		数量	%	数量	%	数量	%	数量	%		数量	%	数量	%	数量	%	数量	%		数量	%	数量	%	数量	%	数量	%
新民县	24	7	29.2	15	62.5	2	8.3			363	90	24.8	220	60.6	53	14.6			404	99	24.5	305	75.5				
辽中县	19	4	21.1	9	47.4	4	21.1	2	10.5	173	43	24.9	76	43.9	43	24.9	11	6.4	350	50	14.3	188	53.7	75	21.4	37	10.0
苏家屯区	14	6	42.9	8	57.1					183	100	54.6	83	45.4					101	42	41.6	59	58.4				
东陵区	15			9	60	6	40			196			94	48	96	49	6	3.1	70			17	24.3	53	75.7		
于洪区	16	1	6.3	15	93.7					163	30	18.4	103	63.2	30	18.4											
新城子区	12			3	25	9	75			186	19	10.2			167	89.8			34					34	100		
总计	100	18	18	59	59	21	21	2	2	1264	282	22.3	576	45.5	389	30.8	17	1.3	959	191	19.9	569	59.3	162	16.9	37	3.9

注：根据沈阳市村镇建设办公室 1984 年 8 月关于村镇规划质量检查验收工作报告摘编。

（二）普遍开展村镇规划竞赛评比活动。

1983 年上半年，城乡建设环境保护部在全国范围内开展了一次自下而上的村镇规划竞赛活动。在各地逐级评议的基础上，于 1984 年 2 月在云南省昆明市召开了全国村镇规划竞赛表彰大会。经过会议充分讨论，广泛评议，有 14 个方案获得优秀奖，54 个方案获得佳作奖，11 个方案获得纪念奖。

这次全国村镇规划竞赛活动，得到了各级政府和乡村建设部门，以及大专院校等有关方面的热情支持，取得了显著的成效。竞赛活动的规模之大，范围之广，成果之多，都是前所未有的。仅据 25 个省、自治区、直辖市的不完全统计，直接投入竞赛评议活动的近 4 万人。从地、县评选出来进入省一级的竞赛方案就有 1028 个。经过各省、自治区、直辖市认真评议，反复比较，好中选优，参加全国竞赛的共有 79 个方案。其中，集镇规划 55 个，占 70%；村庄规划 24 个，占 30%。

这次评选出来好的方案，归纳起来主要有五个特点：一是认真执行了因地制宜的原则，继承和发扬了地方特色和传统风格；二是较好地贯彻了合理布局、节约耕地的方针，提高了土地利用率；三是体现了勤俭建设的精神，注意了原有设施的利用；四是加强了科学预测，进行了可行性研究；五是体现了两个文明一起抓的精神，考虑了环境设计。但是，在村镇规划之中也还有许多不足之处。这主要是由于条件所限，规划的依据还不够充分，特别是对乡村的分工分业和商品经济的发展给集镇建设带来的影响考虑不周，编制规划的水平也还不高。

（三）对不同地区实行分类指导。

为了使一些起步较晚、进展较慢地方的规划编制工作加快步伐，争取在 1985 年内完成全国村镇规划的编制任务，城乡建设环境保护部于 1984 年 3 月在甘肃兰州市召开了 12 个省、自治区村镇规划工作座谈会。会议强调编制规划要根据不同地区、不同类型的村镇，实行分类指导，区别对待。一些十分分散、规模很小的基层村，其规划内容和深度，可比中心村简化一些，不必都搞“两图一书”。四川省人口多，山区多，五六户的小村庄就有30多万个。他们对于这些小村庄，采取一张现状图、一张登记表，先把情况调查清楚，把建设用地控制起来，使建房有个统一安排，能够防止乱占耕地，不到半年时间就完成了一半任务。四川省的这个经验，较好地解决了小而分散的村庄规划控制问题，很快得到推广，进一步加快了规划工作的步伐。

第五节　村镇规划实例

在全国村镇规划竞赛的推动下，许多地方认真总结经验，努力探索、创造，做出了不少好的规划方案。这对如何搞好村镇建设，起了样板作用。下面简要介绍一些具有代表性的规划方案实例。

一、天津蓟县交通要道官庄镇规划

该方案在全国村镇规划竞赛评比中获得优良奖。官庄镇位于蓟县西北的盘山脚下2公里处，是官庄乡政府所在地。全乡为半山区，有34个行政村，总面积为15000公顷，总人口为25900人。官庄镇居全乡中心，镇内人口1724人，占地29.33公顷。这个地区物产丰富，盛产红果、核桃、板栗、白梨等干鲜果品，尤以“盘山柿子”扬名天下，花岗岩石器远销国外。该镇还是天津市的砂石建筑材料基地之一，有专用铁路线经过镇南（见图114）。1978年以来经济发展较快，1982年人均收入已达450元。过去官庄镇建设中存在的主要问题是：（1）布局不合理，沿蓟县盘山公路两侧布置住宅和公共建筑，医院毗邻粮库；（2）交通混乱，道路分工不明，各种车辆人流混杂，农贸集市占据公路和干道；（3）土地浪费，公共建筑和住宅基地过大，全镇人均占地170平方米；（4）生活不便，缺少文娱、商业服务设施，已有的商业网点离居民区较远，还需跨越公路；（5）无排水设施，很不卫生。

针对上述存在的问题和发展需要，新规划的基本设想是，分近期（一九九〇年）和远期（2000年）两个阶段，逐步将官庄镇建设成为全乡的

图 114　官庄镇现状图

政治、经济、科技中心，农、工、副全面发展，并作为盘山旅游区的后方基地。到 1990 年人口规模达到 1860 人，到 2000 年达到 2400 人。在现有基础上，合理调整布局，镇中心区建影剧院、文化站、商业服务楼、办公楼等公共建筑。镇东面设农贸市场，沿公路北侧集中布置工副业和仓储建筑，改变过境交通穿越居住区的状况。镇内主要干道采用尽端式，入口处设停车场，次要道路环行联通，巷道自由布置（见图 115）。加强环境保护，重点搞好四旁绿化，增辟小绿地。注意保留原有质量较好的传统建筑，新建住宅选型多样，使用地方材料，配套采用自来水、太阳灶和沼气池，保持富有乡土情趣的集镇风貌（见图 116）。

二、上海水乡娄塘镇规划

娄塘镇在嘉定县城以北 7 公里处，已有 650 多年历史，位于全乡中心，是乡政府所在地。镇依娄塘、横沥两条纵横交叉的河道而建，有 3 条公路环镇而过，水陆交通方便。镇上有大小店铺 130 多家，历来商业贸易繁荣，舟帆往来，具有江南水乡特色。全乡有 16 个大队，147 个生产队，25600 多人。乡主要种植粮食、棉花、油菜、大蒜，工副业比较发达。1982 年农、副、工总产值为 2836 万元，其中工、副业占 76.6%，从事农业生产的社员人均分配 358 元。镇内总人口 8874 人（包括居民 2239 人，农民 3335 人，亦工亦农 2320 人，市、县企业职工 980 人），占地 61 公顷。这个镇是个中心集镇。然而，镇上街道弯曲狭窄，市政设施简陋，泄水阻塞，污水淤积，民房和铺面密集，布局很不合理。规划的指导思想是，把该镇作为嘉定县北部地区的中心集镇，重点发展商业、贸易、文化、教育和医疗卫生事业，充分利用老镇，适当发展新区，因地制宜，合理调整，逐步改造。街道以步行街为主；居民与生产性建筑分区布置；利用河弯、桥头、边角地开辟绿化地带，注意保持水乡特色；镇内设立文化中心、医院、邮局，规划用地 1033.2 亩，人口规模设想到 2000 年达到 15000 人。

三、浙江瓯海县山乡郭溪镇规划

郭溪镇东距温州市 11 公里，依山傍水，由郭溪、上屿、下屿 3 个居民点组成。北有温巨路过镜，南有温巨河通航，水陆交通方便，为全乡政治、经济、文化中心及城乡物资集散地。该镇有较长的历史，人口 1416 人，占地 9.13 公顷（见图 117）。规划的指导思想是，以现有 3 个居民点为基础，结合地形，采取适当集中与分散相结合的布局方式。新规划以郭溪镇为中心，依山集中布置办公楼、影剧院、医院、供销社和商业网点等公共建筑。上屿、下屿主要为居住区。工业用地安排在公路以北地段。集

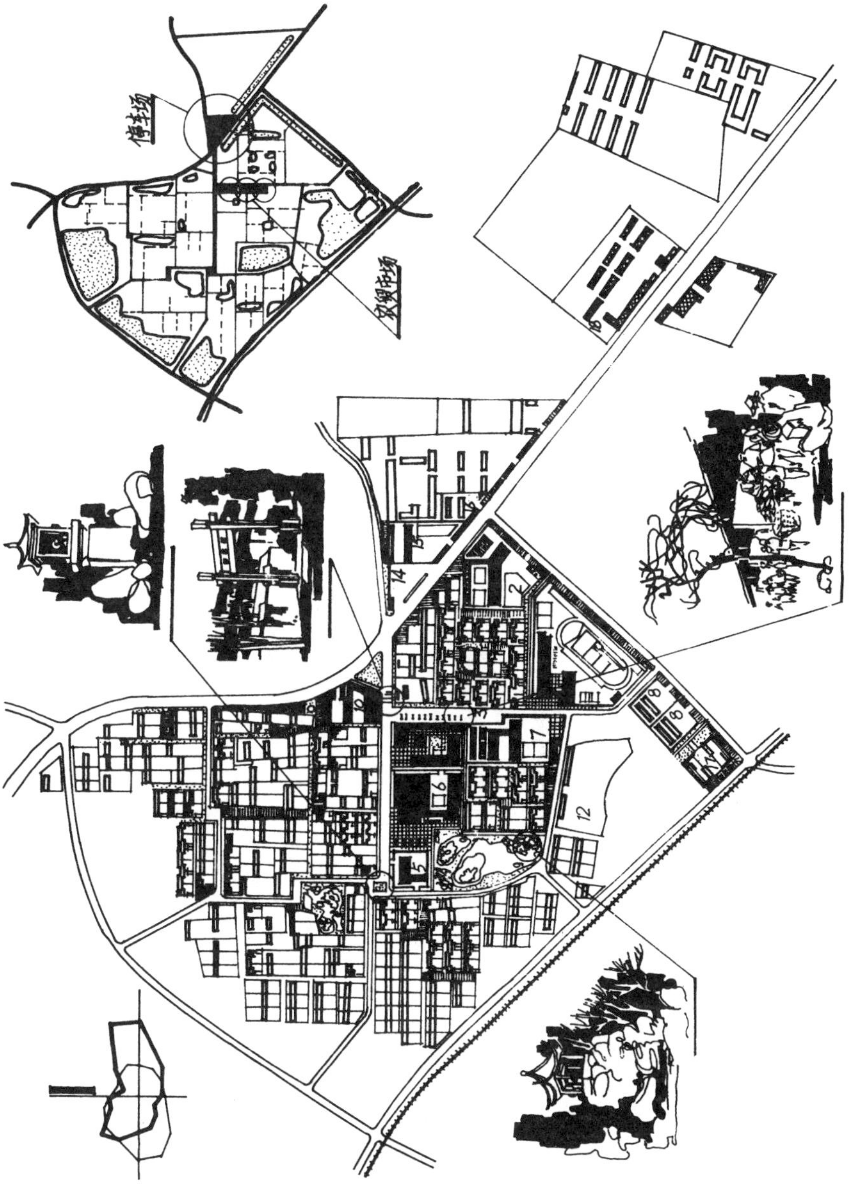

1. 中心小学、农校中学　2. 乡卫生院　3. 农贸市场　4. 综合商业
5. 大队部　6. 文化馆　7. 乡政府　8. 饲养场　9. 公园　10. 旅馆
11. 牌坊　12. 场院　13. 灯具　14. 停车场　15. 养路班、交管站
16. 加工厂　17. 污水处理站　18. 供销站

图 115　官庄镇远期规划图

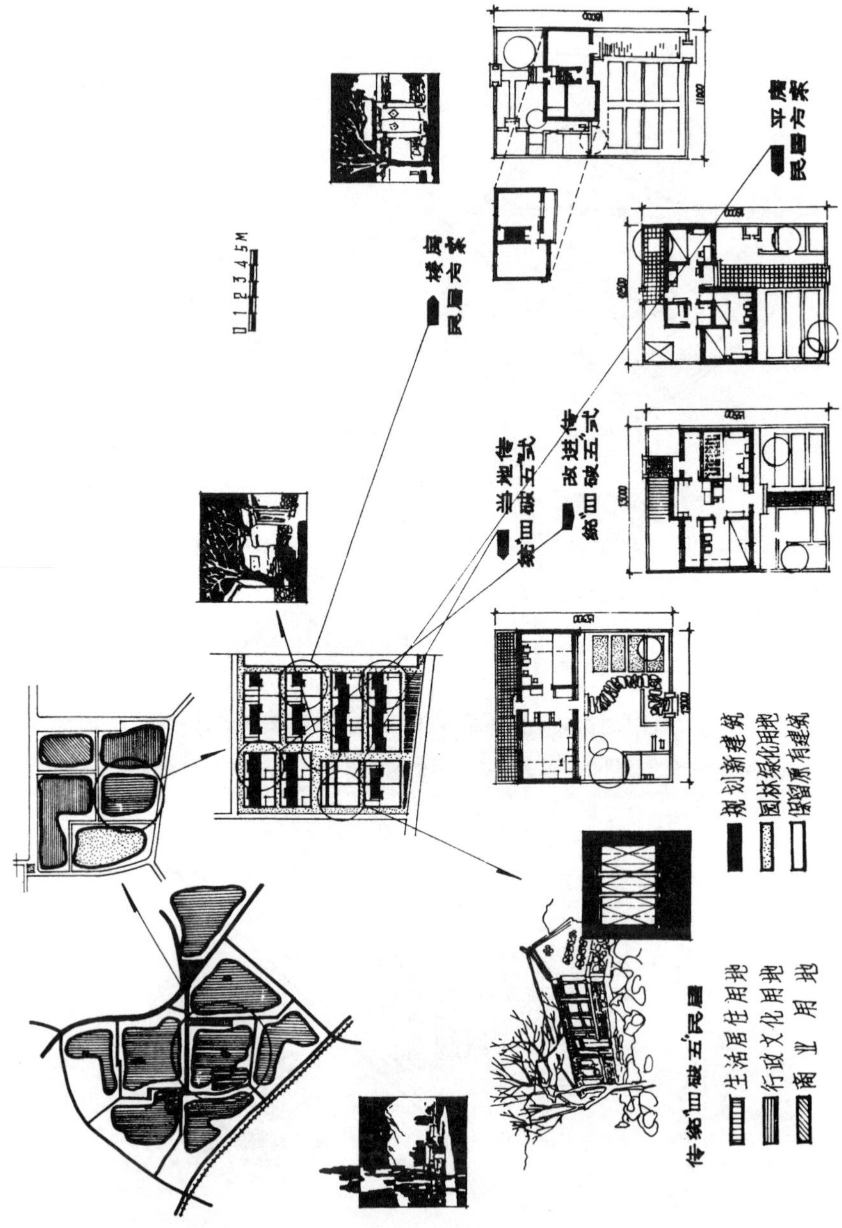

新建住宅建筑保持和发展了地方传统型式，采用了“四破五”平面，
并加以科学改进成为新型方案。同时利用了地方材料，
力求同原有建筑在风格上取得协调。

图 116　官庄镇住宅建设示意图

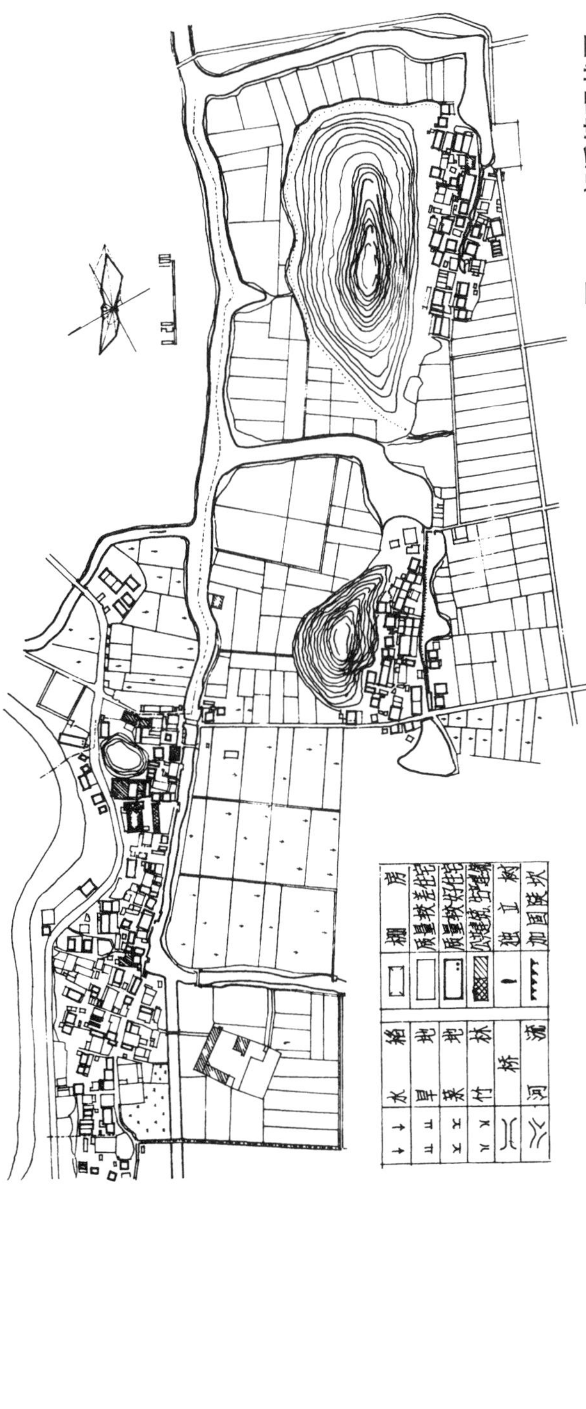

图 117　郭溪镇现状图

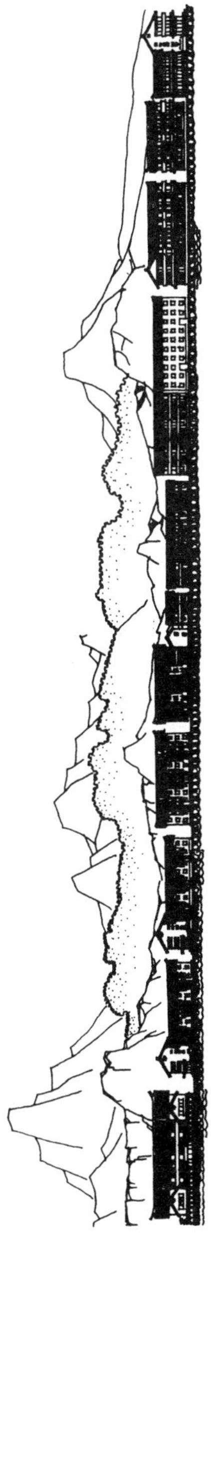

图 118　郭溪镇沿河街景规划立面图

贸市场按商品分类设在3个点上。在上屿、下屿交界处增设幼儿园、托儿所和小学校，便于就近入托、上学。利用池塘和水面进行淡水养殖。在公路与镇子连接处种植翠竹，形成绿化地带，减少噪声和“三废”污染。在镇旁山头，房前屋后，全面绿化，使粉墙黛瓦点缀于青山绿水之中，把自然环境和集镇布局融为一体，构成水乡山镇的优美景色（见图118、119）。

四、辽宁平原地区前高坎村规划

前高坎村距营口市和大石桥均为20公里，地处辽河下游冲积平原，盛产优质大米。全村人口2217人，村庄占地44.2公顷。村内有平房住宅420幢，绝大部分是70年代所建，有227幢是砖木、砖混结构，质量较好。但因缺乏统一规划，布局零散，用地浪费，生活不便（见图120）。新村规划的主要内容是：合理利用土地，重点控制住宅用地，采用不同的组团、不同的层次和不同的建筑形式，使之在统一中有变化；将行政、文化、商业、饮食等建筑结合水面绿化，布置成全村公共中心；保留队办工业，安排稻草加工厂、粮食产品加工厂，修整废水塘，发展水生水产养殖业；加强道路、绿化、供水、供电等设施的配置，建设成为以生产水稻为主的综合发展的新村庄。人口规模设想：1990年为2450人，2000年为2600人（见图121、122）。

五、广西壮族自治区高桥村规划

高桥村在平乐县城东30公里，全村人口1796人，占地11.67公顷，梧州至桂林的公路由村庄北边经过，交通方便。这一带处于广西特有的溶岩山地，四周奇峰林立，村内绿树茂密，村前小溪蜿蜒，青山碧水，景色宜人，是旅游线上的一个小景区。但是，村内建筑质量差，危房多，布局零乱，人畜混杂，村容及卫生状况欠佳（见图123）。新村规划的要点是：充分利用优美的自然环境，依山就势把村庄建在山坳之中。小学校、幼儿园、大队部、医疗室、文化站和商店等设施，集中布置在中心区；绿化

1. 小学　2. 幼托　3. 电影院　4. 大队部　5. 医院
6. 种子站　7. 文化站　8. 信用所　9. 敬老院　10. 商场
11. 供销社　12. 机耕站　13. 收购站　14. 供应站
15. 建筑所　16. 车站小卖站　17. 农贸市场
18. 粮站　19. 晒谷场　20. 油厂　21. 小队部
22. 粮食加工厂

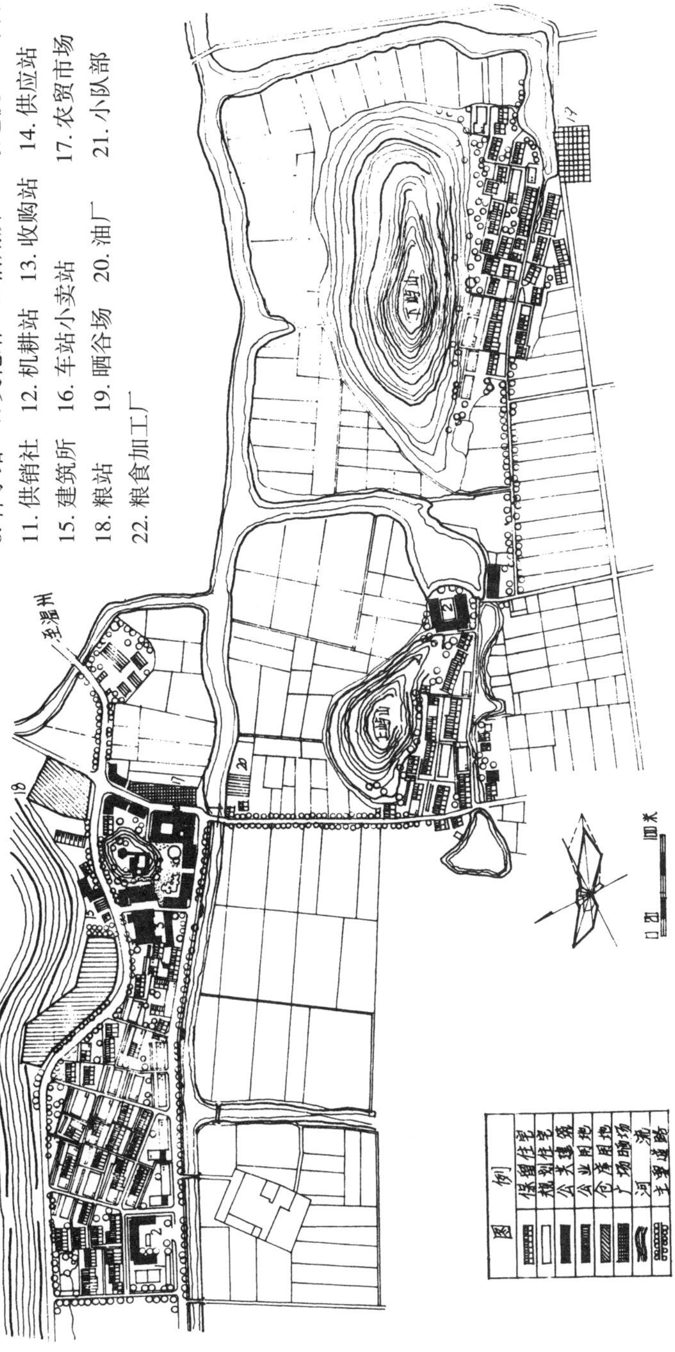

图 119　郭溪镇规划图

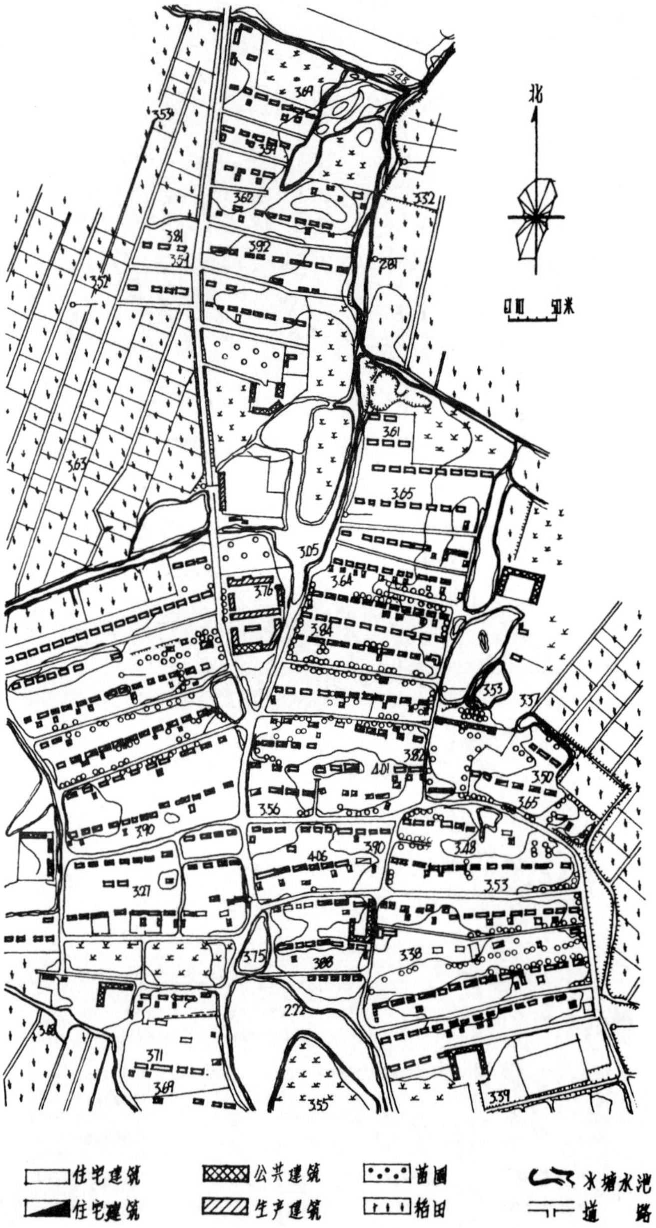

图 120 前高坎村现状图

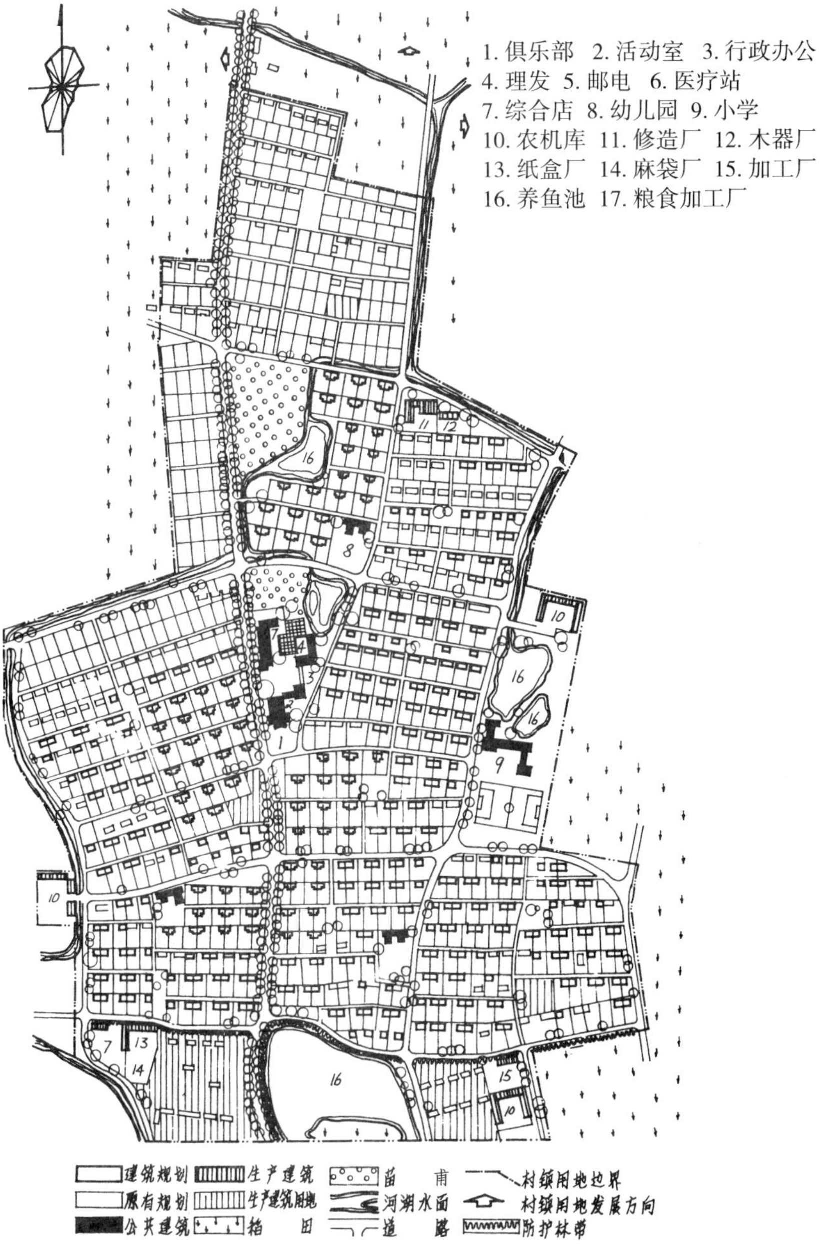

图 121 前高坎村规划图

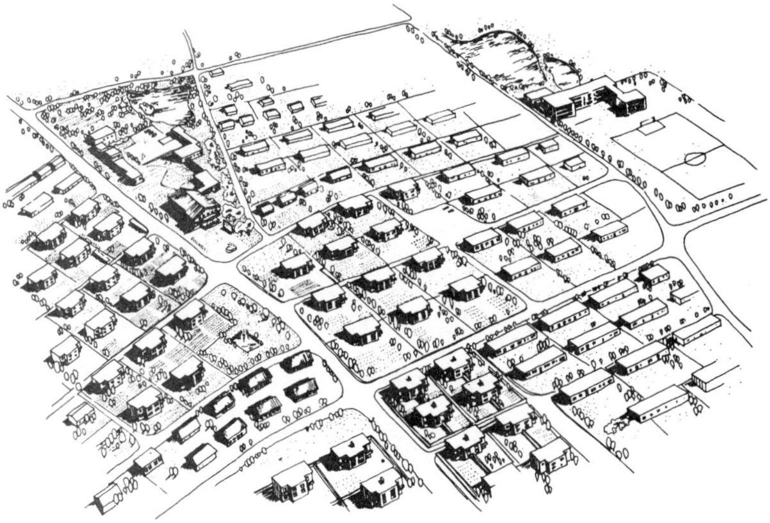

图 122　前高坎村局部鸟瞰图

图 123　高桥村现状图

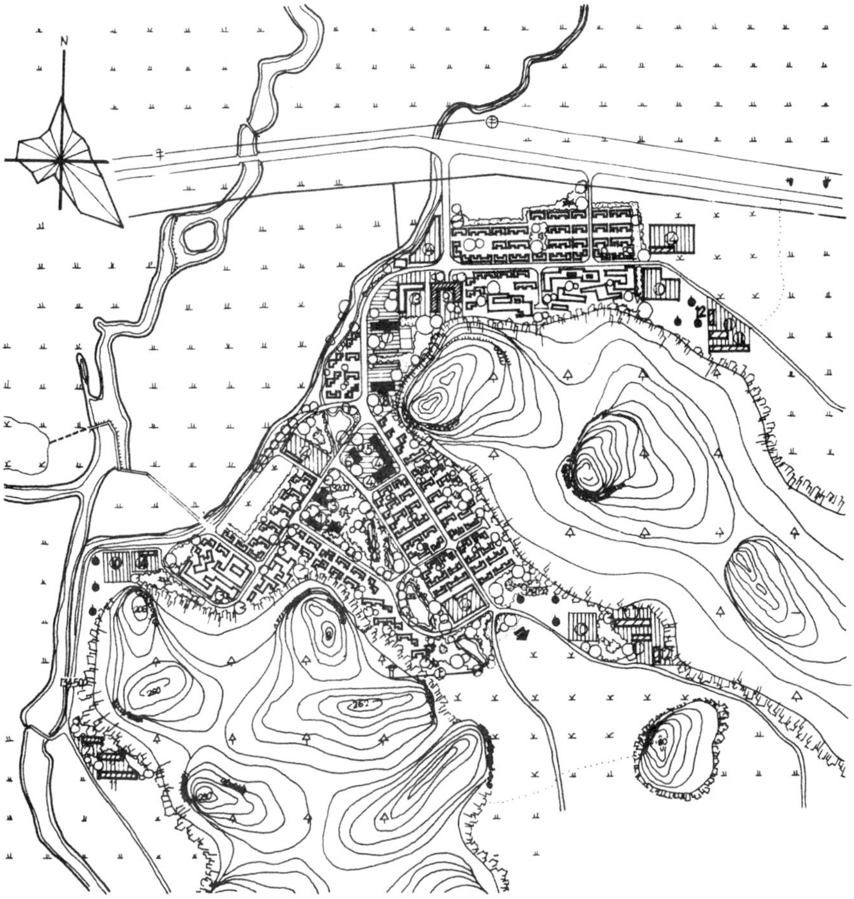

1. 大队部　2. 文化站　3. 农科站　4. 供销站
5. 车组　6. 医务所　7. 小学
8. 托幼　9. 农机修配　10. 专业用地
11. 牛栏　12. 粪房　13. 仓库　14. 晒坪

图 124　高桥村规划图

点、线、面相结合，将山水、树木、花草、建筑融为一体，保持地方建筑风格；妥善安排养殖、加工等专业户居住点，配合给水、排水、沼气、电力、电讯等现代化设施。这样高桥村将成为一个具有广西乡村特点的文明新村（见图 124、125）。

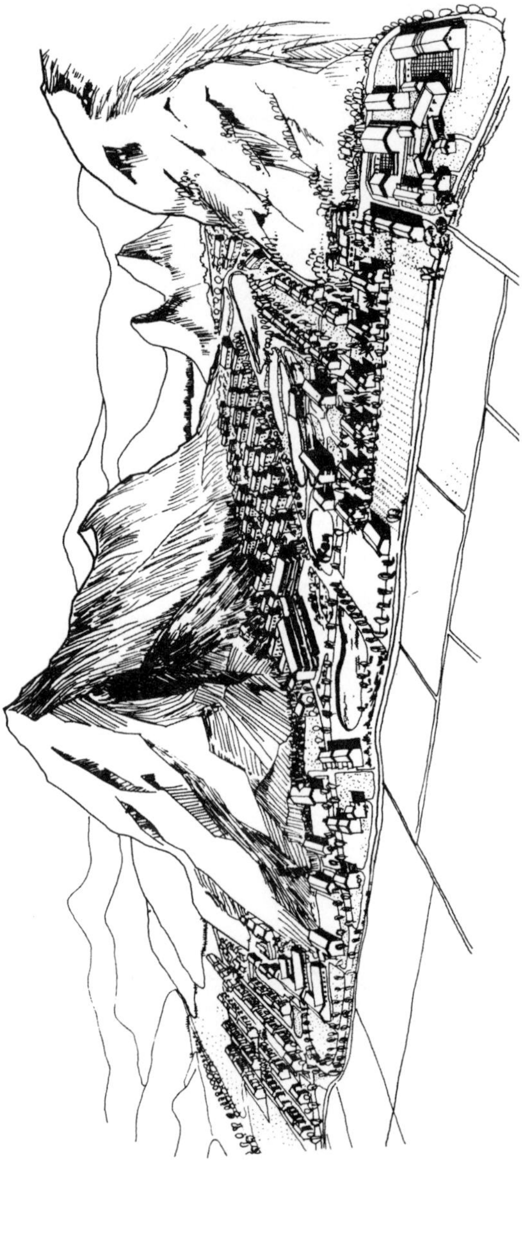

图 125 高桥村鸟瞰图

第五章
按照规划建设的新村实例

80年代以来，中国乡村每年都有6亿平方米左右的建设任务竣工，有上千万户农民搬进新居。大批村庄面貌日新，其中绝大部分的新型村庄都是在规划基础上有步骤地兴建起来的。它们的主要经验是，一要有好的规划，尤其要有实施规划的措施，二要量力而行，循序而进，才能把新村建设好。

1979年以来，几次全国性的村镇建设工作会议，及时总结交流了一批规划、建设比较好的村庄和集镇的经验。这些好典型，既有共同的经验，又有不同的特点，丰富多彩，各有千秋。比如浙江鄞县勤勇村、湖南宁乡县茅栗岭村、福建泉州市肖厝村等，都具有山村特色；江苏吴县卫星村、浙江绍兴沈家畈村、湖南南县八百弓村等，是具有水乡特色的新村；浙江普陀县蚂蚁岛村、广东番禺县莲花山村和深圳蛇口村、福建长乐县海星村、山东威海市远遥村等，是新兴的渔民村；黑龙江富余县兴十四村、吉林永吉县二道村、河北栾城县贾村、河南郑州市下坡阳村和温县马庄村、山东黄县冶基村和掖县河崖村等，是规划后建设的平原新村；宁夏平凉市峡山村、内蒙古四子王旗白音希勒村、云南瑞丽县双广村等，是少数民族聚居的新村；江苏沙洲县欧桥村、北京昌平县踩河村、山西左云县上张家坟村等，是经济发展快、建设搞得好的典型；山西晋城县东四义村、北京昌平县马连店村、浙江瑞安县韩田村等，是旧村改造搞得好的典型；北京大兴县留民营村、宁夏固原县河泉二村等，是生态农业搞得好的样板村，等等。这些新村普遍具有生产搞得好、规划布局好、节约用地好、建设管理好、村容村貌好、文化普及好、环境卫生好和社会风气好的特点。下面介绍一些按照规划建设的新村实例：

一、老典型又有新发展的江苏江阴县华西村

华西村曾经是60年代、70年代全国新村建设的典型。党的十一届三中全会以来又有了新的发展，村里建了工厂，盖了楼房，整修了养鱼塘和养花房，还增添了建筑小品，美化绿化了环境（见图126、127）。1982年同1978年相比，4年之内实现了农副工总产值、副业收入、乡镇工业产值、利润、分配水平5项翻两番；上缴国家税金翻三番（见图128）。人均分配额，1979年400元，1982年突破800元，每个劳动日工值

图126　江苏江阴县华西村住宅楼

图127　华西村街景

5元。华西村农民十分重视智力投资，大办文教事业，积极造就一代新型农民。在村办的农民业余学校里，已有120名青年农民毕业。该村购买3000多册政治、文史、科技等书籍，充实了图书室。他们先后派出15批骨干到广东、浙江、北京、河南等地专门学习农业技术和管理经验，并从外地请了养

图 128　华西村织袜车间（左）
图 129　华西宾馆（右）

鱼、种花、种瓜、维修机械等方面的专家能手来村传播经验（见图 129）。对本村考取大、中专院校和高中前三名的学生，分别给予 1000 元、500 元、300 元、200 元、100 元等不同档次的奖学金，进行鼓励。

图 130　华西村综合服务楼

1984 年全村有大学生 5 人、高中生 56 人，具有初中文化程度的 144 人。华西村已经成为“地平田方渠成网，电灌机耕人欢畅，多种经营大发展，农副工商都兴旺，楼房成排树成行，整齐清洁百花香”的社会主义文明新村庄（见图 130）。

二、规划建设较好的江苏水乡卫星村

卫星村位于苏州吴县西北部漕湖边，共有 30 个生产队，98 个自然村，854 户，3150 人，耕地 2719 亩，鱼塘 132 亩。这里原来地势低洼，土地肥力差，是一个“晴天水汪汪，雨天白茫茫，十年种地九年荒”的穷地方。早在 1973 年，他们结合本村自然条件，制定了田、水、林、路、村综合治理规划，把分散的村庄采取集中布局的办法，设在两条主河旁，形成“工”字型行列式的布局。经过实践，他们发现这个布局由于过于集中，耕作半径过大，社员下地远，生产、管理不便；房屋布置公式化，一律排排房，过于单调；建设用地占用整块粮田多，河边、滩地、荒地等边角零星地利用少。为克服这些弊病，他们进一步修改了规划，缩小原来的两大片作为中心区，在周围增设了 8 个居民点，尽量利用河边废地和原有宅基地。这样既扩大了耕地近 300 亩，又便于耕作、用水、运输，比较适合江南水乡的自然条件和农民生活习惯，受到群众欢迎（见图 131）。

图 131　江苏吴县卫星村水乡

卫星村在新的规划指导下，经过 6 年奋战，面貌有了很大变化：从吃返销粮，变为卖余粮。从单一农业生产，变为农副工全面发展，工业产值占三业总产值的 70% 以上。人均分配从几十元上升到几百元。社员居住条件也有很大改善，到 1980 年新村建房总面积为 5.99 万平方米（其中猪舍、伙房 1.38 万平方米），平均每人住房面积达 22.31 平方米。当时就有 620 户、2067 人搬进了新楼房，占大队人口总数的 72.6%。每户住宅都设有沼气池和水井。全村还新建了中心大楼（见图 132）、生活服务楼、敬老院、科技站、种子仓库、村办工业厂房、学校等公共设施 5823 平方米。1984 年这个新村已经基本建成，他们又进一步提出了“啃住农业、稳住工业、发展副业、兴办商业，加快新村建设”的新的奋斗目标（见图 133、134）。

图 132　卫星村中心大楼

图 133　卫星村中小学

图 134　卫星村综合服务楼

三、旧村改造较好的山西东四义村

山西省晋城县东四义村共有 515 户，2108 人，3200 亩耕地。村南一条污水沟，村北一片荒草坡，周围荒山秃岭，村内房屋破烂，街巷狭窄脏

图 135　山西晋城县东四义村一条街

乱，是个贫穷落后的旧村庄。新中国成立后，在党和政府的关怀和领导下，积极改善农民的生产、生活条件，发动群众开展“四净五灭”卫生运动，1952 年被评为全国卫生模范村，荣获毛泽东同志亲笔题词的奖旗。党的十一届三中全会以后，农民富裕起来了，要求改变旧村面貌越来越迫切。他们依靠自己的力量，依据综合治理山、水、田、林、路、村的总体规划进行建设。经过几年的努力，新的东四义村已基本建成（见图 135）。全村有 75% 的农民建起了新房，共 1237 间。加上原有旧房，总共 3990 间，面积达 58500 平方米。人均住房面积达到 18 平方米。另外，还盖了公共用房 547 间。新村房成排，树成行，街巷笔直平坦，住宅宽敞明亮，山上的松柏郁郁葱葱，村中的小花园繁花似锦，东风湖碧波荡漾，林果园果实累累，被誉为太行山区的“小江南”。这里的农民在劳动之余，可以到花园和湖边散步，到图书室读书看报，到文化宫看电影、电视及文娱节目。看病有卫生所，买东西有供销社，洗澡有澡堂。学校里书声琅琅，幼儿园里孩子们欢天喜地。全村农民几乎都购置了自行车、缝纫机、收音机、手表、衣柜、沙发、写字台等，不少农民还添置了电视机、收录机等高档用品。农民高兴地说：“别看咱们在农村，比那城里也不差。”优美的环境，舒适的生活，大大提高了人们的健康水平，居民平均寿命由新中国成立前的 38 岁增加到 71. 3 岁。

东四义村改造旧村的基本经验是五个结合抓得好：一是与改造旧宅院

相结合。在“改”字上大做文章，小窗户改成大窗户、纸糊窗改成玻璃窗、小院改成大院、南房改北房、平房改楼房、阴暗的开山窗和后窗、潮湿的换地板、失修的进行维修、倒塌的在旧基上重建。他们还修整了保存下来的1300间明清两代建筑的住宅（见图136）和具有地方风格的“八挂院”“四合头”“簸箕院”“七裹三”“三穿院”“厅房院”等老式房，修建花墙、围墙达2万多平方米，其中修了“月亮门”、“八字门”等80多个（见图137）。二是与环境保护建设相结合。村南的污水沟，经过扩建，他们修成了80亩地的“东风湖”，并修建了配套工程溢洪道、排污渠等。人畜粪便能及时处理，防止了对水源和街区的污染，保护了环境。南山育成松柏林；北岭建成果树园，栽植果树3万多株；四旁植树30多万株，形成环村林带。村中建起小花园，院院垒花墙、建花池养花，村内村外绿化美化，环境面貌焕然一新。三是与基础设施建设相结合。他们修建自来水塔，疏浚旧水道；拓宽了通往镇上的5华里柏油公路，新建了环村公路，开通了3条村内大街。12条小巷截弯取直，铺上新砖，直通每家每户。四是与公共服务设施配套建设相结合。根据有利生产、方便生活的原则，他们把生活基地建在村中心，生产基地建在村周围。在村内大街两旁，建了文化馆、图书馆、学校、幼儿园、农民夜校、卫生所、供销社、澡堂、理发室等。在村的周围，建了面粉厂、翻砂厂、养猪场、农机站、排水站、煤矿、林业队等生产基地。五是与认真贯彻节约用地，量

图136　东四义村中保留的明代亭

图137　东四义村招待所

力而行，逐步建设等方针政策相结合。

四、发挥山区优势的浙江鄞县勤勇村

勤勇村坐落在中国著名古刹天童寺南侧群山环抱的山坞里（见图138）。全村有1230人，320户人家，是个山光、地荒、人穷的“三靠”村（靠吃返销粮、靠国家补助、靠贷款）。该村居住条件很差，房屋低矮、简陋、阴暗、拥挤；全村40%是危房、草房。当地人流传着“有囡不嫁夙下溪（勤勇村旧名）”的说法。

图138　浙江鄞县勤勇村鸟瞰

这个村从1969年开始，特别是党的十一届三中全会以来，根据山、水、田、林、路、村全面发展的规划要求，依靠每人一付肩膀、两只手，从各业生产、经营管理到新村建设，连续打了治水、治山、治路和治工副业等几个大仗。治水仗，全村投放13万个劳动日、搬动25万土石方、修建11个山塘水库，使蓄水量从12万立方米增加到26万立方米，抗旱能力提高70天以上；治溪仗，他们投放10万个劳动日，搬动17万土石方，截直溪流1800米，筑起堤坝，使过去洪水一来横冲直撞的溪流乖乖地顺流而走。同时筑起了310条绕山渠道，使60%的稻田得到自流灌溉，90%的面积种上了三熟作物；治山仗，该村投放5万多个劳动日，搬动12万土石方，新建400多亩茶林、油茶林和其他果树园，种植杉木500亩、竹林100多亩；治路仗，他们投放5万个劳动日，搬动9万多土石方，新建公路和机耕路4公里；治工副业仗，他们办起农具修理、农机修造、农副产品加工、五金仪表、翻砂、木工等车间，改建厂房2500平方米（见图139）。还先后办了猪、牛、羊、兔、鹅等21个畜牧场，生猪存栏平均每年每亩一头。

图139　勤勇村综合服务楼

经过综合治理，勤勇村的千亩荒山郁郁葱葱，茶果四季飘香；80%的农田变为旱涝保收的稳产高产田；祖祖辈辈肩挑手拉的劳作，已由3辆汽车、11台拖拉机和240台农业机械所代替；粮食亩产量从500斤增长到1600斤；变单一生产粮食为农、林、牧、副、工全面发展。

厚实的经济基础为建设新村创造了物质条件。勤勇村已成为远近闻名的富裕村（见图140）。一进村口，但见新房幢幢，鳞次栉比，5.4万多平方米的石砌新房布局合理，整齐美观，别具一格（见图141）。工厂区内，机声隆隆，焊花飞舞。新建的招待所、饮食店、百货店、理发室、澡堂等，都是临溪而筑。村中间，一片小广场是农民纳凉聊天的场所（见图142）。住宅区，错落有致的楼房共有300多套房间；青条石砌墙，钢筋混凝土楼板；楼下有走廊，楼上有阳台；坐北朝南，负山面溪，宽敞明亮，冬暖夏凉。在村后杨家山的山腰

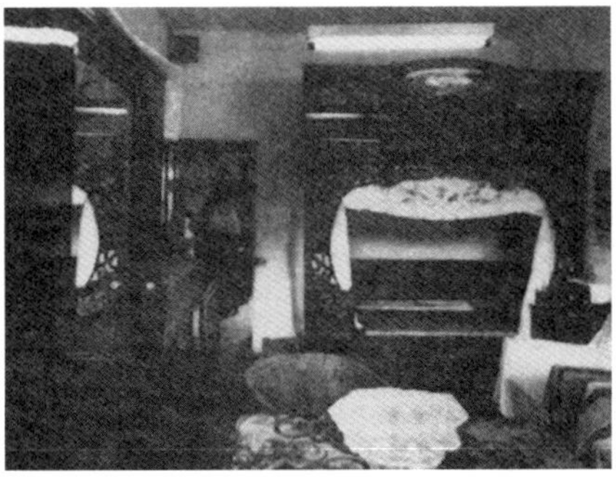

图140　勤勇村住宅内景

图 141　勤勇村街景

图 142　勤勇村影剧院

上还建起了三层楼房的勤勇中学，为更加美好的明天培养着更多的新苗。

五、富有水乡特色的浙江沈家畈村

沈家畈村位于绍兴县著名的鉴湖（又名镜湖）之滨，是个富饶的平原水乡（见图 143）。过去，由于受“左”的思想干扰，该村一直处于“十

图 143　浙江绍兴沈家畈水乡新村

间平房九间漏，低矮茅屋要碰头”和“同室居三代，婚事人更愁”的状况。党的十一届三中全会以后，生产迅速发展，社员收入增加，改善居住和环境条件势在必行。1980年年底，大队党支部在群众讨论的基础上，拟定了“统一规划，统一备料，统一施工，统一分配”的建设方案和“新建住宅经济上由大队垫支，分五年从社员分配中扣还，旧房折价补偿，新房产权归己”的建房政策。1985年，新建社员住宅及辅助用房达3万平方米，全村社员都住进新房。他们疏浚、拓宽纵贯全村的卧波河，石砌河岸1172米，新建跨径10米的单孔石拱桥4座；铺设宽5.5米的水泥路700米；新建高24米、容积40立方米的自来水塔及相应的供水网，家家用上了自来水；新建粮库1500平方米；重新安装了电力、电讯线路；植树2500余棵，初步实现了全村绿化。沈家畈村，楼房栉比，绿树成荫，河坎新砌，石桥飞渡。一个整洁、美观的新村已经基本建成。

沈家畈村建设的成功经验是：

第一，因地制宜，保持水乡特色。他们把纵贯全村的卧波河从6米拓宽至16米，既改善了环境，又便利了河运。在拓宽中不强求径直，依其自然，蜿蜒曲折，并将新建的4座具有地方风格的石拱桥组织进去，与水面和谐统一，桥水相映成趣。社员住宅濒水依势而建，不强求统一朝向，显得朴素自然，活泼多姿。

第二，综合建设，两个文明一起抓。一方面，他们对住房建设和水面、耕田、道路、桥梁、给排水等设施，通盘规划，同步进行。先后投资40多万元，用于拓河、铺路、绿化、敷设排污管道、兴建自来水系统，对大队印染厂的工业废水进行综合治理。他们修建了公共厕所，改变了粪缸遍地、污水横流、蚊蝇成群的状况。全村整洁卫生，环境优美。另一方面，他们还注重文化教育和精神文明的建设。大队办起了幼儿园、小学校、影剧院等，从小学到初中，学费全部由大队负担，对考取中专和大学的学生给予奖励和经济补贴。

第三，节约用地。该村人均耕地仅有0.9亩，必须十分珍惜。他们在建设中迁走坟墩112座，拆除破旧危房227间，填平多处污水坑，共腾出建设用地31.4亩。

六、集中建设大量节约用地的北京昌平县踩河村

踩河村地处京北沙河镇、京张公路的西侧，全村346户，1250口人，5个生产队，耕地面积为2560亩。

党的十一届三中全会以后，踩河村的农业生产和多种经营取得了较快的发展，1983年人均分配620元，比1978年增长4.6倍。由于农民收入大幅度增长，迫切要求改善生产和生活条件，1982年，他们开始制订新村建设规划。踩河村原有居民分散在8个自然村，布局零乱。农民原来住房有2/3是旧的，每户平均占地两亩多。村中还有条通往张家口的过境铁路，既不利于生产，也不便于生活。根据这些情况，他们迁村并点集中建设，把8个零散脏乱的自然村集中建为一个村。新村分为5个生活居住区，平均每户占地2分8厘。住宅为二层楼房，分3种户型：建筑面积60平方米的供2—3口人家使用；80平方米的供4—6口人家使用；100平方米以上的供7口以上的人家使用。每座宅院都配有沼气池、太阳能浴室等设施。牲畜饲养、商业服务、文化娱乐、环境绿化以及能源开发等生产性建筑和公共设施，他们进行统筹安排，合理布局。新村建设不仅没有再占用耕地，而且节约土地419亩，加上原村周围空地600亩，共节约1000余亩耕地。

踩河新村在住宅建设中，采取先由集体投资兴建、建好后按工程造价由集体补助20%到30%、其余由住户逐年偿还的办法，分售给住户，使农民很满意。在实施过程中，为了加速资金周转，他们还采取了一年偿还的补助30%，两年偿还的补助25%，三年偿还的补助20%的鼓励政策。结果有70%的农户一年还清了应付的房价（见图144）。

七、合理布局改变村貌的北京玉甫上营村

玉甫上营村位于北京市通县城东南约6公里的地方，全村有246户、

846 口人、1630 亩耕地。1978 年集体欠国家贷款 24 万多元，社员借支 6 万多元，平均每人负债 375 元。当地流传着这样的话语：“要受穷，去上营”“要受苦，去玉甫”。这里的男青年搞不上对象，女青年不愿意在本村落户，社员情绪非常低落。

图 144 北京市昌平县踩河新村农民住宅

党的十一届三中全会以后，全村农民治理了土地，坚持精耕细作，科学种田；采取多种经营，坚持走农工商综合发展的道路。经过几年的奋斗，这个村发生了巨大变化（见图 145）。1978 年全村工农业总产值只有 13 万元，1984 年达到了 357 万元，增长了 26 倍，人均产值 4200 元。粮食平均亩产 1134 斤。全村固定资产总额已达 250 万元，有大汽车 7 辆、小汽车 2 辆、大型拖拉机 4 台、各种大型农机具共 20 多台件。农业耕作基本实现了机械化。全村 800 多亩粮食作物，仅由 5 户农民承包经营。其他劳动力都从事工业、商业、建筑业、畜牧业及家庭副业。

随着生产的发展，农民生活有了显著的提高。1984 年农民人均收入达到 1280 元，相当于 1978 年人均收入的 11.4 倍。在扩大公共积累的同时，他们在县委、县建委、市农建总公司和乡党委的支持帮助下，根据本村的自然条件和经济发展情况，本着“节约土地，合理布局，有利生产，方便生活”的原则，对全村住宅、道路、公共

图 145 北京通县玉甫上营新村主干道

设施和农、林、牧、副、渔各业生产，进行了全面规划。1984 年一年就完成了 10 项工程，使村容村貌有了明显的改观。

玉甫上营村的 10 项工程是：

农民住宅楼 32 栋，其总建筑面积达 2600 多平方米，每栋楼内都配有沼气、太阳能浴室、厨房等生活设施。

柏油马路，这条马路全长 400 米，宽 14 米。马路中央装有像北京市长安街那样的高压钠灯。

商业楼，建筑面积达 3000 多平方米，楼下经营副食百货，楼上为“幽新春酒家”。

儿童乐园，全村 3 岁至学龄前儿童全部免费入托（见图 146）。

图 146　玉甫上营村的儿童乐园

机械化高密度室内养鱼场，这座有半亩水面的渔场，可年产鲜鱼 10000 斤。

半机械化封闭式养鸡场，其设备由本村养鸡设备厂提供，饲养产蛋鸡 10000 只。

农业机械服务站，全村农业机械和各种车辆由其实行统一管理。

装潢商标印刷厂，建筑面积为 2500 多平方米。

现代化粮食烘干塔。

水稻育秧工厂，此厂节约水稻育秧占地面积 100 亩。

八、建筑形式推陈出新的山东西宋家村

山东省招远县西宋家村，位于招远县城西 5 华里的群山环抱之中，是一个山清水秀的山区村庄。全村 52 户、220 人。1978 年粮食亩产虽然达到 1410 斤，但由于单一经营农业，全村人均分配只有 115 元，是一个“高产

贫队”。党的十一届三中全会以来，根据山区特点，调整了粮食与林果之间的比例，促进了经济作物的发展。同时大力发展乡镇企业，特别是发展电器产品。1980 年工农业总收入达 33 万元；1984 年达到 258 万元，纯收入 109 万元，户均纯收入超过 2 万元，成为胶东半岛农村的第一个“双万元户村”。

随着农民收入的普遍提高，要求改变居住条件越来越迫切。于是，他们从 1983 年 4 月着手编制规划，8 月破土动工，到 1984 年年底首先建成了一幢 4 层办公大楼；接着兴建住宅，有 36 户农民搬进了新盖的楼房和别墅式新居，占总户数的 69.2%；村中 3 条街已基本形成；全村用上了自来水；实现了全村绿化。村容宅貌已大为改观，一进村就给人一种舒适、优美的感觉。

西宋家村规划建设的主要特点是：建立了以发展电器产品为主的工业村；规划布局充分利用原有村落内的旧宅基地和空闲地，规划后未扩大一分用地；还配套建设了道路、给排水、电力、电讯、绿化等公共设施。

西宋家村住宅建设的宅基地经县政府批定为每户 3 分，每户建筑面积 130 至 160 平方米。其建筑形式活泼多样，新颖别致，既有“二户一体”的，又有“一户一体”的；有带前院的，有带二道院的，还有带前后院的；有内楼梯的，也有外楼梯的；有平顶的，也有坡顶的。建筑色彩素雅多变，各具特色，与山区的自然景色有机融合，浑然一体。房间布置沿用了胶东传统风格，每户都有大锅灶、火炕；都设有一个 20 平方米左右的大房间，便于布设现代化高档家具；其他房间有大有小，不尽相同。全村住宅均由集体负责组织施工，基础部分投资由集体负担，基础以上部分集体负担 1/3，住户负担 2/3。在统一规划、统一施工的前提下，住户对建筑造型、房间布置、建筑色彩可自由选择，不搞一刀切。这样既保证了规划的合理性和工程质量，建筑形式活泼多样，减轻了农户的各项负担，又达到户户满意，人人高兴，调动了全村农民的积极性。

九、美丽富饶的山东远遥渔村

1979 年以来，威海市孙家疃镇的远遥村名闻远近。胡耀邦、万里、谷牧等中央领导同志也亲临视察。翻开远遥村的留言纪念簿，有不少中外名人挥笔题词，写下了对这座现代化建设的新渔村的美好祝愿。

远遥村是美丽的，它的美不仅在于有依山傍海的自然风光，而且更主要的是干净整齐的新村风貌。村内有平坦的柏油马路，中间种植着花草树木，路旁一排排整齐的住宅，粉饰着清洁淡雅的颜色。村里的最高建筑物是一座建筑面积为 1000 平方米的文化中心楼。在这座楼里，有幼儿园、青年之家、技术夜校、图书室、游艺室等等，为全村的男女老少服务。

住宅可分为 70 年代建筑和 80 年代建筑两种。70 年代的住宅基本上是按照老传统、老式样建的，进门两个大锅台，里屋靠窗户搭火炕。这种过时了的住宅他们正在加以改造。80 年代新式样的住宅是人们富裕起来了的象征。这些住宅设计美观，布局合理。家家有水泥院、自来水和花坛，窗明几净。正房 4 间，前后并有采光充足的玻璃窗。正厅一般是水磨石或马赛克（即小块磁砖）铺地，设有方、圆桌，沙发，可做餐厅和会客之用。有的年轻夫妇还专备有客厅，内铺地毯，屋顶悬挂大吊灯，沙发、彩电、录音机、落地电风扇一应俱全。平顶的厢房可晒粮食，厢房内设有厨房、储藏室和浴室。厨房的锅台和墙壁都贴上了瓷砖，屋顶上开了玻璃天窗，有里、外门与居室、院落相通，做饭的燃料一般使用液化石油气，厨房内干净得没有一点烟灰。浴室里有瓷砖贴面的澡盆，有洗衣机和瓷面盆，瓷砖铺地。

远遥村的富裕靠的是党的经济政策和远遥人民的勤劳。远遥人民以渔业为主，大力发展近海养殖。他们还在荒山栽上了果树，并办起了建筑队、运输队、木器加工厂、修配厂、铸造厂、海产品加工厂等。从 1979 到 1983 年，人均收入由 350 元增加到 830 元，平均每户年收入 3300 元，大队总收入由 50 万元增加到 130 万元。人们手里有钱了，家家都想盖新房，该村各户都有讲究的摆设，有 40 多户人家还安上了电话机。

十、胶东的一颗明珠西关村

西关村位于牟平县城的西侧，有 310 户，1050 人，水浇地 700 亩。这个村认真落实党的致富政策，坚持农、工、商综合治理，1981 年来发生了巨大的变化，连续三年人均收入 1000 元，成为远近闻名的小康村，被称为胶东半岛上的一颗明珠。

西关村富了，集体家底厚实了，村民手里也有了钱。随着生活水平的提高，群众迫切要求改善居住条件和增加公共福利设施。1982 年，村里盖起了 25 户式样新颖、室内宽敞明亮的二层居民楼，为农民实现了“楼上楼下、电灯电话”的愿望。1984 年，住宅楼又有了新的发展，在村子大路旁，盖起了 7 栋单体别墅式的小洋楼，为全县的农民大开眼界。

在公共建筑的建设方面，村党支部远见卓识，他们舍得投资，修建了一座占地 35 亩的农村花园。花园内建有花坛、凉亭，供老年人散步休息；还有灯光球场、游泳池，供年轻人娱乐消遣；为儿童们准备的有动物饲养园、儿童乐园，为儿童增长知识服务。西关花园是中国第一座农民自建的花园，它独具农民花园的特点，在花园林荫道的两旁，在低洼空地上，处处种植着蔬菜、苗圃和果树。土地对农民来说是最宝贵的，所以农民的花园不仅仅用于消遣，还想方设法为集体的经济增加收益。自西关花园修建以来，前来观光的游客络绎不绝。青少年文化宫和影剧院与西关花园相毗邻，占地 3000 多平方米。影剧院内设 1100 个座位，后面设置了接待室。1981 年，他们自力更生建起了一座 4 层楼的西关商场，建筑面积为 4000 多平方米。商场经营日用百货、文化用品、五金交电，还有食品、杂货、工艺美术品等等，货色齐全。商场门前车辆成行，顾客川流不息，买卖十分兴隆，年纯利润达 50 多万元。

如今的西关，村貌如画，街道整齐，厂房棋布，楼房林立，小花园百花争艳，文化宫、影剧院、托儿所、大商场一应俱全，虽说是乡村，但它的生活条件却已胜似城镇。

十一、军民共建的新疆阿巴拉乌孜新村

在水草丰盛的新疆巩乃斯草原上，过去坐落着一个贫困落后名叫阿巴拉乌孜（哈萨克语：喇叭状的意思）的小村庄。全村620多人，村庄布局零乱，没有一座像样房屋，人们吃河水，烧牛粪，很不卫生，疾病流行。

1978年，解放军驻军与村庄实行定点挂钩，他们决心改变落后面貌，按照民族习惯建设新村。军民共同奋斗，经过5年的时间，修建街道12条，修桥两座，营造了5公里长的防风林；居民庭院修建了厕所、牛棚、羊圈、垛草架等，还修建了配套的防蝇罩、畜粪池、发酵坑、肥料箱。他们种植了苹果、葡萄、桃、啤酒花、蔬菜和鲜花等，此外还种植了荆条、油葵、蓖麻、玉米等秸梗多的作物，既美化了环境，增加了收入，还解决了烧柴问题。

1983年全面推行生产责任制以后，村庄建设起了根本变化。群众自愿捐款5万元，铺设了9条砂石公路，车辆能通到各家门口；修建自来水管道2公里，结束了吃河水的历史；架设了高压线路，安装了变压器，全村都用上了电灯；办起商店12个，饭店8个，以及磨坊、油坊、加工作坊等；还建立了广播室、电视室、图书室，以及篮球、排球、乒乓球、赛马、摔跤等体育运动场所。群众家庭也出现了显著变化，78户盖了新房，52户住上了新砖瓦房。大量的收音机、电视机、录音机、缝纫机、自行车、手表、地毯等中、高档商品进入家庭日常生活，每户平均存款为1200元。

党的十一届三中全会以来，阿巴拉乌孜村貌大变，成为整洁、优美、文明的牧区民族新村，被新疆维吾尔自治区人民政府评为先进单位。

第六章
小城镇建设方兴未艾[①]

中国是社会主义国家，10亿人口，8亿在农村。因此，积极发展小城镇，有着重要的意义。要建设布局合理、规模适宜的小城镇，在广阔的乡村形成众多的经济、文化、科技、服务中心，来密切城乡之间的联系，推动乡村的进一步发展。早在50年代，毛泽东同志就提出了“多搞小城镇”的方针。但后来由于“左”的错误思想影响，这个方针没有得到贯彻。而实际上，实行的禁闭集贸市场、取缔工商户、下放城镇人口等许多政策还限制了小城镇的发展，有些小城镇甚至萎缩衰落了。党的十一届三中全会之后，经过拨乱反正，小城镇的建设和发展问题才重新得到重视。党中央在1979年1月做出的《关于加快农业发展若干问题的决定》中，从改变农村面貌、实现四个现代化的需要出发，进一步提出了发展小城镇的问题，指出“有计划地发展小城镇建设和加强城市对农村的支援。这是加快实现农业现代化，实现四个现代化，逐步缩小城乡差别、工农差别的必由之路”。胡耀邦同志在1980年11月23日的一次讲话中，又明确提出：“如果我们的国家只有大城市、中城市，没有小城镇，农村里的政治中心、经济中心、文化中心就没有腿。”因此，小城镇在中央和地方的重视下，得到迅速健康的发展。

第一节 小城镇建设进入新的发展时期

党的十一届三中全会以来，广大乡村由于实行家庭联产承包责任制，

① 这里所说的小城镇，主要是县城、建制镇和集镇，分别属于城乡两个部分。

发展多种经营，开放集市贸易，允许农民进镇务工经商等一系列搞活经济的政策，农业生产连年丰收，乡村经济迅速繁荣，商品生产和商品交换日益扩大，从而使小城镇的建设进入了迅速发展的新时期。据有关部门统计，到1984年年底，全国有2000多个县城，7000多个建制镇，54000多个集镇。这些小城镇的发展，主要表现在以下几个方面：

（一）小城镇的工业有了很大发展。

许多小城镇的工业产值已经在当地工农业总产值中占了主导地位。据有关部门统计，1982年，上海市郊区537个小城镇的工业产值已达120亿元，占郊区工农业总产值的66%以上。湖北省有县属镇189个、集镇1500多个，工业总产值占全省工业产值的33%。江苏苏州地区的小城镇，共有工业企业3058个，年产值38亿元，占这一地区年工业总产值的74.9%。1983年，山西灵石县厦门镇的工业经济总收入达436.7万元，占该镇辖区经济总收入的68.8%。安徽省的小城镇有工业企业13600个，工业产值42.2亿元，比1978年增长68.5%。安徽宁国县的中溪集，地处偏远山区，原来只是一个商品集散地，只有一个土纸厂和几家店铺，1978年工业产值仅12.6万元，全乡人均收入87元；1983年，这个集镇的工业产值已达到245万元，比1978年增加18倍，全乡人均收入达到423元，比1978年增长3.9倍。

（二）小城镇的人口结构有了很大变化。

在县属镇或集镇上，不仅有农业人口和非农业人口，而且还增加了相当数量的亦工亦农人口。这些亦工亦农者白天在镇上做工，晚上回乡下住宿，兼种自己的责任田。上海市郊区在小城镇上居住、工作和学习的人口，总共有250万人，占郊区总人口的54%。1982年在集镇上做工的农民就有90万人，其中亦工亦农的占65%以上。江苏省吴江县，在23个小城镇上工作、生活的有18.7万人，占全县人口的25.6%。其中亦工亦农人口在7个县属镇上占19.2%，在16个集镇上占28.3%；无锡县在35个小城镇上工作、生活的有21.3万人，占全县人口的22.5%，其中亦工亦农人口 6.2 万人，占小城镇人口的 29.3%。1984 年以来，允许农民自带口粮进镇经商做工、安家落户以后，农民进镇的数量很大，小城镇的人口迅速增长。

从小城镇常住人口的构成来看，与一般村庄相比，还具有这样几个明显的特点：一是男性人口高于女性人口，二是人口的文化程度高，三是流动人口比例大。以苏州的吴县为例，该县虽然没有县城，但县属镇和农村集镇较多，共计 37 个。小城镇人口占全县总人口的 9.34%，在全国属中等水平。全县总人口中男性为女性的 101.2%，而 37 个小城镇上，男性人口为女性人口的 133.3%。形成这种情况的原因，与乡镇企事业单位吸收男职工、聘请男性技术人员较多有关。全县具有大学毕业和肄业文化程度的 3057 人，其中 2847 人在小城镇上，占 93.1%；高中程度的 51677 人，其中 16901 人在小城镇上，占 32.7%。可见，小城镇上集中了相当比例文化程度较高的人才。全县常住人口中共有外地人口 3271 人，其中 2251 人在 37 个小城镇上，占 69%。全县外出的人口为 8280 人，其中原是 37 个小城镇上的有 3029 人，占 37%。这种既有招聘进来又有流动出去的从业现象，是小城镇经济活动生机勃勃的一种反映。

（三）小城镇的商业、服务业日益繁荣。

其特点首先表现在，1982 年全国城乡集市共有 43013 个，比上年增加 1762 个；其中乡村集市增加 1469 个，贸易成交额为 287 亿元，比上年增加 14.3%。由于集市贸易不断扩大，乡村集体和个人兴办的商业、饮食、服务业门市网点从少到多，猛增到 113 万多个。第二个特点是，集贸市场的规模越来越大，赶集人数少则几千，多则几万。集市日期从几日一集，发展到隔日集、日日集，有的还形成了专业集市。例如河北蠡县辛兴镇的腈纶市场、新城县白沟镇的人造革市场、浙江永嘉县桥头镇的纽扣市场、江苏吴江县平望镇的猪崽市场、河南辉县百泉镇的中药材市场等，这些专业市场十分活跃，购销两旺，全国许多地方都派人到这些市场做生意。再一个特点是，小城镇的集贸市场已成为农民从事买卖的主要场所。据安徽阜阳地区太和县统计部门对60户农民的调查，1983年这60户农民拥有粮食435360斤，其中商品粮86890斤，商品率20%。而这些商品粮全部是在小城镇上售出的，其中出售给国营粮食部门的占73.52%，出售给其他买主的占26.48%。另外，这60户农民在小城镇上还售出了棉花753斤、油料1930斤、烟叶2056斤、蔬菜2792斤、肥猪29头。同时，他们也是小城镇上日用工业品的购买者。这60户农民1983年在镇上用于购买日用工业品（包括衣着、日用百货、医药和文化用品等）及接受服务的开支共计15462元，占他们全年纯收入的21.23%。

（四）小城镇的文教卫生事业有较大发展。

党的十一届三中全会以后，县、乡两级政府大大改变了过去那种只抓“粮、棉、油”，不管群众需要“书、戏、球”的状况。许多小城镇都改建和新建了影剧院、图书馆、游艺室、俱乐部、体育场，有的还新建了“少年之家”“老年之家”“文化中心”等，为广大群众提供了学习、休息和娱乐的场所。据统计，全国乡村看电影的人数，1978年平均每天为19.4万人次，1983年平均每天达到25.4万人次，上升30.9%；看戏剧、文艺表演的人数，1983年多达6.3亿多人次。乡村图书销售额1981年比1978年增长23%。安徽省天长县郑集，自1979年创办文化站以来，逐步增加设施，拥有影剧院、电视室、图书阅览室、少儿阅览室、新华书店代销处、照相馆、棋室、游艺室、哈哈镜室、书画展览室、工艺室、体育场、花圃、广播站，以及一个业余剧团。活动项目越来越多，形成了文化、卫生、教育、科学融为一体的文化中心。为适应农民学习、掌握农业科学知识的迫切需要，该集还成立了拥有400名会员的农民科学种田学会。学会下设畜牧、蚕桑、植保三个专业分会。随着农村经济的迅速发展和群众“文化热”的日益高涨，这里逐渐形成了一个新兴的文化集镇。

（五）小城镇的镇容镇貌有了明显变化。

1979年以来，许多地方的小城镇制订了建设规划，根据规划新建了大批住宅，增添了众多的商店、学校、医院等公共福利设施，修建了相当数量的道路、桥梁、上下水管道、电力电讯线路等市政设施（见图147）。小城镇的生产生活条件得到了初步改善。例如，河北省保定地区采取军民共建的方法，1983年以来，在完成全地区21个县城、24个县属镇和340多个乡村集镇的建设规划之后，即以改造旧镇为中心，拓宽马路，翻建路面，新建集贸市场，使不少小城镇的街市面貌焕然一新。如新城县高碑店镇，以治脏、治乱为突破口，经过几个月的奋战，就改建了一条20多米宽的“市政路”。该路设有新式路灯、上下水道、街心绿化带和人行便道等。新建颇具特色的“新兴市场”，形似风车，中心为23亩地的农贸市场，几条入口都是带有塑料顶棚的街道。四川江油县武都镇是个历史老镇，由于过去长时期没有进行什么建设，泥路坑坑洼洼，旧房破破烂烂，设施十分简陋。1980年以来，镇上与长城钢厂第四分厂采取工农共建的办法，在统一规划的指导下，新建房屋40多万平方米；拓宽了4条15米宽的街道；修建了2500米的水泥路，并设有上下水道、垃圾箱和集装车；新建了文化公园和河边公园；开辟了2000平方米的农贸市场……这些现代设施为古镇换了新貌。大批商贾游客慕名而往，武都镇成为江油县的首镇。福建龙海县石码镇，1979年以来，通过群众集资的方式，建设了华侨新村、英厝新村、石铺新村、龙海桥渔村等几个住宅区；修了人民路、工农路、团结路、友谊路等22条路，总长4219米；建了粪便无害化处理场；兴建了江滨公园和紫云山风景区点等，使镇容镇貌发生了喜人的变化。

图147　湖北省随州市洛阳镇的街道和桥涵

但是，小城镇的发展是很不平衡的。从全国来看，大体有三种状况：一是在一些经济比较发达的地区，小城镇建设呈现出蓬勃发展的景象。其

图 148　上海市上海县虹桥镇街景

特点是，经济发达，市场繁荣，镇容镇貌有了较大改观（见图 148），已经初步成为当地经济、文化、服务中心。有些还在向科技、信息中心发展。这类小城镇在全国约占 15% 到 20% 左右；二是在一些经济发展尚不够发达的地区，小城镇的建设虽有所发展，但距繁荣程度还远。据黑龙江省调查，在全省 1099 个小城镇中，这类小城镇即占 59%；三是在一些经济发展缓慢的地区，小城镇的建设尚处于复苏阶段。实践证明，小城镇是随着社会生产力、社会分工和商品交换的发展而发展的。但小城镇建设好了，又会促进商品经济的更大发展（见图 149）。建设小城镇和发展商品经济是相辅相成的，两者互相依赖，互相促进。因此，在农业从自给半自给性经济向专业化、社会化、现代化转化的新形势下，必须根据乡村商品经济的发展和农业现代化的进程，采取新的政策来发展和建设小城镇，以适应和促进乡村经济社会的发展。

图 149　浙江奉化县乡村经济发达的方桥镇

第二节　建设欣欣向荣的小城镇实例

党的十一届三中全会以来，从国家到地方，在总结经验教训的基础上，实行了很多发展小城镇的新政策。这些新政策具体包括：根据小城镇的特点，依靠发展集体经济，调动各方面的积极因素，实行“人民城镇人民建”的方针，坚持城乡结合、工农结合的发展方向，允许农民自带口粮进镇务工、经商，在小城镇安家落户；开辟建设资金渠道，征收小城镇维护建设税，对不同等级的城镇规定不同的税率；采取根据统一规划、统一征购的办法，解决小城镇的建设用地问题；要求乡镇工业适当集中到小城镇上来，对小城镇建设实行综合开发，等等。这些政策有力地推动了小城镇的发展，开始涌现出了一批兴旺发达的小城镇。

一、富有江南水乡特色的江苏常熟碧溪镇

图 150　江苏常熟市碧溪镇布厂大门

碧溪镇位于长江南岸，距常熟市 18 公里，是碧溪乡政府所在地。过去交通闭塞，房屋破旧，全镇只有一条全长不过 200 米的小街。党的十一届三中全会以后，这个乡农、副、工三业全面发展，1983 年农、副、工的总产值为 6292.76 万元，比 1978 年增长 1.62 倍；农民人均收入为 583.6 元，比 1978 年增长 1.3 倍。碧溪镇乡党委在发展生产的同时，按照集镇建设规划的要求，开始对全镇的工业区、商业区、文化活动区、住宅区有计划地分段建设。在 5 年多的时间里，他们自筹资金 500 多万元，先后兴建了住宅、厂房（见图 150）、商店、学校等。总建筑面积达 11.5 万平方米；建成了一条宽 9 米、长 1400 米横贯全镇的柏油马路；填

平、改造露天粪坑21个，新建公厕8处；铺设下水道3150米；修建水泥路、砂石路和水泥砖路1112米；砌筑石驳岸1270米。经过规划建设，碧溪镇已经成为水陆交通方便、经济繁荣的商品生产和流通基地，成为全乡政治、经济、文化中心的新型文明集镇。

特别值得一提的是碧溪镇建设的文化中心（见图151）。这个中心是利用原来公社机关的十几间旧房子改建成的，设有图书室、农业科技指导室、科技讲座室、电视室、象棋室、文化茶室、乒乓室、康乐室、影剧室和书场等专用场所。全部建筑采用粉墙黛瓦，绕以回廊，叠石成山。在院子中央有一个呈半月形的花坛，布置着盆景、花卉，飘散着淡淡的清香。全院绿树成荫，十分幽静。东便门外紧临一泓清水，与文化中心融为一体，颇具苏州园林风貌。江南的农民，素有在闲暇时到茶室小坐，泡上一壶茶细细品味，欣赏评弹、说书的习惯。这里的文化茶室便成了最受欢迎的地方，特别是老年人娱乐、休憩的理想场所。文化中心从早到晚都开放，平均每天接待五六百人次，常常是座无虚席。乡党委的领导时常也来这里转一圈，坐下来听听群众意见。这个环境优美的文化中心，使农民摆脱了过去“早上起来看日头，白天扑在田里头，吃了夜饭坐场头，夜深钻进被窝头”的单调生活，过上了休息有场所，娱乐有阵地，学习有课堂的幸福生活（见图152）。

二、从实际出发进行规划建设的上海马陆镇

这个集镇位于上海西北郊，距市中心28公里，离嘉定县城6公里，始建于宋代，是马陆乡的政治、经济、文化中心。马陆乡全乡设17个行政村（大队）、229个自然村、8100户、32000人、32000亩耕地，总面积32平方公里。马陆塘与横沥河纵横贯穿于全境，国道沪宜公路与广安公路经纬交会于此镇。

1982年，全乡拥有固定资产4200万元，企业自有流动资金1000万元。全乡当年农工副总产值8089万元，比1978年增长135%，其中，农

图 151 碧溪镇文化中心内游园

图 152 碧溪镇街景

业 617 万元，占 7.6%；副业 1135 万元，占 14%；工业 6337 万元，占 78.4%。全年粮食总产量 2884 万斤，提供商品粮 480 万斤，交纳国家税金 793 万元，集体人均分配 451 元。

经济发展了，农民建房的积极性就高了。1982 年以来，全乡农民建房总面积约达 94.4 万平方米，平均每人 29.5 平方米，有 80% 的农户新建了楼房（见图 153）。其中 1982 年一年，就新建楼房 15.8 万平方米，有 1137 户搬进了新居。

图 153 上海嘉定县马陆乡、马陆塘新建住宅

马陆镇在规划工作上曾走过一小段弯路。1980 年该镇曾经做过一个定居人口为 10000 人的规划方案。这样就需要配置许多居住建筑、公共建筑，初步计算需要资金几千万元。对此，乡政府、农民和有关单位都缺乏信心。后来通过

调查研究，进行科学分析，考虑到镇离周围村庄很近，大部分居民可以亦工亦农，“离土不离乡”，白天去镇上做工，晚上回村里居住。因此，镇上定居人口由10000人减为3000人，重新制订了一个改造老镇和发展新区同时并举的方案。新方案充分利用老镇原有商业设施发展为商业区；新区发展为文化教育区（见图154、155）。这个方案的总投资只需要620万元。考虑到乡里已有集体积累3200万元，以后每年还有1000万元的集体积累，这样每年只需从集体积累中拿出10%到15%的资金建设集镇，加上各系统的支持，用5年左右时间就可实现规划，彻底改变马陆镇的面貌。这个切实可行的建设规划，得到了各方面的拥护，并且调动了各方面的积极性，提前实现了规划的要求（见图156）。

图154　马陆乡中小学

图155　马陆影剧院

三、作为鞍山市卫星镇进行规划建设的牛庄镇

牛庄镇全境面积72平方公里，有8215户，33000人口。镇区面积为

图 156　马陆乡乡政府

4.6 平方公里，有 23300 人口，镇内人口中吃商品粮的为 6299 人。这个镇地处鞍山、海城、营口、台安、大洼等市县的交汇点，东距哈大铁路 20 公里，南至水上交通较发达的辽河湾 45 公里，西靠与渤海相通的太子河，北距鞍山工业城市 45 公里，海沟（海城—沟帮子）铁路贯穿镇郊之间，交通十分方便。该镇是鞍山、海城西北部农副产品贸易集散地，是海城县乡村中一个经济、文化、交通比较发达的中心。

党的十一届三中全会以后，这个镇日益兴旺起来。1984 年乡镇企业总产值 2074 万元，是 1978 年的 3 倍，实现利润 307 万元；农业总收入 1634.6 万元，是 1980 年的 1.5 倍；商业销售额为 2853 万元，比 1978 年增加 3.8 倍；人民生活水平明显提高，人均收入 608 元；居民银行储蓄额为 570 万元，比 1978 年增长 10 倍。

经济的发展，要求加快城镇的建设，城镇建设要以规划为指导。牛庄镇的规划思想是：根据牛庄的经济、交通、地理条件的特点，按鞍山市总体规划的要求，把牛庄镇布局为鞍山市的卫星城镇，把魏家、江家等村布局为镇郊的卫星村，使城镇、村屯连接起来，一层包一层，一层带一层，一层促一层，形成以鞍山市为中心的多层次的新的城乡体系。

自 1981 至 1984 年 3 年间，牛庄镇集资 245.1 万元，加快城镇建设。他们开辟了一处面积达 52800 平方米的农贸市场，解决了市场用地紧张的问题；建成了一座日产 1200 吨的水厂，铺设管路 5.9 公里，使 1000 余户人家用上了自来水（见图 157）；打通了南至集市，北达镇中心的振兴路。

此路红线26米，延长线640米，路面铺垫沙石；在道路两侧开辟了商业经营区；疏通与整修了镇内6条主干道路，延长线为5公里，相应架设了77盏大小型路灯，还整修了通往城郊魏家、里家等村屯的公路10公里；兴建初、高中两栋教学楼，建筑面积为6757平方米，解决了因缺乏校舍，镇内每年450名小学毕业生和镇周围5个乡220名初中毕业生升学难的问题；新建教师住宅1200平方米，初步缓和了教师居住紧张的局面；兴办了职业高中，开办了工业、财会、服装、机电等6个专业班，培养学员450余人（见图158）；增设了正骨医院，重建了人民医院，建成了县立第二医院供暖工程（供热面积为3000平方米），解决了患者住院难和室温低不宜手术的矛盾。与此同时，电影院以及镇内公共厕所等设施，均修缮一新。一个布局合理，功能分明，经济繁华的新型小城镇初步建成（见图159）。

图157　辽宁海城县牛庄镇自来水厂

图158　牛庄高中校园

图 159　牛庄电影院外观

牛庄镇在加快城镇建设方面的主要做法是：

1. 领导重视，加强指导。牛庄镇同全国一样，1978 年以来出现了从自给半自给经济向大规模商品经济和从传统的农业向现代化农业的转化，同时也出现了大量剩余劳动力，要求进城务工经商。为适应这一变革，镇政府及时地把小城镇建设纳入了重要议事日程，实行镇长全面抓、分工副镇长直接抓、专门班子具体抓的城镇建设的方法。他们还设置了城镇建设办公室，配备了懂政策、懂业务、有文化的得力干部，具体规划建设工作（见图 160）。

2. 推行房屋商品化的政策。1984 年 12 月，以原镇工程队为基础，组建了镇的建设开发公司，两个牌子，一套人马，既承包建设工程，又经营商品房和建筑材料业务，使城镇建设组织体系日趋完善。

3. 制定有效的政策措施。针对进城务工经商的农民越来越多这一情况，该镇因势利导，制定了农民进城“三不四给”的措施和近期免税的政策。“三不”是：不设卡，不排斥，不歧视；“四给”是：给常住户口，给用地，给办理经营手续，在有条件的情况下给生产资料。近期免税的政策是，经营三个月内不征税，并可视情况延长免税期限。由于政策得人心，顺民意，进城的个体户自行投资 11 万元用于新建、改建、扩建店铺网点。

图 160　牛庄镇政府大楼正在建设中

4. 发展商品经济，促进小城镇建设。该镇领导认识到，商品经济的发展可以促进小城镇建设，小城镇建设又可以加快经济的发展，两者相辅相成。于是根据牛庄镇的地理位置、资源、流通等条件，他们从以下四个方面入手发展商品生产，活跃城镇经济。

一是按照城镇性质及其发展方向，兴办轻纺、建材、食品加工等投资少、收效快的乡镇企业。1981 年以来，在对原有的 17 家企业进行整顿、改革的同时，又新发展了塑料、汽水、锌肥、冶金粉末等 6 家企业，初步形成了以轻纺、建材、农机和农副产品加工为主的城镇工业体系。这些厂家的产值以平均每年递增 6.3% 的速度发展，3 年来创造产值 4060 万元，利润 605 万元，为城镇建设奠定了物质基础。

二是恢复“商埠”盛名，发挥古镇宜商之长。新市场开辟之后，增加商业网点 29 家，扩大个体工商业 191 家，新建商业楼 1600 平方米。一些具有地方风味的“高晓山馅饼”“梁家糖果”“西城府火烧”“韩洪禄熏肉”等食品生产都恢复起来。几乎五步一摊，十步一店，顾客盈门。每逢集日来自附近各市县的城乡赶集群众少则两万人，多则达 4 万人，超过牛庄全镇人口的总和。商品交易品种达 300 多种，平均每集成交额达 8 万—10 万元。

三是为安排农业剩余劳力创造条件。这个镇因发展商业安排农业剩余劳动力 889 名，连同建筑业、运输业等其他各业（含个体）共安排了农业剩余劳动力 1812 人。城镇各业容纳劳动力 4641 人，占乡镇劳动力总数的 50% 以上，就是说有一半以上劳动力“离土不离乡”，从事手工业、商业和其他各业生产。

四是鼓励农民到镇上开厂办店、务工、经商。为此，镇政府专门设立了农民进镇接待站，由工商、税务、城建、公安、粮食等有关部门组成联合办公室，只要一道手续便可解决农民进城的各方面问题。据统计，申请进入牛庄镇落户的农民有 700 余户，其中有 565 户，2201 人已得到批准。

四、以集镇建设促进商品经济发展的浙江北白象镇

北白象乡位于浙江南部乐清县的西南，全乡土地面积 13.4 平方公里，

有耕地 7573 亩；管辖 22 个村庄，260 个生产队，一个居民区，共有居民 4338 户，总人口 21937 人。这里土地肥沃，气候温和，雨量充沛，自然地理条件优越，水陆交通良好。杭州至温州的公路、乐清至琯头的运河，都从这里通过。北白象镇是乡政府所在地，历史上曾设过区公所、镇政府。但是，这里人多地少，人均耕地只有 0.35 亩。过去长期受“左”的错误思想的束缚，把全乡上万个劳动力捆在 7000 多亩耕地上搞“以粮为纲”。尽管农业生产从新中国成立前的亩产 355 斤提高到 1978 年的 1410 斤，但由于多种经营、乡镇工业得不到发展，1977 年全乡企业产值只有 266 万元，镇上市场十分冷落，只有供销社和几家合作商店及少量小商贩。

北白象镇原来市政公用设施基础很差，十分简陋。镇上只有两条宽度不到 4 米的老街，坑坑洼洼，街旁粪坑一个挨一个，镇容肮脏破烂。该镇没有给排水设施，河埠头堆满垃圾，饮用、洗涤同在一条河里，卫生条件很差。文化娱乐生活更是枯燥，一个月看不到一场电影，有些年轻人，只好花几元钱乘车到几十里外的温州、乐清去看戏看电影。党的十一届三中全会以后，农村商品经济迅速发展，北白象镇也开始繁荣起来。镇上农副产品和日用小商品摊店日益增加，每天上市人数多达 2 万人。而市场场所缺乏，两条老街挤得水泄不通，电话挂不出、打不进，邮电所里包裹无处存放，集镇设施越来越不适应，矛盾十分突出。农村的剩余劳动力需要出路，集镇周围几个大队的农民纷纷要求在镇边自己的土地上建房、开店、摆摊。在这种形势下，加速集镇建设，开辟新的市场，已是势在必行的事情了。

为适应商品经济迅速发展这一大好形势，1980 年，北白象镇开始有计划地进行建设。在将近 4 年的时间里，该镇新辟 8—12 米宽的街道 6 条，总长度 2015 米，3—4 米宽的村道和巷道 4000 多米，并都铺设了下水道，做了水泥路面，改变了过去晴天灰尘弥漫、雨天污水满街横流的肮脏状况。沿街安排了邮政、电讯、文化娱乐、商业服务等公共建筑，同时也安排了个体工商业户用房，为农民进镇务工、经商、办服务业创造了条件。

他们新建一座拥有1070座位的影剧院和一座1600平方米的百货大楼，并扩建了邮电支局，从原来90平方米增加到790平方米；电话总机从50门扩大到150门，有些专业户也装上了电话，解决了打电话难的问题。新建日产能力2880吨自来水厂一座，为发展食品工业创造了条件，同时也改善了群众的饮水卫生。新建的2—4层居民住宅1200多间，实现了广大群众迫切要求改善居住条件的愿望，也为发展工副业创造了有利条件。经过几年的建设，集镇迅速扩大，与附近6个自然村连成了一片，大大增强了集镇的吸引力，为进一步发展商品经济创造了极为有利的条件。

北白象镇的建设，开辟了新的商品生产基地和新的商品市场，进一步推动工农业生产的发展。1983年，全乡工农业总产值达1592万元，比1978年增长2.6倍；全乡乡镇企业由49家发展到164家。乡镇工业产值为1186万元，税后利润100万元，比1978年分别增长3.9倍和4倍；家庭工厂如雨后春笋，从无到有，蓬勃发展，达到700多家；商业、服务业各种门市部、商店、摊柜达1000多个，在大街小巷星罗棋布，生意十分兴隆。

随着商品生产的发展，上市的商品越来越多，形成了几个规模很大的专业市场：一是五、交、化市场。500多个门市部和摊店中的五金、交电、化工产品规格齐全，达到几千种。每日吸引省内外顾客上千人，日销售额达3万多元。二是食品和日用商品市场。200多间门市部、600多个摊店的各种日用商品琳琅满目，品种繁多。该市场有上海、广州、杭州、温州各地的新式服装、装饰品、化妆品、新式家具、文化用具，还有高级糕点、烟、酒、糖果等。餐馆、酒店、小吃部，整日营业，随时为顾客服务。这个市场的日销售额高达4.7万多元。三是水产、肉类、蔬菜市场。每天上市的蔬菜、鱼类、瓜果、禽蛋、肉类达几十万斤，日销售额达2万多元。四是农副产品市场。上市粮油、饲料、柴炭等等十分丰富，日销售额达3500多元。五是建筑材料市场。这种市场有50多间门市部，出售水泥、玻璃、钢筋、木材等。每天还有三四十条船，从各地运来砖瓦砂石料任人选购。周围农村建房所需材料，在这里都可以买到，不需再到外地奔波。这个市场的日销售额达3万元。以上5个专业市场每天销售额共达13万多元。

随着商品经济的发展，对外流通、业务信息联系也大大加强。各种联办的、农民自办的快件慢件，车运、航运站纷纷建立起来。邮电部门每月收发电报达10000多件，包裹5000多件。镇上还建立了信息网，通过广播定期向各村传播市场商品经济的最新信息。商品生产发展了，市场繁荣了，集体经济不断壮大，农民日益富裕。1979年全乡社员存入信用社的个人储蓄总额只有90元，到1980年达到1000元，1981年猛增到6万元，1982年达21.7万元，1983年达27.4万元。1983年全乡人均收入达725元，前岸、白塔王等4个村超过1000元。农民富裕了，对国家的贡献也越来越大。1983年，全乡上缴给国家的税金达258万元，其中工商税122万元，财贸税15万元，乡镇企业税76万元，农业税45万元。农民生活改善，购买力大大提高。1983年单是供销社的营业额就达762万元，比1978年增长43%。高档商品供不应求，1984年除按计划调拨外，该镇还自行组织购进自行车700辆、被单2000条投放市场。从福州购进30台福日牌14吋彩色电视机，仅两天时间即抢购一空。

在党的十一届三中全会以后短短的几年间，北白象镇的面貌迅速发生了变化，农业生产上去了，乡镇企业发展了，农村市场繁荣了，农民生活富裕了。干部群众都反映："党的政策威力大，3年超过30年。"北白象镇已经成为周围六七个乡的经济、文化中心，成为农工副各业全面发展的新型的社会主义小城镇。

五、山东城镇规划建设较好的王台镇

王台镇规划和建设的指导思想，主要是从这个镇的地理特征和经济发展基础出发，取得了较好的综合效益。王台镇位于胶南县城北部，北邻胶县，东邻黄岛区与青岛市隔海相望。胶新公路贯穿镇中，有3条县级公路

在镇内交汇，是青岛地区与鲁南、苏北一带陆路联系的必经之地，也是青岛市外围地区重点发展的卫星城镇之一。全镇管辖 50 个行政村，55 个自然村，有 9910 户，43766 人，总面积 80 平方公里，耕地面积 57800 亩。1984 年，全镇工商企业发展到 40 家，其中工厂 16 家，饮食、服务、食品加工业 24 家；年乡镇企业产值 847 万元，占全镇工业总产值的 35%，是 1978 年的两倍半。全镇工农业总收入 2870 万元，村镇居民人均收入 790 元，是 1978 年的 9.2 倍。务工、经商人员达 11000 人，占村镇劳力总数的 63%。1984 年年底，农民储蓄总额 574 万元，人均 142 元，是 1978 年同期的 12.5 倍。在发展经济的同时，全镇 95% 以上的农户住上了新瓦房，添置了新家具，有 30% 以上的家庭购置了电视机、录音机等。

王台镇在发展经济和城镇建设中，主要有以下几点做法：

1. 认真制订发展建设规划。镇领导用了将近一年的时间，本着“立足现实，着眼长远，繁荣经济，方便群众生活，为人民造福”的原则，结合本镇的地理位置、自然条件、资源优势，以及有关部门提供的国民经济资料，编制了王台镇的总体规划、绘出现状图和近期远期规划图、编写了总体规划说明书。为适应黄岛经济开发区建设的需要，国家拟定在王台镇北建胶黄高速公路和胶黄铁路。这是制订王台镇总体规划之后的新情况。根据这一新情况，镇领导及时调整了原拟在镇北的建设项目，为远期城镇的发展做了相应的规划。

2. 为进镇务工经商的农民提供方便。王台镇是胶南、胶县、诸城、黄岛三县一区的中心集镇。党的十一届三中全会以后，它的服务范围已经超出了镇界和县界。每逢农历四、九，王台镇方圆百余里的群众都来聚会赶集，高峰达 10 万人以上；每年 2 月、10 月有两次盛大山会，集日成交额达 20 万元以上。为了适应改革和发展经济的需要，把集镇建设成市场信息、科技情报、商品购销三大网络，镇领导本着有利于发展商品生产的原则，积极为农民进镇务工经商提供条件。具体做法是：第一，为进镇农民安排好生活区。镇政府帮助进镇农民成立了自治组织——居民委员会。该会下设居民小组，负责进镇农民的户口、教育、科技、文化、卫生、治安、民政、调解、计划生育等工作。在镇区内，专门划出了供进镇农民居住的居民区。镇政府采取统一规划、自费自建、个人投资、集体统建、用户选购、出租使用等多种形式，为进镇农民提供住房。第二，为进镇农民规划经营场地，提供便利的生产用房和好的市面。在镇南区，按规划开辟了一条35米宽、1000米长的商业大街（计划共开三条），街两侧专门安排进镇务工经商人员建厂办店、经商营业之用。所占用的土地，由镇政府统一征用，转让给进镇农民使用，按使用面积收费。第三，为因征地减少耕地的农户减免征购任务，保证群众口粮。镇政府还给被征土地户以补偿费。第四，为进镇农民安排好口粮、煤炭、用水、用电等。镇党委明确规定：凡有经营能力自愿到本镇务工经商的农民及家属，以及外地应聘到本镇集体、个体企事业单位中长期工作的经营管理人员和技术人员，均准许在镇上落户；以上人员持本人申请、企事业单位证明、户口迁移证，经镇政府审查同意后，到镇派出所落常住户口，发给《自理口粮户口簿》，统计为非农业人口；持《自理口粮户口簿》到供粮所办理《加价粮油供应证》，供给与城镇非农业人口相同工种标准和数量的加价粮油；到煤场办理《煤炭供应证》，供给与城镇非农业人口相同的标准数量的煤炭。以上做法比较好地解决了进镇农民的衣、食、住等方面的问题，使他们进得来，住得下，安心经营。

3. 群策群力，实施规划。王台镇有不少街道需要改建和拓宽，牵涉近500户农房需要搬迁。制订规划前，70%以上的公共设施、服务网点沿胶新公路两侧呈条状发展。日平均车流量达2000余辆次，对镇内干扰太大，既影响交通安全，又对镇内环境造成一定的污染。但是，资金严重不足，一时难以治理。如新规划的越境公路，据估算，仅房屋搬迁一项就需要资金200万元。因此，他们一方面本着“人民城镇人民建，大家的事大家办”的精神，进行集资。另一方面采取“先急后缓，先近后远，远近结合，逐步提高”的施工方法，解决了资金不足的困难。在实施规划中不搞一刀切，采取“大统一，小自由”的方式，坚持有计划、有重点，逐步实施。自1982年以来，他们筑桥5座；整修街道5条，长达5000米；拓宽和铺筑路面3条，长达3200米；建排水沟2400余米；铺路沿石3500米；安装路灯65盏；新辟商业大街一条。在集资建设中，他们坚持了“互利自愿，量力而行”的原则，不向基层下达行政命令，也不搞平均主义，实行“出义务工，投放建筑材料，土地入股”等多种形式的集资办法，有钱的出钱，有力的出力，能办什么就办什么。实践证明，这个群策群力的办法，少花钱，多办事，见效快。

六、以集镇建设促进商品流通的广东金鸡墟

金鸡墟位于广东省开平县西南部，毗邻台山、恩平两县，交通方便，历来是这些地区农副产品的集散地。但过去在“左”的思想干扰下，经济萧条衰退，人民生活水平低，根本谈不上村镇建设。党的十一届三中全会之后的几年中，金鸡墟全区出现了4个翻番：一是工农业总产值1984年达到3029万元，比1982年翻了一番；二是全镇人口翻了一番。1982年1000多人，到1984年增至2600多人。另有“离土不离乡”的合同工（含县所在企业）800多人，逐步改变了农村人口结构；三是全镇总用地面积翻了两番。1982年为2万多平方米，到1984年扩大到8万多平方米；四是当年建筑面积比前两年的总和翻了一番。建成了两三层以上的楼房39幢，建筑面积达5.7万多平方米。其中建成了一条“农民新街”（见图161），既为农民致富创造了条件，又为墟镇面貌增添了光彩。

图161　广东开平县金鸡墟农民新街

乡村经济的迅速发展，提出了三个亟待解决的问题：一是农业商品逐年增多，而且必

将持续发展，商品不断向墟镇集散，墟镇如何相应增加经营场所及相关的设施。二是农民手里钱多了，墟镇如何扩大和改善生活文化设施，适应人民文化生活和消费需求。三是实行农业生产责任制后，剩余劳动力多了，墟镇如何给剩余劳动力致富出路。对此，镇领导采取了以下三个办法：

第一，立足自己的力量，大办墟镇工商企业。1979 年以来，他们先后与县联营扩大水泥厂的规模，提高生产能力和经济效益。他们还办了塑料厂、橡胶复制品厂、网球鞋厂、蓄电池厂、五金塑料厂、汽水厂、糖果厂、纸袋厂、石灰石场等 10 多个企业。1984 年总产值达 2130 万元，比 1983 年增加近一倍。同时扩大和发展区建筑工程队，并建立了农工商联合公司等，总收入 1020 万元。从而发展了经济，容纳了一大批农业剩余劳动力。

第二，鼓励和支持农民进墟发展第三产业。全区进墟从事运输、缝纫、理发、饮食、商业、修理等业务的达 2000 多人，增加了 24 家个体饮食店，建立了 30 多间经商铁皮店。既搞活了墟镇经济，适应人民消费水平提高的需求，又为农民致富开辟了门路。

第三，办好两个农贸市场。1984 年集市成交额达 1730 多万元。

他们在搞活经济的同时，广泛开辟集资渠道，加快墟镇建设的步伐。具体做法是：

1. 大力兴建墟镇市政公用设施。1982 年以后的两年多里，他们从积累资金中投资 300 多万元，建起了一条长达 600 多米的下水道。这条下水道贯通墟镇南北，排水排污，为全面实施墟镇建设规划打下了基础；兴建自来水塔一座，解决了墟上饮食用水问题；新建一幢 1500 平方米的 5 层（含地下市场）住宅大楼，较好地改善当地干部、医生和教师等知识分子的居住条件；1984 年又投资 116 万元，新建了一座 3000 多平方米的 4 层文化娱乐中心大楼（见图 162）。

2. 鼓励和支持农民进墟建房。建房资金（70 多万元）由农民自己筹集，建房用地由区统筹安排。墟实行“不赚钱”的优惠政策，需用水

图 162 金鸡墟文化中心

泥按出厂价优惠供应；由区建筑队承建的房屋按优惠价格收费，每平方米造价不超过 110 元。26 幢楼，总面积达 3100 平方米，组成了“农民新街”。

3. 银行信贷部门积极扶持建房工作。1984 年为支持农民建房和办第三产业而发放的贷款就有 140 万元。

4. 组织发动墟内财政、供销、食品、邮电、银行等部门自筹资金进行建设。这些部门先后兴建了 15 幢新楼房，建筑面积达 5000 平方米。

5. 吸收华侨、港澳同胞投资建房。1984 年落成的“侨友楼”，就是由华侨港澳同胞集资兴建的，建筑面积为 480 平方米。

经过多年来的努力，金鸡墟已建设成为初具规模的山区新型墟镇（见图 163）。

图 163 金鸡墟中心街景

七、以屯垦开荒著称的江西共青城

共青城坐落在江西省鄱阳湖畔的德安县境内。这里原是一个蓬蒿丛生、野兽出没的荒山滨湖地区。1955 年，一批上海有志青年来此屯垦开荒。1957 年建场，几经周折搬迁，创业者们顽强奋斗，努力开拓，终于建起了一座城乡结合、农工商结合的现代化小城镇。

共青城的建设，一直得到党中央的亲切关怀。胡耀邦同志从 1955 年起，两次前往视察，三度题词，并于 1984 年 12 月 12 日来此视察时，为创业者挥笔写下了“有志者事竟成”的题词和“共青城”的题名。

到1984年，共青城已建起了羽绒厂、酒厂、板鸭厂、淀粉厂、包装材料厂、风琴厂、工艺美术厂、建材厂、粮油加工厂、养猪场、蛋鸡场、运输公司、燃料公司、服务公司等，共24家企业，产品达70多种，远销国内29个省、自治区、直辖市和国外34个国家及地区。工农业产值达6千多万元。共青城的高速发展，带动了周围乡村经济的繁荣，并成为当地乡村的农副产品加工中心和政治、经济、文化中心。

共青城的规划建设，是从1980年开始的，到1984年，全城人口发展到8000人，其中职工5000人，建筑总面积已超过20万平方米。城内主要街道为水泥路面，宽27—35米，设有绿化坛、行道树，十字路口筑有花坛和喷水池，给排水管道和电力电讯线路一次性铺设地下，大街两侧是美观大方的燕翅形高压水银路灯。

行政区在全城中心，也是地势最高处。主要建筑有办公大楼、会议礼堂大厅和供贵宾休息的3栋富丽堂皇的别墅式招待楼。这里树木成荫，花香袭人，站在高处极目远眺，鄱阳湖畔的田园风光尽收眼底。

镇上大街两侧是商业铺面和部分厂房建筑，其中有内设电梯的7层羽绒制品车间大楼、6层楼的南湖饭店、5层楼的羽绒制品研究开发中心、4层的邮电大楼等，还有占地3600平方米高3层的酒厂大楼、占地5000平方米高4层的影剧院。服务公司、百货商场、照相馆、理发厅、服装店等公共建筑鳞次栉比，热闹非凡。入夜时分，各大建筑物闪耀着五颜六色的霓虹灯，与高压水银路灯交相辉映，使人如同置身于一个现代化城市之中。

文化娱乐中心——青年之家，建在山水林木之中，占地1万余平方米。内有游艺室、棋室、跳舞厅、阅览室、旱冰场等。庭院中有人工湖、假山凉亭、十二曲桥，翠竹环绕，曲径通幽，优美的景致令人流连忘返。

占地1万平方米的幼儿园是孩子们的快乐世界。这里有弧形的教室和宿舍建筑，有大型电动的“游龙戏水”“火箭登月”等游戏设备，孩子们在这里能受到较好的早期教育。

城内有3个较大的居住区，一栋栋新的宿舍楼拔地而起，既有行列式的布置，又有依坡就势的自由式布置。共青城的人均居住面积已达12.8平方米。

共青城的建设是很有特色的，建筑物的布局因地而异，统一中有变化，不呆板。街道两旁的建筑物有密有疏，间距相宜；有高有低，错落有致；造型新颖，色调美丽协调；既有群体建筑的空间美，又有单项建筑的风格美。依据规划，到2000年他们将把共青城建设成为一座生产和旅游相结合、四季飘香的花园式的社会主义现代化文明城镇。

八、旅游兴旺的安徽青阳县九华山镇

九华山是以佛教为特点的著名风景名胜区之一，山有99峰，地有200华里，群峰竞秀，景秀清幽，寺庙林立，香烟缭绕，吸引了大量国内外游人。芙蓉峰下，有一片约4平方公里的开阔地，居住着300多户农家（九华大队），其中160多户又集中在九华街，自唐代以来就自然形成了旅游小集镇。无论是南来北往的香客，还是虔诚苦修的僧尼，都在这个小集镇上短住、长留、生活和活动。千百年来，小镇几经兴废、伤痕累累。1979年正式确定九华山对外开放，游人猛增，经济繁荣，古刹添辉，小镇生机勃勃。

九华山早在明、清盛时，就有寺庙400余座，僧尼5000多人，四方众僧及朝山进香者“络绎不绝于途”。然而新中国成立后，在一个相当长的时期内，由于极左路线的干扰，旅游被限制，小镇受摧残，街上100多户大多弃商务农、毁林耕荒、砸寺庙、撤店铺，只剩下一个国营供销社、一个集体饮食店和两户个体理发户，商业活动很少。党的十一届三中全会以后，小镇开始兴旺起来。九华山开放5年共接待165万多人次，其中，接待外宾、华侨和港澳台同胞3000多人次，每年接待递增率为30%。为了安排这些游客的吃、住、行、游、乐、购，镇上大多数经商的人又重操旧业，挂起了各种各样的招牌，围绕旅游开展多种服务活动，商品经济逐渐活跃起来，小镇面貌发生了显著变化。

1. 镇容建设的变化。5 年来，除将镇上原有的民房、街道整治一新外，还维修危庙、危房 40 余幢。该镇新建了广播站、粮站、气象站、邮电局、银行、电影院、工艺美术公司、东岩宾馆、供销公司等 43 个新单位，面积 3.5 万多平方米。同时新建了自来水工程，架设了高压电线，开辟了盘山公路，建了彩色电视差转台。1983 年，镇的规模比 1978 年扩大一倍多，镇上的人口已达 1700 人，占全山总人口的 70% 以上，小镇已成为全山政治、经济、文化的中心。

2. 经济结构的变化。这个镇原来是单一搞农业。改革开放后，允许农民做工经商，离土不离乡，在镇上摆摊设铺，开店办厂。全大队农业人口 1403 人，参加镇办企业的 270 人，个体户自谋职业 252 人，70% 以上的劳力、辅助劳力转为务工经商。镇上共有国营宾馆、招待所、集体旅社 9 家，私人开店铺的 16 家；有国营商店 8 家，集体办的供销公司、工艺厂、装卸队、造纸厂、冰姜厂、竹壳棕丝厂、茶厂、香菇厂等 20 多个；有从事经商的个体户 143 户。1983 年，镇上国营企业成交额 178 万元，集体企业成交额 194 万元，个体户成交额 56 万元，外地来镇成交额 67 万元，累计全镇成交额 495 万元。

3. 自然环境的变化。由于旅游事业的发展，该镇加快了风景区的保护和建设的步伐。5 年来，上级投资 200 万元，而实际用于这方面的经费已达 300 多万元。如恢复、新建观音洞、化城寺广场、太白井等风景点 13 处；绿化荒山 1400 亩，整修新老茶园 800 亩；兴修盘山公路 30 公里、机耕路 5 公里，整修石级路 25 公里；修建小水库 2 座，办小水电站 2 座；修佛像 500 余尊，收集、整理文物 700 余件；兴建公厕 12 处；建立 400 吨自来水池一座、架高压电线 10 公里。这个小镇按照规划建设，外貌保持了古色古香的特色，内部又有现代化的建筑设施，环境面貌发生了巨大变化。

4. 文化生活的变化。1978 年前，这个小镇只有一个“中心文化室”，有700多册图书和一名“赤脚”图书管理员，文化生活极为贫乏。随着旅游业的发展，5年来建立了广播站、文化馆、电视差转台、学校、医院、书店等8个宣传单位，广泛开展了文娱体育活动。几年来，中央、上海和安徽等电视台拍摄了九华山风光片10多部，不断扩大影响。

小镇以它特有的魅力，吸引着大量的中外游人。小镇内外，有20多座寺庙，有近百名僧尼在庙内开展佛事活动。镇上香烟缭绕，钟声不断，佛事活跃，颇能吸引游人，每年朝山进香者达5万多人次。小镇的建筑又独具一格，寺庙与民房又互相映衬，高低错落，布局合理。这里的寺庙大多建于清代，其中明代建筑藏经楼保存完好，更是建筑学者和游人考察、观光之处。小镇坐落芙蓉峰下，群山环抱，绿树成荫，气候凉爽，环境清幽，给人以美的享受。

小镇不仅以它自然古朴的名胜吸引游人，而且为宾客处处提供方便。在住、吃、行、游、购诸方面，自1979年以来形成了一定的接待能力，能基本满足宾客的各项要求。

住：小镇上有各种床位1500多张，有高级宾馆，有普通旅社，有香客饭店，还有管住不管吃的方便铺。每逢重大节日，家家开饭店，一夜能住四五千人，不让游客在露天过夜。

吃：镇上方便小吃随处都有，风味各异，价格合理，有荤有素，可供选择。

行：镇上有一个旅游车队，有大小空调旅游车、轿车、吉普车10多辆，随叫随到。同时，南京、安庆、合肥、芜湖、黄山、铜陵、青阳、贵池、桐城、枞阳、庐江等14个市县同九华山对开班车，南北往来，交通十分方便。

游：九华山设有11个旅游点，石级路纵横交错，点点相通。该镇还计划新辟甘露寺、天台、溶洞3个风景区，扩大旅游点。镇上配有翻译和导游，有“一日游”“两日游”“三日游”。年老体弱者还可以乘轿上山，处处为游人提供方便。

购：镇上有国营和集体商店、个体户小卖部150多家，各类商品近3000种，本地工艺、土特产品234种。市场繁荣，货物充足，尤以工艺品和土特产品著称，如茶叶、黄精、冰姜、竹编、雕塑等。游人上山，不仅能饱览名山风光，还能买到称心如意的纪念品。九华山竹编工艺厂精制的竹编工艺品销售西欧、北美、南美、东南亚一带28个国家和地区，1984年为国家创外汇23万美元。总之，这个小镇为上山游人提供多方面的服务条件，已成为名副其实的旅游小镇了。

以上具有不同特点的八个实例，只是党的十一届三中全会以来，全国小城镇大规模建设中的一小部分。实际上全国类似的小城镇已有近百个。例如江苏沙洲县塘桥镇、吴江县莘塔镇、丹阳县界牌镇，上海松江县罗店镇、新浜镇、虹桥乡虹桥镇，浙江普陀县螺门镇、萧山县红山农场、鄞县五乡镇、绍兴县柯桥镇、温州市金乡镇、苍南县龙港镇，河北三河县燕郊镇、新城县白沟镇，内蒙古乌拉特中旗川井苏木镇，山东昌邑县岞山镇、荣成县大疃镇、临沂市罗庄镇，广东东莞县常平镇、番禺县大岗镇、宝安县新安镇，安徽滁县乌衣镇、凤阳县临淮镇、繁昌县荻港镇、天长县郑集文化小镇，湖南华容县洪山头镇，湖北京山县宋河镇、随州市洛阳镇，四川广汉县三水镇、双流县华阳镇、巴县长生桥镇，黑龙江安达市万宝山，福建侨乡东石镇等，一批新型的文明小城镇，在全国各地已经建起，而且随着农村经济的不断发展，大批扩建、改建和新建的小城镇还将不断涌现出来。

第七章
环境保护日益受到重视

乡村，范围广阔，占据了整个国土的绝大部分，最为接近大自然，环境条件远比城市优越。正因为如此，乡村环境的污染和破坏往往更直接地影响到自然环境的质量。过去，由于人们缺乏环境知识，给乡村环境造成了不少严重问题。其主要表现在以下两个方面：一是由于过去长期在“左”的思想影响下，中国农业生产为追求粮食种植面积而大量毁林开荒、毁草种粮、围湖造田，既不顾保护自然环境，又不爱惜地力，结果自然生态遭到严重破坏。二是党的十一届三中全会以后，农村在兴办乡镇企业当中，由于不注意环境保护，又缺乏规划指导，因而盲目发展了许多电镀、化工、塑料、冶炼、造纸、印染等污染型工业。乡镇工业产生的废气、废水、废渣，不经处理就随意排放；加之乡镇企业零星分散，量大面广，严重地污染了乡村的环境。因而，重视环境保护工作，特别是在乡村建设中努力使规划建设与环境保护工作同步进行，成为亟待解决的问题。

第一节　努力使规划建设与环境保护同步进行

1981 年以来，在全国各地的村镇规划建设中，注意了防治工业污染和保护自然环境的问题。许多地方的村镇规划在安排工业布局时，根据本地的资源条件和环境状况，发展以种植业、养殖业为基础的消费品生产，为城乡人民生产生活服务，为外贸出口服务。广东省顺德县在制订规划中，努力做到端正工业发展方向，合理布局。他们把保持良性生态系统作为经济建设和环境建设的重要原则，鼓励发展轻纺等无污染或少污染的行业，严格控制小电镀、小造纸、小冶炼、小化工等污染型工业的建设，把“发展经济，解决就业，防止污染，保护农业生态环境”作为乡镇企业发展的指导思想。1981 年，全县有 1550 个乡镇企业，污染型的有 1054 个，其中污染严重的有电镀厂 44 个，土砖窑 882 个，小化工厂、小炼油厂和小造纸厂 128 个。这些污染企业，年排放污水 35 万吨、废气 9 亿多立方米，污染相当严重。经过调整工业布局，1983 年全县 2299 个乡镇企业中，无污染企业已达 1422 个，轻污染的 775 个，污染较重的降到 102 个。浙江湖州市、山东黄县、辽宁昌图县等地的乡镇企业，也都结合工业调整，发挥地方优势，重点发展无污染、轻污染的工业。如湖州市侧重发展了丝绸、湖笔、刺绣、针织等工业，从而减轻了环境污染。

有些地区和村镇在搞好村镇规划和建设、保护乡村环境方面，做出了显著的成绩。如陕西省户县，从 1978 年以来，在农业总体区划、村镇布点规划和村镇建设规划中注意了保护环境和生态平衡。他们的具体做法是：

（一）搞好村镇布点和乡镇企业布局，防止环境污染。

在村镇布点规划中，从全县实际情况出发，将农民居住点规划分为三种类型：（1）山区。他们提倡依山就势定居民点，在定点时注意保护山林植被，严禁毁林建村。（2）沿山沿滩区。他们利用荒地、坡地定居民点，注意防洪、防震、防滑坡。（3）平川区。他们充分利用旧村进行改造，对个别受水灾威胁、环境污染严重的村庄另选新点。该县的乡镇企业布局，既考虑有利于经济文化交流和集市贸易，又注意防治集镇工业对周围环境带来的污染。因此，他们对全县的企业布点进行了调整，将 18 个电镀厂点集中在县农机修造厂，设立一个电镀中心；将 16 个造纸厂点按制浆、成纸两段工艺分开，把有污染的制浆工段集中设置在远离城镇、废水易于治理的地方。

在全县总体规划上，他们沿秦岭北坡、渭水南岸各设置一条防护林带，县境内的路旁、河边全部搞行道绿化，从而形成一个道路畅通、绿树成荫、居民点星罗棋布的清洁、舒适、优美的环境。

（二）搞好村镇内部和社员庭院规划，改善居住环境。

在村镇内部规划中，他们把有污染的企业避开居住区的上风和水源地。道路、广场的规划，除了满足人流、车流等交通要求外，还要绿化，种植行道树、设置花坛等。在乡村，一般还规划了粪土运输街，排污管道和暗渠。企事业单位内部规划，既注意满足生产和工作需要，又注意对周围环境的影响，因地制宜地设置各式各样的花坛。社员庭院规划，既满足社员生活和家庭副业生产的需要，又使厕所、猪圈与水井、厨房有一定的距离，达到文明卫生、美化、绿化的要求。

（三）结合村镇建设，大搞综合利用，治理工业“三废”。

他们的主要做法是：第一，扩建煤渣制砖厂。这个厂每年可用掉本县热电厂排出的粉煤灰 7 万吨。不仅减轻了污染，而且还解决了农民建房用砖问题。收到了节约耕地、节省建房资金等综合效益。第二，在新村建设中，他们提倡宿灶分设，改革旧式炉灶。这样做既节约了能源，又减轻了烟尘污染，改善了居住环境。另外，他们还结合村镇建设，利用工业废渣铺路，清理村内垃圾做肥料，村内插空种植花草、树木等，都取得了较好的综合效益。

山东荣成县大疃镇结合环境治理，搞规划建设，成绩显著。1980 年开始，该镇先投资 3 万元，把原来通往县城公路的 22 个小弯拓宽改直为 6 个大弯；接着又投资 1 万元，拆迁镇内破烂不堪的旧房屋 100 多间，拓宽修整了街道；而后又把水利建设与集镇建设巧妙地结合起来，进行了综合治理。原大疃西河，斜穿集镇西南部，经多年雨水冲刷，地形高低悬殊，河道宽窄不一，最宽处达 60 米，既造成了土地的严重浪费，又破坏了集镇周围的自然环境。连续几年大旱之后，该镇决定利用旧河道修筑平塘，兴利除害。1982 年动工，1983 年竣工。这项工程共投资 60 万元，搬运土石 30 万立方米。建成后的平塘水面达 40 余亩，蓄水为 12 万立方米，可以灌溉农田 3500 亩，养鱼 6 万尾；平塘周围还种树栽花，作为集镇的小游园。

挖出的土方用于平整街道、庭院和广场，既美化了环境又降低了工程造价。改建后的大疃镇，东西南北公路通达，镇内街道宽畅平坦，建筑新颖别致。位于乡政府前的平塘，池内碧波荡漾，四周花红树绿，可供垂钓游憩。大疃镇已经成为一个环境美好的小城镇。

党的十一届三中全会以后，回顾30年来的经验教训，人们才逐渐认识到，乡村的规划建设必须与环境保护工作同步进行。为此，1984年9月，国务院颁发了《关于加强乡镇街道企业环境管理的规定》（简称《规定》）。《规定》要求各地从“以防为主，综合治理”入手，在编制村镇建设规划时做到：把乡镇企业的发展纳入村镇规划的统一布局，力求合理协调；选择无污染或低污染的行业作为乡镇企业的发展方向；对新建的乡镇工业坚持实行“三同时”，即环境设施与主体工程同时设计、同时施工、同时投产。此后，中国乡村建设工作与环境保护工作同步进行有了法律保障。

第二节　生态村的建设

随着中国环境保护工作的深入开展，保护农业资源，恢复农业生态的良性循环，受到特别重视。国家已经立法，严禁滥伐森林，破坏植被；发动群众造林护林，增加植被，防止水土流失，建设生态屏障；发展生态农业①，消除施用化肥和农药带来的污染，避免农业生态的破坏，等等。有些村庄的生产和建设，运用生态学原理，在利用农业资源和保护环境方面，作了初步的有益的尝试。一批生态村②已经在中国国土上出现。

（一）北京大兴县留民营村，有160多户，810人，1920亩耕地。自1979年以来，他们两个文明建设一起抓，使全村农民住上了新房，用上了

① 生态农业：以生态科学的理论为指导，运用生态方法来发展农业生产，可以不同程度地实现自然再生产和经济再生产交织在一起的两个良性循环。

② 生态村：以一个村庄为单位，运用生态经济学的理论和方法，开发利用自然资源，使农、林、牧、副、渔以及工商业互相协调发展，保持自然与社会发展的生态平衡，形成良性循环的生态经济系统和社会区域。

自来水，家家建了沼气池、太阳能浴室。1983 年开始，他们在新村建设中，进行了生态农业试验，初步形成了生物能源和物质重复利用的循环系统，即利用牛粪、猪粪、稻草作为原料以生产沼气；用沼气做饭、照明、取暖；利用鸡粪、沼气废渣喂鱼；用沼气渣做肥料，增加土壤的有机质，来提高粮食产量；利用农产品进行饲料加工、食品加工，下脚料用来养牛、养猪、养鸡。这样，既增加了畜产品，又扩大了沼气源和肥源，使物质得到了循环利用，从而收到了显著的经济效益、社会效益和环境效益。

根据生态学原理，北京市还做出了农业生态环境建设的战略设想。这个设想把全市及辖区环境分为三大圈：第一圈是 750 平方公里的城市生态环境圈；第二圈是农业生态环境圈；第三圈是以自然保护区为中心的自然生态环境圈。农业生态环境圈主要是 750 平方公里以外的广大平原地区和近山、浅山平缓坡谷地带。这一范围内有两种生态系统，一种是乡镇生态系统，所占面积较小；另一种是农业生态系统。由于这一地区的乡镇企业发展迅速，人口增加较快，工业污染和生活污染日趋严重，所以是环境保护工作的重点区域。对策是建立适宜于乡镇特点的环境保护系统，着力于污水处理、集中供热和垃圾消纳等系统的工作，并且通过搞好综合规划，建立必要的法规，以加强农业生态环境的保护工作。

（二）江苏省射阳县盘湾乡新能源村有居民 104 户，384 人，674 亩耕地。该村从 1981 年开始，根据本地的自然条件，对沼气能、太阳能、风能和薪炭林等自然能源进行综合开发利用。经过约 3 年实践，由缺能、缺肥、缺饲料的“三缺村”，变为初具规模的新型生态村。经过建设，新能源村基本实现了户户拥有一个沼气池、一台太阳灶、一眼省草灶、一片薪炭林，彻底摆脱了缺能的困境。全村综合利用多种能源，节省了大量秸秆用于还田。沼气池除提供沼气外，还提供了无公害肥源。沼气能和太阳能的开发、利用，还为发展加工业提供了无公害能源，为桑园、蘑菇提供了营养元素，为养殖业提供了充足的饲料资源。加之食物链的运用，比如“桑叶喂蚕，蚕沙喂猪，猪粪喂鱼”，进一步提高了生物能的利用率，使桑蚕、养猪、养鸡、养鱼、育蘑菇、栽培脱水蔬菜等多种经营，都取得了好的成绩。由于生态平衡得到恢复，环境得到极大改善，全村的生产、生活水平大幅度提高，村庄面貌焕然一新。

（三）昆明市官渡区国营第二农场，1982 年以来运用生态学原理建成农业生态良性循环系统。农场以生产牛乳制品为主，兼营生产粮食、饲料，种植果树、蔬菜、花木，饲养猪、鸡等家禽家畜。他们利用鸡粪作猪饲料；利用牛粪、猪粪发酵生产沼气；用沼气废渣作农田、果园、菜地的肥料；把生产玉米淀粉排出的含有亚硫酸、植物蛋白的有机废水，与另一车间排出的含碱废水混合中和后，输入沼气池发气；把生产奶粉、麦乳精的废水经过去油过滤后送入鱼塘喂鱼，并在池水出口处将水加以净化，作冷却水和灌溉水重复利用。这样就形成了农业生态良性循环系统。

（四）山西省蒲县改善生态环境，综合治理小流域，取得好效果。党的十一届三中全会以前，该县有 10 户人家以下的山庄窝铺 550 多个，其人口和户数虽然不到全县的 1/10，但是管理的土地面积却占全县的 1/3。每个小山庄，可以种上一片林、一片草，并且从事耕种、放牧，这有利于增加绿色植被，加强了水土管理，使小流域的生态环境逐步得到改善，全县的许多梁峁沟壑生机勃勃。如山中乡旱地大队农民任振海，一家 7 口人居住在一条山沟里，他们全家在房前屋后植树 3000 多株，保护了一片山地。后来由于盲目合并，造成山地荒废，水土流失。蒲县总结了经验教训，1982 年在黄土沟壑纵横地带，恢复了分散建设山庄窝铺，落实了林业政策，调动了农民的积极性。任振海又向生产大队申请回山沟居住造林。在他的带动下，全队有 25 户恢复了山庄窝铺，他们共造林 1167.3 亩，使全队 90% 以上的荒山荒坡得到了治理，小区生态环境得到改善。

第八章
乡村建设的管理工作得到加强

党的十一届三中全会以来，乡村建设的管理机构日益健全，乡村建设专业人才的培养得到重视，科学研究工作和国内外学术交流日趋活跃，管理工作逐步走向正轨。

第一节　建立和健全乡村建设的管理机构

中国的乡村建设管理机构，是从无到有、从部门到全国各地逐步建立起来的。新中国成立后的20多年里，中国未设乡村建设的专门管理机构。1975年，在国家建委召开的全国基本建设工作会议上，国务院副总理王震同志和国务院副总理兼国家建委主任谷牧同志提出，国家建委应当对全国农房建设情况进行调查了解，并研究拟定一个管理方案。后因“四人帮”的干扰，这项工作没有多大进展。

党的十一届三中全会以后，随着乡村经济形势的好转，农村住宅建设迅速发展。为了适应这一新的形势，国家建委于1979年12月成立了农村房屋建设办公室，这是在国家机关中建立的第一个乡村建设管理机构。随后，各地也陆续建立了相应机构。到1981年12月召开第二次全国农村房屋建设工作会议时，已有黑龙江、吉林、辽宁、河北、山西、内蒙古、北京、天津、陕西、甘肃、新疆、浙江、安徽、江西、江苏、广东、广西、河南、湖北、云南、四川、贵州22个省、自治区、直辖市在建委内建立了农房处或农房办公室。如吉林省，在1980年就从上到下系统地设立了农房建设的专管机构。省建委有农房处，地区建委有农房科，县建委有农房股，公社有农房建设助理员。该省通化地区积极调整和选配专业人员，加强乡村建设管理工作，他们在地区建委内设置了乡村建设科，在全区10个市、县建委内设置了农房科股，配备专职干部33人。其中助理工程师以上人员6人，技术员13人，行政管理干部14人；在全区地、县（市）两级乡村建设干部中，技术干部约占5.7%。乡一级多数配备了兼职建设助理员。

1982年，中央国家机关进行机构改革。5月，经全国人大常务委员会批准，城乡建设环境保护部正式成立。部内设置了乡村建设局，乡村建设管理工作从组织机构上得以加强。1983年，各省、自治区、直辖市在机构改革中，省一级的村镇建设管理机构也普遍得到了充实和加强。全国29个省、自治区、直辖市建立了村镇建设管理机构，绝大部分县的建设管理部门都已把村镇建设作为主要任务担当了起来。有些省市，不但在省、地、县三级普遍设置了乡村建设管理机构，在乡一级也配备了专职乡村建设助理员。吉林、北京、天津、黑龙江4省、市的乡建设助理员已基本配齐。一般是大乡设专职乡建助理员，小乡设兼职乡建助理员，有些大的村庄也配备了兼职乡建管理员。这些地区做到了乡村建设工作层层有人抓，事事有人管。

国家和地方还先后成立了一些村镇规划建设的研究机构。城乡建设环境保护部所属中国建筑技术发展中心，就设立了村镇建设研究所。据1984年统计，浙江、吉林、陕西、河南等省，都成立了城乡规划研究院。黑龙江省成立了农村规划设计研究室。四川省在省设计院内设立了农村建筑设计室。内蒙古自治区在建筑研究所内设立了农牧建筑研究室。还有安徽、江西、山东、湖南、云南、宁夏、青海、新疆等省、自治区都设立了有关村镇建设科研设计的事业机构，并配备了一定的科技人员。同时，中国建筑学会成立了村镇建设学术委员会，不少地方建筑学会也成立了相应的学术组织。到1984年，全国乡村建设的管理工作，已经初步形成了一个比较完善的系统（见表21），各级管理机构逐步健全起来。

1984 年全国村镇建设管理机构、事业机构及人员配备情况

表 21

地区	村镇建设管理机构及人员											村镇建设副业机构及人员								
	省级			地级			县级			乡级		省级			地级			乡级		
	机构数（个）	配备人员数（人）		机构数（个）	配备人员数（人）		机构数（个）	配备人员数（人）		机构数（个）	配备助理员数（人）	机构数（人）	配备专业技术干部（人）		机构数（人）	配备专业技术干部（人）		机构数（人）	配备专业技术干部（人）	
		小计	其中专业技术干部		小计	其中专业技术干部		小计	其中专业技术干部				小计	其中工程师以上		小计	其中工程师以上		小计	其中工程师以上
总计	29	170	101	273	752	428	2057	7059	2784	17521	25838	18	176	51	62	113	41	435	866	116
北京市	1	25	7	/	/	/	15	73	45	145	339									
天津市	1	9	4	/	/	/	12	68	40	218	341									
河北省	1	5	3	18	63	38	118	475	200	1801	1715									
山西省	1	3	3	12	20	9	105	368	148	782	652									
内蒙古自治区	1	7	1	10	30	16	74	245	82	/	953	1	20	10	1	4	1	20	86	2
辽宁省	1	4	1	12	44	23	63	220	74	893	1211									
吉林省	1	6	2	7	29	20	47	146	76	715	900	1	17	3	1	8	3	1	15	1
黑龙江省	1	4	4	10	24	14	65	258	128	564	804	1	14	3	7	24	6	54	118	17
上海市	1	3	/	/	/	/	10	75	40	207	238									
江苏省	1	6	4	11	35	26	83	346	171	1865	2326							2	8	4
浙江省	1	6	6	7	23	14	79	220	90	1804	1872	1	7	3				3	9	
安徽省	1	5	3	12	17	16	64	179	64	668	669	1	25	10						
福建省	1	5	4	9	20	13	62	272	93	177	214	1	2							
江西省	1	4	2	11	28	15	89	277	130	644	657	1	5	1	3	12	4	49	110	17
山东省	1	4	4	14	45	23	125	411	130	1553	1372	1			3	22	13	9	42	4
河南省	1	8	7	17	60	29	130	543	178	1441	2646	1	17	4	17			98	216	33

续表

地区	村镇建设管理机构及人员											村镇建设副业机构及人员								
	省级			地级			县级			乡级		省级			地级			乡级		
	机构数（个）	配备人员数（人）		机构数（个）	配备人员数（人）		机构数（个）	配备人员数（人）		机构数（个）	配备助理员数（人）	机构数（人）	配备专业技术干部（人）		机构数（人）	配备专业技术干部（人）		机构数（人）	配备专业技术干部（人）	
		小计	其中专业技术干部		小计	其中专业技术干部		小计	其中专业技术干部				小计	其中工程师以上		小计	其中工程师以上		小计	其中工程师以上
湖北省	1	5	4	13	49	29	71	310	152	515	1010									
湖南省	1	6	3	15	40	32	93	306	126	1269	1126	1	5	1						
广东省	1	7	3	13	38	18	105	417	119	1224	1902									
广西壮族自治区	1	5	5	11	25	12	78	219	105	252	335									
四川省	1	8	7	17	54	23	172	620	166	/	3，197	2	12	8						
贵州省	1	3	2																	
云南省	1	5	4	17	18	7	120	120	20	194	212	1	5	2	17	18	5	120	120	10
西藏自治区	1	3	3																	
陕西省	1	6	3	10	25	15	9	288	150	549	618	1	15		1	7	1	11	29	2
甘肃省	1	5	2	8	17	9	73	238	70	/	371									
青海省	1	3	1	4	6	1	19	59	24			1	3							
宁夏回族自治区	1	5	5	3	13	8	19	82	50	19	115	1	25	4						
新疆维吾尔自治区	1	5	4	12	29	18	68	224	113	22	43	1	4	2	12	18	8	68	113	26

注：根据 1984 年全国村镇建设统计年报编。

第二节　制定规章制度

乡村建设是靠亿万农民进行的群众性活动，没有一套章法是无法搞好的。为了使乡村建设有章可循，有法可依，第二次全国农村房屋建设工作会议在总结各地经验的基础上，制定了《村镇建设用地管理条例》（简称《条例》）。国务院于1982年2月向全国发布了这一《条例》。《条例》规定了加强村镇建设管理的一系列原则和办法，诸如对统一规划、节约用地、社员宅基地、社队企事业建设用地的标准、审批制度以及奖惩办法等都做出了原则规定。各省、自治区、直辖市人民政府都根据这个《条例》的精神，结合当地具体情况，先后制定了补充规定和实施细则；有的对社员宅基地标准分别山区、丘陵、平原、城郊、集镇等不同情况规定了控制指标（表22）和申请审批手续；有的明确规定乡村建房必须按照村镇建设规划，根据需要和用地标准，由社员个人申请，村民委员会讨论，报上级人民政府批准，才能确定宅基地使用权，发给宅基地使用证；有的规定，没有规划不得办理建房申请审批手续，不经批准不得擅自建房，违者受罚；有的地方还进行调查研究，着手制定专业户、乡镇企业和公共设施等用地标准。为了确保工程质量和安全生产，城乡建设环境保护部于1982年8月制定了《关于加强县社建筑勘察设计管理的暂行规定》《关于加强县社建筑施工技术管理的暂行规定》《关于加强集体所有制建筑企业安全生产管理的暂行规定》（简称三个《暂行规定》），从而使中国的乡村建设工作开始走上法治的轨道。与此同时，为了比较系统准确地了解乡村建设进展情况，根据国家统计法的规定，建设部于1983年颁发了《村镇建设统计年报》，各地积极贯彻执行。这些措施促进了乡村建设管理工作的正规化和科学化的发展。

在逐步建立健全乡村建设的法规、制度的同时，对乡村建设管理机构的职责范围也做出了相应的规定。1981年12月召开的第二次全国农村房屋建设工作会议，明确了县一级建设部门要把村镇建设作为主要任务

部分省、自治区、直辖市关于农民宅基地用地标准的规定

表 22

项目 / 地区	每户农民建房用地标准　（单位：亩）					
	城市近郊	平原地区	山区、丘陵、沿海	牧区	集镇	其他
北京	0.2—0.22	0.25—0.3	0.25			
天津	0.15—0.2	0.2—0.25	0.3			
河北	0.25	0.3	0.35			
内蒙古	0.3—0.45	0.67	0.9			
吉林		0.4—0.5				
上海	楼房 0.05—0.06				0.24—0.30	
江苏	0.15	0.2	0.3—0.4			0.25—0.3
浙江		0.11—0.18				
安徽	0.25	0.35	0.45			
山东	0.2—0.25	0.2—0.35	0.2—0.4			0.4
河南	0.2	0.25	0.25—0.3			0.35
湖南	0.19—0.24	0.21—0.27	0.24—0.30			
广东	0.12	0.15	0.22—0.3			
广西		0.15—0.22	0.3			
贵州	0.15—0.2	0.2	0.25—0.35			0.4
云南	0.18—0.21	0.27	0.33			
陕西	0.25	0.3	0.4			
甘肃	0.3	0.4	0.5			
宁夏	0.2—0.4	0.4—0.6	0.6—0.7	0.6—0.8		
新疆	0.5 以下	0.5—0.7	0.7 以上			1
备考	"城市近郊"含人均耕地 1 亩以下；"平原地区"含人均耕地 1.5—2 亩；"山丘地区"含人均耕地 2 亩以上。一般每户按 4 个人计算					

注：根据各省材料摘编。

承担起来，要抓好六件事：（1）贯彻执行党和国家有关政策、法令；（2）抓好村镇规划设计工作；（3）管好村镇内的建设用地；（4）组织村镇各项工程的施工；（5）负责技术力量的培训；（6）搞好建筑材料的分配。为了加强乡村建设的基层管理，许多县（市）制定了乡一级的村镇建设管理职责范围和管理细则。有的地方，还把村镇规划、建设和管理同创建文明村镇和制定乡规民约的活动结合起来。有的在乡政府领导下设立村镇建设办公室，由建设助理员负责办公室工作。有的村民委员

会还配备了兼职的乡建管理员。江苏省吴县在乡、社改革中，配备了村镇建设助理员，设立了村镇建设办公室，制定了乡政府村镇建设办公室的管理职责。该职责有10条：（1）负责编制乡域总体规划和村镇建设规划，做好村镇建设情况的季报、年报工作；（2）筹集资金，编制年度村镇建设的项目、资金和材料计划，并组织实施；（3）负责村镇规划的实施和管理，控制建筑红线，制止违章建筑；（4）办理建房用地的审查、报批手续，监督执行用地标准，做好制止滥占耕地及罚款收费等管理工作；（5）贯彻执行建设部关于加强县、社建筑设计、施工管理和安全生产的三个《暂行规定》，做好建筑工程项目的建设管理，严格执行基本建设程序，杜绝各类事故的发生；（6）搞好村容镇貌保护工作，检查督促有严重“三废”污染的单位及时进行处理，创造文明整洁的生活环境，保护人民健康；（7）抓好村镇道路、桥梁、驳岸的建设和养护管理，确保交通安全；（8）加强村镇绿化、行道绿化及管理工作，动员并组织群众利用一切可以利用的空地植树造林，保护古树名木，严禁砍伐，保护文物古迹；（9）保护测量标志，确保地方和军队的各种测量标志不受破坏；（10）收集管理本乡村镇建设资料，建立村镇建设档案，并做好群众的上访和信访的处理工作。

1981年以来，在乡村建设管理的立法方面，虽然做了不少工作，但是还远没有形成完整的法规体系。已有的法规也不够完善，加之管理体制还不相适应，乡村建设的各项工作还未完全纳入科学的系统的管理轨道。

第三节　积极培养村镇建设人才

一、大力培养初级村镇规划人员

1982年以来，全国省、地、县三级城乡建设部门，通过举办短期培训班、委托代培等多种形式，到1984年年底，共培训村镇规划初级人才37万多人次，到1985年年底近50万人次，（见表23）初步形成了一支村镇

1984 年及累计村镇规划建设人员培养情况

表 23　　　　　　　　　　　　　　　　　　　　　　　　　　单位：人

地　区	1984 年	累　计	人　数
总　计	128363	376844	其中：中级技术人员 2611 人
北　京　市	389	400	其中：中级技术人员 59 人
天　津　市	2033	4762	其中：中级技术人员 23 人
河　北　省	12183	46796	其中：中级技术人员 719 人
山　西　省	5087	11644	其中：中级技术人员 253 人
内蒙古自治区	1942	3322	其中：中级技术人员 46 人
辽　宁　省	5943	16413	其中：中级技术人员 9 人
吉　林　省	1254	16680	其中：中级技术人员 19 人
黑 龙 江 省	2203	3859	其中：中级技术人员 160 人
上　海　市	5034	11897	其中：中级技术人员 37 人
江　苏　省	10236	30260	其中：中级技术人员 132 人
浙　江　省	3188	18063	其中：中级技术人员 13 人
安　徽　省	2662	6376	其中：中级技术人员 158 人
福　建　省	3036	3886	/
江　西　省	4598	7754	其中：中级技术人员 308 人
山　东　省	5659	42459	其中：中级技术人员 1 人
河　南　省	15469	31933	/
湖　北　省	14080	29275	其中：中级技术人员 140 人
湖　南　省	4332	5681	其中：中级技术人员 63 人
广　东　省	8033	10447	其中：中级技术人员 76 人
广西壮族自治区	4500	13188	/
四　川　省	5678	28050	其中：中级技术人员 50 人
贵　州　省	1203	2367	/
云　南　省	1955	4807	/
西藏自治区		31	/
陕　西　省	5065	16637	其中：中级技术人员 297 人
甘　肃　省	1531	2844	其中：中级技术人员 21 人
青　海　省	465	999	其中：中级技术人员 11 人
宁夏回族自治区	352	470	
新疆维吾尔自治区	253	598	其中：中级技术人员 16 人
部乡村局		1345	

注：根据 1984 年全国村镇建设统计年报编。

建设的初级技术队伍。这支队伍在编制村镇规划过程中发挥了重要作用。但是，编制村镇规划工作数量大，技术性强，已经培训的这些人才还远远满足不了工作需要。据 1984 年统计，省、地、县各级事业机构专业技术人员 1155 人，其中工程师以上技术职称的 208 人，平均每 12 个县才有 1 名工程师。因此，必须从上到下建立起一支上百人的专业队伍，才有可能把全国千万个村镇规划好、建设好、管理好。

由于人才奇缺，不仅造成规划任务难以保质保量完成，而且农房建筑工程质量也差，房屋倒塌事故时有发生。从 1980 年到 1984 年 7 月，全国农村共发生重大房屋倒塌事故 378 起，造成死亡 572 人，重伤 684 人。福建省建委于 1984 年 8 月对全省 62 个县、乡、镇公共建筑结构质量进行大检查。受检的 1399 幢乡镇学校、影剧院、礼堂等建筑物，比较安全的建筑仅占 26.7%，质量存在缺陷和问题需要加固的占 51.4%，结构存在严重隐患的危房占了 21.9%。因此加强智力投资，抓紧人才培养，是建设现代村镇的一项战略性的措施。国家从 1982 年开始，在财政预算中把村镇规划建设事业费列为专项支出，逐年拨款，到 1984 年累计拨款 5700 万元。3 年内的地方拨款，据不完全统计，省、市一级为 1777 万元；地、县一级为 830 万元。这些经费，大部分用于培训人才和编制规划工作（见表 24）。

为了在全国普遍开展规划工作，培养大批规划人员，1981 年由中国建筑科学研究院农村建筑研究所（1982 年机构调整后改为中国建筑技术发展中心村镇建设研究所）着手编制《村镇规划讲义》。1982 年 7 月，城乡建设环境保护部乡村建设局，在北京昌平县举办了第一期全国村镇规划学习研究班。这期学习研究班，通过学习和总结经验，审改了《村镇规划讲义》。随即以其为基本教材，乡村建设局相继在江苏武进县举办了南方片的村镇规划学习研究班；在河南郑州市举办了北方片的村镇规划学习研究班；在内蒙古包头市举办了牧区规划学习研究班；在东北还举办了六期混凝土构件培训班。这就为全国各地举办村镇规划培训班培养了骨干和师资，并提供了教材课本。接着，全国各地纷纷举办了各种形式的培训班。培养村镇建设的规划、设计和管理人员，已经成为各地村镇建设部门一项重要的经常性的工作。

1982—1984年村镇建设事业费来源情况表

表24　　　　单位：万元

拨款部门 年限 省别	国家补助			省拨款			地县拨款
	1982年	1983年	1984年	1982年	1983年	1984年	1983年
北京市	55	45	45	3	10	40	9.6
天津市	30	30	30	10	14.8	10	/
河北省	80	85	85	20.5	80	145	16.6
山西省	55	55	60	7	30	30	7.0
内蒙古	40	45	45	8	20	55	35.5
辽宁省	65	65	65	3	/	20	38.0
吉林省	75	75	75	0.3	25	25	61.2
黑龙江省	70	70	70	30	20	25	15.1
河南省	100	110	110	10	20	20	36.2
湖北省	90	90	90	10	10	10	49.0
湖南省	50	60	68	/	/	60	7.1
广西区	75	80	80	5	10	20	8.6
广东省	60	60	68	35	55	55	35.7
上海市	20	15	20	/	/	/	1.6
江苏省	95	100	100	40	31.8	46	27.0
浙江省	95	95	95	36	36	36	65.5
安徽省	70	70	70	20	/	/	10.0
山东省	110	110	110	5	10	10	55.6
江西省	65	65	67	/	4.3	20	33.6
福建省	40	40	50	14	/	50	5.0
四川省	145	145	153	5	30	50	27.2
贵州省	30	35	50	/	20	50	7.9
云南省	50	60	65	14	20	20	51.4
西藏区	5	5	5	/	/	/	/
陕西省	90	75	77	30	25	应50万承包扣25万	17.3
甘肃省	40	50	55	5	20	25	10.9
青海省	20	20	27	5	/	10	4.5
宁夏区	20	25	30	/	12.3	20	0.5
新疆区	60	65	65	20	/	60	/
中央	65	30	30	/	/	/	/
总计	1865	1875	1962	335.8	504.2	937	637.6

注：根据建设部乡村建设局资料编。

二、培训工作取得了积极的效果和经验

从各地情况来看，培训工作的成绩，不仅表现在培训了一大批学员，而且表现在推动了村镇规划建设工作的全面开展。经过培训的人员大多数都活跃在村镇建设的第一线，他们已成为村镇规划建设的基层骨干和编制村镇规划的基本力量。吉林省到1983年年底，累计培训了23475人，有80%坚守在村镇建设工作岗位上。这个省的榆树县，坚持从事村镇建设工作的学员占87%。该县就是依靠这批力量，完成了全县的村镇规划。山东即墨县，经过培训的人员有80%能够独立进行资料调查、规划编制和测量绘图。湖北远安县旧县乡培养的19名学员，在结业后仅用了3个月的时间，就编制完成了全乡19个中心村、157个基层村的建设规划和一个集镇的总体规划，绘制出327张图纸，编写了20份文字说明。这些工作，通过验收，基本上都符合要求。在全国评选出的14个优秀村镇规划方案中，有8个方案就是这些初级规划人员完成的。

各地在培训工作中，创造出许多好的经验：一是省、地（市）、县、乡层层举办短训班。他们有的还委托大专院校、中专学校举办代训班，有的商请普通中学开设职业班，使培训工作迅速铺开，培养出适用的专业人才。二是在教学方法上从实用出发，侧重形象教育，力求深入浅出，通俗易懂，注意提高学员的学习兴趣，培养学员善于思考和实际工作能力。如内蒙古哲里木盟采用“实例教学”法，选择农区、牧区、半农区、半牧区等不同类型的村镇规划典型实例，结合教材，进行具体地分析讲解，使学员从实例中对村镇规划有了感性认识，然后再对教材的基本知识进行引导性的讲授。这种教学法，有血有肉，有声有色，受到学员们的欢迎。三是加强规划试点实习。如山东即墨县采取课堂理论讲授和试点实习相结合的办法进行培训。他们以营上乡所属的55个村庄作为实习对象，要求学员在限定时间内按《村镇规划原则》的规定做出这些村的规划和十年建房计划。该县根据学员水平，进行合理搭配，分成8个规划实习小组，实习前

有交底，实习中有检查，收到了理论联系实际的效果。四是边学边干，逐步提高学员水平。河南郸城县采取“三上三下”的教学方法，收效快，花钱也少。他们是先把学员集中在县里进行讲课，然后带着任务分组下乡去搞规划，遇到问题再集中上来进行辅导，密切联系实际，反复进行教学。这种培训办法，既能巩固学习成果，提高学员专业水平，又能发挥集体智慧，完成一定的规划任务。他们这样做，收到了培训一批学员，规划一批村镇，带出一批人才的效果。有些地方还采取“以老带新”的滚雪球办法，培训了不少专业人员。五是专门组织领导干部学习。如北京、天津、福建、江苏、宁夏等省、自治区、直辖市，都分别举办了县长、乡长、镇长学习研究班。这对于提高领导干部的思想认识和科技知识水平，传播先进经验，加强村镇建设的具体领导，推动村镇建设工作的开展，起到了重要的作用。许多事实证明，哪个地方的县长、镇长、乡长参加过学习，哪个县、镇、乡的村镇建设工作就搞得好，成绩就显著。

三、加速正规化培养村镇建设人才的工作

党的十一届三中全会以来，党和国家十分重视人才培养，要求教育部门千方百计想办法，为国家多出人才，快出人才，出好人才；要求各省、自治区、直辖市以及所属企业，都要加强智力投资，尽可能多地拿出一些钱来办教育，为国家培养人才。在这个大好形势下，1985 年，建设部乡村建设局已在湖北孝感地区建工学校和河北农业大学建立了村镇建设学校和村镇建设专科学校，以促进村镇建设专业人才的正规化培训工作。除此以外，有关部门还采取了如下具体措施：第一，组织有条件扩大招生的大专院校和中等技术学校，设立村镇建设专业，增加为县、乡（镇）代培学员的名额。建设部教育局组织的大专院校有：重庆、哈尔滨、沈阳、西北、南京建筑工程学院均设“城镇建设”专业，北京农业机械化学院设“农业建筑与环境工程”专业，沈阳农学院设“农业建筑”专业，扬州工程专科学校设“城镇建设”专业，江苏农学院设“农村建筑”专业，福建建筑

工程专科学校和天津大学建筑分校设“城乡建设”专业，广西区建委与广西大学、广西智力大学联合举办农房设计、施工技术等房屋建筑技术人员专业班，清华大学已招收专门研究村镇规划的研究生；设有村镇规划建设专业班的中等专业学校的地区有：山西、黑龙江、浙江、安徽、福建、湖南、广西、四川、山东、天津、郑州、重庆、西安、四平等。第二，发动县级教育部门和有条件的设计、施工、科研单位，开办职业高中或技术学校，培养在职职工和乡村知识青年。这些学校可以根据乡村的实际情况，适当放宽录取标准，学生毕业后回原地从事村镇建设工作。第三，有条件的省、市开办村镇建设学校或乡村建筑学校。他们一般采取定向招生、定向分配的办法，培养村镇建设人才。如上海青浦县开办了“村镇建设培训中心”、北京市设立了“农村建设学校”。

由于有关部门及时采取有力措施，加速正规化培养专业技术人才的工作已经在全国各地逐步进行。

第四节　大力组织技术下乡，支援村镇建设

随着乡村经济的发展，各地的村镇建设步伐越来越快。在加紧培养村镇建设人才的同时，动员、组织城市技术力量下乡，支援村镇建设。这样既可人尽其才，充分发挥知识分子作用，又可解决村镇建设人才紧缺的部分矛盾，还可为社会增加财富。这是一件于国于民都大有裨益的好事。1980 年以来，天津市在这方面做出了突出的成绩。天津市面临着 3800 多个村镇的规划任务和每年 300 多万平方米的村镇建设任务。市政府除了在物资上给予适当帮助外，采取了一条极为有效的措施，就是组织技术力量下乡，支援农村搞好规划、设计和施工工作。该市从 1983 年下半年到 1984 年年底，共组织 15 个专业部门的几十名工程技术人员下乡，对村镇规划的编制和实施规划的建设工作，给予全面而具体的帮助。1984 年年初，一些富裕起来的村镇需要建设高标准别墅式招贤楼。天津市政府组织天津大学教师搞了十几种设计方案，供农民挑选；为满足村镇修建文化中

心、教育中心、宾馆、医院的要求，市政府组织天津市建筑科研所、第一机械工业部设计院等单位的十几名工程技术人员下乡，帮助搞设计；为修好乡间公路，市政府又组织市政公路处的工程技术人员在深入郊县调查情况的基础上，举办了公路技术学习班培训人员，并制订了修建乡村公路的技术标准和要求，指导乡间公路的建设工作；为了加强村镇建设的管理，由市建委总工程师组织建委质量安全处和村镇建设处的工程技术人员，下乡检查村镇办的企业厂房、医院、住宅等建筑质量，并制定出加强乡村建筑管理的办法。同时，市里陆续举办了市级、区县级的规划、测绘、设计、施工、公路修筑等短期技术培训班 86 次，组织 30 多名工程技术人员到培训班讲课，培训学员 3000 多人次。天津市有的部门还采取包干的办法，包技术培训，包技术指导。例如，市规划局规划设计院的工程技术人员定点帮助蓟县和静海县。他们不但负责在县举办的培训班上讲课，还具体指导编制典型村的规划；为市级试点蓟县官庄乡设计了农民住宅楼、新式平房和 3000 多平方米的文化中心。天津大学建筑系的老师定点支援北郊区和武清县的试点工作，不仅帮助编制规划，而且在农房设计、指导施工等方面都做了大量工作。许多同志工作热情，认真负责，事迹感人。例如，天津市规划局高级工程师金久康，年近六旬，不辞劳苦，为培训班讲课。他还利用业余时间，编写了 5 万字的测绘讲义。天津大学的老师高树林，帮助武清县大苑口村编制了规划，并按规划要求设计了十几套别墅式的 2 层住宅楼，做成模型向农民讲解，而且在施工中还经常进行指导检查。天津大学建筑系为了更好地为村镇建设服务，将学生毕业设计定为以乡村建筑为主，作为天津大学教学改革的试点。

天津市为把技术下乡工作搞得更好，确定在市农房建设总公司下成立村镇建设技术咨询服务组织。该组织根据任务要求，聘请各方面的专家、学者和专业人员对全市 44 个样板村的规划逐个征求意见。这些同志从规划思想到具体技术方面提出了很多建设性的意见，对提高试点村的规划建设水平起了很大作用。

除了天津大学，还有清华大学、同济大学等的师生，不少都参加了当地的村镇规划和设计工作。组织技术下乡的工作，在全国各地已经普遍开展，这对于解决乡村技术力量缺乏的问题，进一步提高村镇的规划和建设质量，起到了良好的作用。

第五节　多部门、多学科地开展村镇建设的科研工作

村镇建设的科学研究是采取多部门、多学科的形式开展的，并受到了社会各界的重视和支持。

（一）研究制定技术发展政策。

国家科委、国家计委、国家经委于1984年统一组织的11个重要领域的技术政策论证会，专门论证了村镇建设技术政策要点。其主要内容有：发展以集镇为中心的多层次、不同类型的村镇体系；统筹全局，制订村镇规划，有计划地进行村镇建设；采取改造与新建相结合，以改造为主的方针，逐步建设社会主义新村镇；适应生产与生活的需要，配套建设各类公用设施；推广实用技术，提高村镇规划建设的水平。这个《要点》，国务院于1985年9月正式批准下达。

（二）研究探讨村镇发展战略。

中共中央书记处农村政策研究室和中国农村发展研究中心，在研究农村发展战略的过程中，也组织了专门研究组，对2000年集镇建设的发展问题进行了研究；对大城市郊县村镇建设的发展对策，以及建筑、建材业在农村经济结构中的地位和作用等问题进行了探讨。中国社会科学院社会学研究所对江苏小城镇的发展问题，进行了深入的系统的学术研究活动。费孝通教授连续发表的《小城镇，大问题》《小城镇，再探索》《小城镇，新开拓》等论著，对推动小城镇的研究起了重要的作用。中国科学院石家庄农业现代化研究所，对农家庭院经济进行了研究。他们提出了“庭院土地所创造的经济收入相当于高产农田的24倍”的论点，对于在村镇规划中如何合理地确定农家院落，有重要的参考价值。

（三）组织研究具有乡村特点的规划、建筑问题。

城乡建设环境保护部所属的研究机构，根据村镇建设发展的需要，开展了“村镇建设各项定额指标”“乡村建筑设计定额指标”“乡村住宅预制构件标准化、系统化”“乡村自来水厂的规模和供水范围最佳方案”等等专题的研究；建设部所属研究机构还组织了北京市郊踩河新村、承德市郊喇嘛庙新村、广东东莞县常平镇的规划试点工作。这些研究成果，提出了进行村镇规划、建设的一系列重要依据，对于推动村镇建设的健康发展，起了积极的作用。

中国建筑学会原副理事长著名规划师任震英对窑洞及生土建筑产生的自然条件及社会条件，其类型和特点，作了系统的研究之后，指出窑洞及生土建筑在广阔的黄土高原上的形成和发展，有利于保持生态平衡，有利于节约土地和能源，是中国建筑遗产中重要的组成部分。对于这方面的研究，陈云同志给予了高度的评价，并引起了国际上的重视。

任震英对乡村建筑的抗震研究，也取得了一定成效，并积累了许多经验。中国地震烈度在 7 度以上的区域面积达 312 万平方公里，占全国国土面积的 1/3，其中绝大部分是乡村。30 多年以来发生的 16 次 7 级以上地震，15 次发生在乡村。10 万多农民被地震夺去生命，经济损失达数十亿元。为了减少地震灾害造成的损失，原国家建委抗震办公室组织了专门力量对农村房屋的抗震问题进行调查研究，总结了有益的经验。主要有：（1）村镇建设要统一规划、合理布局。房屋应建在密实的整体性强的地基上，道路要考虑地震时疏散、救援的需要。（2）地震区农村房屋应有防震措施，房屋体型应力求简单；高度尽量矮些为好；同一房屋的墙体不宜采用不同材料；要注意做好内外墙转角处的墙体结合和房屋构件的连结等。这些做法简单易行，造价增加不多，但抗震作用较好，为地震区农民采用后，收到了较好的效果。

（四）开展沼气、太阳能及风力等新能源的研究。

这方面的研究做了许多工作，不少研究成果得到了广泛的应用。随着

图 164　四川崇庆县羊马乡农民用上了沼气灶

农业机械化程度的提高和乡镇企业的发展，完全依靠国家供应煤、油、电来满足乡村生产和生活的需要，是很难办到的。因此，多年来有关部门十分重视沼气、太阳能及风力等新能源的研究和应用。

利用农业本身提供的生物能制取沼气，是实现中国乡村燃料现代化的一条捷径。早在 30 年代，中国便开始了沼气的制作和应用。1984 年，全国已建成 700 多万个沼气池，大约有 3500 万农民用上了沼气（见图 164）。四川省绵阳地区是中国第一个普及沼气的地区。1979 年已建成小沼气电力站、动力站 154 处。绵阳有油、气混燃柴油机 1560 匹马力，带动各种机具 200 台；有 190 个生产队的 9350 户农民用上了沼气发电的电灯。

太阳能也是一种重要的新能源，研究推广太阳能的应用有着重要的意义。内蒙古建筑科学研究所，在太阳能暖羔房的研究方面已经取得成果。该成果经测定，在室外平均温度摄氏零下 20 度的条件下，室内平均温度达摄氏 14 度。因此，在暖房中提前配种的种羊，能够安全产羔。这项科研成果得到自治区科委的奖励。北京、天津等郊区农村住宅，利用太阳能热水器装备家庭淋浴室，已比较普遍（见图 165、166）。

图 165　甘肃永清县农民使用的太阳灶

风能的利用，在中国风力资源比较丰富的三北（华北、西北、东北）地区发展较快。在甘肃、内蒙古等地的农、牧

图 166 山西稷山县太阳村太阳能浴室

图 167 内蒙古牧民巧用风能

业区，利用风车带动发电机发电已经日益增多，使住在遥远边疆的农牧民，借助风力用上了电灯，看上了电视，对于发展生产，丰富农牧民的文化生活起了很大的作用（见图 167）。

此外，中国建筑技术发展中心出版的《村镇建设》及中国建筑学会出版的《建筑知识》，为开展群众性村镇建设的科学研究，提供了机会，起到了普及村镇建设的科学知识和提高村镇建设的规划、设计、施工水平的作用，受到广大村镇建设工作者的欢迎。

第六节 开展国内国际学术活动

随着中国乡村建设事业的不断发展，国内、国际的有关乡村建设的学术交流活动也逐步增多。

一、国内的村镇建设学术活动

1979 年 12 月，中国建筑学会在山东省崂山县成立了农村建筑学术委员会。这次会议，就当时农民建房的政策问题进行了探讨。绝大多数委员认为，解决亿万农民的住房问题，应当采取多种途径。而自建公助，是广大农民乐于接受，又可较快改善农民居住条件的一种好形式。这次会议呼吁：乡村建设量大面广，任务繁重，国家应当从上到下，设立专门机构，从事乡村建设的组织管理和技术支援。农村建筑学术委员会成立之后的两年里，乡村建设有了很大发展，已由“单纯建房”，发展到“综合建设”的新阶段。

1981 年，农村建筑学术委员会改名为“村镇建设学术委员会”。1983 年 6 月 21 日至 27 日，在上海市嘉定县召开了第一次“全国村镇建设学术讨论会”。这次会议就村镇建设中的若干重要问题，进行了探讨。与会人员，有的论述了农村经济、社会的发展与村镇建设的关系；有的对村镇规划问题进行了探讨；有的从历史发展的过程，探讨了乡村集镇发展的规律；有的介绍了村镇建设中节约用地，防治自然灾害，改善环境卫生的经验；有的还介绍了国外村镇建设的情况和经验，提出了中国在乡村城镇化过程中需要注意的若干问题。中国著名建筑师张开济，在会上发出建筑师要“面向农村，为八亿农民弟兄服务”的呼吁。这次会议的特点是，对村镇建设开展了多学科、综合性的学术讨论。参加会议的有建筑工程专家、环境工程专家，还有经济学专家、社会学专家。大家从各自不同的学术领域，就共同关心的村镇建设问题，交流观点，切磋对策，活跃了学术思想。这次学术活动对蓬勃发展的村镇建设事业起到了推动作用。

分布在全国各地的村镇建设学术委员会委员，在当地积极开展了学术活动，对提高村镇的规划设计水平，起了很好的作用。这里值得记述的是，中国建筑学会村镇建设学术委员会常委、上海市村镇建设学术委员会主任委员、高级工程师陈贵镛。他在嘉定县工作、生活了几十年，同广大农民建立了广泛的联系和深厚的感情。虽然他已年过花甲，仍以乡村建设为己任，时时刻刻关心着农村的发展和变化，呕心沥血地为乡村建设奔忙。党的十一届三中全会以后，乡镇企业发展很快，占地过多，他就帮助农民建起了示范性的多层生产建筑，节约了大量土地；农民建造住宅，但不懂合理设计，工程事故时有发生。他就向农民推荐了一批经济适用的住宅设计方案。1984 年，陈贵镛被中国建筑学会评选为先进工作者。1985 年，中国科协评他为农村科普先进工作者，上海市政府也授予他劳动模范的光荣称号。

二、村镇建设学术活动的国际交流与往来

乡村建设，特别是小城镇的建设问题，已引起了国外、特别是第三世界国家的注意。中国同国际间的学术交流，也随着中国村镇建设事业的发展日益频繁起来。

1981 年，在北京举办了两次较大规模的村镇建设方面的国际学术活动。

1981 年 8 月 24 日至 28 日，在国家建委的协助下，联合国亚洲及太平洋地区经济社会委员会（以下简称经社会）在北京举办了《乡村中心规划巡回讨论会》。参加这次讨论会的有中国、泰国、巴基斯坦、斯里兰卡和印度 5 国的代表共 50 余人。会议期间，亚太经社会的 3 位专家分别讲述了乡村中心规划的理论、方法和有关的技术问题。各国代表在会上就各国国内的有关情况和经验作了专题发言。中国代表扼要介绍了中国村镇的发展简史以及村镇规划的原则、内容、方法和集体建设筹集资金等问题。联合国亚太经社会的官员、会议主持人岩崎骏介在中国代表发言后说："中国在农村规划方面有很好的经验，可以当老师。过去我们只强调向西方学习，现在看来，亚太地区就有很好的经验，中国的经验很丰富，而且适合于亚太地区国家的情况。"

1981 年 10 月 19 日至 22 日，在国家建委和中国建筑学会的协助下，阿卡·汗建筑奖第六次国际学术讨论会在北京举行，讨论专题为《变化中的农村居住建设》。来自伊朗、印度、日本、阿尔及利亚、肯尼亚、苏丹、埃及、马来西亚、巴基斯坦、土耳其、新加坡、伊拉克、英国、美国、法国和中国的建筑师、规划师、工程师、历史学家、经济学家、社会学家共 70 余人参加了这次学术讨论会。各国代表在会上宣读或印发了有关村镇的

实例研究和论文 19 篇。阿拉伯也门共和国的代表，介绍了该国农村建筑的体形和精致装饰的立面，以及经济的发展对传统风格的影响；巴基斯坦的代表介绍了旁遮普省沙漠地区的乔利斯坦牧民定居点灌溉区的开拓和新村的建设；阿尔及利亚代表介绍了规划和建设新农村，以遏止乡村居民涌向大城市的经验；苏丹代表介绍了塞内加尔利用当地的建筑材料和建筑技术，建造一个农业训练中心的经验；法国代表论述了太阳能、沼气、风车等能源在乡村建设中的应用；美国代表在范围广泛的“回教世界乡村地区的住宅调查”中，分析了从摩洛哥、突尼斯到伊朗、马来西亚的各类乡村住宅；中国代表向讨论会提供了《河南荥阳田六的窑居》《中国乡村住宅的发展》《中国乡村沼气的利用》三篇实例研究文章和《关于中国乡村住宅建设的情况》、《中国的伊斯兰建筑》两篇论文。谷牧副总理出席了 10 月 19 日的开幕式。国家建委主任韩光、中国建筑学会理事长杨廷宝、阿卡·汗殿下及韩素音女士先后在开幕式上讲了话。学术讨论会结束后，与会代表到西安、乌鲁木齐、吐鲁番、喀什等地参观了中国的乡村建设和伊斯兰建筑。

1985 年 7 月，联合国亚太经社会人类住区组织和建设部在杭州举办了“乡村中心和居住区规划国际讨论会”。这次会议是继 1981 年 8 月在北京开会之后又一次亚太地区部分国家就乡村中心规划建设问题的研讨盛会。会议有印尼、菲律宾、南朝鲜、泰国、孟加拉、马来西亚和中国 7 个国家的教授、专家以及政府高级官员 20 多人参加。会议由亚太经会社 M·拉赫牟图亚拉代表致开幕词，建设部顾问李景昭、浙江省建设厅厅长魏廉同志在开幕式上讲了话。会议听取了各国代表宣读的论文和本国情况介绍。中国、泰国和南朝鲜还配以幻灯、图表等进行讲解。会议期间，各国代表考察了浙江绍兴县沈家畈村和萧山县红山农场的规划建设情况。代表们对中国农村出现的新形势和各项政策，尤其对中国党的十一届三中全会以来的繁荣发达，乡镇企业的蓬勃发展感到极大兴趣。他们非常重视和赞赏中国广大农民从耕地上脱离出来转移到其他行业，出现“离土不离乡”、“进厂不进城”的发展趋势，说："中国乡村发展的道路，不仅适合中国，对许多国家，特别是亚太地区许多发展中国家很有借鉴作用。"各国代表对中国乡村建设实行"全面规划，正确引导，依靠群众，自力更生，因地制宜，逐步建设"的方针十分钦佩。讨论会同时肯定了南朝鲜的"新农村运动"、马来西亚的"土地发展计划"、菲律宾的"生计运动"、泰国的"农村发展综合计划"等经验。会议互相学习了有益的经验，增进了各国友谊。

1979 年到 1985 年 6 年间，中国先后派考察组到朝鲜、波兰、联邦德国、日本、印度等国考察了村镇建设，学习了他们有益的建设经验。这个时期里，中国还先后派出代表，参加了一些有关乡村建设的国际学术讨论会。1984 年 1 月，中国参加了在泰国坤敬召开的亚太地区乡村居民点建设学术讨论会。1984 年 10 月和 12 月，中国先后参加了联合国亚洲及太平洋地区经济社会委员会在尼泊尔和孟加拉召开的"农村中心规划讨论会"。1985 年 12 月 11 日至 14 日，中国参加了印度城市发展部和联合国人类居住中心在新德里联合召开的"为无家可归者提供住房年"的亚洲会议。在这些学术讨论会上，中国代表分别介绍了中国村镇建设的情况和经验，引起到会国的很大兴趣。

在这个期间，中国也接待了日本建筑学会访华团、菲律宾地方行政和发展计划校友会访华团、墨西哥农村住房规划设计和建设考察组、联合国粮农组织《女谷神》杂志总编等来华考察。双方就村镇规划建设的学术问题，以及未来应采取的对策，交流了经验，增进了友谊。

1984 年应联合国教科文委员会的约稿，中国建筑技术发展中心村镇建设研究所经过一年多的调查研究，为该组织提供了包括"概况""政策""趋势""实例"的《中国乡村住宅建设及文化教育设施》的研究报告。

1984 年，为了配合世界银行向中国农村给水工程低息贷款的工作，中国建筑技术发展中心组织力量，编制了不同类型的乡村给水工程通用图。这项工作得到了世界银行的好评。

结 束 语

新中国成立30多年来，中国的乡村建设经历了曲折的发展道路，取得了很多成绩。回顾历史，正确总结历史经验教训，会给人以有益的启示；展望未来，会给人以力量，鼓舞人们去建设更加美好的未来。

中国的乡村建设，尽管经历了不同的历史阶段，但都有发展的共同特点。

第一，乡村建设能否顺利进行，取决于国家的安宁和政局的稳定。

旧中国长期处于动乱之中，广大乡村遭到严重的摧残和破坏，建设无从谈起。新中国的成立，开创了中国历史上空前安定统一的政治局面，使曾经没落的农村也随之获得新生。解放初期，在恢复和发展生产的基础上，广大农村改造了一批旧房，也建设了一些新房。自1949年到1957年，农村每年约建新房1.2亿平方米，农民的居住条件有所改善；农村集镇，由于手工业和家庭副业的发展，商品量的增加和农民消费水平的提高，集市贸易有了新发展。每集人山人海，呈现一片活跃的景象；村镇的设施，特别是学校的建设也有较大的发展，适应了当时农民学文化、受教育的要求；在大搞爱国卫生运动的推动下，村容镇貌也有改观。这些变化，反映了新中国成立初期，广大农民发展生产、重建家园的新的精神面貌。这一阶段的村镇建设，虽然规模不大，水平不高，但发展比较健康，既适应了经济发展的需要，又顺应了亿万农民休养生息、改善生活的心愿，实实在在地给农民带来了欢乐和幸福。国民经济调整时期，农村经济在恢复中有了新的发展。由于经济力量有所增强，1962年至1964年，农民投入近70亿元，新建了35000万平方米住房。农业学大寨中，也出现了少量的新村。1978 年党的十一届三中全会以来，中国的乡村发生了巨大的历史性的重大变革，人民安居乐业，经济迅速发展，广大乡村展开了空前规模的建设。这个历程表明：国家愈安宁，政局愈稳定，乡村建设愈发展。新中国的建立为广大农民创造了一个安定幸福的生活环境，党的十一届三中全会为乡村建设开辟了广阔的道路。

第二，乡村建设的规模和速度，取决于生产发展的水平和经济繁荣的程度。

过去，中国乡村经济长期处于停滞的状况，农民生活极度贫困，无力顾及家乡的建设。解放以后，随着农村生产的恢复和发展，乡村的建设也开始进入农民的生活之中。特别是 1978 年以来，随着农村经济的活跃，农民收入的增加，乡村建设也广泛地开展起来，建设的规模与经济的增长同步形成了高潮。1978 年农村人口平均收入为 134 元时，当年新建房屋的规模为 2.6 亿平方米。1983 年全国农村人口平均收入达到 300 元，农村建房的规模相应扩展到 6 亿平方米左右。房屋的质量，也大有提高。原来农村很少见到砖瓦房的吉林省，近几年，新建的房屋 60% 是砖瓦房。在南方一些省份，楼房的比重已占到 50% 以上。珠江三角洲一带，还出现了一些设施齐全的“别墅式”楼房。随着农民物质、文化生活水平的提高，广大农民不仅要求改善居住条件，而且要求改善环境条件、服务条件。许多地方，在建设住宅的同时，还相应建设了道路、桥梁、自来水、排水、影剧院、俱乐部、文化站、图书馆、幼儿园、中小学、卫生院等市政公用和文化教育设施。

从历史的发展过程来看，凡是农村经济活跃的时候，乡村建设也相应得到发展，处处大兴土木，一片兴旺景象；凡是农村经济出现停滞局面的时候，乡村建设也随之萎缩不前。从这个意义上来说，乡村建设是农村经济发展的“晴雨表”。它不仅真实地记录了农村经济的兴衰和变化，而且证明了乡村的建设必须依靠经济的繁荣和发展。历史还启示人们：乡村建设的规模和速度，必须考虑当时、当地可能提供的物质条件。如果脱离了客观的现实，人为地提出一些不切实际的口号，也必然导致事与愿违的后果。1958年的“大跃进”就是一个深刻的教训。当时，许多地方无根据地勾画了许多所谓“共产主义的蓝图”，违背了科学，脱离了实际。时隔不久，这些规划全部化为泡影。有的地方，也曾按照想象在农村建立了一些所谓“共产主义的住宅”，没有厨房、没有厕所、没有畜圈，给农民带来很大不便。有的地方，不但没有建设，反而把一批住宅改造成为公共食堂、敬老院、幼儿园，进一步加剧了农民居住紧张的状况。还有许多地方大量拆毁祠堂、庙宇，使不少具有历史价值的传统建筑遭到严重破坏。特别是由于否定了商品生产和商品交流，使农村集镇也失去了作为物质集散中心的作用，不断衰落下来。1958年的“大跃进”虽然时间不长，但造成的后果是相当严重的。

第三，依靠群众，建设家园，是一条基本的经验。

中国有10亿人口，8亿在农村。农村是个广阔天地，乡村建设量大面广。无论是解决亿万农民的居住问题，还是进行各项服务设施的建设，都必须在国家指导下，充分依靠群众，才能收到应有的效果。在这方面，我们既有成功的经验，也有失误的教训。党的十一届三中全会以前，在“左”的思想指导下，一味强调“集体建房、集体所有”，而把农民个人建房视为修建“安乐窝”，不仅横加压制，甚至作为资本主义自发势力而加以批判、斗争。结果，农民有钱也不建房，而集体又往往无力兴建，农民的居住条件长期得不到应有的改善，乡村面貌变化不大。1979年12月，国家建委、国家农委等部门，依据党的十一届三中全会的精神，排除“左”的干扰，专门召开全国农房建设会议，实事求是地研究和调整了农村建房政策，允许农民自建自有，大大鼓舞了亿万农民建设家园的积极性。于是，在生产发展、农民收入不断增加的条件下，全国各地迅速掀起了建房热潮。这个历史过程说明，中国这样一个拥有8亿农村人口的大国，农民的住房建设国家包不起来，其他各项设施的建设，国家也不可能全包下来。根本的出路，应当是依靠群众个人和集体的积极性，建设自己的家园。实践证明，这是行之有效的，也应当作为我们制定政策的出发点和立足点。

第四，小城镇建设必须适应商品生产发展的需要。

中国过去也提倡发展小城镇，而且一再强调“还是小城镇的方式好”。但是，实际工作中却取缔集贸市场，限制个体工商户，“割资本主义尾巴”，破坏了小城镇赖以生存和发展的基础，使小城镇不断衰落下来。

从历史上看，中国原有的小城镇，也都是随着商品生产的发展而形成和发展起来的。商品生产发达的地方，小城镇发展也快。以每100平方公里拥有小城镇的数量来看，江、浙、鄂、湘一带平均为1.0—1.5个；鲁、豫、赣、皖为0.7—0.8个；云、贵为0.4—0.6个；甘、宁、青平均还不到0.1个。在同一地区，由于商品生产的水平不同，小城镇分布也不平衡。江苏省平均每100平方公里有1.5个小城镇，而商品生产发达的苏州地区，每100平方公里有2.3个小城镇。其中，无锡县、吴江县每100平方公里有3个小城镇。西北、西南地区，商品经济和商品交换水平相对较低，小城镇数量也少。至今还有不少乡政府所在地尚未形成集镇，即使设镇建制的县城，水平也很低。这些情况表明：没有活跃的商品经济，就没有小城镇的繁荣。商品经济的水平，决定着小城镇的建设和发展。而小城镇的建设和发展又影响商品经济的提高。过去，小城镇所以衰落，一个根本的原因，就是否定了商品生产与流通的必要性，违背了客观的经济规律。这是一个深刻的教训。

到80年代，中国农村正处于由自给、半自给经济向大规模商品生产转化的过程中。农村中许多既有一技之长，又有经营能力的生产者，越来越多地脱离种植业，转向养殖业、加工业和其他行业。进而，涌现出大批专业户、重点户和新的经济联合体。他们出于商品生产者的本能要求，迫切希望加快小城镇的建设。这是因为商品生产发展到一定程度，必然要求扩大农村市场的规模和容量，以便为产前、产中、产后的各个环节，提供完善的服务。目前，农村中出现的盛况空前的集市贸易，已经反映了这种要求。但是，当前的集市贸易，还属于简单商品交换的范畴。随着商品生产的发展，逐步要求以社会化、专业化为特征的购销网络执行商品的流通，这就需要在一定的地域内，形成设施较为完善的流通中心，而小城镇正是这样一种理想的阵地。因此，小城镇的发展是商品生产发展的必然产物，应当因势利导，促其健康发展。小城镇建设中，还必须注意在繁荣经济的同时，重视社会的需求。从历史上看，农村人口所以外流，有一个重要的原因，就是人们为了摆脱贫困和隔绝，希望得到较好的就业机会和较高的生活条件。现在，不少地区的农民，已经不满足于有吃、有穿、有住的简单需求了，而要求在若干村庄的中心地区兴办文化、教育、科学、医疗和各种各样的服务设施，以更多地直接享受现代化文明。小城镇如果能在发展生产的同时，相应地进行商业、文教和社会服务事业的建设，以满足农民物质的和精神的需求，农民离开农村的离心力也就逐渐消失了。历史的进程表明，经济、社会的同步发展，是小城镇建设中一个至关重要的问题。过去，中国较多地重视发展物质生产，这是正确的；而对社会需求，则有所忽视，带来了一些不利的后果。

第五，乡村建设应当体现不同地区、不同民族的特色和风格。

中国各族人民，在村庄和集镇建设中，适应环境，利用自然，巧妙构思，并根据不同地区的特点和不同民族的习惯，形成了各具特色的传统建筑风格。相比之下，新中国成立以来所建的一些村落与集镇，房屋造型单调、呆板，从南到北，从山村到水乡，从严寒地带到酷热地区，从塞外的草原到海南的渔村，尽管条件千差万别，农村建筑依然是大同小异。究其原因：一是，片面推行所谓样板房、样板村、样板片造成了千篇一律的后果。农业学大寨更把这种片面性推向了极端，到处出现了兵营式、排排房的村庄。二是，不重视规划设计，认为农民盖房子是农民自己的事，用不着去管它。在这种思想的支配下，农民各行其是，任其自由蔓延，形成农村杂乱无章的局面。

总结以往的经验，凡是具有特色的村庄或集镇，都是经过合理规划、精心设计而建设起来的。因此，要建设好农村，必须重视吸取当地传统民居的优秀手法，在继承的基础上大胆创新，在多样化的基础上，发展具有乡土气息、地方特色的农村建筑，以打破千篇一律的格局，使村镇建设的风貌同中国这样一个幅员辽阔、民族众多、古老文明的国度相适应。

第六，合理的行政建制，对小城镇的发展具有重要作用。

小城镇是农村中一定区域内政治、经济、文化的中心。而经济、文化中心的形成，往往又是伴随着政治中心的确定而发展起来的。1958 年撤区并乡之后，有一些自然村落变成公社所在地。随着公社党政机构的建立，许多经济、文化事业单位，如粮管所、粮站、供销社、信用社、银行营业所、邮电所、卫生院、文化站、中小学等应运而生。这样，作为小城镇的基本骨架就搭起来了。原来的这些自然村落，随着升格为政治中心，在数年之内，经济、文化事业也迅速发展起来。江苏省沙洲县的扬金镇就是一个典型的例证。这个镇在 1962 年以前，还是江阴县的一个公社所在地，后来改做沙洲县的新县城，镇区面积扩大 3 倍，人口从 4000 人发展到 34000 人。与此相反，一些原来比较繁华的小城镇，一旦政治中心转移，也会引起衰落。常熟市的周泾镇，解放初有 131 家商店，从早到晚，人来客往，热闹异常。但是，撤区并乡以后，原来设在周泾镇上的区政府取消了，原来在周泾镇上的一些商店、邮电所也随之转移，周泾镇渐趋萎缩。历史的经验说明，稳定而合理的行政建制，对于促进农村中政治、经济、文化中心的形成，具有重要的作用。从长远来说，对于促进城乡的联合，也有积极的意义。因此，在体制改革中，根据经济社会发展的要求，确定相应的建制，以建立合理而稳定的建制体系，对乡村建筑的发展和建设，都是十分必要的。

第七，乡村建设，一定要坚持量力而行，逐步建设的方针。

这几年，农村形势有了很快的发展，但是要看到，发展是不平衡的。中国还有一部分地区至今温饱问题尚未完全解决，农村中富裕起来的农民也仅仅是一小部分。因此，乡村建设规模和速度，在不同条件下，应有不同的要求，不可强求平衡发展。在一定时期内，能办多少事，办到什么程度，一定要量力而行，遵从农民的意愿。中国是一个人口众多、经济发展很不平衡的社会主义国家。因而，不同地区的建设速度有快有慢，建设的规模有大有小，建设的标准有高有低，完全是正常的，不能强求一致。过去，中国搞建设的一个重要教训就是，思想方法上的绝对化，工作上要求“一刀切”，造成许多不良的后果。这个教训值得我们认真记取。

进入 80 年代以后，中国的乡村建设发展迅速。但是，乡村建设要走一条什么样的道路，对这样一个关系乡村未来发展的重大问题，必须有一个明确的回答。邓小平同志在党的第十二次全国代表大会上曾说过：“把马克思主义的普遍真理同中国的具体实践结合起来，走自己的道路，建设有中国特色的社会主义，这就是我们总结长期历史经验得出的基本结论。”乡村建设是中国社会主义建设事业中一个重要的组成部分，同样也必须在马克思主义指导下，结合中国的国情，走自己的道路。中国是社会主义国家，不可能也不应该走资本主义国家剥夺乡村、发展城市的老路子。中国应当坚持城乡结合、工农结合的方向，积极发展小城镇，逐步消灭城乡差别，走出一条城乡融合、城乡协调发展的具有中国特色的新路子。

在可以预见的将来，中国目前还比较落后的村镇将逐步建设成为经济繁荣、布局合理、设施齐备、交通方便、信息灵通、环境优美、各具特色的现代化的高度文明的社会主义新村镇。到 2000 年，中国整个乡村的建设，有可能达到今天苏南、胶东地区的水平，有些富裕地区将会赶上或超过现在的小城市的水平，但一些经济尚不发达的地区，建设的水平还会有较大的差距。

以后乡村建设发展的基本趋向是：

（一）以发展小城镇为重点，带动乡村的全面振兴。不论从中国的经验，还是从外国的经验来看，发展小城镇已成为一个战略性的问题。20 世纪 70 年代以来，许多经济发达的国家，由于大城市的恶性膨胀导致了一系列难以解决的经济、社会矛盾，开始出现了城市中心区人口向乡村地区返迁的现象。于是，又回过头来重视小城镇的发展。国外有人认为，现在的“大城市已经进入了溃退的时期”，小城镇的“环境价值”越来越引起人们的向往和重视，并提出要用发展乡村中心网点的办法来改变城乡之间发展不平衡的状况。因而，中国重点发展小城镇，不仅有利于全面振兴乡村经济，而且可以推动城乡差别的逐步缩小。现在，中国许多地方已经开始走出了一条具有中国自己特色的“离土不离乡”“进厂不进城”，就地消化农业剩余劳动力的路子。

据有关部门预测，中国乡村劳动力目前已有3.2亿，到2000年将增至4.5亿。但从农业生产发展的需要来看，有2.3亿劳动力从事种植业、林业、牧业和渔业就大体可以了。这样，2亿多剩余劳动力就需要转移到农业以外的其他行业。如果这些劳动力得不到充分就业，依然束缚在十几亿亩的耕地上，中国的乡村和广大农民就很难富裕起来。但是，如果大批涌进城市，即使现有的城市规模再扩大三四倍，也无法容纳下来。根据历史和现实的经验，出路在于：以小城镇为依托，发展多种经营，就地吸收农业剩余劳动力。这不仅现实可行，而且对中国城乡经济的全面发展和社会生活的长治久安，都有深远意义。目前，全国有59680多个小城镇，大体可分为三种类型。

第一种类型：在一些发达的地区，小城镇建设呈现蓬勃发展的景象。其特点是，经济发达，市场繁荣，小城镇面貌有了较大改观。有的不仅成为当地的经济、文化和服务中心，而且正在向科技、信息中心迅速发展。有的服务范围日益扩大，同大中城市的联系日益加强，冲破了原来的乡界、县界、省界，甚至与国外市场发生了经济联系。有一些小城镇的产品成了名牌货，不仅畅销全国，而且远销国外。这些小城镇，财源广，资金积累多，小城镇建设快。但这类小城镇，目前在全国为数尚少，即使在长江三角洲、珠江三角洲、闽南三角地带和胶东半岛、辽东半岛等经济发达地区也只有十分之一二。

第二种类型：在一些经济有发展而尚不够发达的地区，小城镇虽有一定的发展，但距离繁华程度还远。这类小城镇，目前在全国居多数。据黑龙江省调查，在全省1000多小城镇中，这种类型的就有643个，占59%。其特点是，兴办了一些乡镇企业，但数量少，产值低，一般只占工农业总产值的15%左右；农贸市场有所恢复，但还不够活跃；居民住房有所改善，但大部分人的居住条件仍然很差；市政公用设施虽也新建了一些，但道路简易，给水排水还没有得到很好解决。陕西渭南县是全省粮棉生产基地之一，有21个集镇，人口5.45万人，占全县乡村总人口的10%。1982年乡镇企业总产值达3284万元。其中，只有16个集镇工业产值超过100万元。这些集镇都是区、乡政府所在地，多数分布在公路附近，交通比较方便，有一定的文化、卫生和市政设施。但都比较简易，影院、剧场多是不避风雨的简易场地；泥土路没有路面，没有行道树，没有排水设施；没有固定的集贸市场；粪土垃圾沿街堆放。在21个集镇中，吃上自来水的仅有3个。

第三种类型：在一些经济发展缓慢的地区，小城镇的建设基本上还处于停滞状态。这类小城镇在边远和内地某些经济不够发达的地区为数较多。其特点是人口相对较少，商业、服务业寥寥无几，市政设施十分简陋，市面冷落，镇容破旧。许多集镇，与自然形成的村庄差不多。

从以上几种不同类型的小城镇来看，在2000年前，重点应当发展经济活跃地区的小城镇。这样既可适应经济发展的要求，又可在经济发展的基础上，为小城镇建设提供必要的财力、物力。按照这个设想，到2000年，在中国小城镇中，如果能有20%—30%建成为规模在10000人左右的小城镇，就可以吸收1亿农业剩余劳动力。加上其他小城镇的发展，又可以容纳几千万人。这样，到20世纪末，通过重点发展和建设小城镇，可以基本就地消化农业剩余劳动力，带动乡村建设的全面振兴。

（二）农民居住条件将会有大的改善，基本上可以实现每户有一所庭院式住宅。估计到1985年年底，全国农户达到1.9亿多户，其中有7000万户盖了新房，改善了居住条件，还有1.2亿多户将在今后15年内逐步更新住宅，平均每年约有800万户。其中，因结婚需要分户另住的，平均每年有400万户。按照更新户每户增建房屋40平方米、新增户每户建房80平方米计算，每年需新建住宅6亿—7亿平方米，仅从建房的数量来说，到20世纪末，实现每个农民1间房、20平方米的标准，并不是很困难的事。

从长远来看，农民的住宅建设，重点并不在于数量要增加多少，而在于把住宅设计得紧凑合理、适用美观，不断提高居住的舒适程度。根据这样一个要求，今后应当特别强调以下几点：一是要重点提高设施水平和环境质量，这是居住文明的一个重要尺度；二是在有条件的地方，积极推行平房改楼房，千方百计节省用地；三是因地制宜，努力提高设计、施工水平，确保工程质量。

（三）村镇基础设施的建设将会有突破性的发展。基础设施是衡量现代化水平的一个重要标志。目前中国绝大多数村镇的商业、服务业、文教卫生事业和交通、信息等相当落后。市政设施严重不足。为了适应现代化建设的需要，村镇的基础设施，到20世纪末，将有一个突破性的进展。

首先是大力发展交通电讯建设。从现在到20世纪末，将以小城镇为中心，逐步形成晴雨通车的乡村道路网，达到镇镇通车，大部分村庄也能通车。南方水网地区，要注意水陆交通的有机组合，方便客货运输。村镇内部的道路，要合理控制宽度，普遍提高道路质量，力求避免过境交通穿行。建制镇和农村集镇道的路面铺装率，到2000年应力求达到100%。乡村通讯系统也要大力发展。在1990年前，每个集镇都设有邮电所，每个村庄都通邮路。逐步完善乡村电话工程系统，争取2000年每个村庄都有公用电话，并发展一部分户用电话。

综合开发乡村能源。据有关资料估算，目前全国严重缺柴户有8000万户，占农户总数的45%。解决这个问题要走多能互补、综合开发的道路。发展沼气是一个行之有效的办法，而且潜力很大。现在全国已有700万个沼气池，3500多万农民用上了沼气，预计到2000年可能再建2300万个沼气池，将使全国乡村有1.5亿农民用上沼气。中国水力资源丰富，有1100多个县都具有水电资源。这些县可采取“自建、自管、自用”的方针，大办小水电，建立乡村水电网。预计到2000年，全国有1/10的乡村可用电烧饭、煮水。中国太阳能资源也很丰富，全国有2/3的地区每年光照时间在2000小时以上。现在全国已有太阳灶3万多台，太阳能热水器采光面积15万平方米。到2000年发展到采光面积1亿平方米左右，可减少总能耗的2%。沿海、西北、内蒙等地，都有很好的风能资源可以利用。还有很多地区可充分利用荒山、荒坡营造薪炭林，既可解决能源供应，又有利于保护生态平衡。

积极进行公用设施的建设。首先改善乡村的饮水条件，这是今后村镇公用工程建设的重点。争取到2000年，所有集镇都能用上自来水；还要采用小型、多样、高效的净水装置，在广大村庄发展多种型式的简易自来水。预计到2000年，全国有6亿农民吃上比较清洁卫生的水。排水设施要结合“两管五改”（管水、管粪、改水井、改厕、改畜圈、改炉灶、改环境）加强建设，争取到2000年所有集镇都建立起有效的排水系统。规模较小的村庄，将结合地形，组织排水沟渠，把雨水就近排入河流、渠道或耕地，力争做到大雨不积水。

充实和发展文化、教育、卫生设施。现在，全国大部乡村普及了中小学教育，医疗卫生网也建立起来了，文化中心的建设正处于发展阶段。但是设施的容量还不足，质量也不高。到20世纪末，争取每个集镇都能有一个文娱、体育、科普相结合的文化中心，每个中心村都有文化站或者青少年之家；每个乡有一所中学，两三所完全小学；同时，把乡的卫生院、村的卫生所（室）健全和充实起来，提高防治疾病的能力。

（四）乡村的环境建设将越来越被重视，并逐步向文明村镇、生态村镇发展。通过规划，使人为经济系统同生态系统协调起来，促进广大村镇积极向生态村和生态镇的方向发展。做到经济建设、村镇建设、环境建设同步进行，以保障乡村生态环境的良性循环。

在村镇规划建设中，运用中国优秀的园林艺术，搞好环境设计。把河溪、池塘、花圃、果林、绿地等自然景观有机地组织到村镇中去，加以巧妙布局、恰当装点，创造出美好的生产、生活环境，让人们生活得舒适、愉快，在精神上得到美的享受。

（五）逐步建立起城乡协调发展的社会经济网络，促进城乡融合。到20世纪末将出现具有中国特色的城乡关系，表现在：

乡村不仅搞种植业和养殖业，还广泛发展工业、商业、交通、服务等行业，工业产值将逐渐上升到主导地位，乡村正在朝着工业化的方向发展。

大部分农民正在变成乡村中的工人、商人和从事其他职业的劳动者，很多人将逐步聚集到集镇上来。

随着乡村居民收入的增加，物质文化生活不断提高，文化教育卫生事业日益发展，日臻完善，文明程度不断提高。

广大的小城镇将逐渐繁荣起来，规模不断扩大，数量也在增加，多数将形成当地有吸引力的中心。通过经济联系、文化传播，向周围农村扩散自身的影响，推动城乡之间的交流、联系和融合。

到20世纪末，一个以城市为中心，以乡村为基础，以小城镇为纽带的城乡结合、工农结合的社会经济网络，将会有很大发展。

在未来的十几年中，如果我们能够采取正确的政策指导，不再重复历史的错误，全面规划，合理布局，充分动员亿万农民的积极性，改造山河，建设家园，中国广阔的乡村一定会有一个大的改观，必将使中国在世界之林中的地位大为提高。

附录一

全国农村房屋建设工作会议的报告

国务院：

去年十二月二日至九日，我们在青岛联合召开了全国农村房屋建设工作会议。到会的有各省、市、自治区建委、农委、农业局、建材局、社队企业局、建筑设计院的领导同志和部分基层单位的代表共三百人。会议分析了农村房屋建设出现的新形势，交流和总结了正反两方面的经验，集中地讨论了有关的方针政策、规划设计、材料供应和组织领导等问题，并对今后工作作了安排。到会代表认为，建国三十年来，专门召开会议研究农村建房问题，这还是第一次，它反映了广大农民的心愿，体现了党中央、国务院对八亿农民的关怀。现将当前农村建房情况和进一步加强农村建房工作的意见报告如下：

一

建国以来，随着农业生产的恢复和发展，各地农村陆续改造了一些旧房，建设了一些新房，广大农民的居住条件有了一定改善。有些生产发展比较快，经济实力比较雄厚的社队，还先后建起了一批新村。如江苏省已建成新村七百多个，其中江阴县的华西大队，经过统一规划，逐年建设，社员全部住进了新房。山东省胶南县，全县住进新房的农户，已占总农户的百分之七十五。陕西省户县已新建和改建的房屋达七万五千间，占全县房屋总数的百分之四十。上海的嘉定县，近几年来，共建新房三百万平方米，使三万三千户社员住上了新房，占全县总农户的百分之三十一。但是，总的来看，象这样的县和社队，全国为数还不多。目前，广大农村的居住条件还是很差的，许多地方至今依然是古村旧貌，农民住房很紧张，有的户几代同堂，有的户甚至人畜混居，即是在中国富饶的江南，也有不少农民住在茅草房里，阴暗潮湿，很不卫生。一些少数民族地区和边疆地区，广大农牧民的居住条件更差。

粉碎“四人帮”后，特别是党的三中全会以来，农村房屋建设面临着新的形势。由于党的政策的落实，农工副业的发展，以及农副产品的提价，农民收入增加，普遍要求建房。据初步调查，现在要求建房的农户，在经济条件较好的地方，约占百分之三十左右；在经济条件一般的地区，约占百分之十左右；即使在经济条件较差的地方，也约有百分之三到五的农户要求建房。这就是说，全国有相当一部分农民，吃、穿已经有了一定的改善，有条件通过多年的积累，开始建设新房。山西省晋中地区十四个县、市，一九七八年社员建房的数量，比一九七七年增加百分之七十。特别是农业现代化的发展，农工商一条龙的出现，不仅要求建设各类生产基地，而且要求配套地逐步建设小城镇，以便更多地容纳从农业中解放出来的劳动力，而中国原有的在小农经济基础上形成的分散、零乱、落后的村落，远远不能适应这种要求。因此，无论从农民生活水平提高的要求来看，还是从农业现代化发展的需要来看，农民住房的建设问题，是需要提到议事日程上来了。

当前的问题是，不少地方对这项工作的重要意义认识不足，重视不够。有的把农民建房看成是可管可不管的小事，放任自流；有的怕农民建房影响生产，不去关心，甚至加以阻拦；有的不顾党的政策，不顾经济条件，搞“大呼隆”，搞一平二调，忽视发挥集体和社员两个积极性；有的不注意规划，盲目建设，侵占了耕地，破坏了布局；有的不注意合理组织施工，既影响了集体生产，又增加了农民负担，对集体、对个人都很不利。农村建房材料，也没有一个正常的供应渠道，农民盖点房子，困难很大。长期以来，农房建设没有一个部门主管，许多问题得不到及时的反映和解决，在一定程度上也影响了农房建设的发展。

二

会议认为，中国农村房屋建设，必须从实际情况出发，随着生产的发展，集中经济的壮大，社员收入的增加，采取全面规划、正确引导、依靠群众、自力更生、因地制宜、逐步建设的方针。态度要积极，步子要稳妥。当前，需要认真解决以下几个问题：

（一）要正确处理生产和生活的关系，重视改善农民的居住条件。过去由于林彪、“四人帮”极左路线的干扰，有些地方把生产和建房的关系对立起来，把发展生产和改善生活的关系割裂开来，农民要盖点房子，常常受到各种指责，动不动就割“私有制的尾巴”，搞得生产上不去，生活也得不到应有的改善。这方面的教训很深刻。许多地方的经验说明：在发展生产的基础上，逐步改善农民的居住条件，既解除了农民的后顾之忧，又促进了生产的发展。嘉定县新泾大队，过去是个低洼、多灾、住房破烂的穷地方，从一九七三年开始，在生产发展的基础上，建成新房二万五千平方米，使二百六十三户社员住上了新房，居住条件有了很大改善，生产也有了很大发展。一九七八年与一九七二年相比，粮食亩产增长百分之六十二，棉花亩产增长百分之四十九，油菜籽亩产增长百分之四十六，社员分配也由每人一百七十八元上升为二百六十九元，增长百分之五十一。可见那种把解决农民住房问题，单纯地看成是影响生产的消极因素的观点，是经不起实践检验的。生产和生活的关系，是相辅相成的。不努力把生产搞上去，单纯强调改善生活，就没有物质基础，想改善也改善不了。反过来说，只强调抓生产，忽视改善生活，甚至连一些可以办到的事情也不办，就会挫伤广大群众的积极性，生产也不可能搞好。因此，在生产发展的基础上，把农民的生活安排好，不仅可以调动广大农民的积极性，促进农业生产的迅速增长，还有利于稳定大局，发展安定团结的大好局面。毛泽东同志生前十分重视这个问题，曾多次指出：“农民的情况如何，对中国经济的发展和政权的巩固，关系极大”，“要先把衣食住用行五个字安排好”，要求我们生产、生活一齐抓，不要搞片面性。在这个问题上，我们现在应当统一认识，解放思想，消除顾虑，大胆地把农房建设抓起来。这既是广大农民生活不断提高的要求，也是实现农业现代化的紧迫需要。

（二）要十分注意政策，充分发挥社员和集体两个积极性。农村房屋建设，涉及千家万户，政策性很强。政策对头，就能充分调动集体和社员两个积极性；搞得不好，也会挫伤农民的积极性。农村建房中的政策问题，最核心的是房屋的产权问题。社员的住房，属于生活资料，产权应归社员所有。修建的办法，可以在统一规划下，由社员筹集资金、材料，集体给予帮助，统一组织施工。五保户由集体负责安排。这种方式，有利于发挥社员建房的积极性，也有利于房屋的维修、管理。公共积累多，经济条件好的社队，也可以在统一规划下，采取集体筹集资金、材料，集体建房的办法，产权归集体所有，农民住房交纳房租，也可以折价卖给农民。在集体建房中，使用农民的旧房旧料，要合理作价，并在短期内偿还，不能搞一平二调，变相剥夺农民。社员要求自己建房，只要服从统一规划，也应当允许。不论采取哪种方式，都要坚持自愿、互利的原则，绝不能够搞强迫命令。建房中涉及到农民自留地、自留树等所有权问题时，也一定要严格按照政策办事。

（三）要认真搞好规划，精心进行设计。规划问题，事关新村建设的百年大计，要高度重视，切实抓好。当前的主要问题是，有的地方忽视规划，造成布局不合理，甚至乱建、乱占，有的地方已经发生了一些“建了拆、拆了建”的劳民伤财的事情。从各地的经验看，搞好规划，首先要搞好县、社的总体规划，实行山、水、田、林、路、村统一安排，综合治理。每个县、社，都要根据各自的自然条件、生产特点、经济发展水平，提出新农村建设的近期计划和远期设想。集镇的建设，要力求和公社所在地的建设结合起来，使之逐步成为当地政治、经济、文化的中心。

居民点规划，要根据有利生产、方便生活的原则，在总体规划的指导下，对点内的土地利用、功能分区，进行合理安排，努力创造具有当地风格和特点的布局形式。居民点的设施，要逐步增加新的内容。应大力发展沼气，改变燃料构成；大力提倡植树，保护居住环境；逐步改善道路，加强内外联系。居民点规划，要经过群众讨论，一般的由公社审批，公社所在地和集镇的由县审批。一经批准，不得随意改动。在村镇的规划、建设中，要充分利用原有建筑设施，注意保护有价值的民间传统建筑和文化古迹。

农村房屋设计，要注意研究农村建筑的特点，设计农民所喜爱的、经济、适用的建筑，不要机械地套用城市房屋建筑的设计模式；要考虑防火、防风、防洪和抗震要求，以确保安全。各省、市、自治区建委和建工局，要组织所属有关单位，通过调查研究，确定建筑标准，编制农村建筑参考图，供农民建房选用。

随着农业现代化的发展，对农房建设提出了一系列需要研究的课题。各级建委和农业部门的科研、设计单位，要积极开展新村建设的科学研究工作。建议有关院校设置农村建筑和规划的专业或课程，有关部门积极开办短训班，为新村建设培养专门人材。

（四）要注意因地制宜，就地取材。中国幅员辽阔，东、西、南、北、中，各地气候、地理、资源条件以及生活习惯，差异都很大，经济发展也不平衡。因此，农房建设的标准、规模、进度、形式，一定要注意从实际出发，因地制宜，不能要求一个样。要根据各地区的不同情况，采取不同的办法。不但在大的区域之间要有分别，就是在一个县、一个公社之内，也要按照具体情况，区别对待。在这方面，中国农民有许多创造，有许多传统的好做法。例如，西北黄土高原地区，农民根据当地雨量少、气候干燥的特点，采用以土为主的土拱结构，既经济又适用。木材缺少的地方，采用砖拱结构，效果也很好。山区，有的开山采石，砌筑房屋，有的修建石窑、土窑。平原地区，墙体有的用砖，有的用土坯，有的半砖半坯。近些年有的城市郊区，利用工业废料，发展砌块建筑，这是一条新路子。广东、福建、浙江等地，采用预应力构件，代替木梁、柱、桁条，可以解决木材短缺问题，也是一个好经验。

建筑材料的解决，主要应当依靠社、队自己的力量，就地取材。中央和地方有关部门也要根据资源和生产情况，开个渠道，专项安排，逐年给一定的补助指标。砖、瓦、灰、砂、石等地方建筑材料，主要由社、队建材企业和县建材部门供应。所需水泥，由地方平衡解决。平板玻璃，由建材部和省、市、自治区主管分配部门，根据资源情况，确定一定的比例，列入年度分配计划。木材，中国资源缺乏，应发动群众，植树造林，同时充分利用旧房料，节约用材。所需钢筋，以地方解决为主，国家逐年给予适当补助，并应优先满足新村试点建设的需要。油毡、油漆、电器、小五金等材料，由商业部和全国供销合作总社积极组织货源，供应农村。凡是拨给农房建设使用的材料，要做到专材专用，不得挪用。

（五）要高度重视节约用地，切实防止乱占耕地。新村选址，要尽量利用坡地、薄地和荒废地。山区，要提倡依山建村。各省、市、自治区要根据当地情况，在调查研究的基础上，对宅基地面积、院落大小、房屋间距、道路宽度等，确定一个有幅度的控制指标，以利合理使用土地。公共建筑和社队企业用地要严格控制，占用生产队的土地要给予补偿，不准平调。许多地方的经验证明，在新村建设中只要切实注意这个问题，效果就很好。陕西省礼泉县烽火大队，按规划建新村后，节约好地一百五十亩，每年可产粮食二十万斤，相当于解放初期全大队的总产量。江苏省吴县的卫星大队，按规划建新村后，扩大耕地面积五百四十八亩，占现有耕地面积的百分之二十，每年可产粮食五十五万斤，每人平均一百八十多斤。山东省胶南县，经过统一规划，腾出好地近万亩。上海嘉定县，经过规划，平整宅基地，可以增加耕地七千亩。全国新村建设中，按最低数字计算，每个生产队如能节约十亩地，全国四百八十一万个生产队，即可增加耕地五千万亩。过去中国农村房屋建设，一般布局比较松散，土地浪费很大，应当在今后旧村改造中，精心规划，巧做安排，把这一部分土地潜力挖掘出来。

（六）要量力而行，分期分批逐步建设。实践证明，凡是搞得好的，都注意了这个问题。湖北省京山县红光大队，从一九七四年开始，每年建一些，逐步建设，到现在已建成二千二百六十六间住房，基本上建成了新村，做到了集体无贷款，社员无超支，农业有增长，分配能兑现。建村前，全队有流动资金三十八万元，新村建成后达到了八十万元。社员存款，建村前共有十三万元，建村后除补偿建房花销外，达到了十五万元。建房促进了生产，农民高兴。相反，有的地方，不顾条件，不考虑可能，采取“大呼隆”的办法，短促突击，大兵团作战，搞一平二调，结果，“建了新村，伤了元气”。既影响了集体生产，又影响了社员的生活，带来了极为不利的后果。我们国家，底子本来很薄，特别是经过“四人帮”十年大破坏之后，百废待举。农村房屋建设，一定要有计划，讲步骤，既要防止放弃领导，任其自流，也要防止操之过急，一哄而上。

三

农村房屋建设，涉及面广，地方性强，各省、市、自治区党委要加强对农村房屋建设工作的领导。特别是县一级的党委和政府要把这项工作提到重要的议事日程上来，切实加强领导，这是搞好农村房屋建设工作的关键。国家建委、农委、农业、建材、建工等部门，要密切配合，分工协作，建立联席会议，定期研究农房建设工作。国家建委，要建立农村房屋建设办公室，负责贯彻有关农村建筑的方针、政策，了解各地农房建设的进展情况，组织经验交流、技术支援和新村试点，推动居民点规划、设计工作的开展。国家农委和各级农业部门，负责山、水、田、林、路、村的总体规划。农业部负责研究有关农村建房的经济政策和土地利用问题；归口管理农业生产性建筑工程的研究、设计、建设和技术推广等工作。各省、市、自治区建委和农业部门，可参照上述任务分工，建立相应的机构。一九八〇年，各省、市、自治区应组织有关方面，先搞一、两个不同类型的新村试点。农业现代化试点县，要把新农村和小城镇的规划、建设作为试点内容之一。国营农场，是全民所有制经济，兼有城市和农村的特点，建设条件也比较好，应当先走一步，尽快建成一批社会主义新村镇。

搞好农村房屋建设，是改变农村面貌、缩小城乡差别、巩固工农联盟的一件大事，任务光荣而艰巨。到会代表一致表示，要在各级党委的统一领导下，充分调动亿万农民的积极性，自力更生，艰苦奋斗，努力在二十世纪末把中国目前还比较落后的农村，建设成为繁荣、富庶、文明的社会主义新农村。

以上报告如无不妥，请批转各地区和有关部门研究执行。

国家建委　国家农委　农业部　建材部　国家建工总局

一九八〇年二月十五日

附录二

国务院关于制止农村建房侵占耕地的紧急通知

各省、市、自治区人民政府，国务院各部委、各直属机构：

近几年来，随着农村经济形势的好转，农村建房出现了建国以来少有的兴旺景象。这是农村经济发展，农民富裕起来的一个必然趋势，是一件好事。但是，有不少地方对农村建房缺乏全面的规划和必要的管理，农村建房和兴办社队企业乱占滥用耕地的现象相当严重。这种情况如果任其发展下去，将会招致严重后果。对此，各级政府必须予以高度重视，立即采取有效措施予以制止。

一、要向农村广大干部、群众进行广泛深入的宣传教育，反复说明在中国节约用地是一项具有战略意义的措施。我们国家地域虽然辽阔。可是耕地很少，随着人口的增长，地少人多的矛盾将越来越尖锐。如果我们在用地上失去控制，不仅会影响当前农业生产的发展和人民生活的改善，而且会带来长期的难以弥补的灾难性后果，贻害子孙后代。各级政府对这一事关人民长远利益和全局性的重大问题，决不能掉以轻心。要教育农村干部、社员正确处理个人和集体的关系、眼前利益和长远利益的关系，顾全大局，维护集体利益，保护耕地，节约用地，决不允许任何个人和单位乱占滥用耕地。

二、农村建房用地，必须统一规划，合理布局，节约用地。农村社队要因地制宜，搞好建房规划，充分利用山坡、荒地和闲置宅基地，尽量不占用耕地。为了节约用地，要因地制宜选择适当的建筑形式，在山区建房要依山就势，黄土高原可提倡修建窑洞，在大城市郊区和人多地少的地区应提倡盖点楼房。有的社队受自然条件限制，确实需要动用耕地建房时，要经过批准。具体审批办法，由各地政府按实际情况制订。

三、必须重申，农村社队的土地都归集体所有。分配给社员的宅基地、自留地（自留山）和承包的耕地，社员只有使用权，既不准出租、买卖和擅自转让，也不准在承包地和自留地上建房、葬坟、开矿、烧砖瓦等。有些人把责任田、包产田，误以为个人所有，随意占用，这是不对的。

四、要逐步改革农房建筑材料，减少打坯、烧砖、取土用地。目前，粘土砖还是建房的主要材料，但烧砖耗能大，毁田多，应当逐步改革。有些地方，可以采用夯土、石头、荆笆作墙；有条件的地方，可以利用工业废料制作硅酸盐砖、炉渣砖和混凝土空心小砌块。

五、各级政府对农民建房和社队企业占地情况，要进行一次检查。对于任意侵占耕地建房、不经批准强行占地以及建房占地过多的，要严肃处理。对社队企业占而不用的土地，要责令退出。

目前，国家农委和国家建委正在组织力量对农村建房用地的有关政策和管理问题进行调查研究。各地政府在执行本通知中有何情况、问题和意见，望及时向他们反映，以便汇总研究，制定出一个比较完善的法规。

中华人民共和国国务院

一九八一年四月十七日

附录三

第二次全国农村房屋建设工作会议纪要

（一九八一年十二月二十九日）

经国务院批准，国家建委、国家农委于一九八一年十二月二十日至二十九日，在北京召开了第二次全国农村房屋建设工作会议。参加会议的有各省、市、自治区建委、农委、农业厅（局）和部分地、县的负责同志，以及国务院有关部门的代表，共三百多人。会议期间，万里副总理到会作了重要讲话。

这次会议，是在中国国民经济开始稳步发展，农村经济一马当先、方兴未艾，农房建设进入一个新阶段的情况下召开的。主要任务是：以赵紫阳总理在五届人大四次会议上提出的经济建设十条方针作指导，认真研究目前农房建设出现的新情况、新问题，总结交流各地的好经验、好做法，讨论如何进一步从方针政策、组织领导、规划建设和管理法规等方面采取措施，刹住乱占滥用耕地之风，实行综合开发，综合建设，把农房建设引向有领导、有规划、有步骤地建设社会主义新农村的轨道。到会代表围绕中心议题，畅谈了当前农村的大好形势，肯定了近年来农房建设取得的成绩，并针对存在的问题和今后搞好村镇建设提出了意见。现综合纪要如下：

一

党的十一届三中全会以来，随着党的政策的落实，生产责任制的推行，多种经营的发展，农业连年丰收，广大农民收入普遍增加，迫切要求改善居住条件，增加文化、福利设施。许多地方几乎是“家家备料，村村动土”，建房规模之大、发展之快，是建国以来所没有的。一九七八、一九七九两年，全国农村建房约四亿平方米；一九八〇年一年，建房约五亿平方米；一九八一年预计可达六亿平方米以上。现在，不但比较富庶的地区在建，就是原来经济条件比较差的苏北、皖北、豫东、鲁西、甘肃、陕北等地区也开始在建。新建的农房，砖房、瓦房、楼房增多，有的还采用了混凝土小构件和钢屋架、钢门窗。各地在新建、改建住房的同时，还兴建了大量社队企业以及许多卫生院、中小学、文化站、广播室、电影院、放映场等，不少地方还发展了自来水和沼气。一些规划和布局比较合理、设施比较齐全的新村镇已经在不少地区出现。这些情况，生动地反映了中国农村经济形势日益好转的兴旺景象。

会议认为，一九七九年十二月，由国家建委、国家农委等五个部门联合召开的第一次全国农村房屋建设工作会议，重申农村住房属于生活资料，产权应当归社员个人所有，社员自建自用完全合法。会议强调对农房建设工作态度要积极，步子要稳妥，不要大哄大嗡，并提出了“全面规划、正确引导、依靠群众、自力更生、因地制宜、逐步建设”的方针。这是符合党的三中全会精神的，对指导农村房屋建设起了积极的作用。两年来，许多地方在当地党委和政府的统一领导下，清理了左的思想影响，做了比较妥善的安排和部署。现在绝大多数省、市、自治区已建立了农房建设专管机构，积极开展了工作，抓了新村试点，组织了设计竞赛。国家和地方在技术、物资方面，也给予了支援。广大群众在实践中，创造了多种多样的建房方式，有的是社员自己建，有的是群众互助建，也有的是由社队集体建，分配、出租或卖给社员。而最普遍最受群众欢迎的是自建公助方式，即由社员自己集资、备料，社队根据集体的经济条件，在资金、材料、人力、运输等方面给予不同程度的支援，新建的房屋产权归社员所有，既符合中国现阶段绝大多数农村的经济发展水平，也体现了社会主义制度的优越性。这些实践经验，对指导今后村镇建设仍有重要作用。

二

到会代表普遍反映，党中央、国务院体察民情，顺乎民心，要求把农村建设这件关系亿万农民切身利益和改变中国广大农村面貌的大事抓好，具有深远的意义。有些地方的领导同志，亲自过问农房和村镇建设，把这项工作摆上了议事日程。但是，从多数地区的情况来看，同中央的要求还有很大的距离。当前存在的主要问题是：

一、领导落后于形势。我们许多同志，对农房建设出现的新形势估计不足，认识不够，认为农民祖祖辈辈盖房子，都是自己盖自己住，不花国家钱，何必去管它。特别是县一级没有主管机构，很多地方对建房占地基本上处于无人管的状态，普遍发生了乱占滥用耕地的严重情况。

二、不正之风突出。某些县、社领导干部带头侵占国家、集体和群众的人力、财力、物力，多占地、占好地修建私人住宅；或受贿、徇私舞弊，为别人违法建房开放绿灯；个别县的科局以上干部采取各种非法手段修建单门独院，有的建房面积多达四百九十二平方米，占地达八百四十三平方米。这种严重情况，在国务院发出《关于制止农村建房侵占耕地的紧急通知》（国发〔1981〕57号文）和胡耀邦同志批示要发动群众起来监督各级干部的不法行为之后，仍然没有得到制止。

三、规划工作跟不上。现在只有少数地方的农房和村镇是按规划进行建设，绝大多数是社员愿在哪里建就在哪里建，住房七零八落，有的地方社员盖房，占地多达三、四亩，村庄成倍扩大，不仅浪费了大量耕地，而且给生产、生活造成长期不便。

四、建设法规不健全。社员宅基地的标准如何确定，“专业户”生产场地怎么合理解决等问题，都没有明确的规定，加上各项建设用地缺乏严格的审批手续，结果各行其是，有的社队企业随意划地段、圈大院，多占少用、占而不用。不少地方把砖瓦厂建在耕地上，就近挖田取土，浪费土地等等。由于建设法规不健全，也造成很多矛盾和纠纷。

五、建筑材料短缺。现在社员盖房子，市场上很难买到材料，只好想方设法，到处找，到处挖，以至滥伐树木，挖土毁田，破坏资源。

对于以上问题，必须采取有力措施，坚决加以纠正和解决。

三

会议认为，目前农村经济的迅速发展，给我们提出了如何搞好村镇建设这样一项新的任务。对此，必须充分估计，正确引导，要有个总的设想，避免陷于盲目性。全国现有的五百多万个村庄、五万多个集镇，今后将在发展生产的基础上，继续改建、新建大量住房，以及相当数量的生活服务设施、文化福利设施和各种公用设施。这是一个规模空前的大建设。我们应当从农村建设的全局出发，在农业区划的基础上，对山、水、林、田、路、村进行全面规划，并按照有利生产、方便生活和缩小城乡差别的要求，使村镇的住房建设同生产、文教、卫生、商业、服务等设施的建设相结合，做到布局合理、交通方便、环境优美、各具特色，逐步把中国现在比较落后的村镇建设成为现代化的、高度文明的社会主义新村镇。

总结多年来正反两方面的经验，今后村镇建设的指导思想应当是：在党的统一领导下，充分调动农村社队和广大农民的积极性，走自己动手、建设家园的路子。要坚持在生产发展的基础上，正确处理生产和生活的关系，量力而行，循序渐进，逐步建设；要坚持全面规划，合理布局，节约用地，充分利用旧村，统筹安排住房和各项设施的建设；要坚持因地、因时、因事制宜，确定建设规模、建房方式和建筑形式，不要一刀切，一个样；要坚持群众路线，采取正确指导、典型引路的办法，十分注意经济效益，不搞强迫命令，不搞形式主义。

第一，切实加强领导，把村镇建设摆上议事日程。应当看到，搞好村镇建设，是一项意义重大、政策性很强的工作。广大村镇既是亿万农民生活的场所，又是农工副业的生产基地，有计划、有步骤地把它们建设好，对于活跃农村经济，促进整个国民经济的发展，都有非常重要的作用。而安排村镇各项设施的建设，又涉及农村各行各业，如何通观全局，权衡利弊，区分缓急，协调发展，是一个很复杂的问题。因此，需要各级政府认真把这件大事抓起来，并指定一位主要领导同志负责，及时解决工作中的问题。建议一九八二年各县的人民代表大会，都把村镇建设问题作为一项主要议题，讨论一次，做出决定，监督实行。

第二，抓紧制订村镇建设法规，做到有章可循、有法可依。各地要在总结经验的基础上，对社员宅基地、“专业户”生产场地、社队企业和各项公共设施用地，以及规划设计审批制度、各项建设管理办法等，都要尽快做出规定。这次会议讨论修订的《村镇建房用地管理条例》，经批准下达试行后，在村镇建设用地方面就基本上有了章法。各地还可以结合当地的具体情况，制定一些补充规定和实施细则，以便把村镇建设的一套法规逐步建立健全起来。

各省、市、自治区人民政府，对社员宅基地的标准，可根据山区、丘陵、平原、牧区、城郊、集镇等不同情况，分类规定控制指标。县级人民政府按规定的控制指标，根据当地的人口、土地、家庭副业、民族习俗等，具体确定当地宅基地的面积，并报上级政府备案。社员建房和村镇建设用地，必须履行申请审批手续。集体划给社员的宅基地，社员可长期使用，所有权仍归集体，严禁买卖、出租和违法转让。社员不得在自留地（山）、饲料地和承包的土地上建房、开矿、葬坟和毁田打坯、烧砖瓦。

第三，大力抓好村镇规划，合理安排各项建设。现在，有些地方虽然已经出现了一些规划和建设都比较好的新村镇，但从全国来看，绝大多数地方还没有把规划工作抓起来。会议要求，从现在起，发动各地用二、三年时间，分期分批把村镇规划搞出来，并于一九八二年开展一次村镇规划竞赛，评选优秀方案，推动这项工作。县级土地利用总体规划和社队土地利用规划要先行一步，合理确定村镇布点。编制村镇规划要做好调查研究，充分利用农业资源调查和农业区划的成果，弄清当地自然资源、气象、水文、地质和社会经济状况；要实行远近期结合，以近期为主；要重视技术经济分析，进行不同方案的比较。规划可以先粗后细，首先解决合理布局、控制用地的问题，然后再进行详细的规划。这件事办好了，就为全国的村镇建设奠定了一个好的工作基础。

第四，注意节约用地，坚决刹住乱占滥用耕地之风。中国人口众多，耕地较少，随着人口的增长和建设事业的发展，这个矛盾将越来越尖锐。一九五七年以来，中国耕地净减一亿八千万亩，每年减少的耕地相当福建一个省的耕地面积。珍惜和合理利用每寸土地，是我们的国策。会议建议，一九八二年上半年，各地都要在各级政府的统一领导下，普遍进行一次农村建房乱占滥用耕地情况的检查。对检查出来的性质恶劣、影响很坏的事件，要严肃处理。特别是对各级领导干部利用职权，侵占耕地为自己和子女建私房的，要会同党的纪律检查部门从严查处，有的不仅要没收私房，而且要绳之以法。

第五，搞好建筑设计、施工，为广大农民服务。各地建筑设计单位，要积极承担农村住宅建筑、公共建筑和生产性建筑的设计任务。特别是县（旗）设计室（组），要面向农村，为村镇建设服务。要编制一些通用设计，供农村选用。农房设计不仅要做到适用、经济、美观，而且要体现地方色彩、民族特点、乡村风貌，注意抗震、防洪、防风、防火，逐步形成中国社会主义新农村的建筑风格。

县里的施工企业要积极承担村镇建设任务；农村建筑队要专门为社员盖房，可以在队里以工分形式取酬，也可以按面积收取一定费用。要破除迷信，移风易俗，反对盖房请吃请喝，铺张浪费。

第六，积极培养专业人才，壮大村镇建设技术力量。搞好村镇规划与建设，没有一批专业的技术力量是不行的。现在从事村镇建设的技术力量非常薄弱，要采取积极措施加以解决。一是调查登记本县、本公社的建筑技术人才和能工巧匠，把他们组织起来，担负农村建设任务。二是从现有设计、施工单位中，抽调少数技术人员作骨干，带出一支技术力量来。三是在有关的大专院校和农业中学中，增设村镇规划建设的专业和课程。四是选拔一批农村高中毕业生，送到规划、设计、施工单位和大专院校代培代训。五是地、县办短期培训班或建工学校，积极培养人才。从长远看，在全国逐步形成一支村镇规划设计的研究力量，也是很有必要的。

第七，发挥各方面的积极性，努力搞好农村建筑材料的生产和供应。农村建设所需的建筑材料，数量极大。而目前可能供应的玻璃、水泥、木材的数量有限，供需矛盾十分突出。解决这个问题，要采取多种途径。首先，要依靠群众，自力更生，因地制宜，就地取材，山区提倡多用石材，黄土高原提倡搞窑洞和土坯之类的生土建筑，城市郊区提倡利用炉渣、粉煤灰等工业废料作建筑材料。还要发动社员植树造林，增加木材资源。其次，要挖掘现有建材企业和社队企业的潜力，增产玻璃、水泥和钢材。再次，要大力发展代用材料，积极推广钢筋混凝土农房构件和钢屋架、钢门窗，以钢代木，节约木材。

国家补助用于生产钢筋混凝土构件的钢材和建农房用的玻璃，由归口的建材主管部门会同村镇建设、物资、供销等有关部门商定分配方案，联合下达。经销和供应的办法，由地方确定。要减少中间环节，薄利多销、专材专用，不得截留挪用。

第八，搞好村镇建设关键在县一级，要做到事情有人管，工作有人抓。目前县一级政府已有建委或建设局的，要把村镇建设作为主要任务担当起来，没有的，要在现有机构中调整解决主管村镇建设的机构，主要抓好六件事：（1）贯彻执行党和国家有关政策法令；（2）抓好村镇规划设计工作；（3）管理村镇内的建设用地；（4）组织村镇各项工程施工；（5）负责技术力量培训；（6）搞好建筑材料分配。公社和县辖区也要有专人抓村镇建设工作。中央、省、地负责村镇建设的机构要精干，主要是了解情况，掌握政策，组织试点，总结交流经验。

附录四

村镇规划原则

（试　行）

第一章　制定目的和适用范围

第 1 条　为了适应农村经济发展和村镇建设的需要，使各地主管村镇建设的部门和规划设计人员，在编制村镇规划时有所遵循，以利于逐步提高村镇规划与建设工作的水平，特制定《村镇规划原则》（以下简称《原则》）。

第 2 条　本《原则》适用于农村各级居民点（统称为村镇），即公社所在地、社辖集镇和不同规模的村庄。也可供林、牧、渔业等为主的村镇以及国营农、林、牧、渔场场部和分场部等所在地规划设计时参考。

第 3 条　本《原则》适用于原有村镇的改建、扩建和选址新建。

第二章　村镇规划的任务和指导思想

第 4 条　村镇规划是指导村镇建设的依据，其基本任务是：研究确定村镇的性质与发展规模，合理组织村镇各项用地，妥善安排建设项目，以便科学地、有计划地进行建设，适应农业现代化建设和广大农民生活水平不断提高的需要。

第 5 条　村镇规划要贯彻有利生产、方便生活的原则，对村镇各项建设做到合理布局，协调发展，并适当留有发展余地。

第 6 条　要十分珍惜土地。村镇各项建设应充分挖掘原有村镇用地的潜力，必须选址扩建或新建时，尽量利用坡地、荒地、薄地，严格控制扩占耕地、林地、人工牧场。在人多地少的农业高产地区和有条件的地方，提倡建楼房。

第 7 条　要做到近远期结合，以近期为主。从当地农村实际出发，正确处理需要和可能的关系，确定适宜的建设标准和分期实施的计划。

第 8 条　要充分利用原有设施，逐步改建，不断完善，避免求新过急，大拆大建。

第 9 条　要结合当地现状、自然条件、生活习惯等特点，为农民创造舒适、卫生的生活环境。规划布局和空间组织要因地制宜、灵活多样、具有鲜明的地方特色和民族特点，避免追求脱离实际的形式主义。

第 10 条　要注意把公社所在地、社辖集镇建设成为一定区域内的政治、经济、文化和生活服务中心，充分发挥它们在农业现代化建设和组织农民经济文化生活的基地作用。

第 11 条　要保护有价值的名胜古迹、革命历史遗迹和民间传统建筑。

第 12 条　要认真贯彻群众路线，广泛听取当地农民对村镇规划的意见，集思广益，群策群力，避免主观片面性。

第三章　村镇规划的阶段和内容

第 13 条　村镇规划可分为总体规划和建设规划两个阶段。

第 14 条　村镇总体规划，是在全公社范围内进行的村镇布点规划和相应的各项建设的全面部署。是公社山、水、田、林、路、村综合规划的组成部分。村镇总体规划的主要内容为：在公社范围内按照生产发展的需要和建设的可能性，确定主要村镇的性质、发展方向、规模和位置；村镇之间的交通运输系统；电力、电讯线路的走向；以及主要公共建筑物和生产基地的位置等。

第 15 条　村镇建设规划，是在总体规划的指导下，具体选定有关规划的各项定额指标；安排各项建设用地；确定各项建筑及公用设施的建设方案；规划村镇范围内的交通运输系统、绿化以及环境卫生工程；确定道路红线、断面设计和控制点的坐标、标高；布置各项工程管线及构筑物；提出各项工程的工程量和概算；确定规划实施的步骤和措施。

第 16 条　村镇总体规划和建设规划的深度，取决于所依据的基础资料的完备程度。在依据资料不足的情况下，为便于安排急于修建的项目，指导当前建设，可以先概略地做出各项用地的合理布局，布置道路网和确定近期建设用地，然后再逐步把规划完善起来。

村镇规划的期限应与当地一定时期内的经济发展水平相适应。

第四章　村镇规划的依据

第 17 条　村镇规划当前应依据县级农业区划、土地利用总体规划、工业交通、文教卫生和商业服务业的发展计划，以及社队土地利用规划和各业的专业规划，加以综合平衡，统筹安排。城市近郊的村镇规划，应与城市规划协调一致。

第 18 条　弄清现状与建设条件是搞好村镇规划与建设的基础。内容一般应包括：（1）当地的自然资源情况；（2）各行业现状与发展计划；（3）气象、水文、地质、地震资料；（4）土地使用情况及现状地形图；（5）人口资料；（6）住宅现状资料；（7）公共福利及公用设施现状资料。

第五章　村镇的布点与规模

第 19 条　村镇的布点和规模是村镇总体规划的主要内容，应以当地计划部门和农业部门为主，建设部门参加，共同确定。

第 20 条　村镇近远期的人口规模，应按照各行业的发展计划，结合村镇的用地和建设条件，考虑人口自然增长、机械增长、农业剩余劳力等情况，进行综合分析后确定。

第21条　村镇的用地规模由以下因素组成：生产建筑、公共建筑、住宅建筑和道路、绿化、公用设施等各项用地，均按生产、生活的要求和节省占地的原则，因地制宜地具体确定。

第六章　村镇的用地选择及技术经济分析

第22条　村镇用地选择，包括原址改建、扩建和选址新建。村镇用地一般宜在生产作业区附近，尽可能选择在荒地、薄地和山坡地上，少占或不占耕地、林地、人工牧场；生产、生活用水充足，水质良好；地势高爽向阳，排水方便；地质条件好；交通方便。

村镇用地应避免被铁路、公路和高压输电线路穿越；避开山洪、风口、滑坡、泥石流、洪水淹没、发震断裂带等不适宜建筑的地区；避开已经探明有可供开采的地下资源或有重要历史遗迹的地方。

第23条　无论在原址改建、扩建或是选址新建，都应提出不同方案进行技术经济比较，然后定案。

村镇选址技术经济比较的内容包括：①地理位置和地质条件；②占地及拆迁情况；③环境卫生情况；④交通运输情况；⑤公用设施及防洪等各项工程措施；⑥现有设施利用的可能性；⑦村镇建设总投资等。

第七章　住宅建筑用地规划

第24条　住宅建筑用地必须选择在自然环境良好，空气、水质不受污染，符合居住卫生和防火要求的地段。

第25条　为保证住宅建筑用地不被有害气体及污水的污染，应布置在大气污染源的上风位和水污染源的上游。并与工副业、畜牧业用地有一定的隔离。注意防止厕所、畜圈以及堆肥场等对饮用水源的污染。

第26条　住宅建筑的布置应当紧凑合理，节约用地，要注意朝向和安全防火，适当组成建筑群。

第八章　公共建筑的配置与用地规划

第 27 条　公共建筑大致可分为：行政管理、教育设施、文化科学、医疗卫生、商业服务和公用事业等六类。

第 28 条　各类村镇配置的公共建筑项目及其规律，要依据服务范围、村镇分布情况，以及当地的生活习惯、经济发展水平等因素来确定。公社所在地设置的公共建筑项目，不仅为所在地居民服务，还为全公社服务，使之起到组织农村经济文化生活的基地作用。大队所在地应配置日常生活需要的项目。要贯彻执行当地主管部门制定的各项公共建筑的定额指标。

第 29 条　规划中应注意充分利用现有设施。新建项目要采取量力而行、分期分批、逐步建设的原则。首先建设与居民生活密切相关的项目，其他项目逐步配套。

第 30 条　各类公共建筑（学校及较大的卫生院除外），一般宜集中进行布置，性质相近或有联系的项目可以综合安排在一栋建筑内。要求位置适中，对内对外联系方便。如果兼为周围居民及过往旅客服务时，也可设在村镇入口处。规模较大的集镇，要根据各类公共建筑的使用性质，分别进行布置。

第 31 条　集镇要安排好集市贸易场地。可在交通方便的地段，结合公共中心进行安排，或开辟专用街道，注意安全、卫生。不能占用交通干道、公路、码头、桥头等处，避免堵塞交通。

第 32 条　学校位置要避开闹市区，设在阳光充足、环境幽静的独立地段。距离铁路干线必须大于 300 米。校门不应开向公路，以保证安静、安全。学校要设置体育运动场地。

第 33 条　卫生院、中心卫生院应布置在中心区的一端或沿次要干道的独立地段，位置要在住宅区的下风位，远离水源，以防病菌污染。

第九章　生产建筑用地规划

第 34 条　生产建筑用地包括国营及社队工副业、拖拉机站、车库和农牧业的场院、晾房、畜禽饲养场、农牧产品仓库以及专业户生产用地等，应安排在靠近电源、水源，对外交通方便的地段。生产上协作关系密切的项目，要邻近布置；相互间有干扰的，要适当分隔。

第35条　对居住环境没有干扰的缝纫、刺绣、手工编织等生产建筑，可以布置在住宅区内。对居住环境有干扰或污染的工厂、饲养场可以离开村镇，安排在原料产地附近或田间。

第36条　凡产生噪音和有害废水、废渣、废气的工厂，以及较大的畜禽饲养场，要设在主导风向的下风或侧风位和河流的下游，与住宅建筑用地保持一定的卫生防护距离，以减少污染，并要采取“三废”治理措施。对现有已经造成污染的厂（场），必须尽快采取治理或调整措施。

第37条　各类仓库用地，要按其性质进行布置，一般安排在村镇边缘，交通运输方便的地方。粮、棉、油、木材等易燃或重要物资的仓库，应与厂房、打谷场等有一定距离，布置在独立地段，必须符合防火、安全的要求。

第38条　生产建筑用地，应特别注意建筑物之间有足够的防火安全距离，安排好消防车通行路线和消防用水的可靠水源。有爆炸危险的生产建筑，应设在独立地段，确保安全。

第十章　道路及交通运输用地规划

第39条　道路系统的规划设计，要根据村镇的布局、车流（包括农机）和人流的数量等因素确定，力求达到通畅短捷，节约用地。道路的走向、坡度、宽度、交叉口等，要根据自然地形和现状条件合理设计，不应追求街道“横平竖直”、“直角交叉”、“间距相等”等固定的模式。在山区、丘陵地区，应结合地形，依山就势，不要大动土方，强求平直。

第40条　各级公路都应避免从村镇内部穿过。村镇也不应沿公路两侧发展。对于已在公路两侧形成的村镇，一般应尽早将公路移出或沿村镇边缘绕行，保证村镇内部交通安全。

第41条　长途汽车站应建在村镇的边缘，并与村镇中心有方便的联系。

第42条　对现有道路应注意利用，逐步改造。可结合具体情况采取裁弯取直、拓宽延伸、适当封闭以及开辟新路等办法，调整和组织道路网。

第43条　村镇内部道路路面宽度可分三种：

1. 公社所在地及集镇的主干道，一般可采用三个车行道，路面宽度为10米左右。

2. 大队所在地的村庄的干道，可采用两个车行道，路面宽度为7米左右。

3. 一般进户巷路宽3.5米左右，地震区可达5米，以能通行消防车为准。

第44条　路面两旁要修建排水边沟，种植行道树。根据需要，局部路段可做人行道、排水暗沟、绿化带等。按照节约土地原则，因地制宜地确定道路红线宽度。

第45条　为保证交通安全，按交通部门规定，在道路交叉口的建筑物应适当退后，绿化高度也不应超过0.7米，以免妨碍驾驶员的视线。

第46条　要结合地形做好竖向设计，确定道路的标高和坡度。一般情况下，道路中心线的标高应低于两侧（至少其中一侧）建筑的室外标高，使建筑地段能通畅地排除地面水。

第47条　河网地区应考虑水运码头和渡口的设置，要根据使用性质进行安排，并与公路、村镇的道路网相互配合，利于联运。

第十一章　绿化规划

第48条　绿化应包括各项用地分区之间的隔离绿带，路旁、水旁、宅旁和一些公共建筑周围的绿化以及村镇内果园、苗圃与村镇边缘的防护林等，以形成绿化系统，改善局部气候，美化环境。

第49条　绿化要结合生产，因地制宜地多种植有经济价值的植物，为国家创造财富，为集体和个人增加收益。

第50条　村镇内的干路两侧、住宅院内和公共建筑地段上，均应多植树。社队生产建筑用地内，也应根据自然条件和生产性质搞好绿化。凡是不宜建筑的零星地段、山冈、水旁等都要进行绿化。

第51条　结合各地名胜古迹、革命历史遗迹和自然保护区的保护要求，设置必要的游览绿化地段。

第十二章　给水、排水工程规划

第52条　村镇的给水规划要安排好生活、生产和消防各项用水。

第53条　生活饮用水应有充足的水源，水质要符合《生活饮用水水质标准》。一般应优先选用地下水。

第54条　在保证水质的前提下，根据当地条件，可采用各种卫生、安全的取水方式。有条件的村镇，应逐步实现集中供水。

第55条　必须做好水源的防护。以地下水为水源时，水井周围30米的范围内不得设置渗水厕所、渗水坑、粪坑、垃圾堆，不得施用有毒的农药。以地表水为水源时，取水点周围半径不小于100米的水域内，不准停靠船舶、游泳、捕捞和从事可能污染水源的活动；取水点上游1000米至下游100米的水域内，不得排入工业废水和生活污水，沿岸不得堆放废渣，不应设置有害物品的仓库和堆场。对现已产生的污染问题，应在规划中采取措施给以解决。

第56条　生产用水可与生活用水同一水源。用水量大的、距离村镇较远的厂（场），也可单独设置取水设施。

第57条　消防用水应充分利用江河、湖泊等天然水源，结合农田水利建设，充分利用水井、水池、渠道等，并保证有足够的水量。

第58条　排水规划要解决好雨水的排除和污水的处理。

第59条　村镇内的工厂和规模较大的饲养场，都要对本厂（场）的污水进行处理，使之符合排放要求。卫生院、疗养院、兽医站和牲畜屠宰场等排放的有害污水和污物，都要进行严格消毒处理。

第60条　要结合当地生产习惯，进行粪便无害化处理，规划中要妥善安排粪肥和垃圾处理的场地，将其布置在接近农田的独立地段内。

第61条　雨水的排除，要按照减少土方工程量、尽量做到就地平衡的原则，进行竖向设计，使规划后的地面标高和坡度利于迅速排除地面水。一般可采用明沟排水，较大集镇的主要干道，可采用暗沟或暗管排水。

村镇内的湖塘沟渠要进行疏通整治，以利于排水。死水坑、洼地要填垫平整，防止蚊蝇孳生。建房及积肥应指定适当地段取土，尽可能与渔塘建设或地形改造结合起来。

第62条　濒临河流、湖泊、海洋的村镇，要注意解决防洪问题。山区的村镇，要考虑防御暴雨、山洪的措施。

第十三章　电力、电讯工程规划

第63条　村镇的电源（电厂或变电室）位置，应尽可能靠近负荷中心。高压线路与易燃、可燃液体的生产厂房或仓库接近时，应严格按照有关规定处理。

第64条　电力线路与电讯线路不准合杆架设。平行架设或立体交叉时，要按照有关规定处理，避免相互干扰。

第十四章　能源规划

第65条　根据各地条件，发展小水电、沼气、太阳能、地热、风力以及种植薪炭林等多种能源。在村镇规划中应确定有关设施的位置和占地范围。

第66条　提倡建设家用沼气池，并与厕所、畜圈结合，以改善居住环境。社队也可结合粪便处理，建设容积较大的沼气池，用做动力能源。各地应建立专业技术队伍，参照当地的沼气池通用设计和有关规定，可采取包建、包修、包用的办法实施。

第67条　有条件的地方，应当采取简易的办法，充分利用太阳能。首先可在生产设施和公共浴室等福利设施上考虑利用。也可结合住宅建设，发展家用太阳能洗浴设施，提高居住水平。

第十五章　村镇规划设计文件的内容、编制与审批

第68条　村镇总体规划的图纸和文件，包括：①公社现状总平面图；②公社范围的村镇总体规划图；③村镇总体规划说明书。

图纸比例为1/5000或1/10000。

村镇建设规划的图纸和文件，包括：①村镇现状总平面图；②村镇建设规划总平面图；③各项工程设施规划和竖向设计图；④村镇建设规划说明书。

图纸比例为1/1000或1/2000，局部地区可用1/500。

第69条　各类村镇都必须制定规划，用以指导建设。规划编制工作由各级主管部门负责组织。审批手续按有关规定执行。

第70条　各级规划审批部门，应在规划的编制过程中给予协助和技术指导，对审定的规划方案要承担责任，检查执行情况，促使其逐步实现。

附录五

村镇建房用地管理条例

第一章　总　则

第一条　为了维护社会主义土地公有制，经济合理利用土地，防止村镇建房乱占滥用耕地，保障农业生产的发展和适应农村建设的需要，特制定本条例。

第二条　本条例适用于农村村庄和集镇。县城和设镇建制的镇不适用本条例。

第三条　中国人多地少，珍惜和合理利用每寸土地是我们的国策。村镇建房必须统一规划、节约用地，凡能利用荒地的，不得占用耕地；凡能利用坡地、薄地的，不得占用平地、好地、园地；凡是就地改造的，应充分利用原有的宅基地和村镇空闲地。

第四条　农村人民公社、生产大队、生产队的土地，分别归公社、大队、生产队集体所有。社员对宅基地、自留地、自留山、饲料地和承包的土地，只有按照规定用途使用的使用权，没有所有权。不得在自留地、自留山、饲料地和承包的土地上建房、葬坟、开矿和毁田打坯、烧砖瓦等。

严禁买卖、出租和违法转让建房用地。

第五条　在村镇内，个人建房和社队企业、事业单位建设用地，都应按照本条例的规定，办理申请、审查、批准的手续。任何机关、企业、事业单位和个人不准擅自占地建房、进行建设或越权批准占用土地。

全民所有制单位，包括同社队联营的企业在内，其建设用地，应按国家建设征用土地的规定办理。非农业人口兴办的集体所有制企业建设用地，参照国家建设征用土地的规定办理。

第二章　统一规划

第六条　村镇建房，应当在村镇规划的统一指导下，有计划地进行。为了适应建房的需要，规划可以先粗后细，首先解决合理布局、控制用地的问题，然后进行详细的规划。

第七条　村镇规划，应充分利用农业区划和土地利用规划的成果，在确定的村镇用地范围内，按照因地制宜、节约用地、有利生产、方便生活、合乎卫生、绿化环境的要求，合理安排社员的宅基地和公共建筑、生产建筑、公用设施、场院、道路、绿化等用地。

位于城市规划范围内的村镇，应根据城市规划的要求制订村镇规划。

第八条　村庄规划由生产大队制订，集镇规划由公社制订，经社员代表大会或社员大会讨论通过后，分别报公社管理委员会或县级人民政府批准。批准后的规划，任何单位和个人都不得擅自改变。如需修改，应报原批准机关批准。

第三章　用地标准

第九条　社员建房用地，由省级人民政府根据山区、丘陵、平原、牧区、城郊、集镇等不同情况，分别规定用地限额，县级人民政府根据省级人民政府规定的用地限额，结合当地的人均耕地、家庭副业、民族习俗、计划生育等情况，规定宅基地面积标准。

第十条　村镇内宅基地、公共建筑、公共设施、道路、绿化等各项用地面积，应有个合理的比例。各项比例，由各省、自治区、直辖市根据各地农村特点研究制定。

第十一条　农村社队企业建设用地，必须严格控制。由省级社队企业主管部门根据不同行业和生产规模，分别规定用地限额，报省级人民政府批准后实行。

第十二条　集镇内非农业户建房用地的面积标准，由县级人民政府参照当地城镇居民的平均居住水平做出规定。

第四章　审批制度

第十三条　审批村镇建房用地，以村镇规划和用地标准为基本依据。

第十四条　农村社员，回乡落户的离休、退休、退职职工和军人，回乡定居的华侨，建房需要宅基地的，应向所在生产队申请，经社员大会讨论通过，生产队审核同意，报公社管理委员会批准；确实需要占用耕地、园地的，必须报经县级人民政府批准。批准后，由批准机关发给宅基地使用证明。

第十五条　由于买卖房屋而转移宅基地使用权的，应按第十四条的规定办理申请、审查、批准手续。

出卖、出租房屋的，不得再申请宅基地。

社员迁居并拆除房屋后腾出的宅基地，由生产队收回，统一安排使用。

第十六条　农村社队企业、事业单位申请建设用地，经社员代表大会讨论通过后，报县级以上人民政府批准。省、地、县三级的具体审批权限和土地补偿的标准，由省级人民政府根据占用土地的质量、数量等具体情况做出规定。

社队企业、事业单位申请建设用地，必须送交县级以上业务主管机关批准的建设项目文件和建设项目占地平面图。如果是公社、生产大队占用生产队土地的，还须送交双方签订的土地补偿协议书。如果是有污染的建设项目，还须送交治理方案。

第十七条　对兴办砖瓦厂的用地申请，应严格审批。砖瓦厂应充分利用不宜种植的土丘、山坡等地取土，不得占用耕地。确需占用少量耕地取土的，必须有恢复种植或用于其他生产的切实措施。

第十八条　集镇内非农业户建房需要用地的，应提出申请，由管理集镇的机构与有关生产队协商，参照第十四条的规定办理。

第五章　奖　惩

第十九条　建设新村和改造旧村腾出耕地用于农业生产的，可按《中华人民共和国农业税条例》的规定，从有收入的那一年起，免征农业税三年到七年。

第二十条　未经批准擅自占用集体土地建房或进行建设的，限期将土地退回集体，并处以罚款。造成经济损失的，责令赔偿。对于社队干部和国家工作人员，还应根据情节给予行政处分。

建房或建设用地超出批准数量的，批准后占而不用的，限期将土地退回集体。

第二十一条　出卖或出租建房用地的，限期将土地退回集体，没收全部所得款项，并处以罚款。对于社队干部和国家工作人员，还应根据情节给予行政处分。

第二十二条　社队干部和国家工作人员在审批建房用地方面，利用职权营私舞弊、打击报复的，应根据情节，追究行政责任、经济责任直至刑事责任。

第六章　附　则

第二十三条　农村专业户和集镇非农业个体经营户的生产和商业性房屋建设用地的办法，由各省、自治区、直辖市人民政府根据当地情况制定。

第二十四条　各省、自治区、直辖市人民政府应根据本条例，制定实施办法，并报国务院备案。

第二十五条　本条例自发布之日起施行。

附录六

关于建立村镇建设档案的通知

各省、市、自治区档案局、建委、农委：

村镇建设，既是关系八亿农民切身利益又是改变千百年历史遗留下来的农村面貌的一件大事。十一届三中全会以来，农村经济迅速发展，农民生活水平不断提高，农村建房，越来越多。经过全国两次农村房屋建设工作会议和国务院（1982）4号文件的传达贯彻，现在农村房屋建设已经进入到整个村镇建设的阶段。为了把农村的这一历史性重大变化记载下来，村镇也应该象城市一样要有自己的建设档案。在村镇建设过程中，已经产生和正在形成的文件材料、档案，和其他档案一样，是我们国家的宝贵财富，也是今后继续进行村镇规划、设计、施工、管理、维修的依据和条件。做好村镇建设档案工作，不仅是当前工作的需要，而且是维护村镇建设发展历史真实面貌的重要事业。为做好这项工作，特通知如下：

一、各级建委、农委（办）和档案管理部门，要重视这项工作，加强领导。要把完整地、系统地保存村镇建设档案作为一项工作列入计划、并责成有关部门，切实地管理起来。

二、要建立和健全管理制度。建立村镇建设档案的形成、积累和归档制度。对工作中形成的规划、设计、施工图纸、图表和其他基础调查材料等，要有人保管，及时整理归档，不得损坏、散失，不得据为己有。

三、各级档案事业管理部门，要把这项工作作为档案工作的一项新的内容，积极配合有关专业主管机关，做好监督、检查和业务指导工作。

请各省、市、自治区将此通知转发有关单位执行。

国家档案局

国家农委

国家建委

一九八二年三月十日

附录七

国家建设征用土地条例

第一条　根据中华人民共和国宪法，为合理使用土地资源，保证国家建设必需的土地，并妥善安置被征地单位群众的生产和生活，特制定本条例。

第二条　国家进行经济、文化、国防建设以及兴办社会公共事业，需要征用集体所有的土地时，必须按照本条例办理。禁止任何单位直接向农村社队购地、租地或变相购地、租地。农村社队不得以土地入股的形式参与任何企业、事业的经营。

第三条　节约土地是中国的国策。一切建设工程，都必须遵循经济合理的原则，提高土地利用率。凡有荒地可以利用的，不得占用耕地；凡有劣地可以利用的，不得占用良田，尤其不得占用菜地、园地、精养鱼塘等经济效益高的土地。

各地区特别是大城市近郊和人口密集地区，都应当按照土地利用规划，对各项建设用地严格加以控制。

在城市规划区范围内进行建设，必须符合城市规划的要求，并同改造旧城区结合起来，以减少新占土地。

第四条　国家建设征用土地，凡符合本条例规定的，被征地社队的干部和群众应当服从国家需要，不得妨碍和阻挠。

第五条　征用的土地，所有权属于国家，用地单位只有使用权。

第六条　各项工程使用土地必须符合国家有关土地管理、环境保护、水土保持等法规的要求，防止土地沙化、水土流失、水源枯竭、泥石流、盐碱化、洪涝灾害和环境污染。因此造成损失的，用地单位必须进行整治或支付整治费用，并对受害者给予相应的补偿。整治的要求和整治费、补偿费的标准，由用地单位、受害单位和有关单位在当地县、市土地管理机关主持下协商决定。达不成协议的，由县、市人民政府决定；县、市人民政府决定不了的，报上一级政府决定。不能恢复耕种的土地作为征地处理，按本条例规定的审批权限，由县、市以上人民政府安排使用。

被征用土地内有与工农业生产和群众生活密切相关的水源、渠道、涵闸、管道、道路、电缆等设施的，用地单位和施工单位应当在当地人民政府组织下，会同有关部门妥善处理，不得擅自阻断或破坏；发生阻断或破坏的，应加以修复或建设相应的工程设施。

第七条　征用土地的程序：

一、申请选址。用地单位持经批准的建设项目设计计划任务书或上级主管机关的有关证明文件，向拟征地所在地的县、市土地管理机关申请，经县、市人民政府审查同意后，进行选址。在城市规划区范围内选址，还应当取得城市规划管理部门同意。

二、协商征地数量和补偿、安置方案。建设地址选定后，由所在地的县、市土地管理机关组织用地单位、被征地单位以及有关单位，商定预计征用的土地面积和补偿、安置方案，签订初步协议。

三、核定用地面积。建设项目的初步设计经批准后，用地单位持有关批准文件和总平面布置图或建设用地图，向所在地的县、市土地管理机关正式申报建设用地面积，按本条例规定的权限经县、市以上人民政府审批核定后，在土地管理机关主持下，由用地单位与被征地单位签订协议。

四、划拨土地。征地申请经批准后，由所在地的县、市土地管理机关根据计划建设进度一次或分期划拨土地，并督促被征地单位按时移交土地。

第八条　征用土地的审批权限：

征用耕地、园地一千亩以上，其他土地一万亩以上，由国务院批准；征用直辖市郊区的土地，由直辖市人民政府批准；征用五十万人口以上城市郊区的土地，由所在市人民政府审查，报省、自治区人民政府批准；征用其他地区耕地，园地三亩以上，林地、草地十亩以上，其他土地二十亩以上、由所在县、市人民政府审查，报省、自治区人民政府批准，在上述限额以下的，由县、市人民政府批准。

省、自治区、直辖市人民政府可以根据本地区实际情况，适当放宽或缩小县、市人民政府审批征地数额的权限。

一个建设项目所需土地，应当根据总体设计一次报批，不得化整为零。分期建设的工程应当分期征地，不得早征迟用。铁路、公路干线所需土地，可以分段报批和办理征地手续。

第九条　征用土地应当由用地单位支付补偿费。

各项补偿费的标准：

一、土地补偿费。征用耕地（包括菜地）的补偿标准，为该耕地年产值的三至六倍，年产值按被征用前三年的平均年产量和国家规定的价格计算。各类耕地的具体补偿标准，由省、自治区、直辖市人民政府在此范围内制定。征用园地、鱼塘、藕塘、苇塘、宅基地、林地、牧场、草原等的补偿标准，由省、自治区、直辖市人民政府制定。征用无收益的土地，不予补偿。

二、青苗补偿费和被征用土地上的房屋、水井、树木等附着物补偿费的标准，由省、自治区、直辖市人民政府制定。但是在开始协商征地方案后抢种的作物、树木和抢建的设施，一律不予补偿。

征用城市郊区的菜地，还应当按照有关规定向国家缴纳新菜地开发建设基金，具体办法另订。

第十条　为了妥善安排被征地单位的生产和群众生活，用地单位除付给补偿费外，还应当付给安置补助费。

安置补助费的标准：

一、征用耕地（包括菜地）的，每一个农业人口的安置补助费标准，为该耕地每亩年产值的二至三倍，需要安置的农业人口数按被征地单位征地前农业人口（按农业户口计算，不包括开始协商征地方案后迁入的户口）和耕地面积的比例及征地数量计算。年产值按被征用前三年的平均年产量和国家规定的价格计算。但是，每亩耕地的安置补助费，最高不得超过其年产值的十倍。

二、征用园地、鱼塘、藕塘、林地、牧场、草原等土地的，安置补助费标准由省、自治区、直辖市人民政府参照一般耕地的安置补助费标准制定。

三、征用宅基地的，不付给安置补助费。

个别特殊情况，按照上述补偿和安置补助标准，尚不能保证维持群众原有生产和生活水平的，经省、自治区、直辖市人民政府审查批准，可以适当增加安置补助费，但土地补偿费和安置补助费的总和不得超过被征土地年产值的二十倍。

第十一条　用地单位支付的各项补偿费和安置补助费，除被征用土地上的附着物中产权确属个人的其补偿费应当付给本人，集体种植的土地上的青苗补偿费可以纳入当年集体收益分配外，都应当由被征地单位用于发展生产和安排因土地被征用而出现的多余劳动力的就业和不能就业人员的生活补助，不得移作他用。有关领导机关和其他单位不得以任何借口占用。

第十二条　因征地造成的农业剩余劳动力由县、市土地管理机关组织被征地单位、用地单位和有关单位分别负责安置。安置的主要途径有：

一、发展农业生产。改良土壤，兴修水利，改善耕作条件；在可能和合理的条件下，经县、市土地管理机关批准，适当开荒，扩大耕地面积；也可以由用地单位结合工程施工帮助造地，但要按造地数量相应扣除安置补助费。

二、发展社队工副业生产。在符合国家有关规定的条件下，因地制宜，兴办对国计民生有利的工副业和服务性事业。

三、迁队或并队。土地已被征完或基本征完的生产队，在有条件的地方，可以组织迁队；也可以按照自愿互利的原则，与附近生产队合并。

按照上述途径确实安置不完的剩余劳动力，经省、自治区、直辖市人民政府批准，在劳动计划范围内，符合条件的可以安排到集体所有制单位就业，并将相应的安置补助费转拨给吸收劳动力的单位；用地单位如有招工指标，经省、自治区、直辖市人民政府同意，也可以选招其中符合条件的当工人，并相应核减被征地单位的安置补助费。

生产队的土地已被征完，又不具备迁队、并队条件的，本队原有的农业户口，经省、自治区、直辖市人民政府审查批准，可转为非农业户口或城镇户口。原有的集体所有的财产和所得的补偿费、安置补助费，由县、市以上人民政府与有关社队商定处理，用于组织生产和不能就业人员的生活补助，不准私分。

第十三条　经批准安排被征地单位人员就业的，农业户口转为非农业户口或城镇户口的，相应的粮食供应指标以及不能就业人员的生活安置工作，分别由当地劳动、公安、粮食、民政部门负责办理。

第十四条　征用土地拆迁集体的和社员的房屋时，由生产队或房屋所有者按照社队的统一安排进行重建。

第十五条　被征地单位用补偿费和安置补助费兴建生产生活设施所需建设物资，社队能够解决的，由社队自行解决；社队不能解决的，由当地政府协助解决；地方无法解决的少数统配部管物资，经县、市土地管理机关审查核实后，由用地单位随同建设项目向国家有关部门申请分配。物资价款由被征地单位支付。

第十六条　大中型水利、水电工程建设的移民安置办法，由国家水利电力部门会同国家土地管理机关参照本条例另行制定。

第十七条　被征地单位不得在本条例规定的补偿、补助范围以外，提出额外要求或附加条件。

第十八条　在工程项目施工过程中，需要建设材料堆场、运输通路和其它临时设施的，应当尽量在征地范围内安排。确实需要另行增加临时用地的，由建设单位向原批准工程项目用地的主管机关提出临时用地数量和期限的申请，经批准后，同生产队签订临时用地协议，并按生产队土地前三年平均年产值逐年给予补偿。在临时用地上不得修建永久性建筑。使用期满，用地单位应当负责恢复土地的耕种条件，及时归还生产队，或按恢复工作量向生产队支付费用。

架设地上线路、铺设地下管线、建设其他地下工程以及地质勘探等部门进行野外工作需要临时使用土地的，按照上述原则办理。使用期限在一年以内的，由所在县、市人民政府批准。

建设单位为选择建设地址而需要对土地进行勘测时，应当征得当地县、市人民政府同意；造成损失的，应当按照实际情况给予补偿。

第十九条　遇到抢险或紧急的军事需要等特殊情况急需用地时，属于临时用地的可以先使用，并立即报告所在地县、市人民政府；属于永久用地的，经县、市以上人民政府同意，可以先使用，并按照规定的审批权限，补办征地手续。

第二十条　已征用的土地上有青苗的，在不影响工程正常进行的情况下，应当等待农民收获，不得铲毁；凡在当地一个耕种收获期内尚不需使用的土地，建设单位应当与生产队签订协议，允许农民耕种。

第二十一条　已征用二年还不使用的土地，除经原批准征地的机关同意延期使用的土地外，当地县、市人民政府有权收回，并报原批准机关备案。原用地单位不得擅自处理，其他单位和个人不得侵占。收回的土地，可作如下处理：（一）按本条例规定的审批权限，有偿拨给其他符合征地条件的单位使用。其费用按原用地单位实际支付的各项补偿费、安置补助费计算，交原用地单位按国家有关规定处理。（二）借给生产队耕种。生产队在耕种期间，不准在土地上兴建任何建筑物和种植多年生作物。国家建设需要使用时，生产队必须立即交还，不得再提出补偿、安置的要求；有青苗的，用地单位应当酌情付给青苗补偿费。

铁路沿线以及因安全防护等特殊需要，符合国家规定的留用土地，不得视为征而未用的土地。

第二十二条　被征用土地上的坟墓，由用地单位报请当地人民政府公告坟主迁移，并支付迁坟费。无主坟墓，由用地单位代迁或深埋。

在征用的土地内发现文物古迹或无主财物，用地单位和施工单位应当负责保护，并报县、市以上人民政府处理。

第二十三条　跨县的工程，征地工作由省、自治区、直辖市人民政府土地管理机关统一组织。

第二十四条　各级人民政府的土地管理机关和用地单位的上级主管部门，应当对已征用土地的使用情况和安置方案的落实情况及时进行监督检查。

第二十五条　对违反本条例的，分别情况给予经济制裁、行政处分，直至追究刑事责任。

一、采取非法手段骗取批准征用土地的，超越审批权限批准征用土地的，征地协议无效；情节严重的，对主管人员和直接责任人员给予行政处分，可以并处罚款。

二、侵占集体土地的，占用临时用地期满不归还的，责令退还土地，并赔偿所造成的经济损失；情节严重的，对主管人员和直接责任人员给予行政处分，可以并处罚款。

三、买卖、租赁或变相买卖；租赁土地的，违法转让土地的，没收其非法所得，在非法占用的土地上建造的建筑物予以没收或拆除；情节严重的，对主管人员和直接责任人员处以罚款，并可以给予行政处分。

四、对批准征用的土地，一方当事人坚持无理要求，拒不签订征地协议的，由土地管理机关裁决。当事人任何一方不执行征地协议，致使对方遭受经济损失的，责令赔偿；情节严重的，对主管人员和直接责任人员处以罚款。

五、挪用或占用补偿费和安置补助费的，责令退赔；情节严重的，对主管人员和直接责任人员给予行政处分，可以并处罚款。侵占招工、转户指标的，招工、转户无效；情节严重的，对主管人员和直接责任人员给予行政处分，可以并处罚款。

上列各项，行政处分由土地管理机关提出意见，报请县级以上人民政府批准，责令所在单位或其上级主管机关决定和执行。经济制裁由土地管理机关决定并限期执行；当事人不服的，可以在期满前向人民法院起诉；期满不起诉又不履行的，由土地管理机关提请人民法院依照民事诉讼程序强制执行。

在征地过程中，煽动群众闹事，阻挠国家建设，贪污、盗窃国家和集体财物，行贿、受贿，敲诈勒索，以及其他违法犯罪行为，构成犯罪的，由司法机关依法追究刑事责任；情节轻微、不构成犯罪的，分别给以治安管理处罚或经济制裁、行政处分。

第二十六条　对个人罚款数额，最低为人民币三十元，最高不超过本人六个月的收入。

全民所有制企业、事业单位和行政机关支付的经济赔偿，应从该单位的企业基金、利润留成、经费包干结余等资金中支付，不得列入生产成本或摊入基本建设投资。

第二十七条　在本条例公布以前，征用土地已按国家有关规定达成协议的，仍按照原协议执行。

第二十八条　全民所有制单位同农村社队联合投资建设的项目，需要使用农村社队集体所有土地的，视同国家建设征用土地，按照本条例的规定办理。

第二十九条　城镇集体所有制单位进行建设或同农村社队联合投资建设的项目，需要使用农村社队集体所有土地的，比照本条例的规定办理。

第三十条　农村人民公社和生产大队进行建设，需要使用生产队土地的，也应当给予补偿并对农民进行妥善安置，具体办法和补偿、安置标准由省、自治区、直辖市人民政府参照本条例制定。

第三十一条　国家建设使用国有荒山、荒地、滩涂以及其他单位使用的国有土地，按照本条例规定的程序和审批权限无偿划拨；收回社队长期耕种的国有土地，根据具体情况给予社队适当补助。使用河滩地，还必须经水利、水产和交通部门批准。

第三十二条　各省、自治区、直辖市人民政府可以根据本条例，结合当地具体情况，制定实施办法。

第三十三条　本条例自公布之日起施行。一九五八年一月六日国务院公布的《国家建设征用土地办法》即行废止。

附录八

城乡建设环境保护部关于县社建筑设计、施工管理和安全生产的三个暂行规定

关于加强县社建筑勘察设计管理的暂行规定

（一九八二年八月二十日）

为了确保建筑工程质量，杜绝重大事故的发生，特对县及县以下建筑勘察设计的管理作如下规定：

一、划分营业等级。各省、市、自治区城乡建设主管部门，要参照原国家建委关于颁发勘察设计证书的有关规定，对已经颁发证书的单位进行复查，根据其技术条件划分为乙级和丙级两类（甲级勘察设计单位暂不划定）。

丙级建筑勘察设计单位，至少须有工民建专业工程师一名或助理工程师两名，指定其中一人为技术负责人，同时，要有一定数量的设计人员。

乙级建筑勘察设计单位，至少须有结构工程师两名和建筑师一名，从中指定一人为技术负责人。同时，暖卫、电气、预算等专业人员应配套齐全。有勘察业务的设计单位，至少要有一名助理工程师为勘察技术负责人。

技术负责人必须为本单位编制内的职工，其技术职称须经正式评定，并至少应有下列年限的设计经验：

高等院校本科毕业的，三年以上；

高等院校专科毕业的，五年以上；

中等专业学校毕业的，七年以上；

非专业学校毕业的，十年以上。

二、限定承担工程设计的范围。根据目前县社建设的实际情况，对丙级勘察设计单位承担任务的范围暂定为：

（1）跨度不超过15米、吊车吨位不超过3吨的单层厂房和仓库，或跨度不超过7.5米的二、三层厂房和仓库；

（2）不超过六层的混合结构或跨度不超过18米的单层民用建筑；

（3）采用标准设计图纸的独立烟囱、水塔及水池等构筑物。

超出以上范围的工程项目，应委托甲乙级勘察设计单位设计；或经当地城乡建设主管部门同意，也可以由丙级建筑勘察设计单位承担，但其设计文件必须经乙级以上的勘察设计单位进行审查把关。

三、有一定技术力量但不具备丙级资格的勘察设计单位，由于当地建设需要，经省城乡建设主管部门审查同意，可以颁发临时证书，其承担任务的范围为：（1）跨度不超过6米的单层民用建筑；（2）三层以下横墙承重的民用建筑。超过以上限度时，其设计文件必须经正式持证勘察设计单位审查把关。

严禁无证设计和私人以任何形式承揽国家和集体所有制单位投资的建筑设计任务。

四、所有建筑勘察设计单位都必须严格遵守基本建设程序，贯彻执行国家有关建筑勘察设计的方针、政策、法令、设计标准和技术规范，健全校审制度，建立严格的技术责任制。

没有主管部门批准的计划任务书或基建计划以及必要的设计基础资料，设计单位不得进行设计；没有主管部门批准的初步设计或方案设计，不得提供施工图纸。

采用标准设计或其他单位的设计图纸，必须由持证的勘察设计单位审核认可或作必要的修改，并承担技术责任。

五、县城乡建设主管部门应有专人分管建筑勘察设计业务，对设计文件进行审查。审查的主要内容为：

（1）是否符合基本建设程序；

（2）是否符合城市规划的要求；

（3）是否符合有关规范、标准。

设计文件经审查合格后，才能发给施工执照。

六、凡经审查合格的施工图纸，建设单位、施工单位和其他任何部门或个人，均不得擅自更改。确需修改设计时，必须得到原设计单位同意，由原设计单位签发变更设计通知书。涉及建设规模、内容、准标的重大变更，要报请原审批部门批准。

设计单位在开工前，要向施工单位进行技术交底，并参加工程关键部位和全部竣工后的验收。

设计单位应在设计文件中注明所采用的屋面、楼面等允许荷载。工程竣工后，使用单位如需增大荷载，须经原设计单位验算同意，否则，因此而发生事故由使用单位负责。

七、各省、市、自治区和地（市）建筑勘察设计单位，要主动支援县、镇、社、队建设，开展技术咨询、技术指导和技术培训等工作，积极承担县级设计单位目前技术上力所不及的建筑勘察设计任务，提供符合实际需要、量大面广的各种类型优良标准设计。

八、凡违反本规定而进行设计的，要追究责任，情节严重的吊销其勘察设计证书，造成重大事故的，要追究有关人员的经济责任和法律责任。

九、本规定由各级城乡建设主管部门监督执行。

十、各省、市、自治区城乡建设主管部门，可根据需要制定补充规定，报省、市、自治区人民政府和城乡建设环境保护部备案。

关于加强县社建筑施工技术管理的暂行规定

（一九八二年八月二十日）

为了加强县社建筑施工技术管理，保证工程质量，杜绝重大事故，特制定本规定。

一、城乡集体所有制建筑企业（包括县、镇、城市街道和农村社队领导的建筑公司、建筑队和建筑构件加工厂等，下同），都必须坚持“百年大计，质量第一”的方针，严格遵守基本建设程序，确保工程质量。

二、根据城乡集体所有制建筑企业的技术条件，确定各类企业承建工程范围如下：

（甲）跨度不超过24米的公共建筑（影剧院、礼堂、餐厅、食堂、商店等）及10吨以下吊车的单层厂房，钢筋混凝土结构的多层厂房和仓库，12层以下的住宅及其它技术复杂的工程，须由同时具备以下技术条件的企业承担：即技术负责人为具有五年以上施工经验的工程师；有技术职称的技术干部不少于五人；企业有十年以上的施工经历。

（乙）跨度不超过12米的公共建筑和厂房、仓库，6层以下的住宅，45米以下的烟囱，须由以下技术条件之一的企业承担：

（1）技术负责人为具有三年以上施工经验的工程师，有技术职称的技术干部不少于二人；

（2）技术负责人为具有五年以上施工经验的技术员，有技术职称的技术干部不少于三人；

（3）独立承担过两个以上同类工程，未发生重大事故，具有五年以上施工经验的技术人员不少于三人。

（丙）不具备上列技术条件的企业，承担任务的范围限定为：

（1）传统构造的农村房屋和农业生产设施；

（2）采用标准图、标准构配件，建筑面积不超过500平方米的二层以下的厂房；

（3）在具有（甲）、（乙）款技术条件的企业统一管理下，可以分包其分部分项工程或提供劳务。

（4）在取得下列条件之一，并有书面协议或经济合同，经县以上城乡建设主管部门审查同意，可以承建（乙）款工程范围内的工程：

① 具备承担（甲）、（乙）款工程的建筑企业、设计单位或建筑专业的大、中专院校提供技术指导、技术咨询，承担保证工程质量责任；

② 筹建单位有建筑专业的工程师担任技术指导，承担保证工程质量责任。

三、上述技术条件和承建工程范围的审定工作，由各级城乡建设主管部门负责。凡由国家或集体所有制单位投资的工程，未经资格审查，没有合法的设计部门设计或审定的施工图纸，一律不发给施工执照。

所有企业都要严格按照设计图纸进行施工，对于任意改变设计或违背施工程序的“瞎指挥”，施工单位要予以抵制；如强令施工单位执行，由此而产生的危害和后果，由强令者承担经济责任和法律责任。

四、城乡集体所有制建筑企业，都要确定技术负责人，其职责是加强技术管理，贯彻各项技术规范、规程、规定；对本单位无力解决的重大技术问题，与有关部门联系，求得解决。

五、用于承重结构的水泥、钢材等必须检验合格，才准使用。不允许把不能保证质量的材料用于建设工程。

各省、市、自治区城乡建设主管部门应以国营建筑企业、设计科研部门和愿意承担建筑材料试验的工业企业为中心，组成若干个试验基地，承担附近的集体所有制建筑企业材料试验任务；同时积极创造条件，逐步做到一个县或一个地区有一个材料试验中心。

六、承担（甲）、（乙）款工程的建筑企业必须按单位工程建立技术档案，积累下列技术资料：

1. 施工记录；

2. 设计变更技术核定单；

3. 隐蔽工程验收记录；

4. 材料、构件质量合格证明；

5. 试件和材料试验、检验记录；

6. 工程质量评定和事故处理资料；

7. 其他有关技术文件，如坐标位置、沉降观测记录、图纸会审记录等等。

上述技术档案由单位工程技术负责人汇集整理，于竣工时连同竣工图（或已标注修改部分的施工图）一起向筹建单位移交。

七、城乡集体所有制建筑企业，职工人数在千人以上的要设置质量管理机构，并按职工人数的千分之三至五配备专职质量检查员；千人以下、二百人以上的，按上述比例配备专职质量检查员；二百人以下的配兼职质量检查员。质量检查员的职责是：从施工准备到竣工验收，掌握质量情况，分析质量动态；在班组自检的基础上，根据规范和质量验收标准，进行严格验收；发现违反规范、规程、规定的情况，有权制止，并及时向领导和主管部门如实报告。

八、发生工程质量事故，如倒塌、超规范的倾斜和沉陷、重大返工，都必须报告当地城乡建设主管部门。其中，房屋倒塌重大事故，必须在十二小时内上报。对工作失职、瞎指挥和严重违反规章制度造成重大质量事故的，必须严肃处理，直至追究其法律责任；对于质量管理不善，一贯粗制滥造的，提请工商行政管理部门吊销其营业执照。

九、本规定由各级城乡建设主管部门监督执行。

十、各省、市、自治区城乡建设主管部门，可根据需要制定补充规定，报省、市、自治区人民政府和城乡建设环境保护部备案。

关于加强集体所有制建筑企业安全生产的暂行规定

（一九八二年八月二十日）

为了加强城乡集体所有制建筑企业的安全生产管理，保证职工在生产过程中的安全和健康，杜绝重大伤亡事故，特制定本规定。

一、城乡集体所有制建筑企业（包括县、镇、城市街道和农村社队领导的建筑公司、建筑队及建筑构件加工厂等，下同），都必须认真贯彻执行党和国家的安全生产方针，切实加强安全生产的领导和管理，不断改善劳动条件，注意劳逸结合，确保职工的安全和健康。

二、建立安全生产责任制度。企业主管生产的领导干部必须同时管安全工作。职工人数在千人以上的企业要设安全管理机构；千人以下、二百人以上的要配备专职安全员；二百人以下的要配备兼职安全员；生产班组要有不脱产的安全员。

企业的各级领导干部，对本单位的安全生产负全面责任。企业的职能机构（人员），都要在各自的业务范围内，对实现安全生产的要求负责。施工现场要建立由生产管理人员和班组长参加的安全值班制，对完全生产进行监督检查，发现隐患，立即消除。每个工人都要自觉地遵守规章制度，不违章作业。

三、建立安全生产教育制度。对新入厂的工人，要进行安全教育，使其熟悉本单位的一般安全常识和本工种的安全技术知识。对机械操作、电气、锅炉、受压容器、焊接、爆破和各种机动车辆司机等工种工人，要进行专门安全技术培训，经考试合格并发给合格证，才能允许上岗操作。

四、建立安全生产技术措施制度。承担全民或集体所有制单位投资的建筑工程的企业，必须严格执行以下规定：

1. 职工进入施工现场，必须戴安全帽；在没有防护设施的高空、悬崖或陡坡施工，必须系安全带；距地面三米以上作业要设安全网或其他防护设施。

2. 各种施工机械要完好，不准“带病”运转，不准超负荷使用；机械设备的危险部位，要有安全防护装置，并定期检修。

3. 架设临时电线必须符合当地电业局的规定；线路必须绝缘良好；电动机械要做到一机一闸，遇有临时停电或停工时，要拉闸断电。

4. 电气设备必须接零接地；手持电动工具，要设置漏电掉闸装置。

5. 搭设脚手架、井字架、挑架等，所用材料和搭设方法必须符合安全要求；搭设完毕要经过施工负责人验收，合格后方能使用；拆除时，需设警戒或围栏，由上而下顺序进行，拆除物料不得往下投掷。

6. 井字架、龙门架必须设置缆风绳；缆风绳要牢固，并有专用地锚，不得拴在树木、电杆或建筑物上。

7. 在建工程的楼梯口、预留洞口、通道口和施工现场的洞、坑、沟等危险处，要有防护设施或明显示警标志。

8. 乙炔发生器和氧气瓶的安全附件，都要齐全有效，并保持安全距离。

9. 坑槽施工，要按规定放坡，并经常检查边壁土质稳固情况，发现有裂缝、疏松或支撑走动，要随时采取加固措施。

10. 高空作业不准穿硬底和带钉易滑的鞋靴；禁止攀登脚手架、井字架和乘吊篮上下。

违反上述规定，工人可以拒绝生产，严禁强迫工人冒险作业，否则发生事故由直接指挥者负责。

五、建立安全生产检查制度。企业除进行经常性的检查外，每年还应该有重点地进行群众性的检查。要边检查、边改进；不能立即改进的问题，应该订出计划限期解决。

六、建立职工伤亡事故报告制度。因工发生死亡和重伤事故，要及时报告上级。一次死亡一至二人，在事故发生后十二小时内用电报或电话报告所在地城乡建设主管部门和有关部门，一次死亡三人以上的，除立即报告当地城乡建设主管部门和有关部门外，并直接报告城乡建设环境保护部。同时要认真分析事故原因，查明责任，严肃处理。对违反政策法令和规章制度造成事故的，应该根据情节轻重和损失大小，给以不同处分，直至追究法律责任。

七、本规定由各级城乡建设主管部门监督执行。

八、各省、市、自治区城乡建设主管部门，可根据需要制定补充规定，报省、市、自治区人民政府和城乡建设环境保护部备案。

附录九

转发城乡建设环境保护部关于福建省晋江地区狠刹乱占耕地建房风的简报的通知

各省、市、自治区人民政府，国务院各部委、各直属机构：

根据国务院领导同志指示，现将城乡建设环境保护部《关于福建省晋江地区狠刹乱占耕地建房风的简报》转发给你们。

耕地是农业发展的基础，现在中国人多地少的矛盾已经很突出，珍惜和节约每寸土地是中国的国策，是关系到子孙后代根本利益的问题。我们必须采取一切措施保护耕地，减少耕地的占用。国务院希望，乱占耕地建房严重的地方，有关省、市、自治区政府，都要象福建省那样，领导亲自主持，组织各方面的力量对乱占耕地建房问题进行认真的、坚决的清查，迅速刹住乱占耕地建房的歪风。对一切违犯国家有关规定、条例的侵占耕地的活动，必须及时制止和处理，以示令在必行，法不虚立。特别要抓住一些单位和干部的严重违法事例，一件一件分级负责，严肃处理，不得姑息。要广为宣传国家有关占用耕地建房的条例和规定，做到家喻户晓。各省、市、自治区要在十月底前，将初步清查处理情况和今后安排，报告国务院。

据有关部门估计，今年秋收之后，农村建房将会出现新的高峰。各省、市、自治区政府要结合当地情况，认真研究对策，采取有力措施，积极搞好农村和集镇的建设规划，制订私人建房和单位建筑用地管理办法，把城乡建房引导到有规划、有秩序、逐步建设的正确轨道上来，以制止对耕地的继续破坏，避免造成更大损失。

中华人民共和国国务院办公厅

一九八二年九月十七日

城乡建设环境保护部关于福建省晋江地区狠刹乱占耕地建房风的简报

（一九八二年八月三十一日）

福建省人多、山多、耕地少。全省耕地一千九百三十六万亩，仅占土地总面积的十分之一。人均耕地只有零点七七亩。近几年农村建房发展很快，乱占耕地的情况比较严重。据一九七九年、一九八〇年不完全统计，全省农村建房占用耕地五万三千九百多亩。一九八一年又占耕地五万六千多亩。鉴于上述情况，省人大常委会去年曾做过研究，做出制止侵占耕地的规定，取得一定的效果。

福建省晋江地区是全省建房最多，也是乱占耕地最严重的地区。全区人均耕地只有零点五一亩。近几年来农村建房即占耕地达三万六千多亩，使本来就人多地少的矛盾更为突出。今年年初，省委第一书记亲自带领工作组赴晋江地区调查研究，采取措施，迅速刹住了乱占耕地之风。目前已恢复耕地九百二十二亩，收取赔偿费四百七十九万元，罚款二十五万元。主要做法是：

一、领导重视，深入宣传。在晋江地区召开的县委书记和县长会议上，分析了乱占耕地的严重性，统一了认识，研究了具体部署。会后，地、县、社一致行动，深入宣传国务院及省、地有关制止乱占耕地的文件精神，除各级领导同志宣讲、广播宣传外，还派人直接到建房户和建筑队去讲解，做到家喻户晓。晋江县出动宣传车五十四辆次下乡宣传，影响大，见效快。有的县长带领有关部门人员专门对“钉子户”进行说服教育，对影响恶劣，屡教不改的依法采取罚款、拆除等果断措施，引起很大震动，效果很好。

二、建立管理机构，落实组织措施。全地区六县一市，都建立了农房管理机构，配备了专职人员。各公社都组织了二十至五十人的清查队，对本公社一九七七年以来建房户的占地面积、审批手续、原有房屋、家庭人口等情况，分户进行登记造册，为清查处理提供依据。

三、贯彻管理条例，制订实施办法。目前，大部分县、市已根据国务院颁发的《村镇建房用地管理条例》，制订了具体规定，对申请条件、宅基地面积、审批手续和收取费用都做出具体规定。如晋江县规定：每户五人以下的宅基地面积为零点二五亩，六至十人的为零点三亩，十一人以上的为零点三五亩；每人平均占有房屋不足半间的方能申请建房，审查合格后发给准建证。还补充规定，建房户的宅基地要交补偿费，即按前一年的产量，以国家牌价计算五年的产值，向社队一次交纳；超过标准的用地加收二至五倍的补偿费。有的还加收土地管理费，按土地好坏，分等级收费。

四、对严重违法建房户，特别是领导干部违法建房的，进行严肃处理。如泉州市委对一位市委副书记和一位副市长非法占地建私房问题，进行了严肃批评，并将那位副书记已建成的房屋收归公有，责令那位副市长将已打好的房基础挖掉，恢复耕地。南安县对三名副县长和财办主任、工商管理局长、交通局副局长等人利用职权占地建私房的问题，正在研究处理。对少数“钉子户”和有经济犯罪行为的非法占地户也作了严肃处理。

五、搞好规划，加强管理。为迅速适应村镇建设的需要，晋江地区在抓清查处理的同时，加强了规划工作。他们一方面准备委托华侨大学举办短期训练班，培养规划、设计人员；一方面地、县、区层层抓规划试点，以点带面，搞好村镇建设，如泉州市郊北峰公社肖厝大队，是个半山区，共一百六十户，大队党支部坚持统一规划、统一施工，建的新村依山就势，不占耕地，生产和新村建设都搞得很好，目前已有四分之一的户住进了新房。这个大队的经验，正在总结推广。

附录十

中共中央办公厅、国务院办公厅转发书记处农村政策研究室、城乡建设环境保护部《关于切实解决滥占耕地建房问题的报告》

各省、市、自治区党委和人民政府，各大军区、省军区、野战军党委，中央和国家机关各部委，军委各总部、各军兵种党委，各人民团体：

书记处农村政策研究室、城乡建设环境保护部《关于切实解决滥占耕地建房问题的报告》，已经中央书记处、国务院批准，现转发给你们，请参照执行。

中央书记处、国务院指出：近几年来，农村建房滥占耕地的情况十分严重，加上国家建设不可避免地每年都要占用一些土地，这就使得中国人口多、可耕地少的矛盾更为突出，这种情况如不给予高度重视，采取断然措施加以制止，必将产生严重后果。为此，中央书记处、国务院要求：

（一）严格控制占用耕地建房。从现在起，几年内，农村建房不准再占用耕地，只能在现有的宅基地空地内调剂解决。要以村、镇为单位，由县级有关部门派人协助，抓紧时间，在充分地进行调查研究的基础上，制定出村、镇建设的全面规划，经县人民政府审查批准后实行，以利于节约土地。

（二）坚决刹住干部带头占地建房风。各地都要象北京、山西那样，立即对滥占耕地建房问题进行一次检查，抓几件典型案件，严加处理，并在报刊上公布。

今后在宣传报道农村改善居住条件时，应着重宣传和表彰规划合理、节约用地，又改善了居住条件的先进典型，而不要单纯宣扬农民富裕后盖房多、庭院宽敞等不利于节约土地的事例。

请各省、市、自治区将检查滥占耕地建房情况于一九八三年三月底前报告中央书记处、国务院。

中共中央办公厅

国务院办公厅

一九八二年十月二十九日

关于切实解决滥占耕地建房问题的报告

党中央、国务院：

根据党中央、国务院领导同志的指示，我们邀请有关部门，就城乡滥占耕地建房问题，进行了研究，现将意见报告如下。

近两年来，国家三令五申，严禁城乡滥占耕地建房。但是，滥占耕地建房的现象仍在继续发展。

人民生活富裕了，要求改善居住条件，是可喜的现象。但是，必须考虑中国人口多、耕地少的现实，妥善地处理好生产和生活的关系，否则，后果是严重的。当前，除经国家批准的建设征地和建筑工程外，城乡滥占耕地建房，在很大程度上在于我们的党风还没有根本好转，有些共产党员和国家干部，某些国家机关和企事业单位，在刮起滥占耕地的歪风中起了恶劣的带头作用。据山西统计，全省国家干部利用不正当手段建私房的有一万二千多人，而且其中三分之二以上发生在《关于党内政治生活的若干准则》公布之后。临汾地区所辖十八个县、市，这类建私房的，有十二名县委书记，五名县长，三十二名县委副书记、副县长。北京市清查，自一九七九年以来，有九百多个单位非法占用耕地一万七千多亩，其中菜地近五千亩。实质上是这些单位与社队搞土地黑市交易。农村基层干部和社队企业利用职权随意占地建房的更不计其数。为此建议：

一、各省、市、自治区，都要象山西、北京那样，立即组织强大力量对滥占耕地建房问题认真地进行一次检查，对于一切违犯《村镇建房用地管理条例》和《国家建设征用土地条例》侵占耕地的行为，必须强行制止。首先要抓住一些单位和干部的严重违法事例，一件一件分级负责，认真处理，并广为宣传，以示令在必行，法不虚立。对一切非法建筑，分别情况，或处以罚款，或限期令其拆除，或予以没收，特别是对党政机关、企事业单位和国家干部、农村基层干部的非法占地建房，必须从严处理，情节恶劣的，坚决予以没收，不得姑息。对于在土地问题上从事敲诈勒索、行贿受贿、非法倒卖者，更应以经济犯罪或破坏社会主义公有财产罪依法论处。有关土地纠纷案件，公安、检察、司法部门必须受理。

二、积极搞好村、镇的建设规划。省、县、公社（乡）都要迅速订出农民建房用地规划。在乡村，以大队或自然村为范围，经过自报公议，反复讨论，做出十年内分批建房规划，按各农户缺房情况安排建房顺序。作为当前紧急措施，一县一社，一村一镇都要规定每年建房用地的总的控制指标。村镇控制指标由县核准，县的控制指标由省、市、自治区核准，严格执行。没有做出规划的一律不准用地建房。要鼓励农民建房不占良田；尽可能利用山坡地、荒地等非耕地建房；要积极设计少占土地、布局合理的住宅方案，多盖楼房。许多地方的事例说明，搞好统一规划，可以节约耕地，并使新村布局合理，群众生产生活方便。要满腔热情地、切实具体地从设计、施工、建材等方面帮助农民解决建房问题，改善居住条件，节约土地，节约木材。

社队企业和城镇机关、企事业单位必需在农村建房的，也要列入计划，尽量利用旧房和空地、荒地，原则上不占用耕地，确需占用耕地的，应经所在的县人民政府同意，并做出安排后，报省、市、自治区人民政府的主管部门批准。

三、用经济手段鼓励建房少用土地。要制订法规，国家对私人宅基地和单位建筑用地，按土地数量和质量规定等级，按不同等级征收使用税。在全国规定统一税率以前，可由各省、市、自治区订出单行条例试行。各省、市、自治区要加速制订本地区宅基地面积标准。今后建房一律不准超过用地限额；对以前所建房屋的宅基地，超过标准的大院，责令原建房人退出超过标准部分的土地，不退者，对超过标准部分累进征收使用税。

四、建立健全各地的村镇建设和土地管理机构。许多地方的实践表明，有机构，有人管，效果就非常显著。县、公社（乡）都要有专人管理。这件事，请各省、市、自治区根据当地情况，研究具体办法，分别实施。

五、对国家干部和农村基层干部用地建房要严格审查。今后各级干部在农村建房，除照章向当地土地管理和乡村建设部门办理审批手续外，还须向本单位领导提出报告，说明建房理由和用地、建材、用工等情况。各级干部在建房用地问题上如有严重违法现象，有关单位的领导应及时制止，否则，除对违法建房的干部本人要严肃处理外，同时要追究有关单位领导的责任。

书记处农村政策研究室

城乡建设环境保护部

一九八二年十月八日

附录十一

各地部分规划建设得比较好的村庄、集镇一览表

地　区	村　名	镇　名	主要特点和概况摘要
北京　昌平县	沙河乡 踩河村		346户，人均收入2535元，将原来分散的村落集中进行建设，建筑形式多样，节省土地1000亩。目前基本建成了一个假山喷泉，花团锦簇，风景宜人的新村
北京　昌平县	霍营乡 马连店村		303户，人均收入1100元，以旧村改造为主，不占耕地，两年盖新楼14栋，还建了文化综合楼，花园等设施，逐步缩小了城乡差别
北京　怀柔县	北宅乡 一渡河村		216户，人均收入810元，是山区新村，房屋建筑大方、适用，楼房还设有菜窖，建设能够适应农、林副综合发展的需要
北京　通县	台湖乡 玉甫上营		246户，人均收入1280元，农、林、牧、副、渔综合发展搞得好，注意生态平衡，新村建设已初具规模
天津　东郊区	军粮城镇 东堼村		734户，人均收入1000元，属旧村改造，按规划要求，逐步将旧房、土房拆除，新建楼房、平房，基础设施、配套设施、绿化等将逐步完善
天津　西郊区	中北斜乡 西姜井村		312户，人均收入2000元，新辟区建设按规划要求，旧区逐步淘汰，新区建楼房，基础设施配套建设将逐步进行
天津　武清县	王庆坨乡 大范口村		430户，人均收入846元，属旧村改造，按规划要求，新建一批住宅楼房，保留部分旧房，新旧分区建设，基础设施等配套建设逐步进行
河北　青县	官庄乡 小辛庄村		640户，人均收入690元，已有250户住进新房，由平原迁至盐碱非耕地上建新村，由单纯农庄建成悦目的“园林村庄”，以农业生产为主
河北　青县	小牛庄乡 丰台堡村		258户，人均收入609元，已基本建成新村，该村农副业并重，由旧村迁到盐碱地建成了设施齐全的文明新村

续表

地　区	村　名	镇　名	主要特点和概况摘要
河北　栾城县	方村乡 贾村大队		1130户，人均收入650元，由分散的5个居民点迁并建成新村，节约耕地200亩，该村种麦、柿为主，工副业占70%
河北　涿鹿县	五堡乡 六堡村		550户，人均收入520元，由原来低洼潮湿的土坯房，迁到高地新建砖房，旧村址已改水稻田300亩。该村生产以水稻为主，葡萄园600亩
河北　魏县		双井镇	850户，人均收入260元，新建门市600间，整修街道600米，供水供电设施已建起，将535个工商摊点安排在两个市场里
河北　成安县	商城乡 高母村		450户，人均收入150元，是以农业为主的平原村，基本建成
河北　永年县	刘固乡 杜刘固村		600户，人均收入300元，建成100户二层住宅楼，以农业为主，工副业占4%，平原村，已初具规模
河北　磁县	北来村乡 李庄村		450户，人均收入150元，已建成农业为主的平原新村
河北　井径县	吴家窑乡 金柱村		500多户，1260人，人均收入500多元，是以农业为主、兼顾工副业同时发展的山区村，全部采用砖墙和混凝土现浇屋顶，已有300多户农民住进新房，占60%，文化公用设施均初具规模
河北　获鹿县		铜冶镇	2300多户，11500人，人均收入795元，有1005户建成新房，其中二层楼360户，以农业为主，工副业很发达，公共建筑二至三层楼
山西　天镇县	东沙河村		616户，人均收入506元，以农业为主，规划后的村庄还耕土地200亩，已建住宅32688平方米，公共建筑5205平方米，全村吃上自来水
山西　左云县	上张家坟村		55户，人均收入5500元，发挥小煤炭优势，经济发展迅速，新建楼房的水、暖、电设备已齐全，公共建筑及公用设施配套齐全，初具规模

续表

地　区	村　名	镇　名	主要特点和概况摘要
山西　左云县	下张家坟村		104户，1983年开始建设，房屋依山就势，分层排列，住宅全部为砖混结构平房，已基本建成
山西　繁峙县		砂河镇	辖4个村，人口11000人，矿藏丰富，交通方便，是繁峙县中部的商业、工业中心集镇，并是到五台山、恒山、云岗等旅游胜地的必经之路，日平均人流量达1.5万人次，采用“六统一”办法，已完成第一期工程建设，一个现代化的小城镇正在形成
山西　临猗县	牛杜乡 东水南村		87户，人均收入550元，是以农业为主的平原村。全村一色崭新瓦房，给排水设施齐全，村容整洁，已基本建成
山西 晋城市郊区	东四义村		515户，人均收入700多元，该村把开展爱国卫生运动和改造旧村、建设新村紧密结合，重视旧房改造，注意保留有特色的传统民居，重视绿化，注意美化环境，已建成整洁优美的社会主义文明新村
山西　长治市	林移村		210户，人均收入530元，植树绿化好，建材资源丰富，进行新村建设条件优越，已逐步建成公共福利设施齐全的新村
山西　临汾市	党家楼乡 郭象庄村		407户，人均收入600元，已建成初具规模的新村
山西　临汾市	党家楼乡 南焦堡村		231户，人均收入500元，已是初具规模的新村
内蒙古 乌拉特中旗		川井苏木	180户，为牧业服务的集镇，该镇是自治区的集镇建设试点，二、三年内基本已建成
内蒙古　巴林右旗		巴彦塔拉	300户，从1980年起从沟底搬迁到沟上的新集镇，已初具规模
内蒙古　固阳县	西斗铺乡	新民村	500户，人均收入310元，乡镇工业型集镇，位于公路、铁路交叉点附近，从1984年起建设，乡镇工业和第三产业约有600户，初具规模

续表

地区	村名	镇名	主要特点和概况摘要
内蒙古 临河市	狼山乡	狼山	1000户，人均收入340元，基本建成，集镇内按十字街道划分生产区、商业区、文化区、居民区
内蒙古 呼和浩特市郊	巧报乡 新城		91户，人均收入750元，居民多数居住市中心，分散，1984年集资建楼房4550平方米，已初具规模
内蒙古 包头市郊区	东园乡 东园		953户，人均收入300元，1982年规划，1983年集中建设新村，占荒地、坟地400多亩，不占耕地
内蒙古 扎鲁特旗	格日勒朝鲁苏木查干朝鲁等嘎查		247户，1983年起由旗政府拿出霍林河矿区拨付的草原补偿费为牧民建的新村，按规划基本建成
内蒙古 扎鲁特旗	道老郡苏木荷叶花		160户，1981年弃旧村，迁新址的新村，按规划基本建成整洁美观砖木结构的平房
沈阳市 新民县		大红旗镇	5900户，27000人，镇内人口为7200，辖11个中心村，这个镇位于沈京线上，具有近200年历史，集市人数在万人以上，日成交额达10万元以上，规划要求在街道两侧建筑物改为两层以上，现商业街基本建成，全镇初具规模
沈阳市 于洪区	大青乡 西胜村		248户，939人，人均收入1012元，以农业为主、兼办工副业厂的中心村，新村全部建成后，旧址还耕土地460亩
吉林 扶余县	社里乡 大岗子		282户，人均收入400元，已基本建成以农业为主，辖3个自然村，道路、绿化、两个文明搞得好的新农村
吉林 梨树县	梨树乡 双城子		318户，人均收入861元，以农业为主，住宅全部楼房，按规划建设初具规模，省的试点
吉林 扶余县	蔡家沟乡 石家葳子		377户，人均收入600元，以农业为主，按规划建设，道路、绿化、房屋质量较好，基本建成新村

续表

地　区	村　名	镇　名	主要特点和概况摘要
吉林　永吉县	乌拉街乡 阿拉底		450户，人均收入800元，以农业为主，工副业也较发达，按规划全部建成，布局合理，设施配套，两个文明建设的典型
吉林　浑江市	六道沟乡 西马一队		61户，人均收入700元，是以农业为主，多种经营的边境山村，按规划全部建成设施配套的新山村
黑龙江　甘南县	河乡 兴十四村		164户，770人，人均收入1500元，万元户占50%，是彩电村，该村总收入农业占50%，林业占10%，养殖业20%，工副业占20%，已建成道路砂石化、饮水自来化、村屯公园化的文明新村
黑龙江　黑河市	满族乡 坤河市		71户，358人，人均收入800元，以农业为主的民族聚居点，该村坐落黑龙江右岸，与苏联隔江相望，目前长期居住土房的达斡尔族已有75%的农户住上砖瓦房，还投资40万元建了文化设施
黑龙江　安达市		万宝山乡	为该省小城镇建设的典型，几年来用于建设投资达14万多元，建设已初具规模，省里命名为文明建设单位标兵
黑龙江　哈尔滨市	新发乡 新发第二畜 牧场新居		207户，人均收入460元，牧副业很发达，按规划建设已初具规模，是两个文明搞得好的单位
上海　上海县	华漕乡 黎明村		369户，1349人，人均收入812元，以工副业为主的文明新村，1984年总收入312.75万元，其中工业208万元，农业44.87万元，副业42万元，其他17.88万元，现农民85%建楼房，形式多样，公用、基础设施都配套完成
上海　上海县	虹桥乡	虹桥镇	674户，2304人，人均收入776元，已初步建成虹桥乡政治、经济、文化中心，既有水乡集镇，又有市区建设的特点

续表

地　区	村　名	镇　名	主要特点和概况摘要
上海　南汇县	老港乡	中港镇	8422户，人均收入468元，新镇建设速度快，两个文明建设好
上海　松江县		九亭镇	309户，人均收入725元，是大城市郊区工副业特别发达的乡镇，已全部建成
江苏　滨海县	八区乡 西冲村		307户，人均收入283元，以农业为主，副业产值占总产值10.4%，全村70%农户用沼气池，居民集中在一个村庄，村前有4个大鱼塘，农、渔综合发展，目前已初具规模
江苏　滨海县	正红乡 南兴村		610户，2560人，人均收入399.8元，以农业为主，工副业并进，全村由散居改成集中居住，采取“个人拆建，集体适当资助”办法基本建成新村
江苏　兴化县	垛田乡 翟家村		166户，人均收入500元，新建住房145户，基本建成新村，系水乡蔬菜、花木专业村，道路、绿化、庭院独具特色
江苏　铜山县	柳新乡 东固城村		336户，人均收入850元，该村以工副商业为主，基本建成集中一片，是两个文明建设好的新村庄
江苏　江都县		宜陵镇	1437户，人均收入537元，交通比较发达，以食品和机械铸造为主的农贸工齐发展的集镇，基本建成工业多层次，商业多渠道，服务项目、文化教育多形式的新集镇
江苏　沛县	敬安农乡 肖吴庄村		360户，人均收入771元，以农业为主，基本建成沼气村，系两个文明的先进村
江苏　丹阳县	界牌乡	红旗镇	256户，人均收入948元，以工业为主，街道各类建筑、设施搞得好，两个文明建设好，绿化道路搞得好的新集镇
江苏　丹阳县		新桥乡	498户，人均收入952人，以工业为主，各类建筑基本建成，系两个文明建设好的乡间集镇
江苏　丹阳县	界牌乡 安乐村		420户，人均收入715元，是农工副比较发达，绿化道路搞得好，两个文明建设好的先进单位，各类建筑已基本建成

续表

地　区	村　名	镇　名	主要特点和概况摘要
江苏　丹徒县	辛丰乡 苏游村		240户，人均收入520元，1984年工副农总产值170万元，主要生产钟表元件，利润达36万元，立足老村改造，已有65%农户新建住宅（楼房）
江苏　海门县	汤家乡 中兴村		275户，人均收入1150元，工农副业总产值1045万元，其中工业占总产值95.7%，农副业占总产值4.3%
江苏　大丰县	大中镇 泰西村		406户，人均收入576元，以农副（蚕桑）业为主，按规划基本建成三个相对集中，有沼气池，道路、绿化较好的新村，是该县“文明村”之一
江苏　大丰县	草埝乡 新庄村		496户，人均收入264元，以农业为主，长达6华里的“1”字大庄，系该县“文明村”之一，有桑园、绿化面积60亩，沼气池396个，已基本建成
江苏　大丰县		南团镇	102户，人均收入407元，以工副业为主，街容镇貌较讲究，已基本建成
南京市雨花区	江东乡 新农村		412户，人均收入512元，以工副业为主，按规划基本建成了两个文明建设好，设施建设、能源利用好的水乡
南京市溧水县		松塘镇	778户，人均收入750元，工副业较发达，按规划建设，初具规模
浙江　岱山县	东剑乡 杨梅坑村		191户，人均收入660元，系以渔业为主，按规划已基本建成，经济富裕，文明建设搞得好的新渔村
浙江　普陀县	蚂蚁乡 长沙塘村		453户，人均收入550元，该乡是一个独立的小岛，村是渔区集中点，建房任务已完成80%，基本建成
浙江　瑞安县	塘下乡 韩田村		856户，人均收入550元，以汽车配件工业为主，工业产值占农业总产值90%以上，按规划基本建成县级文明村
浙江　岱山县	南峰乡 南峰村		1040户，人均收入850元，是渔村，附有冷库、船厂、机械厂等工副业，按规划完成建设量70%，初具规模
浙江　奉化县	肖王庙镇 藤头村		207户，人均收入962元，按规划，已基本建成旧村改建的新村

续表

地　区	村　名	镇　名	主要特点和概况摘要
浙江　绍兴县	福全乡 沈家畈村		223户，人均收入854元，工副业发达，农村道路绿化好，按规划建成新村
浙江　鄞县	天童乡 勤勇村		352户，人均收入600元，按规划全部建成农林牧全面发展的新山村
浙江　萧山县	红山乡	农场	845户，人均收入2540元，按规模基本建成农工副全面发展的新农场（镇），为省、市、县三级文明单位
安徽　太和县		皮条孙镇	311户，人均收入495元，以加工尼龙绳为主，以农、副产品加工，手工业品为补充的工副业商品集散地，工业收入年50多万元，占工、农业总收入的61.1%
安徽　蚌埠市	李楼乡 汪污村		270户，人均收入1100元，以农业为主，基本实现农业机械化，新建了楼房、平房、影剧院，基本建成新村
安徽　霍邱县	柳树乡 观山村		316户，人均收入500元，该村土地利用合理，生态农业搞得好，住宅利用山坡荒地，绿化植树，环境优美的新村庄已基本建成
安徽　凤阳县	武店乡 灵泉村		447户，人均收入800元，各种专业户418户占总户数的93.5%，居民点内解决了给水排水问题，公用设施有很大发展，基本建成全省文明新村
安徽　凤阳县		武店镇	2000户，人均收入357元，是凤阳的一个工业产地，有天然的石料厂，建材工业发达，镇里建桥8座，修水泥路2236米，系正在建设中的集镇
安徽　天长县		郑集镇	人均收入420元，是全省著名的农村文化中心，有文体、科技20多个项目，活动场地面积7400平方米固定资产15万元，基本建成
安徽　滁州市		乌义镇	交通方便，津浦铁路和合浦公路两大干线纵横境内，该镇实行国家、集体、个人一齐上的方针，已集资建成楼房14幢，沿街都是二层楼房，已初具规模

续表

地　区	村　名	镇　名	主要特点和概况摘要
安徽　繁昌县		荻港镇	2941户，人均收入330元，石灰石储量大，面积广，品位高，有天然的深水良港，水陆交通方便，工业发达，镇办工业达2100多万元，近年新建楼房4200多平方米，公用、基础设施也具有相当规模，正在建设中
安徽　凤阳县		临淮镇	人均收入420元，是本县的工业和商业中心，水陆交通方便，素有“小南京”之称，自筹资金，新建了楼房、瓦房，十里大街和7条巷道已经建成水泥路，基本建成
福建　晋江县		东石镇	2500户，人均收入495元，工副业发达，以商业为主的滨海集镇，按规划侨眷集资统一开发建设，已初具规模
福建　沙县	虹江镇 洋坊村		170户，人均收入525元，以工副业为主，按规划配套基本建成，有中、小学，自来水，公园等，节约耕地45.85亩
江西　南昌市郊	湖坊乡 热心村		105户，370人，人均收入872元，主要来源是副业和蔬菜，共新建楼房99幢，全部农民搬入新居
江西　瑞昌县		码头镇	1736户，6544人，人均收入340元，工、农、渔、副、交通、运输齐发达，而且矿产丰富，具有水乡特色，已建设得初具规模
山东　掖县	路旺乡 河崖村		102户，人均收入600元，是个规划早、建设快的文明新村。该村道路宽敞平坦，道旁树绿花香，柴草在村外统一堆放，院内畜禽圈养，院落清净有序，国内外颇有影响
山东　牟平县	宁海镇 西关村		350户，人均收入1000元，经济收入稳定，被誉为胶东半岛的一颗“明珠”，村镇建设与经济同步发展，目前住宅建设已进入第四代——别墅式建筑，新村基本建成

续表

地　区	村　名	镇　名	主要特点和概况摘要
山东　招远县	城关镇 西宋家村		52户，人均收入4726元，该村是群山环抱的小山村，三中全会以后大办工业，很快致富，建有“两户一体”楼房住宅24户，别墅式住宅12户，办公楼、工业楼等，新村基本建成
山东　威海市	孙家疃镇 远遥村		450户，人均收入1300元，1982年着手改造，1984年基本建成依山傍海、环境优美的渔村，房屋型式多样，各具特色，各类公共建筑基本齐全，庭院内装饰华丽
山东　黄县	诸由观镇 冶基村		900户，人均收入700元，发展多种经营，全面规划，逐年建设，目前已基本建成公共设施齐全，住宅都是楼房，农工商全面发展
山东　即墨县		兰村镇	3437户，人均收入500元，是一个以农业为主，工副业特别发达，几个小村落相对集中的建设初具规模的集镇
山东　临沂市	市南郊	罗庄镇	镇辖37个村，56145人，镇内有矿区，煤、电，资源丰富，交通方便，农民具有务工经商的传统，他们生产的玛钢管件、铝矾土、釉面砖等远销国外，镇驻地工业总产值达一亿多元，已建成初具规模的新型小城镇
山东　邹县		北宿镇	870户，人均收入780元，该村工副业发达，建设已初具规模
山东　昌邑县		岞山镇	8444户，35345人，镇辖39个村，紧靠胶济铁路，已建成1097米长的昌盛大街，营业楼14栋157间，住宅楼正在兴建之中，繁荣昌盛的岞山镇已初具规模
河南　新乡县	七里营乡 刘庄村		115户，人均收入1300元，是以工副业为主的平原村，建住宅2.9万平方米，人均23平方米，建有办公楼、学校和工厂，已基本建成
河南　禹县	方岗乡 吕沟村		187户，人均收入1370元，是以工业为主的山区村，建住房17670平方米，公共建筑2600平方米，已全部建成

续表

地　区	村　名	镇　名	主要特点和概况摘要
河南　禹县	方岗乡 李庄村		178户，是以工副业为主的丘陵地区，建二层住宅楼1.6万多平方米，70%农户搬进新居，公共建筑3000多平方米，有了自来水，新村基本建成
河南　郑州市郊	祭成乡 白庄村		142户，人均收入900元，是以工业为主农工商综合发展的平原村，已建住宅140多栋，人均25平方米，还建有工厂、办公楼等
河南 郑州市金海区	老鸦陈乡 下坡杨村		182户，人均收入690元，是以工副业为主的平原村，新村基本建成，建有机械化养鸡厂、暖气片厂等，人均住宅达27平方米
河南　温县	赵堡乡 马庄村		350户，人均收入766元，是以工副业为主的平原村，基本建成新村，建有二层楼房1988间，建了学校，铺设了路面，安上了水银路灯
河南　博爱县	许良乡 泗沟村		475户，是以工副业为主的平原村，新村初具规模，建有住宅楼90余栋，建有厂房、学校、幼儿园、敬老院等
河南　林县		河顺集镇	820户，是以工副业为主的丘陵集镇，已初具规模，建住宅和公共建筑6.67万平方米，建三层办公楼、邮电所等15栋
河南　镇平县		贾宋集镇	2500户，是以农业、工副业为主的平原集镇，已初具规模，建房1323间，建筑面积26600平方米，建专业市场17个
湖北　京山县		宋河镇	865户，新进镇2109人，乡镇工业总产值达1320.2万元，提前实现翻番，现有各类建筑123246平方米，其中厂房、文体28327平方米，居住45903平方米，公用建筑48916平方米，已建成初具规模的新镇
湖北　远安县		荀家姐镇	548户。这个山区古镇有400多年历史，按照规划，先建新街，逐步改造老街，自力更生，量力而行，1984年集资312.5万元，完成13000平方米建筑任务

续表

地 区	村 名	镇 名	主要特点和概况摘要
湖北 随州县		洛阳镇	1302户，乡镇企业发展较快，1984年工业产值达500万元，全镇都用自来水、电灯，修了下水道，建了街旁花台，修整了卫生设施，改建山镇已初具规模
湖北 洪湖县	河岭乡 洪林村		220户，人均收入820元，工副业较发达，全村80%的农民从事工副业，1983年工副业总产值245万元，已建楼房120户，采用承包和商品房形式建造，这个水乡渔村是省的“两个文明建设”的模范村
湖北 天门县	竞陵镇 车湾村		141户，人均收入800元，由3个自然村形成4个居民点建设区，工副业产值达293万元，目前已建商场、服务大楼、花木公司、食用菌场等，新村已初具规模
湖南 南县	八百弓乡	八百弓镇	6700户，人均收入464元，该乡成立农房办，按规划指导建设，80%农民住进了新居，学校由土草房改建为砖瓦房，5个集市墟场建房13.5万平方米，公共设施基本齐全
湖南 湘阴县		白马镇	739户，人均收入480元，集资427万元，义务投工5万多个，兴办12项公益事业，新建住宅近3万平方米，还有学校、影剧院、道路，排水等，已建设得初具规模
湖南 南县		华阁镇	913户，人均收入557元，是湖区水乡集镇，近3年逐步建设了文化中心、影剧院、医院、学校、道路、集贸市场等，每年自筹资金50多万元
湖南 湘潭县		潭家山镇	1970户，人均收入550元，工矿型镇，小煤窑多，实行统一规划，统一设计，统一征地，统一施工，建设初具规模
广东 南海县		沙头镇	人均收入861元，按规划把改造旧镇和建设新区结合，量力而行，已初具规模

续表

地　区	村　名	镇　名	主要特点和概况摘要
广东　南海县		官窑镇	按照规划综合发展，建设速度快、规模大，已初具规模
广东　新会县		罗坑镇	按规划建设，已初具规模
广东　宝安县		西乡	按规划提前基本建成，具有现代墟镇的特点
广东　开平县		金鸡区	按规划，新辟农民街，建起 26 幢楼房
广西　南宁市郊	明秀乡 苏芦村		600 户，人均分配 416.80 元，该村以蔬菜为主，统一规划的大片村落，已建成 400 户楼房，初具规模
广西　来宾县	格兰村		390 户，人均分配 176 元，以产粮食为主，兼种树，大片集中已全部建成
广西　北海市	西塘乡 曲弯村		324 户，人均分配 350 元，大片集中村落，已建平房 112 户
四川　丰都县	崇庆区	龙河场	319 户，1179 人，人均收入 219 元，以农贸为主，农副土产集散中心，兴建了街道，安装了下水道，兴修了农贸市场，已初具规模
四川　垫江县	五调区	澄溪场	250 户，1100 人，人均收入 222 元，交通方便，物产丰富，集资 110 多万元，修建了肉联、饮料等厂，建了一座综合服务楼
四川　西昌市	四合乡 四合村		36 户，人均收入 246 元，沼气能源配套，人畜分居的彝族文明新村已初具规模
四川　西昌市	小庙乡 李家村 诗家村民组		55 户，人均收入 280 元，以农、副业为特征集镇已初具规模
四川　什邡县	红白乡 二大队		199 户，人均收入 590.50 元，以工副业为主，拆建为两个新居民点，已全部建成新村
四川　什邡县	皂角乡 白果村		399 户，人均收入 530 元，工副业发达，工副业收入达 185000 元，总产值 118 万元，新建住宅占农户 75%，基本建成
四川　什邡县	两路口乡 复兴村七社		43 户，170 人，人均收入 587 元，以农业生产为主，集中成片全部建成

续表

地　区	村　名	镇　名	主要特点和概况摘要
四川　什邡县	两路口乡 土城村三社		60户，238人，人均收入473元，以农业为主，农闲时从事临杂工，房屋整齐，道路畅通，全部建成，节约土地6亩，建成以两个自然村落为中心的小村落
四川 重庆市合川县	南屏乡 白鹿村三组		51户，人均收入480元，以农业为主，工副业发达，两户门前有花池，墙面有攀缘植物，屋后有竹类，新村设施齐全，已全部建成
四川 重庆市合川县	沙溪乡 堰口村五组		62户，人均收入380元，以农业为主，柑桔水果较多，现公路已修通，自来水正在兴建，公用设施、住宅正在建设之中
四川 重庆市荣昌县	清升乡 板桥村五组		58户，人均收入500元，以农业为主，多种经营，依山就势，将32个居住点适当集中，每户建一楼一底的楼房，屋顶有晒台，院内种花种草养禽畜，基本建成环境优美的山乡村落
四川 重庆市荣昌县	荣隆乡先锋村 骑龙组		29户，人均收入410元，以农业为主，多种经营发达，集中新建，每户一楼一底楼房，屋顶有晒台，村路呈环形，宅前宅后植树造林，各户用电，机压井用水，基本建成新村
四川 重庆市巴县		长生桥镇	877户，属旧镇改造，是重庆市通往东南方向的门户，以商业贸易、农副产品加工为主，公用设施较齐全，水、电、路正在逐步改善，进镇农民申请达700户，已批250户，正在兴建中
贵州　开阳县		龙岗镇	1000户，4500人，集资80万元，修建街道已通水通电，初具规模
贵州　贵阳市	白云区麦架乡 格朗村		40户，已经建了12户，1985年6月全部建成
贵州　金沙县	矛岗乡 矛岗村		205户，主要利用移民经费，统一规划，全部搬迁建成
贵州　锦屏县	平金乡 银洞村		12户，改造林区木房为混合结构，4年全部建成
贵州　普定县	绿林乡 藤家寨村		106户，因地形滑坡迁移，就地取材建新村，已有90户建成

续表

地　区	村　名	镇　名	主要特点和概况摘要
陕西　礼泉县	烽火乡 烽火村		280户，人均收入520元，依山就势，建筑型式有楼房、平房、窑洞，目前正在修建20—30户的高级住宅，在规划布局、功能分区上比较合理
陕西　礼泉县	烟霞乡 袁家村		52户，人均收入674元，工副业生产种类多，产值高，1984年工业总产值达162万元，是省的先进村，全村住宅都是二层楼房，建筑完善，设施齐全
陕西　泾阳县	姚坊乡 裴刘村		216户，人均收入450元，工副业发展迅速，仅建筑业就占工农业收入70%，街道整齐，已有三分之一的农户扩建新房，是个旧村改造得好的文明村
陕西　三原县		鲁桥镇	4837户，人均收入364元，农工副全面发展，是乡政府所在地，交通方便，古老的集镇，又有了新的发展，基本建成
陕西　延安市	蟠龙乡 纸坊沟村		35户，人均收入300元，地处陕北，建设的窑洞布局合理、新颖美观，山坡村路都进行了绿化，基本建成陕北一新村
陕西　宝鸡县	虢镇 东堡村		640户，人均收入350元，按照规划要求，将原有分散的3个居民点集中在一起，全村已有60%搬进了新居，新村多数二层楼，少数为三层，道路已修好，新村建设速度快，已初具规模
陕西　大荔县	范家乡 雷北村		426户，人均收入400元，该村交通方便，工副业生产发展快，建筑形式多样，既保持传统风格，又有满足现代生产、生活需要的设施，是旧村改造的较好典型
陕西 西安市雁塔区	小寨乡 东小寨大队		82户，360多人，人均收入700多元，主要经营蔬菜和工副业，年收入30多万元，统一规划，集体建设，个人自建，现已全部建成，节约土地15.6亩

续表

地　区	村　名	镇　名	主要特点和概况摘要
陕西 西安市雁塔区	延堡乡 瑞禾村		123 户，420 人，人均收入 810 元，主要经营蔬菜，工副业、商店等年收入 40 余万元，已建两层楼房 55 幢，水泥道路全部修建完成，采取旧村改造，全部建成
陕西 西安市雁塔区	小寨乡 辛家坡大队		137 户，463 人，人均收入 630 元，1981 年规划，1984 年全部建成，水泥路已全部建成，上下水管道正在施工
陕西 西安市长安县	纪杨乡 大古大队		105 户，561 人，人均收入 430 元，旧村改造，节约土地 40 亩，现在基本建成楼房宽敞明亮，安全、卫生，树木成林，系有利生产、方便生活的新村庄
陕西 西安市新城区	兴庆乡 北张家庄村		114 户，419 人，人均收入 537 元，以生产蔬菜为主，二层楼房 11 幢，其中有女儿楼，专门用来解决出嫁女儿的住宿问题，水泥铺路全部建成，户户通水电，公共设施齐全，环境优美，新村已建成
甘肃　永登县	城关镇 满城村		人均收入 477 元，是以蔬菜为主的专业村，工副业比较发达，水泥厂是 8 户联办的专业厂，户均收入超过 2 万元，村北临河，风景优美，评为文明村
甘肃　兰州市	安宁区纱井驿 乡河弯村		人均收入 830 元，以蔬菜为主的专业村，工副业生产发展也快，年产值 140 万元，正在积极建设新村
甘肃　平凉市	峡门乡 峡门村		40 户，人均收入 270 元，这个村是建在峡谷台地半山坡上的回族山庄，以种粮为主，工副业发达，现已建成道路 2720 米，公共建筑 5618 平方米，市场交易棚 320 平方米，新村已初具规模
甘肃　兰州市	城关区	雁滩乡	15616 人，人均收入 1012 元，是以蔬菜和水果为主的专业乡，农工副总收入 1601 万元，经过规划，把原来分散的村庄，相对集中起来，已初具规模
青海　大通县		城关镇	1082 户，人均收入 325 元，位于川水地区，是以农业为主、兼多种经营的中心集镇，已建有沥青道路、自来水及供电设施、中小学、卫生院及电影院、文化站、商业服务设施，系原旧县府所在地

续表

地　区	村　名	镇　名	主要特点和概况摘要
青海　民和县		马营镇	760户，人均收入251元，位于河谷，中心集镇，以农业为主，集市贸易较发达，公共建筑与上例同
青海　湟中县		汉东镇	435户，人均收入570元，位于川水地区，以农业为主，工副业发达，绿化较好的中心集镇，公共建筑同上例
青海　湟中县	西堡乡 新平村		216户，人均收入409元，位于川水地区，系以农业为主，工副业发达的文明村，住宅依山而排，建有砖瓦厂、修配厂、养鸡厂等，公共建筑同上例
青海　共和县		倒淌河镇	194户，人均收入432元，位于平川地区，以牧为主，青藏公路交通要道的牧业集镇，公共建筑同上例
青海　贵南县		过马营镇	810户，人均收入430元，位于平川地区，以牧业为主，工副业及集贸较发达的牧业区集镇、牧场所在地，公共建筑同上例
宁夏　固原县	南郊乡 河泉二村		35户，人均收入169元，村庄建设依山就势靠山沿川，不占耕地，不损坏植被，既方便生活，又有利生产，是山区保护农业生态环境突出的一个山庄
宁夏　中宁县	鸣沙乡 二道渠村		392户，人均收入345元，把九个基层村，成片沿渠布置，是自治区绿化建设和两个文明建设卓有成效的一个村
宁夏　青铜峡市	大坝乡 沙庙二村		43户，人均收入430元，是引黄灌区以农为主的基层村，1979年开始规划建设，村庄集中布置，农房、道路、绿化等按规划实施，基本建成新村
宁夏　贺兰县	习岗乡 八社村		56户，人均收入615元，宁夏川区一基层村，1984年着手按规划进行旧村改造，现已翻建16户，正在建设中
宁夏　贺兰县		立岗镇	570户，人均收入500元，是宁夏川区较大的农贸集镇，赶集人次上万人，1984年规划后即着手建设，目前集镇道路、上下水、电力电讯等公用设施已基本建成，农民集资搞建设也作了安排

续表

地　区	村　名	镇　名	主要特点和概况摘要
新疆　新源县	则克镇拉巴阿吾孜村		292 户，1982 年牲畜存栏数 3465 头，有哈萨克、维吾尔族 235 人，锡伯族、柯尔克孜等少数民族聚居，以农业为主，兼经济作物、畜牧业等，已建得初具规模
新疆　伊宁县	回族乡斯拉木圩孜村		432 户，人均收入 350 元，是个比较富裕的、两个文明建设搞得好的村，有农、林、牧及拖拉机运输等专业户 14 户，牲畜 3434 头，拖拉机、农机有 60 台，公共服务设施较齐全
新疆 察布查尔锡伯县	孙扎齐牛录村		503 户，人均收入 405 元，是植树造林先进村、公共设施、文教事业发展较快，储蓄户占总户数 53.8%

注：以上根据各地区报来材料摘编。